高等职业教育路桥类专业系列教材

桥梁结构与识图

主编　洪　英
参编　周传林　张文斌
　　　余雪娟　程青现
主审　李国芬　薛永森

机械工业出版社

本书根据道路与桥梁类专业群培养目标、培养方案和教学大纲的要求进行编写。主要介绍了公路常用中、小桥梁的组成、构造与设计计算方法，钢筋混凝土与预应力混凝土结构的设计原理，常见桥梁工程图的识读等内容。

本书可作为高职道路与桥梁工程施工技术、监理、养护等专业用书，也可供桥梁工程设计、施工、科研、管理等人员参考。

图书在版编目（CIP）数据

桥梁结构与识图/洪英主编．—北京：机械工业出版社，2015.1（2025.6 重印）
高等职业教育路桥类专业系列教材
ISBN 978-7-111-48906-1

Ⅰ.①桥…　Ⅱ.①洪…　Ⅲ.①桥梁结构-高等职业教育-教材　Ⅳ.①U443

中国版本图书馆 CIP 数据核字（2014）第 296422 号

机械工业出版社（北京市百万庄大街 22 号　邮政编码 100037）
策划编辑：李　莉　责任编辑：李　莉
版式设计：霍永明　责任校对：张莉娟　任秀丽
封面设计：马精明　责任印制：郜　敏
中煤（北京）印务有限公司印刷
2025 年 6 月第 1 版 · 第 11 次印刷
184mm×260mm · 19 印张 · 466 千字
标准书号：ISBN 978-7-111-48906-1
定价：49.90 元

电话服务　　网络服务
客服电话：010-88361066　机　工　官　网：www.cmpbook.com
010-88379833　机　工　官　博：weibo.com/cmp1952
010-68326294　金　书　网：www.golden-book.com
封底无防伪标均为盗版　机工教育服务网：www.cmpedu.com

前 言

本书根据教育部对高职高专人才培养目标、培养规格、培养模式及与之相适应的知识、技能、能力和素质结构的要求，内容贴近我国的桥梁工程实际，力求文字简练、深入浅出、理论与实际相结合。全书在阐明基本概念、计算原理和工程图识读方法的基础上，介绍了桥梁工程设计中的实用计算方法和常用桥梁工程图识读过程与方法，并列举了较多的计算示例和图例，在各单元前附有学习目标，后附有单元小结与巩固训练。

本书在编写过程中以交通部颁布的《公路桥涵设计通用规范》（JTG D60—2015）、《公路钢筋混凝土及预应力混凝土桥涵设计规范》（JTG D62—2004）、《公路工程技术标准》（JTG B01—2014）、《公路圬工桥涵设计规范》（JTG D61—2005）、《公路桥涵地基与基础设计规范》（JTG D63—2007）和《公路桥涵施工技术规范》（JTG/T F50—2011）等为依据，以"理论上必需、够用为度，注重实践"为原则，对桥梁结构与常用构件基本知识及工程图识读等学习内容力求阐述清楚，对于复杂的理论省略了中间的推演过程，通过多给算例、图例，使学生掌握基本要领，以学生能自如地解决中小跨径桥梁的一般计算问题为编写标准。

本书由南京交通职业技术学院洪英任主编。其中单元1、单元2由南京交通职业技术学院周传林编写；单元3~6由洪英编写；单元7由南京交通职业技术学院程青现编写；单元8、单元10由南京交通职业技术学院余雪娟编写；单元9、单元11由南京交通职业技术学院张文斌编写。南京林业大学李国芬教授和南京市六合区交通局薛永森高级工程师任主审，两位主审对本书进行了详细审核，提出了许多宝贵的修改建议，在此向李国芬教授和薛永森高级工程师表示深深的谢意。

本书编写中，南京交通职业技术学院蒋玲教授在本书的总体设计、单元划分等方面给予了帮助和指导。南京交通职业技术学院桥梁结构与识图课程组的老师为本书的编写提供了建议。本书参考了相关的文献著作，在此一并向相关作者致以诚挚的谢意。

由于编者水平有限，编写时间紧迫，教材中疏漏和不妥之处在所难免，敬请读者批评指正，在此表示衷心感谢。

为方便教学，本书配有电子课件，凡使用本书作为教材的教师可登录机械工业出版社教育服务网 www. cmpedu. com 注册下载。咨询邮箱：cmpgaozhi@ sina. com。咨询电话：010-88379375。

编 者

目　录

单元1 桥梁的基本知识

学习目标

1. 能说明桥梁的组成部分及关键名词术语；
2. 能描述按不同分类标准划分的桥梁；
3. 知道国内外桥梁发展概况及桥梁发展趋势。

任务1.1 桥梁的组成与分类

任务描述

以常用梁式桥、拱式桥等具体桥梁为例，认识常见桥梁结构的组成、分类和结构体系，说出桥梁的基本术语，掌握各类桥梁受力体系的特点。

桥梁是一种具有承载能力的架空建筑物，它的主要作用是供公路、铁路、渠道、管线和人群等跨越江河、山谷或其他障碍，是交通线的重要组成部分。桥梁工程技术难度一般较大，机械设备使用多，对技术工种、技术工人的要求也较高，往往是公路工程中的关键工程。在工期上，一般来说一些大桥或特大桥往往成为一条线路中的工期控制点。

桥梁不仅是一种功能性的结构物，更是一个国家文化的象征，是生产发展和科学进步的写照。我国桥梁建筑无论在规模上还是在科学技术水平上，均已跻身世界先进行列。

一、桥梁的组成

1. 桥梁的基本组成

桥梁一般由上部结构、下部结构、支座和附属设施四个基本部分组成。图1-1、图1-2分别表示公路上所用梁桥、拱桥的结构图式。

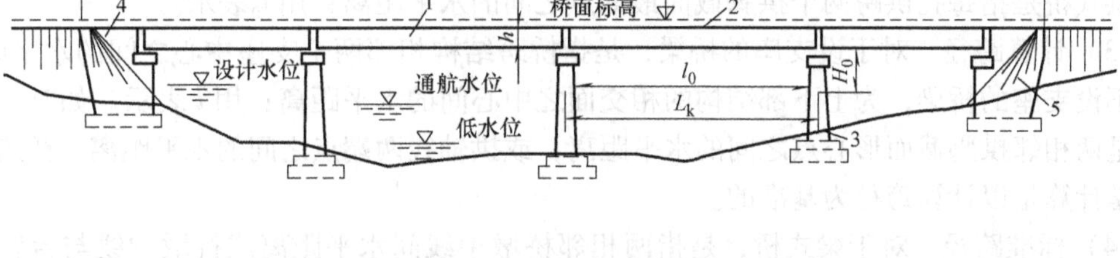

图1-1 梁桥的基本组成

1—主梁 2—桥面 3—桥墩 4—桥台 5—锥形护坡

（1）上部结构。桥梁上部结构也称桥跨结构，指跨越山谷、河流等各种障碍物的主要承重结构，例如图 1-1 支座以上部分，图 1-2 拱脚以上部分。它在桥梁结构中直接承受车辆和其他荷载，并将其直接承受的各种荷载通过桥梁支座传递到指定的下部结构上去，同时保证桥上交通能在一定条件下正常安全运营。

（2）下部结构。桥梁下部结构是桥墩、桥台及桥梁基础的总称，是支承上部结构并将上部结构的荷载传至基础的结构物。一座桥梁的桥台只有两个，设在桥的两端；而桥墩可以不设或在两桥台之间设一个到数个。桥墩起到支承桥跨结构的作用，而桥台除支承桥跨结构外，还起到衔接桥梁与路堤的作用，并抵御路堤的土压力，防止其滑坡坍落。

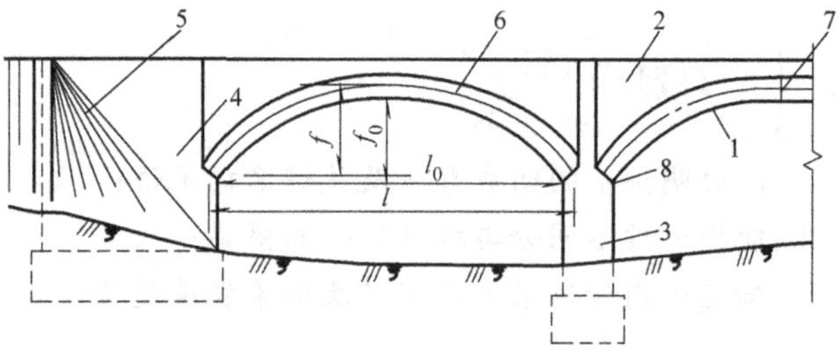

图 1-2　拱式桥的基本组成

1—主拱圈　2—拱上建筑　3—桥墩　4—桥台
5—锥形护坡　6—拱轴线　7—拱顶　8—拱脚

桥梁墩台底部与地基相接触的结构部分称为墩台基础。墩台基础是桥梁结构的根基，是桥梁最下部的结构，上承墩台，并将全部桥梁荷载传至地基。基础工程对桥梁结构的使用安全起着举足轻重的作用，也是桥梁施工中最复杂、难度最大的环节之一。

（3）支座。桥梁支座设于桥墩（台）顶部，是支承上部结构并将荷载传给下部结构的装置，要求能保证上部结构在荷载、温度变化或其他因素作用下的位移，以便使结构的实际受力情况与计算的理论图式相符合。

（4）附属设施。桥梁的基本附属设施包括桥面系、桥头搭板、护坡、导流堤等。桥面系一般由桥面铺装、栏杆（防撞墙）、人行道、伸缩缝、照明系统等组成。

2. 桥梁的主要尺寸和术语名称

在桥梁工程中，常常用到一些与桥梁布置有关的主要尺寸和名词术语，现说明如下。

（1）水位。河流或其他水体的自由水面相对于某一基面的高程称为水位，以 m 计。河流中的水位是随着季节而变化的。枯水季节的最低水位称为低水位；洪峰季节河流中的最高水位称为高水位；桥梁设计中按规定的设计洪水频率计算所得的高水位称为设计洪水位；在各级航道中能保持船舶（队）正常航行时的最高和最低水位称为通航水位，并据以确定桥梁的桥下净空。

（2）净跨径。对于梁式桥是指设计洪水位上两个相邻桥墩（桥台）之间的水平净距；对于拱式桥是指每孔拱跨两个拱脚截面最低点之间的水平距离；用 l_0 表示。

（3）计算跨径。对于设支座的桥梁，是指桥跨结构相邻两个支座中心之间的水平距离；对于不设支座的桥梁，为上下部结构的相交面之中心间的水平距离；用 l 表示。如对于拱式桥，是两相邻拱脚截面形心点之间的水平距离，或拱轴线两端点之间的水平距离。桥跨结构的力学计算是以计算跨径为基准的。

（4）标准跨径。对于梁式桥，是指两相邻桥墩中线间水平距离或桥墩中线与台背前缘之间的水平距离，也称为单孔跨径。对于拱式桥和涵洞，则是指净跨径。标准跨径是桥梁划分大、中、小桥及涵洞的指标之一。《公路桥涵设计通用规范》（JTG D60—2015）规定，当标准设计或新建桥涵的跨径在50m以下时，宜采用标准化跨径。

（5）总跨径。总跨径是指多孔桥梁中，各孔净跨径的总和（$\sum l_0$），它反映了桥下宣泄洪水的能力。

（6）桥梁全长。桥梁全长简称桥长，对于有桥台的桥梁是指两岸桥台侧墙或八字墙尾端点间的距离；对于无桥台的桥梁为桥面系的长度，以L_1表示。

（7）桥梁总长。梁式桥、板式桥的多孔跨径总长为多孔标准跨径的总长，即两桥台台背前缘间距离；对于拱式桥为两岸桥台内起拱线间的距离；其他形式桥梁为桥面系行车道长度；以L表示。

（8）桥梁高度。桥梁高度简称桥高，是指桥面路拱中心顶点与低水位之间的高差，或为桥面与桥下线路路面之间的垂直距离。

（9）桥下净空高度。桥下净空高度是指为满足通航（或行车、行人）的需要和保证桥梁安全，对桥跨结构底缘以下规定的空间界限。

（10）桥梁建筑高度。桥梁建筑高度是指上部结构底缘至桥面顶面的竖直距离（图1-1中的h），它不仅与桥梁结构的体系和跨径的大小有关，而且还随行车部分在桥上布置的高度位置而异。线路定线中所确定的桥面标高，对通航净空（或桥下通车、人）顶部标高之差，又称为容许建筑高度。桥梁的建筑高度不得大于其容许建筑高度，否则就不能保证桥下的通航（或桥下通车、人）要求。为保证桥梁的建筑高度，可以选用不同的桥跨结构形式，如斜拉桥、悬索桥、中、下承式拱桥等。

（11）净矢高。对于拱式桥，净矢高是指从拱顶截面下缘至相邻两拱脚截面下缘最低点之连线的垂直距离，以f_0表示。

（12）计算矢高。计算矢高是指从拱顶截面形心至相邻两拱脚截面形心之连线的垂直距离，以f表示。

（13）矢跨比。矢跨比是指拱桥中拱圈（或拱肋）计算矢高f与计算跨径之比（f/l），也称拱矢度。它是反映拱桥受力特性的一个重要指标。

二、桥梁的分类

桥梁不同的分类方式反映出桥梁在某一方面的特征，通常根据桥梁的结构形式、所用材料、所跨越的障碍、用途、跨径大小等对桥梁进行不同的分类。

1. 按桥梁的结构体系划分

结构工程上的受力构件，总离不开拉、压、弯、剪、扭等基本受力模式。由基本构件所组成的各种结构物，在力学上可归结为梁式、拱式和悬吊式3种基本体系以及它们之间的各种组合。现代的桥梁根据其主要承重构件的受力性能可分为梁式桥、拱式桥、刚架桥、悬索桥4种基本体系桥梁和组合体系桥梁。不同的结构体系对应于不同的力学形式，表现出不同的受力特点。

（1）梁式桥。梁式桥是一种在竖向荷载作用下无水平反力的结构，如图1-3a、b所示。由于外力作用（永久作用和可变作用）的作用方向与承重结构的轴线接近垂直，因而与同样跨径的其他结构体系相比，梁式桥内产生的弯矩最大，通常需用抗弯、抗拉能力强的材料来建造。对于中、小跨径桥梁，目前在公路上应用最广的是标准跨径的钢筋混凝土或预应力混凝土简支梁桥，这种梁桥的结构简单、施工方便，简支梁对地基承载力的要求也不高，钢筋混凝土及先张法预应力混凝土简支梁桥的常用跨径在25m以下；当跨径较大时，需采用后张法预应力混凝土简支梁桥，但跨度一般不超过 50m。为了改善受力条件和使用性能，地质条件较好时，中、小跨径梁桥可修建等截面连续梁桥，如图 1-3c 所示。对于很大跨径的大桥和特大桥，可采用预应力混凝土变截面梁桥、钢桥和钢-混凝土组合梁桥，如图 1-3d、e 所示。

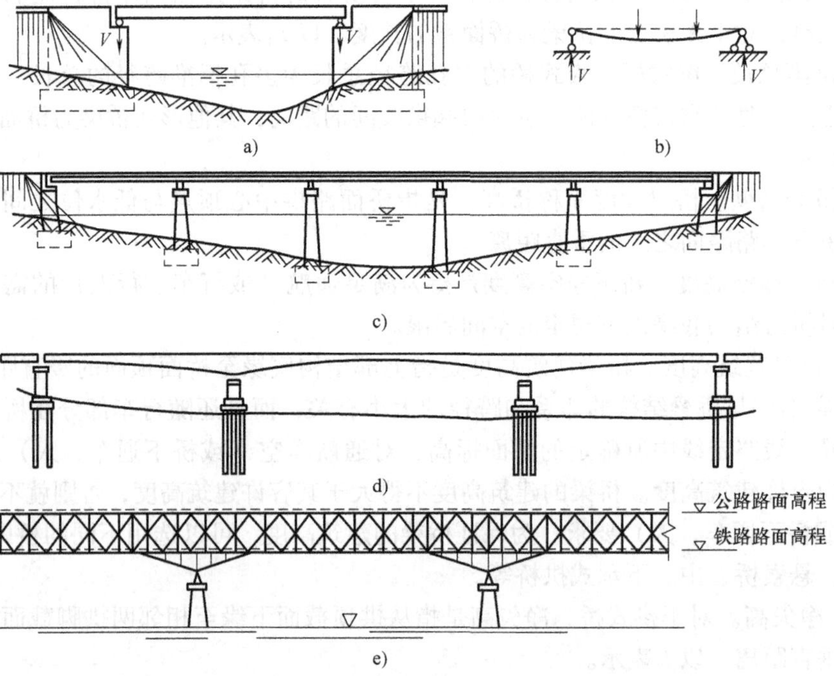

图 1-3　梁式桥

（2）拱式桥。拱式桥的主要承重结构是拱圈或拱肋（拱圈横截面设计成分离形式时称为拱肋），如图 1-4 所示。在竖向荷载作用下，拱圈（拱肋）主要承受轴向力，弯矩、剪力较小，而在拱的支承处不仅有竖向反力，也将产生很大的水平推力，即桥墩或桥台将承受水平推力，这种水平推力将显著抵消荷载引起的拱圈（或拱肋）内的弯矩，因此，与同跨径的梁相比，拱的弯矩和变形要小得多。鉴于拱式桥的承重结构以受压为主，通常可用抗压能力强的圬工材料（如石料、混凝土）和钢筋混凝土等来建造。

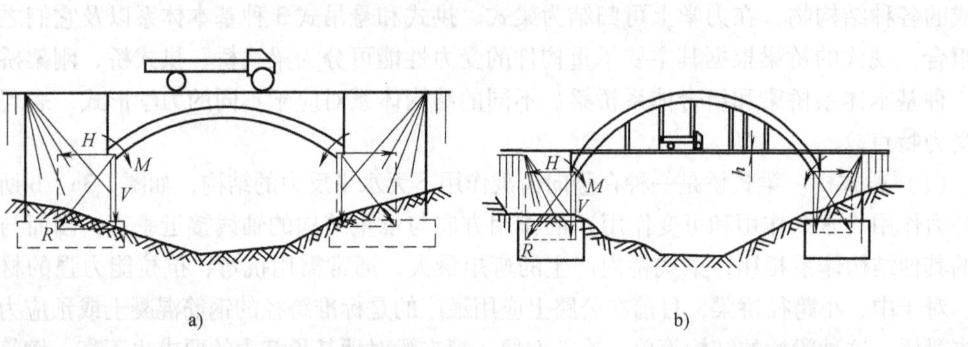

图 1-4　拱式桥

拱式桥不仅跨越能力很大，而且外形酷似彩虹，十分美观，在地质情况许可的情况下，修建拱式桥往往是经济合理的，一般在跨径500m以内均可作为比选方案。应当注意，为了确保拱式桥的安全，下部结构和地基（特别是桥台）必须能经受住很大的水平推力作用。此外，与梁式桥不同，由于拱圈（或拱肋）在合龙前自身不能维持平衡，因而拱式桥在施工过程中的难度和危险性要远大于梁式桥。

（3）刚架桥。刚架桥(也称为刚构桥)是指梁(或板)与立柱(墩柱)或竖墙整体结合在一起的刚架结构,梁和柱的连接处具有很大的刚性,以承担负弯矩的作用。图1-5a所示的门式刚架桥,在竖向荷载作用下,柱脚处具有水平反力,梁部主要受弯,但弯矩值较同跨径的简支梁小,梁内还有轴压力H,因而其受力状态介于梁桥与拱桥之间,如图1-5b所示。根据刚架桥的受力特点,常常采用钢筋混凝土或预应力混凝土材料建造刚架桥。刚架桥的跨中建筑高度可做得较小,但普通钢筋混凝土修建的刚架桥在梁柱刚结处较易产生裂缝,需在该处多配钢筋。另外,门式刚架桥在温度变化时,内部易产生较大的附加内力,应引起重视。

图1-5c所示的T形刚构桥（带挂孔的或不带挂孔的）是修建较大跨径混凝土桥梁曾采用的桥型，属静定或低次超静定结构。对于这种桥型，由于T构长悬臂处于一种不受约束的自由变形状态，在车辆荷载作用下，悬臂内的弯、扭应力均较大，受力比较复杂，当配筋不当时易产生裂缝。另外，由于混凝土徐变，会使悬臂端产生一定的下挠，从而在悬臂端部和挂梁的结合处形成一个折角，不仅会损坏伸缩缝，而且车辆在此跳车，给悬臂以附加冲击力，使行车不适，对桥梁受力也不利。目前这种桥型已较少采用。

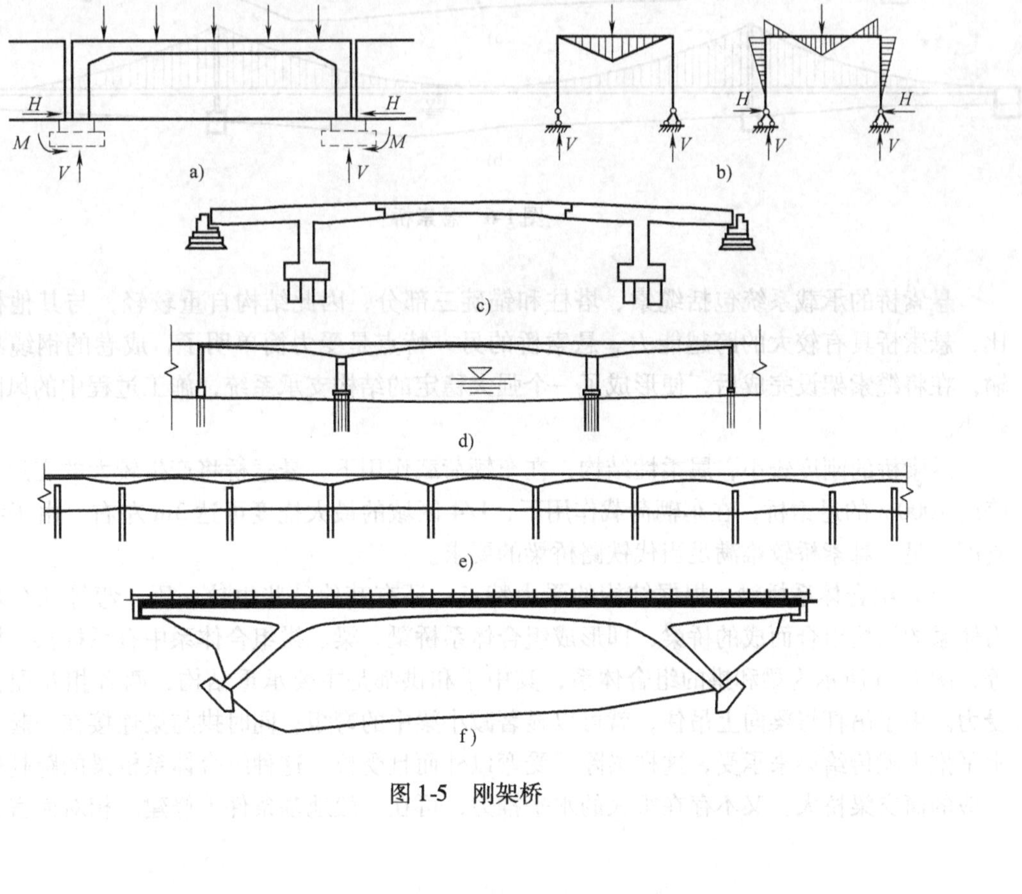

图1-5 刚架桥

图 1-5d 所示的为连续刚构桥，它是为避免设置大型支座和结构体系转换从连续梁桥而发展出来的一种桥型，属于多次超静定结构，在设计中一般应减小墩柱顶端的水平抗推刚度，使得温度变化下在结构内不致产生较大的附加内力。对于很长的桥，为了降低这种附加内力，往往在两侧的一个或数个边跨上设置滑动支座，从而形成如图 1-5e 所示的刚构-连续组合体系桥型。

当跨越陡峭河岸和深谷时，修建斜腿刚架桥往往既经济合理又造型轻巧美观，如图 1-5f 所示。由于斜腿墩柱置于岸坡上，有较大斜角，中跨梁内的轴压力也很大，因而斜腿刚架桥的跨越能力比门式刚构桥要大得多，但斜腿的施工难度较直腿大些。

（4）悬索桥。悬索桥也称为吊桥，是指以主缆索受拉为主要承重构件的桥梁结构，由缆索、塔、锚碇、加劲梁等组成，如图 1-6 所示。在桥面系竖向荷载作用下，通过吊杆使缆索承受很大的拉力，缆索锚于悬索桥两端的锚碇结构中，锚碇处会产生较大的竖向（向上）和水平反力。缆索一般由钢丝成股编制形成钢缆，以充分发挥其优良的抗拉性能，加劲梁多采用钢桁架或扁平箱梁，桥塔可采用钢筋混凝土或钢结构，为了承受巨大的缆索拉力，锚碇结构需做得很大（重力式锚碇），或者依靠天然完整的岩体来承受水平拉力（隧道式锚碇）。因缆索的抗拉性能得以充分发挥且大缆尺寸基本上不受限制，故悬索桥的跨越能力一直在各种桥型中名列前茅。

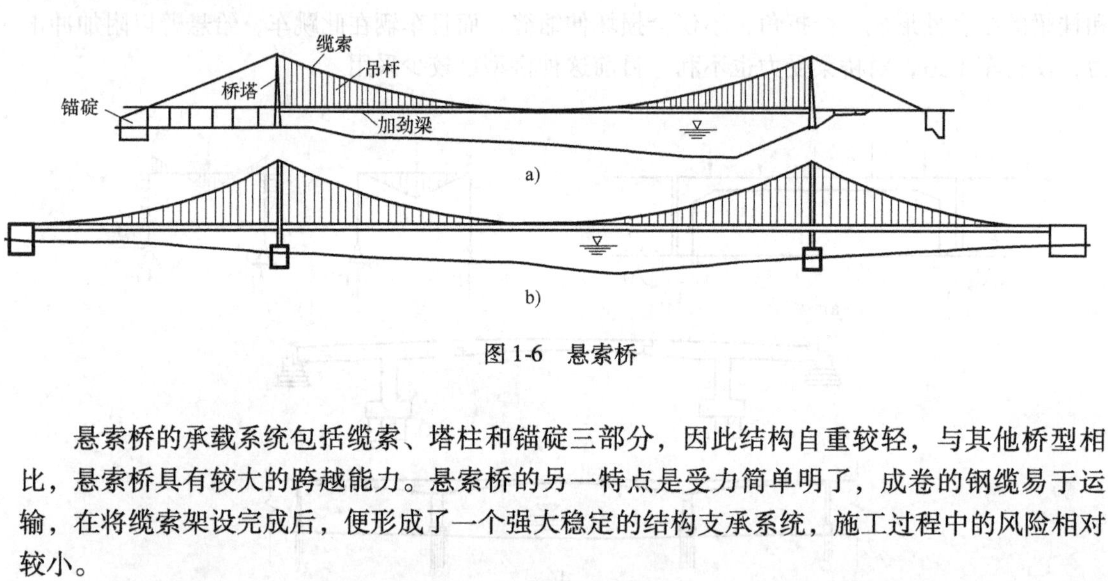

图 1-6 悬索桥

悬索桥的承载系统包括缆索、塔柱和锚碇三部分，因此结构自重较轻，与其他桥型相比，悬索桥具有较大的跨越能力。悬索桥的另一特点是受力简单明了，成卷的钢缆易于运输，在将缆索架设完成后，便形成了一个强大稳定的结构支承系统，施工过程中的风险相对较小。

悬索桥的刚度较小，属柔性结构，在车辆荷载作用下，悬索桥将产生较大的变形。例如跨度 1000m 的悬索桥，在车辆荷载作用下，1/4 区域的最大挠度可达 3m 左右。由于结构的刚度不足，悬索桥较难满足当代铁路桥梁的要求。

（5）组合体系桥梁。根据结构的受力特点，还有其他一些由拉、压、弯等几个基本受力体系的结构组合而成的桥梁，即形成组合体系桥梁。梁、拱组合体系中有系杆拱、桁架拱等，图 1-7a 所示为梁和拱的组合体系，其中梁和拱都是主要承重结构，两者相互配合共同受力。由于吊杆将梁向上吊住，就可以显著减小梁中的弯矩；同时拱与梁连接在一起，拱的水平推力就传给梁来承受，这样梁除了受弯以外而且受拉，这种组合体系桥梁的跨越能力比一般的简支梁桥大，又不存在很大的水平推力，可在一般地基条件下修建。相对而言，这种组合体系的施工较为复杂。图1-7b为拱置于梁的下方，通过立柱对梁起辅助支承的作用。

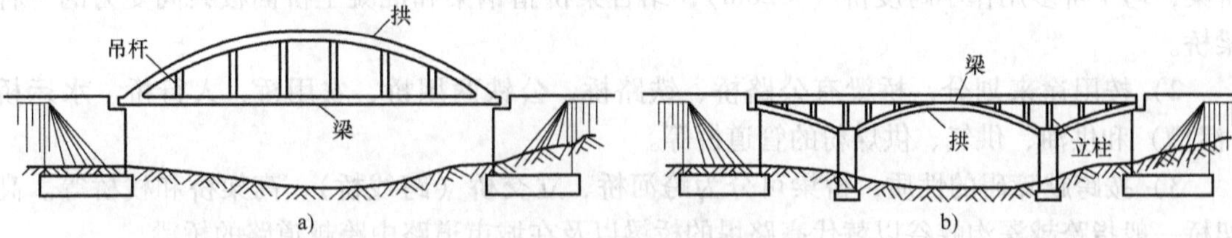

图1-7　梁、拱组合体系桥

斜拉桥也是一种主梁与斜缆相结合的组合体系，如图1-8所示。在竖向荷载作用下，梁以受弯为主，塔以受压为主，斜索则承受拉力。梁体被斜索多点扣拉，表现出弹性支承连续梁的特点。因此，梁体荷载弯矩减小，梁体高度可以降低，从而减轻了结构自重并节省了材料。另外，塔和斜索的材料性能也能得到较充分地发挥。因此，斜拉桥的跨越能力仅次于悬索桥，是近几十年来发展很快的一种桥型。由于刚度问题，斜拉桥在铁路桥梁上的应用极为有限。

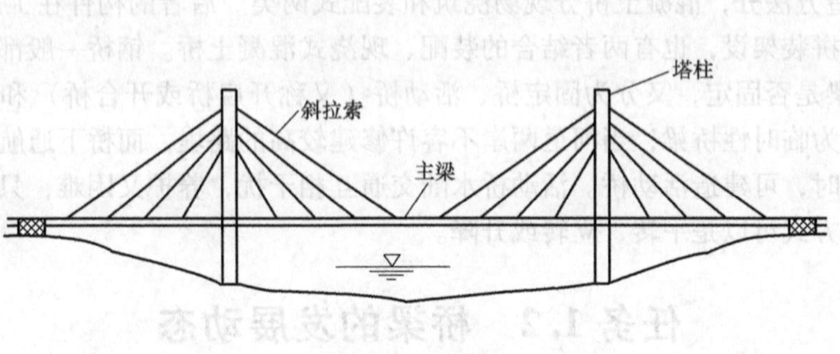

图1-8　斜拉桥

2. 按工程规模划分

根据桥梁多孔跨径总长 L 和单孔跨径 L_K 将桥梁划分为：特大桥、大桥、中桥、小桥、涵洞，见表1-1，这是我国公路和城市桥梁级别划分的依据。其中单孔跨径 L_K 反映桥梁技术的复杂程度，多孔跨径总长 L，反映桥梁建设规模的大小，符合其中一个指标即可归类。

表1-1　桥涵按跨径分类

桥涵分类	多孔跨径总长 L/m	单孔跨径 L_K/m	桥涵分类	多孔跨径总长 L/m	单孔跨径 L_K/m
特大桥	$L>1000$	$L_K>150$	小桥	$8\leqslant L\leqslant 30$	$5\leqslant L_K<20$
大桥	$100\leqslant L\leqslant 1000$	$40\leqslant L_K\leqslant 150$	涵洞	—	$L_K<5$
中桥	$30<L<100$	$20\leqslant L_K<40$			

注：1. 单孔跨径系指标准跨径；
2. 梁式桥、板式桥的多孔跨径总长为多孔标准跨径的总长；拱式桥为两岸桥台内起拱线间的距离；其他形式桥梁为桥面系行车道长度；
3. 管涵及箱涵不论管径或跨径大小、孔数多少，均称为涵洞。

3. 桥梁的其他分类

1）按桥梁上部结构的建筑材料分，桥梁可分为木桥、圬工桥（包括石桥、混凝土桥）、钢筋混凝土桥、预应力混凝土桥、钢桥、结合梁桥和复合材料桥等。木桥一般只用作临时性桥梁；圬工桥多用作小跨度桥（<20m）；结合梁桥指钢梁和混凝土桥面板共同受力的一种梁桥。

2）按用途来划分，桥梁有公路桥、铁路桥、公铁两用桥、农用桥、人行桥、水运桥（渡槽）和供油、供气、供煤粉的管道桥等。

3）按跨越障碍的性质，桥梁可分为跨河桥、立交桥（跨线桥）、高架桥和栈桥等。高架桥一般指跨越深沟峡谷以替代高路堤的桥梁以及在城市道路中跨越道路的桥梁。

4）按上部结构的行车道位置，桥梁可分为上承式桥、中承式桥、下承式桥和双层桥。将桥面布置在主要承重结构之上的称为上承式桥，在主要承重结构之下的称为下承式桥，介于上、下之间的称为中承式桥，上、下均设桥面的称为双层桥。上承式桥具有构造简单、容易养护、制造架设方便、节省墩台圬工数量以及视野开阔等优点，在桥梁设计中常优先选用。中、下承式桥都具有桥梁建筑高度小的优点，根据设计要求而定。双层桥多用于公路铁路两用桥。

5）按桥跨结构的平面布置划分，有正交桥、斜交桥和弯桥。

6）按制造方法分，混凝土桥分现场浇筑和装配式两类。后者的构件在工厂（场）中预制，运往工地拼装架设，也有两者结合的装配、现浇式混凝土桥。钢桥一般都是装配式的。

7）按桥梁是否固定，又分为固定桥、活动桥（又称开启桥或开合桥）和浮桥。浮桥随水位升降，多为临时性桥梁；当河道两岸不容许修建较高的路堤，而桥下通航又需要保持必要的净空高度时，可建造活动桥。活动桥水陆交通互相干扰，养护又困难，只在特殊情况下采用，其开启方式可以是平转、立转或升降。

任务 1.2 桥梁的发展动态

任务描述

以身边常见桥梁为例，引入桥梁建设的历程，了解桥梁工程的发展现状及趋势。

随着社会生产力的发展、工业水平的提高、施工技术的进步、力学理论的进展、计算手段的增强，尤其是建筑材料的不断革新，桥梁建筑的发展，从砖石、木材修建的小桥到当今上千米特大跨度的跨海大桥，可以说经历了三次大的飞跃。19 世纪中期钢材的出现，使桥梁的跨越能力大大提高，跨径从几十米发展到了几百米，桥梁工程的发展出现了第一次飞跃。到了 20 世纪，钢筋混凝土的应用，以及 20 世纪 30 年代预应力混凝土技术及高强钢材的出现，使桥梁建筑获得了廉价、耐久，且刚度和承载力均较大的建筑材料，从而大大推动了桥梁的发展，实现了桥梁建设的第二次飞跃。20 世纪 50 年代之后，随着计算机和有限元计算方法的出现，大大提高了人们的计算能力，使得大规模的结构计算变为可能。从而推动了桥梁工程向更大跨径方向发展，实现了桥梁建设的第三次飞跃。

一、我国桥梁建筑成就

我国古代的桥梁不仅数量惊人，而且类型也丰富多彩，几乎包括了所有近代桥梁中的最主要形式。建桥所用的材料大都是木、石、藤、竹之类的天然材料。

据史料记载，远在约3000年前的周朝，宽阔的渭河上就出现过浮桥。在公元前550年左右，汾水上建有木柱木梁桥；秦代在长安（今西安）所修建的渭河桥、灞河桥等，在史书中均有确凿记载。在秦汉时期，我国已广泛修建石桥。在隋大业元年（公元605年左右），李春在河北赵县修建了赵州石拱桥（又称安济桥，桥长64.4m，净跨37.02m，宽9m），是典型的空腹式坦拱，如图1-9所示。该桥构思巧妙，造型美观，工艺精致，历经1400多年而无恙，举世闻名。建于宋朝的福建泉州万安桥，又称洛阳桥（1053~1059年），见图1-10，此桥现长834m，共47孔。在建桥时先顺着桥的轴线向水中抛投大量块石，在水面上形成一条长堤，然后在块石上放养牡蛎，靠蛎壳与块石相胶结形成的整体基础来抵抗风浪。在这水下长堤上，用大条石纵横叠置（不用灰浆）形成桥墩，尔后再架设石梁。我国是世界公认最早有索桥的国家。据记载，最迟在唐朝中期，我国就从藤索、竹索发展到用铁链建造索桥。至今保存下来的古代索桥有四川灌县的竹索桥（世界上最古老的索桥）和泸定县的大渡河铁索桥。

图1-9　赵州桥

图1-10　万安桥

20世纪90年代以后，我国公路桥梁建设得到极大发展，在长江、黄河等大江大河和沿海海域，建成了一大批有代表性的世界级桥梁。特别是最近15年，我国共修建了15万多座大中型桥梁（包括公路、铁路、城市桥梁），桥梁累计总长度达到8300多公里，平均每年修建1万多座，实现了由桥梁大国向桥梁强国的历史性跨越，成为向世界展示我国综合国力的窗口之一。

（1）梁式桥。桥梁建设中，中小跨径的桥梁占了大多数，中小跨径桥梁一般采用简支体系。在我国，跨径30m以下的桥多采用标准跨径。

大跨度混凝土梁桥的主要桥型有预应力混凝土连续梁桥和预应力混凝土连续刚构桥。1991年建成的云南库怒江大桥，为预应力混凝土箱形截面连续梁桥，主跨为85m+154m+85m；图1-11为2011年12月建成的崇启大桥北引桥，采用预应力混凝土连续梁短线匹配预制逐跨悬挂施工、单孔跨径50m，为当时国内之最。1988年建成的广东洛溪大桥，跨径为65m+125m+180m+110m，开创了我国修建大跨径预应力混凝土连续刚构桥的先例；图1-12为1997年建成的虎门大桥辅航道桥，主跨270m，为当时预应力混凝土连续刚构桥世界第一大跨。连续刚构桥保持了连续梁无伸缩缝、行车平顺的优点，在我国得到快速发展。我国的大跨径混凝土梁桥的建桥技术已达到世界先进水平。

图 1-11 崇启大桥北引桥

图 1-12 广东虎门大桥辅航道桥

（2）拱式桥。拱桥是我国最常用的桥型之一，其受力合理，承载能力高，跨越能力大，造型美观，因此成为大跨径桥梁的主要形式之一。

1991 年建成的湖南凤凰县乌巢河桥，跨径 120m，它的拱圈是由两条宽 2.5m 的石板拱组成，板间用钢筋混凝土横梁联系。图 1-13 为 1999 建成的晋（城）焦（作）高速公路丹河特大桥，主跨 146m，拱圈用 MU80 料石砌成，为石拱桥世界之最，集实用性和艺术性于一体，堪称世界一绝，被载入吉尼斯世界纪录。

钢管混凝土拱桥是在我国 20 世纪 90 年代兴起的一种大跨径拱桥。该桥型是先合龙自重轻、强度高的钢管拱，并将其用作施工拱架，再往钢管内压注高强混凝土，形成承载能力大的主拱圈。用该方法分别于 1995 年建成了广东南海三山西大桥，跨径为 200m；于 1998 年建成的广西三岸邕江大桥，主跨为 270m；最大跨径为 2000 年建成的广州丫髻沙大桥，如图 1-14 所示，它是主跨 360m 的钢管混凝土拱桥，是当时世界第一钢管混凝土拱桥。

图 1-13 山西晋城丹河大桥

图 1-14 广州丫髻沙大桥

1997 年建成的重庆万县长江大桥，见图 1-15，主跨 420m，为世界上跨径最大的用钢管混凝土作为劲性骨架的钢筋混凝土拱桥。2007 年建成的重庆菜园坝长江大桥，见图 1-16，主跨 420m，是目前国内最大的公共交通和城市轻轨两用大跨径拱桥；1995 年建成的贵州江界河桥，是一座跨度达 330m 的桁架式组合拱桥，均创造了该类型拱桥的世界纪录。

（3）斜拉桥。斜拉桥是一种拉索体系，它具有优美的外形、良好的力学性能和经济指标，跨越能力比梁桥更强，是大跨度桥梁最主要的桥型之一。斜拉桥的应用与发展在我国起步较晚，1975 年建成的跨径为 76m 的四川云阳桥是我国第一座斜拉桥。20 世纪 90 年代之后，斜拉桥在我国得到了迅速的发展，修建了一系列跨大江大河的特大跨径斜拉桥。

图 1-15　重庆万县长江大桥

图 1-16　重庆菜园坝长江大桥

1991 年建成的上海南浦结合梁斜拉桥（主跨 423m），开创了我国修建 400m 以上大跨度斜拉桥的先河。2001 年建成的福建青州闽江大桥，主跨跨径为 605m，为钢-混凝土组合梁斜拉桥（即中跨为钢结构，边跨为混凝土结构），为当时组合梁斜拉桥跨径的世界第一；2001 年建成的跨径 628m 的南京长江二桥为钢主梁斜拉桥；2005 年竣工通车的南京长江三桥跨径为 648m 钢箱梁、钢塔斜拉桥；目前我国有两座跨度超过 1000m 的斜拉桥，一座是 2009 年 12 月开通的香港昂船洲大桥，见图 1-17，采用主跨钢箱梁、边跨混凝土梁的混合梁斜拉桥，其主跨 1018m，为目前世界第二大跨径的斜拉桥；另一座是 2008 年 6 月通车的苏通长江大桥，为双塔双索面钢箱梁斜拉桥，其主跨 1088m，见图 1-18，是一座跨度世界第一的斜拉桥。

图 1-17　香港昂船洲大桥

图 1-18　苏通长江大桥

（4）悬索桥。悬索桥造型优美，规模宏大，其跨越能力在各类桥型中是最大的。1995 年建成的广东汕头海湾大桥，采用跨径为 452m 的预应力混凝土箱梁作为加劲梁的悬索桥，开创了我国公路悬索桥之先河；之后又陆续建成了主跨 900m 的西陵长江大桥（1996 年）、主跨 888m 的虎门大桥（1997 年）、主跨 1377m 的香港青马大桥（1997 年）、主跨 1385m 江阴长江大桥（1999 年）。

2005 年我国又建成了润扬长江公路大桥，见图 1-19，是我国第一座刚柔相济的现代化组合型特大型桥梁，其中南汊主桥采用单孔双铰钢箱梁悬索桥，主跨径 1490m，为当时国内第一，世界第三；2009 年 12 月通车的浙江舟山群连岛工程西堠门大桥，见图 1-20，主桥为两跨连续钢箱梁悬索桥，主跨 1650m，是世界上跨径最大的钢箱梁悬索桥，也是跨径世界第二、国内第一特大桥梁。

图 1-19 润扬长江大桥

图 1-20 西堠门大桥

近 20 多年来，我国桥梁建设突飞猛进，已从初期的简单积累、模仿，到现在的跨越式发展阶段，并涌现出了大量的创新成果，真正迈向了“更长、更高、更轻”的发展模式，跨入了世界桥梁大国的行列。还有一些在建或拟建的更大跨度和更高技术难度的桥梁。我国桥梁建设实现了从跨溪跨河到跨江跨海的巨大飞跃，还必将创造更大的辉煌。

二、国外桥梁发展概况

圬工拱桥在国外已有一百多年的历史，1855 年法国建造了第一批应用水泥砂浆砌筑的石拱桥。1946 年瑞典建成的绥依纳松特桥，跨径达 155m。钢筋混凝土桥的出现，可追溯到 1873 年法国的约瑟夫莫尼尔首创建成的一座用钢筋混凝土材料建造的拱式人行桥。钢筋混凝土拱桥的兴起，推动了拱桥向更大跨径方向发展，1940 年瑞典建成的桑独桥跨径达 264m。1980 年南斯拉夫首次用无支架悬臂施工方法，建成了跨度达 390m 的克尔克大桥，见图 1-21，该桥跨径保持了 18 年世界纪录。目前，无支架悬臂施工法在大跨度拱桥施工中被广泛采用。图 1-22 为著名的澳大利亚悉尼港湾大桥，是一座跨径为 503m 的中承式钢桁架拱桥，建于 1932 年。

图 1-21 南斯拉夫克尔克大桥

图 1-22 澳大利亚悉尼港湾大桥

1883年建成的纽约布鲁克林悬索桥，主跨跨径达到483m，这是现代悬索桥建设的开端。1937年建成的旧金山金门大桥，见图1-23，主跨跨径达到1280m。英国1981年建成的恒伯尔桥，主跨径1410m，是当时最大跨径的悬索桥。1998年丹麦的大贝尔特（Great Belt）桥建成通车，主跨为1624m，堪称英式悬索桥的典范。图1-24为目前世界上跨径最大的日本明石海峡公路、铁路两用悬索桥，主跨1991m（960＋1991＋960），全长3911m，桥宽35.5m，双向6车道，可以承受里氏8.5级强烈地震和抗150年一遇的80m/s的暴风，设计总投资约40亿美元。

图1-23　旧金山金门大桥

图1-24　日本明石海峡大桥

世界第一座现代化斜拉桥是1978年瑞典建成的主跨182.6m的斯特罗姆海峡桥；美国建成的跨径299m的P-K桥，是世界上第一座密索体系的预应力混凝土斜拉桥。图1-25为法国于1995建成主跨856m的诺曼底斜拉桥；1999年日本建成了主跨890m的多多罗大桥，见图1-26，是当时世界上主跨最长的斜拉桥，保持了19年的世界最大跨度记录。

图1-25　法国诺曼底大桥

图1-26　日本多多罗大桥

三、桥梁工程的发展前景

20世纪后期，桥梁在结构形式、工程材料、设计理论、制造工艺及施工设备等方面的不断创新和发展，有力地推动了桥梁建设的步伐。综合分析中外桥梁最近几十年的发展历程，可以看到世界桥梁建设必将迎来更大规模的建设高潮，同时对桥梁技术的发展方向提出了更新的要求。

（1）大跨度桥梁向更长、更大、更柔的方向发展。研究大跨度桥梁在气动、地震和行车动力作用下，结构的安全和稳定性，将截面做成适应气动要求的各种流线型加劲梁，增大特大跨度桥梁的刚度；采用以斜缆为主的空间网状承重体系；采用悬索加斜拉的混合体系；采用轻型而刚度大的复合材料做加劲梁，采用自重轻、强度高的碳纤维材料做主缆。

（2）新材料的开发和应用。新材料应具有高强、高弹模、轻质的特点，目前正在研究用超高强硅盐和聚合物混凝土、高强双向钢丝钢纤维混凝土、纤维塑料等一系列材料取代目前桥梁用的钢和混凝土。

（3）计算机等技术在桥梁设计、施工中的应用。在设计阶段采用高度发展的计算机辅助手段，进行有效的快速优化和仿真分析，运用智能化制造系统在工厂生产部件，利用 GPS 和遥控技术控制桥梁施工。

（4）大型深水基础工程。目前世界桥梁基础已经有超过 100m 深海基础工程，由于特殊的地质条件，其施工一般都具有桩长、水深、环境恶劣等特点，施工难度大，下一步需进行 100～300m 深海基础的实践与总结。

（5）桥梁健康诊断与维护。桥梁建成交付使用后，将通过自动监测和管理系统保证桥梁的安全和正常运行，一旦发生故障或损伤，将自动报告损伤部位和养护对策。

（6）重视桥梁美学及环境保护。21 世纪的桥梁结构必将更加重视建筑艺术造型，重视桥梁美学和景观设计，重视环境保护，达到人文景观同环境景观的完美结合。

单元小结

1. 桥梁由上部结构、下部结构、支座和附属设施四部分组成。

2. 桥梁按基本体系分类，有梁桥、拱桥、刚架桥和悬索桥四大基本体系。由上述四大基本体系相互组合，可派生出组合受力特征的桥型，即形成组合体系桥梁，如斜拉桥和梁拱组合体系桥等。

3. 普通钢筋混凝土及先张法预应力混凝土简支梁桥跨径一般不超过 25m，后张法预应力混凝土简支梁桥跨径一般不超过 50m，跨径再增加应考虑采用连续体系梁桥。

4. 拱桥分有推力和无推力（系杆）拱；根据不同的行车道位置，又分为上承式、中承式和下承式拱桥。

5. 刚架桥包括门式、斜腿、连续刚构以及 T 形刚构桥。

6. 斜拉桥的主要组成部分是主梁、索塔和斜拉索，斜拉桥属高次超静定结构，拉索的初张力对斜拉桥受力状态的优劣至关重要。

7. 悬索桥属柔性结构，一般为钢结构，悬索桥的风振问题在设计施工中应特别重视。

巩固训练

1. 试说明历史上桥梁发展获得三次飞跃的年代和原因。
2. 桥梁由哪几部分组成？其所处位置怎样？
3. 什么叫桥梁的上部结构和下部结构？它们的作用各是什么？
4. 对于不同的桥型，计算跨径、标准跨径、净跨径分别是怎样定义的？
5. 什么叫桥梁高度、桥下净空高度、桥梁建筑高度和容许建筑高度？
6. 简述梁桥、拱桥、悬索桥的主要受力特点。

单元2 桥梁设计初步

学习目标

1. 知道桥梁总体规划原则、设计程序和基本设计资料；
2. 能描述桥梁纵、横断面设计和平面布置；
3. 能描述桥梁上的作用种类和确定方法；
4. 能描述作用效应组合的含义和方法；
5. 能说明结构的功能要求和结构的极限状态；
6. 能说明桥梁工程图纸的组成、识读方法和步骤；
7. 能说明钢筋混凝土结构的工作原理；
8. 能描述混凝土和钢筋的物理力学性能。

任务2.1 桥梁建设程序与设计内容

任务描述

以某桥梁的规划设计过程为例，理解桥梁设计的基本原则，熟悉桥梁设计程序，掌握桥梁纵横断面设计内容。

一、桥梁设计的基本原则

我国公路桥梁设计的基准期为100年。桥梁设计与规划必须遵照“耐久、适用、环保、经济和美观”的基本原则进行，同时应充分考虑建造技术的先进性以及环境保护和可持续发展。

二、桥梁设计程序

在我国，基本建设程序分为前期工作和正式设计，它们的关系如图2-1所示。

国内一般（常规）的桥梁采用两阶段设计，即初步设计和施工图设计，对于技术简单、方案明确的小桥，也可采用一阶段设计，即施工图设计。对于技术复杂的大型桥梁，在初步设计之后，还需增加一个技术设计阶段，在这一阶段要针对全部技术难点，进行如抗风、抗震、受力复杂部位等的试验、计算及结构设计，然后再做施工图设计。

三、桥梁平纵横断面设计

1. 设计资料的调查收集

一座桥梁的规划设计涉及的因素很多，必须充分地调查研究，收集以下资料，从客观实际出发，提出合理的设计建议及计划任务书。

（1）调查研究桥梁交通要求。对于公路或城市桥梁，需要调查研究桥上交通的种类及其要求，如汽车荷载等级、实际交通量和增长率、需要的车道数目或行车道宽度、人行道的

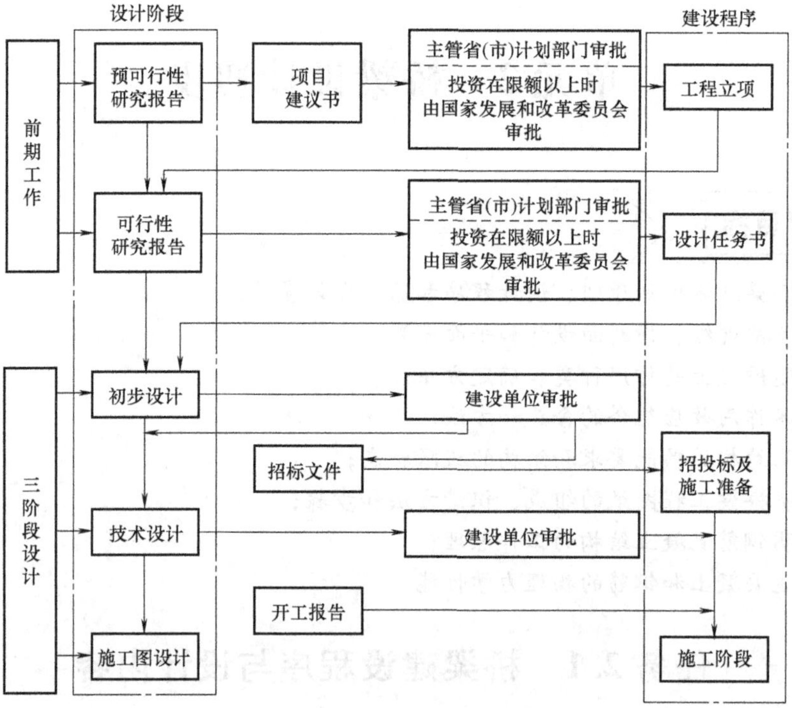

图 2-1 设计阶段与建设程序关系

要求等。

（2）选择桥位。各级公路上的小桥及其与公路的衔接，一般应符合路线布设的要求，桥中线与洪水流向应尽量正交。各级公路上的特大桥、大桥、中桥的桥位，原则上应服从路线上的总方向，应将路桥综合考虑。对于特大桥、大桥、中桥，一般选择 2～5 个可能的桥位，对每个可能的桥位进行相应的调查、勘测工作，包括搜集洪水、地形和地质资料，实地调查历史洪水位，做必要的地形、地貌和地质测绘等工作，经综合分析比较，选择出最合理的桥位。

（3）桥位的详细勘测和调查。对确定的桥位要进一步搜集资料，为设计和施工提供可靠依据。这时的勘测和调查工作包括绘制桥位附近的大比例地形图、进行桥位地质钻探并绘制地质剖面图、实地水文勘测调查等。为使地质资料更接近实际，宜将钻孔布置在拟定的桥孔方案墩台附近。

（4）调查其他有关情况。调查了解地震资料、当地建筑材料来源及供应情况、运输条件、是否需要拆迁建筑物或占用农田、桥上是否需要铺设电缆或各种管线等。

2. 桥梁平面布置

桥梁设计首先要确定桥位，一般情况下，小桥和涵洞的位置与线形一般应符合路线的总走向。为满足水文、线路弯道等要求，可设计斜桥和弯桥。对于公路上的特大桥及大、中桥桥位，原则上应服从路线走向，桥、路应综合考虑，尽量选择在河道顺直、水流稳定、地质条件良好的河段上。桥梁的平曲线半径、平曲线超高和加宽、缓和曲线、变速车道设置等，均应满足相应等级线路的规定。

3. 桥梁纵断面设计

桥梁纵断面设计包括确定桥梁的总跨径、桥梁的分孔、桥面的标高、桥上和桥头引道的纵坡以及基础的埋置深度等。

（1）桥梁总跨径。桥梁总跨径一般根据水文计算来确定。桥梁在整个使用年限内，应使设计洪水能顺利宣泄；河流中可能出现的流冰和船只、排筏等能顺利通航；避免因过分压缩河床引起河道和河岸的不利变迁；避免因桥前壅水而淹没农田、房屋、村镇和其他公共设施等。不能因总跨径缩短而引起河水对河床过度冲刷，从而给浅埋基础带来不利的影响。

（2）桥梁的分孔。对于一座较长的桥梁，应当分成若干孔。孔径划分的大小，不仅影响使用效果和施工等，而且在很大程度上影响桥梁的总造价。因此，在满足使用和技术要求的前提下，通常采用最经济的分孔方式，即使上、下部结构的总造价趋于最低，此时的跨径为经济跨径。这些要求如下。

1）对于通航河流，在分孔时首先应满足桥下的通航要求。桥梁的通航孔应布置在航行最方便的河域。对于变迁性河流，根据具体条件，应多设几个通航孔；对于平原区宽阔河流上的桥梁，通常在主河槽部分按需要布置较大的通航孔，而在两侧浅滩部分按经济跨径进行分孔。

2）当在山区的深谷、水深流急的江河以及水库上修桥时，为了减少中间桥墩，应加大跨径。条件允许时，甚至可以采用特大跨径的单孔跨越。

3）对于河流中存在不利的地质段，例如岩石破碎带、裂隙、溶洞等，在布孔时，为了使桥基避开这些区段，可以适当加大跨径。

4）对于采用连续体系的多孔桥梁，应从结构的受力特性考虑。使边孔与中孔的跨中弯矩接近相等，合理地确定相邻跨之间的比例。

5）当标准设计或新建桥涵跨径在50m以下时，一般应尽量采用通用跨径。

6）从战备的要求考虑，宜采用小跨径桥梁，以便战时快速修复。

7）位于城市的桥梁，还应从与城区周围环境及已建成桥梁相协调的角度考虑合理的布孔。

总之，对于大、中桥梁的分孔是一个相当复杂的问题，必须根据使用要求、桥位处的地形和环境、河床地质、水文等具体情况，通过技术、经济等方面的分析比较，才能做出较合理的设计方案。

（3）桥梁各种高程的确定。高程的确定包括应保证桥下排洪和通航的要求（跨河桥梁）及桥下安全行车（跨线桥），同时也须保证排洪、通航、行车过程中桥梁自身的安全。按照《公路桥涵设计通用规范》的有关规定，确定桥梁各种高程时需要考虑如下有关问题。

1）为了保证支座的安全和正常工作，对于设支座的桥梁，支座底面应高出计算水位（其值等于设计洪水位加壅水和浪高）不小于0.25m，并高出最高流冰面不小于0.50m，如图2-2所示。

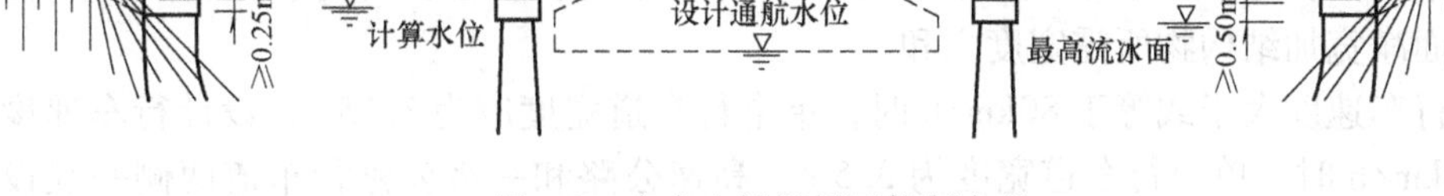

图2-2　有支座桥梁桥下控制高程

对于无铰拱桥，拱脚允许被洪水淹没（图 2-3），但淹没深度不宜超过拱圈矢高（f_0）的2/3，并且在任何情况下，拱顶底面应高出计算水位 1.0m，拱脚的起拱线应高出最高流冰面不小于 0.25m。

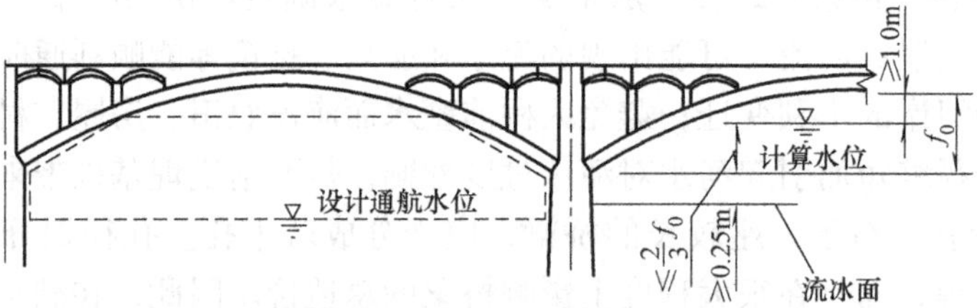

图 2-3 拱桥桥下控制高程

当河流中有形成流冰阻塞的危险或有漂浮物通过时，桥下净空应按当地具体情况确定；对于有淤积的河床，桥下净空应适当加高。

2）在通航及通行木筏的河流上，必须设置保证桥下安全通航的通航孔，并留出符合规范要求的通航净空，即通航孔桥跨结构下缘的标高应高出从设计通航水位算起的净空高度，任何桥梁构件或标志物均不得伸入其内，如图 2-4 所示。对于通航净空尺寸的规定可参见国家标准《内河通航标准》（GB 50139—2011）中相关规定。

3）在设计跨线路（铁道或公路）的立体交叉时，桥跨结构底缘的标高应高出规定的车辆净空高度。

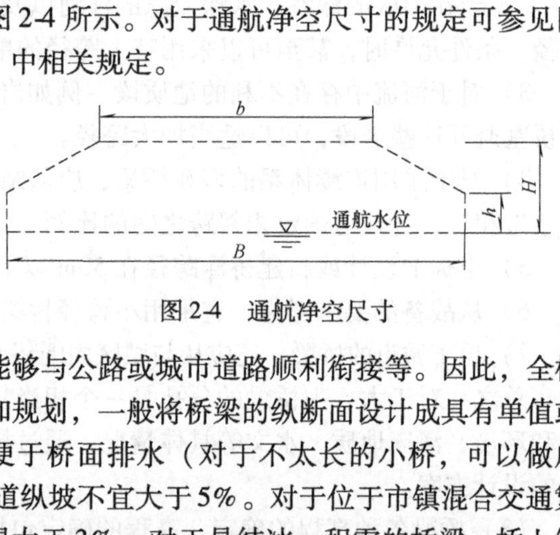

图 2-4 通航净空尺寸

综上所述，全桥位于河中各跨的桥面标高均应首先满足流水净空的要求；对于通航或桥下通车的桥孔，还应满足通航或通车净空的要求；另外，还应考虑桥的两端能够与公路或城市道路顺利衔接等。因此，全桥各跨的桥面标高是不相同的，必须综合考虑和规划，一般将桥梁的纵断面设计成具有单值或多值的坡度，既利于交通，美观效果好，又便于桥面排水（对于不太长的小桥，可以做成平坡桥），但桥面纵坡不宜大于4%，桥头引道纵坡不宜大于5%。对于位于市镇混合交通繁忙处的桥梁，桥上纵坡和桥头引道纵坡均不得大于3%，对于易结冰、积雪的桥梁，桥上纵坡不宜大于3%，并应在纵坡变更的地方按规定设置竖曲线使坡度改变处不致出现转角。

4. 桥梁横断面设计

桥梁的横断面设计，就是确定桥梁为满足使用功能所需的桥面宽度以及桥梁的截面形式，其中桥面净宽参照《公路工程技术标准》（JTG B01）、《公路桥涵设计通用规范》各级公路桥面净空限界确定；铁路桥梁、城市桥梁也有相应的规定。在桥面净空限界内，不得有任何物体侵入。横截面形式主要与上部结构的桥型方案及跨径有关。对于桥面上有结构物的桥梁，如中（下）承式拱桥、斜拉桥、悬索桥等，结构物将占去部分桥面宽度，因而桥面总宽为桥面净宽加结构物所需宽度之和。

设计行车速度大于或等于 80km/h 时，单个行车道宽度应为 3.75m；设计行车速度大于或等于 40km/h 时，单个行车道宽度为 3.5m。高速公路和一级公路行车道两侧一般设防撞护栏，宽度为 0.5m，防撞护栏与行车道之间应设 0.5m 左右宽的左侧路缘带，以确保安全；

对于高速公路和一级公路，还需在行车方向的右侧设应急停车带。

高速公路、一级公路一般宜设计为上、下行的两座独立桥。

桥上人行道的宽度一般为1.0m，大于1.0m时，按0.5m的倍数增加。漫水桥和过水桥路面可不设人行道，不设人行道的桥梁应设置栏杆和安全带。小桥、涵洞可仅设缘石或栏杆，路缘石的高度可取用0.25~0.35m。

四、桥梁设计方案的比选

为了获得经济、适用和美观的桥梁设计方案，设计者必须根据当地的需要和技术条件，因地制宜，综合应用专业知识，掌握国内外新技术、新材料、新工艺，在此基础上，进行深入细致的研究和分析对比，才能科学地得出最优的设计方案。桥梁设计方案的比选和确定可按下列步骤进行。

（1）明确各种标高的要求。在桥位纵断面图上，先按比例绘出设计洪水位、通航水位、堤顶标高、桥面标高、通航净空、堤顶行车净空位置等控制标高。

（2）桥梁分孔和初拟桥型方案草图。在上述确定了各种标高的纵断面图上，根据泄洪总跨径的要求，做出桥梁分孔和桥型方案草图。做草图时思路要宽广，只要基本可行，尽可能多绘几种，以免遗漏可能的桥型方案。

（3）方案初步比选。对草图各个方案作技术和经济上的初步分析和判断，剔除弱势方案，从中选出2~4个构思好、各具特色的方案，作进一步详细研究和比较。

（4）详绘桥型方案图。根据不同的桥型方案对桥梁结构的要求，参照已建成的桥梁，拟定主要尺寸并尽可能细致地绘制各个桥型方案的尺寸详图。对于新结构，应作初步力学分析，以便准确拟定各方案结构的主要尺寸。

（5）编制估算或概算。根据桥型方案详图，可计算出各方案的主要工程数量，然后依据各省、市或行业的桥梁工程估算指标或概算定额，编制出各方案的主要材料（钢材、木材、混凝土等）用量、劳动量、全桥造价。

（6）方案选定和文件汇总。对各方案的建设造价、养护费用、建设工期、工艺技术、主要用量、营运适用性、美观等因素，列表进行优缺点分析比较，综合考虑，最后确定每一个最佳方案作为推荐方案。然后编写方案说明。方案说明书中应阐明方案编制的依据和标准、各方案的特点、主要施工方法、设计概算以及方案比较的综合性评述，应重点详述推荐方案。整理各种测量资料、地质勘察和地震烈度复核资料、水文调查与计算资料等一并组册上报。

任务2.2 桥梁设计作用

任务描述

某钢筋混凝土梁桥位于二级公路上，标准跨径为20m，选择其荷载等级，确定主梁计算时需考虑的荷载类别，并确定汽车荷载大小。

桥梁结构在施工和使用过程中要受到自身和外部各种因素的作用，如结构的自重、人群荷载、汽车荷载、汽车冲击力、土压力、温度变化、风荷载和地震等。为了统一，将所有引起结构反应的原因统称为作用，包括施加在结构上的一组集中力或分布力，或引起结构外加变形或约束变形的原因。前者称直接作用（亦称荷载），如车辆、人群、结构自重等；后者称间接作用，如地震、结构不均匀沉降、混凝土收缩徐变、温度变化等。作用使结构产生的内力（轴向力、弯矩、剪力、扭矩）、变形和裂缝等称为作用效应。

下面主要介绍各类作用的基本概念和计算方法，实际设计时作用的取值按《公路桥涵设计通用规范》的规定处理。对城市桥梁，其荷载标准与公路桥梁类似，可参阅《城市桥梁设计荷载标准》（CJJ77）。

一、作用和作用代表值

桥梁结构设计的主要内容之一就是桥梁设计作用的选定和计算，作用可以根据不同的标准分类。我国现行的《公路桥涵设计通用规范》按照作用随时间的变化特点，将作用分为永久作用、可变作用、偶然作用和地震作用四类。各类作用所包含的具体作用见表 2-1。

表 2-1 作用分类表

序号	分类	名称	序号	分类	名称
1	永久作用	结构重力（包括结构附加重力）	13	可变作用	人群荷载
2		预加力	14		疲劳荷载
3		土的重力	15		风荷载
4		土侧压力	16		流水压力
5		混凝土收缩、徐变作用	17		冰压力
6		水浮力	18		波浪力
7		基础变位作用	19		温度作用
8	可变作用	汽车荷载	20		支座摩阻力
9		汽车冲击力	21	偶然作用	船舶的撞击作用
10		汽车离心力	22		漂流物的撞击作用
11		汽车引起的土侧压力	23		汽车撞击作用
12		汽车制动力	24	地震作用	地震作用

作用具有变异性，但在结构设计时，不可能直接引用作用随机变量或随机过程的各种统计参数通过复杂的计算进行设计，因此必须为结构设计时的作用给定一个量值，这个作用量值称为作用代表值。公路桥梁设计中对不同的设计状况、不同的极限状态有不同的设计要求，采用的作用代表值也不同。下面对与桥梁设计作用有关的几个名词描述如下。

（1）作用代表值：结构或结构构件极限状态设计时，针对不同设计目的所采用的各种作用规定值。可以是作用的标准值或可变作用的伴随值。

（2）作用标准值：是作用的主要代表值，也是结构设计的主要参数，可根据对观测数据的统计、作用的自然界限或工程经验确定。其值应取结构设计规定期限内可能出现的最不利值。

（3）可变作用的伴随值：在作用组合中，伴随主导作用的可变作用值。可以是组合值、频遇值或准永久值。

（4）可变作用的组合值：使组合后的作用效应的超越概率与该作用单独出现时其标准值作用效应的超越概率趋于一致的作用值；或组合后使结构具有规定可靠指标的作用值。可变作用的组合值是指在主导可变作用（汽车荷载）出现时段内其他可变作用的最大量值，但它比可变作用的标准值小，由标准值乘以小于 1 的组合值系数 ψ_c 得到。

（5）可变作用的频遇值：在设计基准期内被超越的总时间占设计基准期的比率较小的作用值；或被超越的频率限制在规定频率内的作用值。可变作用的频遇值是结构上频繁出现的且量值较大的作用取值，但它比可变作用的标准值小，由标准值乘以小于 1 的频遇值系数

ψ_f 得到。

（6）可变作用准永久值：在设计基准期内被超越的总时间占设计基准期的比率较大的作用值。可变作用准永久值是结构上经常出现的作用取值，但它比可变作用的频遇值又要小一些，由标准值乘以小于 ψ_f 的准永久值系数 ψ_q 得到。

二、永久作用

永久作用也称恒载，它是在设计使用期内，其作用位置和大小、方向不随时间变化，或其变化与平均值相比可忽略不计。永久作用采用标准值作为代表值。结构自重包括桥面铺装和附属设备等附加重力，其标准值按结构设计规定的设计尺寸和材料的重力密度计算确定，常用材料重力密度见表2-2。

表2-2　常用材料重力密度

材料种类	重力密度/(kN/m^3)	材料种类	重力密度/(kN/m^3)
钢、铸钢	78.5	浆砌片石	23.0
铸铁	72.5	干砌块石或片石	21.0
锌	70.5	沥青混凝土	23.0~24.0
铅	114.0	沥青碎石	22.0
黄铜	81.1	碎（砾）石	21.0
青铜	87.4	填土	17.0~18.0
钢筋混凝土或预应力混凝土	25.0~26.0	填石	19.0~20.0
混凝土或片石混凝土	24.0	石灰三合土、石灰土	17.5
浆砌块石或料石	24.0~25.0		

对于预应力混凝土桥梁结构，在进行结构正常使用极限状态设计和使用阶段构件应力计算时，预加力应作为永久作用计算其主效应和次效应，并计入相应阶段的预应力损失，但不计由于预加力偏心距增大引起的附加效应。在进行结构承载能力极限状态设计时，预加力不作为作用，而将预应力作为结构抗力的一部分，但在连续梁等超静定结构中，仍需考虑预加力引起的次效应。

混凝土收缩及徐变作用在外部超静定的混凝土结构及复合桥梁等结构中是必然存在的，而且是长期作用的。混凝土收缩应变和徐变系数可按《公路钢筋混凝土及预应力混凝土桥涵设计规范》（以下简称《公桥规》）附录F的规定计算。其他永久作用可按规范有关规定计算。

三、可变作用

可变作用是在设计使用期内，其作用位置和大小、方向随时间变化，且其变化与平均值相比不可忽略的作用。如各种车辆荷载等。

桥梁设计中考虑的可变作用有汽车荷载和人群荷载。同时，对于汽车荷载应计及其冲击力、制动力和离心力。对于所有车辆荷载，尚应计算其所引起的土侧压力。此外，可变作用尚包括支座摩阻力、温度（均匀温度和梯度温度）作用、风荷载、流水压力和冰压力等。

以下简要介绍桥梁设计中常用的汽车荷载及其影响力和人群荷载。其他可变作用的详细计算方法，可查阅《公路桥涵设计通用规范》的相应条文。

1. 汽车荷载

公路桥涵设计时，汽车荷载的计算图式、荷载等级及其标准值、加载方法和纵横向折减等应符合下列规定。

(1) 汽车荷载分为公路—Ⅰ级和公路—Ⅱ级两个等级，各级公路桥涵设计的汽车荷载等级应符合表2-3的规定。二级公路为集散公路且交通量小、重型车辆少时，其桥涵的设计可采用公路—Ⅱ级汽车荷载。

表2-3 各级公路桥涵设计的汽车荷载等级

公路等级	高速公路	一级公路	二级公路	三级公路	四级公路
汽车荷载等级	公路—Ⅰ级	公路—Ⅰ级	公路—Ⅰ级	公路—Ⅱ级	公路—Ⅱ级

(2) 汽车荷载由车道荷载和车辆荷载组成。车道荷载由均布荷载和集中荷载组成。桥梁结构的整体计算采用车道荷载，桥梁结构的局部加载、涵洞、桥台和挡土墙土压力等的计算采用车辆荷载。车辆荷载与车道荷载的作用不得叠加。

(3) 车道荷载的计算图式如图2-5所示。

1) 公路—Ⅰ级车道荷载的均布荷载标准值为$q_K=10.5\text{kN/m}$，集中荷载标准值按以下规定选取：桥梁计算跨径小于或等于5m时，$P_K=270\text{kN}$；桥梁计算跨径大于或等于50m时，$P_K=360\text{kN}$；桥梁计算跨径在5~50m之间时，P_K值采用直线内插法求得，$P_K=(260+2l)\ \text{kN}$。

计算剪力效应时，上述集中荷载标准值应乘以1.2的系数。

2) 公路—Ⅱ级车道荷载的均布荷载标准值q_K和集中荷载标准值P_K按公路—Ⅰ级车道荷载的0.75倍采用。

3) 车道荷载的均布荷载标准值应满布于使结构产生最不利效应的同号影响线上，集中荷载标准值只作用于相应影响线中一个影响线峰值处。

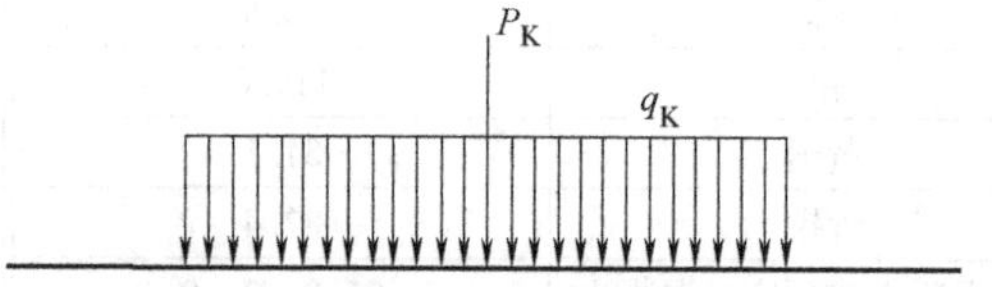

图2-5 车道荷载

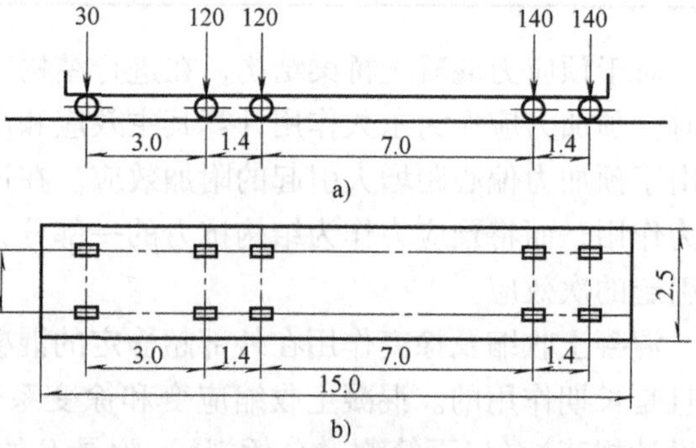

图2-6 车辆荷载布置图
(荷载单位：kN；尺寸单位：m)
a) 立面布置 b) 平面尺寸

(4) 公路—Ⅰ级和公路—Ⅱ汽车荷载采用相同的车辆荷载标准值，车辆荷载的立面、平面布置如图2-6所示，其主要技术指标规定见表2-4。

表2-4 车辆荷载主要技术指标

项 目	单位	技术指标	项 目	单位	技术指标
车辆重力标准值	kN	550	轮距	m	1.8
前轴重力标准值	kN	30	前轮着地宽度及长度	m	0.3×0.2
中轴重力标准值	kN	2×120	中、后着地宽度及长度	m	0.6×0.2
后轴重力标准值	kN	2×140	车辆外形尺寸（长×宽）	m	15×2.5
轴距	m	3+1.4+7+1.4			

（5）车道荷载横向分布系数应按设计车道数如图2-7所示布置车辆荷载进行计算。

（6）桥涵设计车道数应符合表2-5的规定。多车道桥梁上的汽车荷载应考虑多车道横向折减。布置一条车道汽车荷载时，应考虑汽车荷载的提高。当桥涵设计车道数大于或等于2时，由汽车荷载产生的效应应按表2-6规定的多车道横向折减系数进行折减，但折减后的效应不得小于两条设计车道的荷载效应。

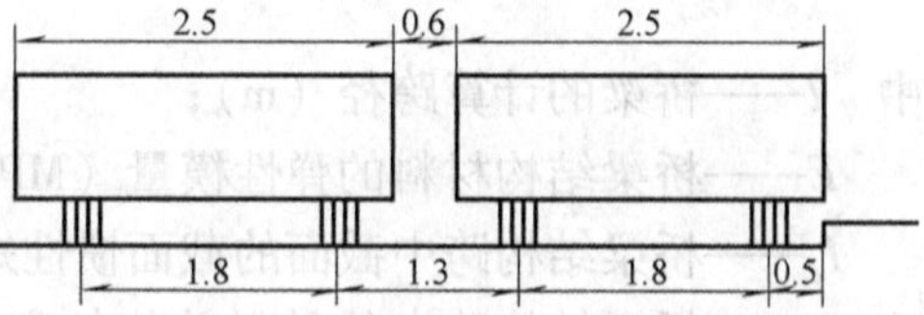

图2-7　车辆荷载横向布置（尺寸单位：m）

表2-5　桥涵设计车道数

桥面宽度 W/m		桥涵设计车道数	桥面宽度 W/m		桥涵设计车道数
车辆单向行驶时	车辆双向行驶时		车辆单向行驶时	车辆双向行驶时	
$W<7.0$		1	$17.5\leqslant W<21.0$		5
$7.0\leqslant W<10.5$	$6.0\leqslant W<14.0$	2	$21.0\leqslant W<24.5$	$21.0\leqslant W<28.0$	6
$10.5\leqslant W<14.0$		3	$24.5\leqslant W<28.0$		7
$14.0\leqslant W<17.5$	$14.0\leqslant W<21.0$	4	$28.0\leqslant W<31.5$	$28.0\leqslant W<35.0$	8

表2-6　横向车道布载系数

横向布载车道数（条）	1	2	3	4	5	6	7	8
横向布载系数	1.20	1.00	0.78	0.67	0.60	0.55	0.52	0.50

（7）大跨径桥梁应考虑车道荷载纵向折减。当桥梁计算跨径大于150m时，应按表2-7规定的纵向折减系数进行折减。当桥梁为多跨连续结构时，整个结构应按其最大计算跨径的纵向折减系数进行折减。

表2-7　纵向折减系数

计算跨径 l/m	$150<l<400$	$400\leqslant l<600$	$600\leqslant l<800$	$800\leqslant l<1000$	$l\geqslant1000$
纵向折减系数	0.97	0.96	0.95	0.94	0.93

2. 汽车荷载冲击力

车辆行驶过程中，由于桥面不平整、车轮不圆及发动机振动等原因，会使桥梁结构引起振动，从而使桥梁结构承受比静荷载要大的竖向荷载作用，这种动力效应称为车辆荷载冲击力。《公路桥涵设计通用规范》将这种车辆荷载冲击力以动力系数（$1+\mu$）予以考虑，μ为冲击系数，规定按下述方法计算。

$$\left.\begin{aligned}&当 f<1.5\text{Hz}时，\mu=0.05；\\&当 1.5\text{Hz}\leqslant f\leqslant14\text{Hz}时，\mu=0.17671\text{n}f-0.0157；\\&当 f>14\text{Hz}时，\mu=0.45；\end{aligned}\right\}\tag{2-1}$$

其中，f——结构基频（Hz）。

结构基频应采用有限元方法计算。对简支桥梁，可按下式估算。

$$f=\frac{\pi}{2l^2}\sqrt{\frac{EI_c}{m_c}}\tag{2-2}$$

$$m_c = \frac{G}{g} \tag{2-3}$$

式中 l——桥梁的计算跨径（m）；

E——桥梁结构材料的弹性模量（MPa）；

I_c——桥梁结构跨中截面的截面惯性矩（m^4）；

m_c——桥梁结构跨中的材料单位长度质量（kg/m），当换算为重力计算时，其单位应为 $N \cdot s^2/m^2$；

G——桥梁结构跨中的材料延米结构重力（N/m）；

g——重力加速度，$g=9.81m/s^2$。

钢桥、钢筋混凝土和预应力混凝土桥、混凝土桥和圬工拱桥等的上部构造以及钢支座、板式橡胶支座、盆式橡胶支座或钢筋混凝土柱式墩台，应计算汽车荷载的冲击力。

对于拱桥、涵洞以及重力式墩台，填料厚度（包括路面厚度）大于或等于50cm时，可以不计汽车荷载的冲击作用。汽车荷载的局部加载及在T梁、箱梁悬臂板上的冲击系数采用0.3。

3. 汽车离心力

车辆在弯道桥梁上行驶时会产生离心力，曲线半径越小，离心力越大，故曲线桥应计算汽车荷载引起的离心力。离心力标准值为车辆荷载（不计冲击力）标准值乘以离心力系数C。离心力系数按下式计算：

$$C = \frac{V^2}{127R} \tag{2-4}$$

式中 V——设计速度（按桥梁所在路线设计速度采用）(km/h)；

R——曲线半径（m）。

离心力的着力点在桥面以上1.2m处（为计算简便也可以移至桥面上，不计由此引起的作用效应）。多车道时，车辆荷载标准值也应乘以表2-6规定的横向车道布载系数。

4. 汽车引起的土侧压力

汽车荷载作用在桥台或挡土墙后填土上，将引起填土的破坏棱体对桥台或挡土墙的土侧压力，土侧压力可按下式换算成等代均布土层厚度计算，公式如下：

$$h = \frac{\sum G}{Bl_0\gamma} \tag{2-5}$$

式中 γ——土的重力密度（kN/m^3）

l_0——桥台或挡土墙后填土的破坏棱体长度（m）；

B——桥台横向全宽或挡土墙的计算长度（m）；

$\sum G$——分布在 $B \times l_0$ 面积内的车轮的总重力（kN）。

计算涵洞顶上车辆荷载引起的竖向土压力时，车轮荷载按其着地面积的边缘向下作30°角扩散分布。

5. 人群荷载

设计有人行道的桥梁结构，人群荷载的取值规定如下。

当桥梁计算跨径$l \leqslant 50$m时，人群荷载标准值取$3.0kN/m^2$；当桥梁计算跨径$l \geqslant 150$m时，人群荷载标准值取$2.5kN/m^2$；当桥梁计算跨径在50m及150m之间时，人群荷载标准值可由线性内插法求得。对跨径不等的连续结构，计算跨径以最大者为准。

城镇、郊区行人密集地区的公路桥梁，人群荷载标准值取前述规定值的1.15倍；专用人行桥梁，人群荷载标准值为3.5kN/m²。

人群荷载在横向应布置在人行道的净宽度内，在纵向施加于使结构产生最不利荷载效应的区段内。

人行道板（局部构件）可以一块板为单元，按标准值4.0kN/m²的均布荷载计算。

计算人行道栏杆时，作用在栏杆立柱顶上的水平推力标准值取0.75kN/m，作用在栏杆扶手上的竖向力标准值取1.0kN/m。

6. 汽车制动力

桥上汽车制动力，是车辆在刹车时为克服车辆的惯性力而在路面与车辆之间发生的滑动摩阻力。制动力大小与车辆和路面间的摩阻系数及汽车荷载大小有关，考虑到刹车常常只出现在一部分车辆上，且制动力只有同向行驶的汽车才能叠加，《公路桥涵设计通用规范》规定：一个设计车道的制动力标准值按布置在加载长度内车道荷载的10%计，但公路—Ⅰ级汽车荷载的制动力不得小于165kN，公路—Ⅱ级汽车荷载的制动力不得小于90kN。同向行驶双车道的制动力为一个设计车道制动力的2倍，同向行驶三车道为一个设计车道的2.34倍，同向行驶四车道为一个设计车道的2.68倍。

制动力的着力点在桥面以上1.2m处，计算墩台时，可移至支座中心线或支座底座面上。计算刚构桥、拱桥时，制动力的着力点可移至桥面上，但不计因此而产生的竖向力和力矩。

四、偶然作用

偶然作用是指桥梁结构设计基准期内不一定出现，而一旦出现其量值很大且持续时间较短的作用。偶然作用应根据试验资料，结合工程经验，并参见《公路桥涵设计通用规范》有关规定确定其标准值。

任务2.3　桥梁结构设计方法

任务描述

通过对某钢筋混凝土简支梁跨中截面弯矩或支点截面剪力组合设计值的计算，理解我国公路桥涵设计规范规定的计算原则，并能进行作用效应组合的计算。

一、结构的功能要求

1. 结构的功能要求

工程结构设计的基本目的是：在一定的经济条件下，结构在预定的使用期限内满足设计所预期的各项功能。结构的功能要求包括如下几项。

（1）安全性。结构在正常施工和正常使用时，能承受可能出现的各种作用，其中包括荷载引起的内力、振动过程中的恢复力以及由外加变形（如超静定结构的支座沉降）、约束变形（如温度变化或混凝土收缩引起的构件变形受到的约束）所引起的内力。结构在设计规定的偶然事件发生时和发生后，仍能保持必需的整体稳定性，不发生倒塌或连续破坏。

（2）适用性。结构在正常使用时具有良好的工作性能，不发生过大的变形或宽度过大的裂缝，不产生影响正常使用的振动，并且应满足预定的使用功能要求。

（3）耐久性。结构在正常维护下具有足够的耐久性能，不发生钢筋锈蚀和混凝土严重风化等现象。所谓足够的耐久性能，指结构在规定的工作环境中，在预定时期内，其材料性能的恶化不会导致结构出现不可接受的失效概率。从工程概念上讲，足够的耐久性能就是指在正常维护条件下结构能够正常使用到规定的设计使用年限。

2. 结构的可靠性与可靠度

结构的可靠性是结构的安全性、适用性和耐久性的统称，是指结构在规定的时间（指设计基准期）内，在规定的条件（指结构设计时所确定的正常设计、正常施工和正常使用条件）下，完成预定功能的能力。显然，增大结构设计的余量，如加大结构构件的截面尺寸或钢筋数量，或提高对材料性能的要求，总是能够增加或改善结构的安全性、适应性和耐久性要求，但这将使结构造价提高，不符合经济的要求。因此，结构设计要根据实际情况，解决好结构可靠性与经济性之间的矛盾。既要保证结构具有适当的可靠性，又要尽可能降低造价，做到经济合理。

可靠度是指结构在规定的时间内，在规定的条件下，完成预定功能的概率，是度量结构可靠性的数量指标。

3. 设计基准期

所谓设计基准期，是为确定可变作用及与时间有关的材料性能取值而选用的时间参数。《工程结构可靠性设计统一标准》（GB 50153—2008）规定：桥梁结构取100年的设计基准期。设计基准期表示在这个时间域内结构的失效概率是有效的。结构的设计基准期虽与结构使用寿命有联系，但不等同。当结构使用年限超过设计基准期后，表明结构的失效概率将会比设计时的预期值大，但并不等于结构丧失功能或报废。

二、极限状态设计法

整个结构或结构的一部分超过某一特定状态就不能满足设计规定的某一功能要求，此特定状态称为该功能的极限状态。极限状态是区分结构工作状态可靠或失效的标志。极限状态可分为两类：承载能力极限状态和正常使用极限状态。

1. 承载能力极限状态

这种极限状态对应于结构或结构构件达到最大承载能力或不适于继续承载的变形。结构或结构构件出现下列状态之一时，应认为超过了承载能力极限状态。

1）整个结构或结构的一部分作为刚体失去平衡（如倾覆、过大的滑移等）。

2）结构构件或联结因超过材料强度而破坏（包括疲劳破坏），或因过度变形而不适于继续承载。

3）结构转变为机动体系（如超静定结构由于某些截面的屈服，使结构成为几何可变体系）。

4）结构或结构构件丧失稳定（如细长柱达到临界荷载发生压屈失稳而破坏等）。

承载能力极限状态涉及结构的安全问题，可能导致人员伤亡和大量财产损失，所以必须具有较高的可靠度（安全度）或较低的失效率概率。《公桥规》规定：承载能力极限状态，应根据桥涵破坏可能产生的后果的严重程度，划分为三个安全等级进行设计，见表2-8。

表 2-8　公路桥涵结构的设计安全等级

安全等级	破坏后果	设计可靠度	适用对象	结构重要性系数 γ_0
一级	很严重	最高	1. 各等级公路上的特大桥、大桥、中桥 2. 高速公路、一级公路、二级公路、国防公路及城市附件交通繁忙公路上的小桥	1.1
二级	严重	中等	1. 三、四级公路上的小桥 2. 高速公路、一级公路、二级公路、国防公路及城市附件交通繁忙公路上的涵洞	1.0
三级	不严重	较低	三、四级公路上的涵洞	0.9

注：本表所列特大、大、中桥等按表 1-1 中的单孔跨径确定，对多跨不等跨桥梁，以其中最大跨径为准。

2. 正常使用极限状态

这种极限状态对应于结构或结构构件达到正常使用或耐久性能的某项规定限值。结构或结构构件出现下列状态之一时，应认为超过了正常使用极限状态。

1）影响正常使用或外观的变形（如过大的挠度）。

2）影响正常使用或耐久性能的局部损坏（如不允许出现裂缝结构的开裂；对允许出现裂缝的构件，其裂缝宽度超过了允许限值）。

3）影响正常使用的振动。

4）影响正常使用的其他特定状态。

3. 结构的设计状况

设计状况指代表一定时段的一组物理条件，设计应做到结构在该时段内不超越有关的极限状态。结构设计时，应根据结构在施工和使用中的环境条件和影响，区分下列四种设计状况。

（1）持久设计状况。指结构的使用阶段，一般取与设计基准期相同的时间。该状况桥涵应进行承载能力极限状态和正常使用极限状态设计。

（2）短暂设计状况。桥涵施工过程中承受临时性作用（或荷载）的状况。该状况桥涵仅作承载能力极限状态设计，必要时才作正常使用极限状态设计。

（3）偶然设计状况。桥涵使用过程中偶然出现的如罕遇的汽车撞击作用。该状况桥涵仅作承载能力极限状态设计。

（4）地震设计状况。在桥涵使用过程中遭受地震时的情况，在地震设防区，必须考虑地震情况。

4. 作用效应及结构抗力

（1）作用效应及作用效应设计值。作用效应是指结构对所受作用的反应，如弯矩、剪力、轴向力、扭矩、位移等。作用效应设计值是指作用标准值效应与作用分项系数的乘积，分作用分项系数和抗力分项系数两类。

（2）结构抗力。结构抗力 R 是指结构或构件承受作用效应的能力，如构件的承载力、刚度、抗裂度等。影响结构抗力的主要因素是材料性能（材料的强度、变形模量等物理力学性能）、几何参数（截面形状、面积、惯性矩等）以及计算模式的精确性等。考虑到材料性能的变异性、几何参数及计算模式精确性的不确定性，所以由这些因素综合而成的结构抗力也是随机变量。

三、我国公路桥涵设计规范规定的计算原则

1. 持久状况承载能力极限状态计算原则

《公桥规》规定桥梁结构的承载能力极限状态的计算以塑性理论为基础，设计原则是作

用效应最不利组合的设计值必须小于或等于结构抗力的设计值。

$$\left.\begin{aligned}\gamma_0 S \leqslant R \\ R = R(f_d, a_d)\end{aligned}\right\} \tag{2-6}$$

式中 γ_0——桥梁结构的重要性系数，对于公路桥梁，安全等级为一级、二级、三级时，分别取1.1、1.0、0.9；桥梁的抗震设计不考虑结构的重要性系数；

S——作用（或荷载）效应（其中汽车荷载应计入冲击系数）的组合设计值；当进行预应力混凝土连续梁等超静定结构的承载能力极限状态计算时，式（2-6）中的作用（或荷载）效应应改为$\gamma_0 S+\gamma_p S_p$，其中S_p为预应力（扣除全部预应力损失）引起的次效应；γ_p为预应力分项系数，当预应力效应对结构有利时，取$\gamma_p=1.0$；对结构不利时，取$\gamma_p=1.2$；

R——构件承载力设计值；

$R(\cdot)$——构件承载力函数；

f_d——材料强度设计值；

a_d——几何参数设计值，$a_d=a_k+\Delta a$，a_k为结构或构件几何参数标准值，即设计文件规定值；Δa为结构或构件的几何参数附加值，即指实际结构或构件的几何参数与标准值之间存在偏差而采用的调整值。

2. 正常使用极限状态计算原则

（1）抗裂验算$\sigma \leqslant \sigma_L$：预应力混凝土受弯构件应进行正截面和斜截面的抗裂验算，钢筋混凝土构件可不进行这项验算。

（2）裂缝宽度验算$W_{tk} \leqslant W_L$：钢筋混凝土构件及容许出现裂缝的B类预应力混凝土构件，均应进行裂缝宽度验算。

（3）挠度验算$f_d \leqslant f_L$：在设计钢筋混凝土和预应力混凝土构件时，必须保证其具有足够的刚度、避免因产生过大的变形（挠度）而影响使用，因此对结构的变形有所限制。

3. 混凝土结构的耐久性设计

（1）混凝土结构耐久性概念。结构的耐久性是指结构在使用环境下，对物理的、化学的以及其他使结构材料性能恶化的各种侵蚀的抵抗能力。耐久的混凝土结构当暴露于使用环境时，具有保持原有形状、质量和适用性的能力，不会由于保护层碳化或裂缝宽度过大而引起钢筋腐蚀，不发生混凝土严重腐蚀破坏而影响结构的使用寿命。结构的耐久性与结构的使用寿命总是相联系的，结构的耐久性越好，使用寿命越长。混凝土结构的耐久性问题越来越受到人们的重视。在设计混凝土结构时，除了进行承载力计算、变形和裂缝验算外，还必须进行耐久性设计。

（2）影响混凝土结构耐久性的因素。影响混凝土结构耐久性因素主要有内部和外部两个方面。内部因素主要有混凝土的强度、渗透性、保护层厚度、水泥品种和强度等级及用量，外加剂、集料活性等，外部因素则主要有环境温度、湿度、CO_2含量、侵蚀性介质等有害物质。耐久性不好往往是内部的不完善性和外部的不利因素综合作用的结果，而结构缺陷往往是设计不妥、施工不良引起的，也有因使用维修或维护不当引起的。混凝土结构耐久性问题有：混凝土冻融破坏、碱集料反应、侵蚀性介质腐蚀、机械磨损、混凝土碳化、钢筋锈蚀等。

（3）提高耐久性的措施。目前混凝土桥梁结构的耐久性取决于混凝土材料的自身特性和结构的使用环境，与结构设计、施工及养护管理密切相关。一般可以通过采用高耐久性混凝土，增强混凝土的密实度，提高混凝土自身抗破损能力；加强桥面排水和防水层设计，改善桥梁的环境作用条件；改进桥梁结构设计，其中包括加大混凝土保护层厚度；加强构造钢筋，防止和控制裂缝发展；采用具有防腐保护的钢筋。《公桥规》中耐久性设计主要采取以下保证措施。

1）划分混凝土结构的环境类别。混凝土结构耐久性与结构的工作环境条件有密切的关系，同一结构在强腐蚀环境中要比在一般大气环境中使用寿命短。对结构所处的环境划分类别可使设计者针对不同的环境采用相应的对策，《公桥规》将混凝土结构的使用环境分为四类，见表2-9。

表2-9 结构混凝土耐久性的基本要求

环境类别	环境条件	最大水灰比	最小水泥用量/(kg/m³)	最低混凝土强度等级	最大氯离子含量（%）	最大碱含量/(kg/m³)
Ⅰ	温暖或寒冷地区的大气环境、与无侵蚀性的水或土接触的环境	0.55	275	C25	0.30	3.0
Ⅱ	严寒地区的大气环境、使用除冰盐环境、滨海环境	0.50	300	C30	0.15	3.0
Ⅲ	海水环境	0.45	300	C35	0.10	3.0
Ⅳ	受侵蚀性物质影响的环境	0.40	325	C35	0.10	3.0

注：1. 有关现行规范对海水环境中结构混凝土的最大水灰比和最小水泥用量有更详细规定时，可参照执行；

2. 表中氯离子含量系指其占水泥用量的百分率；

3. 当有实际工程经验时，处于Ⅰ类和Ⅱ类环境中的结构混凝土的最低强度等级可降低一个等级；

4. 预应力混凝土构件中的最大氯离子含量为0.06%，最小水泥用量为300kg/m³；最低混凝土强度等级为C40或按表中规定应按表中规定Ⅰ类环境提高三个等级，其他环境类别提高两个等级；

5. 特大桥和大桥混凝土中的最大碱含量宜降至1.8kg/m³，当处于Ⅲ类、Ⅳ类或使用除冰盐和滨海环境时，宜使用非碱活性集料。

2）规定混凝土保护层厚度。《公桥规》根据混凝土结构所处的环境条件类别，规定了混凝土保护层的最小厚度，见表2-10。

表2-10 普通钢筋和预应力直线形钢筋最小混凝土保护层厚度

序号	构件类别	保护层厚度/mm		
		环境类别Ⅰ	环境类别Ⅱ	环境类别Ⅲ、Ⅳ
1	基础、桩基承台（1）基坑底面有垫层或侧面有模板（受力主筋）	40	50	60
	（2）基坑底面无垫层或侧面无模板（受力主筋）	60	75	85
2	墩台身、挡土结构、涵洞、梁、板、拱圈、拱上建筑（受力主筋）	30	40	45
3	人行道构件、栏杆（受力主筋）	20	25	30
4	箍筋	20	25	30
5	缘石、中央分隔带、护栏等行车道构件	30	40	45
6	收缩、温度、分部、防裂等表层钢筋	15	20	25

注：对于环氧树脂涂层钢筋，可按环境类别Ⅰ取用。

3）规定裂缝控制等级及其限值。裂缝的出现加快了混凝土的碳化，也是钢筋开始锈蚀的主要条件。因此，《公桥规》根据钢筋混凝土结构和预应力混凝土结构所处的环境条件类别和构件受力特征，规定了裂缝控制等级和最大裂缝宽度限值。

4）规定混凝土的基本要求。根据结构的环境类别，合理地选择混凝土原材料，控制混凝土的氯离子含量和碱含量，防止碱集料反应。改善混凝土的级配，控制最大水灰比、最小水泥用量和最低混凝土强度等级，提高混凝土的抗渗性能和密实度。《公桥规》规定：公路桥涵应根据其所处环境条件进行耐久性设计，结构混凝土耐久性的基本要求应符合表2-9的规定。

四、作用组合

1. 规范规定

公路桥涵结构设计时应考虑结构上可能同时出现的作用，按承载能力极限状态和正常使用极限状态进行作用组合，取其最不利组合效应进行设计。

1）只有在结构上可能同时出现的作用，才进行其效应的组合。当结构或结构构件需做不同受力方向的验算时，则应以不同方向的最不利的作用组合效应计算。

2）当可变作用的出现对结构或结构构件产生有利影响时，该作用不应参与组合。实际不可能同时出现的作用或同时参与组合概率很小的作用。按表2-11规定不考虑其作用效应的组合。

表2-11 可变作用不同时组合表

作用名称	不与该作用同时参与组合的作用	作用名称	不与该作用同时参与组合的作用
汽车制动力	流水压力、冰压力、波浪力、支座摩阻力	波浪力	汽车制动力、流水压力、冰压力
流水压力	汽车制动力、冰压力、波浪力	支座摩阻力	汽车制动力
冰压力	汽车制动力、流水压力、波浪力		

3）施工阶段作用效应的组合，应按计算需要及结构所处条件而定，结构上的施工人员和施工机具设备均应作为临时荷载加以考虑。组合式桥梁，当把底梁作为施工支撑时，作用效应宜分两个阶段组合，底梁受荷为第一个阶段，组合梁受荷为第二个阶段。

4）多个偶然作用不同时参与组合。

5）地震作用不与偶然作用同时组合。

2. 持久状况承载能力极限状态作用效应组合

公路桥涵结构按承载能力极限状态设计时，应采用以下两种作用效应组合。

（1）基本组合。永久作用设计值与可变作用设计值相组合，其效应组合表达式为：

$$S_{ud} = \gamma_0 S\left(\sum_{i=1}^{m}\gamma_{G_i}G_{ik}, \gamma_{Q1}\gamma_{L}Q_{1k}, \psi_c\sum_{j=2}^{n}\gamma_{Lj}\gamma_{Qj}Q_{jk}\right) \tag{2-7}$$

或

$$S_{ud} = \gamma_0 S\left(\sum_{i=1}^{m}G_{id}, Q_{1d}, \sum_{j=2}^{n}Q_{jd}\right) \tag{2-8}$$

式中 S_{ud}——承载能力极限状态下作用基本组合的效应设计值；

$S\,()$——作用组合的效应函数；

γ_0——结构重要性系数，对于公路桥梁，设计安全等级一级、二级和三级时，分别取1.1、1.0和0.9；

γ_{G_i}——第 i 个永久作用的分项系数，按表2-12的规定用；

G_{ik}、G_{id}——第 i 个永久作用的标准值和设计值；

γ_{Q1}——汽车荷载（含汽车冲击力、离心力）的分项系数，采用车道荷载计算时，取1.4，采用车辆荷载计算时，其分项系数取1.8。当某个可变作用在组合中其效应值超过汽车荷载效应时，则该作用取代汽车荷载，其分项系数取1.4；对专为承受某作用而设置的结构或装置，设计时该作用的分项系数取1.4；计算人行道板和人行道栏杆的局部荷载，其分项系数也取1.4；

Q_{1k}、Q_{1d}——汽车荷载（含汽车冲击力、离心力）的标准值和设计值；

γ_{Q_j}——在作用组合中除汽车荷载（含汽车冲击力、离心力）、风荷载外的其他第 j 个可变作用的分项系数，取1.4，但风荷载的分项系数取1.1；

Q_{jd}、Q_{jk}——在作用组合中除汽车荷载（含汽车冲击力、离心力）外的其他第 j 个可变作用的标准值和设计值；

ψ_c——在作用组合中除汽车荷载（含汽车冲击力、离心力）外的其他可变作用的组合值系数，取0.75；

$\psi_c Q_{jk}$——在作用组合中除汽车荷载（含汽车冲击力、离心力）外的第 j 个可变作用的组合值；

γ_{Lj}——第 j 个可变作用的结构设计使用年限荷载调整系数。公路桥梁结构的设计使用年限按《公路工程技术标准》（JTG B01）取值时，可变作用的设计使用年限荷载调整系数取1.0；否则，其取值应按专题研究确定。

当作用与作用效应可按线性关系考虑时，作用基本组合的效应设计值可通过作用效应代数相加计算。设计弯桥时，当离心力与制动力同时参与组合时，制动力标准值或设计值按70%取用。

表2-12 永久作用效应的分项系数

编号	作用类别		永久作用效应分项系数	
			对结构的承载能力不利时	对结构的承载能力有利时
1	混凝土和圬工结构重力（包括结构附加重力）		1.2	1.0
1	钢结构重力（包括结构附加重力）		1.1或1.2	1.0
2	预加力		1.2	1.0
3	土的重力		1.2	1.0
4	混凝土的收缩及徐变作用		1.0	1.0
5	土侧压力		1.4	1.0
6	水的浮力		1.0	1.0
7	基础变位作用	混凝土和圬工结构	0.5	0.5
7	基础变位作用	钢结构	1.0	1.0

（2）偶然组合。永久作用标准值效应与可变作用某种代表值效应、一种偶然作用标准值效应相组合。偶然作用的分项系数取1.0；与偶然作用同时出现的可变作用，可根据观测资料和工程经验取用适当的代表值。地震作用标准值及其表达式按现行《公路工程抗震设计规范》规定采用。

3. 正常使用极限状态作用效应组合

正常使用极限状态设计时，根据不同的设计要求，应采用以下两种组合，即频遇组合和准永久组合。

（1）作用频遇组合。永久作用标准值与汽车荷载值、其他可变作用准永久值相组合，其效应设计值表达式为：

$$S_{fd} = S\left(\sum_{i=1}^{m} G_{ik}, \psi_{f1} Q_{1k}, \sum_{j=2}^{n} \psi_{qj} Q_{jk}\right) \tag{2-9}$$

式中 S_{fd}——作用频遇组合的效应设计值；

ψ_{f1}——汽车荷载（不计汽车冲击力）频遇值系数，取0.7；

ψ_{qj}——第j个可变作用的准永久值系数，人群荷载$\psi_q=0.4$，风荷载$\psi_q=0.75$，温度梯度作用$\psi_q=0.8$，其他作用$\psi_q=1.0$；

$\psi_{f1}Q_{1k}$——汽车荷载的频遇值；

$\psi_{qj}Q_{jk}$——第j个可变作用的准永久值。

（2）作用准永久组合。永久作用标准值与可变作用准永久值相组合，其效应设计值表达式为：

$$S_{qd} = S\left(\sum_{i=1}^{m} G_{ik}, \sum_{j=1}^{n} \psi_{qj} Q_{jk}\right) \tag{2-10}$$

式中 S_{qd}——作用准永久组合的效应设计值；

ψ_{qj}——汽车荷载（不计冲击力）准永久值系数，取0.4。

当作用与作用效应可按线性关系考虑时，作用频遇组合、作用准永久组合的效应设计值可通过作用效应代数相加计算。

4. 计算示例

例2-1 计算跨径$l=15.5$m的钢筋混凝土简支梁，其跨中截面的弯矩标准值为：梁自重作用产生的弯矩标准值$M_{G1k}=399.81$kN·m；桥面铺装、栏杆、人行道等自重（二期恒载）作用产生的弯矩标准值$M_{G2k}=302.72$kN·m；汽车荷载作用（计入冲击系数$\mu=0.352$）产生的弯矩标准值$M_{Q1k}=726.51\times1.352=982.24$kN·m；人群荷载作用产生的弯矩标准值$M_{Q2k}=21.01$kN·m。试进行作用效应组合的计算。

解： 本示例针对钢筋混凝土简支梁跨中截面进行弯矩组合设计值计算。

（1）承载能力极限状态设计时的作用效应基本组合：

钢筋混凝土简支梁的安全等级取二级，桥梁结构重要性系数为$\gamma_0=1.0$。

因恒载作用效应对结构承载能力不利，故永久作用效应的分项系数取$\gamma_{G1}=1.2$；汽车荷载作用效应的分项系数为$\gamma_{Q1}=1.4$；人群荷载作用效应的分项系数$\gamma_{Q2}=1.4$。

本组合为永久作用与汽车荷载和人群荷载组合，故取人群荷载的组合系数为$\psi_{c1}=0.80$。承载能力极限状态计算时，作用效应值基本组合的设计值按下式计算：

$$M_{ud}=\gamma_0\left(\gamma_{G1}M_{Gk}+\gamma_{Q1}M_{Q1k}+\psi_{c1}\gamma_{Q2}M_{Q2k}\right)$$

$$=1.0\times\left(1.2M_{Gk}+1.4M_{Q1k}+0.8\times1.4M_{Q2k}\right)$$

$$=1.0\times\left[1.2\times(399.81+302.72)+1.4\times982.24+0.8\times1.4\times21.01\right]$$

$$=2241.70\ \text{kN}\cdot\text{m}$$

(2) 按正常使用极限状态设计时的作用效应组合

1) 作用短期效应组合。根据《公路桥涵通用设计规范》规定，计算汽车荷载作用效应这时应不计入冲击系数，不计冲击系数汽车荷载弯矩标准值为 $M_{G1k}=726.51\text{kN}\cdot\text{m}$。汽车荷载作用效应的频遇值系数 $\psi_{11}=0.7$，人群荷载作用效应的频遇值系数 $\psi_{12}=1.0$。由下式可得到作用短期效应组合设计值为

$$\begin{aligned}M_{sd}&=M_{Gk}+\psi_{11}M_{Q1k}+\psi_{12}M_{Q2k}\\&=(399.81+302.72)+0.7\times726.51+0.4\times21.01\\&=1219.49\ \text{kN}\cdot\text{m}\end{aligned}$$

2) 作用长期效应组合。汽车荷载作用效应的准永久值系数 $\psi_{21}=0.4$，人群荷载作用效应的准永久值系数 $\psi_{22}=0.4$。由下式可得到作用长期效应组合设计值为

$$\begin{aligned}M_{ld}&=M_{Gk}+\psi_{21}M_{Q1k}+\psi_{22}M_{Q2k}\\&=(399.81+302.72)+0.4\times726.51+0.4\times21.01\\&=1001.54\ \text{kN}\cdot\text{m}\end{aligned}$$

任务2.4　桥梁结构图纸识读

任务描述

分析某桥梁施工图纸的组成与排序，以桥梁总体布置图的识读为例，能初步识读施工图。

桥梁施工图是根据投影的原理，在绘图纸上按照国家规定的制图标准，把已经建成的或计划建造的桥梁构造图的图样画出，并加上图标和说明，用于指导施工的技术文件。桥梁施工图是工程设计人员和工程施工人员交流技术思想的重要工具，是表示工程项目总体布局，桥梁的外部形状、内部布置、结构构造、材料做法以及设备、施工等要求的图样。施工图具有图纸齐全、表达准确、要求具体的特点，是进行工程施工、编制施工图预算和施工组织设计的依据，也是进行技术管理的重要技术文件。因此参与施工的管理人员、技术人员都应阅读施工图，以了解整个工程的施工情况，最终达到工作环节的有序和顺畅。一个项目的施工图纸很多，不同的人员所阅读的目的和内容也有所不同。

通常意义上所说的标准图是指行业权威或主管部门认可、出版的图纸，具有最大的指导性和通用性。而通用图通常是用在某些特定项目上的，由负责设计的部门出版的。通用图要受标准图的制约，但往往不同于标准图，一般是在细节上针对具体项目作修改或调整。

一、桥梁施工图的图示特点与内容

桥梁施工图是利用正投影的理论和方法并结合专业图的图示特点绘制的，建造一座桥梁需要的图纸很多，按照《公路工程基本建设项目设计文件编制办法》（交公路发［2007］358 号）的规定，桥梁施工图一般可以分为桥位平面图、桥位工程地质纵断面图、桥型布置

图、构件结构图等几种。完整的桥梁工程图纸，一般由以下10部分组成。

1）目录。完整的工程图纸都装订成册，为阅读方便，编制详细的图名目录。

2）工程设计说明。工程设计说明一般包括工程概况、设计依据、设计范围、设计指标，施工要求、验收规范等。

3）桥位平面图。桥位平面图主要用来表明桥梁在道路路线中的平面位置，通过地形测量绘制出桥位的道路、河流、水准点、钻孔及附近的地形和地物（如房屋、老桥等），还表明线路的里程、水准点的位置、河水流向及洪水泛滥的情况，它是桥梁平面定位放线的依据。

4）桥位地质剖面图。桥位地质剖面图是根据水文调查和地质钻探所得的资料绘制的河床地质断面图，表示桥梁所在位置的地质水文情况，包括河床断面线、最高水位线、常水位线和最低水位线，该图为设计桥梁下部结构的形式和深度提供资料，也是确定桥梁基础施工方案的依据。小型桥梁可不绘制桥位地质剖面图，但应写出地质情况说明。

5）桥梁总体布置图。桥梁总体布置图是由桥梁立面图、平面图和侧剖面图组成。主要表明桥梁的形式、构造组成、跨度（梁长）、跨（孔）数、桥梁全长、桥面宽度、桥跨结构横断面布置、桥梁的线形、桥梁各主要构件的相互位置关系、桥梁各部分的标高、材料数量以及总的技术说明等，作为施工时确定墩台位置、安装构件和控制高程的依据。桥梁总体布置图还表明了桥位处的地质及水文资料和桥面设计标高、地面标高、纵坡、横坡及里程桩号，小型桥梁中还包括所在河床位置的地质断面图，以便作为施工时计算土石方工程数量的根据。

在桥梁总体布置图中，桥梁的构件都没有详细完整地表达出来，因此单凭桥梁总体布置图是不能进行制作和施工的，为此还必须根据总体布置图采用较大的比例把构件的形状、大小完整地表达出来，才能作为施工的依据，这种图也称构件结构图，简称构件图，如桥台图、桥墩图、主梁图等。构件图主要表明构件的外部形状及内部构造，如配筋情况，所以包括构造图和结构图。

6）桥梁上部构造及钢筋结构图。桥梁上部构造及钢筋结构图主要表达桥梁上部如主梁、拱圈或拱肋、主桁、支座、桥面铺装，栏杆（防撞墙）、人行道、伸缩缝、防水排水系统、照明系统等各部分详细结构的形式和尺寸以及构件内部钢筋配置情况。

7）桥梁下部构造及钢筋结构图。桥梁下部构造及钢筋结构图主要表达桥梁墩台各部分详细结构的形式、尺寸以及结构各组成部分内部钢筋配置情况。

8）桥梁附属工程结构构造图。桥梁附属工程结构构造图包括锥形护坡、导流护岸、河床铺砌、检查设备、台阶扶梯、导航装置等图纸。

9）工程数量表。工程数量表主要有全桥主要工程数量表、结构各部分工程数量表。

10）其他图表。其他图表主要有大型桥梁或复杂结构需要有施工顺序图、安装示意图等。

二、桥梁施工图的识读方法和步骤

1. 方法

桥梁读图的过程即先由整体到局部，再由局部到整体的反复过程。看图时，要将其他有关的投影图联系起来，包括总图或详图、钢筋明细表、说明等，再运用投影规律，相互对照，弄清整体。

2. 步骤

看图步骤可按下列顺序进行。

1）先看图纸首页的说明书，了解桥梁名称、种类、主要技术指标、施工措施、比例、尺寸单位等。

2）再看总体图，弄清各投影图的关系，如有剖、断面，则要凿出剖切线的位置和观察方向。看图时，应先看立面图（包括纵剖面图），了解桥型、孔数、跨度大小、墩台数目、桥梁全长、总高，了解河床断面及地质情况，再对照看平面图和侧面、横剖面等投影图，了解人行道的尺寸和主梁的断面形式等。这样，对桥梁的全貌便有了一个初步的了解。

3）分别阅读构件图和大样图，看的时候先看图纸右下角的标题栏和附注，以了解构件名称、比例、尺寸单位、技术说明等。

4）了解桥梁各部分所使用的建筑材料，并阅读工程数量表、钢筋明细表及说明等。

5）看懂桥梁图后，再看尺寸，进行复核，检查有无错误和遗漏。

6）各构件图看懂之后，再回过头来阅读总体图，了解各构件的相互配置及装置尺寸，直到全部看懂为止。

三、识图案例

下面通过对桥梁总体布置图的识读说明桥梁工程图识读的方法和步骤。桥梁总体布置图是简化了的全桥主要轮廓的投影图，它由立面图、平面图和剖面图组成。图2-8为一空心板简支梁桥总体布置图。该桥中心位于K0 +80.5处，是3孔空心板梁，桥梁全长为44.00m，总宽度为5.50m。图中还标出了全桥各主要部位的高程，如1号桥台台身顶即台帽底高程为94.061m，台身底即基础顶高程为89.041m，基础底高程为87.041m；2号桥墩立柱顶即盖梁底高程为94.061m，承台底即基桩顶高程为84.981m，基桩底高程为76.981m；图中还画出了河床断面，这些都表示出桥梁各部分在垂直方向的位置关系。

立面图是由垂直于线路方向向桥孔投影而得到的正面投影图。它反映了全桥的概貌。从立面图中可以看出该桥起点桩号为K0 +058.50，终点桩号为K0 +102.50，桥跨中心位置在K0 +085.50桩号处。全桥共3跨，3孔跨径均为13m，全长为44m。该桥不设纵坡。立面图上标出桥梁各部分的标高，根据图中桥梁各部分的标高可以知道立柱的高度及混凝土钻孔桩的埋置深度等。立面图中还反映出两边桥台为带耳墙的肋板式桥台，台下基础为钢筋混凝土扩大基础。河床中间有2个单柱式桥墩，它由立柱、承台和基础桩共同组成。

平面图主要表达桥梁在水平方向的形状及桥墩、桥台的布置情况。平面图左侧的投影部分主要表达了锥形护坡及桥面的布置情况；2号桥墩中心线右侧，可以看出桥梁盖梁和支座；在3号桥墩处可以看到立柱的断面形状及下面承台、桩柱分布情况；右侧桥台可以看到桥台盖梁、耳墙及其扩大基础水平方向的形状和布置情况。对照横剖面图可以看出桥面净宽4.5m，总宽5.5m。

在工程图中侧面图常常采用两个不同位置的1/2断面图合并而成，主要表达桥面宽度、桥跨结构横断面布置及横坡设置情况。该桥侧面图是由1/2 Ⅰ—Ⅰ断面和1/2 Ⅱ—Ⅱ断面拼接而成。Ⅰ—Ⅰ断面从左边跨处剖开，可以看到该处桥梁的上部结构和离剖切平面较近的桥墩（包括盖梁、立柱、承台及桩柱）侧面方向的形状及尺寸；Ⅱ—Ⅱ断面是在右边跨处剖切得到的，可以看到该处桥梁的上部结构和桥台（包括盖梁、肋板及基础）侧面方向的形状与尺寸。

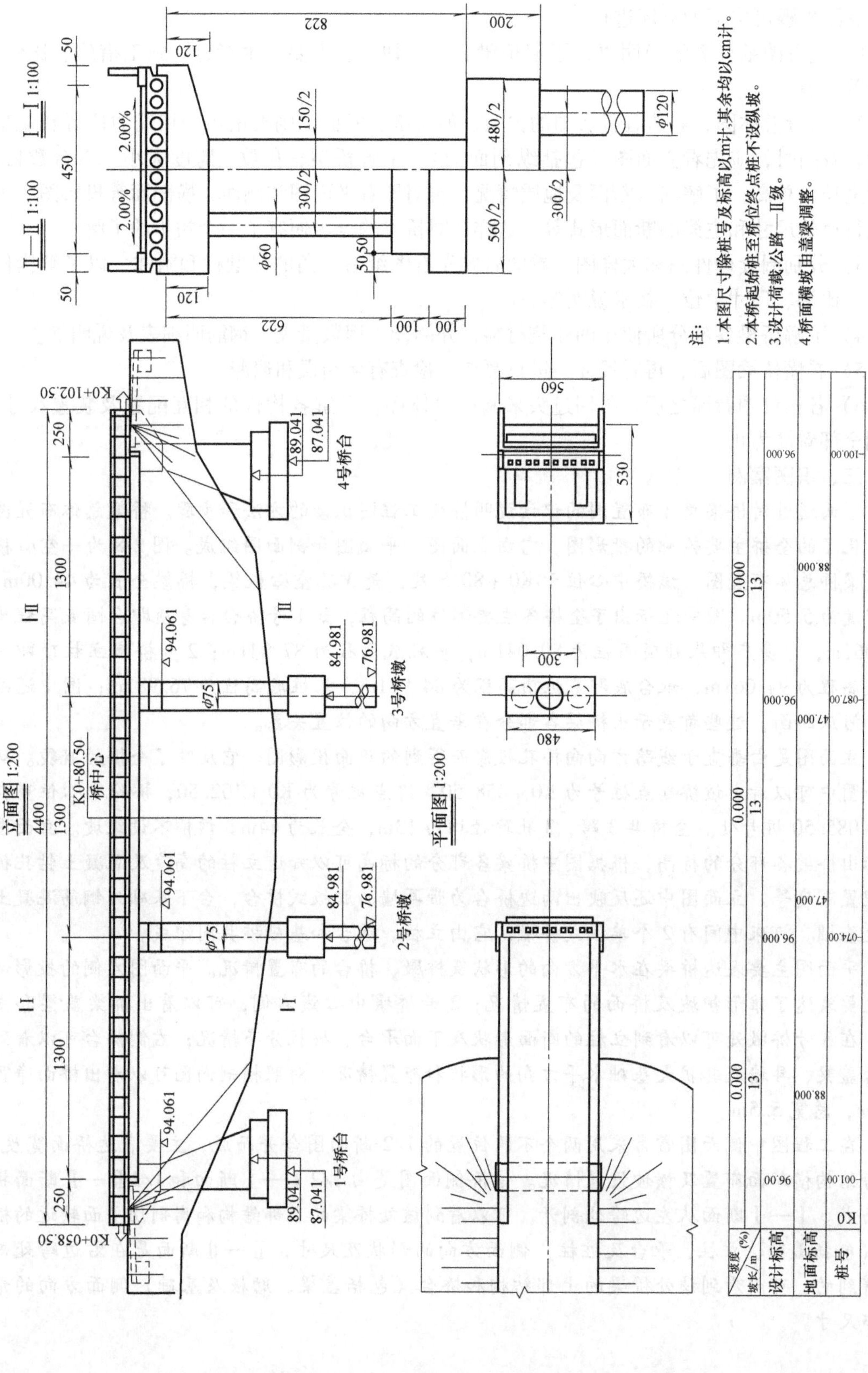
立面图 1:200
平面图 1:200
Ⅰ—Ⅰ 1:100
Ⅱ—Ⅱ 1:100
K0+058.50
K0+80.50
桥中心
K0+102.50
4400
1300
1300
1300
250
250
94.061
89.041
87.041
84.981
76.981
φ75
1号桥台
2号桥墩
3号桥墩
4号桥台
480
300
560
530
822
622
200
120
100
450
50
2.00%
150/2
300/2
480/2
560/2
φ60
φ120
坡度(%)
坡长/m
设计标高
地面标高
桩号
K0
0.000
13
96.000
88.000
47.000
注：
1.本图尺寸除桩号及标高以m计,其余均以cm计。
2.本桥起始桩至桥位终点桩不设纵坡。
3.设计荷载:公路—Ⅱ级。
4.桥面横坡由盖梁调整。

图2-8 某桥总体布置图

任务2.5　钢筋混凝土材料性能

任务描述

钢筋混凝土桥梁在中小跨径桥梁中的广泛应用与钢筋、混凝土的力学性质密切相关，以材料性能为基础分析理解符合力学原理、配筋相对合理的桥梁结构。

一、钢筋混凝土结构的基本概念及特点

1. 混凝土结构的一般概念

钢筋混凝土是由钢筋和混凝土两种力学性能完全不同的材料结合成整体，共同承受作用的一种建筑材料。工程中，以混凝土为主要材料制作成的结构就称混凝土结构。

混凝土是一种典型的脆性材料，其抗压强度很高，而抗拉强度则很低（约为抗压强度的1/18～1/8）。如果只用混凝土材料制作一根受弯的梁，如图2-9a所示，则在荷载（包括自重）作用下，梁的上部受压、下部受拉。当荷载达到某一数值时，梁下部受拉边缘的拉应变达到混凝土极限拉应变，即出现竖向弯曲裂缝，这时，裂缝处截面的受拉区混凝土退出工作，受压高度减小，即使荷载不再增加，竖向弯曲裂缝也会急速向上发展，导致梁骤然断裂（图2-9b）。这种破坏是很突然的。对应于素混凝土梁受拉区出现裂缝的荷载 F_c，一般称为素混凝土梁的抗裂荷载，也是素混凝土梁的破坏荷载。由此可见，素混凝土梁的承载能力是由混凝土的抗拉强度控制的，而受压混凝土的优越抗压性能则远远未能充分利用。如果要使梁承受更大的荷载，则必须将其截面加大很多，这将是不经济的，有时甚至是不可能的。

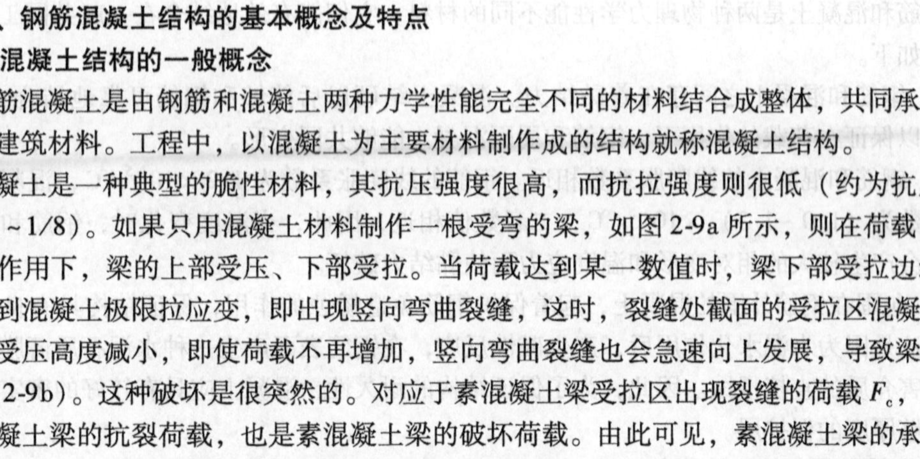

图2-9　素混凝土梁和钢筋混凝土梁的受力破坏情况

a）受竖向力作用的混凝土梁　b）素混凝土梁的断裂　c）钢筋混凝土梁的开裂

为解决上述矛盾，可采用抗拉强度高的钢筋来加强混凝土梁的受拉区，也就是在混凝土梁的受拉区配置适量的纵向受力钢筋，这就构成了钢筋混凝土梁。试验表明，与素混凝土梁有相同截面尺寸的钢筋混凝土梁承受竖向荷载作用时，当荷载略大于 F_c 时，受拉区混凝土仍会出现裂缝。在出现裂缝的截面处，受拉区混凝土虽退出工作，但配置在受拉区的钢筋将可承担几乎全部的拉力。这时，钢筋混凝土梁不会像素混凝土梁那样立即裂断，而能继续承

受荷载作用（图2-9c），直至受拉钢筋的应力达到屈服强度，裂缝向上延伸，受压区混凝土达到其抗压强度而被压碎，梁才宣告破坏。因此，钢筋混凝土梁中混凝土的抗压强度和钢筋的抗拉强度都得到了充分发挥，其承载能力可较素混凝土梁提高很多，提高的幅度与配置的纵向受拉钢筋数量和强度等有关。

混凝土的抗压强度高，常用于受压构件。若在混凝土中配置受压钢筋和箍筋，构成钢筋混凝土受压构件，试验表明，与截面尺寸及长细比相同的素混凝土受压构件相比，钢筋混凝土受压构件不仅承载能力大为提高，而且受力性能得到改善。此时，钢筋的作用主要是协助混凝土共同承受压力。

钢筋和混凝土是两种物理力学性能不同的材料，它们能有效地结合在一起共同工作的主要原因如下。

1）钢筋和混凝土之间存在着黏结力。混凝土结硬以后能够和钢筋可靠地结合在一起，从而可以保证在荷载的作用下，钢筋和周围混凝土能够共同变形。

2）钢筋和混凝土的线膨胀系数相近。钢筋的线膨胀系数为1.2×10^{-5}/℃，混凝土的线膨胀系数为（1.0~1.3）$\times10^{-5}$/℃，二者数值相近，因此，当温度变化时，钢筋和混凝土之间不会产生较大的相对变形和温度应力而使黏结力破坏。

3）包围在钢筋外围的混凝土，起着保护钢筋免遭锈蚀的作用，保证结构具有良好的耐久性。这是因为水泥水化作用后，产生碱性反应，在钢筋表面产生一种水泥石质薄膜，可以防止有害介质的直接侵蚀。因此，为了保证结构的耐久性，混凝土应具有较好的密实度，并留有足够厚度的保护层。

2. 钢筋混凝土结构的特点

1）在钢筋混凝土结构中，混凝土强度是随时间而不断增长的，同时，钢筋被混凝土所包裹而不致锈蚀，所以，钢筋混凝土结构的耐久性是较好的；此外，还可根据需要，配制具有不同性能的混凝土，以满足不同的耐久性要求。

2）钢筋混凝土结构（特别是整体浇筑的结构）的整体性好，其抵抗地震、振动以及强烈冲击作用都具有较好的工作性能。

3）钢筋混凝土结构的刚度较大，在使用荷载作用下的变形较小，故可有效地用于对变形有要求的建筑物中。

4）新拌和的混凝土是可塑的，可以根据设计需要浇筑成各种形状和尺寸的构件，特别适合于结构形状复杂或对建筑造型有较高要求的建筑物。

5）在钢筋混凝土结构中，混凝土包裹着钢筋，由于混凝土传热性能较差，在火灾中将对钢筋起着保护作用，使其不致很快达到软化温度而造成结构整体破坏。

6）钢筋混凝土结构所用的原材料中，砂、石所占的比重较大，而砂、石易于就地取材，故可以降低建筑成本。在工业废料（如矿渣、粉煤灰等）比较多的地区，可将工业废料制成人造骨料用于钢筋混凝土结构中，这不但可解决工业废料处理问题，还有利于环境保护，而且可减轻结构的自重。

但是，钢筋混凝土结构也存在一些缺点，诸如，钢筋混凝土构件的截面尺寸一般较相应的钢结构大，因而自重较大，不利于大跨度结构；抗裂性能较差，在正常使用时往往是带裂缝工作的；施工受气候条件影响较大；现浇钢筋混凝土结构需耗用模板；修补或拆除较困难等。

钢筋混凝土结构虽有缺点，但毕竟有其独特的优点，所以它的应用极为广泛，无论是桥梁工程、隧道工程、房屋建筑、铁路工程，还是水工结构工程、海洋结构工程等，都已广泛采用。随着钢筋混凝土结构的不断发展，上述缺点已经或正在逐步加以改善，例如，采用轻质高强混凝土以减轻结构自重；采用预制装配结构或工业化的现浇施工方法以节约模板和加快施工速度。

二、混凝土的物理力学性能

1. 混凝土的强度

（1）混凝土的强度等级和立方体抗压强度。混凝土的立方体抗压强度（简称立方体强度）是一种在规定的统一试验方法下衡量混凝土强度的基本指标。我国标准试件取用边长相等的混凝土立方体。这种试件的制作和试验均比较简便，而且离散性较小。

我国《公桥规》规定以每边边长为150mm的立方体试件，在标准养护条件下养护28d，依照标准试验方法测得的具有95%保证率的抗压强度值（以MPa计）作为混凝土的立方体抗压强度标准值（$f_{cu,k}$），同时用此值来表示混凝土的强度等级，并冠以“C”。如C30，则表示为30级混凝土，“30”表示该级混凝土立方体抗压强度的标准值为30MPa。

混凝土的立方体抗压强度的标准值又被称为混凝土的强度等级。用于公路桥梁承重部分的混凝土强度等级有C15、C20、C25、C30、C35、C40、C45、C50、C55、C60、C65、C70、C75和C80等，混凝土强度等级的级差均为5MPa。钢筋混凝土构件的混凝土强度等级不宜低于C25；当采用强度标准值400MPa及以上钢筋时，混凝土强度等级不宜低于C30；预应力混凝土构件不应低于C40。

值得注意的是，通过标准试件试验测得的抗压强度，只是反映出在同等标准条件下混凝土的强度和质量水平，是划分混凝土强度等级的依据，但并不代表在实际结构构件中混凝土的受力状态和性能。

（2）混凝土的轴心抗压强度（棱柱体抗压强度）。混凝土的抗压强度与试件的尺寸及其形状有关，通常钢筋混凝土构件的长度比它的截面边长要大得多，因此棱柱体试件（高度大于截面边长的试件）的受力状态更接近于实际构件中混凝土的受力情况。工程中通常用高宽比为3~4的棱柱体，按照与立方体试件相同条件下制作和试验方法测得的具有95%保证率的棱柱体试件的极限抗压强度值，作为混凝土轴心抗压强度，用f_{ck}表示。

试验表明，棱柱体试件的抗压强度较立方体试块的抗压强度低。混凝土的轴心抗压强度试验以150mm×150mm×300mm的试件为标准试件。

（3）混凝土的抗拉强度。混凝土的轴心抗拉强度也是混凝土的一个基本力学性能指标，可用于分析混凝土构件的开裂、裂缝宽度、变形及计算混凝土构件的受冲切、受扭、受剪等承载力。混凝土的抗拉强度很低，一般约为立方体抗压强度的1/18~1/8。

目前，尚未有统一的混凝土轴心抗拉标准试验方法，我国较多采用直接轴心拉伸试验（直接测试法）和劈裂试验（间接测试法）两种方法。

（4）混凝土轴心抗压（拉）强度标准值与设计值。材料强度标准值是考虑到同一批材料实际强度有时大有时小的这种离散性，为了统一材料质量要求而规定的材料极限强度的值。混凝土强度设计值主要用于承载能力极限状态设计的计算。概率极限状态设计方法规定强度设计值应用标准值除以材料分项系数而得。混凝土的材料分项系数$\gamma_c=1.4$。不同强度等级混凝土强度设计值与强度标准值见表2-13。

表 2-13　混凝土强度设计值和标准值　（单位：MPa）

强度种类		符号	混凝土强度等级													
			C15	C20	C25	C30	C35	C40	C45	C50	C55	C60	C65	C70	C75	C80
强度设计值	轴心抗压	f_{cd}	6.9	9.2	11.5	13.8	16.1	18.4	20.5	22.4	24.4	26.5	28.5	30.5	32.4	34.6
	轴心抗拉	f_{td}	0.88	1.06	1.23	1.39	1.52	1.65	1.74	1.83	1.89	1.96	2.02	2.07	2.10	2.14
强度标准值	轴心抗压	f_{ck}	10.0	13.4	16.7	20.1	23.4	26.8	29.6	32.4	35.5	38.5	41.5	44.5	47.4	50.2
	轴心抗拉	f_{tk}	1.27	1.54	1.78	2.01	2.20	2.40	2.51	2.65	2.74	2.85	2.93	3.00	3.05	3.10

注：计算现浇钢筋混凝土轴心受压和偏心受压构件时，如截面的长边或直径小于300mm，表中数值应乘以系数0.8；当构件质量（混凝土成型、截面和轴线尺寸等）确有保证时，可不受此限。

2. 混凝土的变形

混凝土的变形包括受力变形和体积变形两种。混凝土的受力变形是指混凝土在一次短期加载、长期荷载作用或多次重复循环荷载作用下产生的变形；而混凝土的体积变形是指混凝土自身在硬化收缩或环境温度改变时引起的变形。

（1）混凝土在一次短期加载时的应力—应变曲线。对混凝土进行短期单向施加压力所获得的应力—应变关系曲线即为单轴受压应力-应变曲线，它能反映混凝土受力全过程的重要力学特征和基本力学性能。是研究混凝土结构强度理论的必要依据，也是对混凝土进行非线性分析的重要基础。典型的混凝土单轴受压应力—应变全曲线如图2-10所示。

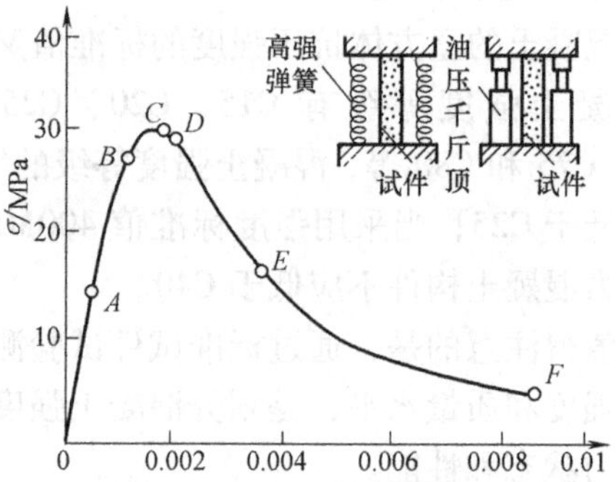

图2-10　混凝土单轴受压应力—应变关系曲线

从图中可看出：①全曲线包括上升段和下降段两部分，以 C 点为分界点，每部分由三小段组成；②图中各关键点分别表示为：A 为比例极限点，B 为临界点，C 为峰点，D 为拐点，E 为收敛点，F 为曲线末梢；③各小段的含义为：OA 段接近直线，应力较小，应变不大，混凝土的变形为弹性变形，原始裂缝影响很小；AB 段为微曲线段，应变的增长稍比应力快，混凝土处于裂缝稳定扩展阶段，其中 B 点的应力是确定混凝土长期荷载作用下抗压强度的依据；BC 段应变增长明显比应力增长快，混凝土处于裂缝快速不稳定发展阶段，其中 C 点的应力最大，即为混凝土极限抗压强度，与之对应的应变 $\varepsilon_0 \approx 0.002$ 为峰值应变；CD 段应力快速下降，应变仍在增长，混凝土中裂缝迅速发展且贯通，出现了主裂缝，内部结构破坏严重；DE 段，应力下降变慢，应变较快增长，混凝土内部结构处于磨合和调整阶段，主裂缝宽度进一步增大，最后只依赖骨料间的咬合力和摩擦力来承受荷载；EF 段为收敛段，此时试件中的主裂缝宽度快速增大而完全破坏了混凝土内部结构。

（2）混凝土在重复荷载作用下的应力—应变曲线。混凝土在多次重复荷载作用下，其应力、应变性质与一次短期加载情况有显著不同。从图2-11a可以看出，初次卸载至应力为零时，应变不能全部恢复。可恢复的部分称之为弹性应变，弹性应变包括卸载时瞬时恢复应变和卸载后弹性后效两部分；不可恢复的部分称之为残余应变。

如在某一荷载等级多次重复对混凝土试件加载，随着加载卸载次数的增加，残余应变会逐渐减小，一般重复5~10次后，应力—应变曲线就越来越闭合，并接近于一条直线，混凝土呈现弹性工作性质。如荷载再提高一个等级，残余应变又加大，但随着加载卸载次数的增加，再次趋于闭合。如图2-11b所示。

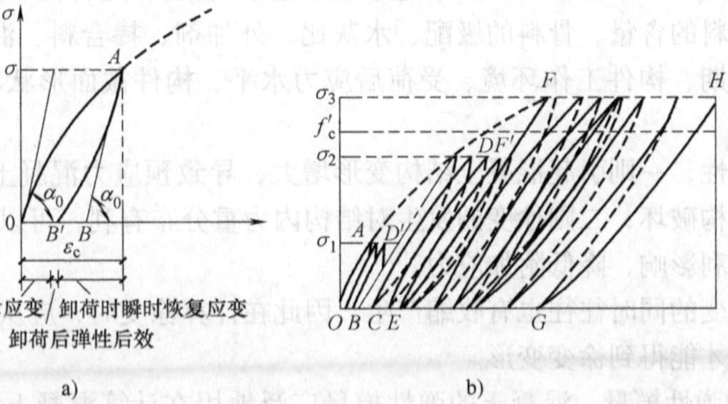

图2-11　混凝土在重复荷载作用下的应力—应变曲线

重复加载到某一循环次数，由于混凝土内部微裂缝存在和进一步发展，在试件内的缺陷处，造成局部应力集中，降低材料强度，最终产生脆性破坏，称为疲劳破坏。疲劳试验采用100mm×100mm×300mm或150mm×150mm×450mm的棱柱体，把能使棱柱体试件承受200万次或其以上循环荷载而发生破坏的压应力值称为混凝土的疲劳抗压强度。混凝土的疲劳强度约为其棱柱体强度的一半，即$f_p \approx 0.5f_{cd}$。

（3）混凝土在长期荷载作用下的变形　混凝土构件或材料在不变荷载或应力长期作用下，其变形或应变随时间而不断增长，这种现象称为混凝土的徐变。徐变的特性主要与时间有关，通常表现为前期增长快，以后逐渐减慢，经过2~3年后趋于稳定，图2-12为混凝土试件的应变—时间关系曲线，图中纵标A为加荷过程中完成的变形，称为瞬变；纵标B为荷载不变情况下产生的徐变，纵标C为试件产生的总变形。试件在受荷后的前3~4个月，徐变发展最快，可达徐变总值的45%~50%。当长期荷载引起的应力$\sigma_c < (0.5 \sim 0.55)f_{cd}$时，徐变的发展符合渐进线规律。徐变全部完成则需4~5年。当长期荷载卸去后，变形一部分恢复，如图2-12中的D，另一部分如图2-12中的E，则在相当长的时间内逐渐恢复，又称弹性后效。图2-12中的F为最后的残余变形。

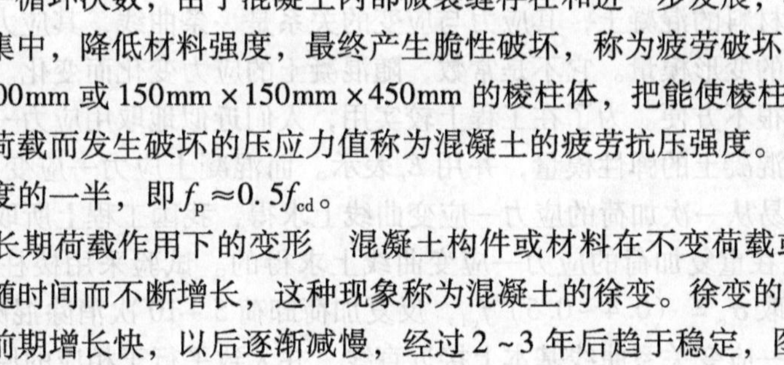

图2-12　混凝土徐变增长图

徐变主要由两种原因引起，其一是混凝土是具有黏性流动性质的水泥凝胶体，在荷载长期作用下产生黏性流动；其二是混凝土中微裂缝在荷载长期作用下不断发展。当作用的应力较小时主要由凝胶体引起，当作用的应力较大时，则主要由微裂缝引起。

影响混凝土徐变的因素是多方面的，包括混凝土的组成、配合比、水泥品种、水泥用量、骨料特性、骨料的含量、骨料的级配、水灰比、外加剂、掺合料、混凝土的制作方法、养护条件、加载龄期、构件工作环境、受荷后应力水平、构件截面形状和尺寸、持荷时间等。

徐变具有两面性，一则引起混凝土结构变形增大，导致预应力混凝土发生预应力损失，严重时还会引起结构破坏；二则徐变的发生对结构内力重分布有利，可以减小各种外界因素对超静定结构的不利影响，降低附加应力。

混凝土发生徐变的同时往往也有收缩产生，因此在计算徐变时，应从混凝土的变形总量中扣除收缩变形，才能得到徐变变形。

（4）混凝土的弹性模量。混凝土的弹性模量广泛地用在计算混凝土结构的内力、构件截面的应力和变形以及预应力混凝土构件截面应力分析之中。但与弹性材料相比，混凝土的应力应变关系呈现非线性性质，即在不同应力状态下，应力与应变的比值是一个变数。

作为弹塑性材料的混凝土，其应力与应变的关系是一条曲线，其应力增量与应变增量的比值即为混凝土的变形模量。它不是常数，随混凝土的应力变化而变化。显然，混凝土的变形模量在使用上很不方便。为了在工程上较实用，人们近似地取用应力—应变曲线在原点 O 的切线斜率作为混凝土的弹性模量，并用 E_c 表示。而混凝土应力—应变曲线原点 O 的切线斜率的准确值不易从一次加荷的应力—应变曲线上求得，我国工程上所取用的混凝土受压弹性模量 E_c 数值是在重复加荷的应力—应变曲线上求得的。试验采用棱柱体试件，加荷产生的最大压应力选取 $\sigma_c=(0.4\sim0.5)f_{cd}$，反复加荷卸荷 5 ~ 10 次消除混凝土的塑性变形后，混凝土受压应力—应变关系曲线基本上接近直线，并大致平行于相应的原点切线，则取该直线的斜率作为混凝土受压弹性模量 E_c 的数值。

试验结果表明，混凝土的受拉弹性模量与受压弹性模量十分相近，其比值平均为 0.995。使用时可取受拉弹性模量等于受压弹性模量。混凝土弹性模量 E_c 按表 2-14 取用。

表 2-14 混凝土弹性模量 （单位：MPa）

混凝土强度等级	C15	C20	C25	C30	C35	C40	C45	C50	C55	C60	C65	C70	C75	C80
E_c	2.20×10^4	2.55×10^4	2.80×10^4	3.00×10^4	3.15×10^4	3.25×10^4	3.35×10^4	3.45×10^4	3.55×10^4	3.60×10^4	3.65×10^4	3.70×10^4	3.75×10^4	3.80×10^4

注：当采用引气剂及较高砂率的泵送混凝土且无实测数据时，表中 C50 ~ C80 的 E_c 值应乘以折减系数 0.95。

混凝土的剪切弹性模量 G_c，一般可根据试验测得的混凝土弹性模量 E_c 和泊松比按下式确定：

$$G_c=\frac{E_c}{2(1+\nu_c)} \tag{2-11}$$

式中 ν_c——混凝土的横向变形系数（泊松比），《公桥规》规定取 $\nu_c=0.2$，则，$G_c=0.4E_c$。

（5）混凝土的收缩与膨胀。混凝土硬化过程中体积的改变称为体积变形，它包括混凝土的收缩和膨胀两方面。混凝土在空气中结硬时体积会减小，这种现象称为混凝土的收缩。

相反地，混凝土在水中结硬时体积会增大，这种现象称为混凝土的膨胀。混凝土的收缩是一种自发的变形，比其膨胀值大许多。因此，当收缩变形不能自由进行时将在混凝土中产生拉应力，从而有可能导致混凝土开裂；预应力混凝土结构会因混凝土硬化收缩而引起预应力钢筋的预应力损失。混凝土的收缩是由凝胶体的体积凝结缩小和混凝土失水干缩共同引起的，收缩变形随时间的增长而增长，其规律如图2-13所示，早期发展较快，一个月内可完成收缩总量的50%，而后发展渐缓，直至两年以上方可完成全部收缩，收缩应变总量约为 $(2\sim5)\times10^{-4}$，它是混凝土开裂时拉应变的2~4倍。

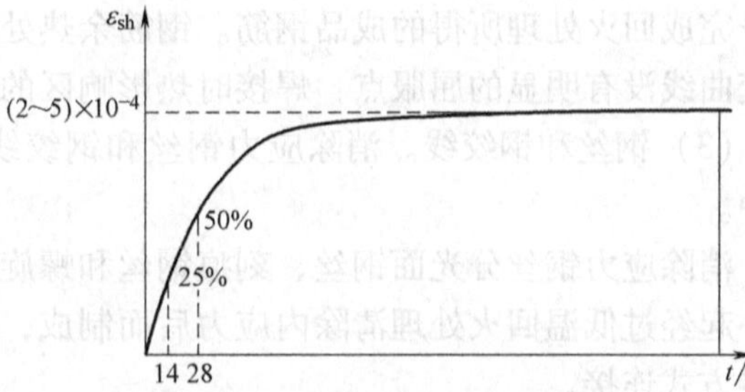

图2-13 混凝土的收缩随时间发展的规律

影响混凝土收缩的主要因素有：水泥用量（用量越大，收缩越大）；水灰比（水灰比越大，收缩越大）；水泥强度等级（强度等级越高，收缩越大）；水泥品种（不同品种有不同的收缩量）；混凝土集料的特性（弹性模量越大，收缩越小）；养护条件（温、湿度越高，收缩越小）；混凝土成型后的质量（质量好，密实度高，收缩小）；构件尺寸（小构件，收缩大）等。显然影响因素很多而且复杂，准确地计算收缩量十分困难，所以应采取一些技术措施来降低因收缩而引起的不利影响。

三、钢筋的物理力学性能

钢筋在混凝土结构中起到提高其承载能力，改善其工作性能的作用。了解钢筋的品种及其力学性能是合理选用钢筋的基础，而合理选用钢筋是混凝土结构设计的前提。混凝土结构中使用的钢材不仅要求有较高的强度、良好的变形性能（塑性）和可焊性，而且与混凝土之间应有良好的黏结性能，以保证钢筋与混凝土能很好地共同工作。

1. 钢筋的品种

混凝土结构中使用的钢筋，按化学成分可分为碳素钢和普通低合金钢两大类；按生产工艺和强度可分为热轧钢筋、中高强钢丝、钢绞线和冷加工钢筋；按表面形状可分为光圆钢筋和带肋钢筋等。在一些大型的、重要的混凝土结构或构件中，也可以将型钢置入混凝土中形成劲性钢筋。

碳素钢除含有铁元素外，还含有少量的碳、锰、硅、磷、硫等元素。含碳量越高，钢材的强度越高，但变形性能和可焊性越差。通常可分为低碳钢（含碳量小于0.25%）和高碳钢（含碳量为0.6%~1.4%）。碳素钢中加入少量的合金元素，如锰、硅、镍、钛、钒等，生成普通低合金钢，如20MnSi、20MnSiV、20MnSiNb、20MnTi等。

《公桥规》规定混凝土结构中使用的钢筋主要有热轧钢筋、余热处理钢筋和钢丝、钢绞线等。

（1）热轧钢筋。热轧钢筋主要用于钢筋混凝土结构中，也用于预应力混凝土结构中作为非预应力钢筋使用。桥梁结构常用热轧钢筋按其强度由低到高分为HPB300、HRB335、HRB400、HRB500等。除HPB300钢筋外形为光面圆钢筋外，其余强度较高的钢筋均为普通热轧带肋钢筋，一般为月牙肋钢筋。

（2）余热处理钢筋。钢筋混凝土常用余热处理钢筋有 RRB400、RRB500 等。余热处理钢筋是将特定强度的热轧钢筋利用热处理原理进行表面控制冷却（穿水），并利用芯部余热自身完成回火处理所得的成品钢筋。钢筋余热处理后，强度大幅度提高，塑性降低，应力—应变曲线没有明显的屈服点，焊接时热影响区的强度降低。

（3）钢丝和钢绞线。消除应力钢丝和钢绞线都是高强钢筋，主要用于预应力混凝土结构中。

消除应力钢丝分光面钢丝、刻痕钢丝和螺旋肋钢丝三种。钢绞线是由多根高强钢丝捻制在一起经过低温回火处理清除内应力后而制成，有 3 股和 7 股两种。钢丝和钢绞线不能采用焊接方式连接。

另外，还有用于预应力混凝土桥梁结构中的精轧螺纹钢筋，是在整根钢筋上轧有外螺纹的大直径、高强度、高尺寸精度的直条钢筋，直径规格有 18mm、25mm、32mm 和 40mm 四种。

2. 钢筋的强度和变形

钢筋的力学性能指钢筋的强度和变形性能。钢筋的强度和变形性能可以由钢筋单向拉伸的应力—应变曲线来分析说明。钢筋的应力—应变曲线可以分为两类：一是有明显流幅的，即有明显屈服点和屈服台阶的；二是没有流幅的，即没有明显屈服点和屈服台阶的。热轧钢筋属于有明显流幅的钢筋，强度相对较低，但变形性能好；热处理钢筋、钢丝和钢绞线等属于无明显屈服点的钢筋，强度高，但变形性能差。

（1）有明显屈服点钢筋单向拉伸的应力—应变曲线。有明显屈服点钢筋单向拉伸的应力—应变曲线见图 2-14。曲线由三个阶段组成：弹性阶段、屈服阶段和强化阶段。在 a 点以前的阶段称弹性阶段，a 点称比例极限点。在 a 点以前，钢筋的应变随应力成比例增长，即钢筋的应力—应变关系为线性关系；过 a 点后，应变增长速度大于应力增长速度，应力增长较小的幅度后达到 b_h 点，钢筋开始屈服。随后应力稍有降低达到 b_1 点，钢筋进入流幅阶段，曲线接近水平线，应力不增加而应变持续增加。b_h 点和 b_1 点分别称为上屈服点和下屈服点。上屈服点不稳定，受加载速度、截面形式和表面光洁度等因素的影响；下屈服点一般比较稳定，所以一般以下屈服点对应的应力作为有明显流幅钢筋的屈服强度。

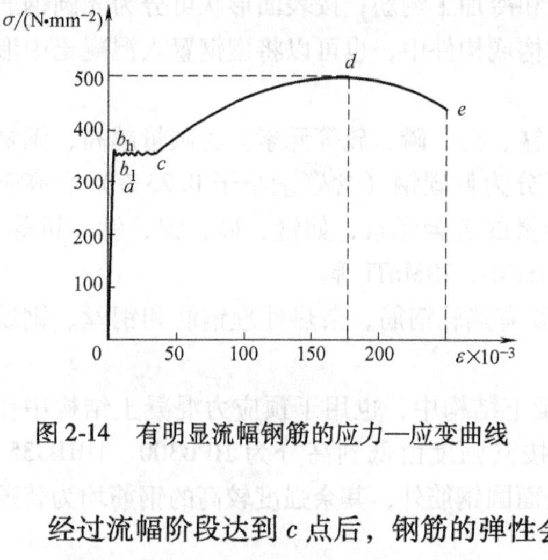

图 2-14 有明显流幅钢筋的应力—应变曲线

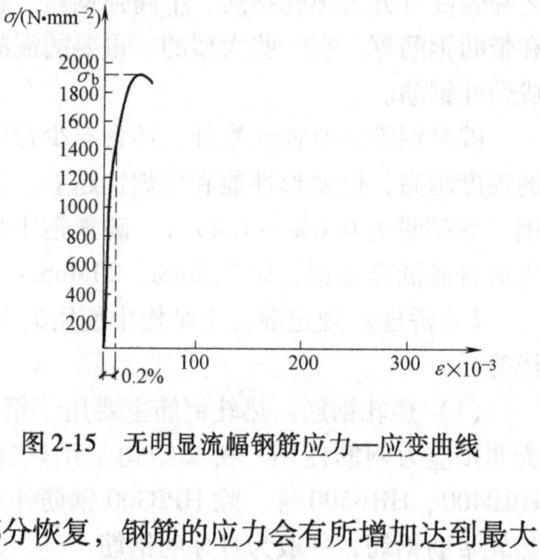

图 2-15 无明显流幅钢筋应力—应变曲线

经过流幅阶段达到 c 点后，钢筋的弹性会有部分恢复，钢筋的应力会有所增加达到最大

点 d，应变大幅度增加，此阶段为强化阶段，最大点 d 对应的应力称为钢筋的极限强度。达到极限强度后继续加载，钢筋会出现“颈缩”现象，最后在“颈缩”处 e 点钢筋被拉断。

尽管热轧低碳钢和低合金钢都属于有明显流幅的钢筋，但不同强度等级的钢筋的屈服台阶的长度是不同的，强度越高，屈服台阶的长度越短，塑性越差。

（2）无明显屈服点钢筋单向拉伸的应力—应变曲线。无明显屈服点钢筋单向拉伸的应力—应变曲线见图2-15。其特点是没有明显的屈服点，钢筋被拉断前，钢筋的应变较小。对于无明显屈服点的钢筋，《公桥规》规定以极限抗拉强度的85%（$0.85\sigma_b$）作为名义屈服点，用 $\sigma_{0.2}$ 表示。此点的残余应变为0.002。

（3）钢筋的冷加工。在常温下采用冷拉、冷拔、冷轧和冷轧扭等方法对热轧钢筋进行加工处理，称为钢筋的冷加工。得到的钢筋分别称为冷拉钢筋、冷拔钢筋、冷轧带肋钢筋和冷轧扭钢筋。钢筋经冷加工处理后强度会提高，因此可以节省钢材。但是，冷加工在提高钢筋强度的同时，使钢筋的变形性能显著降低，除冷拉钢筋仍有明显屈服点，其他钢筋均无明显屈服点。同时，冷加工钢筋在焊接热影响区的强度降低，热稳定性较差，目前已不再是结构设计中鼓励采用的钢筋，使用时应符合专门规定。

（4）钢筋的力学性能指标。混凝土结构中所使用的钢筋既要有较高的强度，提高混凝土结构或构件的承载能力，又要有良好的塑性，改善混凝土结构或构件的变形性能。衡量钢筋强度的指标有屈服强度和极限强度，衡量钢筋塑性性能的指标有延伸率和冷弯性能。

1）屈服强度与极限强度。钢筋的屈服强度是混凝土结构构件设计的重要指标。如上所述，钢筋的屈服强度是钢筋应力—应变曲线下屈服点对应的强度（有明显屈服点的钢筋）或名义屈服点对应的强度（无明显屈服点的钢筋）。达到屈服强度时钢筋的强度还有富余，是为了保证混凝土结构或构件正常使用状态下的工作性能和偶然作用下（如地震作用）的变形性能。钢筋拉伸应力—应变曲线对应的最大应力为钢筋的极限强度。

2）延伸率与冷弯性能。延伸率即试样拉伸断裂后标距段的总变形 ΔL 与原标距长度 L 之比的百分数，$\delta=\Delta L/L\times100\%$。国家标准规定了合格钢筋在给定标距（量测长度）下的最小延伸率，分别用 δ_{10} 或 δ_5 表示。δ 表示断后伸长率，下标分别表示标距为 $10d$ 和 $5d$，d 为被检钢筋直径。

为增加钢筋与混凝土之间的锚固性能，混凝土结构中的钢筋往往需要弯折。有脆化倾向的钢筋在弯折过程中容易发生脆断或裂纹、脱皮等现象，而通过拉伸试验不能检验其脆化性质，应通过冷弯试验来检验。其中钢筋的冷弯性能合格标准为：在规定的弯心直径 D 和冷弯角度 α 下弯曲后，在弯曲处钢筋应无裂纹、鳞落或断裂现象。钢筋塑性越好，钢辊直径 D 可越小，冷弯角就越大（图2-16）。冷弯性能可衡量钢材在常温下冷加工弯曲时产生塑性变形的能力，且更能综合反映钢材性能的优劣。

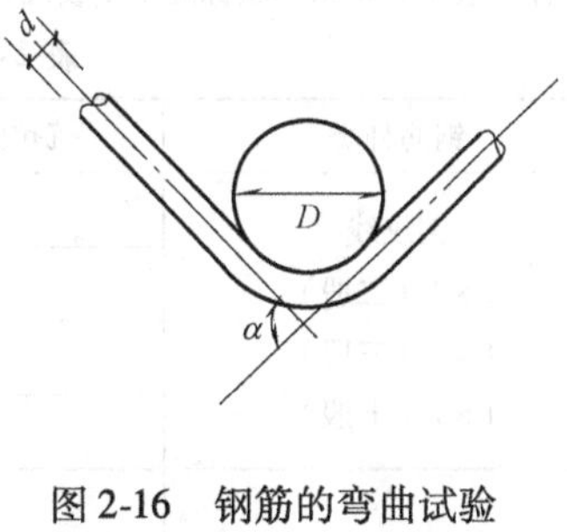

图2-16　钢筋的弯曲试验

α—弯曲角度　D—弯心半径

（5）钢筋的强度标准和设计值。为了保证钢材的质量，根据可靠度要求，《公桥规》规定，普通钢筋抗拉强度标准值，取用现行国家标准的钢筋屈服点，具有不小于95%保证率的抗拉强度。

按承载能力极限状态计算时，采用钢筋的强度设计值。强度设计值为钢筋强度标准值f_{sk}除以材料强度分项系数后的值。普通钢筋的强度分项系数$\gamma_s = 1.2$。普通钢筋强度设计值见表2-15。

表2-15　普通钢筋强度标准值和设计值　　（单位：MPa）

钢筋种类	符号	钢筋抗拉强度标准值f_{sk}	钢筋抗拉强度设计值f_{sd}	钢筋抗压强度设计值f'_{sd}
HPB300$d=8\sim22$	Φ	300	250	250
HRB335$d=6\sim50$	Φ	335	280	280
HRB400$d=6\sim50$	Φ	400	330	330
RRB400$d=8\sim40$	$Φ^R$	400	330	330

注：1. 表中d系指国家标准中的钢筋公称直径，单位mm；

2. 钢筋混凝土轴心受拉和小偏心受拉构件的钢筋抗拉强度设计值大于330MPa时，仍按330MPa取用；

3. 构件中配有不同种类的钢筋时，每种钢筋应采用各自的强度设计值。

钢丝、钢绞线强度标准值与设计值，按《公桥规》规定，取值见表2-16a和表2-16b。

表2-16a　预应力钢筋抗拉强度标准值　　（单位：MPa）

钢筋种类			符号	抗拉强度标准值f_{pk}
钢绞线	1×2（二股）	$d=8.0$、10.0	$Φ^S$	1470、1570、1720、1860
		$d=12.0$		1470、1570、1720
	1×3（三股）	$d=8.6$、10.8		1470、1570、1720、1860
		$d=12.9$		1470、1570、1720
	1×7（七股）	$d=9.5$、11.1、12.7		1860
		$d=15.2$		1720、1860
消除应力钢丝	光面 螺旋肋	$d=4.5$	$Φ^P$	1470、1570、1670、1770
		$d=6$		1570、1670
		$d=7$、8、9	$Φ^H$	1470、1570
	刻痕	$d=5$、7	$Φ^I$	1470、1570
精轧螺纹钢筋		$d=40$	JL	540
		$d=18$、25、32		540、785、930

注：表中d系指国家标准中钢绞线、钢丝和精轧螺纹钢筋的公称直径，单位mm。

表2-16b　预应力钢筋抗拉、抗压强度设计值　　（单位：MPa）

钢筋种类	抗拉强度标准值f_{pk}	抗拉强度设计值f_{pd}	抗压强度设计值f'_{pd}
钢绞线 1×2（二股） 1×3（三股） 1×7（七股）	1470	1000	390
	1570	1070	
	1720	1170	
	1860	1260	
消除应力光面钢丝和螺旋肋钢丝	1470	1000	410
	1570	1070	
	1670	1140	
	1770	1200	

（续）

钢筋种类	抗拉强度标准值f_{pk}	抗拉强度设计值f_{pd}	抗压强度设计值f'_{pd}
消除应力刻痕钢丝	1470	1000	410
	1570	1070	
精轧螺纹钢筋	540	450	400
	785	650	
	930	770	

（6）钢筋的弹性模量。钢筋的弹性模量比较稳定，即使强度级别相差很大，弹性模量也很接近。强度高的钢筋，弹性模量偏低。普通钢筋的弹性模量和预应力钢筋的弹性模量应按表2-17采用。

表2-17　钢筋的弹性模量　（单位：MPa）

钢筋种类	E_s	钢筋种类	E_p
HPB300	2.1×10^5	消除应力光面钢丝、螺旋肋钢丝、刻痕钢丝	2.05×10^5
HRB335、HRB400、RRB400、精轧螺纹钢筋	2.0×10^5	钢绞线	1.95×10^5

3. 钢筋的连接

由于结构中实际配置的钢筋长度与供货长度不一致，将产生钢筋的连接问题。钢筋的连接形式有焊接接头、机械连接接头和绑扎接头，宜采用焊接接头和机械连接接头。

（1）钢筋连接的原则。钢筋的连接需要满足承载力、刚度、延性等基本要求，以便实现结构对钢筋的整体传力，应遵循如下基本设计原则。

1）接头应尽量设置在受力较小处，以降低接头对钢筋传力的影响程度。

2）在同一钢筋上宜少设连接接头，以避免过多的削弱钢筋的传力性能。

3）同一构件相邻纵向受力钢筋的绑扎搭接接头宜相互错开，限制同一连接区段内接头钢筋面积率，以避免变形、裂缝集中于接头区域而影响传力效果。

4）在钢筋连接区域应采取必要构造措施，如适当增加混凝土保护层厚度或调整钢筋间距，保证连接区域的箍筋配制，以确保对被连接钢筋的约束，避免连接区域混凝土纵向劈裂。

（2）绑扎接头。绑扎接头是在钢筋搭接处用铁丝绑扎而成，如图2-17所示。要使搭接处接头强度可靠，必须有足够的搭接长度l_s，l_s不小于表2-18所列的长度；当受力钢筋直径大于28mm及轴心受拉、小偏心受拉构件，不宜采用绑扎接头。《公路桥涵施工技术规范》（JTG/T F50—2011）规定：受拉钢筋绑扎接头的搭接长度应符合表2-18的规定；受压钢筋绑扎接头的搭接长度应取受拉钢筋绑扎接头搭接长度的0.7倍。

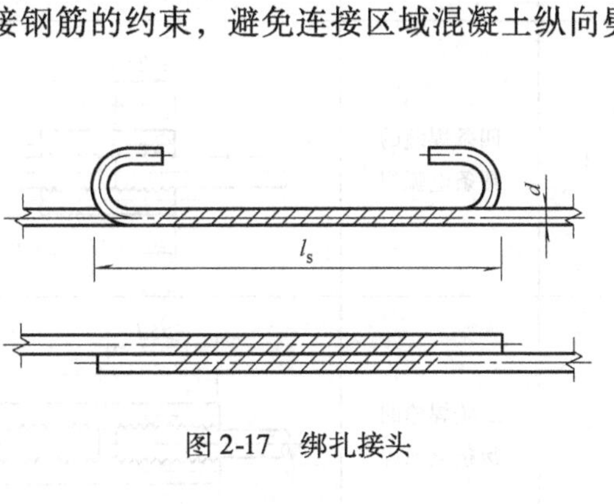

图2-17　绑扎接头

表 2-18 受拉钢筋绑扎接头的搭接长度 l_s

钢筋类型	混凝土强度等级	
	C25	≥C30
HPB300	40*d*	35*d*
HRB335	40*d*	35*d*
HRB400、RRB400	—	45*d*

注：1. 当带肋钢筋直径 $d>25$mm 时，其受拉钢筋的搭接长度应按表中值增加 5*d* 采用；当带肋钢筋直径 $d\leqslant25$mm 时，其受拉钢筋的搭接长度应按表中值减少 5*d* 采用；
2. 当混凝土在凝固过程中受力钢筋易受扰动时，其搭接长度应增加 5*d*；
3. 在任何情况下，纵向受拉钢筋的搭接长度均不应小于 300mm，受压钢筋的搭接长度均不应小于 250mm；
4. 环氧树脂涂层钢筋的绑扎接头搭接长度，受拉钢筋按表值的 1.5 倍采用；
5. 两根不同直径的钢筋的搭接长度，以较细的钢筋直径计算。

（3）焊接接头。钢筋焊接是利用电阻、电弧或者燃烧的气体加热钢筋端头使之熔化并用加压或添加熔融的金属焊接材料，使之连成一体的连接方式。有闪光对焊、电弧焊、电渣压力焊、气压焊等类型。焊接接头最大的优点是节省钢筋材料、接头成本低、接头尺寸小，基本不影响钢筋间距及施工操作，在质量有保证的情况下是较理想的连接形式。对焊是由两条钢筋直接对头接触电焊而成，如表 2-19 第 1 项所示；焊缝焊接需要一定的搭接长度，其有关规定见表 2-19 第 2～5 项。

冷拉钢筋应在冷拉前进行焊接；冷拔低碳钢丝的接头只能采用绑扎接头。为了保证构件安全，受力钢筋接头应设置在内力较小处，并错开布置。在任一搭接长度（对预应力钢筋的焊接接头，搭接长度取 30*d*，且不小于 500mm 的区段内，有接头的受力钢筋截面面积的百分率应符合表 2-20 的规定。

表 2-19 焊接接头的类型

项次	焊接接头类型	接头结构	适用范围	
			钢筋类别	钢筋直径/mm
1	接触电焊 （闪光焊）	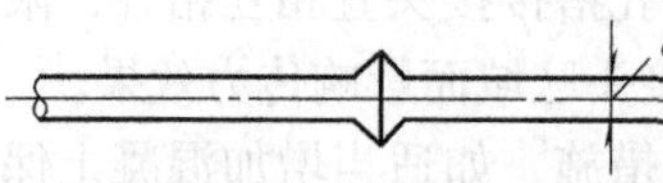	HPB300 HRB335 HRB400 RRB400	10～40
2	四条焊缝的 帮条电弧焊	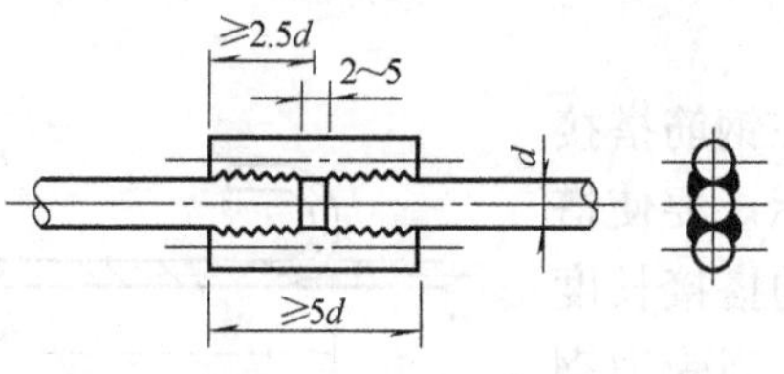	HPB300 HRB335 HRB400 RRB400	10～40
3	二条焊缝的 帮条电弧焊	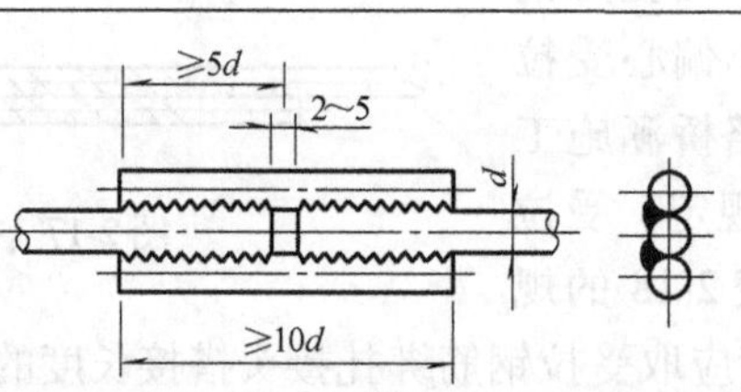	HPB300 HRB335 HRB400 RRB400	10～40

（续）

项次	焊接接头类型	接头结构	适用范围	
			钢筋类别	钢筋直径/mm
4	二条焊缝的搭接电弧焊	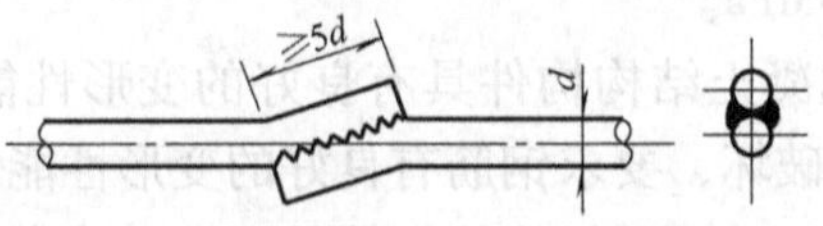	HPB300 HRB335 HRB400 RRB400	10~40
5	一条焊缝的搭接电弧焊	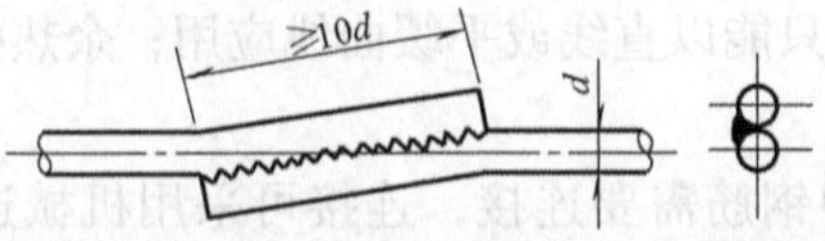	HPB300 HRB335 HRB400 RRB400	10~40

注：1. 只有在无法进行项次2、4的电弧焊时，才允许采用项次3、5的形式；

2. 采用项次2、3、4、5的电弧焊时，焊缝长度不应小于帮条或搭接长度；

3. d——钢筋直径。

表2-20　接头长度区段内受力钢筋接头面积的最大百分率

接头形式	接头面积最大百分率（%）	
	受拉区	受压区
主钢筋绑扎接头	25	50
主钢筋焊接接头	50	不限制
预应力钢筋对焊接头	25	不限制

注：1. 在同一根钢筋上应尽量少设接头；

2. 装配式构件连接处的受力钢筋焊接接头和预应力混凝土构件的螺丝端杆接头，可不受本条限制；

3. 焊接接头长度区段内是指$35d$长度范围内，但不得小于500mm，绑扎接头长度区段是指1.3倍搭接长度；

4. 绑扎接头中钢筋的横向净距不应小于钢筋直径且不应小于25mm。

（4）机械连接。钢筋的机械连接是通过钢筋与连接件的机械咬合作用或钢筋端面的承压作用，将一根钢筋中的力传递至另一根钢筋的连接方法。主要形式有镦粗直螺纹、滚轧直螺纹和套筒挤压连接接头等。机械连接比较简便，是规范鼓励推广应用的钢筋连接形式，但与整体钢筋相比性能总有削弱，因此应用时应遵循如下规定。

1）钢筋机械连接接头连接区段的长度为$35d$（d纵向受力钢筋的较大直径），凡接头中点位于该连接区段长度内的机械连接接头均属于同一连接区段。

2）在受拉钢筋受力较大处设置机械连接接头时，位于同一连接区段内的纵向受拉钢筋接头面积百分率不宜大于50%。

3）直接承受动力荷载的结构构件中的机械连接接头，除应满足设计要求的抗疲劳性能外，位于同一连接区段内的纵向受力钢筋接头面积百分率不应大于50%。

4）钢筋机械连接件的最小混凝土保护层厚度，应符合设计受力主筋混凝土保护层厚度的规定，且不得小于20mm；连接件之间或连接件与钢筋之间的横向净距不宜小于25mm。

4. 混凝土结构对钢筋性能的要求

混凝土结构对钢筋性能的要求主要有四个方面。

（1）强度高。使用强度高的钢筋可以节省钢材，取得较好的经济效益。普通钢筋是钢筋混凝土结构中和预应力混凝土结构中的非预应力钢筋，目前主要是HPB300、HRB335、HRB400、RRB400等热轧钢筋。设计中还应选择适当的屈强比，以保证结构的可靠性和钢材强度的有效利用率。特别说明的是，“十二五”期间，国家将加强在交通、铁路、水利等建设工程中淘汰235MPa级光圆钢筋、335MPa级螺纹钢筋，优先使用400MPa级螺纹钢筋，积极推广500MPa级螺纹钢筋。将光圆钢筋的强度等级从235MPa提高到300MPa，钢筋强度等级设置为300MPa、400MPa、500MPa。

（2）变形性能好。为了保证混凝土结构构件具有良好的变形性能，在破坏前能给出即将破坏的预兆，不发生突然的脆性破坏，要求钢筋有良好的变形性能，并通过延伸率和冷弯试验来检验。HPB300、HRB335和HRB400级热轧钢筋的延性和冷弯性能很好；钢丝和钢绞线具有较好的延性，但不能弯折，只能以直线或平缓曲线应用；余热处理RRB400级钢筋的冷弯性能也较差。

（3）可焊性好。混凝土结构中钢筋需要连接，连接可采用机械连接、焊接和搭接，其中焊接是一种主要的连接形式。可焊性好的钢筋焊接后不产生裂纹及过大的变形，焊接接头有良好的力学性能。钢筋焊接质量除了外观检查外，一般通过直接拉伸试验检验。

（4）与混凝土有良好的黏结性能。钢筋和混凝土之间必须有良好的黏结性能才能保证钢筋和混凝土能共同工作。钢筋的表面形状是影响钢筋和混凝土之间黏结性能的主要因素。

四、钢筋与混凝土之间的黏结

钢筋与混凝土黏结是保证钢筋和混凝土组成混凝土结构或构件并能共同工作的前提。如果钢筋和混凝土不能良好地黏结在一起，混凝土构件受力变形后，在小变形的情况下，钢筋和混凝土不能协调变形；在大变形的情况下，钢筋就不能很好地锚固在混凝土结构中。

钢筋与混凝土之间的黏结性能可以用两者界面上的黏结应力来说明。当钢筋与混凝土之间有相对变形（滑移）时，其界面上会产生沿钢筋轴线方向的相互作用力，这种作用力称为黏结应力。

在混凝土结构设计中钢筋伸入支座或在连续梁顶部负弯距区段的钢筋截断时，应将钢筋延伸一定的长度，这就是钢筋的锚固。只有钢筋有足够的锚固长度，才能积累足够的黏结力，使钢筋能承受拉力。此外，为防止钢筋与混凝土的相对滑动，除应保证钢筋在混凝土中有一定的锚固长度外，也可在钢筋端部设置弯钩。半圆弯钩和直弯钩均可换算成一定量的锚固长度。

1. 钢筋与混凝土的黏结力

在钢筋混凝土结构中，钢筋与混凝土之间之所以能共同工作的最主要条件，就是钢筋与混凝土的黏结作用。两者之间的黏结力由下列三部分组成。

1）水泥浆凝结与钢筋表面的化学胶结力；

2）混凝土收缩将钢筋裹紧而产生摩阻力；

3）钢筋表面凹凸不平与混凝土之间产生机械咬合力。

在实际工程中，通常以拔出试验中黏结失效（钢筋被拔出，或者混凝土被劈裂）时的最大平均黏结应力作为钢筋和混凝土的黏结强度，即将钢筋的一端埋入混凝土内，在另一端施力将钢筋拔出，见图2-18。钢筋表面单位面积上的黏结力称为黏结强度。试验表明，黏结应力沿钢筋埋入长度按曲线分布，最大黏结应力在离端头一定距离处，且随拔出力的大小而变化，如图2-18所示。黏结强度取其平均值，用符号τ_n（MPa）表示：

$$\tau_n = \frac{N}{Sl} \tag{2-12}$$

式中　N——拉拔力（N）；

d——钢筋直径（mm）；

l——钢筋埋置长度（mm）。

据有关资料介绍，对于受拉的带肋钢筋，其黏结强度大约为2.5～6.0MPa，光圆钢筋的黏结强度约为1.5～3.5MPa。

2. 确保黏结强度的措施

影响钢筋与混凝土黏结性能的因素很多，主要有钢筋的表面形状、混凝土强度及其组成成分、浇筑位置、保护层厚度、钢筋净间距、横向钢筋约束和横向压力作用等。

为了保证钢筋与混凝土之间有足够的黏结力，可以采取以下措施。

1）选用适宜的混凝土强度等级：试验表明，当其他条件基本相同时，黏结强度与混凝土抗拉强度近乎成正比。

2）采用变形钢筋：加强钢筋与混凝土的机械咬合作用。

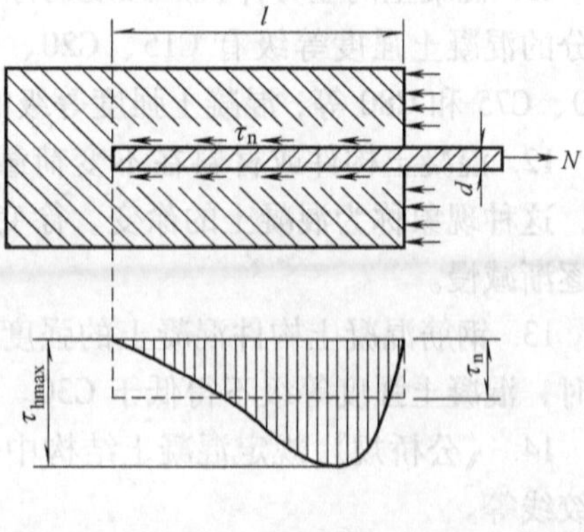

图2-18　钢筋拔出试验中黏结应力分布图

3）光圆受拉钢筋的端部应做成弯钩：增加钢筋在混凝土内的抗滑移能力及钢筋端部的锚固作用。

4）绑扎钢筋的接头必须有足够的搭接长度：采用绑扎接头的方法连接两根钢筋时，钢筋的内力是依靠钢筋和混凝土间的黏结力来传递的。

5）保证受力钢筋具有足够的锚固长度：使钢筋牢固地锚固在混凝土中。

6）钢筋周围的混凝土应有足够的厚度：混凝土保护层和钢筋间距对确保黏结强度作用甚大。

7）设置一定数量的横向钢筋：可延缓混凝土沿受力钢筋纵向劈裂裂缝的发展和限制劈裂裂缝的宽度，从而可以提高黏结应力。

单元小结

1. 桥梁设计应遵循耐久、适用、环保、经济和美观的原则。

2. 桥梁设计一般应符合路线布设的规定，并结合当地需要，考虑综合利用。

3. 桥梁设计前，应尽可能多作调查和收集资料，包括交通调查和桥位处自然条件调查等。

4. 桥梁立面总体设计应综合考虑通航、泄洪、冲刷等问题，并考虑两头接线的要求。

5. 桥梁横断面形式主要依据桥型而定，桥面宽度应符合不同公路等级的要求。

6. 桥梁设计分为工程可行性研究、初步设计、技术设计和施工图设计四个阶段，对于规模小或技术简单的桥梁，设计阶段可予以简化。

7. 桥梁上的设计作用包括永久作用、可变作用、偶然作用和地震作用四大类。

8. 桥梁按极限状态法设计，包括承载能力极限状态和正常使用极限状态，前者验算强度和稳定性，后者验算应力、变形和裂缝。

9. 影响混凝土结构耐久性的因素主要有内部和外部两个方面。内部因素主要有混凝土的强度、渗透性、保护层厚度、水泥品种和强度及用量、外加剂、集料的活性等，外部因素则主要有环境温度、湿度、CO_2含量、侵蚀性介质等。

10. 桥梁施工图是利用正投影的理论和方法并结合专业图的图示特点绘制的，建造一座桥梁需要的图纸很多，但一般可以分为桥位平面图、桥梁地质断面图、桥梁总体布置图、构件结构图等几种。

11. 混凝土的立方体抗压强度的标准值又被称为混凝土的强度等级。用于公路桥梁承重部分的混凝土强度等级有 C15、C20、C25、C30、C35、C40、C45、C50、C55、C60、C65、C70、C75 和 C80 等，混凝土强度等级的级差均为 5MPa。

12. 混凝土构件或材料在不变荷载或应力长期作用下，其变形或应变随时间而不断增长，这种现象称为混凝土的徐变。徐变的特性主要与时间有关，通常表现为前期增长快，以后逐渐减慢。

13. 钢筋混凝土构件混凝土的强度等级不应低于 C25，当采用 HRB400 和 RRB400 级钢筋时，混凝土强度等级不得低于 C30。预应力混凝土结构的混凝土强度等级不应低于 C40。

14. 《公桥规》规定混凝土结构中使用的钢筋主要有热轧钢筋、余热处理钢筋和钢丝、钢绞线等。

15. 钢筋的连接形式有焊接接头、机械连接接头和绑扎接头。

巩固训练

1. 桥梁设计应满足哪些基本要求？
2. 对于跨河桥梁，如何确定桥梁的总跨径和分孔？
3. 桥梁各种控制标高的确定应考虑哪些因素？
4. 确定桥面总宽时应考虑哪些因素？
5. 请简要阐述桥梁设计前期工作阶段和设计工作阶段各自的主要内容。
6. 说明作用、可变作用和偶然作用的含义。
7. 现行的有关公路桥涵设计规范规定的汽车荷载分为哪几个等级？汽车荷载中车道荷载是如何规定的？
8. 结构的功能要求包括哪些内容？
9. 何谓结构的耐久性？影响混凝土耐久性的因素有哪些？说明提高耐久性的措施。
10. 说明桥梁工程图的基本组成与识读方法。
11. 钢筋和混凝土之间的黏结力能保持的原因是什么？
12. 混凝土强度等级的表示符号及具体含义是什么？
13. 何谓混凝土的徐变和收缩？
14. 何谓钢筋的屈服强度及屈强比？
15. 公路桥涵工程中对钢筋和混凝土有何特殊要求？
16. 计算跨径为 29.16m 的预应力混凝土简支 T 形截面梁，其支点截面的剪力标准值为：梁自重作用产生的剪力标准值 $V_{G1k}=275.71\text{kN}$；桥面铺装、栏杆、人行道等自重作用（二期恒载）产生的剪力标准值 $V_{G2k}=94.92\text{kN}$；汽车荷载作用（计入冲击系数 $\mu=0.1188$）产生的剪力标准值 $V_{Q1k}=374.65\text{kN}$；人群荷载作用产生的剪力标准值 $V_{Q2k}=16.34\text{kN}$。试进行作用效应组合的计算。

单元3　桥面系构造及支座

学习目标

1. 知道桥面系的组成与布置；
2. 能说明桥面铺装、排水与防水系统、桥梁伸缩装置的构造要点；
3. 能识读桥面连续钢筋构造图，并核算工程量；
4. 能描述支座的作用、类型、构造、适用条件。

任务3.1　桥面系构造

任务描述

以某桥梁工程图纸中桥面铺装等部分桥面系构造图为例，在理解桥面系构造基础上，能识读桥面系构造图纸。

桥面部分通常包括桥面铺装、防水和排水设施、伸缩装置、人行道（或安全带）、缘石、栏杆和灯柱等构造，如图3-1所示。

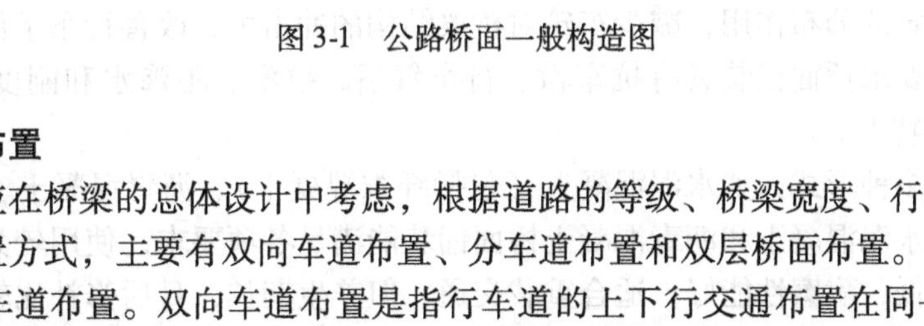

图3-1　公路桥面一般构造图

一、桥面布置

桥面布置应在桥梁的总体设计中考虑，根据道路的等级、桥梁宽度、行车要求等条件确定。桥面的布置方式，主要有双向车道布置、分车道布置和双层桥面布置。

（1）双向车道布置。双向车道布置是指行车道的上下行交通布置在同一桥面上。在桥面上，上下行交通由画线分隔，没有明显界限。桥梁上也允许机动车与非机动车同时通过，也同样采用画线分隔。此时，车辆在桥梁上行驶速度只能是低速或中速，在交通量较大的路段，往往会造成交通滞流。

（2）分车道布置。行车道的上下行交通，在桥梁上按分隔设置式进行布置，因而上下行交通互不干扰，可提高行车速度，便于交通管理。但是在桥面布置上要增加一些附属设施，桥面的宽度相应要加宽些。分车道布置可在桥面上设置分隔带，用以分隔上下行车辆，如图 3-2a 所示；也可以采用主梁分离式布置，在主梁间设置分隔带，如图 3-2b 所示；也有的桥梁采用分离式主梁，两主梁间的桥面上不加联系，各自通行单向交通，如图 3-2c 所示。分车道布置除对上下行交通分隔外，也可将机动车与非机动车道分隔、行车道与人行道分隔。

（3）双层桥面布置。双层桥面布置即桥梁结构在空间上可提供两个不在同一平面上的桥面构造，如图 3-3 所示。双层桥面布置可以使不同的交通严格分道行驶，提高了车辆和行人的通行能力，便于交通管理。同时，在满足同样交通要求时，可以充分利用桥梁净空，减小桥梁宽度，缩短引桥长度。

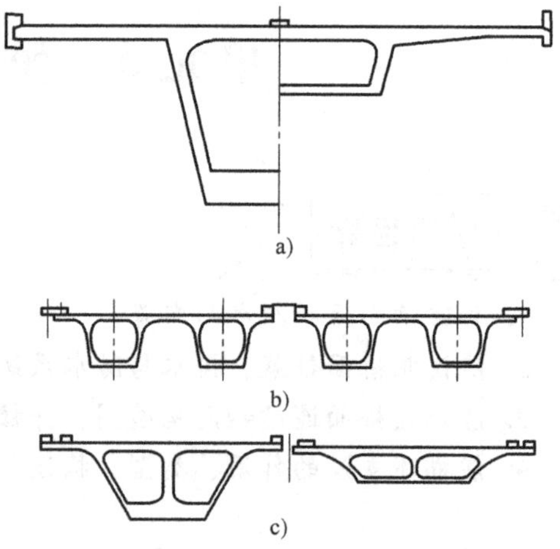

图 3-2　分车道桥面布置

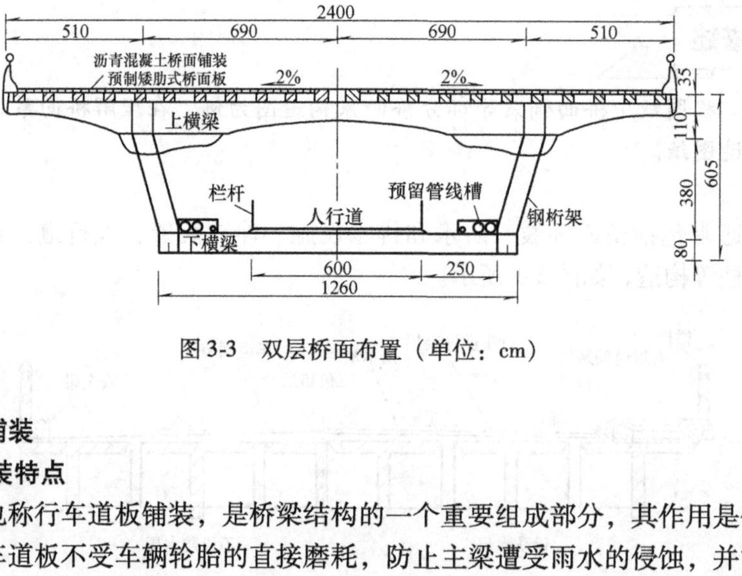

图 3-3　双层桥面布置（单位：cm）

二、桥面铺装

1. 桥面铺装特点

桥面铺装也称行车道板铺装，是桥梁结构的一个重要组成部分，其作用是保护属于主梁整体部分的行车道板不受车辆轮胎的直接磨耗，防止主梁遭受雨水的侵蚀，并能对车辆轮重的集中荷载起一定的分布作用，减少车轮对桥梁结构的冲击力，改善行车条件，延长桥梁使用寿命。因此，要求桥面铺装具有抗车辙、行车舒适、抗滑、不渗水和刚度好（与桥面板一起作用时）等特点。

桥面铺装有多种形式，如水泥混凝土（包括纤维混凝土）、沥青混凝土、沥青表面处治和泥结碎石等。水泥混凝土和沥青混凝土桥面铺装能满足各项要求，使用较为广泛。水泥混凝土铺装的造价低，耐磨性能好，适合重载交通，但养生期长，日后修补比较麻烦。沥青混凝土铺装通车速度快，维修养护方便，但易老化和变形。沥青表面处治和泥结碎石桥面铺装耐久性较差，仅在较低等级的公路桥梁上使用。公路桥面铺装的结构形式宜与桥梁所在的公路路面相协调。沥青混凝土铺装用于钢桥面板时，铺装结构应综合桥梁结构受力状态、桥面系构造、当地气象与环境条件、经试验确定的铺装材料性能等因素确定。

通常，桥面铺装不作为承重结构考虑，若在施工中能确保铺装层与行车道板紧密结合成整体，则一定厚度的水泥混凝土铺装层还可以计入在行车道板的厚度内并与行车道板共同受力。

2. 桥面铺装常见类型

（1）水泥混凝土桥面铺装。铺装层的混凝土强度等级不低于C40，铺装厚度（不含整平层和垫层）不小于80mm，铺设时要求有较好的密实度，避免二次成型。为使铺装层具有足够的强度和良好的整体性（能起联系各主梁共同受力的作用），铺装层内还应配置直径不小于8mm，间距不大于100mm的双向钢筋网，钢筋网顺桥向和横桥向每米长度截面面积均不小于500mm^2，应符合《公路水泥混凝土路面设计规范》（JTG D40）有关规定。水泥混凝土桥面铺装应设伸缩缝以避免产生开裂，纵向每个车道设置一道，横向每3~5m设置一道。水泥混凝土桥面铺装耐磨性能好，适合重载交通，但养生期长，日后修补较麻烦。

（2）沥青混凝土桥面铺装。沥青混凝土桥面铺装由黏结层、防水层及沥青表面层组成。高速公路、一级公路的沥青混凝土铺装层厚度宜为70~100mm，二级、三级下公路通常为50~90mm。沥青铺装应符合《公路沥青路面设计规范》（JTG D50）有关规定。沥青混凝土铺装的重量较小，维修养护方便，铺筑后几小时就能通车运营，行车舒适，但容易老化和变形，受温度影响较大。

三、桥面防水和排水设施

为了保障桥面行车通畅、安全、防止桥面结构受降水侵蚀，应设置完善的桥面防水和排水设施。

1. 防水层的设置

桥面的防水层设置在行车道铺装层下边，它将透过铺装层渗入的雨水汇集到排水设备（泄水管）排出。防水层要求不透水，有较高的强度、弹性和韧性，耐高温、低温、腐蚀和老化，与沥青混凝土和水泥混凝土的亲和性好，施工安全、简便、快速。

钢筋混凝土桥面板与铺装层之间是否设置防水层，应根据当地的气温、雨量、桥梁结构和桥面铺装的形式等具体情况确定。桥面伸缩缝处应连续铺设，不可切断；桥面纵向应铺过桥台背；桥面横向两侧则应伸过缘石底面从人行道与缘石砌缝里向上叠起0.10m（参见图3-4）。如无需设防水层，但考虑到桥面铺装长期磨损，如桥面排水不良等，仍可能漏水，故桥面在主梁受弯作用处应设置防水层。

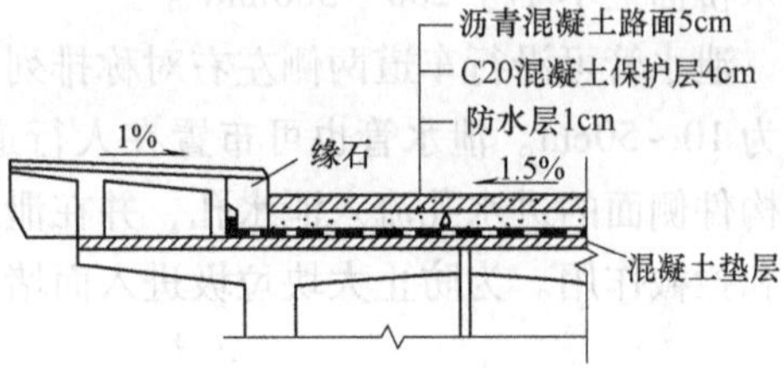

图3-4　公路桥面铺装构造

防水层有以下三种类型：①涂喷沥青下封层，即洒布薄层沥青或改性沥青，其上撒布一层砂，经碾压形成；②高分子聚合物涂胶，如涂刷聚氨酯胶泥、环氧树脂、阳离子乳化沥青、氯丁胶乳等；③铺装沥青或改性沥青防水卷材以及浸渍沥青的无纺土工布等。

2. 排水设施

为防止雨水滞积于桥面并渗入梁体而影响桥梁的耐久性，除在桥面铺装内设置防水层外，应引导桥上的雨水迅速排出桥外。排水系统主要由设置桥面纵横坡及一定数量的泄水管等组成。

（1）桥面横坡的设置。为了迅速排除桥面雨水，通常除使桥梁设有纵向坡度外，尚应将桥面铺装沿横向设置双向的桥面横坡。对于沥青混凝土或水泥混凝土铺装，横坡为1.5%~2.0%。行车道路面普遍采用抛物线形横坡，人行道则用直线形。

对于板桥或就地浇筑的肋梁桥，为节省铺装材料并减轻恒载重量，也可将横坡设在墩台顶部而做成倾斜的桥面板（见图3-5a），此时铺装层在整个桥宽上就可做成等厚的。对于装配式肋梁桥，为架设和拼装的方便，通常都采用不等厚的铺装层（包括混凝土的三角垫层和等厚的桥面铺装）以构成桥面横坡（见图3-5b）。在较宽的桥梁（如城市桥梁）中，用三角垫层设置横坡将使恒载重量增加过多，在此情况下，将行车道板做成双向倾斜的横坡（见图3-5c），但这样会使主梁的构造和施工稍趋复杂。

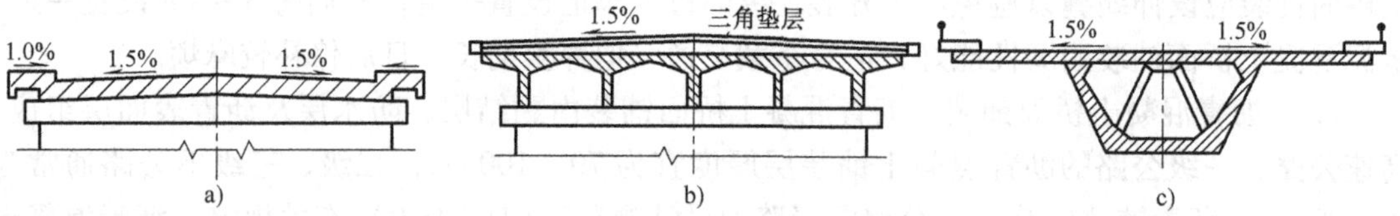

图3-5 桥面横坡设置方式

（2）泄水管和排水管的设置。在桥面上除设置纵、横坡排水外，常常需要设置一定数量的泄水管。泄水管的设置应依据设计径流量计算确定。通常当桥面纵坡大于2%，桥长小于50m，一般能保证从桥头引道上排水，桥上可以不设泄水管，此时，可在引道两侧设置流水槽，以免雨水冲刷引道路基。当桥面纵坡大于2%，桥长大于50m时，为防止雨水积滞，桥面就需要设置泄水管，每隔12~15m设置一个。当桥面纵坡小于2%时，泄水管需要设置得更密一些，一般每隔6~8m设置一个。另外，在桥梁伸缩缝的上游方向应增设泄水管，在凹曲线的最低点及其前后3~5m处也应各设置一个泄水管。泄水管的过水面积通常每平方米桥面上不小于200~300mm^2。

泄水管可沿行车道两侧左右对称排列（见图3-6a），也可交错排列，泄水管离缘石的距离为10~50cm。泄水管也可布置在人行道下面（见图3-6b），桥面水通过设在缘石或人行道构件侧面的进水孔流入泄水孔，并在泄水孔的三个周边设置相应的聚水槽，起到聚水、导流和拦截作用。为防止大块垃圾进入而堵塞泄水道，在进水口处必须设置金属栅门。

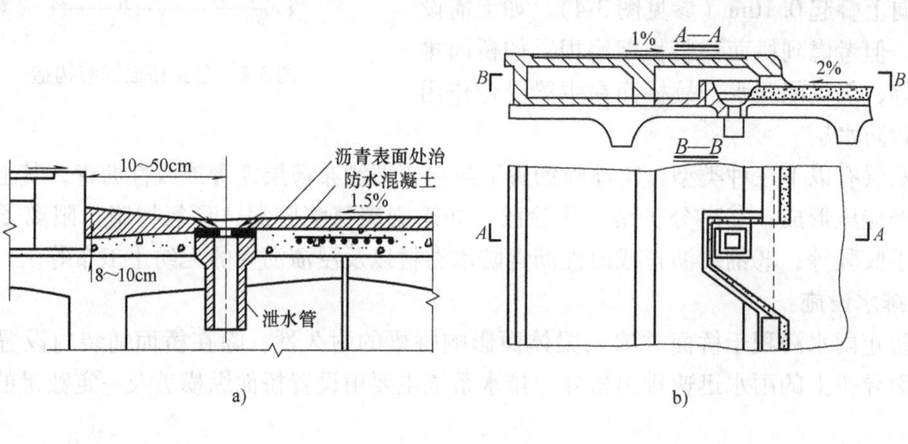

图3-6 桥面泄水管布置

对于跨越公路、铁路、通航河流的桥梁以及城市桥梁，为保证桥下行车、行人安全及公共卫生的需要，应像建筑物那样设置封闭式的排水系统，将流入泄水管中的雨水汇集到纵向排水管（或排水槽）内，并通过设在墩台处的竖向排水管（落水管）流入地面排水设施（图3-7）。当桥长较短时，纵向排水管的出水口可以设在桥梁两端的桥台处；对于长大桥，除了在桥台处设置出水口外，还需在某些桥墩处布置出水口，并利用竖向管道将水引到地面。为了不影响桥梁立面的美观，纵向排水管道一般可设在箱梁中或梁肋内侧。竖向排水管道应尽可能布置在墩台壁的预留槽中，或者布置在墩台内部预留的孔道中。

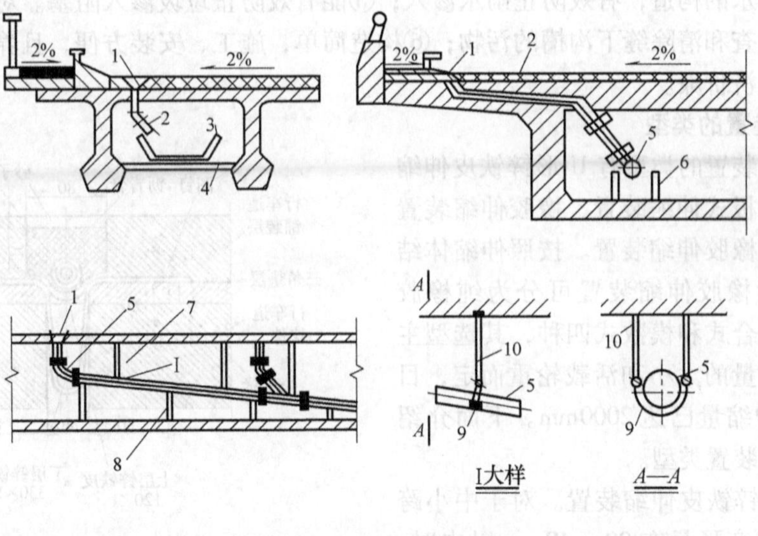

图3-7　城市桥梁排水设施

1—泄水漏斗　2—泄水管　3—钢筋混凝土斜槽　4—横梁　5—纵向排水管
6—支撑结构　7—悬吊结构　8—支柱　9—弧形箍　10—吊杆

排水管一般也采用铸铁管、钢管或塑料管，其内径应等于或大于泄水管的内径。排水槽宜采用铝质或钢质材料，也可采用水泥混凝土预制件，其横截面为矩形或U形，宽度和深度均宜为0.20m左右。纵向排水管或排水槽的坡度不得小于0.5%。桥梁伸缩缝处的纵向排水管或排水槽应设置可供伸缩的柔性套筒。

对于不设人行道的小桥，可以直接在行车道两侧的安全带或缘石上预留横向孔道，用铁管或竹管将水排出桥外，管口要伸出桥20~30mm以便滴水，但这种做法因孔道坡度较缓易于阻塞。

四、桥梁伸缩装置

桥梁伸缩装置的主要作用是适应桥梁上部结构在气温变化、活载作用、混凝土收缩与徐变等因素的影响下变形的需要，并保证车辆平稳通过桥面。一般设在两梁端之间以及梁端与桥台背之间。特别要注意，在伸缩缝附近的栏杆、人行道结构也应断开，以满足梁体的自由变形。

为保证在气温变化、混凝土收缩与徐变以及荷载作用等因素影响下，桥跨结构能够按静力图式自由地变形，并保证车辆平稳通过，应在两相邻梁端之间、梁端与桥台背墙之间设置伸缩缝，并在伸缩缝处设置伸缩装置。惯称的“伸缩缝”既可指“缝”，也可指“装置”。

桥梁运营的实践经验表明，桥面上的伸缩缝在使用中很容易损坏。因此，为了提高行车的舒适性，减轻桥梁的养护工作、提高桥梁的使用寿命，应力求减少伸缩缝的数量。

1. 对伸缩装置的要求

伸缩装置是公路桥梁的薄弱环节，经常遭到损坏而需要维修更换。显然，为了始终能够满足变形需要并使车辆能平稳通过桥面，桥面伸缩装置应满足以下要求：①能够满足桥梁自由伸缩的要求，保证有足够的伸缩量；②伸缩装置牢固可靠，与桥梁结构连为整体，抗冲击，经久耐用；③桥面平坦，行驶性良好，车辆驶过时应平顺，无突跳和噪声；④具有能够安全防水和排水的构造，有效防止雨水渗入；⑤能有效防止垃圾渗入阻塞。对于敞露式的伸缩缝要便于检查和清除缝下沟槽的污物；⑥构造简单，施工、安装方便，且养护、修理与更换方便；⑦经济价廉。

2. 伸缩装置的类型

桥梁伸缩装置的类型有U形锌铁皮伸缩装置、跨搭钢板式伸缩装置、橡胶伸缩装置等，目前多用橡胶伸缩装置。按照伸缩体结构不同，桥梁橡胶伸缩装置可分为纯橡胶式、板式、组合式和模数式四种，其选型主要视桥梁变形量的大小和活载轮重而定，目前最大适应伸缩量已达2000mm。下面介绍几种常见伸缩装置类型。

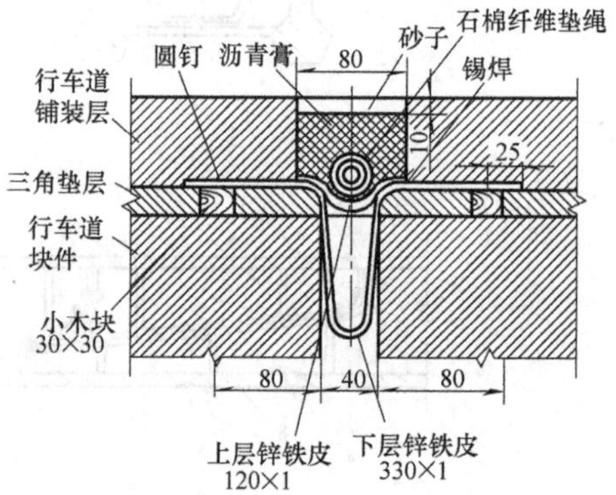

图3-8 U形锌铁皮伸缩装置构造（单位：mm）

（1）U形锌铁皮伸缩装置。对于中小跨径的桥梁，当变形量在20～40mm以内时，常采用以锌铁皮为跨缝材料的伸缩装置，其构造如图3-8所示。它是将锌铁皮弯成U形断面的长条，分上、下两层，上层的弯形部分开凿了孔径为6mm、孔距为30 mm的梅花眼，其上设置石棉纤维垫绳，然后用沥青膏填塞。这样，当桥面伸缩时锌铁皮可随之变形，下层U形锌铁皮可将渗下的雨水沿横桥向排除桥外。采用相应的措施，该种伸缩缝还可以很好地配合桥面连续。对于人行道部分的伸缩装置，通常就用一层U形铁皮跨搭。

（2）跨搭钢板式伸装置。对于变形量较大，达到40～60mm以上时，可采用以钢板为跨缝材料的伸缩装置，能直接承受车轮荷载。过去，这种伸缩装置多用于钢桥，现也用于混凝土桥梁。钢板式伸缩装置的种类繁多，构造复杂，能够适应较大范围的梁端变形。图3-9为梳齿形钢板伸缩装置，以钢板为跨缝材料，一般用于中、大型桥梁，它在断缝处用预埋钢筋和预埋钢板固定梁两端护缘钢板，再将护缘钢板用高强螺栓与梳齿形钢板连接，这样梳齿钢板固定在断缝两侧，通过梳齿的缝隙实现断缝处的位移和变形。按其支承形式不同分为悬臂式和支承式两种。梳齿形钢板伸缩缝的缺点在于造价较高，制造加工困难。防水能力弱，清洁工作复杂。

（3）橡胶伸缩装置。橡胶伸缩装置采用各种断面形状的橡胶带（或板）作为嵌缝材料，既富有弹性，又易于胶贴，并且能满足变形要求和具备防水功能，施工及养护维修也很方便，目前在国内外桥梁建设中得到广泛的应用。图3-10所示为氯丁橡胶具有2个圆孔的嵌条伸缩装置。当梁架设好后，在缝的两端焊接上角钢（角钢间的净距可比橡胶条的宽度小

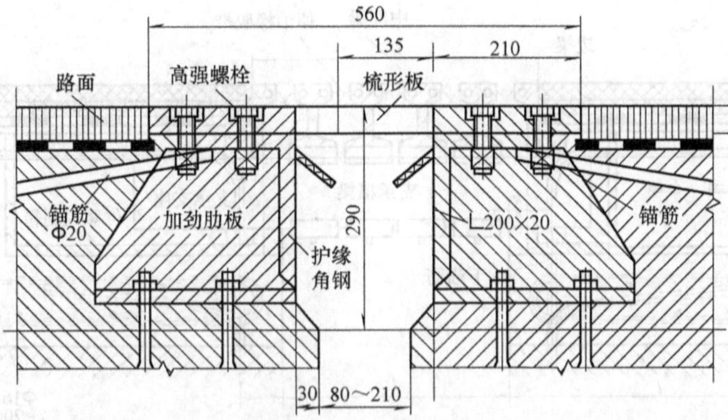

图 3-9　钢板伸缩缝（尺寸单位：mm）

10mm)，涂上胶后，再将橡胶条强行嵌入，橡胶条可随人行道弯折，嵌条接头处用胶黏接，伸缩量为 20 ~ 50mm。该类伸缩缝用于伸缩量在 80mm 及其以下的桥梁工程上。由于橡胶带伸缩装置的橡胶带容易弹跳出来，目前已较少采用。

采用橡胶伸缩装置来代替跨搭钢板式伸缩装置，可以避免污物落入缝内，省去排水溜槽，显著减小活载的动力作用，简化接缝构造和安装工艺，并能显著节约钢材。

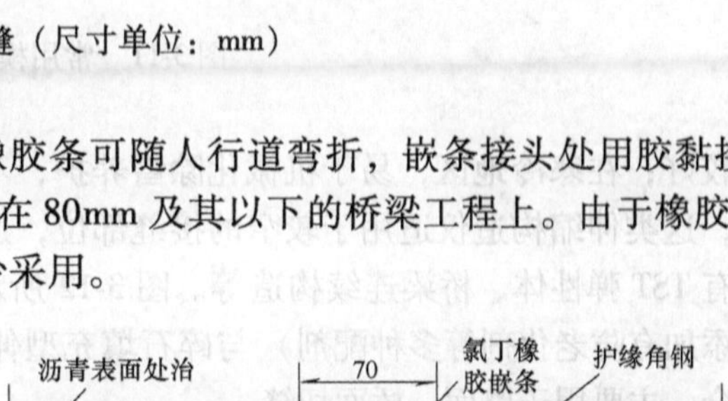

图 3-10　橡胶带伸缩装置（尺寸单位：mm）

（4）模数支承式伸缩装置。模数支承式伸缩装置是主要在高等级公路桥梁上采用的一种伸缩装置，其伸缩量大，功能比较完善，但结构较为复杂。它的主要部分是由异型钢与各种截面形式的橡胶条组成的犹如手风琴式的伸缩体，配上横梁、位移控制系统以及弹簧支承系统。每个伸缩体的伸缩量为 60 ~ 100mm。需要伸缩量更大时，可以用两个以上的伸缩体，中间用若干根中梁隔开。中梁支承在下设横梁（顺桥向）上，其作用是承受大部分车轮压力。为了保证伸缩时中梁始终处于正确位置并作同步水平位移，应将中梁底部连接在连杆式或弹簧式的控制系统上。当伸缩体做成 60mm、80mm、100mm 三种型号时，视中梁根数不同，可以组合成宽度为 60mm、80mm、100mm 倍数的各种伸缩缝，也即可以按模数变化。图 3-11 为德国毛勒（Maurer）模数式伸缩装置鸟形构造，它采用 Z 形边梁和工字形中梁与鸟形橡胶带组合构造。

（5）无缝式（暗缝式）伸缩装置。无缝式伸缩装置是指接缝构造不外露于桥面，在梁端部的伸缩间隙中填入弹性材料并铺上防水材料，然后在桥面铺装层中铺筑黏弹性复合材料，使伸缩接缝处的桥面铺装与其他铺装部分形成连续体，以连接缝的沥青混凝土等材料的变形承受伸缩的一种构造。其特点为能适应桥梁上部构造的伸缩变形和小量转动变形，使桥面铺装成为连续体。具体而言，行车平顺，不致产生冲击振动等；形成多重防水构造，防水

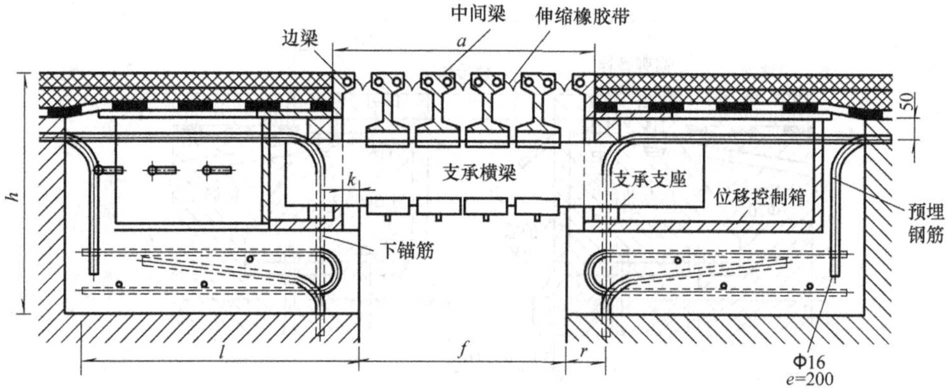

图 3-11 常用模数式伸缩装置

性较好；在寒冷地区，易于机械化除雪养护，不致破坏接缝；施工简单，易于维修更换。不过，这类伸缩构造仅适用于较窄的接缝部位，适用范围有所限制。我国常用的无缝式伸缩装置有 TST 弹性体、桥梁连续构造等。图 3-12 所示为 TST 弹塑体（高分子聚合物与沥青混合，并添加有防老化剂等多种配剂）与碎石填充型伸缩装置的构造，适用于伸缩量 50 mm 以下的场合，主要用于路面、桥面切缝。

桥面连续构造也可视为无缝式伸缩装置的一种形式，它在高等级公路的小跨径桥梁中广泛采用。其实质就是将简支的上部构造在其伸缩缝处施行铰接，使桥面连续。伸缩缝处的桥面部分应当具有适应车辆荷载作用所需的柔性，并应有足够的强度来承受因温度变化和制动作用所产生的纵向力。对于多跨简支梁桥，桥面应尽量做到连续，使得多孔简支梁桥在竖直荷载作用下的变形状态为简支或部分连续体系，而在纵向水平力作用下则属于连续体系。实际工程中桥面连续构造有多种构造形式。图 3-13 为简支梁桥桥面板连续构造示意图，钢筋 N2 和钢板 N6 需预先焊好，埋设在主梁内。预制架设时，梁端接缝处从翼板根部向上在全梁宽度按 10∶1 做成斜面，在进行桥面连续前先涂黄油再填 C30 混凝土。

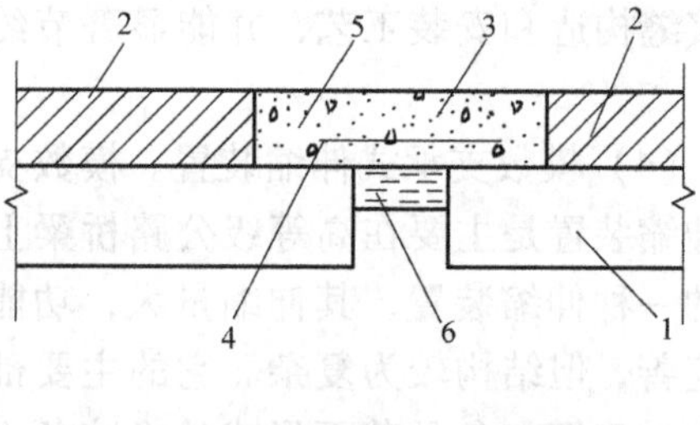

图 3-12 TST 弹塑体伸缩缝构造
1—梁体 2—桥梁铺装 3—TST 弹塑体
4—跨缝板 5—碎石 6—海绵体

五、人行道、栏杆

位于城镇和近郊的桥梁均应设置人行道，其宽度和高度应根据行人的交通流量和周围环境来确定。人行道的宽度 1m，当宽度要求大于 1m 时，按 0.5m 的倍数增加。

在快速路、主干路、次干路或行人稀少地区，若两侧无人行道，则两侧应设安全带，宽度为 0.25～0.50m，高度不少于 0.25m。近年来，不少桥梁设计中，为了保证行车的安全，安全带的高度已经用到≥0.4m。安全带可以做成预制块件或与桥面铺装层一起现浇。

人行道顶面应做成倾向桥面 1%～1.5% 的排水横坡，城市桥梁人行道顶面可铺彩砖，以增加美观。此外，人行道在桥面断缝处必须做伸缩缝。

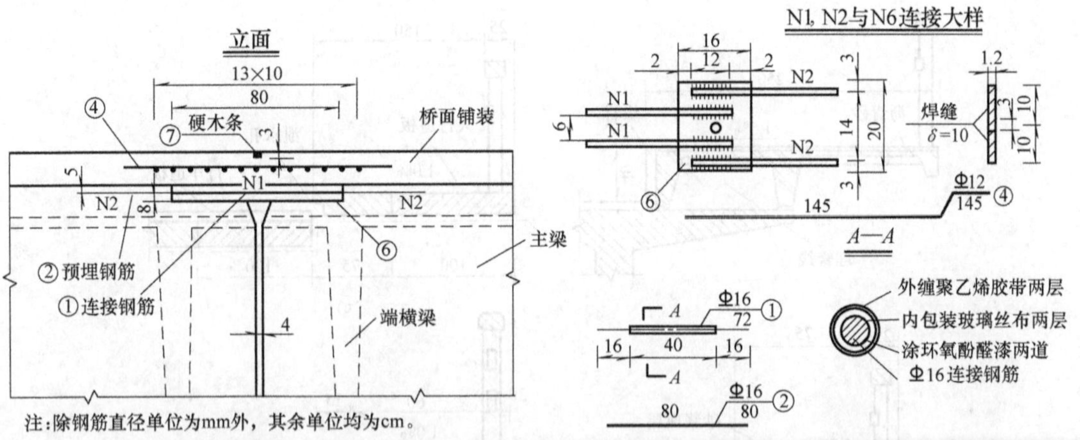

图3-13　简支梁桥桥面板连续构造示意图

人行道的构造形式多种多样，按施工的方法不同，可分为就地浇筑式、预制装配式、部分装配和部分现浇的混合式。一般情况下，人行道可以与桥面现浇成一个整体，也可以是预制件，现场进行安装。

图3-14a为预制的F形人行道，它搁置在主梁上，适用于各种净宽的人行道，人行道下可以放置过桥管线，但检修更换十分困难；图3-14b为人行道附设在板上，人行道部分用填料填高，上面敷设2～3cm砂浆面层或沥青砂；图3-14c为小跨宽桥上将人行道部分墩台加高，在其上搁置独立的人行道板；图3-14d为就地浇筑式人行道，适用于整体浇筑的钢筋混凝土梁桥，而将人行道设在挑出的悬臂上，这样可以缩短墩台宽度，但施工不太方便。

桥梁栏杆作为一种安全防护设备，其设计应符合受力要求，并兼顾美观，高度通常为0.80～1.20m，标准设计取用1.0m；栏杆柱的间距一般为1.6～2.7m，标准设计取用2.5m。应注意在靠近桥面伸缩缝处所有的栏杆，均应断开，使扶手与柱之间能自由变形。

二、三、四级公路上的特大、大、中桥可设置栏杆和安全带，也可采用将栏杆和安全带有机结合的安全护栏，特大桥必须设有桥梁检修道便于桥梁的检修。高速公路、一级公路上的桥梁则必须设置护栏。护栏的主要作用在于封闭沿线两侧，不使人畜与非机动车辆闯入公路；诱导视线，起到一些轮廓标的作用，使车辆尽量在路幅之内行驶，并给驾驶员以安全感；同时还具有吸收碰撞能量、迫使失控车辆改变方向并使其恢复到原有行驶方向，防止其越出路外或跌落桥下的作用。

在城市桥上，以及在城郊行人和车辆较多的公路桥上，都要设置照明设备。桥梁照明应防止眩光，必要时应采用严格控光灯具，而不宜采用栏杆照明方式。照明用灯一般高出车道8～12m左右。对于大型桥梁和具有艺术、历史价值的中小桥梁的照明应进行专门设计，既满足功能要求，又顾及艺术效果，并与桥梁的风格相协调。

六、桥面连续钢筋构造图案例

图3-15为装配式先张法预应力混凝土简支空心板桥上部构造通用图中的桥面连续钢筋构造图，荷载标准为公路—Ⅰ级，桥梁标准跨径为20m，桥宽为2×12.0m，桥面连续钢筋N1纵向布置Φ16钢筋119根（单幅），间距为100mm，单根长4200mm；钢筋N2横向布置

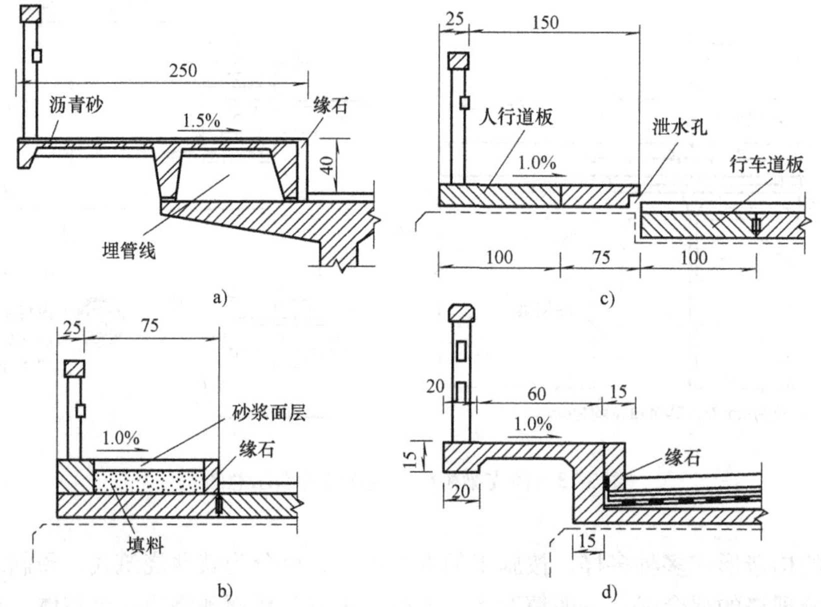

图 3-14 人行道一般构造（尺寸单位：cm）

Φ10 钢筋 41 根（单幅），间距为 100mm，单根长 11960mm。

任务 3.2 梁式桥的支座

任务描述

在认识梁式桥支座构造的基础上，根据简支梁桥、连续梁桥受力情况说出支座在纵、横桥向的布置方式。

支座是位于桥梁上部结构和下部结构之间的传力装置。它的作用是：①传递上部结构的支承反力（包括恒载和活载引起的竖向力和水平力）；②保证结构在活载、温度变化、混凝土收缩和徐变等因素作用下发生一定的变形，以使上、下部结构的实际受力情况符合结构的静力计算图示。

支座通常用钢、橡胶等材料来制造，主要类型有：简易支座、弧形钢板支座、橡胶支座（板式橡胶支座和盆式橡胶支座）。

一、桥梁支座常见类型

桥梁支座分类形式很多，按变形的可能性分为固定支座和活动支座，除此外，还有几种常见的分类形式。按支座采用的材料分，桥梁的支座有钢支座、橡胶支座、钢筋混凝土支座及简易油毛毡支座等类型。随着桥梁工程技术的不断发展，支座类型也在更新换代，简易油毛毡支座、钢板支座、钢筋混凝土摆柱式支座等在目前桥梁建设中已不常使用，现在桥梁建设中使用最普遍的都是橡胶支座。

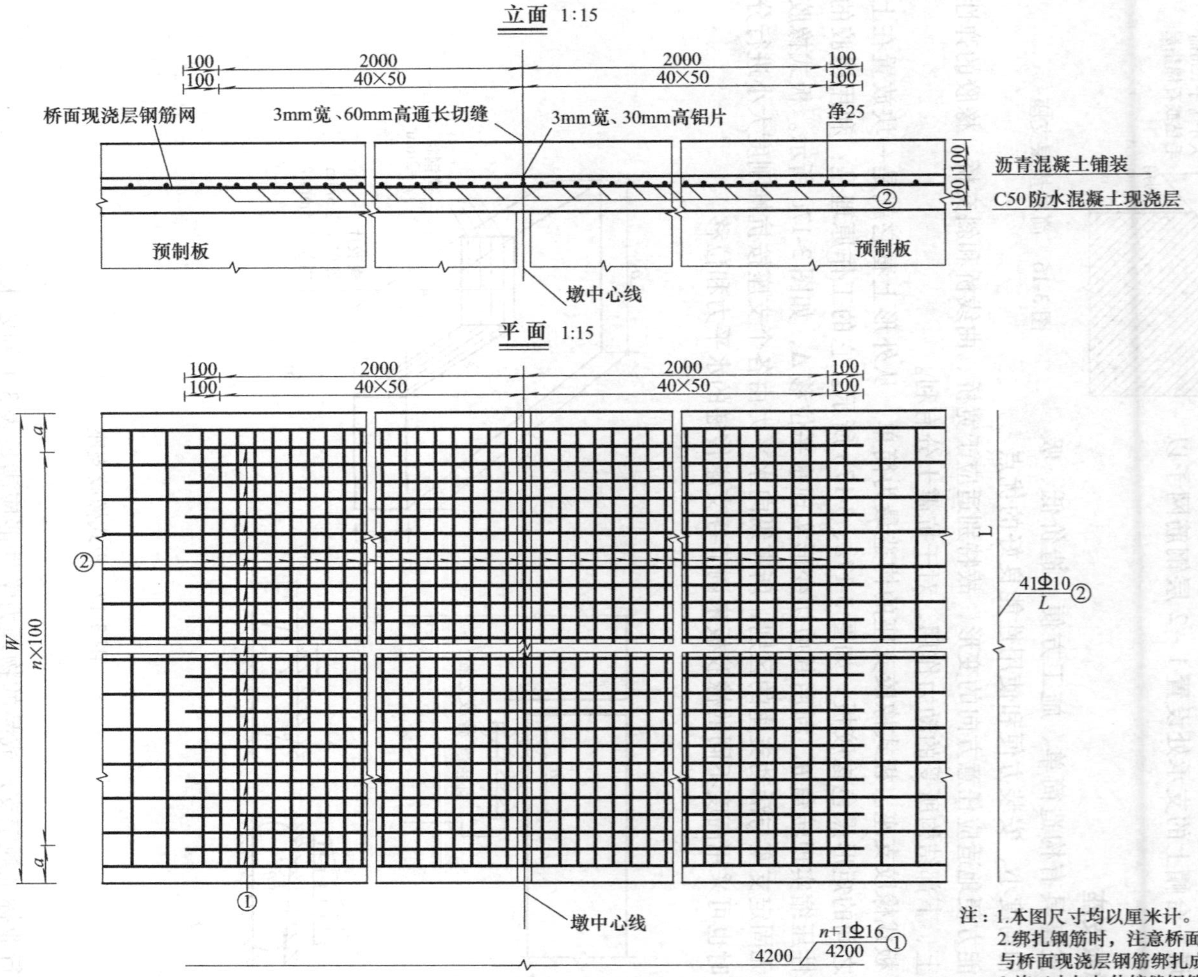

参数表

桥宽＼参数	W/mm	a/mm	n/mm	L/mm
2×11.25m	11250	125	110	11160
2×12.0m	12000	100	118	11960
2×12.75m	12750	125	125	12660
2×13.5m	13500	100	133	13460
2×16.5m	16500	100	163	16460
2×16.75m	16750	125	165	16660

一处桥面连续钢筋明细表(单幅)

桥宽＼数量	钢筋编号	直径/mm	单根长/mm	一孔根数	共长/m	共重/kg
2×11.25m	1	Φ16	4200	111	466.20	736.6
	2	Φ10	11160	41	457.56	282.3
2×12.0m	1	Φ16	4200	119	499.80	789.7
	2	Φ10	11960	41	490.36	302.6
2×12.75m	1	Φ16	4200	126	529.20	836.1
	2	Φ10	12660	41	519.06	320.3
2×13.5m	1	Φ16	4200	134	562.80	889.2
	2	Φ10	13460	41	551.86	340.5
2×16.5m	1	Φ16	4200	164	688.80	1088.3
	2	Φ10	16460	41	674.86	416.4
2×16.75m	1	Φ16	4200	166	697.20	1101.6
	2	Φ10	16660	41	683.06	421.4

注：1.本图尺寸均以厘米计。
2.绑扎钢筋时，注意桥面连续钢筋应与桥面现浇层钢筋间隔布置，并与桥面现浇层钢筋绑扎成型。
3.施工中如与伸缩缝钢筋、护栏钢筋发生干扰时，可适当调整本图钢筋。
4.浇筑桥面现浇层混凝土前，必须将预制板顶面进行凿毛处理并清洗干净以利有效结合。

图3-15 某桥桥面铺装图

橡胶支座按支座外形，可分为板式支座、盆式支座和球形支座等，按支座能否承受拉力或是否具有减振功能又可分为普通支座、拉压支座和减振支座。

1. 简易垫层支座

对于跨径小于5m的涵洞，标准跨径在10m以内的简支板桥和简支梁桥，一般可以不设置专门的支座结构，而仅使上部结构的端部支承在油毛毡或石棉做成的垫层上或水泥砂浆垫层上，其厚度应在压实后不小于1cm。在肋板式桥梁中，其端部利用端横梁使桥的全部宽度均匀地支承在垫层上。

这种支座形式的自由伸缩性能不好，易引起上部结构端部和墩、台帽混凝土的劈裂现象。因此，通常应将墩、台顶部的前缘削成斜角，见图3-16，并最好在梁端和墩、台帽上的支承处设置1～2层钢筋网予以加强。

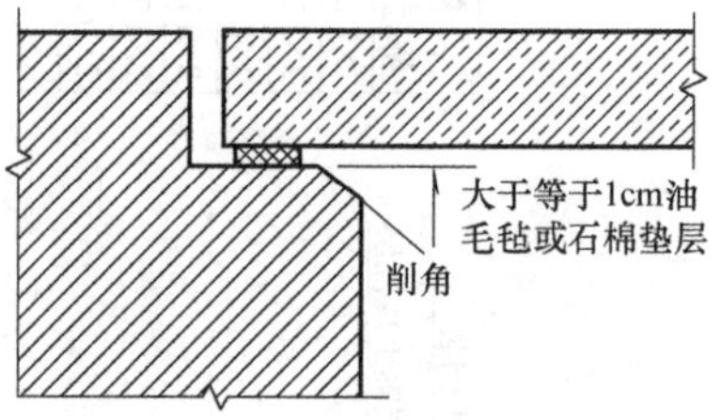

图3-16 简易垫层支座

2. 橡胶支座

橡胶支座具有构造简单、施工方便、造价低、吸振好、结构高度小、安装方便和使用性能良好的优点。此外，它能方便地适应任意方向的变形，故特别适应于宽桥、曲线桥和斜交桥。橡胶的弹性还能削减上、下部结构所受的动力作用，对于抗震十分有利。

（1）板式橡胶支座。板式橡胶支座的构造最为简单，从外形上看它就是一块放置在上下部结构之间的矩形黑色橡胶板，如图3-17a、3-17b所示。它的工作原理是：利用橡胶的不均匀弹性压缩实现转角θ，利用其剪切变形实现水平位移Δ，如图3-17c所示。板式橡胶支座一般无固定支座与活动支座的区别，所有纵向水平力由各个支座按抗推刚度大小进行分配。必要时也可采用高度不同的橡胶板来调节各支座传递的水平力和位移。

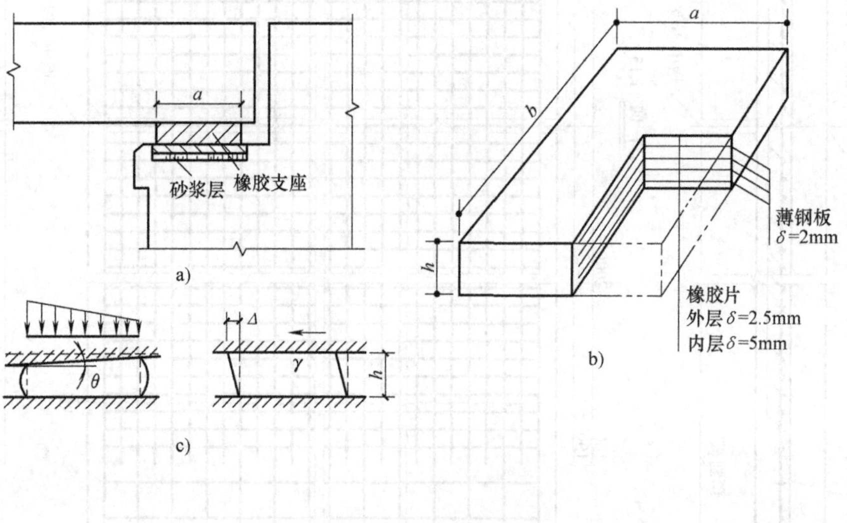

图3-17 板式橡胶支座

我国行业标准规定支座成品的物理力学性能应满足表3-1的要求。

表3-1　支座成品的物理力学性能

项　目	指　标	项　目	指　标
极限抗压强度/MPa	≥70	橡胶片容许剪切正切值	≥0.7
抗压弹性模量 E/MPa	$5.4G_eS^2$	支座与混凝土表面摩擦系数 μ	≥0.3
抗剪弹性模量 G/MPa	1.1	支座与钢板摩擦系数 μ	≥0.2

注：表中形状系数 $S=\dfrac{a\times b}{2\ (a+b)\ \delta_1}$，其中 δ_1 为中间层橡胶片厚度，a 为支座短边尺寸（顺桥向），b 为支座长边尺寸（横桥向）。

常见的板式橡胶支座均内设有几层薄钢板作为加劲层，加劲层的作用是阻止橡胶片侧向膨胀，提高橡胶片抗压强度。目前，国内定形产品规格很多，可参见《公路桥梁板式橡胶支座》（JT/T4—2004）。在定形产品中，中间橡胶层厚度有5mm、8mm、11mm、15mm、18mm等几种情况，外层橡胶层厚度2.5mm，单层加劲钢板厚度有2mm、3mm、4mm、5mm等，支座高度为21～194mm，平面尺寸范围为100mm×150mm～700 mm×1000mm。

板式橡胶支座有矩形和圆形，支座的橡胶材料以氯丁橡胶为主，也可采用天然橡胶和三元乙丙橡胶。其中氯丁橡胶支座适于在－25～60℃温度范围使用；天然橡胶支座适于在－35～60℃温度范围使用；三元乙丙橡胶支座适于在－40～60℃温度范围使用。

板式橡胶支座竖向承载力在一般在70～3600kN范围内，一般标准跨径20m以内的梁、板桥多采用此种支座。圆板橡胶支座多用于弯桥，以适应结构多向变形的需要。

为使橡胶支座受力均匀，在安装时应使梁底面和墩台顶面清洁平整，安装位置要正确。必要时可在墩台顶面铺设一层1∶3水泥砂浆。由于施工等原因倾斜安装时，则坡度最大不能超过2%。在水平荷载较大的情况下，为防止支座滑动，可在支座顶面、底面上设置浅的定位孔槽，并使梁底和墩台顶预埋的伸出锚钉伸入顶位孔槽加以固定。应注意锚钉不能深入支座过多，以免影响支座的活动性。

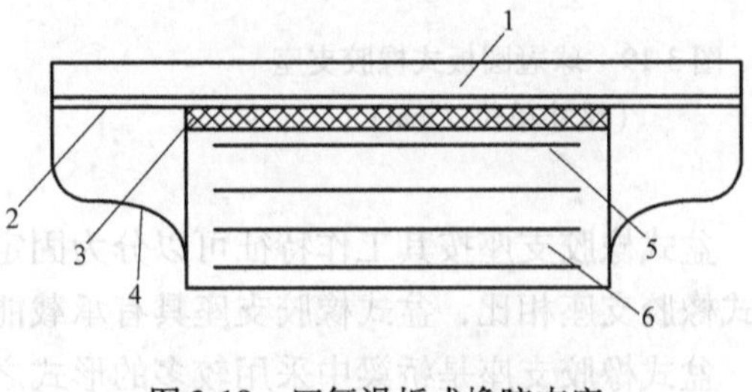

图3-18　四氟滑板式橡胶支座
1—上支座板　2—不锈钢板　3—聚四氟乙烯板　4—防护罩　5—A3钢板　6—橡胶

（2）聚四氟乙烯滑板式橡胶支座。聚四氟乙烯滑板式橡胶支座简称四氟滑板式支座，见图3-18，是于普通板式橡胶支座上按照支座尺寸大小黏附一层厚2～4mm的聚四氟乙烯板而成。四氟滑板式支座除具有普通板式橡胶支座的竖向刚度与弹性变形，且能承受垂直荷载及适应梁端转动外，利用聚四氟乙烯板与不锈钢板间的低摩擦系数（$\mu\leq0.08$）还可使桥梁上部构造水平位移不受限制。

聚四氟乙烯滑板式橡胶支座适用于较大跨度简支梁桥、连续板桥和连续梁桥活动支座使用；连续梁顶推、T形梁横移和大型设备滑移时可作滑块使用。

（3）球冠圆板式橡胶支座。球冠圆板式橡胶支座是一种改进后的圆形板式支座，其中间层橡胶和钢板布置和圆形板式橡胶支座完全相同，而在支座顶面用纯橡胶制成球形表面，球面中心最大厚度为4～10mm，如图3-19所示。

球冠圆板式橡胶支座传力均匀，可明显改善或避免支座底面产生偏压、脱空等不良现象，特别适用于纵横坡度较大（3% ~5%）的立交桥和高架桥。

（4）盆式橡胶支座。当竖向力较大时则应使用盆式橡胶支座，如图3-20所示。它由不锈钢滑板、聚四氟乙烯板、盆环、氯丁橡胶块、钢密封圈、钢盆塞及橡胶防水圈等组成。它是利用设置在钢盆中的橡胶板以达到对上部结构具有承压和转动的功能，利用聚四氟乙烯板和不锈钢板之间的平面滑动来适应桥梁的水平位移要求。

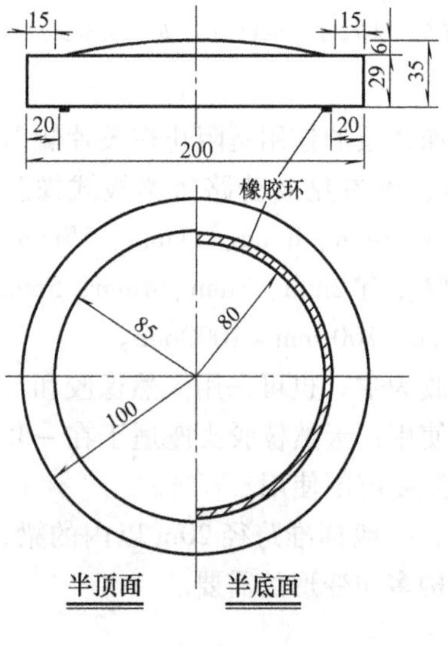

图3-19 球冠圆板式橡胶支座
（尺寸单位：mm）

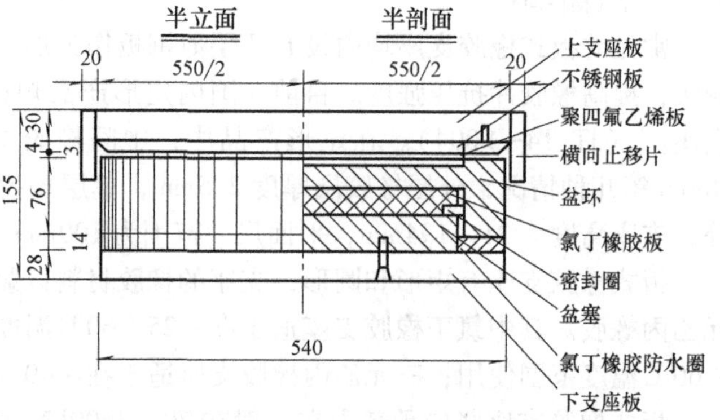

图3-20 盆式橡胶支座
（尺寸单位：mm）

盆式橡胶支座按其工作特征可以分为固定支座、多向活动支座和单向活动支座三种。与板式橡胶支座相比，盆式橡胶支座具有承载能力大、水平位移量大、转动灵活等优点。

盆式橡胶支座是桥梁中采用较多的形式之一，主要用于较大跨径和支反力较大的各种桥梁。目前，我国使用的盆式橡胶支座每种支座的竖向承载力分为18级，从1050kN至21000kN。按温度适用范围通常有常温型支座和耐寒型支座两种，常温型支座适用于－25～60℃，耐寒型支座适用于－40～60℃。

3. 特殊功能的支座

（1）球形支座。为了适应多向转动且转动量较大的情况，还可选择使用球形支座，如图3-21所示。它具有受力均匀、转动量大（设计转角可达0.05rad以上），且各向转动性能一致等优点，特别适用于曲线桥和宽桥。由于球形支座不再使用橡胶承压，不存在橡胶变硬或老化等不良影响，因此特别适用于低温地区。

球形支座有固定支座、单向活动支座和多向活动支座之分。活动支座主要由下支座凹板、中间球形钢衬板、上支座滑板、不锈钢位移板、聚四氟乙烯滑板（平面和球面各一块，简称四氟板）及橡胶密封圈和防尘罩等部件组成。

目前球形支座已在国内独柱支承连续弯板结构、独柱支承的连续弯箱梁结构、双柱支承的连续T构及大跨度斜拉桥中获得广泛应用。

（2）拉力支座。在连续梁桥、悬臂梁桥、斜桥、宽悬臂翼缘箱梁桥以及小半径曲线桥上，在某些会出现拉力的支点处，必须设置拉力支座，以便抗拉且承受相应的转动和水平位移。

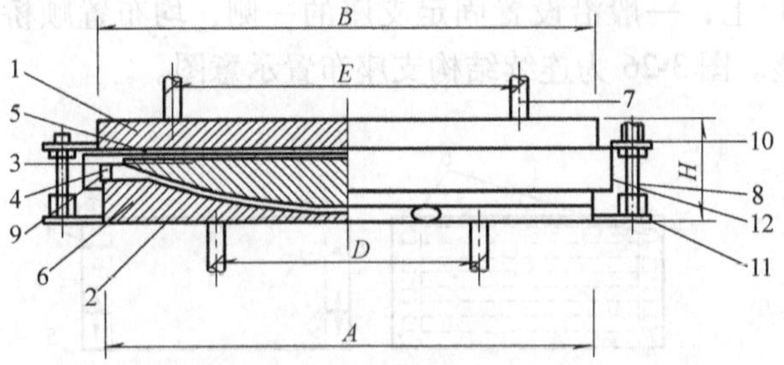

图 3-21　球形支座构造示意

1—上支座板　2—下支座板　3—钢衬板　4—钢挡圈　5—平面聚四氟乙烯板　6—球面聚四氟乙烯板　7—锚固螺栓　8—连接螺栓　9—橡胶防尘条　10—上支座连接板　11—下支座连接板　12—防尘板

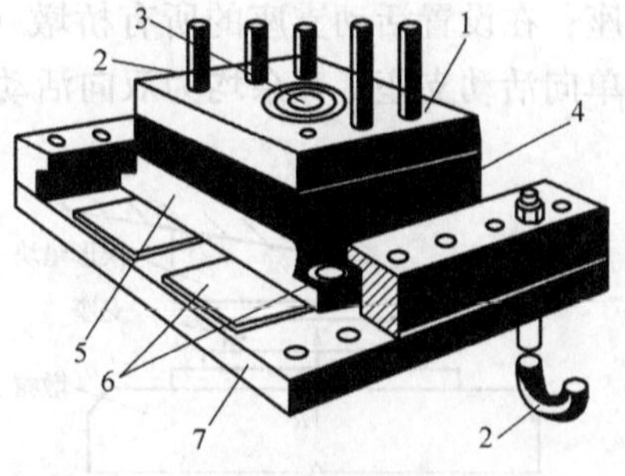

图 3-22　板式橡胶拉压支座

1—上支座板　2—锚筋　3—受拉螺栓　4—承压橡胶块　5—滑板　6—奥氏钢体　7—下支座板

球形支座、盆式和板式橡胶支座通过一定的装置改造都能变更功能作为拉力支座。图3-22所示的板式橡胶拉压支座适用于拉力较小的桥梁，对于支反力较大的桥梁，则用球形抗拉钢支座或盆式拉力支座更合适。

（3）抗震支座。地震地区的桥梁应使用具有抗震和减震功能的支座。减、隔震支座的作用是尽可能地将结构或部件与可能引起破坏的地震地面运动分离开来，以大大减小传递到上部结构的地震力和能量。目前国内主要的减隔震支座、抗震支座的类型有抗震型球形钢支座(图3-23)、铅芯橡胶支座和高阻尼橡胶支座等。

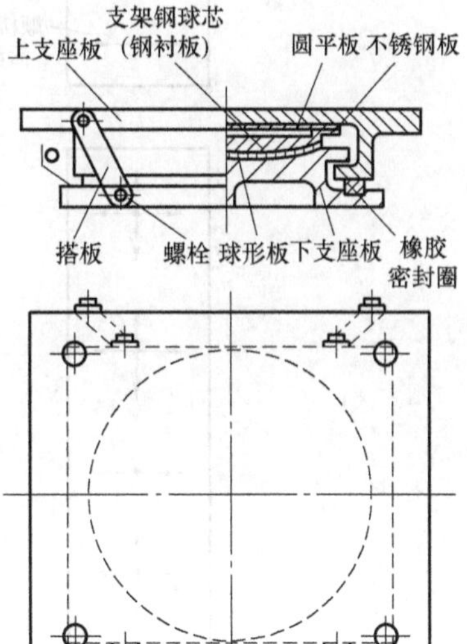

图 3-23　KQGZ 抗震型球形钢支座结构

二、桥梁支座布置

支座的布置，应以有利于墩台传递纵向水平力、有利于梁体的自由变形为原则。根据桥梁的结构体系以及桥宽，支座在纵、横桥向的布置方式主要有以下几种。

1）对于坡桥，宜将固定支座布置在高程低的墩台上。同时，为了避免整个桥跨下滑，影响车辆的行驶，通常在设置支座的梁底面增设局部的楔形构造，如图3-24所示。

2）对于简支梁桥，按照静力图式，简支梁桥应在每跨的一端设置固定支座，另一端设置活动支座。一般把固定支座布置在桥台上，每个桥墩上布置一个（组）活动支座与一个（组）固定支座。若个别墩较高，也可在高墩上布置两个（组）活动支座。图3-25a为地震区单跨简支梁常用布置，也称“浮动”支座布置，图3-25b为整体简支板桥或箱梁桥常用支座布置。

3）对于连续梁桥及桥面连续的简支梁桥，一般在每一联设置一个固定支座，并宜将固定支座设置在靠近温度中心，以使全梁的纵向变形分散在梁的两端，其余墩台上均设置活动支座。在设置固定支座的桥墩（台）上，一般采用一个固定支座，其余为横桥向的单向活动支座；在设置活动支座的所有桥墩（台）上，一般沿设置固定支座的一侧，均布置顺桥向的单向活动支座，其余均为双向活动支座。图3-26为连续结构支座布置示意图。

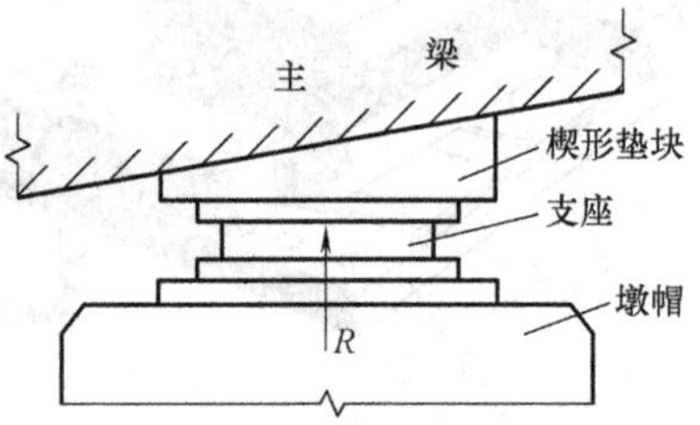

图3-24 坡形楔形垫块

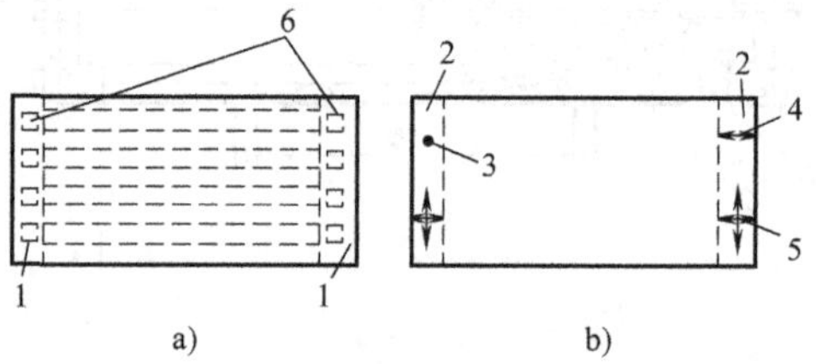

图3-25 单跨简支梁桥支座布置

1、2—桥台 3—固定支座 4—单向活动支座 5—多向活动支座 6—橡胶支座

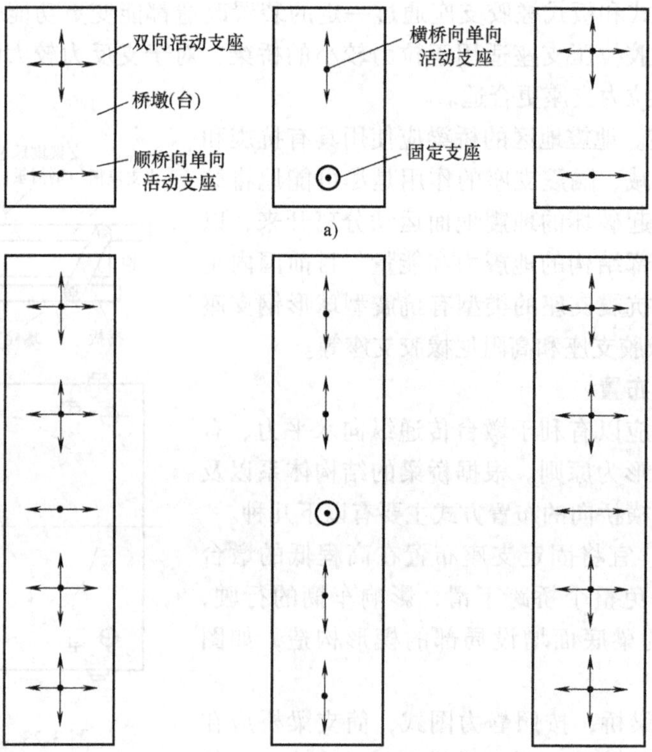

图3-26 连续结构支座布置

a）双支座桥梁 b）多支座宽桥

4）对于悬臂梁桥，锚固孔一侧布置固定支座，另一侧布置活动支座；多孔悬臂梁桥挂梁的支座布置与简支梁相同。

此外，对于特别宽的梁桥，尚应设置沿纵向和横向均能移动的活动支座；对于桥墩较高的高架桥，可在相邻桥墩上设置固定支座，以分散设置固定支座的桥墩的水平力；对于弯桥则应考虑活动支座沿弧线方向移动的可能性；悬臂梁桥和连续梁桥在某些特殊情况下支座需要传递竖向拉力时，尚应设置也能承受拉力的支座；对于处在地震地区的梁桥，其支座构造尚应考虑桥梁防震和减震的设施。

三、支座的选择

1. 成品板式橡胶支座的选配

板式橡胶支座早已有系列成品可供选择，例如GJZ300×400×47（CR）表示公路桥梁矩形、平面尺寸300mm×400mm、厚度为47mm的氯丁橡胶支座，GYZF4300×54（NR）表示公路桥梁圆形、直径300mm、厚度为54mm、带聚四氟乙烯滑板的天然橡胶支座。只需根据标准成品支座的目录，选配合适的产品。

当用产品目录选型时，先根据支座反力、梁肋宽度和梁体水平位移初选出支座，再通过偏转验算和抗滑性能的验算，最终确定支座类型。

2. 盆式橡胶支座的选用

盆式橡胶支座的设计验算内容有：确定聚四氟乙烯板和氯丁橡胶板的尺寸；确定钢盆环的直径；盆塞的计算（包括底面积尺寸、盆塞厚度、盆塞的抗滑验算等）；钢密封环的设计；橡胶密封圈的设计；盆环顶偏转的控制；钢盆环与顶板之间的焊缝应力验算等。而实际工程中，设计人员主要是根据支座反力和形变直接在成品目录上选配适合的支座，同时考虑地震和温度两个因素，以确定适配常温型和耐寒性支座和采用何种抗震型支座或抗震措施。

我国成品盆式橡胶支座系列主要有中交公路规划设计院设计的GPZ系列，以及铁道部科学研究院设计的TPZ—1系列等，支座竖向承载力一般为1000～50000kN，最多分为近40个级，并有DX（单向）、SX（双向活动）及GD（固定）之分，有效水平位移量为±40～±250mm，支座的容许转角为40′，GDZ则为抗震型固定支座的代号。

合适的支座不仅应满足结构变形的需要，其最大支撑反力一般不超过支座容许承载能力的5%，最小反力不低于容许承载力的80%，以确保支座具有良好的滑移性能。例如计算得到一个支座的最大反力为4100kN，最小反力为3700kN，则宜选择承载力为4000kN的盆式支座，而不宜选用承载力为5000kN的支座。这是因为4000kN的支座允许反力变化范围是3200～4200kN，而5000kN的支座允许反力变化范围是4000～5200kN。

单元小结

1. 桥面系构造包括桥面铺装、桥面防水和排水设施、伸缩装置、人行道（安全带）、栏杆和灯柱等设施。

2. 桥面的布置方式，主要有双向车道布置、分车道布置和双层桥面布置。

3. 桥面铺装也称行车道板铺装，是桥梁结构的一个重要组成部分，其作用是保护属于主梁整体部分的行车道板不受车辆轮胎的直接磨耗，防止主梁遭受雨水的侵蚀，并能对车辆轮重的集中荷载起一定的分布作用，减少车轮对桥梁结构的冲击力，改善行车条件，延长桥梁使用寿命。

4 为了保障桥面行车通畅、安全、防止桥面结构受降水侵蚀，应设置完善的桥面防水和排水设施。在桥面上除设置纵、横坡排水外，常常需要设置一定数量的泄水管。

5. 桥梁伸缩装置的主要作用是适应桥梁上部结构在气温变化、活载作用、混凝土收缩与徐变等因素的影响下变形的需要，并保证车辆平稳通过桥面。一般设在两梁端之间以及梁端与桥台背之间。特别要注意，在伸缩缝附近的栏杆、人行道结构也应断开，以满足梁体的自由变形。

6. 位于城镇和近郊的桥梁均应设置人行道，其宽度和高度应根据行人的交通流量和周围环境来确定。人行道的宽度1m，当宽度要求大于1m时，按0.5m的倍数增加。

7. 梁桥设置支座的目的是为了将上部结构的支承反力（包括竖向力和水平力）安全地传递至桥墩、桥台，并能保证上部结构的自由变形。

8. 梁桥支座一般分为固定支座和活动支座两种，两者的区别在于能否限制梁体的水平位移。

9. 支座的布置应以有利于墩台传递纵向水平力为原则。对于坡桥，宜将固定支座布置在高程较低的墩台上；对于连续梁桥及桥面连续的简支梁桥，宜将固定支座设置在靠近温度中心；对于特别宽的梁桥，应设置多向活动支座；对于处在地震地区的梁桥，宜选用可防震和减震的支座，通常应确保有多个桥墩分担水平地震力。

10. 我国目前使用最广泛的橡胶支座，它一般分为板式橡胶支座、聚四氟乙烯滑板式橡胶支座、球冠圆板式橡胶支座和盆式橡胶支座四类。

11. 板式橡胶支座的活动机理是：利用橡胶的不均匀弹性压缩实现转角θ；利用其剪切变形实现水平位移Δ。

12. 聚四氟乙烯滑板式橡胶支座适应于较大跨径的简支梁桥、桥面连续的梁桥和连续梁桥；此外，还可用作连续梁顶推施工的滑块。

13. 球冠圆板式橡胶支座特别适应于纵横坡度较大（3%～5%）的立交桥及高架桥。

14. 盆式橡胶支座以其承载能力大、水平位移量大、转动灵活等优点，特别适宜在大跨径桥梁上使用。

15. 球形支座具有受力均匀、转动量大（设计转角可达0.05rad以上）等优点，特别适用于曲线桥和宽桥。

16. 板式橡胶支座的设计与计算包括确定支座尺寸、验算支座受压偏转情况以及验算支座的抗滑稳定性等内容，以保证支座的安全使用以及梁体的自由变形，避免发生局部承压混凝土破坏、橡胶与梁底之间相对滑移等不良现象。

巩固训练

1. 简要说明桥面系由哪些部分构成。
2. 桥面铺装的作用是什么？桥面铺装常用哪几种类型？各自优缺点是什么？
3. 简述桥梁伸缩缝的作用及要求。
4. 简述桥梁支座的功能。
5. 橡胶支座一般分为哪几类？各适用于哪些情况？
6. 板式橡胶支座的活动机理是什么？
7. 桥梁支座布置的基本原则是什么？从立面图上看，简支梁桥和连续梁桥支座的布置有什么异同？

单元4 梁式桥的构造

学习目标

1. 能描述中小跨径钢筋混凝土梁桥的主要类型、适用条件和力学特点；
2. 认知板桥的构造；
3. 识读板梁桥工程图纸，核算工程量；
4. 认知装配式简支梁桥的构造；
5. 识读简支梁桥工程图纸，核算工程量。

任务4.1 梁式桥的特点及分类

任务描述

以板梁桥、肋梁桥、箱梁桥等常用梁式桥为例，能描述梁式桥的特点、主要类型等。

一、梁桥的主要类型及其适用条件

钢筋混凝土与预应力混凝土梁桥具有多种不同的类型和构造。对其演变加以分析可以看出，除了从力学上考虑充分发挥材料特性而不断改进桥梁的截面形式外，构件的施工方便以及起重安装设备的能力，也是影响构造形式发生变化的重要因素。

1. 按施工方法分

按施工方法分为整体浇筑式梁桥、装配式梁桥、组合式梁桥。

（1）整体浇筑式梁桥。建桥的全部工作都在施工现场进行，全桥在纵向和横向都是现场整体浇筑，其整体性好，可以按需要做成各种外形。但施工速度慢，工业化程度低，又要耗费较多的支架和模板材料，目前除了一些林区或运输困难的地方以及部分弯、斜桥外，一般情况下较少采用现场整体浇筑。

（2）装配式梁桥。上部构造在预制工厂或工地预制场分块预制，再运到现场吊装就位，然后在接头处把构件连接成整体。装配式梁桥的预制构件采用工厂化施工，受季节影响小，质量易于保证，而且还能与下部工程同时施工，既加快了施工进度，又能节约支架和模板的材料。

（3）组合式梁桥。组合式梁桥也是一种装配式的桥跨结构。整个截面分两个（或几个）阶段组合而成，在工形梁或开口槽形梁上搁置轻巧的预制空心板或微弯板构件，通过现浇混凝土接头而与工形梁或槽形梁结合成整体，或以弧形薄板或平板作为现浇桥面混凝土的模板，通过现浇混凝土使各主梁结合成整体。这样可以显著减轻预制构件的重力，并便于集中制造和运输吊装。

2. 按承重结构的横截面形式分

(1) 板桥。板桥的承重结构就是矩形截面的钢筋混凝土或预应力混凝土板，如图 4-1a 所示。板桥横截面形式包括整体式矩形实心板、装配式实心板和装配式空心板。

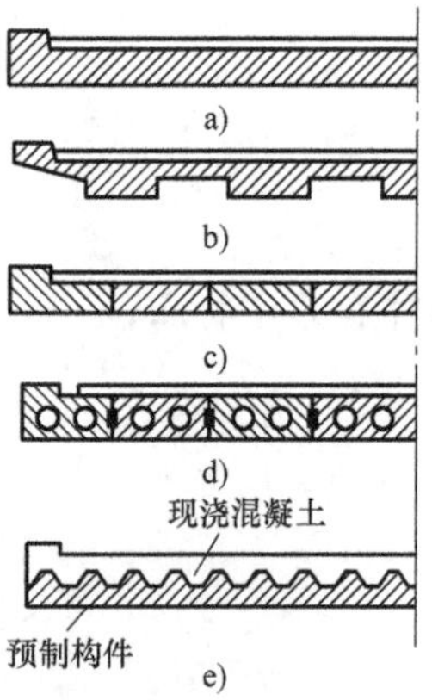

图 4-1 板桥横截面图

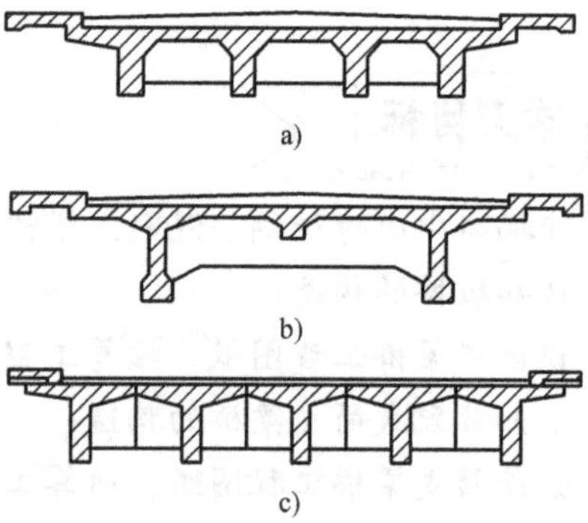

图 4-2 肋梁桥横截面

整体式矩形实心板具有形状简单、施工方便、建筑高度小、结构整体刚度大等优点，但施工时需要现浇混凝土，受季节气候影响，又需模板与支架。使用较为广泛的为装配式板桥（图 4-1c），由几块预制的实心板利用板间企口缝填入混凝土连接而成。从力学性能上分析，对钢筋混凝土板，由于受拉时混凝土开裂后位于受拉区域的混凝土材料不但不能发挥作用，反而增大了结构的自重，所以只适用于小跨径的桥梁。当跨径逐渐增大时，为了减轻自重，也可将截面受拉区稍加挖空做成矮肋式的板，如图 4-1b 所示。装配式板桥也可做成横截面被显著挖空的空心板（图 4-1d）。横截面也可做成一种装配—整体组合式桥（图 4-1e），它利用一些小型预制构件安装就位后作为底模，在其上再浇筑混凝土结合成整体，在缺乏起重设备的情况下，这种板桥能收到好的效果。钢筋混凝土简支实心板梁的跨径，一般不超过 8m，预应力混凝土空心板跨径可以用到 10 ~ 32m。

(2) 肋梁桥。在横截面内形成明显肋形结构的梁桥称为肋板式梁桥，或简称肋梁桥。肋梁桥横截面常见的三种基本类型有：I 形、Π 形、T 形。

在此种桥上，梁肋（或称腹板）与顶部的钢筋混凝土桥面板结合在一起作为承重结构（图 4-2）。由于肋与肋之间处于受拉区域的混凝土得到很大程度的挖空，就显著减轻了结构自重。特别对于仅承受正弯矩作用的简支梁来说，既充分利用了扩展的混凝土桥面板的抗压能力，又有效地发挥了集中布置在梁肋下部的受力钢筋的抗拉作用，从而使结构构造与受力性能达到理想的配合。与板桥相比，对于梁肋较高的肋梁桥来说，由于混凝土抗压和钢筋受拉所形成的力偶臂较大，因而肋梁桥也具有更大的抵抗荷载弯矩的能力。钢筋混凝土简支肋梁桥的常用跨径为 13 ~ 20m，预应力混凝土简支肋梁桥

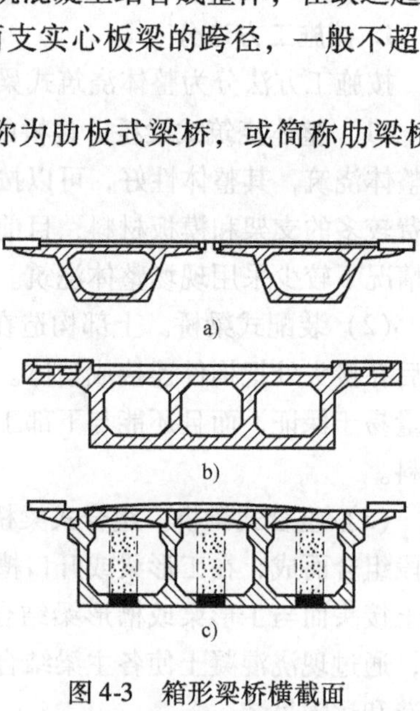

图 4-3 箱形梁桥横截面

的常用跨径为25～50m。

（3）箱梁桥。横截面呈一个或几个封闭箱形的梁桥简称为箱形梁桥（图4-3）。这种结构除了梁肋的上部翼缘板外，在底部尚有扩展的底板，因此它提供了承受正、负弯矩的足够的混凝土受压区。箱形梁桥的另一个重要特点是在一定的截面面积下能获得较大的抗弯惯性矩，而且抗扭刚度也特别大，在偏心活载作用下各梁肋的受力比较均匀，因此箱形截面能适用于较大跨径悬臂梁桥和连续梁桥，也可用来修建全截面均参与受力的预应力混凝土简支梁桥。显然，对于普通钢筋混凝土的简支梁桥来说，底板除徒然增加自重外并无其他益处，故不宜采用。

3. 按承重结构的静力体系分

（1）简支梁桥。简支梁桥是梁桥中应用最早、使用最广泛的一种桥型（图4-4a），属静定结构，受力明确，在竖直荷载作用下支撑处只有竖向反力，梁体以受弯为主，同时承受剪力。它构造简单，最易设计为各种标准跨径的装配式结构；施工工序少，架设方便；在多孔简支梁桥中，由于各跨构造和尺寸划一，简化施工管理工作，降低施工费用；因相邻桥孔各自单独受力，桥墩上需设置相邻简支梁的两排支座；简支梁桥的构造较易处理而常被选用。

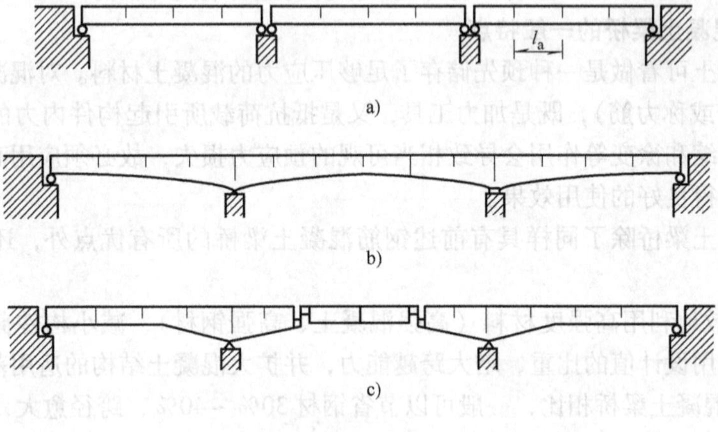

图4-4　梁桥的基本体系

（2）连续梁桥。连续梁桥是中等跨径桥梁中常用的一种桥梁结构，其承重结构（板、T形梁或箱梁）不间断地连续跨越几个桥孔而形成一超静定结构（图4-4b）。连续梁桥通常是将3～5孔做成一联，在一联内没有桥面接缝，行车较为顺适。当桥梁跨数较多时，需要沿桥长分建成几组（或称几联）连续梁。连续梁由于荷载作用下支点截面产生负弯矩，从而显著减小了跨中的正弯矩，这样不但可减小跨中的建筑高度，而且能节省钢筋混凝土数量。跨径增大时，这种节省就愈益显著。连续梁通常适用于桥基良好的场合，否则，任一墩台基础发生不均匀沉陷时，桥跨结构内均产生附加内力。

（3）悬臂梁桥。这种桥梁的主体是长度超出跨径的悬臂结构。仅一端悬出者称为单悬臂梁，两端均悬出者称为双悬臂梁。对于较长的桥，还可以借助简支的挂梁与悬臂梁一起组合成多孔桥，如图4-4c所示。在力学性能上，悬臂根部产生的负弯矩减小了跨中正弯矩，所以悬臂梁也与连续梁相仿，可以节省材料用量、增大跨越能力。悬臂梁桥属于静定结构，墩台的不均匀沉陷不会在梁内引起附加内力。

二、钢筋混凝土和预应力混凝土梁桥的一般特点

1. 钢筋混凝土梁桥的一般特点

钢筋混凝土是一种具有很多优点的建筑材料。用这种建筑材料建造的梁桥具有能就地取材、工业化施工、耐久性好、适应性强、整体性好以及美观等各种优点。

钢筋混凝土梁桥也有其不足之处，主要是结构本身的自重大，占全部作用设计值的30%～60%，跨度愈大则自重所占的比值愈显著。鉴于材料强度大部分为结构本身的重力所消耗，而且，钢筋混凝土梁在正常使用状态是带裂缝工作，因此它的工作性能、耐久性受到影响，这就大大限制了钢筋混凝土梁桥的跨越能力。此外，就地浇筑的钢筋混凝土桥，施工工期长，支架和模板耗损的钢材和木材较多。在寒冷地区以及在雨季建造整体式钢筋混凝土桥梁时，施工比较困难，如采用蒸汽养生以及防雨措施等，则会显著增加造价。

显然，上述的优缺点都是与钢桥、圬工桥等其他材料种类桥梁比较而言的。目前，公路钢桥一般在大跨径桥梁中比较经济，而建造圬工拱桥费工费时，还要受到桥位处地形地质的限制。因此，在公路建设中，特别对于公路上最常遇到的跨越中小河流等障碍的情况，常常优先考虑建造中小跨径的钢筋混凝土梁桥。对装配式钢筋混凝土简支梁桥而言，在技术经济上合理的最大跨径约为20m。悬臂梁桥与连续梁桥适宜的最大跨径为60～70m。

2. 预应力混凝土梁桥的一般特点

预应力混凝土可看做是一种预先储存了足够压应力的混凝土材料。对混凝土施加预压力的高强度钢筋（或称力筋），既是加力工具，又是抵抗荷载所引起构件内力的受力钢筋。考虑到混凝土的收缩和徐变等作用会导致相当可观的预应力损失，故必须应用高强材料才能使预应力混凝土获得良好的使用效果。

预应力混凝土梁桥除了同样具有前述钢筋混凝土梁桥的所有优点外，还有下述重要特点。

1）能最有效地利用高强度材料（高强混凝土、高强钢材），减小构件截面，显著降低自重所占全部作用设计值的比重，增大跨越能力，并扩大混凝土结构的适用范围。

2）与钢筋混凝土梁桥相比，一般可以节省钢材30%～40%，跨径愈大，节省愈多。

3）全预应力混凝土梁在使用荷载下不出现裂缝，即使是部分预应力混凝土梁在常遇荷载下也无裂缝，能全截面参与工作，梁的刚度就比通常开裂的钢筋混凝土梁要大。因此，预应力混凝土梁可显著减小建筑高度，使大跨径桥梁做得轻柔美观。由于能消除裂缝，这就扩大了对多种桥型的适应性，并更加提高了结构的耐久性。

4）预应力技术的采用，为现代装配式结构提供了最有效的接头和拼装手段。根据需要，可在纵向、横向和竖向等施加预应力，使装配式结构集整成理想的整体，这就扩大了装配式桥梁的使用范围。

显然，要建造好一座预应力混凝土桥梁，首先要有作为预应力筋的优质高强钢材和可靠保证高强混凝土的制备质量，同时需要有一整套专门的预应力张拉设备和材质好、制作精度要求高的锚具，并且要掌握较复杂的施工工艺。

在已建成的桥梁中，中小跨径的桥梁占了大多数，特别是城市桥梁中，以中小跨径的桥梁为主。简支体系梁式桥是最常用的桥型。因此，本单元介绍目前桥梁中常用的简支板桥、简支T梁桥、简支箱梁桥的结构与构造。

任务4.2　板桥的构造及识图

任务描述

在熟悉板桥构造特点的基础上，以某板桥图纸为例，识读该板桥板梁一般构造图与钢筋构造图。

板桥是小跨径桥梁最常用的桥型之一。由于它在建成之后外形像一块薄板，故称为板桥。板桥的建筑高度小，适用于桥下净空受限制的桥梁。还可用于降低桥头引道高度，缩短引道的长度。其外形简单，制作方便，既便于现场整体浇筑，又便于预制厂成批生产，因此可以采用整体式结构，也可以采用装配式结构。

一、板桥的类型及其特点

板桥的常用类型，按结构静力体系可分为简支板桥、悬臂板桥和连续板桥；按横截面形式主要可分为实体矩形、空心矩形；按有无预应力可分为钢筋混凝土板、预应力混凝土板、部分预应力混凝土板；按施工方式可分为整体式板桥、装配式板桥和组合式板桥。实际工程中，简支板桥常见的结构形式有：整体式简支板桥（截面形式有实体矩形板和矮肋板）分别如图4-1a、4-1b所示；装配式简支板桥（截面形式有矩形板和空心板）如图4-1c、4-1d所示。

简支板桥应用广泛，但跨径不宜过大。当跨径超过一定限值时，自重显著增大。因此《公桥规》中规定：钢筋混凝土简支板桥的跨径不宜大于13m；连续板桥的跨径不宜大于16m。预应力混凝土简支板桥的跨径不宜大于25m；连续板桥的跨径不宜大于30m。

1. 简支板桥

简支板桥可以采用整体式结构，也可以采用装配式结构。前者跨径一般为4～8m，后者当采用预应力混凝土时，其跨径可达25m。在缺乏起重设备而有模板支架材料的情况下，宜采用就地浇筑的整体式钢筋混凝土板桥。这种结构的整体性能好，横向刚度较大，施工也较简单，不足的是，支架材料消耗量较多，施工期较长。一般施工条件下，宜采用装配式结构。

2. 悬臂板桥

悬臂板桥一般做成双悬臂式结构，中间跨径一般为8～10m，两端伸出的悬臂长度约为中间跨径的0.3倍，板在跨中的厚度约为跨径的1/18～1/14，在支点处的板厚要比跨中的加大30%～40%。悬臂端可以直接伸到路堤上，不用设置桥台，为了使行车平稳顺畅，两悬臂端部应设置搭板与路堤相衔接。但在车速较高，荷载较重且交通量很大时，搭板容易损坏，从而导致车辆上桥时对悬臂的冲击，故目前较少使用。

3. 连续板桥

连续板桥的特点是板不间断地跨越几个桥孔而形成一个超静定结构体系。一般有三孔或四孔及其以上为一联。连续板桥一般是做成不等跨的，边跨与中跨之比为0.7～0.8，这样可以使各跨的跨中弯矩接近相等。连续板桥可以有整体式结构和装配式结构两种。

（1）整体式连续板桥。当采用就地浇筑混凝土时，连续板桥可以做成变厚度的。支点截面的厚度较大，为跨中截面板厚的 1.2 ~ 1.5 倍。这不但为了使之能承受较大的负弯矩，而且也可进一步减小跨中的板厚。跨中板厚度一般为 $h=\left(\frac{1}{22}\sim\frac{1}{30}\right)l$，$l$ 为中跨跨长。

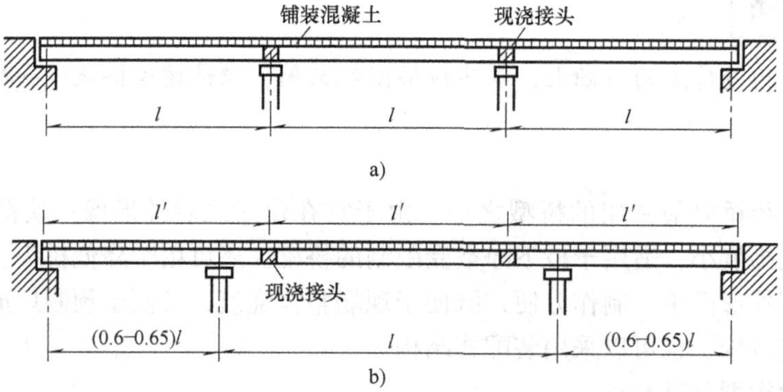

图 4-5　连续板桥图示

（2）装配式连续板桥。为便于制作和安装，连续板的构件除了横向被划分成若干块以外，在纵向也被分成若干节段，在制作时预留接头钢筋，待安装就位后，连接接头筋，再浇筑混凝土接缝使之成整体。接头所在位置可以有两种方案。图 4-5a 是对板的自重为简支与对活载为连续的装配方案，它既保持了简支板施工简便的优点，又吸取了连续结构可减小荷载弯矩的长处，只是需要将跨中受力钢筋在靠近板端处弯起，并伸至接头处与相邻块件的同类钢筋相焊接。图 4-5b 是对板的自重为悬臂体系与对活载为连续体系的另一种装配方案，在架设板段时，类似于两边孔为单悬臂，中孔带挂梁的悬臂体系。接头可以布置在连续梁的恒载弯矩接近为零或较小的位置处，不足的是需要在接头处搭设临时支架来浇灌接头混凝土。

二、整体式简支板桥

整体式简支板桥整体性能好，横向刚度较大，易于浇筑成所需要的形状，施工也较简便，但需要消耗一定量的模板和支架材料，通常用于跨径为 4 ~ 8m 的小桥。

整体式简支板桥的板厚与跨径之比一般为 1/23 ~ 1/16，随跨径增大，比值取用较小值。整体式板桥的跨径通常与板宽相差不大（比值不大于 2），是一块双向受力的弹性薄板。因此，除了在板内配置纵向受力钢筋外，还要在板内设置垂直于主钢筋的横向分部钢筋。

钢筋混凝土行车道板内钢筋直径不应小于 10mm，间距不大于 200mm。板内主筋可以不弯起，也可以弯起。当弯起时，通过支点的不弯起钢筋，每米板宽内至少 3 根，截面面积不小于主筋截面面积的 1/4；弯起的角度为 30°或 45°，弯起的位置为沿板高中心纵轴线的 1/6 ~1/4 计算跨径处。分布钢筋应设在主钢筋的内侧，其直径不应小于 8mm，间距应不大于 200mm，截面面积不应小于板的截面面积的 0.1%。板的主钢筋与板边缘间的净距不应小于 30mm，分布钢筋与板边缘间的净距不应小于 15mm。

某标准跨径 6.0m 的整体式钢筋混凝土简支板桥构造，如图 4-6 所示。桥面宽度 8.5m + 2×2.5m，设计荷载为公路—Ⅱ级，计算跨径为 5.69m，板厚 32cm，约为跨径的 1/18。纵向主筋采用 HRB335 钢筋，直径为 20mm，在中间 2/3 的板宽内间距 12.5cm，其余两侧的间距为 11cm。主筋在跨径两端 l/6～1/4 的范围内呈 30°弯起，分布钢筋采用 HPB300 钢筋，直径为 10mm，间距为 20cm。

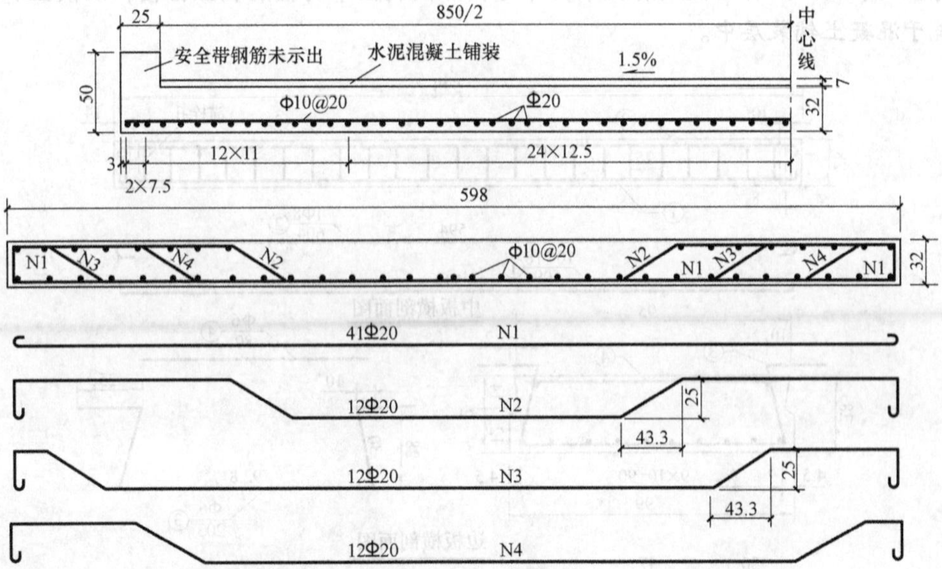

图 4-6　钢筋混凝土整体式板桥构造（尺寸单位：cm；钢筋直径：mm）

三、装配式简支板桥

当具备运输和起重设备时，简支板桥宜采用装配式结构，以缩短工期，提高工程施工质量。我国常用的装配式板桥的截面形式主要有实心板和空心板两种，截面构造如图 4-1c、4-1d 所示。

1. 矩形实心板桥

矩形实心板桥通常用于跨径 8m 以下的桥梁，一般应尽量采用标准化设计。采用装配式实心板截面，每块预制板的宽度为 99cm，板厚一般为 16～36cm，主钢筋常采用 HRB335，主要配置纵向抗弯钢筋，抗剪不控制，一般只设箍筋。

图 4-7 为装配式简支实心板桥横剖面构造。图 4-8 为一装配式钢筋混凝土矩形板桥的设计实例，标准跨径 6m，桥面净宽为净－7m（无人行道）。全桥由 6 块宽度 99cm 的中部块件和 2 块宽度 74cm 的边部块件组成。预制板采用 C25 混凝土，纵向主筋（①号钢筋）采用直径 18mm 的 HRB335 级钢筋，箍筋（③号钢筋、边板⑤号钢筋）和架立筋（②号钢筋）分别采用直径为 6mm 和 8mm 的 HPB235 钢筋，分布钢筋（④号钢筋）采用直径

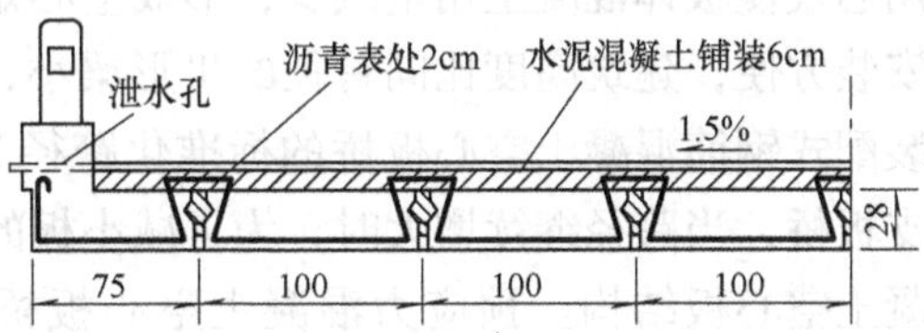

图 4-7　装配式简支实心板桥横剖面构造（尺寸单位：cm）

6mm 的 HPB300 钢筋。块件安装后在板间企口缝填筑强度等级比预制板高的小石子混凝土（C30），并浇筑 60mm 厚的 C30 防水混凝土铺装层将板连成整体，形成共同工作的行车道板。为了加强预制板与铺装层的结合以及相邻预制板的连接，将板中的箍筋伸出预制板顶面，待板安装就位后将这段钢筋放平，并与相邻预制板中的箍筋相互搭接，以铁丝绑扎，然后浇筑于混凝土铺装层中。

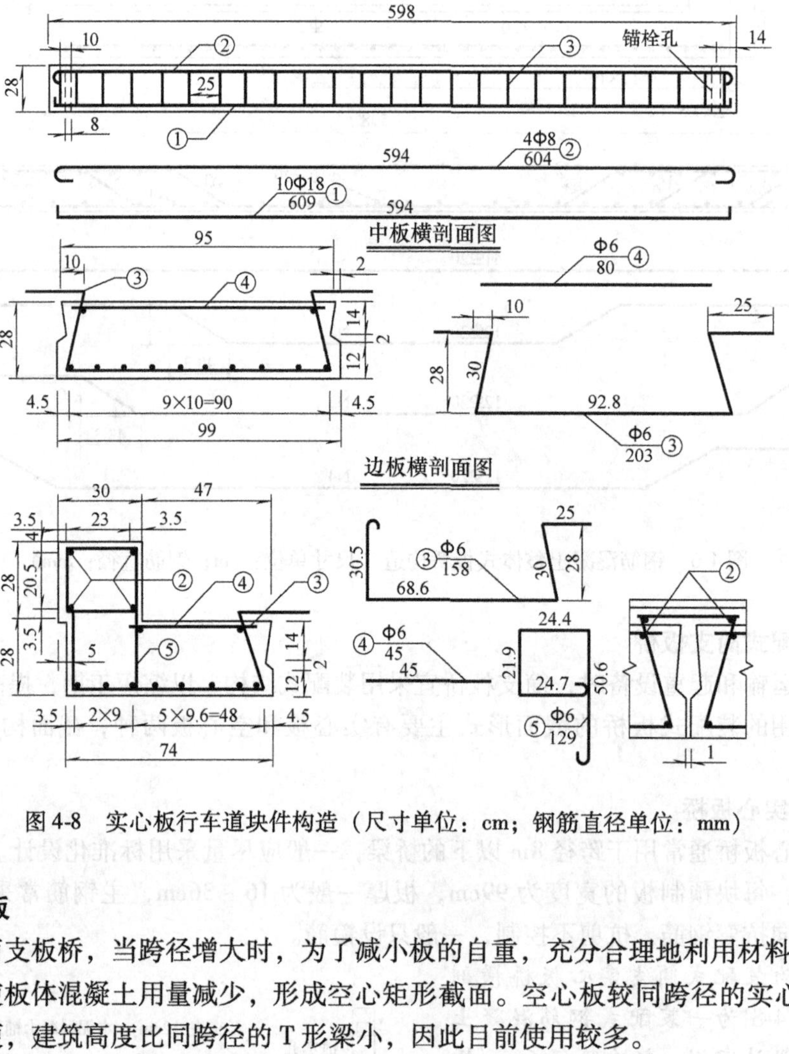

图 4-8 实心板行车道块件构造（尺寸单位：cm；钢筋直径单位：mm）

2. 空心板

装配式简支板桥，当跨径增大时，为了减小板的自重，充分合理地利用材料，在预制时应采用芯模使板体混凝土用量减少，形成空心矩形截面。空心板较同跨径的实心板重量小，运输安装方便，建筑高度比同跨径的 T 形梁小，因此目前使用较多。

装配式钢筋混凝土空心板桥的标准化跨径为 6 ~ 13m，相应的板厚为 0.4 ~ 0.8m。装配式简支板桥，当跨径继续增大时，为了减小板的自重，充分合理地利用材料，应该选择预应力混凝土空心板结构。预应力混凝土空心板桥的跨径一般在 8 ~ 20m，相应板厚为 0.4 ~ 0.9m。空心板桥的顶板和底板厚以及横断面最薄处，均不应小于 80mm，以保证施工质量和局部承载的需要。钢筋混凝土空心板桥的混凝土强度等级一般不低于 C25，预应力混凝土空心板桥的混凝土强度等级一般不低于 C40。为了保证抗剪强度，应在截面内按设计计算需要配置弯起钢筋和箍筋。

装配式预制空心板截面中间挖空形式很多，图 4-9 所示为几种常用的空心板截面形式。

目前采用高压充气胶囊代替金属或木芯模，尽管形成的内腔因胶囊变形不如模板好，但是它具有制作及脱模方便、预制台座有效利用率高等优点。

图4-10所示为标准跨径13m的装配式预应力混凝土空心板桥实例，设计荷载为公路-Ⅰ级，桥面净宽7m，两边设有0.25m的安全带，总宽为7.5m，由8块宽990mm的空心板组成，板与板之间的间隙为10mm。板全长12.96m，计算跨径12.6m，板厚600mm。空心板横截面形式采用上述的图4-9d，腰圆孔宽380mm，高460mm。采用C40混凝土预制空心板和填塞铰缝。每块板底层配置7JL25的精轧螺纹钢筋做预应力筋。板顶面除配置3Φ12的架立钢筋外，在支点附近还配置6Φ8的非预应力钢筋来承担由预加应力产生的拉应力。靠近支点截面，箍筋加密加粗。

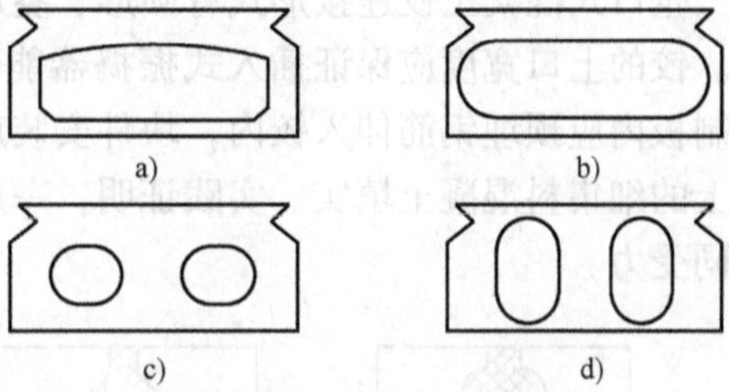

图4-9　预应力空心板桥截面

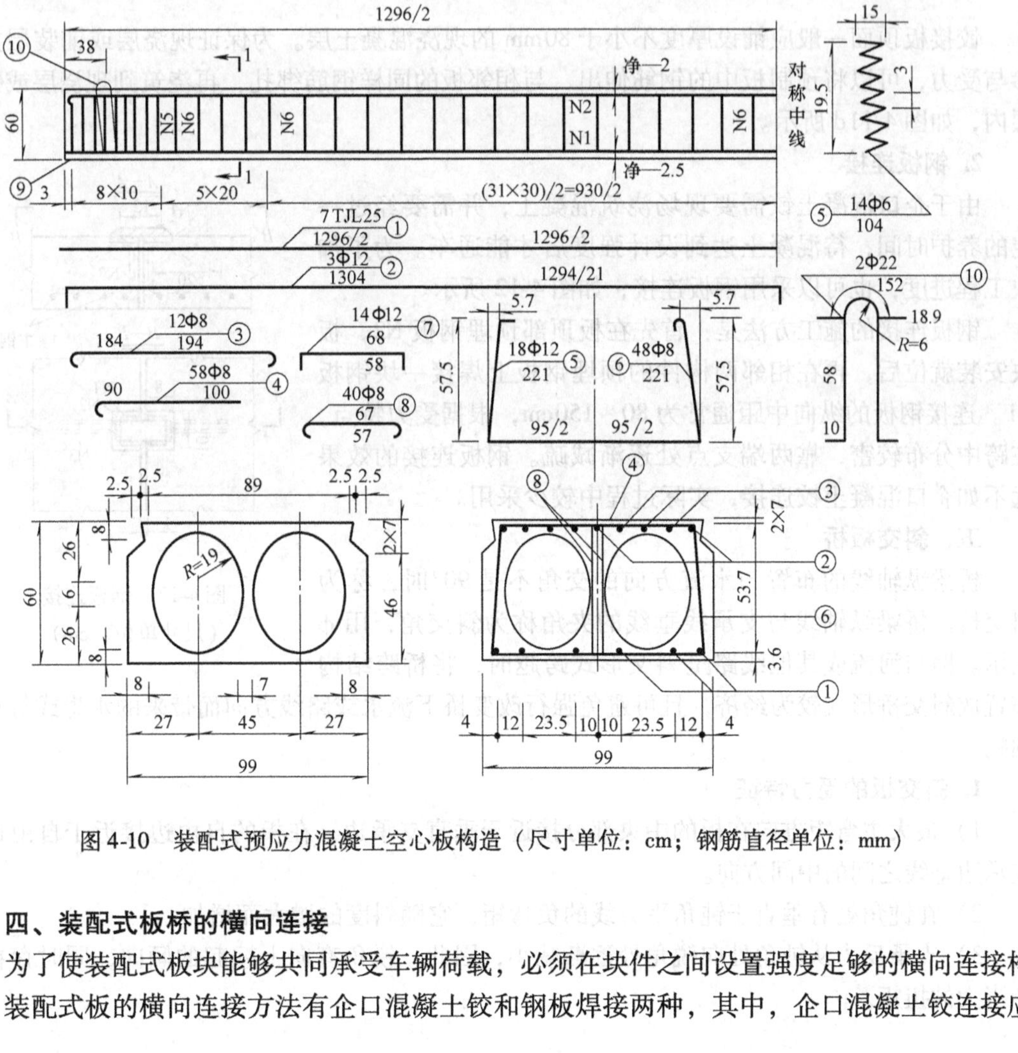

图4-10　装配式预应力混凝土空心板构造（尺寸单位：cm；钢筋直径单位：mm）

四、装配式板桥的横向连接

为了使装配式板块能够共同承受车辆荷载，必须在块件之间设置强度足够的横向连接构造。装配式板的横向连接方法有企口混凝土铰和钢板焊接两种，其中，企口混凝土铰连接应用较为广泛。

1. 企口混凝土铰连接

企口式混凝土铰连接形式有圆形、菱形、漏斗形等，如图4-11a、图4-11b、图4-11c所示。铰的上口宽度应保证插入式振捣器能够顺利插入，铰槽的深度宜为预制板厚度的2/3。预制板内应预埋钢筋伸入铰内，块件安装就位后，伸出钢筋相互绑扎，铰缝内用C30～C40以上的细集料混凝土填实。实践证明，一般的混凝土铰连接就能保证传递横向剪力使各块板共同受力。

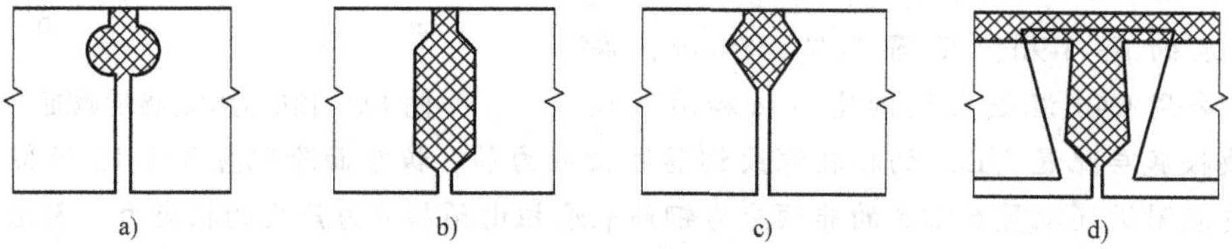

图4-11 企口混凝土铰连接

铰接板顶面一般应铺设厚度不小于80mm的现浇混凝土层。为保证现浇层或铺装层共同参与受力，可以将预制板中的钢筋伸出，与相邻板的同样钢筋绑扎，再浇筑到现浇层或铺装层内，如图4-11d所示。

2. 钢板连接

由于企口混凝土铰需要现场浇筑混凝土，并需要经过一定的养护时间，待混凝土达到设计强度后才能通车。为了加快工程进度，也可以采用钢板连接，如图4-12所示。

钢板连接的施工方法是：首先在板顶部预埋钢板N2，板块安装就位后，再在相邻两构件的预埋钢板上焊接一块钢板N1。连接钢板的纵向中距通常为80～150cm，根据受力特点，在跨中分布较密，靠两端支点处逐渐减疏。钢板连接的效果远不如企口混凝土铰连接，实际过程中较少采用。

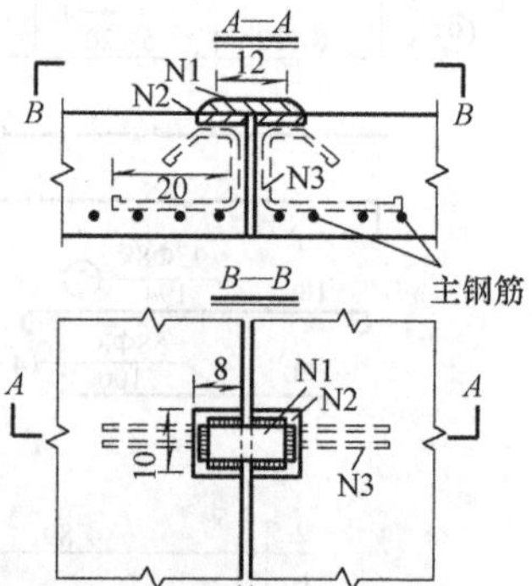

图4-12 钢板连接
（尺寸单位：cm）

五、斜交板桥

桥梁纵轴线的布置与水流方向的交角不是90°时，称为斜交桥。桥梁纵轴线与支承线垂线的夹角称为斜交角，用φ表示。路与河流或其他线路呈斜交形式跨越时，将桥跨结构布置成斜交桥形式较为经济，且可避免强行改变桥下流水或路线方向而带来的水患或行车不顺畅。

1. 斜交板的受力特征

1）最大主弯矩方向在板的中央部分接近于垂直支承边；在板的自由边接近于自由边与支承边垂线之间的中间方向。

2）在钝角处有垂直于钝角平分线的负弯矩，它随斜度的增大而增加。

3）支承反力从钝角处向锐角处逐渐减小，因此，锐角有向上翘起的倾向，同时存在着相当大的扭矩。

2. 斜交板桥的构造特点

当整体式斜板桥的斜交角（板的支撑轴线的垂直线与桥纵轴线的夹角）不大于15°时，可按正交板计算，计算跨径为：当$l/b \leqslant 1.3$时，按两支撑轴线的垂直距离的正跨径计算，l为斜跨径，b为垂直于桥纵轴线的板宽；当$l/b \geqslant 1.3$时，按顺桥向纵轴线的斜跨径计算。装配式铰接斜板桥的预制板块，可取宽为两板边垂直距离，计算跨径按斜跨径的正交板计算。《公桥规》指出，斜板的钢筋可按下列规定布置，斜板桥钢筋布置如图4-13所示。

1）当整体式斜板的斜交角（板的支座轴线的垂直线与桥纵轴线的夹角）不大于15°时，主钢筋可平行于桥纵轴线方向布置。当整体式斜板斜交角大于15°时，主钢筋宜垂直于板的支座轴线方向布置。此时，在板的自由边下应各设一条不少于3根主钢筋的平行于自由边的钢筋带，并用箍筋箍牢。在钝角部位靠近板顶的上层，应布置垂至于钝角平分线的加强钢筋，在钝角部位靠近板底的下层，应布置平行于钝角平分线加强筋，加强筋直径不宜小于12mm，间距100～150mm，应布置于以钝角两侧1.0～1.5m边长的扇形面积内。

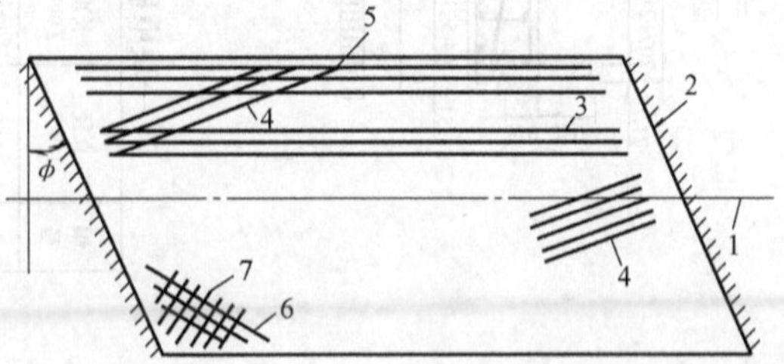

图4-13　斜板桥钢筋布置

1—板桥纵轴线　2—支承轴线　3—顺桥纵轴线钢筋　4—与支承轴线正交钢筋　5—自由边钢筋带　6—垂直于钝角平分线的钝角钢筋　7—平行于钝角平分线的钝角钢筋

2）斜板的分布钢筋宜垂直于主筋方向设置，其直径、间距和数量可按《公桥规》中行车道板的配筋原则配置。在斜板的支座附近宜增设平行于支座轴线的分布钢筋；或将分布钢筋向支座方向呈扇形分布，过渡到平行于支撑轴线。

3）预制斜板的主筋可与桥纵轴线平行，其钝角部位加强钢筋及分布钢筋宜按照1）、2）中所述布置。

具体而言，整体式板桥的斜跨长l与垂直于行车方向的桥宽b之比一般均小于1.3，根据上面所述斜板主弯矩方向的特点，主钢筋的配置可按图4-13所示方式布置。装配式斜板桥的跨宽比（l/b）一般均大于1/3，主钢筋沿斜跨径方向配置，分布钢筋在两钝角角点之间的范围内与主钢筋垂直，在靠近支承边附近，其布置方向则与支承边平行。

六. 板梁钢筋结构图案例

图4-14为标准跨径6m的装配式钢筋混凝土实心板桥中板钢筋结构图，设计荷载为公路—Ⅱ级。图纸由中板立面图、1/2底板平面图、1/2顶板平面图、横断面图、钢筋详图、工程数量表组成。纵观全图中板钢筋有6类，即钢筋编号为①～⑥。板立面图中可以表示的钢筋为N1、N2、N5和N6，①号钢筋为受力主钢筋，采用Φ16钢筋，配置在板的下缘；结合钢筋详图可以看出，单根设计长度6230mm。一块中板布置14根①号钢筋，可以从中板横断面图或1/2底板平面图的标注中看出，其间距为64.5mm + 11 × 69mm + 64.5mm。②号钢筋采用Φ10钢筋，共9根，沿纵向布置，其中在板上缘5根，板两侧面各2根。③号钢筋为箍筋，采用Φ8钢筋。④号钢筋横向布置在板的下缘，采用Φ10钢筋。从工程数量表中可以看出③号钢筋共98根，④号钢筋49根，⑤、⑥号钢筋为铰缝预埋钢筋，均为44根。预制一块中板需要C30混凝土1.75m^3。

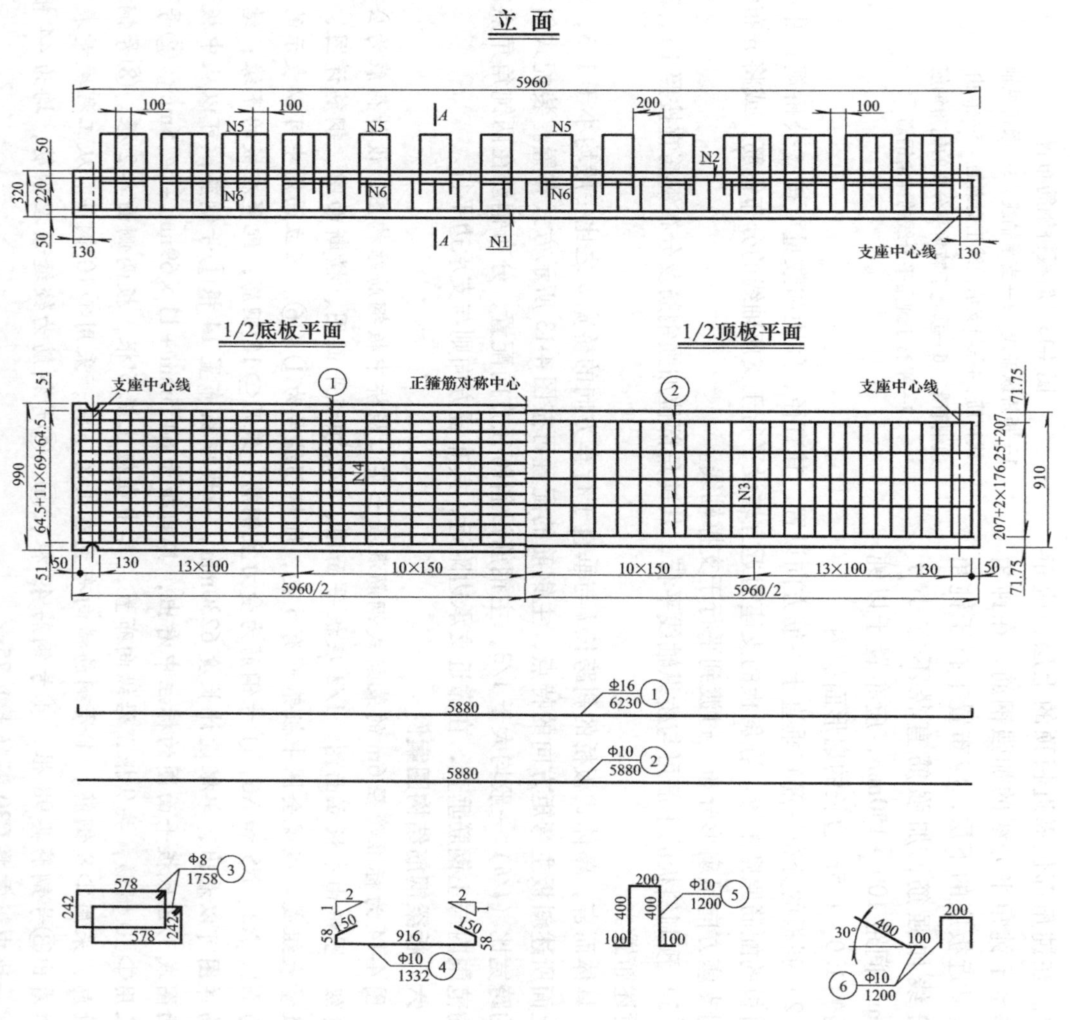

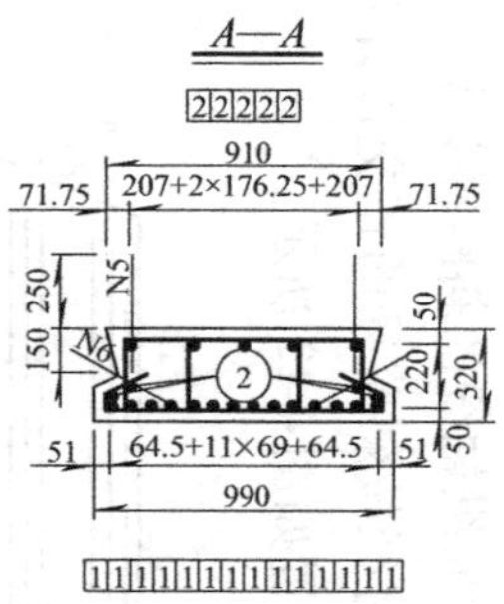

一块中板工程数量表

编号	直径/mm	长度/mm	根数	共长/m	共重/kg
1	Φ16	6230	14	87.22	137.8
2	Φ10	5880	9	52.92	32.7
3	Φ8	1758	98	172.28	68.1
4	Φ10	1332	49	65.27	40.3
5	Φ10	1200	44	52.80	32.6
6	Φ10	1200	44	52.80	32.6
C30混凝土(m^3)		1.75			

注
1.本图尺寸除注明者外，余均以厘米为单位。
2.N5钢筋与N2、N3钢筋绑扎连接，N6钢筋与N1、N3钢筋绑扎连接，在块件预制时紧贴侧模，脱模后立即扳出。
3.图中Φ8、Φ10钢筋未计弯钩折减值。

图4-14 某桥中板钢筋结构图

任务4.3　简支梁桥的构造及识图

任务描述

在熟悉梁桥构造特点的基础上，以某T形梁桥图纸为例，识读T形梁桥主梁一般构造图与钢筋构造图。

一、装配式简支梁桥的构造类型与截面形式

装配式简支梁桥考虑到起重设备的能力和预制安装的方便，一般采用多梁式结构，主梁间距通常在2.2m以内。随着起重能力的提高，高强度材料的应用，加大主梁间距减少主梁片数，会使设计更加经济合理。根据跨径大小、是否施加预应力、运输和施工条件等的不同，装配式简支梁桥应采用不同构造类型。所谓构造类型就是涉及装配式主梁的横截面形式、沿纵截面上的横隔梁布置、块件的划分方式以及块件的连接集整等几方面。

从主梁的横截面形式来区分，装配式简支梁桥可以分为三种基本类型：Π形梁桥、T形梁桥和箱形梁桥（图4-15）。

图4-15a所示为简单的Π形梁横截面，块件之间用穿过腹板的螺栓连接，以使施工简化。Π形构件截面形状稳定，横向抗弯刚度大，块件堆放、装卸和安装都方便。但这种构造的制造较复杂；梁肋被分成两片薄的腹板，通常用钢筋网来配筋，难以做成刚度大的钢筋骨架。设计经验证明，跨度较大时Π形梁桥的混凝土和钢筋用量都比T形梁桥的大，而且构件也重。故Π形梁桥一般只用于跨径为6～12m的小跨径桥梁，目前较少使用。

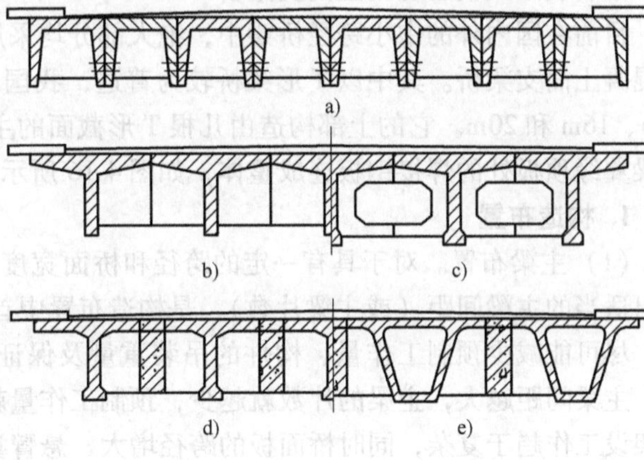

图4-15　装配式简支梁桥横截面

目前我国用得较多的装配式简支梁桥是图4-15b所示的T形梁桥。装配式T形梁制造简单，梁内配筋可做成刚劲的钢筋骨架，主梁之间借助间距为4～6m的横隔梁来连接，整体性好，接头也较方便。但截面形状不稳定，运输和安装较复杂；构件正好在桥面板的跨中接头，对板的受力不利。

在保证抗剪等条件下尽可能减小梁肋（或称腹板）的厚度，以期减轻构件自重，是目前钢筋混凝土和预应力混凝土桥梁的发展趋势。因此，为使受拉主筋或预应力筋在梁肋底部较集中地布置，或者为了满足预加应力的受压需要，提高截面效率，就形成呈马蹄形的梁肋底部，如图4-15c、d所示。但要注意，小于15～16cm的腹板厚度对于浇筑混凝土是有困难的。马蹄形的梁肋使模板结构和混凝土的灌筑稍趋复杂。

图4-15e所示的为箱形截面梁，其最大优点是抗扭能力大，抗扭惯矩为相应T梁截面的

十几倍至几十倍，因此在横向偏心荷载作用下，箱形梁桥各梁的受力要比T梁桥均匀得多。此外，箱梁可以做成薄壁结构，又因桥面板的横向跨径减小而能使板厚减薄并节省配筋，这对自重占重要部分的大跨径预应力混凝土简支梁桥是十分经济合理的。

箱形截面的另一优点是横向抗弯刚度大，在预施应力、运输、安装阶段单梁的稳定性要比T梁好得多。然而箱梁薄壁构件的预制施工比较复杂，单根箱梁的安装质量通常比T梁大，这在确定梁桥类型时是必须加以考虑的。箱形截面梁由于受拉区混凝土不参与工作，多余的箱梁底板徒然增加自重，故一般不适用于钢筋混凝土的简支梁桥。然而对于全截面参与受力的预应力混凝土梁来说，情况就完全不同。

装配式梁桥通常借助沿纵向布置的横隔梁的接头和桥面板的接缝连成整体，以使桥上车辆作用能分配给各主梁共同负担。鉴于横隔梁的抗弯刚度远比桥面板的大，故横隔梁能将车辆荷载作用分配给各主梁共同负担，横隔梁对荷载分配起主要作用。

当横隔梁高度较大时，为了减轻自重，可将其中部挖空（图4-15c），但沿挖空部分的边缘应做成钝角并配置钢筋，挖空也不宜过大，以免内角处应力集中产生裂缝和过多削弱其刚度。

对于箱形梁桥，由于其本身抗扭能力大，就可以少设或不设跨中横隔梁，但端横隔梁通常是必要的。

二、装配式钢筋混凝土简支梁桥

目前在国内外的中小跨径桥梁中，绝大部分均采用装配式的钢筋混凝土简支梁桥或预应力混凝土简支梁桥。其中以T形梁桥较为普遍，我国常用的标准跨径有四种，分别为10m、13m、16m和20m。它的上部构造由几根T形截面的主梁、横隔梁并通过设在横隔梁下方和隔梁翼缘顶板处的焊接钢板连成整体，如图4-16所示。

1. 构造布置

（1）主梁布置。对于具有一定的跨径和桥面宽度（包括行车道和人行道）的桥梁，确定出适当的主梁间距（或主梁片数），是构造布置中首先需要解决的问题，应从材料用量经济、尽可能减少预制工作量、构件的吊装重量及保证翼板的刚度等方面综合考虑确定。显然，主梁间距越大，主梁的片数就越少，预制工作量就少，但构件的吊装重量增大，使运输和架设工作趋于复杂，同时桥面板的跨径增大，悬臂翼缘板端部较大的挠度对引起桥面接缝处纵向裂缝的可能性也增大。根据已建成使用的桥梁经验来看，装配式钢筋混凝土T形简支梁桥的主梁间距一般在1.5～2.2m之间。目前采用较多的构造尺寸为主梁间距2.2m，预制宽度1.6m，吊装后接缝宽0.6m。

（2）横隔梁布置。横隔梁在装配式T形梁桥中起着保证主梁之间相互连接成整体的作用，它不但有利于制造、运输和安装阶段构件的稳定性；而且能显著加强全桥的整体性；有中横隔梁的梁桥，荷载横向分布比较均匀，且可以减少翼板接缝处的纵向开裂现象。一般来说，当梁横向刚性连接时，横隔梁的间距（沿主梁肋纵向）不应大于10m；当为铰接时，其间距可取5m左右。对于钢筋混凝土简支梁桥，一般在梁端、跨中和四分点处各设置一道横隔梁即可满足要求。

2. 截面尺寸

图4-17中示出了标准跨径20m的装配式T形梁的纵、横截面主要尺寸。

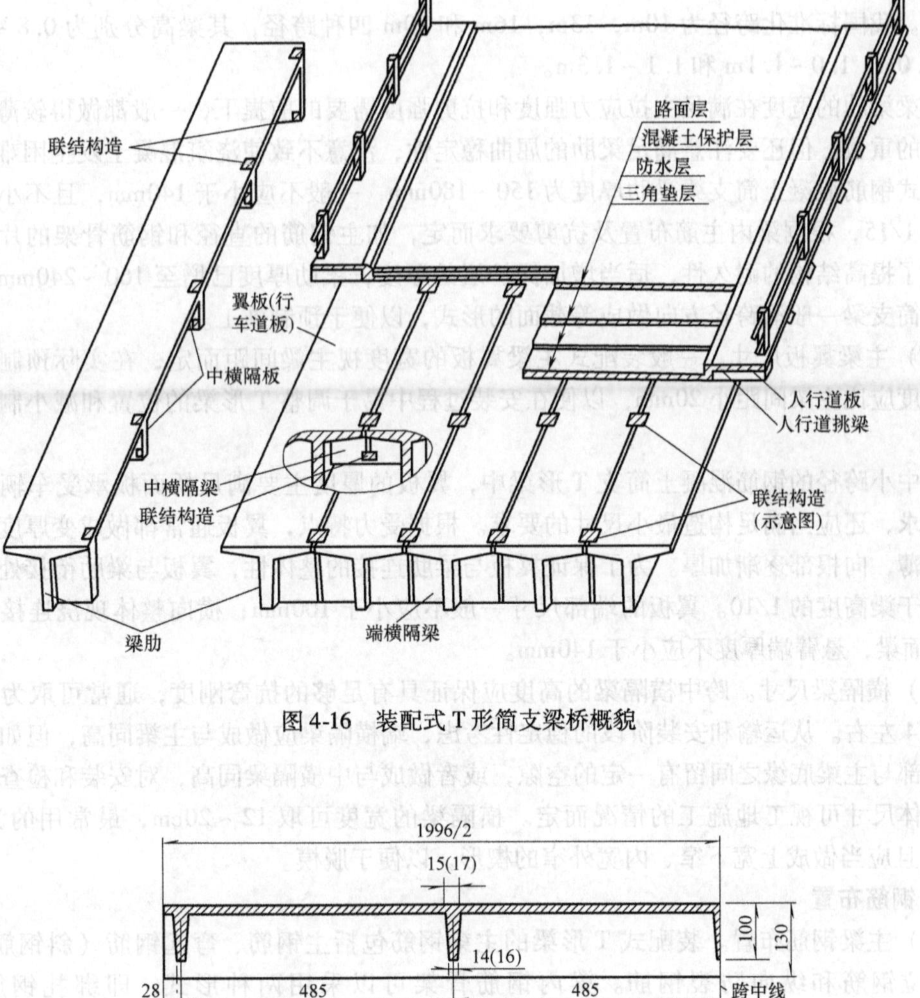

图 4-16　装配式 T 形简支梁桥概貌

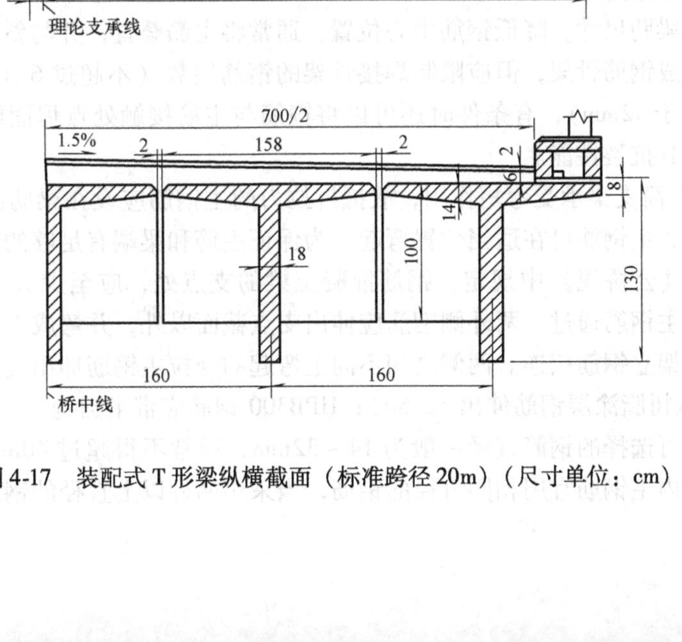

图 4-17　装配式 T 形梁纵横截面（标准跨径 20m）（尺寸单位：cm）

（1）主梁梁肋尺寸。主梁的合理高度与主梁的跨径、活载的大小等有关。经济分析表明，梁高与跨径之比（即高跨比）的经济范围在1/16～1/11之间，跨径大的取用其中偏小的比值。我国标准化跨径为10m，13m，16m和20m四种跨径，其梁高分别为0.8～0.9m，0.9～1.0m，1.0～1.1m和1.1～1.3m。

主梁梁肋的宽度在满足主拉应力强度和抗剪强度需要的前提下，一般都做得较薄，以减轻构件的重量，但还要注意满足梁肋的屈曲稳定性，注意不致使浇筑混凝土发生困难。常用的装配式钢筋混凝土简支梁梁肋厚度为150～180mm，一般不应小于140mm，且不小于梁肋高度的1/15，根据梁内主筋布置及抗剪要求而定，如主钢筋的直径和钢筋骨架的片数。其次，为了提高结构的耐久性，适当增加保护层的厚度，梁肋厚度已增至160～240mm。钢筋混凝土简支梁一般沿跨径方向做成等截面的形式，以便于预制施工。

（2）主梁翼板尺寸。一般装配式主梁翼板的宽度视主梁间距而定，在实际预制时，翼板的宽度应比主梁间距小20mm，以便在安装过程中易于调整T形梁的位置和减小制作上的误差。

在中小跨径的钢筋混凝土简支T形梁中，翼板的厚度主要满足桥面板承受车辆局部荷载的要求，还应当满足构造最小尺寸的要求。根据受力特点，翼板通常都做成变厚度的，即端部较薄，向根部逐渐加厚。为了保证翼板与梁肋连接的整体性，翼板与梁肋衔接处的厚度应不小于梁高度的1/10。翼板的端部尺寸一般不应小于100mm；横向整体现浇连接的预制T形截面梁，悬臂端厚度不应小于140mm。

（3）横隔梁尺寸。跨中横隔梁的高度应保证具有足够的抗弯刚度，通常可取为主梁高度的3/4左右。从运输和安装阶段的稳定性考虑，端横隔梁应做成与主梁同高，但如果端横隔梁底部与主梁底缘之间留有一定的空隙，或者做成与中横隔梁同高，对安装和检查支座有利。具体尺寸可视工地施工的情况而定。横隔梁的宽度可取12～20cm，最常用的为15～18cm，且应当做成上宽下窄、内宽外窄的楔形，以便于脱模。

3. 钢筋布置

（1）主梁钢筋布置。装配式T形梁的主梁钢筋包括主钢筋、弯起钢筋（斜钢筋）、箍筋、架立钢筋和纵向防裂钢筋。梁内钢筋骨架可以采用两种形式，即绑扎钢筋骨架（图4-18a）和焊接钢筋骨架（图4-18b）。在装配式钢筋混凝土T形梁中，钢筋数量众多，为了尽可能地减小梁肋尺寸，降低钢筋中心位置，通常将主筋叠置，并与斜筋、架立筋一起通过侧面焊缝焊接成钢筋骨架，但应限制焊接骨架的钢筋层数（不超过6层），并选用较小直径的钢筋（不大于32mm），有条件时还可以将箍筋与主筋接触处点焊固结，以增大其黏结强度，从而改善其抗裂性能。

1）主钢筋。简支梁承受弯矩作用，故抵抗拉力的主钢筋应设在梁肋的下缘。随着弯矩向支点截面减小，主钢筋可在适当位置弯起。为保证主筋和梁端有足够的锚固长度和加强支承部分的强度，《公桥规》中规定，钢筋混凝土梁的支点处，应至少有2根且不少于总数20%的下层受拉主钢筋通过。两外侧钢筋应伸出支点截面以外，并弯成直角顺梁高延伸至顶部，与顶层纵向架立钢筋相连。两侧之间不向上弯起的受拉主钢筋伸出支承截面的长度不应小于$10d$。（环氧树脂涂层钢筋伸出$12.5d$）；HPB300钢筋应带半圆钩。

梁内主钢筋可选择的钢筋直径一般为14～32mm，通常不得超过40mm，以满足抗裂要求。在同一根梁内主钢筋宜用相同直径的钢筋，当采用两种以上直径的钢筋时，为了便于施

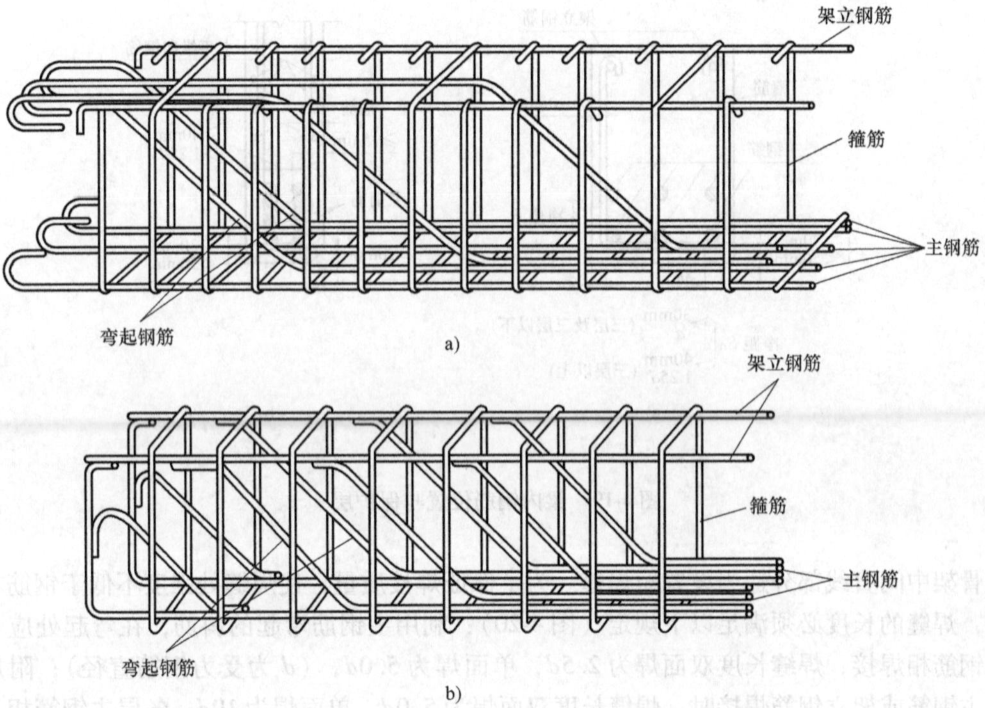

图 4-18　钢筋混凝土梁内钢筋构造图

工识别，直径间应相差 2mm 以上。

梁内主钢筋可以单根或 2～3 根地成束布置成束筋，主钢筋的层数不宜多于三层，也可竖向不留空隙地焊成多层钢筋骨架，其叠高一般不超过（0.15～0.20）h，h 为梁高。主钢筋应尽量布置成最少的层数。在满足保护层的前提下，简支梁的主钢筋应尽量布置在梁底，以获得较大的内力偶臂而节约钢材。对于焊接钢筋骨架，钢筋的层数不宜多于 6 层，并应将粗钢筋布置在底层。主钢筋的排列原则应为：由下至上，下粗上细（对不同直径钢筋而言），对称布置，并应上下左右对齐，便于混凝土的浇筑。

为保护钢筋免于锈蚀，主钢筋至梁底面的净距应符合《公桥规》规定的钢筋最小混凝土保护层厚度要求。主钢筋的最小保护层厚度：Ⅰ类环境条件为 30mm，Ⅱ类环境条件为 40mm，Ⅲ、Ⅳ环境条件为 45mm。钢筋位置与保护层厚度，如图 4-19 所示。

绑扎钢筋骨架中，各主钢筋的净距应满足图 4-19a 中的要求，以保证混凝土的浇筑质量。三层及以下时净距不应小于 30mm 并不小于钢筋直径；三层以上时净距不小于 40mm 或钢筋直径的 1.25 倍。

各束筋间的净距，不应小于等代直径 d_e（$d_e=\sqrt{n}d$，n 为束筋根数，d 为单根钢筋直径）。

焊接钢筋骨架中，为了缩短接头长度，减少焊接变形，钢筋骨架的焊接最好采用双面焊缝；但当骨架较长而不便翻身时，也可采用单面焊缝。焊缝设在弯起钢筋的弯折点处，并在

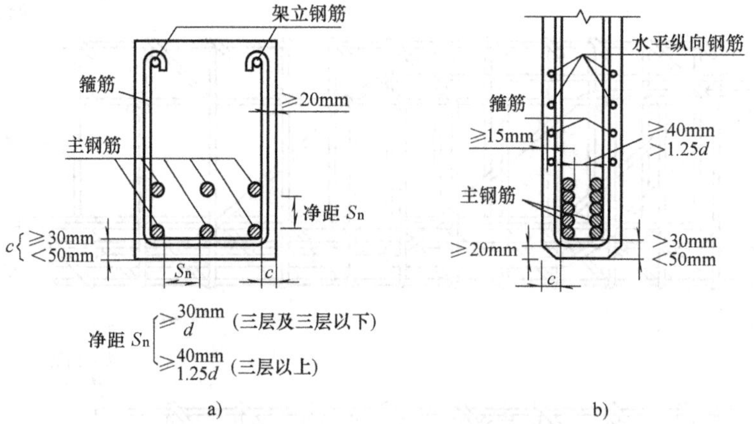

图 4-19 梁内钢筋位置与保护层

钢筋骨架中间直线部分适当设置短焊缝。为了保证焊接质量，使焊缝处强度不低于钢筋本身强度，焊缝的长度必须满足以下规定（图 4-20）：利用主钢筋弯起的斜筋，在弯起处应与其他主钢筋相焊接，焊缝长度双面焊为 $2.5d$，单面焊为 $5.0d$，（d 为受力钢筋直径）；附加斜筋与主钢筋或架立钢筋焊接时，焊缝长度双面焊为 $5.0d$，单面焊为 $10d$；各层主钢筋相互焊接的焊缝采用短焊缝，焊缝长度双面焊为 $2.5d$，单面焊为 $5.0d$。

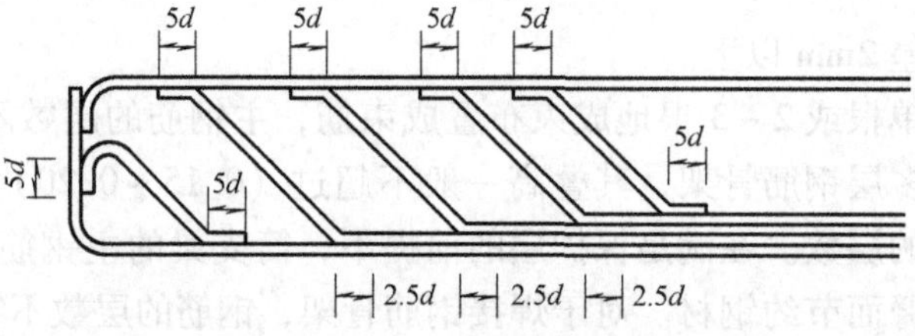

图 4-20 焊接钢筋骨架

2）弯起钢筋（斜筋）。简支梁靠近支点截面的剪力较大，需要设置斜钢筋以增强梁体的抗剪强度。斜钢筋可以由主钢筋弯起而成（称弯起钢筋），当可供弯起的主钢筋数量不足时，需要加配专门的焊接于主筋和架立筋上的斜钢筋，它们的设置及数量均由抗剪计算确定。斜钢筋与梁轴线的夹角一般取 45°。

3）箍筋。梁内箍筋是沿梁纵轴方向按一定间距配置并箍住纵向钢筋的横向钢筋。箍筋除了帮助混凝土抗剪外，它还起到连接受拉钢筋和受压区混凝土，使其共同工作的作用。此外，在构造上还起着固定纵向钢筋位置的作用，并与梁内各种钢筋组成骨架。因此，无论计算上是否需要，梁内均应设置箍筋。工程上使用的箍筋有开口和闭口两种形式，如图 4-21 所示。

箍筋的直径不小于 8mm 且不小于 1/4 主钢筋直径。HPB300 钢筋的配筋率不小于 0.18%，HRB335 钢筋的配筋率不小于 0.12%。其间距应不大于梁高的1/2 或400mm。当所箍的钢筋为受压钢筋时，还应不大于受压钢筋直径的 15 倍和 400mm。从支座中心向跨径方向的长度在不小于1 倍梁高的范围内，箍筋间距不大于 100mm。近梁端第一根箍筋应设置在距端面的一个混凝土保护层距离处。

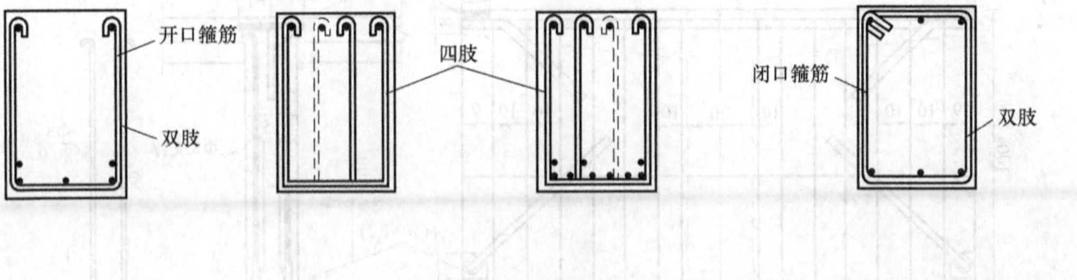

图 4-21　箍筋的形式

4）架立钢筋。架立钢筋主要为构造上或施工上的要求而设置，布置在梁肋的上缘，主要起固定箍筋和斜筋并使梁内全部钢筋形成骨架的作用。

钢筋混凝土梁内须设置架立钢筋，以便在施工时形成钢筋骨架，保持箍筋的间距，防止钢筋因浇筑振捣混凝土及其他意外因素而产生的偏斜。钢筋混凝土 T 形梁的架立钢筋直径多为 22mm；矩形截面梁一般为 10 ~ 14mm。

5）纵向防裂钢筋。当梁高大于 1m 时，沿梁肋高度的两侧并在箍筋外侧水平方向设置防裂钢筋，以抵抗温度应力及混凝土收缩应力，同时与箍筋共同构成网格骨架以利于应力扩散。其直径一般为 8 ~ 10mm，其总面积为（0.001 ~ 0.002）bh。以上 b 为梁腹宽，h 为梁全高。

当梁跨较大、梁肋较薄时取用较大值。靠近下缘的受拉区应布置得密集些，其间距不应大于腹板（梁肋）宽度，且不应大于 200mm；在上部受压区则可稀疏些，但间距不应大于 300mm。在支点附近剪力较大的区段，纵向防裂钢筋间距应为 100 ~ 150mm。

（2）翼板钢筋布置。T 形梁翼缘板内的受力钢筋沿横向布置在板的上缘，以承受悬臂负弯矩，在顺主梁跨径方向还应设置少量的分布钢筋（图 4-22）。按《公桥规》要求，板内主筋的直径不小于10 mm，每米板宽内不应少于 5 根。垂直于主钢筋设置的分布钢筋直径不小于 8mm，间距不大于 20cm，其截面面积不少于板截面面积的 0.1%，在有横隔梁的部位应增加分布钢筋的截面面积，以承受集中轮载作用下的局部负弯矩，所增加的分布钢筋每侧应从横隔梁轴线伸出 $l/4$，（l 为板的跨径）的长度。

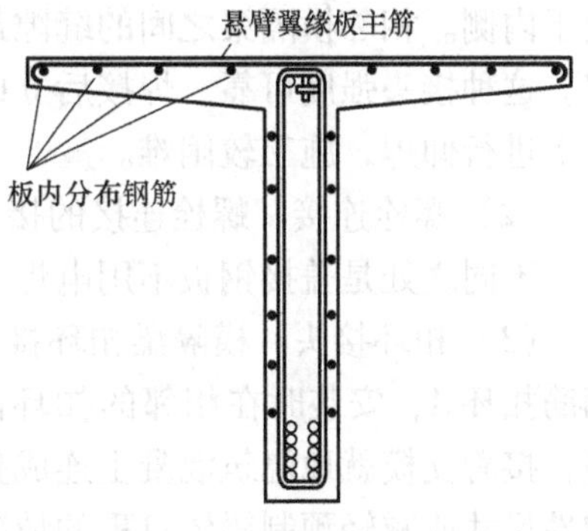

图 4-22　T 形梁的钢筋布置

（3）横隔梁钢筋构造。图 4-23 所示为常用的中主梁中横隔梁的构造形式。对装配式钢筋混凝土T形梁桥而言，其横隔梁近似于弹性支撑于各根主梁上的连续梁，承受正、负两种弯矩。因此，靠近下缘布置有4根承受正弯矩的钢筋。上缘配有2根承受负弯矩的钢筋。当采用焊接钢板连接时，受力钢筋焊接钢板及锚固钢筋焊在一起做成钢筋骨架。横隔梁中一般不需要配置斜钢筋，剪力由箍筋承受。

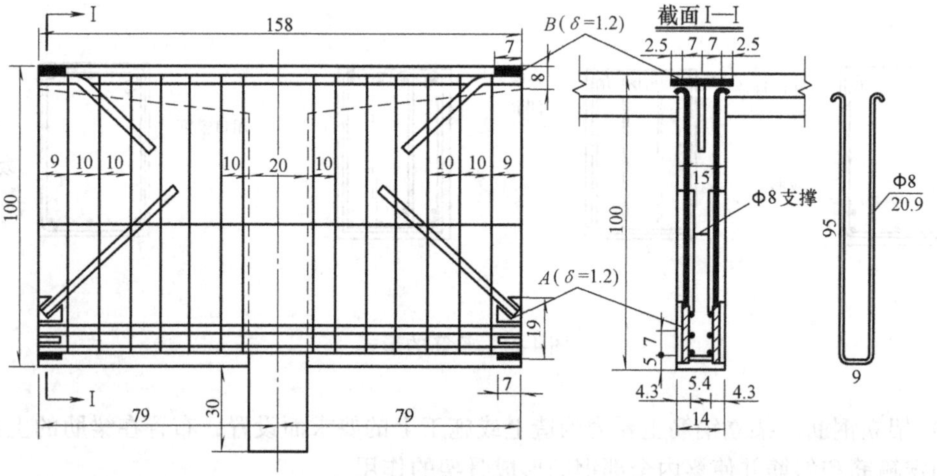

图4-23 中主梁的横隔梁配筋图（尺寸单位：cm）

4. 主梁的横向连接

装配式T形梁桥通常均借助横隔梁和桥面板的接头使所有主梁连接成整体。接头要有足够的强度，以保证结构的整体性，并使其在运营过程中不致因荷载反复作用和冲击作用而发生松动。常用的接头形式有以下几种。

（1）焊接钢板接头。图4-24为常用的钢板连接的接头构造。钢板接头分别设在横隔梁靠近下缘的两侧和T梁翼板处，焊接钢板先与横隔梁的受力钢筋焊在一起做成安装骨架。当T梁安装就位后，即在预埋焊接钢板上再加焊连接钢板使之连成整体。端横隔梁的焊接钢板接头构造与中横隔梁相同，但由于其外侧（台背一侧）不好实施焊接，故焊接接头只设于内侧。相邻横隔梁之间的缝隙最好用水泥砂浆填满，所有外露钢板也应当用水泥灰浆封盖。这种接头强度可靠，焊接后立即就能承受荷载，但现场要有焊接设备，而且有时需要在桥下进行仰焊，施工较困难。

（2）螺栓连接。螺栓连接的接头构造如图4-25a所示，其构造基本上与钢板连接接头相同，不同之处是盖接钢板不用电焊，而是在钢板上预留螺栓孔，用螺栓与预埋钢板连接。

（3）扣环接头。横隔梁扣环接头的构造如图4-25b所示。预制时，横隔梁在接缝处伸出钢筋扣环A，安装时在相邻的扣环两侧安上接头扣环B，再在形成的圆环内插入短分布钢筋，接着支模就地浇筑混凝土连成整体。扣环接头往往也用于主梁间距较大而需要缩减预制构件尺寸或减轻预制梁体自重的情况。接缝宽度为0.2～0.60m。

预制T形梁翼缘板（桥面板）之间的横向连接，也采用湿接缝（现浇混凝土）的扣环接头形式，如图4-26所示。

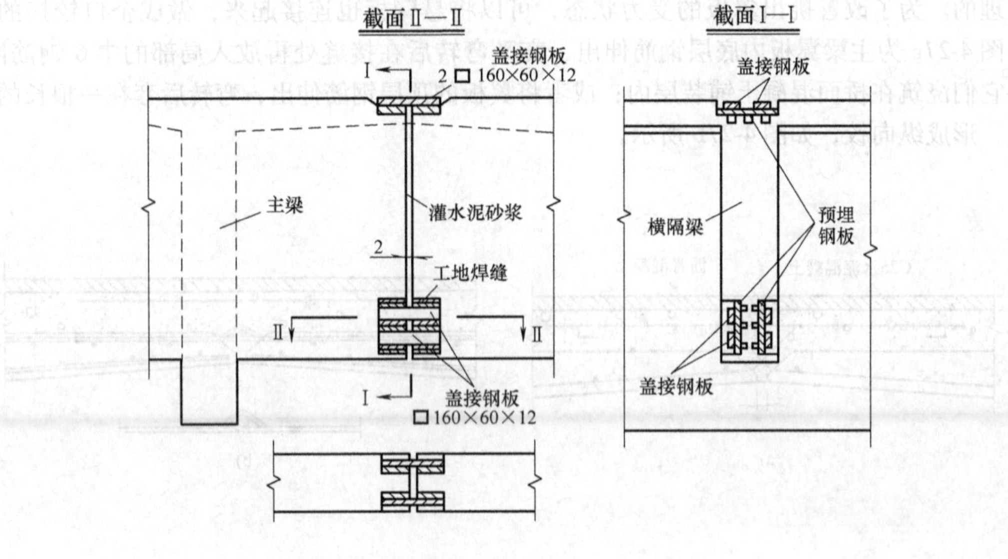

图4-24　横隔梁钢板结构构造（尺寸单位：cm）

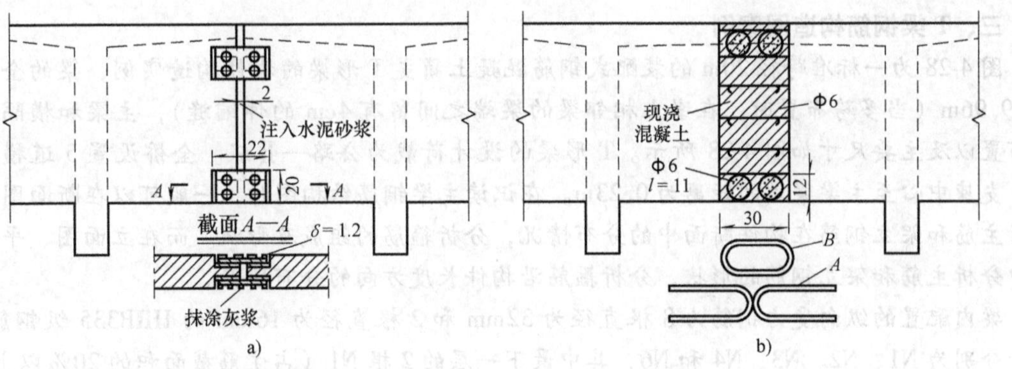

图4-25　横隔梁接头构造（尺寸单位：cm）

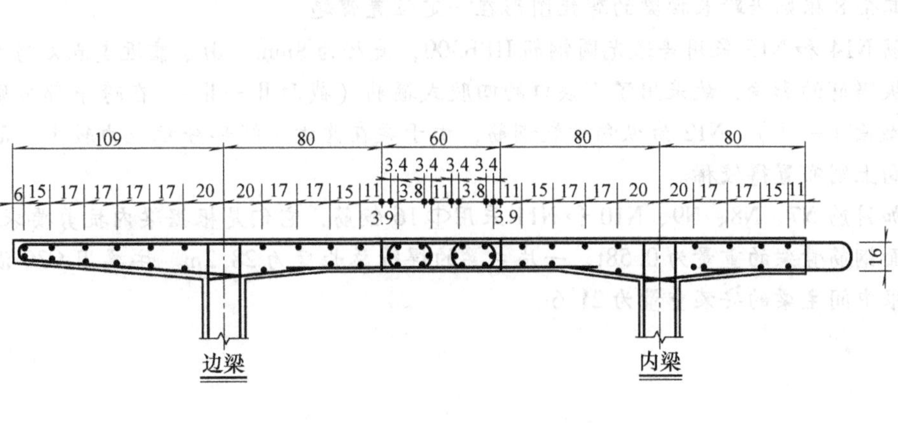

图4-26　桥面板湿接缝扣环接头（尺寸单位：cm）

（4）桥面板的企口铰连接。对没有采用扣环接头连接的桥面板，过去是作为自由悬臂板处理的。为了改善挑出翼板的受力状态，可以将悬臂板也连接起来，做成企口铰接的形式。图4-27a为主梁翼板内底层钢筋伸出，交叉弯转后在接缝处再放入局部的Φ6钢筋网，并将它们浇筑在桥面混凝土铺装层内；或者将翼板的顶层钢筋伸出，弯转后套在一根长的钢筋上，形成纵向铰，如图4-27b所示。

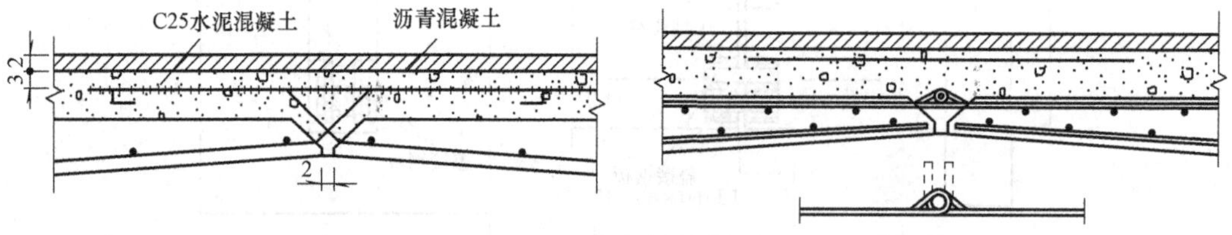

a) b)

图4-27 主梁翼板连接构造（尺寸单位：cm）

三、T梁钢筋构造图案例

图4-28为一标准跨径20m的装配式钢筋混凝土简支T形梁的块件构造实例，梁的全长为19.96m（当多跨布置时，在墩上相邻梁的梁端之间留有4cm的伸缩缝），主梁和横隔梁的布置以及主要尺寸如图4-28所示。T形梁的设计荷载为公路—Ⅱ级。全桥设置5道横隔梁，支座中心至主梁梁端的距离为0.23m。在识读主梁钢筋结构图时，一般可以在断面图中分析主筋和架立钢筋在构件断面中的分布情况，分析箍筋的组成及形状。而在立面图、平面图中分析主筋和架立钢筋的形状，分析箍筋沿构件长度方向的分布情况。

梁内配置的纵向受力钢筋为8根直径为32mm和2根直径为16mm的HRB335级钢筋，编号分别为N1、N2、N3、N4和N6，其中最下一层的2根N1（占主筋截面积的20%以上）通过梁端支承中心，并弯成直角顺梁高延伸至顶部，与顶层直径为22mm的架立钢筋N5相焊接，其余8根则沿跨长按梁的弯矩图形在一定位置弯起。

箍筋N14和N15采用普通光圆钢筋HPB300，直径为8mm，由于靠近支点处剪力较大和支座钢板锚筋的影响，故采用了下缺口的四肢式箍筋（截面Ⅱ—Ⅱ），在跨中部分则用双肢箍筋（截面Ⅰ—Ⅰ）。N12为纵向防裂钢筋，由于梁在靠近下缘部分拉应力较大，故布置得较密，向上则布置得较稀。

附加斜筋N7、N8、N9、N10和N11采用Φ16钢筋，它们是根据梁内抗剪要求布置的。每片平面钢筋骨架的重量为0.58t，一片主梁的焊缝总长度为28.2m。主梁用C30混凝土浇筑，每根中间主梁的安装重量为21.6t。

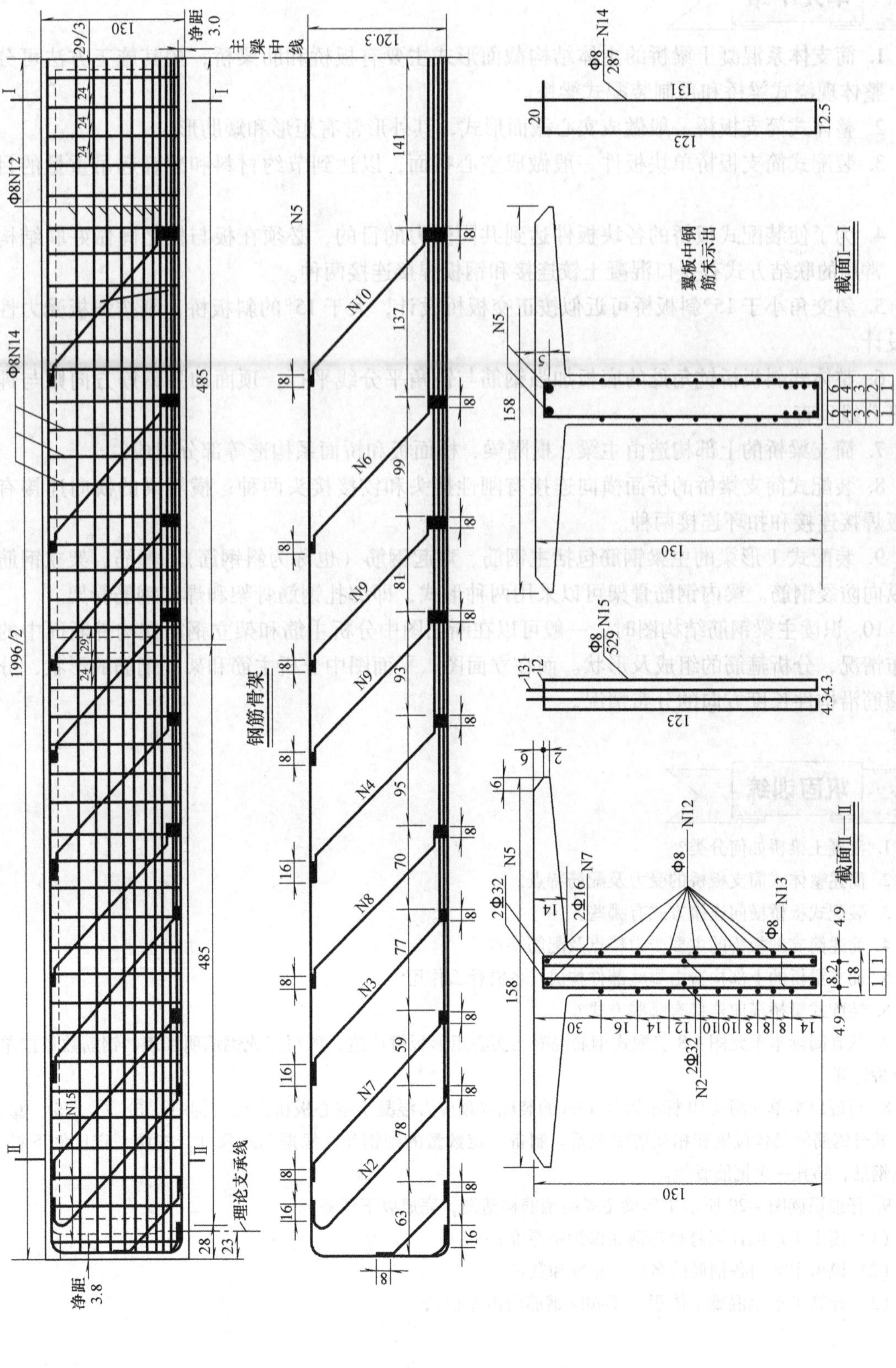

图4-28　装配式钢筋混凝土简支T梁配筋图(尺寸单位：cm)

单元小结

1. 简支体系混凝土梁桥的主体结构截面形式主要有板桥和肋梁桥，按其施工方法可分为：整体现浇式梁桥和预制装配式梁桥。

2. 整体式简支板桥一般做成实心截面形式，其外形常有矩形和矮肋形。

3. 装配式简支板桥单块板件一般做成空心截面，以达到节约材料和减轻起吊重量的目的。

4. 为了使装配式板桥的各块板件达到共同受力的目的，必须在板与板之间做好联结构造。常用的联结方式有企口混凝土铰连接和钢板焊接连接两种。

5. 斜交角小于15°斜板桥可近似按正交板桥设计，大于15°的斜板桥，则按斜板受力性能设计。

6. 整体式斜板桥钝角处的底板加强钢筋与钝角平分线平行，顶面加强钢筋方向则与钝角平分线垂直。

7. 简支梁桥的上部构造由主梁、横隔梁、桥面板和桥面系构造等部分组成。

8. 装配式简支梁桥的桥面横向连接有刚性接头和铰接接头两种；横隔梁的横向连接有钢板焊接连接和扣环连接两种。

9. 装配式T形梁的主梁钢筋包括主钢筋、弯起钢筋（也称为斜钢筋）、箍筋、架立钢筋和纵向防裂钢筋。梁内钢筋骨架可以采用两种形式，即绑扎钢筋骨架和焊接钢筋骨架。

10. 识读主梁钢筋结构图时，一般可以在断面图中分析主筋和架立钢筋在构件断面中的分布情况，分析箍筋的组成及形状。而在立面图、平面图中分析主筋和架立钢筋的形状，分析箍筋沿构件长度方向的分布情况。

巩固训练

1. 混凝土梁桥如何分类？

2. 简述整体式简支板桥的受力及配筋特点。

3. 装配式板桥横向连接方式有哪些？

4. 简述简支斜板桥的主要受力特点及配筋特点。

5. 简支梁桥的上部构造由哪些部件构成？各有什么作用？

6. 装配式梁桥横向连接有哪些方式？

7. 认真阅读本单元图4-8装配式钢筋混凝土实心矩形板桥构造，填写完成钢筋明细表，钢筋数量按单孔板桥计算。

8. 请说出本单元图4-10标准跨径13m的装配式预应力混凝土空心板桥设计实例中，③、④、⑤、⑥、⑦、⑧号钢筋的具体位置和相互搭配关系。制备一定数量的细钢丝，根据图示尺寸，按照一定比例下料、弯制钢筋，绑扎一个钢筋骨架。

9. 仔细识读图4-29所示T形梁主梁肋钢筋构造图，完成以下任务。

（1）读出T形梁计算跨径与钢筋保护层厚度；

（2）说出主梁内各钢筋的名称、布置和数量。

（3）计算T形梁混凝土体积（不扣除钢筋所占体积）；

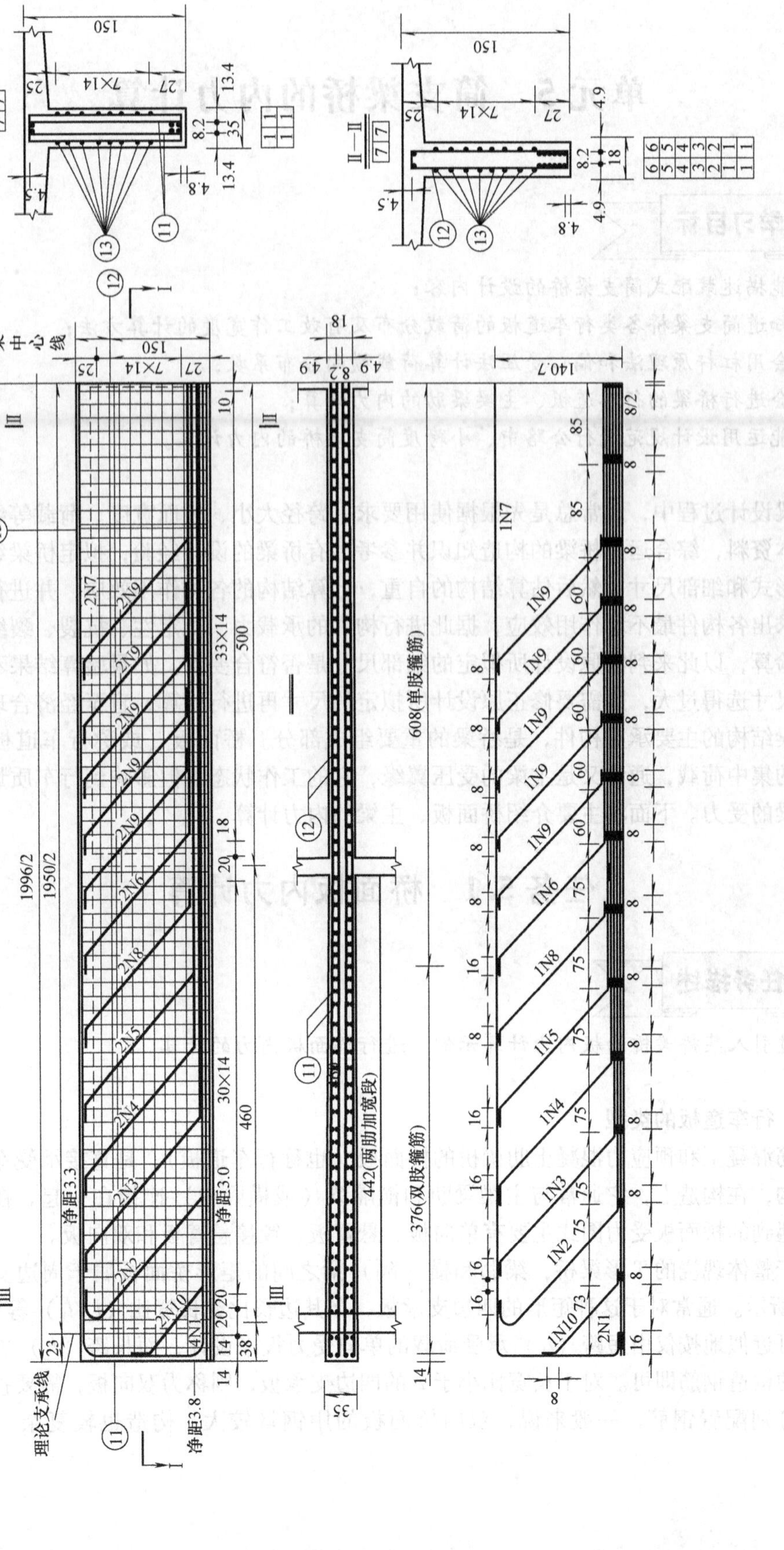

图4-29　装配式钢筋混凝土简支T梁配筋（尺寸单位：cm；钢筋直径：mm）

单元5　简支梁桥的内力计算

学习目标

1. 能描述装配式简支梁桥的设计内容；
2. 知道简支梁桥各类行车道板的荷载分布及有效工作宽度的计算方法；
3. 会用杠杆原理法和偏心受压法计算荷载横向分布系数；
4. 会进行桥梁的行车道板、主梁梁肋的内力计算；
5. 能运用设计规范进行公路中、小跨度简支梁桥的内力计算。

桥梁设计过程中，通常总是先根据使用要求、跨径大小、桥面宽度、荷载等级和施工条件等基本资料，综合运用桥梁的构造知识并参考已有桥梁的设计经验，拟定桥梁结构各构件的截面形式和细部尺寸，然后估算结构的自重，计算结构的各种作用效应，并进行作用效应组合，求出各构件最不利作用效应，据此进行构件的承载力、稳定性、抗裂、裂缝宽度和挠度等的验算，以此来判断原设计所拟定的细部尺寸是否符合要求。如果验算结果不能满足要求或者尺寸选得过大，则需要修正原设计所拟定的尺寸再进行验算，直至经济合理为止。主梁是桥梁结构的主要承重构件，是桥梁的重要组成部分。桥面板（或称行车道板）直接承受车辆的集中荷载，通常又是主梁的受压翼缘，它的工作状态不但影响到行车质量，而且还涉及主梁的受力。下面将主要介绍桥面板、主梁的内力计算。

任务5.1　桥面板内力计算

任务描述

通过引入某桥梁桥面板内力计算示例，进行桥面板内力的计算。

一、行车道板的类型

钢筋混凝土和预应力混凝土肋梁桥的桥面板（也称行车道板），是直接承受车辆轮压的承重结构，在构造上，它通常与主梁梁肋和横隔梁（或横隔板）连接在一起。在工程实践中最常遇到的桥面板受力图式主要有单向板、悬臂板、铰接悬臂板和双向板。

对于整体现浇的T形梁桥，梁肋和横（隔）梁之间的矩形桥面板属于周边支承板，如图5-1a所示。通常对于这种矩形的四边支承板，当其边长比或长宽比（l_a/l_b）等于或大于2时，便可近似地按仅由短跨（l_b）承受荷载的单向受力板来设计，而长跨（l_a）方向只要配置适当的构造钢筋即可。对于长宽比小于2的四边支承板，则称为双向板，需要按两个方向的内力分别配置钢筋，一般来说，双向桥面板的用钢量较大，构造也较复杂，宜尽量少用。

对于 $l_a/l_b \geqslant 2$ 的装配式 T 形梁桥，如果在两主梁的翼板之间：①采用钢板联结（图 5-1b）时，则桥面板可简化为悬臂板；②采用不传递横向弯矩的铰接缝联结（图 5-1c）时，则可简化为铰接悬臂板。

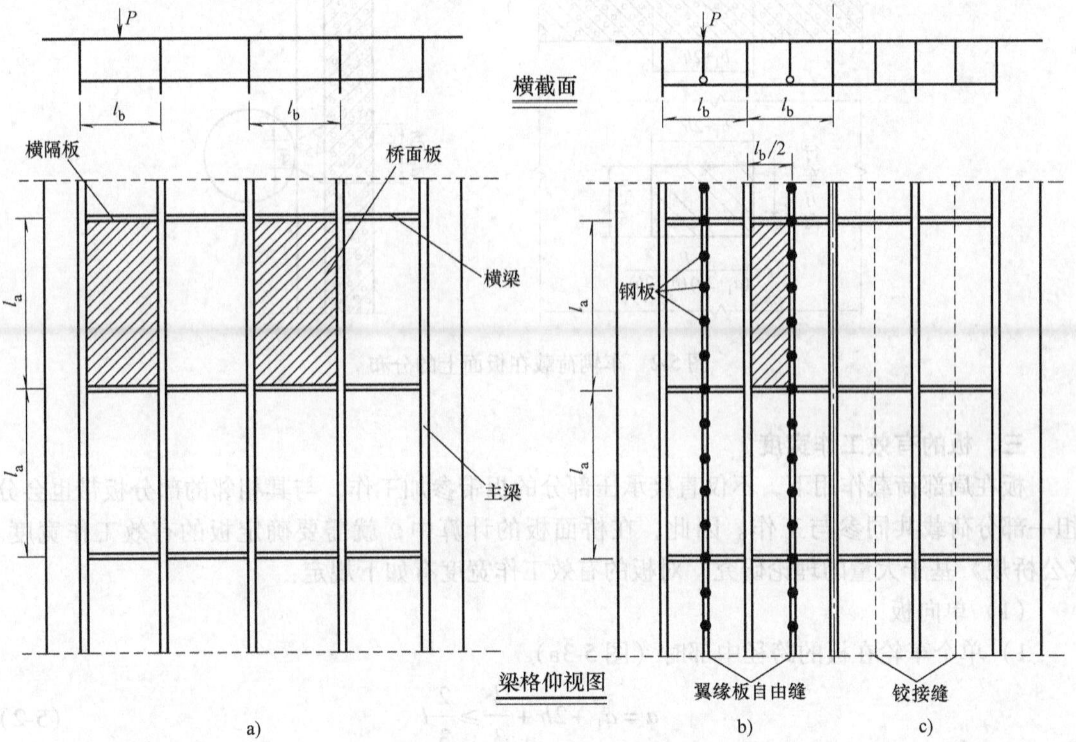

图 5-1　梁格系构造和桥面板的支承方式

二、车轮荷载在板上的分布

为了计算方便起见，可以近似地把车轮与桥面的接触面看作是 $a_1 \times b_1$ 的矩形，此处 a_1 是车轮沿行车方向的着地长度，b_1 为车轮的宽度，如图 5-2 所示。各级荷载的 a_1 和 b_1 值，可以从表 2-4 中查得。至于荷载在铺装层内的扩散程度，根据试验研究得知，对于混凝土或沥青面层，荷载可以偏安全地假定成 45°角扩散。因此，最后作用于钢筋混凝土承重板顶面的矩形荷载压力面的边长为：

$$\left.\begin{aligned}&\text{沿行车方向} \qquad a_1+2h\\&\text{沿桥梁横向} \qquad b_1+2h\end{aligned}\right\} \tag{5-1}$$

式中　a_1——车轮沿行车方向的着地长度；

b_1——车轮沿行车方向的着地宽度；

h——铺装层的厚度。

据此，当有一个车轮作用于桥面板上时，作用于板面上的局部分布荷载为：

$$p=\frac{P}{2(a_1+2h)(b_1+2h)}$$

式中　P——汽车的轴重。

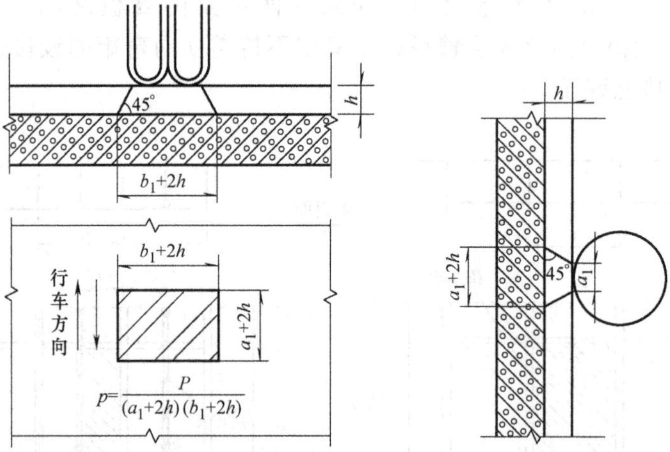

图 5-2 车辆荷载在板面上的分布

三、板的有效工作宽度

板在局部荷载作用下，不仅直接承压部分的板带参加工作，与其相邻的部分板带也会分担一部分荷载共同参与工作。因此，在桥面板的计算中，就需要确定板的有效工作宽度。《公桥规》基于大量的理论研究，对板的有效工作宽度有如下规定：

（1）单向板

1）单个车轮在板的跨径中部时（图 5-3a）

$$a = a_1 + 2h + \frac{l}{3} \geqslant \frac{2}{3}l \tag{5-2}$$

式中 l——板的计算跨径。计算弯矩时，$l = l_0 + t$，但不大于 $l_0 + b$；计算剪力时，$l = l_0$。其中 l_0 为板的净跨径，t 为板的厚度，b 为梁肋宽度。

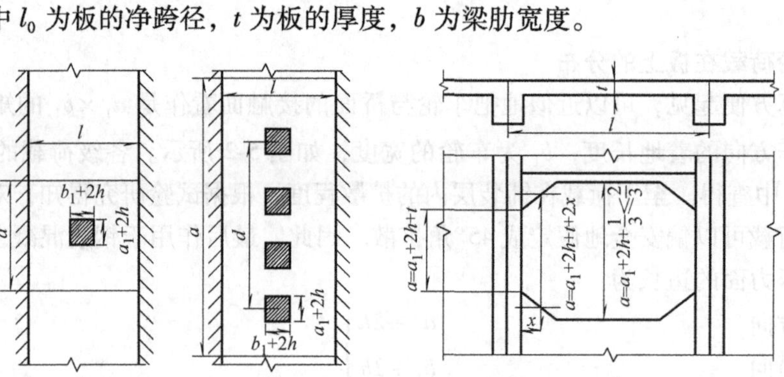

图 5-3 单向板荷载有效分布宽度

2）多个相同车轮在板的跨径中部，且按各单个车轮计算的荷载分布宽度有重叠时（图 5-3b）

$$a = a_1 + 2h + d + \frac{l}{3} \geqslant \frac{2}{3}l + d \tag{5-3}$$

式中　d——多个车轮时外轮之间的中距。

3）车轮在板的支承处时

$$a = a_1 + 2h + t \tag{5-4}$$

式中　t——板的厚度。

4）车轮在板的支承附近，距支点的距离为 x 时

$$a = a_1 + 2h + t + 2x \tag{5-5}$$

但不大于车轮在板的跨径中部的分布宽度，这就是说，荷载由支点处向跨中移动时，相应的有效分布宽度可以近似地按45°线过渡。

按以上公式算得的所有分布宽度，均不得大于板的全宽度；彼此不相连的预制板，车轮在板内分布宽度不得大于预制板宽度。对于不同荷载位置时，单向板的荷载分布宽度图形如图5-3c所示。

（2）悬臂板。垂直于悬臂板跨径的车轮荷载分布宽度为：

$$a = a_1 + 2h + 2c \tag{5-6}$$

式中　c——平行于悬臂板跨径方向的车轮着地尺寸，通过铺装层45°分布线的外板外边缘的距离，如图5-4a。

对于分布荷载靠近板边的最不利情况，c 就等于悬臂板的跨径 l_0（图5-4b），于是可得

$$a = a_1 + 2h + 2l_0 \tag{5-7}$$

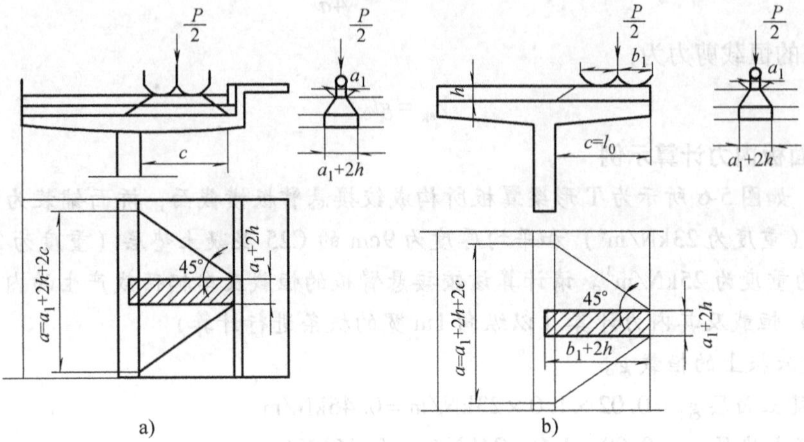

图5-4　悬臂板的荷载分布宽度

当长悬臂板 c 值大于2.5m时，悬臂板根部负弯矩取按式（5-7）计算的1.15～1.3倍。此外，在车轮荷载作用点下方的无限宽板条中还有正弯矩出现，还应当考虑按正弯矩计算配筋方为安全。

四、桥面板的内力计算

对于实体的矩形截面桥面板，一般均由弯矩控制设计。设计时，习惯上以每米宽的板条来进行计算比较方便。对于梁式单向板或悬臂板，只要借助板的荷载分布宽度，就不难得到作用在每米宽板条上的荷载和其引起的弯矩。对于双向板，除可以按弹性理论进行分析外，

在工程实践中常用简化的计算方法或现成的图表进行计算。下面以铰接悬臂板为例说明桥面板的内力计算。

T形梁翼缘板作为行车道板往往用铰接的方式连接，其最大弯矩在悬臂根部。根据计算分析可知：计算活载弯矩 M_{sp} 时，最不利的荷载位置是把车轮荷载对中布置在铰接处，这时铰内的剪力为零，两相邻铰接悬臂板各承受半个车轮荷载，即 $P/4$，如图5-5所示。

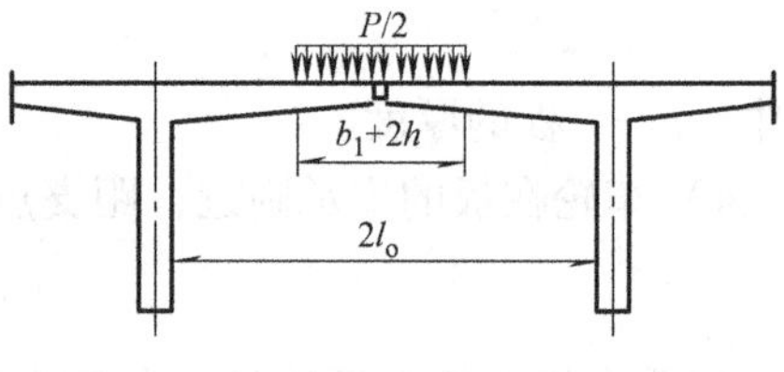

图5-5 铰接悬臂板内力计算图式

因此，1m宽铰接悬臂板在根部的活载弯矩为：

$$M_{sp} = -(1+\mu)\frac{P}{4a}\left(l_0 - \frac{b_1+2h}{4}\right) \tag{5-8}$$

1m板宽的恒载弯矩为：

$$M_{sg} = -\frac{1}{2}gl_0^2 \tag{5-9}$$

注意，此处 l_0 为铰接悬臂板的净跨径。

从图5-5的计算图式中可以得到1m宽铰接悬臂板在根部的活载剪力为：

$$V_{sp} = (1+\mu)\frac{P}{4a} \tag{5-10}$$

1m板宽的恒载剪力为：

$$V_{sg} = gl_0 \tag{5-11}$$

五、桥面板内力计算示例

例5-1 如图5-6所示为T形梁翼板所构成铰接悬臂板横截面，桥面铺装为2cm的沥青混凝土面层（重度为23kN/m³）和平均厚度为9cm的C25混凝土垫层（重度为24kN/ m³），T形梁翼板的重度为25kN/m³。请计算该铰接悬臂板的恒载及车辆荷载产生的内力。

解：（1）恒载及其内力计算（以纵向1m宽的板条进行计算）

1）每延米板上的恒载 g。

沥青混凝土面层 $g_1 = 0.02\times1.0\times23\text{kN/m} = 0.46\text{kN/m}$

C25混凝土垫层 $g_2 = 0.09\times1.0\times24\text{kN/m} = 2.16\text{kN/m}$

T形梁翼板自重 $g_3 = [(0.08+0.14)/2]\times1.0\times25\text{kN/m} = 2.75\text{kN/m}$

合计：$g = g_1+g_2+g_3 = 5.37\text{kN/m}$

2）1m板宽的恒载内力

弯矩 $M_{sg} = -\frac{1}{2}gl_0^2 = -\frac{1}{2}\times5.37\times0.71^2\text{kN}\cdot\text{m} = -1.35\text{kN}\cdot\text{m}$

剪力 $V_{sg} = gl_0 = 5.37\times0.71\text{kN} = 3.81\text{kN}$

（2）车辆荷载的内力计算。将车辆荷载的后轮布置于铰接缝轴线上，如图5-5a所示，后轴作用力 $P = 140\text{kN}$，轮压分布宽度如图5-7所示。汽车荷载的着地长度 $a_1 = 0.2\text{m}$，宽度 $b_1 = 0.6\text{m}$。

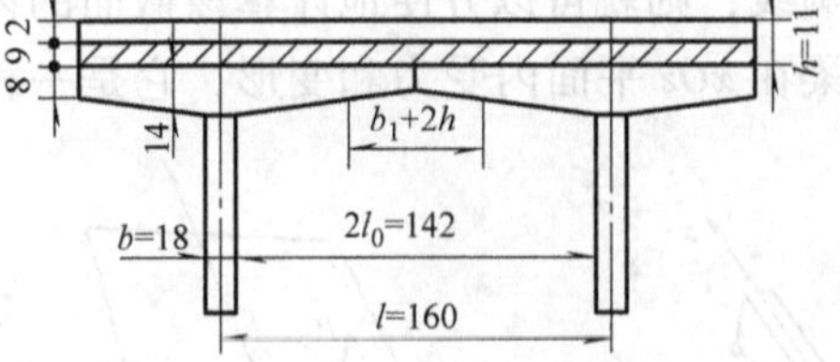

图5-6　铰接悬臂板横截面

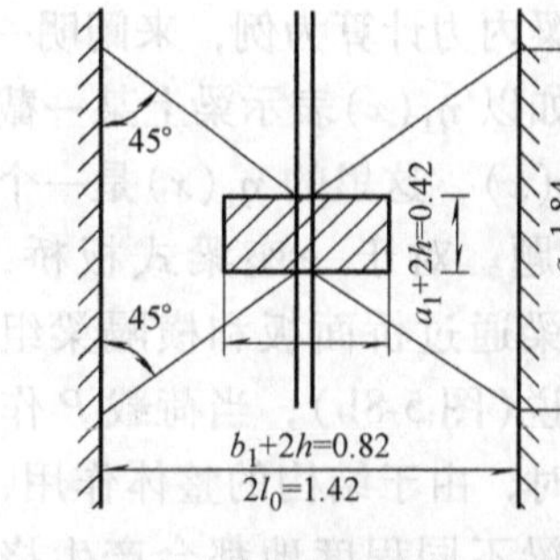

图5-7　车轮荷载计算示意图

$$b_1+2h=0.6+2\times0.11=0.82\text{m}$$

单个车轮荷载对于悬臂根部的分布宽度为：

$$a=a_1+2h+2l_0=0.2+2\times0.11+2\times0.71=1.84\text{m}$$

由于单个车轮荷载的有效分布宽度1.84m大于后轴车轮纵向间距$d=1.4$m，故其有效分布宽度发生重叠，需重新计算，重叠时车轮荷载对于悬臂根部的分布宽度为：

$$a=a_1+2h+d+2l_0=0.2+2\times0.11+1.4+2\times0.71=3.24\text{m}$$

冲击系数　$\mu=0.3$

1）作用于1m宽板条上的弯矩为：

$$\begin{aligned}M_{sp}&=-(1+\mu)\frac{2P}{4a}\left(l_0-\frac{b_1+2h}{4}\right)\\&=-(1+0.3)\times\frac{2\times140}{4\times3.24}\times\left(0.71-\frac{0.6+2\times0.11}{4}\right)\\&=-14.18\text{kN}\cdot\text{m}\end{aligned}$$

2）作用于1m宽板条上的剪力为：

$$V_{sp}=-(1+\mu)\frac{2P}{4a}=-(1+0.3)\times\frac{2\times140}{4\times3.24}=-28.09\text{kN}$$

任务5.2　荷载横向分布计算

任务描述

通过引入某桥梁主梁荷载横向分布系数计算示例，理解荷载横向分布系数的计算方法与适用条件，用杠杆原理法和偏心压力法进行荷载横向分布系数的计算。

一、荷载横向分布系数的概念

主梁的设计内力包括恒载内力、活载内力和其他作用引起的内力（如风力或离心力引起的内力）。桥梁设计内力中恒载的计算比较简单，除了考虑实际的结构自重外，通常可以近似地将桥面铺装、人行道、栏杆等的质量分摊给各片主梁来承担，按平面问题来计算各片主梁的内力。

先以单梁内力计算为例，来阐明一座梁式桥在活载作用下内力计算的特点。图 5-8a 所示的单梁，如以 $\eta_1(x)$ 表示梁上某一截面的内力影响线，则就可以方便地计算该截面的内力值 $S=P\cdot\eta_1(x)$，这里的 $\eta_1(x)$ 是一个单值函数，梁在 xOz 平面内受力和变形，它是一种简单的平面问题。对于一座梁式板桥，或者多片主梁通过桥面板和横隔梁组成的梁桥来说（图 5-8b），当荷载 P 作用在桥梁上时，由于结构的整体作用，各主梁、横梁不同程度地都会产生挠曲变形，形成一个挠曲面。也就是说，结构的横向刚性会使荷载在 x 和 y 方向上同时发生传递，并使所有主梁都不同程度地参与工作，显示了结构变形与受力的空间性，故求解这种结构的内力属于空间计算理论问题。如果结构某点截面的内力影响面用双值函数 $\eta(x, y)$ 来表示，则该截面的内力值可以表示为 $S=P\cdot\eta(x, y)$。

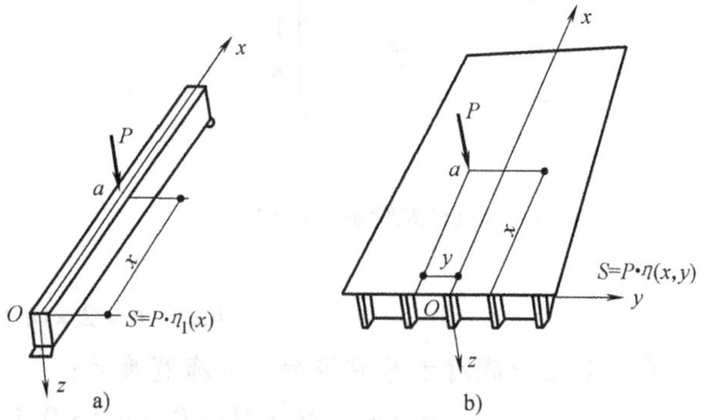

图 5-8 荷载作用下的内力计算

a）单梁状态 b）梁式桥状态

但是，鉴于作用于桥上的车辆荷载是沿纵横向都能移动的多个局部荷载，用影响面来求解最不利的内力值仍然是非常繁重的工作，因此上述这种空间计算方法实际上没有推广应用。

目前广泛使用的一种方法，是将复杂的空间问题合理转化成图 5-9a 所示简单的平面问题来求解。这种方法的实质是将影响面 $\eta(x, y)$ 分离成两个单值函数的乘积，即 $\eta_1(x)\cdot\eta_2(y)$，因此对于某根主梁某一截面的内力值就可表示为 $S=P\cdot\eta(x, y)\approx P\cdot\eta_1(x)\cdot\eta_2(y)$，式中 $\eta_1(x)$ 就是单梁某一截面的内力影响线，如果我们将 $\eta_2(y)$ 看作是单位荷载沿横向作用在不同位置时对某梁所分配的荷载比值曲线，也称作对于某梁的荷载横向分布影响线，则 $P\cdot\eta_2(y)$ 就是当 P 作用于 $\alpha(x, y)$ 点时，沿横向分布给某梁的荷载，以 P' 表示，即 $P'=P\cdot\eta_2(y)$，这样，就可看作在某梁上作用有荷载 P'，按平面问题求得其某截面的内力值，这就是利用荷载横向分布来计算内力的基本原理。

下面再进一步阐明当桥上作用着车辆荷载时荷载横向分布系数的概念。图 5-9a 表示桥上作用着一辆前后轴各重 P_1 和 P_2 的汽车荷载，相应的轮重为 $P_1/2$ 和 $P_2/2$。如欲求 3 号梁 K 点的截面内力，则可先用对于 3 号梁的荷载横向分布影响线求出桥上横向各排轮重对该梁分布的总荷载（按横向最不利荷载位置求最大值），然后再用这些荷载通过单梁 K 点截面的内力影响线来计算 3 号梁该截面的最大内力值。显然，如果桥梁的结构一定，轮重在桥上的位置也确定，则分布至 3 号梁的荷载也是一个

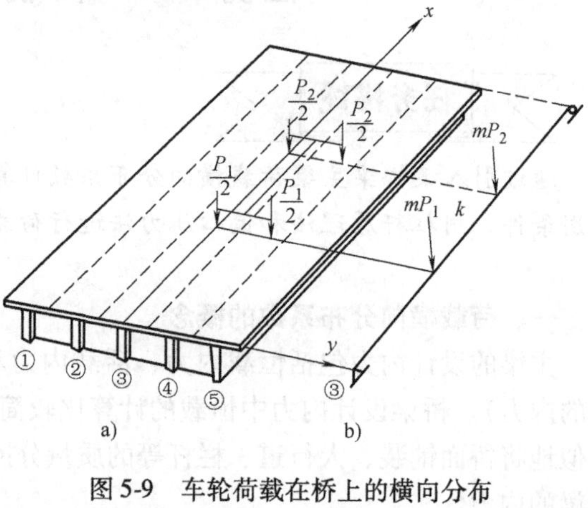

图 5-9 车轮荷载在桥上的横向分布

定值。在桥梁设计中，通常用一个表征荷载分布程度的系数 m 与轴重的乘积来表示这个定值，因此，前后轴的两排轮重分布至3号梁的荷载可分别表示为 mP_1 和 mP_2（如图5-9b）。这个 m 就称为荷载横向分布系数，它表示某根主梁（这里指3号梁）所承担的最大荷载是各个轴重的倍数（通常小于1）。得到 m 后就可把梁桥中所求主梁看做作用了荷载为 mP_i 的单梁，从而计算它的内力。在计算荷载横向分布系数时，对汽车而言，轮重力为 $P/2$。则在汽车荷载作用下，某梁某一截面受到的最大荷载为：

$$p = \frac{P}{2}(\eta_1 + \eta_2 + \eta_3 + \eta_4 + \cdots) = \frac{P}{2}\sum \eta_i = m_q P$$

$$m_q = \frac{1}{2}\sum \eta_i$$

荷载横向分布系数与各主梁之间的横向联系有直接关系。图5-10表示5根主梁组成的梁桥在跨中承受荷载 P 的横截面。图5-10a表示主梁与主梁间没有任何横向联系，此时若中梁承受集中力 P 作用，则全桥只有直接承载的中梁受力，其他各主梁不受力，也就是说，中梁的 $m=1$，其他各梁的 $m=0$。

再看图5-10c的情况。如果借助于横隔梁将各主梁相互刚性连接起来，并且设想横隔梁的刚度趋于无穷大（$EI\to\infty$），则在同样的荷载作用下，由于横隔梁无挠曲变形，因此所有5根主梁将共同参与受力。此时各梁的挠度均相等，荷载 P 将由各梁均匀分担，每梁只承受 $P/5$，也就是说，各梁的横向分布系数 $m=1/5$。

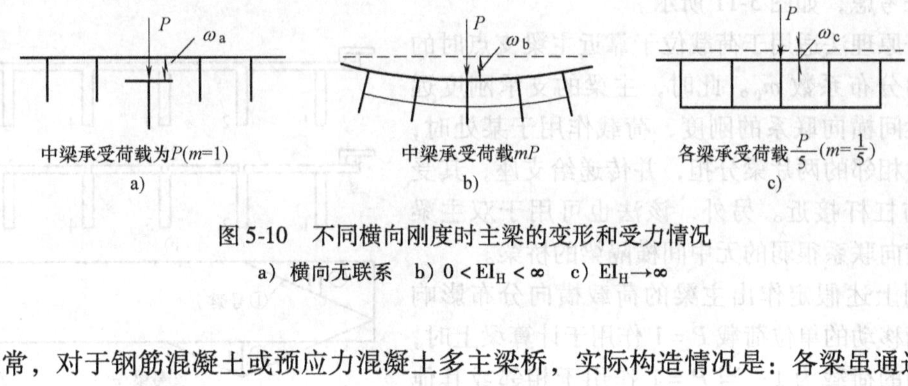

图5-10　不同横向刚度时主梁的变形和受力情况

a）横向无联系　b）$0<EI_H<\infty$　c）$EI_H\to\infty$

通常，对于钢筋混凝土或预应力混凝土多主梁桥，实际构造情况是：各梁虽通过横向结构连成整体，但是横向结构的刚度并非无穷大。因此，在荷载 P 作用下，各根主梁将按照某种规律变形（如图5-11b），此时中梁的挠度 w_b 必然小于 w_a 而大于 w_c。设中梁所受的荷载为 mP，则其横向分布系数 m 也必然小于1而大于1/5。由此可见，桥梁荷载横向分布的规律与结构的横向连接刚度有着密切的关系，横向连接刚度越大，荷载横向分布作用越显著，各主梁的负担也越趋均匀。

二、荷载横向分布系数的计算方法

在实践中，由于施工特点、构造设计等的不同，钢筋混凝土和预应力混凝土梁式桥上可能采用不同类型的横向结构。

1. 常用的荷载横向分布计算方法

为了使荷载横向分布的计算结果能更好地反映横向结构不同的梁桥的实际内力分布，就需要针对不同的横向结构，采用不同的简化模型和相应的计算方法。目前常用的荷载横向分布计算方法有：

（1）杠杆原理法。把横向结构（桥面板和横隔梁）看作在主梁上断开而两端简支搁置在主梁上的简支梁或悬臂梁。

（2）偏心压力法（刚性横梁法）。把横隔梁看作刚性极大的梁，当考虑主梁抗扭刚度影响时，此法又叫修正偏心压力法。

（3）横向铰接板（梁）法。把相邻板（梁）之间视为铰接，只传递剪力，不传递弯矩。

（4）横向刚接梁法。把相邻主梁之间视为刚性连接，既传递剪力，也传递弯矩。

（5）比拟正交异性板法。将主梁和横隔梁的刚度换算成纵、横两向刚度不同的比拟弹性平板来求解，并由实用的曲线图表进行荷载横向分布计算。

上述各种实用计算方法所具有的共同特点是：从分析荷载在桥上的横向分布出发，求得各梁的荷载横向分布影响线，再通过横向最不利加载来计算荷载横向分布系数 m。

这里主要介绍杠杆原理法和刚性横梁法。掌握了这两种方法，就可以进行常规的中、小跨度简支梁桥的荷载横向分布计算，并且从中了解在梁桥荷载横向分布计算中需要注意的问题。关于其他方法，可参阅有关书籍。

2. 杠杆原理法

（1）计算原理。按杠杆原理法进行荷载横向分布计算的基本假定是忽略主梁之间横向结构的联系作用，即假设桥面板在主梁梁肋处断开，而当作沿横向支承在主梁上的简支梁或悬臂梁来考虑，如图 5-11 所示。

杠杆原理法适用于荷载位于靠近主梁支点时的荷载横向分布系数 m_0。此时，主梁的支承刚度远大于主梁间横向联系的刚度，荷载作用于某处时，基本上由相邻的两片梁分担，并传递给支座，其受力特性与杠杆接近。另外，该法也可用于双主梁桥，或横向联系很弱的无中间横隔梁的桥梁。

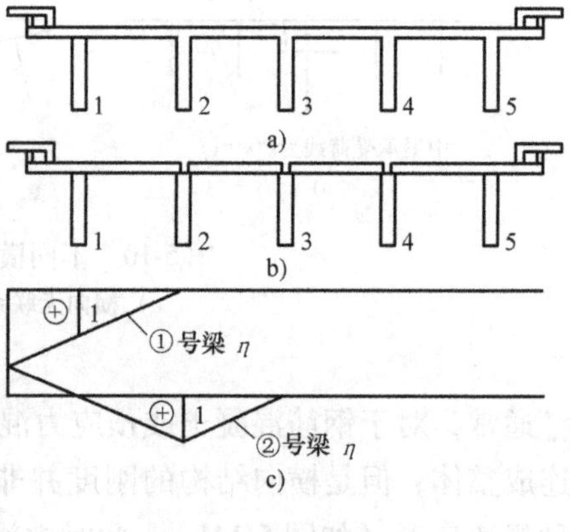

图 5-11 杠杆原理法
a）原结构横截面 b）简化计算图示
c）荷载横向分布影响线

利用上述假定作出主梁的荷载横向分布影响线，即当移动的单位荷载 $P=1$ 作用于计算梁上时，该梁承担的荷载为 1；当 $P=1$ 作用于相邻或其他梁上时，该梁承担的荷载为零，该梁与相邻梁之间荷载按线性变化，如图 5-11c 所示。

假定荷载横向分布影响线的坐标为 η，车辆荷载轴重为 P，则轮重为 $P/2$，将车辆荷载按最不利情况加载，则分布到某主梁的最大荷载为：$p_{\max}=\sum\frac{P}{2}\cdot\eta$

根据荷载横向分布系数的定义可知，式 $p_{\max}=\sum\frac{P}{2}\cdot\eta=\left(\frac{1}{2}\sum\eta\right)\cdot P$，式中的 $\frac{1}{2}\sum\eta$ 即为车辆荷载的横向分布系数。《公桥规》中规定，车道荷载横向分布系数按车辆荷载横向分布系数计，因此，两者可统称为汽车荷载横向分布系数，其值为：

$$m_{0q}=\frac{1}{2}\sum\eta_q$$

同理可得人群的荷载横向分布系数为：

$$m_{0r}=\eta_r$$

式中 m_{0q}、m_{0r}——按杠杆原理法计算的汽车荷载、人群荷载横向分布系数；

η_q、η_r——汽车车轮和每延米人群荷载集度对应的荷载横向分布影响线竖标值。

（2）计算示例

例5-2 如图5-12所示，某钢筋混凝土简支T形梁桥，桥面净宽为净—7，人行道2×0.75m，共设5根主梁。试求荷载位于支点处时，1号梁和2号梁相应于公路—Ⅱ级汽车荷载和人群荷载的横向分布系数。

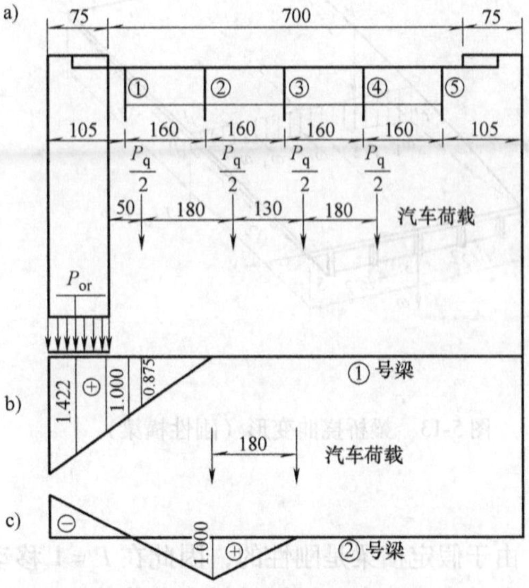

图5-12 杠杆原理法计算荷载横向分布系数

解：（1）选择横向分布系数计算方法。当荷载位于支点处时，应按杠杆原理法计算荷载横向分布系数。

（2）绘制荷载横向分布影响线。首先绘制1号梁和2号梁的荷载横向影响线，如图5-12b和图5-12c所示。

（3）按横向最不利位置排列荷载，并计算荷载的横向分布系数。根据《公桥规》的规定，在横向影响线上确定荷载沿横向最不利的布置位置。图中 P_q 和 P_{or} 相应为汽车荷载轴重和每延米跨长的人群荷载集度，η_q 和 η_r 为对应于汽车车轮和人群荷载集度的影响线竖标值。则，荷载横向分布系数计算如下。

1号梁：

汽车作用时 $$m_{0q}=\frac{1}{2}\sum\eta=\frac{1}{2}\times0.875=0.438$$

人群作用时 $$m_{0r}=\eta_r=1.422$$

2号梁：

汽车作用时 $$m_{0q}=\frac{1}{2}\sum\eta_q=\frac{1}{2}\times1=0.5$$

人群作用时 $$m_{0r}=\eta_r=0$$

2号梁人群荷载取 $m_{0r}=0$，是考虑人行道上不布载时为最不利情况；否则人行道荷载引起的负反力，在考虑作用效应组合时反而会减小2号梁的受力。

3. 偏心压力法

（1）计算原理。偏心压力法是把梁桥看作由主梁和横隔梁组成的梁格系，荷载通过横梁由一片主梁传到其他主梁上去，主梁对横梁起弹性支撑作用，并假定横梁刚度无穷大，忽略主梁抗扭刚度。由此得到桥梁挠曲变形，如图 5-13 所示，它完全类似于一般材料力学中杆件偏心受压的情况，故此法称为“偏心压力法”，也称“刚性横梁法”。

图 5-14 所示为一座由 5 片主梁组成的梁桥的跨中截面，各片主梁的抗弯刚度 I_i、主梁的间距 a_i 都各不相等，单位竖向集中荷载 $P=1$ 作用在离截面扭转中心 O 点的距离为 e 处。下面分析荷载在各片主梁上的横向分布情况。

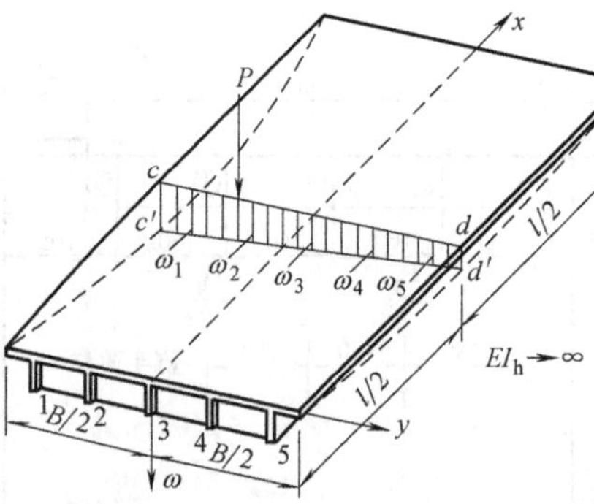

图 5-13　梁桥挠曲变形（刚性横梁）

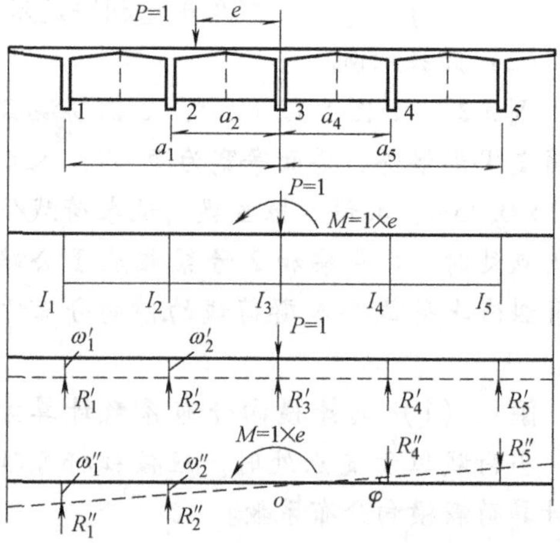

图 5-14　$P=1$ 作用时对各主梁的荷载横向分布影响

由于假定横梁是刚性的，因此在 $P=1$ 移动作用下，各梁会产生向下挠度变形，且在横桥方向呈直线分布。根据材料力学荷载与挠度的关系及力的平衡原理，可计算出各梁承担的荷载（反力），这个荷载值就是 $P=1$ 作用时，各主梁的荷载横向分布影响线的坐标值。当各主梁的截面尺寸相同时，该荷载横向分布影响线的竖标值可写成：

$$\eta_{ik} = \frac{1}{n} \pm \frac{a_k a_i}{\sum\limits_{1}^{n} a_i^2} \tag{5-12}$$

式中　n——主梁根数；

η_{ik}——荷载 P 作用于 k 号梁上时，在 i 号梁上产生的影响线的坐标值。

例如当 $P=1$ 作用在 1 号梁上时，1 号梁上产生的影响线的坐标值为 η_{11}

$$\eta_{11} = \frac{1}{n} + \frac{a_1 a_1}{\sum a_i^2} = \frac{1}{n} + \frac{a_1^2}{\sum a_i^2}$$

当 $P=1$ 作用在 5 号梁上时，1 号梁上产生的影响线的坐标值为 η_{51}：

$$\eta_{51} = \frac{1}{n} - \frac{a_5 a_1}{\sum a_i^2}$$

其余各梁的计算，依此类推。由于各主梁的荷载横向分布影响线呈直线分布，所以只需计算 2 根梁的荷载横向分布影响线的坐标值，即可绘制出某根梁的荷载横向分布影响线。

偏心压力法适用于具有可靠横向联结的梁桥，并且宽跨比（B/L）小于或等于 0.5 的情况（一般称为窄桥）。偏心压力法在计算中，由于假定了横梁是刚性的和忽略了主梁抗扭刚度的影响，致使边梁计算结果偏大。若为减小计算误差，可考虑对上述因素进行修正，即所谓“修正偏心压力法”，需要时请参阅有关书籍。

（2）计算示例

例5-3 如图5-15所示，某钢筋混凝土简支梁桥，计算跨径 $l=19.50\text{m}$，桥面净宽为净—7，人行道 $2\times0.75\text{m}$；共设5根主梁，每根主梁设置5道横隔梁，各主梁截面尺寸相同。试求荷载位于跨中时，1号梁的汽车荷载和人群荷载的横向分布系数。

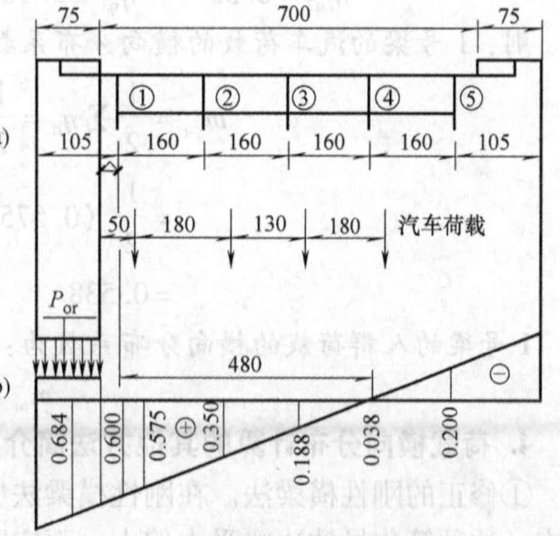

图5-15 偏心压力法计算图式（尺寸单位：cm）

解：（1）选择横向分布系数计算方法。该桥设有多道横梁，横向连接可靠，并且承重结构的宽跨比为：

$$\frac{B}{l}=\frac{5\times1.60}{19.50}=0.41<0.5$$

符合偏心压力法适用条件，采用偏心压力法计算。

（2）绘制荷载横向分布影响线。本桥各主梁截面尺寸相同，$n=5$，主梁横向间距1.60m，则：

$$\begin{aligned}\sum a_i^2&=a_1^2+a_2^2+a_3^2+a_4^2+a_5^2\\&=(2\times1.6)^2+(1.6)^2+(0)^2+(-1.6)^2+(-2\times1.6)^2\\&=25.60\text{m}^2\end{aligned}$$

则：

$$\eta_{11}=\frac{1}{n}+\frac{a_1a_1}{\sum a_i^2}=\frac{1}{5}+\frac{(2\times1.6)^2}{25.60}=0.2+0.4=0.6$$

$$\eta_{15}=\frac{1}{n}-\frac{a_5a_1}{\sum a_i^2}=\frac{1}{n}-\frac{a_1^2}{\sum a_i^2}=0.2-0.4=-0.2$$

由 η_{11} 和 η_{15} 坐标值绘制1号梁的荷载横向分布影响线如图5-15b所示。

（3）按横向最不利位置排列荷载，并计算荷载的横向分布系数。根据《公桥规》的规定，在横向影响线上按横向最不利位置排列荷载，车辆荷载离开侧石（或缘石）最小距离为0.5m。设横向影响线的0点距离1号梁为 x 则：

$$x/0.6=(4\times1.6-x)/0.2$$

解得：

$$x=4.80\text{m}$$

设人行道缘石至1号梁轴线的距离为△，则：

$$\triangle=(7.0-4\times1.60)/2=0.3\text{m}$$

根据几何关系，左侧第一个轮重对应的影响线坐标为（以 x_{q1} 表示影响线 O 点至汽车车轮的横坐标距离）：

$$\eta_{q1}=(\eta_{51}/x)x_{q1}=(0.6/4.8)\times(4.8+0.3+0.5)=0.575$$

同理可得各轮重和人群荷载集度对应的影响线坐标分别为（图 5-15b）：

$$\eta_{q2}=0.35\qquad \eta_{q3}=0.188\qquad \eta_{q4}=0.038\qquad \eta_{qr}=0.684$$

则，1 号梁的汽车荷载的横向分布系数为：

$$m_{cq}=\frac{1}{2}\sum\eta_q=\frac{1}{2}\ (\eta_{q1}+\eta_{q2}+\eta_{q3}+\eta_{q4})$$

$$=\frac{1}{2}\ (0.575+0.350+0.188-0.038)$$

$$=0.538$$

1 号梁的人群荷载的横向分布系数为：

$$m_{or}=\eta_r=0.684$$

4. 荷载横向分布计算的其他方法简介

①修正的刚性横梁法。在刚性横梁法中，假定横隔梁绝对刚性，并且忽略了主梁的扭转效应，这种简化导致边梁受力偏大。而实际结构中，在偏心荷载作用下，主梁总会发生一定扭转。为了使荷载横向分布计算更符合实际，又不失刚性横梁法在计算上的优点，可以对刚性横梁法作一些修正，即将式（5-12）中的第二项乘以一个小于 1 的抗扭修正系数，以考虑主梁的扭转刚度，这就是修正的刚性横梁法。

②铰结板（梁）法。对用现浇混凝土纵向企口缝连接的装配式板桥，以及仅在翼板间用焊接钢板或伸出交叉钢筋连接的无中间横隔梁的装配式 T 形梁桥，由于桥面板之间有一定的横向连接构造，但连接刚性又较薄弱，就可采用铰结板（梁）法来计算横向分布系数。其基本假定是：①结合缝（铰结缝）仅传递竖向剪力；②桥上的荷载近似地采用一个沿桥跨分布的正弦荷载，并且作用于主梁轴线上。由此假定，根据力的平衡条件和变形协调条件可以导出荷载在横向的分布值，算出横向分布影响线坐标，从而求出横向分布系数。

③刚结板（梁）法。刚结板（梁）法是在铰结板（梁）法计算理论的基础上，在结合缝处补充引入冗余弯矩，得到考虑了板的横向刚性连接特点的变形协调方程，从而求解各梁荷载横向分布的方法。该方法视梁系为超静定结构，用力法求解，主要适用于翼缘板之间是刚性连接的肋梁桥。

④比拟正交异性板法。对于由主梁、连续桥面板及多根横隔梁组成的混凝土梁桥，当其宽度与跨度之比大于 1/2 时，可以采用比拟正交异性板法（或称 G-M 法）。其特点是：将主梁和横隔梁的刚度换算成两向刚度不同的比拟弹性平板，按古典弹性理论来分析求解其各点的内力值，并由实用的曲线图表进行荷载横向分布计算。

比拟正交异性板法的最大优点就是能利用编制好的计算图表得出比较精确的结果。它概念明确，计算方便快捷，对于各种桥面净空和多种荷载组合的情况，可以很快求出各片主梁的相应内力值。这一方法在实际中得到了较广泛的应用。

5. 荷载横向分布系数沿桥跨的变化

用杠杆原理法和用偏心压力法分别计算出支点处和跨中的荷载横向分布系数 m_0，m_c，之后支点处和跨中之间的荷载横向分布系数如何确定呢？为了方便计算，可用图 5-16 所示的近似处理方法来确定其他位置的荷载横向分布系数 m_x。

对于无中间横隔梁或仅有一根中横隔梁的情况，跨中部分采用不变的 m_c，从梁跨 1/4

点处（仍取 m_o）起至支点的区段内任一截面 m_x 按直线变化过渡至 m_0，如图5-16a所示。

对于有多根内横隔梁的情况，从两端算起，第一根内横隔梁之间的区段内均采用不变的 m_c，从第一根内横隔梁起向两端之间的任一截面 m_x 按直线变化过渡至 m_0，如图5-16b所示。

按照上述的计算方法，主梁上的活载因其纵向位置不同，就应有不同的横向分布系数。在实际应用中，当计算简支梁跨内各截面的最大弯矩时，通常均可按不变化的 m_c 来计算。只有在计算主梁支点截面的最大剪力时，才考虑荷载横向分布系数沿跨长的变化影响（图5-16a）。对于跨内其他截面的主梁剪力，也可视具体情况计及 m 沿跨长的变化影响。

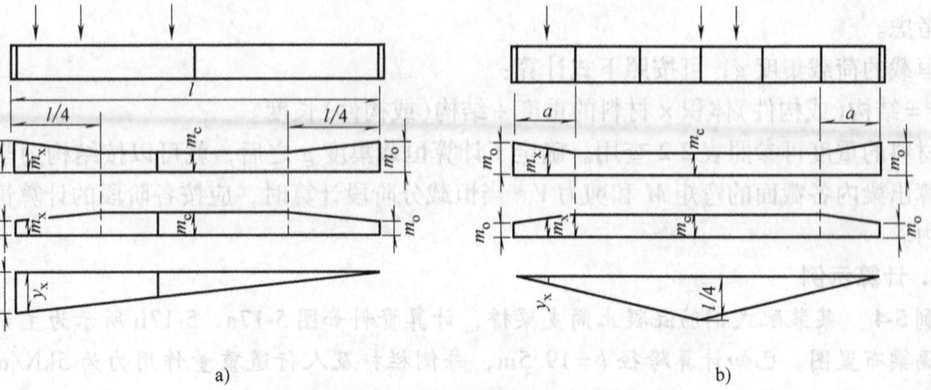

图5-16　荷载横向分布系数沿跨长的变化

a）无横隔梁或仅有一根横隔梁　b）有多道横隔梁

任务5.3　主梁内力计算

任务描述

通过引入某桥梁主梁内力计算示例，进行主梁内力的计算。

对于每一片主梁（当主梁片数不很多时，可只取其中受力最大的主梁来进行设计，以便简化设计、制造和施工），根据作用在其上的恒载和通过荷载横向分布系数求得的计算活载，按结构力学的方法计算各主梁的截面内力。对小跨径简支梁，一般只需计算跨中截面最大弯矩和支点截面以及跨中截面最大剪力；对于较大跨径的简支梁，通常还计算跨径的1/4、1/8和3/8截面的内力；如果主梁顺桥跨方向截面形状和尺寸有变化，还要计算变截面处的弯矩和剪力。

一、结构重力内力计算

主梁结构重力内力，包括主梁自重（前期恒载）引起的主梁前期恒载内力和后期恒载（如桥面铺装、人行道、栏杆、灯柱等）引起的主梁后期恒载内力，也称为主梁恒载内力。钢筋混凝土或预应力混凝土桥梁的恒载效应，往往在总作用效应中占很大的比例，梁的跨径越大，恒载所占的比例也越大。因此，设计时应正确地确定作用于梁上的计算恒载。

1. 计算方法

在计算恒载时，为了简化起见，习惯上往往将沿桥跨方向分隔设置的横隔梁重量、沿桥横向不等厚度分布的铺装层重量以及作用于两侧的人行道和栏杆等重量均匀地分摊给各主梁承受。因此，对于等截面梁桥的主梁，其计算恒载是简单的均布荷载。为了更精确，也可以根据施工先后安装的情况，将人行道、栏杆、灯柱和管道等重量像活载那样计算，按荷载横向分布的规律进行分配。对于预应力混凝土简支梁桥，在施加预应力阶段，往往要利用梁体自重来抵消强大钢丝束张拉力在梁体上翼缘产生的拉应力。在此情况下，需要将恒载分成两个阶段（即先期恒载和后期恒载）来分别计算。在特殊情况下，恒载可能要分成更多的阶段来考虑。

恒载的荷载集度 g，可按照下式计算：

g = 结构(或构件)体积 × 材料的重度 ÷ 结构(或构件)长度。

材料的重度可参照表2-2查用。确定了计算恒载集度 g 之后，就可以按结构力学中的公式计算出梁内各截面的弯矩 M 和剪力 V。当恒载分阶段计算时，应按各阶段的计算恒载来计算内力。

2. 计算示例

例5-4 某装配式钢筋混凝土简支梁桥，计算资料如图5-17a、5-17b所示为主梁横截面和横隔梁布置图。已知计算跨径 $l = 19.5\text{m}$，每侧栏杆及人行道重量作用力为5kN/m，钢筋混凝土、沥青混凝土和混凝土的重度分别为 25kN/m^3，23kN/m^3 和 24kN/m^3。请计算主梁的恒载内力。

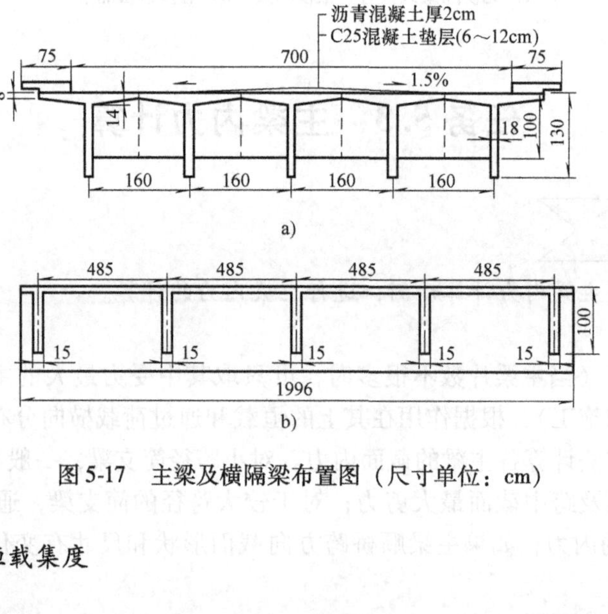

图5-17 主梁及横隔梁布置图（尺寸单位：cm）

解：(1) 计算恒载集度

主梁肋：

$$g_1 = [0.18 \times 1.30 + (0.08 + 0.14)/2 \times (1.60 - 0.18)] \times 25 = 9.76\text{kN/m}$$

横隔梁(边主梁)：

$$g_2 = \{[1.0 - (0.08 + 0.14)/2] \times (1.60 - 0.18)/2 \times 0.15 \times 5 \times 25\}/19.5 = 0.61\text{kN/m}$$

横隔梁(中主梁)：

$$g_3 = 2 \times 0.61 = 1.22\text{kN/m}$$

桥面铺装层：

$$g_4 = [0.02 \times 7.00 \times 23.0 + (0.06 + 0.12)/2 \times 7.00 \times 24.0]/5 = 3.70\text{kN/m}$$

栏杆和人行道：

$$g_5 = 5 \times 2/5 = 2.00\text{kN/m}$$

边主梁全部集度恒载 $g_边$：

$$g_边 = g_1 + g_2 + g_4 + g_5 = 9.76 + 0.61 + 3.70 + 2.00 = 16.07\text{kN/m}$$

中主梁全部集度恒载 $g_中$：

$$g_中 = g_1 + g_3 + g_4 + g_5 = 9.76 + 1.22 + 3.70 + 2.00 = 16.68\text{kN/m}$$

(2) 计算恒载内力。上述计算结果说明，应该计算中主梁的恒载内力为最大，但通常活载内力边主梁最大，经作用效应组合后，往往边主梁控制设计，因此，本算例只计算边主梁的恒载内力。

边主梁距离支座为 x 处的横截面弯矩和剪力按下式计算：

$$M_x = \frac{4M_{\max}}{l^2} \cdot x \cdot (l - x) = \frac{gl}{2} \cdot x - \frac{g}{2} \cdot x^2 = \frac{g}{2} x \cdot (l - x)$$

$$V_x = \frac{gl}{2} - gx = \frac{g}{2} \cdot (l - 2x)$$

各截面计算的剪力和弯矩值列于表5-1。

表5-1　边主梁的恒载内力

截面位置＼内力	剪力/kN	弯矩/(kN·m)
$x=0$	$V = 16.07 \times 19.5/2 = 157.0$	$M = 0$
$x = l/4$	$V = 16.07 \times (19.5 - 2 \times 19.5/4)/2 = 78.40$	$M = (16.07/2) \times (19.5/4) \times (19.5 - 19.5/4) = 572.90$
$x = l/2$	$V = 0$	$M = 19.5^2 \times 16.07/8 = 763.80$

二、可变作用内力计算

主梁可变作用内力是由可变作用中车道荷载、人群荷载产生的。当求得了活载的横向分布系数后，就可以具体确定作用于一根主梁上的荷载数值，然后就可利用工程力学的方法来计算活载内力。

1. 计算方法

主梁活载内力计算分为两步：第一步求某主梁的最不利荷载横向分布系数；第二步利用主梁内力影响线，乘以对应的荷载横向分布系数后计算截面活载内力。对于车道荷载，应将其均布和集中荷载引起的内力进行叠加求出总效应。对于人群荷载内力计算方法同车道均布荷载，但不计冲击力的影响。

均布荷载：
$$S_{qk} = (1+\mu) \cdot \xi \cdot m_i \cdot q_k \cdot \Omega \tag{5-13}$$

集中荷载：
$$S_{Pk} = (1+\mu) \cdot \xi \cdot m_i \cdot P_k \cdot y_k \tag{5-14}$$

车道荷载总效应：
$$S = S_{qk} + S_{Pk} = (1+\mu) \cdot \xi \cdot m_i \cdot (q_k \cdot \Omega + P_k \cdot y_k) \tag{5-15}$$

式中 S_{qk}——主梁在车道荷载的均布荷载作用下的内力；

S_{Pk}——主梁在车道荷载的集中荷载作用下的内力；

μ——汽车荷载的冲击系数（按规定取值）；

ξ——多车道横向折减系数（按《公路桥涵设计通用规范》的规定，多车道桥梁的汽车荷载应考虑折减，具体取值和有关要求详见单元2有关内容；

m_i——荷载横向分布系数（计算主梁弯矩可用跨中荷载横向分布系数 m_c 代替全跨各点上的 m_i，在计算主梁剪力时，应考虑 m_i 在跨内的变化）；

q_k——车道荷载的均布荷载；

P_k——车道荷载的集中荷载；

Ω——相应的主梁内力影响线的面积；

y_k——对应于车道集中荷载的影响线最大竖标值。

在求汽车荷载中车道均布荷载及人群荷载作用下的主梁支点或靠近支点截面的剪力时，荷载横向分布系数在这一区段内是变化的，如图5-18所示，以支点截面为例，其计算公式为：

$$V_A = V_A' + \Delta V = V_A' + (1+\mu)\cdot\xi\cdot\frac{a}{2}(m_0 - m_c)\cdot q_k\cdot\overline{y} \tag{5-16}$$

式中 V_A'——按照不变 m_i 在跨内不变，均取 m_c 计算的剪力值；

ΔV——计及靠近支点处横向分布系数变化而引起的内力增（或减）值；

a——主梁端横梁至第一道内横梁的距离（图5-18）；

$\overline{y}$——对应于附加三角形荷载重心位置的内力影响线的坐标值（图5-18）。在上述计算中，当 $m_0 < m_c$ 时，ΔV 为负值，这意味着剪力反而减小了。

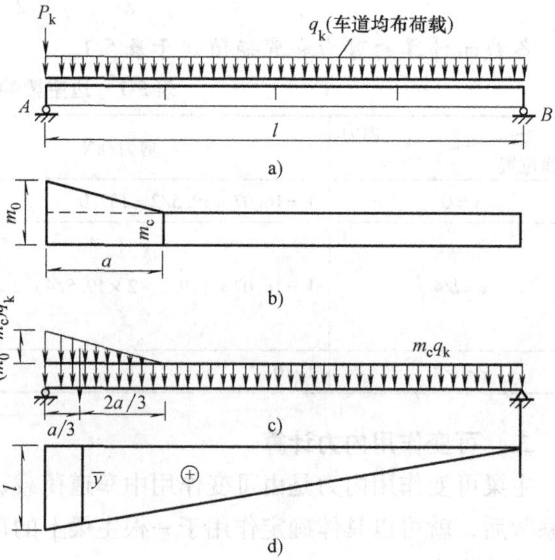

图5-18 车道均布荷载作用下支点剪力计算

2. 计算示例

例5-5 如上例中图5-17所示，五梁式装配钢筋混凝土简支梁桥，计算跨径 $l=19.5$m，主梁翼板刚性连接。计算边主梁在公路—Ⅱ级车道荷载和人群荷载标准值 $p_r=3.0\text{kN/m}^2$ 作用下的跨中最大弯矩和最大剪力以及支点截面的最大剪力。汽车冲击系数 $\mu=0.18$，荷载横向分布系数按表5-2中给出的值选取。

表5-2 荷载分布系数 m_i

梁号	荷载位置	汽车荷载	人群荷载
边主梁	跨中	0.504	0.620
	支点	0.438	1.422

解：（1）计算公路—Ⅱ级车道荷载的标准值

均布荷载：

$$q_k = 0.75 \times 10.5 = 7.875\text{kN/m}$$

计算弯矩时的集中荷载：

$$P_k = 0.75 \times \left[270 + \frac{19.5 - 5}{50 - 5} \times (360 - 270)\right] = 224.25\text{kN}$$

计算剪力时的集中荷载：

$$P_k = 1.2 \times 224.25 = 269.1\text{kN}$$

（2）计算车道荷载的跨中弯矩

双车道不折减：　$\xi = 1$

车道均布荷载作用下：

$$\Omega = (1/8)l^2 = (1/8) \times 19.5^2 = 47.53\text{m}^2$$

则车道荷载作用下的跨中弯矩为：

$$M_{\frac{1}{2}} = (1+\mu) \cdot \xi \cdot m_i \cdot (q_k \cdot \Omega + P_k \cdot y_k)$$
$$= (1+0.18) \times 1 \times 0.504 \times (7.875 \times 47.53 + 224.25 \times 19.5/4)$$
$$= 872.76\text{kN} \cdot \text{m}$$

（3）计算人群荷载的跨中弯矩

纵向每延米人群荷载集度：

$$P_{or} = 3.0 \times 0.75 = 2.25\text{kN/m}$$

$$M_{\frac{1}{2},r} = m_{cr} \cdot P_{or} \cdot \Omega = 0.620 \times 2.25 \times 47.53 = 66.30\text{kN} \cdot \text{m}$$

（4）计算跨中截面车道荷载最大剪力

鉴于跨中剪力影响线的较大坐标位于跨中部分（图5-19），故也采用全跨统一的荷载横向分布系数 m_c 来计算：

$$\Omega = 1/2 \times 1/2 \times 19.5 \times 0.5 = 2.438\text{m}$$

跨中截面车道荷载作用下的最大剪力为：

$$V_{\frac{1}{2}} = (1+\mu) \cdot \xi \cdot m_i \cdot (q_k \cdot \Omega + P_k \cdot y_k)$$
$$= (1+0.18) \times 1 \times 0.504 \times (7.875 \times 2.438 + 269.1 \times 0.5)$$
$$= 91.44\text{kN}$$

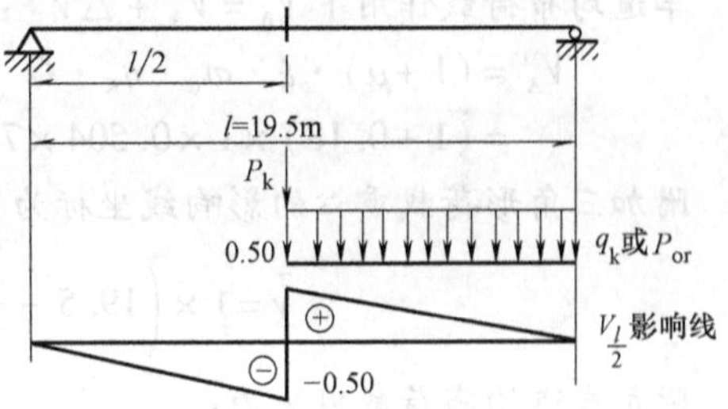

图5-19　跨中剪力计算图式

（5）计算跨中截面人群荷载最大剪力

$$V_{\frac{1}{2},r} = m_{cr} \cdot p_{or} \cdot \Omega = 0.620 \times 2.25 \times 2.438 = 3.40\text{kN}$$

（6）计算支点截面汽车荷载最大剪力

绘制荷载横向分布系数沿桥跨方向的变化图形和支点剪力影响线，如图5-20a、b和c所示。横向分布系数变化区段的长度：

$$a = \frac{1}{2} \times 19.5 - 4.85 = 4.90\text{m}$$

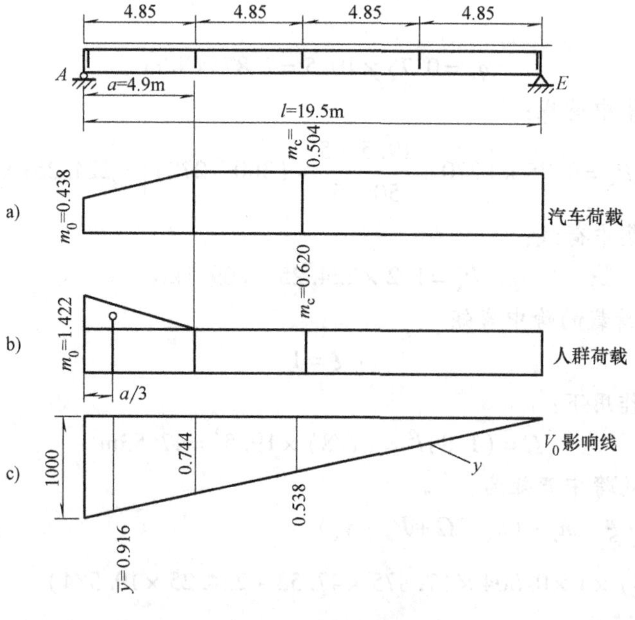

图 5-20 支点剪力计算图式

影响线面积：

$$\Omega=\frac{1}{2}\times 19.5\times 1=9.75\text{m}$$

车道均布荷载作用下 $V_A=V_A'+\triangle V$

$$V_A'=(1+\mu)\cdot\xi\cdot m_c\cdot q_K\cdot\Omega$$
$$=(1+0.18)\times 1\times 0.504\times 7.875\times 9.75=45.70\text{kN}$$

附加三角形荷载重心的影响线坐标为：

$$\bar{y}=1\times\left(19.5-\frac{1}{3}\times 4.9\right)/19.5=0.916\text{m}$$

附加车道均布荷载剪力为：

$$\triangle V=(1+\mu)\cdot\xi\cdot\frac{a}{2}(m_o-m_c)\cdot q_k\cdot\bar{y}$$

$$=(1+0.18)\times 1.00\times\frac{4.9}{2}\times(0.438-0.504)\times 7.875\times 0.916$$

$$=-1.38\text{kN}$$

故车道均布荷载作用下的支点剪力为：

$$V_A=V_A'+\triangle V=45.7-1.38=44.32\text{kN}$$

车道集中荷载作用下：

$$V_A^P=(1+\mu)\cdot\xi\cdot m_0\cdot P_k\cdot y_k$$
$$=(1+0.18)\times 1\times 0.438\times 269.1\times 1.00=139.08\text{kN}$$

车道荷载作用下的支点剪力为：

$$V_0 = V_A^P + V_A = 139.08 + 44.32 = 183.4\text{kN}$$

（7）计算支点截面人群荷载最大剪力

人群荷载的横向分布系数如图5-20b所示。

附加三角形荷载重心的影响线坐标为：

$$\bar{y} = 1 \times \left(19.5 - \frac{1}{3} \times 4.9\right) / 9.5 = 0.916\text{m}$$

故可得人群荷载的支点剪力：

$$V_{or} = m_{cr} \cdot p_{or} \cdot \Omega + \frac{a}{2}(m_0 - m_c) \cdot p_{0r} \cdot \bar{y}$$

$$= 0.620 \times 2.25 \times 9.75 + \frac{4.9}{2} \times (1.422 - 0.620) \times 2.25 \times 0.916$$

$$= 17.7\text{kN}$$

三、主梁内力组合及包络图

1. 内力组合

在按各种极限状态来设计钢筋混凝土及预应力混凝土梁时，需要确定主梁中各截面的内力组合设计值，它是将各类作用代表值引起的最不利内力分别乘分项系数和组合系数后，按规定的作用效应组合而得到的作用效应组合设计值。内力组合的方法及其表达式，详见单元2中有关内容。

2. 内力包络图

如果沿桥梁纵轴的各个截面作为x方向，将垂直于x方向作为控制设计的计算内力值，按适当的比例绘制坐标图，其中右半跨的弯矩值（M_{max}）对称于左半跨，右半跨的剪力值（V_{min}）反对称于左半跨（V_{max}），连接这些坐标点而绘成的曲线，就称为内力包络图，如图5-21所示。对于小跨径简支梁如果仅计算M_l以及V_l，则弯矩包络图可以绘成二次抛物线，而剪力包络图绘成直线形。

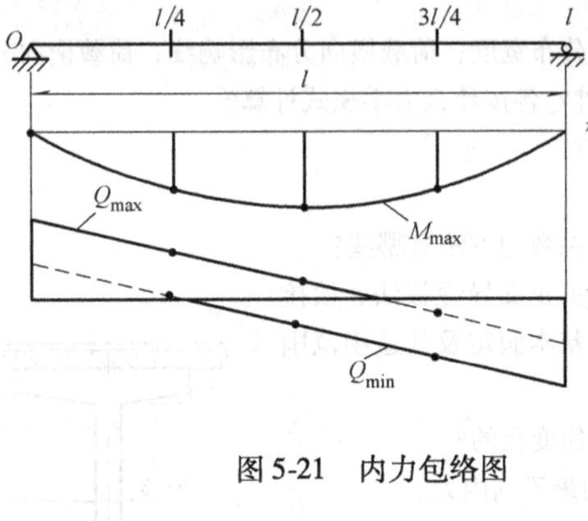

图5-21　内力包络图

已知主梁在各种荷载组合下各截面的计算内力和内力包络图，就可以按钢筋混凝土或预应力混凝土结构设计原理和方法来设计整根梁内纵向主筋、腹筋和箍筋，并进行各种验算。并根据规范要求配置构造钢筋，然后按结构设计原理进行主梁的强度、应力、刚度（变形）、稳定性和抗裂性（裂缝宽度）的验算。

单元小结

1. 混凝土梁桥上部结构设计计算的项目一般有桥面板、主梁、横隔梁和挠度及预拱度计算等四部分。

2. 根据结构构造的不同，桥面板计算的力学模式有单向板、铰接悬臂板、悬臂板、双向板四种。

3. 桥面板计算中，为了计算的方便，引入了板的有效分布宽度 a 的概念，即总弯矩除以 a 便可得到每米板宽的计算弯矩。

4. 在主梁内力计算中，应先根据荷载横向分布系数 m 确定欲求主梁所承担的最大荷载值，再从桥梁的纵向按《结构力学》的方法计算最不利内力值。

5. 杠杆原理法主要适用于计算支点处的荷载横向分布系数；偏心受压法主要适用于具有可靠横向联系的窄桥，跨中至四分点截面荷载横向分布系数的计算；比拟正交异性板法适用于具有可靠横向联系的桥，跨中至四分点截面的荷载横向分布系数的计算；铰接板法适用于混凝土纵向企口缝联结的装配式板桥，跨中至四分点截面的荷载横向分布系数的计算。

6. 在实际应用中，荷载横向分布系数沿桥跨的取用如下：当计算简支梁跨内各截面的最大弯矩时，通常均可按不变化的 m_c 来计算。在计算主梁支点截面的最大剪力时，考虑荷载横向分布系数沿跨长的变化影响，对于跨内其他截面的主梁剪力，也可视具体情况计及 m 沿跨长的变化影响。

7. 主梁活载内力计算分为两步：第一步求某主梁的最不利荷载横向分布系数；第二步应用主梁内力影响线，乘以对应的荷载横向分布系数后计算截面活载内力。

巩固训练

1. 名词解释：单向板；板的有效分布宽度；荷载横向分布影响线；荷载横向分布系数。

2. T 梁行车道板结构形式有哪几种？各按什么力学模式计算？

3. 如何确定行车道板的有效宽度？

4. 简述主梁内力计算步骤。

5. 简支 T 形梁计算荷载横向分布系数的方法有哪些？

6. 杠杆原理法、偏心受压法、比拟正交异性板法、铰接板（梁）法计算荷载横向分布系数的基本假定及其适用范围分别是什么？

7. 荷载横向分布系数沿梁跨是如何变化的？

8. 计算如图 5-22 所示行车道板的最不利内力。

荷载：公路—Ⅱ级；

材料：混凝土 C25，钢筋 HPB300。

结构计算按图 5-22 所拟尺寸进行。

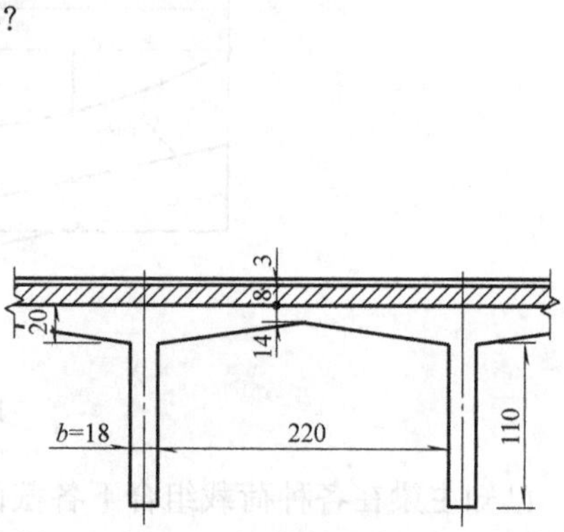

图 5-22　T 形梁横断面图
（尺寸单位：cm）

9. 装配式钢筋混凝土简支 T 形梁计算。

设计荷载：公路—Ⅱ级、人群荷载3kN/m²；桥面净宽：净—7m+2×1.50m；标准跨径：$l_b=20m$；计算跨径：$l=19.5m$；材料：混凝土C30；主钢筋、弯起钢筋和架立钢筋为HRB335，其他钢筋为HPB300。梁的纵、横断面建议按图5-23所拟尺寸进行。

要求：计算设计荷载作用下的①号、②号、③号梁的最不利内力及其内力组合

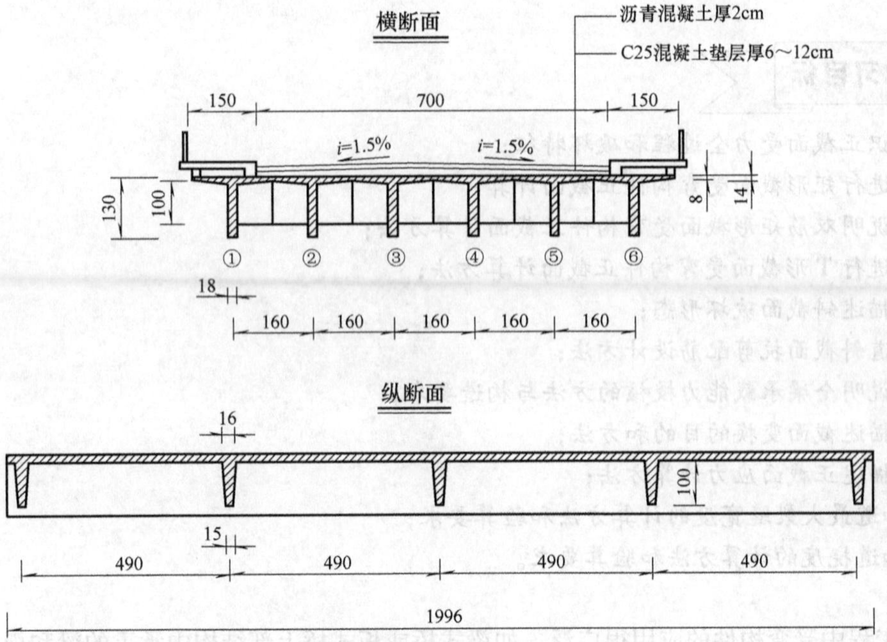

图5-23　简支T形梁构造图（尺寸单位：cm）

单元6　受弯构件的计算

学习目标

1. 认识正截面受力全过程和破坏特征；
2. 能进行矩形截面受弯构件正截面计算；
3. 能说明双筋矩形截面受弯构件正截面计算方法；
4. 能进行T形截面受弯构件正截面计算方法；
5. 能描述斜截面破坏形态；
6. 知道斜截面抗剪配筋设计方法；
7. 能说明全梁承载能力校核的方法与构造要求；
8. 能描述截面变换的目的和方法；
9. 能描述正截面应力计算方法；
10. 知道最大裂缝宽度的计算方法和验算要求；
11. 知道挠度的计算方法和验算要求。

桥梁工程中受弯构件的应用很广泛，如梁式桥或板式桥上部结构中承重的梁和板、人行道板、行车道板等。受弯构件是指截面上通常有弯矩和剪力共同作用而轴力可以忽略不计的构件。梁与板的区别是梁的截面高度大于其宽度，而板的截面高度远小于其宽度。

任务6.1　受弯构件正截面计算

任务描述

通过引入不同截面形式主梁正截面承载力计算示例，能进行单筋矩形、单筋T形截面正截面配筋计算、钢筋选用与布置及截面承载力复核。

一、受弯构件的构造要求

1. 截面形式和尺寸

钢筋混凝土受弯构件常用的截面形式有矩形、T形和箱形，如图6-1所示。

钢筋混凝土板可分为整体现浇板和预制板。整体现浇板的截面宽度较大（图6-1a），设计时可取单位宽度（$b=1$m）的矩形截面进行计算。为使构件标准化，预制板的宽度，一般控制在$b=$（1～1.5）m。由于施工条件好，不仅可采用矩形实心板（图6-1b），还可以用截面形状较复杂的矩形空心板（图6-1c），以减轻自重。空心板的空洞端部应予填封。

板的厚度h由其控制截面上最大的弯矩和板的刚度要求决定，但为了保证施工质量及耐久性要求，《公路桥涵设计通用规范》规定了各种板的最小厚度：空心板桥的顶板和底板厚

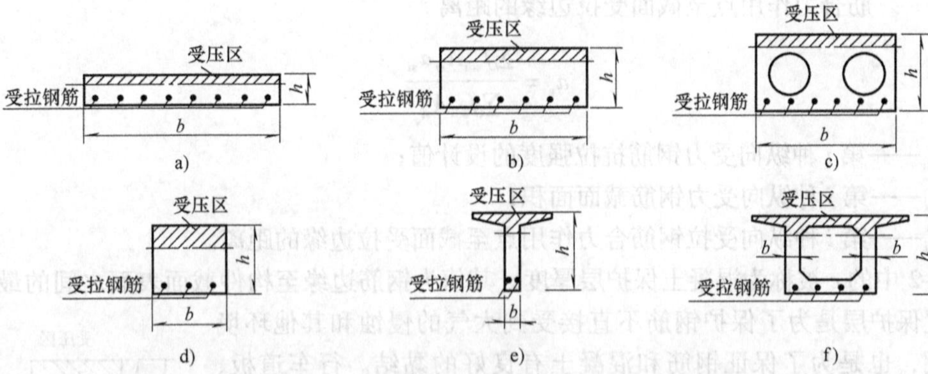

图6-1 受弯构件的截面形式

a）整体式板 b）装配式实心板 c）装配式空心板 d）矩形梁 e）T形梁 f）箱形梁

度，均不应小于80mm。人行道板的厚度，就地浇筑的混凝土板不应小于80mm；预制混凝土板不应小于60mm。

钢筋混凝土梁根据使用要求和施工条件可以采用现浇或预制方式制造。为了使梁截面尺寸有统一的标准，便于施工，对常见的矩形截面（图6-1d）和T形截面（图6-1e）梁截面尺寸可按下述建议选用。

1）现浇矩形截面梁的宽度 b 常取120mm、150mm、180mm、200mm、220mm和250mm，其后按50mm一级增加（当梁高 $h \leqslant 800$mm时）或100mm一级增加（当梁高 $h > 800$mm时）。

矩形截面梁的高宽比 h/b，一般可取2.5～3.5。

2）预制的T形截面梁，梁肋宽度 b 常取为150～180mm，根据梁内主筋布置及抗剪要求而定。T形截面梁翼缘悬臂端厚度不应小于100mm，梁肋处翼缘厚度不宜小于梁高 h 的1/10。T形截面梁截面高度 h 与跨径 l 之比（称高跨比），一般为 $h/l = 1/16 \sim 1/11$，跨径较大时取用偏小比值。

2. 受弯构件的钢筋构造

钢筋混凝土梁（板）正截面承受弯矩作用时，中和轴以上受压，中和轴以下受拉（图6-1），故在梁（板）的受拉区配置纵向受拉钢筋，此种构件称为单筋受弯构件；如果同时在截面受压区也配置受力钢筋，则此种构件称为双筋受弯构件。

截面上配置钢筋的多少，通常用配筋率来衡量，它是指所配置的钢筋截面面积与规定的混凝土截面有效面积的比值（化为百分数表达）。对于矩形截面和T形截面，其受拉钢筋的配筋率 ρ（%）表示为：

$$\rho = \frac{A_s}{bh_0} \tag{6-1}$$

式中 A_s——截面纵向受拉钢筋全部截面积；

b——矩形截面宽度或T形截面梁肋宽度；

h_0——截面的有效高度（图 6-2），$h_0 = h - a_s$，这里 h 为截面高度，a_s 为纵向受拉钢筋合力作用点至截面受拉边缘的距离。

$$a_s = \frac{\sum f_{sdi} A_{si} a_{si}}{\sum f_{sdi} A_{si}}$$

式中 f_{sdi}——第 i 种纵向受力钢筋抗拉强度的设计值；

A_{si}——第 i 种纵向受力钢筋截面面积；

a_{si}——第 i 种纵向受拉钢筋合力作用点至截面受拉边缘的距离。

图 6-2 中的 c 被称为混凝土保护层厚度，其值为钢筋边缘至构件截面表面之间的最短距离。设置保护层是为了保护钢筋不直接受到大气的侵蚀和其他环境因素作用，也是为了保证钢筋和混凝土有良好的黏结。行车道板、人行道板的主钢筋最小保护层厚度：Ⅰ类环境条件为 30mm，Ⅱ类环境条件为 40mm，Ⅲ、Ⅳ类环境条件为 45mm。分布钢筋的最小保护层厚度：Ⅰ类环境条件为 15mm，Ⅱ类环境条件为 20mm，Ⅲ、Ⅳ类环境条件为 25mm。

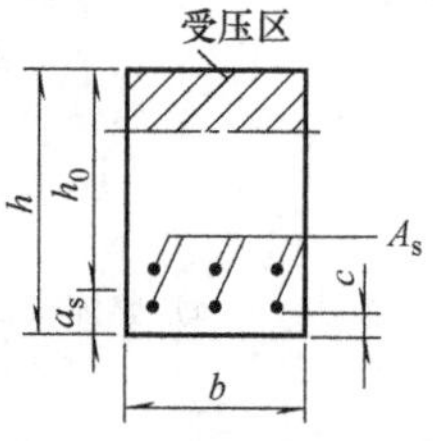

图 6-2 配筋率计算图

（1）板的钢筋。这里的板主要指现浇整体式桥面板、现浇或预制的人行道板和肋板式桥的桥面板。板的钢筋由主钢筋和分布钢筋所组成，如图 6-3 所示，分布钢筋设在主钢筋的内侧，使主钢筋受力更均匀，同时也起着固定受力钢筋位置、分担混凝土收缩和温度应力的作用。《公路桥涵设计通用规范》中对于板内的钢筋构造规定如下。

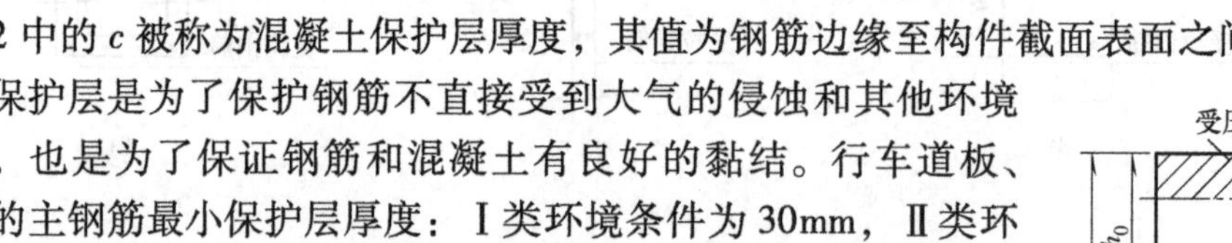

图 6-3 钢筋混凝土板内的钢筋

a）顺板跨方向 b）垂直于板跨方向

1）行车道板内主钢筋直径不应小于 10mm。人行道板内的主钢筋直径不应小于 8mm。在简支板跨中和连续板支点处，板内主钢筋间距不应大于 200mm。

2）行车道板内主钢筋可在沿板高中心纵轴线的 1/4 ~ 1/6 计算跨径处按 30° ~ 45° 弯起。通过支点的不弯起的主钢筋，每米板宽内不应少于 3 根，并不应少于主钢筋截面面积的 1/4。

3）行车道板内应设置垂直于主钢筋的分布钢筋。其直径不应小于 8mm，间距不应大于 200mm，截面面积不宜小于板的截面面积的 0.1%。在主钢筋的弯折处，应布置分布钢筋。人行道板内分布钢筋直径不应小于 6mm，其间距不应大于 200mm。

4）对于周边支承的双向板，板的两个方向（沿板长边方向和沿板短边方向）同时承受弯矩，所以两个方向均应设置主钢筋。布置四周支承双向板钢筋时，可将板沿纵向及横向各划分为三部分。靠边部分的宽度均为板的短边宽度的 1/4。中间部分的钢筋应按计算数量设置，靠边部分的钢筋按中间部分的半数设置，钢筋间距不应大于250mm，且不应大于板厚的两倍。

（2）梁的钢筋。梁内的钢筋骨架由纵向受力钢筋、弯起钢筋、箍筋、架立钢筋和水平纵向钢筋构成。具体构造要求参见单元4中主梁钢筋构造所述。

二、受弯构件正截面受力全过程和破坏特征

1. 正截面工作的三个阶段

以图6-4所示跨长为1.8m的钢筋混凝土简支梁作为试验梁，其截面为矩形，尺寸为$b\times h=100\text{mm}\times 160\text{mm}$，配有2⏀10钢筋。为了重点研究正截面受力和变形的变化规律，通常采用两点加载。这样，在两个对称集中荷载间的“纯弯段”内，不仅可以基本上排除剪力的影响（忽略自重），同时也有利于布置测试仪表以观察试验梁受荷后变形和裂缝出现与开展的情况。

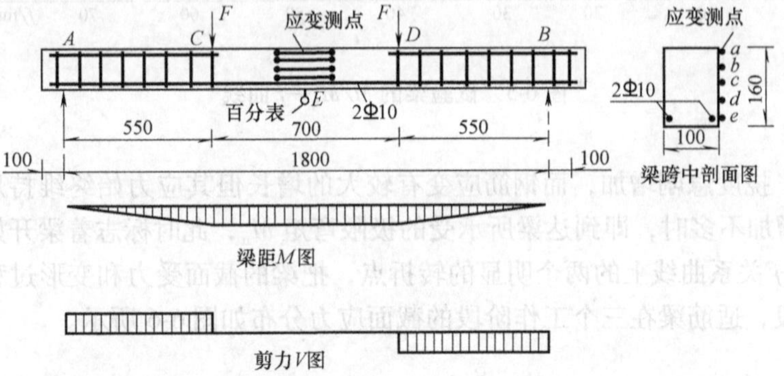

图6-4　钢筋混凝土梁试验研究（尺寸单位：mm）

在“纯弯段”内，沿梁高两侧布置测点，用仪表量测梁的纵向变形。浇筑混凝土时，在梁跨中附近的钢筋表面处预留孔洞（或预埋电阻片），用以量测钢筋的应变。不论使用哪种仪表量测变形，它都有一定的标距。因此，所测得的数值都表示标距范围内的平均值。另外，在跨中和支座上分别安装百（千）分表以量测跨中的挠度f；有时还要安装倾角仪量测梁的转角。试验采用分级加载，每级加载后观测和记录裂缝出现及发展情况，并记录受拉钢筋的应变和不同高度处混凝土纤维的应变及梁的挠度。

图6-5为一根有代表性的单筋矩形截面梁的试验结果。图中纵坐标为无量纲M/M_u值；横坐标为跨中挠度f的实测值。M为各级荷载下的实测弯矩；M_u为试验梁破坏时所能承受的极限弯矩。可见，当弯矩较小时，挠度和弯矩关系接近直线变化，梁的工作特点是未出现裂缝，称为第Ⅰ阶段；当弯矩超过开裂弯矩M_{cr}后将产生裂缝，且随着荷载的增加将不断出现新的裂缝，随着裂缝的出现与不断开展，挠度的增长速度较开裂前加快，梁的工作特点是带有裂缝，称为第Ⅱ阶段。在图6-5中纵坐标为M_{cr}/M_u处，$M/M_u—f$关系曲线上出现了第一个明显转折点。

在第Ⅱ阶段整个发展过程中，钢筋的应力将随着荷载的增加而增加。当受拉钢筋刚刚到达屈服强度（对应于梁所承受的弯矩为M_s）瞬间，标志着第Ⅱ阶段的终结而转化为第Ⅲ阶段的开始（此时，在$M/M_u—f$关系上出现了第二个明显转折点）。第Ⅲ阶段梁的工作特点是

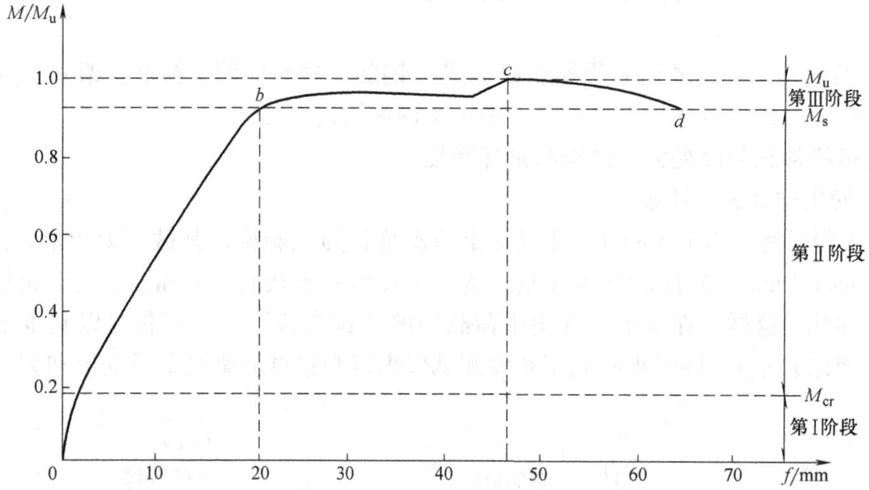

图 6-5 试验梁的 M/M_u—f 曲线

裂缝急剧开展，挠度急剧增加，而钢筋应变有较大的增长但其应力始终维持屈服强度不变。当 M 从 M_s 再增加不多时，即到达梁所承受的极限弯矩 M_u，此时标志着梁开始破坏。

在 M/M_u—f 关系曲线上的两个明显的转折点，把梁的截面受力和变形过程划分为图 6-5 所示的三个阶段，适筋梁在三个工作阶段的截面应力分布如图 6-6 所示。

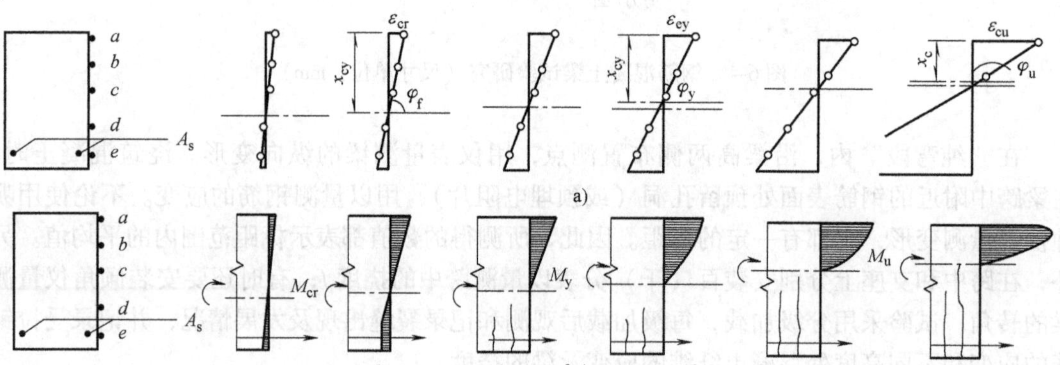

图 6-6 梁正截面各阶段的应力应变图

（1）第Ⅰ阶段（整体工作阶段）。开始加载时，由于弯矩很小，量测的梁截面上各个纤维应变也很小，且变形的变化规律符合平截面假定，这时梁的工作情况与匀质弹性体梁相似，混凝土基本上处于弹性工作阶段，应力与应变成正比，受压区和受拉区混凝土应力分布图形可假设为三角形。

当弯矩再增大，量测到的应变也将随之加大，但其变化规律仍符合平截面假定。由于混凝土受拉时应力—应变关系呈曲线性质，故在受拉区边缘处混凝土将首先开始表现出塑性性质，应变较应力增长速度为快。从而可以推断出受拉区应力图形开始偏离直线而逐步变弯，随着弯矩继续增加，受拉区应力图形中曲线部分的范围将不断沿梁高向上发展。

在弯矩增加到M_{cr}时，受拉区边缘纤维应变恰好到达混凝土受弯时极限拉应变ε_{cr}，梁处于将裂而未裂的极限状态，此即第Ⅰ阶段末，以$Ⅰ_a$表示，这时受压区边缘纤维应变量测值相对还很小，受压区混凝土基本上属于弹性工作性质，即受压区应力图形接近三角形。但这时受拉区应力图形则呈曲线分布。在$Ⅰ_a$时，由于黏结力的存在，受拉钢筋的应变与周围同一水平处混凝土拉应变相等，这时钢筋应力$\sigma_s = \varepsilon_{cr} E_s$，量值较小。由于受拉区混凝土塑性的发展，第Ⅰ阶段末中和轴的位置较Ⅰ阶段的初期略有上升。$Ⅰ_a$可作为受弯构件抗裂度的计算依据。

（2）第Ⅱ阶段（带裂缝工作阶段）。当$M = M_{cr}$时，在“纯弯段”抗拉能力最薄弱的截面处将首先出现第一条裂缝，一旦开裂，梁即由第Ⅰ阶段进入第Ⅱ阶段工作。在裂缝截面处，由于混凝土开裂，受拉区工作将主要由钢筋承受，在弯矩不变的情况下，开裂后的钢筋应力较开裂前将突然增大许多，使裂缝一出现即具有一定的开展宽度，并将沿梁高延伸到一定的高度，从而这个截面处中和轴的位置也将随之上移。但在中和轴以下裂缝尚未延伸到的部位，混凝土仍可承受一小部分拉力。

随着弯矩继续增加，受压区混凝土压应变与受拉钢筋的拉应变实测值均不断增长，但其平均应变（标距较大时的量测值）的变化规律仍符合平截面假定。

在第Ⅱ阶段中，受压区混凝土塑性性质将表现得越来越明显，应力增长速度越来越慢，故受压应力图形将呈曲线变化。当弯矩继续增加使得受拉钢筋应力刚刚到达屈服强度（M_s）时，称为第Ⅱ阶段末，以$Ⅱ_a$表示。

阶段Ⅱ相当于梁在正常使用时的应力状态，可作为正常使用极限状态的变形和裂缝宽度计算时的依据。

（3）第Ⅲ阶段（破坏阶段）。在图6-6中M/M_u—f曲线的第二个明显转折点（$Ⅱ_a$）之后，梁就进入第Ⅲ阶段工作。这时钢筋因屈服，将在变形继续增大的情况下保持应力不变。当弯矩再稍有增加，则钢筋应变骤增，裂缝宽度随之扩展并沿梁高向上延伸，中和轴继续上移，受压区高度进一步减小。但为了平衡钢筋的总拉力，受压区混凝土的总压力也将始终保持不变。这时量测的受压区边缘纤维应变也将迅速增长，这时受压区混凝土塑性特征将表现得更为充分，可以推断受压区应力图形将更趋丰满。

弯矩再增加直至梁承受极限弯矩M_u时，称为第Ⅲ阶段末，以$Ⅲ_a$表示。此时，边缘纤维压应变达到（或接近）混凝土受弯时的极限压应变ε_{cu}，标志着梁已开始破坏。其后，在试验室一定条件下，适当配筋的试验梁虽可继续变形，但所承受的弯矩将有所降低，最后在破坏区段上受压区混凝土被压碎甚至崩落而完全破坏。

在第Ⅲ阶段整个过程中，钢筋所承受的总拉力和混凝土所承受的总压力始终保持不变。但由于中和轴逐步上移，内力臂Z不断略有增加，故截面破坏弯矩M_u较$Ⅱ_a$时的M_s也略有增加。第Ⅲ阶段末（$Ⅲ_a$）可作为极限状态承载力计算时的依据。

总结上述试验梁从加荷到破坏的整个过程，应注意以下几个特点：

1）由图6-6可知，第Ⅰ阶段梁的挠度增长速度较慢；第Ⅱ阶段梁因带裂缝工作，使挠度增长速度较快；第Ⅲ阶段由于钢筋屈服，故挠度急剧增加。

2）由图6-6可见，随着弯矩的增加，中和轴不断上移，受压区高度 x_c 逐渐缩小，混凝土边缘纤维压应变随之加大，受拉钢筋的拉应变也是随着弯矩的增长而加大。但应变图基本上仍是上下两个三角形，即平均应变符合平截面假定。受压区应力图形在第Ⅰ阶段为三角形分布；第Ⅱ阶段为微曲线形状；第Ⅲ阶段呈更为丰满的曲线分布。

3）在第Ⅰ阶段钢筋应力 σ_s 增长速度较慢；当 $M = M_{cr}$ 时，开裂前、后的钢筋应力发生突变；第Ⅱ阶段 σ_s 较第Ⅰ阶段增长速度加快；当 $M = M_s$ 时，钢筋应力到达屈服强度 f_{sk}，以后应力不再增加直到破坏。

2. 受弯构件正截面的破坏形态

根据试验研究，梁正截面的破坏形式与配筋率 ρ、钢筋和混凝土的强度等级有关。配筋率 $\rho = A_s/bh_0$，此处 A_s 为受拉钢筋截面面积。在常用的钢筋级别和混凝土强度等级情况下，其破坏形式主要随配筋率 ρ 的大小而异。梁的破坏形式可分为以下三类：

1）适筋梁——塑性破坏

已如前述，这种梁的特点是破坏始于受拉区钢筋的屈服。在钢筋应力到达屈服强度之初，受压区边缘纤维应变尚小于受弯时混凝土极限压应变。梁完全破坏以前，由于钢筋要经历较大的塑性伸长，随之引起裂缝急剧开展和梁挠度的激增，它将给人以明显的破坏预兆，习惯上常把这种梁的破坏称之为“塑性破坏”（图6-7a）。

2）超筋梁——脆性破坏

若梁截面配筋率 ρ 很大时，破坏将始于受压区混凝土的压碎，在受压区边缘纤维应变达到混凝土受弯时的极限压应变值，钢筋应力尚小于屈服强度，裂缝宽度很小，沿梁高延伸较短，梁的挠度不大，但此时梁已破坏。因其在没有明显预兆的情况下由于受压区混凝土突然压碎而破坏，故习惯上常称之为“脆性破坏”（图6-7b）。

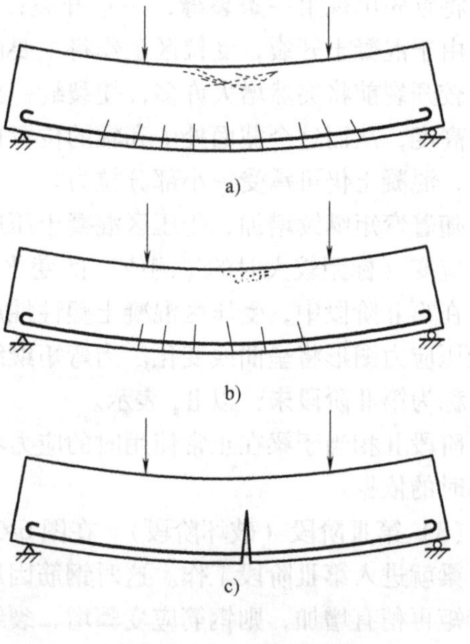

图6-7 钢筋混凝土梁的三种破坏形态

超筋梁虽配置过多的受拉钢筋，但由于其应力低于屈服强度，不能充分发挥作用，造成钢材的浪费。这不仅不经济，且破坏前毫无预兆，故设计中不准许采用这种梁。

比较适筋梁和超筋梁的破坏，可以发现，两者的差异在于：前者破坏始自受拉钢筋；后者则始自受压区混凝土。显然，当钢筋级别和混凝土强度等级确定之后，一根梁总会有一个特定的配筋率 ρ_{max}，它使得钢筋应力到达屈服强度的同时，受压区边缘纤维应变也恰好到达混凝土受弯时极限压应变值，这种梁的破坏称之为“界限破坏”，即适筋梁与超筋梁的界限。鉴于安全和经济的理由，在实际工程中不允许采用超筋梁，那么这个特定配筋率 ρ_{max} 实质上就限制了适筋梁的最大配筋率。梁的实际配筋率 $\rho < \rho_{max}$ 时，破坏始自钢筋的屈服；$\rho > \rho_{max}$ 时，破坏始自受压区混凝土的压碎；$\rho = \rho_{max}$ 时，受拉钢筋应力到达屈服强度的同时压区混凝土压碎而梁立即破坏。

3）少筋梁——脆性破坏

当梁的配筋率ρ很小时称为少筋梁，少筋梁混凝土一旦开裂，受拉钢筋立即到达屈服强度并迅速经历整个流幅而进入强化阶段工作。由于裂缝往往集中出现一条，不仅开展宽度较大，且沿梁高延伸很高。即使受压区混凝土暂未压碎，但因此时裂缝宽度过大，已标志着梁的“破坏”（图6-7c）。尽管开裂后梁仍可能保留一定的承载力，但因梁已发生严重的下垂，这部分承载力实际上是不能利用的，少筋梁也属于“脆性破坏”。因此是不经济、不安全的。

三、受弯构件正截面承载力计算的基本原则

1. 基本假定

（1）两点说明。由试验得知，梁从加荷到破坏经历了三个阶段，为保证梁具有足够的安全性，必须按承载能力极限状态法对梁正截面进行承载能力计算，并以第Ⅲ阶段的应力状态作为计算基础。

1）应变：受拉与受拉应变图基本上是上下两个三角形，平均应变符合平截面假定，直到梁破坏前。梁破坏时，受压区混凝土边缘纤维压应变达到（或接近）混凝土受弯时极限压应变ε_{cu}，这标志着梁已开始破坏。

2）应力：对应于极限压应变ε_{cu}的应力不是受压区混凝土的最大应力σ_{max}，而σ_{max}却位于受压边缘纤维下一定高度处，其应力图形呈高次抛物线。因此，为了简化计算，可取等效矩形应力图形来代换受压区混凝土的理论应力图形，如图6-8所示。

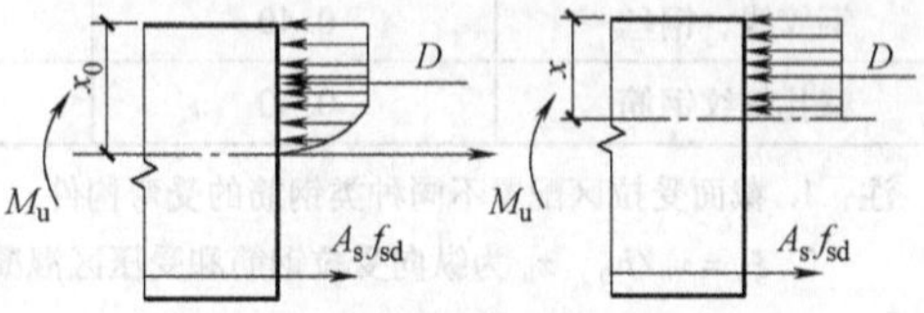

图6-8 等效应力图

等效矩形应力图代替抛物线应力图的原则：

①混凝土压应力的合力D大小相等；

②两图形中受压区合力D的作用点不变。

计算时，等效矩形应力图的受压区高度为$x=\beta x_c$，受压混凝土强度为f_{cd}，此处x_c为受压区实际高度。按《公桥规》规定，不同混凝土强度等级的应力图形系数β取值见表6-1。

表6-1 受压混凝土的简化应力图形系数β

混凝土强度等级	C50及以下	C55	C60	C65	C70	C75	C80
β	0.80	0.79	0.78	0.77	0.76	0.75	0.74

（2）基于受弯构件正截面的破坏特征，其承载力按下列基本假定进行计算：

1）构件弯曲后，其截面仍保持为平面；

2）截面受压区混凝土的应力图形简化为矩形，其压力强度取混凝土的轴心抗压强度设计值f_{cd}；截面受拉区混凝土的抗拉强度不予考虑；

3）极限状态计算时，受拉钢筋的应力取其抗拉强度设计值f_{sd}；受压区钢筋的应力取其抗压强度设计值f'_{sd}。

2. 适筋和超筋破坏的界限条件

根据给定的混凝土极限压应变ε_{cu}和平截面假定可知，适筋和超筋的界限破坏，即钢筋

达到屈服（$\varepsilon_s = f_y/E_s$）同时混凝土发生受压破坏（$\varepsilon_c = \varepsilon_{cu}$）的相对中和轴高度 ξ_{nb} 为（图 6-9）：

$$\xi_{nb} = x_{cb}/h_0 = \varepsilon_{cu}/(\varepsilon_{cu} + \varepsilon_s) \tag{6-2}$$

引用 $x = \beta x_c$ 的关系，则界限相对受压区高度 ξ_b 为

$$\xi_b = \frac{x_b}{h_0} = \beta\xi_{nb} = \beta\frac{\varepsilon_{cu}}{\varepsilon_{cu} + \varepsilon_s} = \frac{\beta}{1 + \dfrac{\varepsilon_s}{\varepsilon_{cu}}} = \frac{\beta}{1 + \dfrac{f_{sd}}{\varepsilon_{cu}E_s}} \tag{6-3}$$

由式（6-2）可知，对不同的钢筋级别和不同混凝土强度等级有着不同的 ξ_b 值，见表 6-2。当相对受压区高度 $\xi \leqslant \xi_b$ 时，属于适筋梁；相对受压区高度 $\xi > \xi_b$ 时，属于超筋梁。

表 6-2 《公桥规》规定受弯构件相对界限受压区高度 ξ_b 值

钢筋种类	混凝土强度等级			
	C50 及以下	C55，C60	C65，C70	C75，C80
HPB300	0.58	0.56	0.54	—
HRB335	0.56	0.54	0.52	—
HRB400，RRB400	0.53	0.51	0.49	—
钢绞线、钢丝	0.40	0.38	0.36	0.35
精扎螺纹钢筋	0.40	0.38	0.36	—

注：1. 截面受拉区配置不同种类钢筋的受弯构件，其 ξ_b 值应选用相应于各种钢筋的较小者；

2. $\xi_b = x_b/h_0$，x_b 为纵向受拉钢筋和受压区混凝土同时达到其强度设计值时的受压区高度。

3. 适筋和少筋破坏的界限条件

为了避免少筋破坏状态，必须确定构件的最小配筋率 ρ_{min}。

少筋破坏的特点是一裂就坏，所以从理论上讲，纵向受拉钢筋的最小配筋率际应是这样确定的：按Ⅲ$_a$阶段计算钢筋混凝土受弯构件正截面受弯承载力与按Ⅰ$_a$阶段计算的素混凝土受弯构件正截面受弯承载力两者相等。

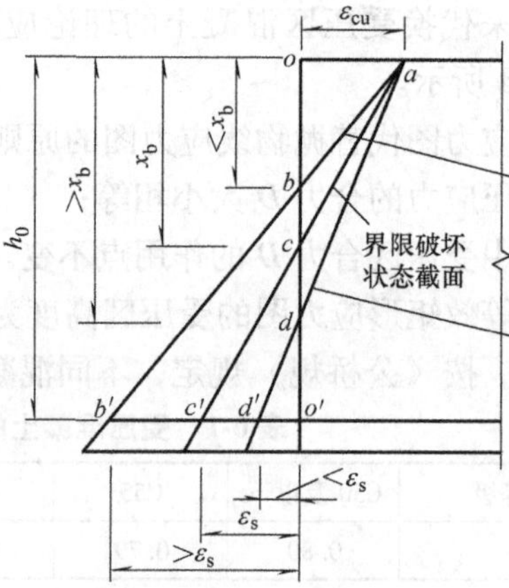

图 6-9 梁破坏时的正截面平均应变图

为了防止截面配筋过少而出现脆性破坏，并考虑温度收缩应力及构造等方面的要求，适筋梁配筋率 ρ 亦应满足另一条件，即 $\rho \geqslant \rho_{min}$，式中 ρ_{min} 表示适筋梁的最小配筋率。《公桥规》规定：$\rho_{min} = (45f_{td}/f_{sd})\%$，同时不应小于 0.2%。

在工程实际中，梁的配筋率 ρ 总要比 ρ_{max} 低一些，比 ρ_{min} 高一些，才能做到经济合理。这主要是考虑到以下两点。

1）为了确保所有的梁在濒临破坏时具有明显的预兆以及在破坏时具有适当的延性，就要满足 $\rho < \rho_{max}$；

2）当 ρ 取得小些时，梁截面就要大些；当 ρ 取得大些时，梁截面就要小些，这就要顾

及钢材、水泥、砂石等材料价格及施工费用。

根据我国经验，钢筋混凝土板的经济配筋率约为0.5% ~1.3%；钢筋混凝土T形梁的经济配筋率约为2.0% ~3.5%。

四、单筋矩形截面受弯构件计算

1. 基本计算公式及适用条件

（1）基本公式。根据上述基本假定，单筋矩形截面正截面强度的计算简图如图6-10，由平衡条件可得：

根据力的平衡条件，可列出其基本方程

$$\sum X=0 \qquad f_{sd}A_s=f_{cd}bx \tag{6-4}$$

$$\sum M_{As}=0 \qquad \gamma_0 M_d \leqslant M_u=f_{cd}bx\left(h_0-\frac{x}{2}\right) \tag{6-5}$$

$$\sum M_C=0 \qquad \gamma_0 M_d \leqslant M_u=f_{sd}A_s\left(h_0-\frac{x}{2}\right) \tag{6-6}$$

式中 h_0——截面的有效高度，$h_0=h-a_s$；

a_s——受拉区边缘到受拉钢筋合力作用点的距离。

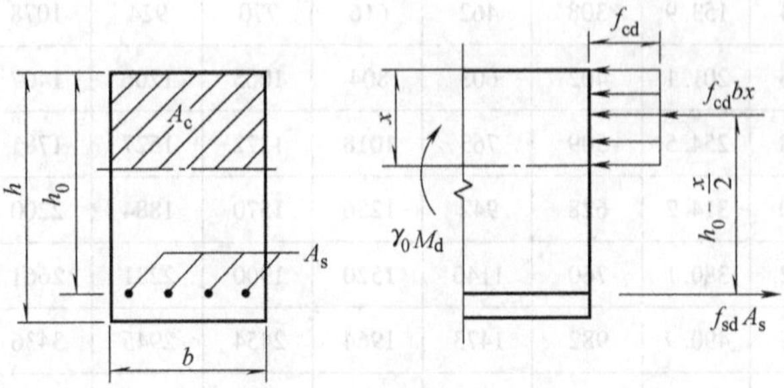

图6-10 单筋矩形截面梁正截面承载力计算图式

（2）适用条件

1）为了防止超筋破坏，保证构件破坏时纵向受拉钢筋首先屈服，应满足

$$x\leqslant\xi_b h_0 \text{ 或 } \xi\leqslant\xi_b \text{ 或 } \rho\leqslant\rho_{max}$$

2）为了防止少筋破坏，应满足

$$\rho=\frac{A_s}{bh_0}\geqslant\rho_{min}=45\times\frac{f_{td}}{f_{sd}}\ (\%)\text{，且 }\rho\geqslant 0.2\%\text{ 或 }A_s\geqslant\rho_{min}bh_0$$

2. 计算方法

实际设计中，受弯构件的正截面承载力计算，可分为截面设计和承载力复核两类问题。解决这两类问题的依据是前述的基本公式及适用条件。

（1）截面选择。截面设计是根据要求截面所承受的弯矩，选定混凝土强度等级、钢筋级别，计算出构件截面尺寸 b、h 及受拉钢筋截面面积 A_s。单筋矩形截面受弯构件进行截面选择时，常有下列两种情况。

1）已知：弯矩组合设计值 M_d，结构重要性系数 γ_0、钢筋牌号和混凝土强度等级、构件截面尺寸 b、h，求受拉钢筋截面面积 A_s。

计算步骤：

①假定受拉钢筋合力点至受拉边缘的距离 a_s。Ⅰ类环境条件下，对于绑扎钢筋骨架的梁，可设 $a_s=35\sim45$mm（布置一层钢筋时）或 $a_s=60\sim80$mm（布置两层钢筋时），得到有效高度 $h_0=h-a_s$。

②求受压区高度 x。由式（6-5）解一元二次方程得受压区高度 x，并满足 $x\leqslant\xi_b h_0$。

③若 $x \leqslant \xi_b h_0$，则由式（6-4）或公式（6-6）求得钢筋截面面积 A_s。

若 $x > \xi_b h_0$，则此梁为超筋梁，需要增大截面尺寸，主要是增加高度 h 或者提高混凝土的强度等级。

④选择并布置钢筋。通过计算求得 A_s 后，即可根据构造要求等从表 6-3 或表 6-4 中选择合适的钢筋直径与根数，并进行具体的钢筋布置，从而再对假定的 a_s 值进行校核修正。

⑤验证配筋率 $\rho \geqslant \rho_{min}$。

表 6-3　圆钢筋、带肋钢筋截面面积、质量表

直径/mm	在下列钢筋根数时的截面面积/mm²									质量/(kg/m)	带肋钢筋/mm	
	1	2	3	4	5	6	7	8	9		直径	外径
6	28.3	57	85	113	141	170	198	226	254	0.222		
8	50.3	101	151	201	251	302	352	402	452	0.395		
10	78.5	157	236	314	393	471	550	628	707	0.617	10	11.6
12	113.1	226	339	452	566	679	792	905	1018	0.888	12	13.9
14	153.9	308	462	616	770	924	1078	1232	1385	1.210	14	16.2
16	201.1	402	603	804	1005	1206	1407	1608	1810	1.580	16	18.4
18	254.5	509	763	1018	1272	1527	1781	2036	2290	2.000	18	20.5
20	314.2	628	942	1256	1570	1884	2200	2513	2827	2.470	20	22.7
22	380.1	760	1140	1520	1900	2281	2661	3041	3421	2.980	22	25.1
25	490.9	982	1473	1964	2454	2945	3436	3927	4418	3.850	25	28.4
28	615.7	1232	1847	2463	3079	3695	4310	4926	5542	4.830	28	31.6
32	804.3	1609	2413	3217	4021	4826	5630	6434	7238	6.310	32	35.8
36	1017.9	2036	3054	4072	5089	6107	7125	8143	9161	7.990	36	40.2
40	1256.6	2513	3770	5026	6283	7540	8796	10053	11310	9.870	40	44.5

表 6-4　钢筋间距一定时板每米宽度内钢筋截面面积　　（单位：mm²）

钢筋间距/mm	钢筋直径/mm								
	6	8	10	12	14	16	18	20	22
70	404	718	1122	1616	2199	2873	3636	4487	5430
75	377	670	1047	1508	2052	2681	3393	4188	5081
80	353	628	982	1414	1924	2314	3181	3926	4751
85	333	591	924	1331	1811	2366	2994	3695	4472
90	314	559	873	1257	1711	2234	2828	3490	4223
95	298	529	827	1190	1620	2117	2679	3306	4000
100	283	503	785	1131	1539	2011	2545	3141	3801
105	269	479	748	1077	1466	1915	2424	2991	3620

（续）

钢筋间距 /mm	钢筋直径/mm								
	6	8	10	12	14	16	18	20	22
110	257	457	714	1028	1399	1828	2314	2855	3455
115	246	437	683	984	1339	1749	2213	2731	3305
120	236	419	654	942	1283	1676	2121	2617	3167
125	226	402	628	905	1232	1609	2036	2513	3041
130	217	387	604	870	1184	1547	1958	2416	2924
135	209	372	582	838	1140	1490	1885	2327	2816
140	202	359	561	808	1100	1436	1818	2244	2715
145	195	347	542	780	1062	1387	1755	2166	2621
150	189	335	524	754	1026	1341	1697	2084	2534
155	182	324	507	730	993	1297	1643	2027	2452
160	177	314	491	707	962	1257	1590	1964	2376
165	171	305	476	685	933	1219	1542	1904	2304
170	166	296	462	665	905	1183	1497	1848	2236
175	162	287	449	646	876	1149	1454	1795	2172
180	157	279	436	628	855	1117	1414	1746	2112
185	153	272	425	611	832	1087	1376	1694	2035
190	149	265	413	595	810	1058	1339	1654	3001
195	145	258	403	403	580	789	1031	1305	1611
200	141	251	393	565	769	1005	1272	1572	1901

2）已知弯矩组合设计值 M_d，钢筋种类及混凝土强度等级，结构设计的安全等级。求构件截面尺寸 b、h 及受拉钢筋截面面积 A_s。

计算步骤：

①假定配筋率。在经济配筋率内选定一 ρ 值，并据受弯构件适应情况选定梁宽（设计板时，一般采用单位板宽，即取 $b=1000$mm）。

②求截面有效高度 h_0。按式 $\xi=\rho\dfrac{f_{sd}}{f_{cd}}$，求出 ξ 值，若 $\xi\leqslant\xi_b$，则取 $x=\xi h_0$，代入式（6-5），化简后得截面有效高度 h_0。

③求出所需截面高度 h，即 $h=h_0+a_s$。a_s 为受拉钢筋合力作用点至截面受拉区外缘的距离。为了使构件截面尺寸规格化和考虑施工的方便，最后实际取用的 h 值应模数化，钢筋混凝土板 h 值应为整数。

④继续按第一种情况求出受拉钢筋面积并布置钢筋。若 $\xi>\xi_b$，则应重新选定 ρ 值，重复上述计算，直至满足 $\xi\leqslant\xi_b$ 的条件。

（2）承载力复核

已知荷载效应设计值 M_d，截面尺寸 b、h，纵向受拉钢筋截面面积 A_s，混凝土强度等级和钢筋牌号，结构重要性系数 γ_0，验算截面所能承担的弯矩 M_u，并判断其安全程度。

计算步骤如下：

①检查钢筋布置是否符合规范要求。

②计算纵向受拉钢筋配筋率ρ：按式$\rho=\frac{A_s}{bh_0}$计算，满足$\rho \geqslant \rho_{min}$，且$\rho \geqslant 0.2\%$。

③计算截面受压区高度x。

由式（6-4）计算，得到x，满足$x \leqslant \xi_b h_0$。

④当$x \leqslant \xi_b h_0$时，由式（6-5）或式（6-6）求出本截面所能承担的弯矩M_u。

若$x > \xi_b h_0$，则为超筋截面，取$x=\xi_b h_0$，其承载能力为：

$$M_u = f_{cd} b h_0^2 \xi_b (1-0.5\xi_b) \tag{6-7}$$

⑤计算结果，若$M_u \geqslant \gamma_0 M_d$，则满足承载力要求。

3. 计算示例

例 6-1 某钢筋混凝土单筋矩形截面梁截面尺寸，$b=250$mm，$h=550$mm，拟采用 C30 混凝土，HRB400 钢筋，承受弯矩$M_d=185$kN·m，结构重要性系数$\gamma_0=1.0$。求受拉钢筋的截面面积，并配筋。

解：根据已给的材料，分别查表 2-13、表 2-15 得：$f_{cd}=13.8$MPa，$f_{td}=1.39$MPa，$f_{sd}=330$MPa，查表 6-2 得$\xi_b=0.53$。

（1）假定受拉钢筋合力点至受拉边缘的距离a_s

采用绑扎钢筋，按一层布置钢筋，假设$a_s=40$mm，则截面有效高度：

$$h_0 = h - a_s = 550-40=510\text{mm}$$

（2）求混凝土受压区高度x。由式（6-5）得：

$$1.0\times185\times10^6 \leqslant 13.8\times250x(510-0.5x)$$

解得 $x=119.0\text{mm}<\xi_b h_0=0.53\times510=270.3\text{mm}$

（3）求所需钢筋截面面积A_s

由式（6-4）求得钢筋截面面积A_s：

$$A_s=\frac{f_{cd}\cdot bx}{f_{sd}}=\frac{13.8\times250\times119.0}{330}=1244.1\ \text{mm}^2$$

（4）选择并布置钢筋

查表 6-3，选用 4Φ20，$A_s=1256\text{mm}^2$。钢筋按一排布置，如图 6-11 所示。截面所需截面最小宽度：

$$b_{min}=3\times30+4\times22.7+2\times30=240.8<b=250\text{mm}$$

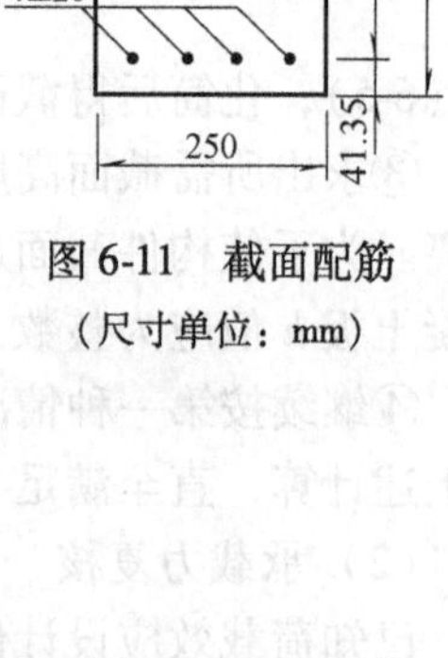

图 6-11 截面配筋

（尺寸单位：mm）

梁的实际有效高度：

$$h_0=550-\left(30+\frac{22.7}{2}\right)=508.65\text{mm}$$

实际配筋率：

$$\rho=\frac{A_s}{bh_0}=\frac{1256}{250\times508.65}=0.0099=0.99\%$$

$$\rho_{min}=\left(45\cdot\frac{f_{td}}{f_{sd}}\right)\%=\left(45\times\frac{1.39}{330}\right)\%=0.19\%$$

所以有：$\rho>\rho_{min}$，且$\rho>0.2\%$，配筋率满足《公桥规》要求。

例6-2　某单跨整体式钢筋混凝土盖板涵，板厚$h=200mm$（$h_0=160mm$），跨中弯矩组合设计值$M_d=50.5kN\cdot m$，材料采用C25混凝土（$f_{cd}=11.5MPa$，$f_{td}=1.23MPa$），HPB300钢筋φ16@140mm（$A=1436mm^2/m$，$f_{sd}=250MPa$）。结构重要性系数$\gamma_0=1.0$。试复核此盖板承载力。

解：查表6-2得$\xi_b=0.58$。现取单位板宽$b=1m$。

（1）计算纵向受拉钢筋配筋率ρ

$$\rho=\frac{A_s}{bh_0}=\frac{1436}{1000\times160}=0.0090=0.90\%$$

$$\rho_{min}=\left(45\cdot\frac{f_{td}}{f_{sd}}\right)\%=\left(45\times\frac{1.23}{250}\right)\%=0.22\%$$

满足$\rho>\rho_{min}$，且$\rho>0.2\%$。

（2）计算混凝土受压区高度x

由式（6-4）计算：

$$x=\frac{f_{sd}A_s}{f_{cd}b}=\frac{250\times1436}{11.5\times1000}=31.2mm<\xi_bh_0=0.58\times160=92.8mm$$

（3）计算该截面所能承担的弯矩M_u

$$M_u=f_{cd}bx\ (h_0-0.5x)\ =11.5\times1000\times31.2\times\ (160-0.5\times31.2)$$
$$=51.8kN\cdot m<\gamma_0M_d=1.0\times50.5=50.5kN\cdot m$$

承载力满足要求。

五、双筋矩形截面受弯构件计算

单筋矩形截面适筋梁的最大承载能力为$M_u=f_{cd}bh_0^2\xi_b\ (1-0.5\xi_b)$。当截面承受的弯矩组合设计值$M_d$较大，而截面尺寸受到使用条件限制或混凝土强度又不宜提高的情况下，按单筋截面设计出现$\xi>\xi_b$时，则应改用双筋截面。即在截面受压区配置钢筋来协助混凝土承担压力且将ξ减小到$\xi\leqslant\xi_b$，破坏时受拉区钢筋应力可达到屈服强度，而受压区混凝土不致过早压碎。此外，当梁截面承受异号弯矩时，则必须采用双筋截面。

一般情况下，采用受压钢筋来承受截面的部分压力是不经济的。但是，受压钢筋的存在可以提高截面的延性，并可减少构件在长期荷载作用下的变形。

1. 基本计算公式及其适用条件

（1）计算图式。试验表明，双筋截面破坏时的受力特点与单筋截面相似。只要满足$\xi\leqslant\xi_b$，双筋截面仍具有适筋破坏特征，即破坏时受拉钢筋的应力先达到其屈服强度，然后，受压区混凝土的应力达到其抗压强度。这时，受压区混凝土的应力图形为曲线分布，边缘纤维的压应变已达极限应变ε_{cu}。由于受压区混凝土塑性变形的发展，受压钢筋的应力一般也将达到其抗压强度。

因此，在建立双筋截面承载力的计算公式时，受拉钢筋的应力可取抗拉强度设计值f_{sd}，受压钢筋的应力一般可取抗压强度设计值f'_{sd}，受压区混凝土仍可采用等效矩形应力图形和混凝土抗压设计强度f_{cd}。于是，双筋矩形截面受弯承载力计算的图式如图6-12所示。

（2）计算公式。按双筋矩形截面强度计算图式：

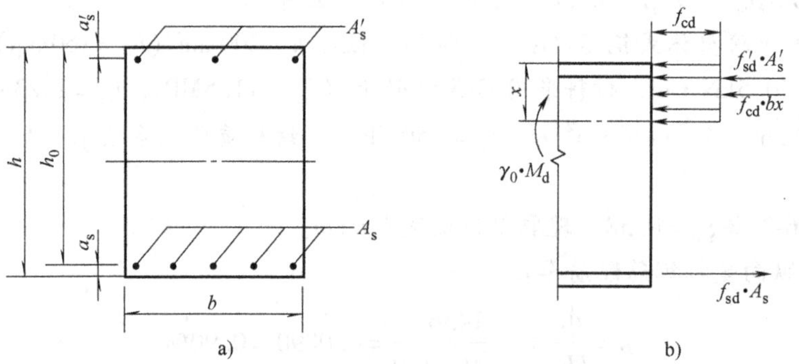

图 6-12 双筋矩形截面正截面承载力计算图式

由$\sum H=0$，得：

$$f_{sd}A_s=f_{cd}bx+f'_{sd}A'_s \tag{6-8}$$

由弯矩平衡，即$\sum M=0$，取受拉钢筋合力作用点为矩心，可得：

$$\gamma_0 M_d \leqslant f_{cd}\cdot bx\left(h_0-\frac{x}{2}\right)+f'_{sd}A'_s(h_0-a'_s) \tag{6-9}$$

由截面上对受压钢筋合力作用点的力矩之和等于零，可得：

$$\gamma_0 M_d \leqslant -f_{cd}\cdot bx\left(\frac{x}{2}-a'_s\right)+f_{sd}A_s(h_0-a'_s) \tag{6-10}$$

式中 f'_{sd}——受压区钢筋的抗压强度设计值；

A'_s——受压区钢筋的截面面积；

a'_s——受压区钢筋合力点至截面受压边缘的距离；

其他符号与单筋矩形截面相同。

（3）公式的适用条件

1）为了防止出现超筋梁情况，保证受拉钢筋屈服，计算受压区高度 x 应满足：

$$x\leqslant \xi_b h_0 \tag{6-11}$$

2）为了保证受压钢筋屈服，A'_s强度达到抗压强度设计值f'_{sd}，计算受压区高度 x 应满足：

$$x\geqslant 2a'_s \tag{6-12}$$

在实际设计中，若求得 $x<2a'_s$，则表明受压钢筋 A'_s可能达不到其抗压强度设计值。《桥规》规定此时可取 $x=2a'_s$，即假设混凝土压应力合力作用点与受压区钢筋 A'_s合力作用点相重合，对受压钢筋合力作用点取矩，可得到正截面抗弯承载力的近似表达式为：

$$M=f_{sd}A_s(h_0-a'_s) \tag{6-13}$$

最小配筋率的条件，在双筋截面的情况下，一般不需验算。

2. 计算方法

（1）截面选择。双筋截面设计的任务是确定受拉钢筋 A_s 和受压钢筋 A'_s的数量。利用基本公式进行截面设计时，仍取 $\gamma_0 M_d=M_u$ 来计算，一般有下列两种计算情况：

情况 1 已知截面尺寸、材料强度级别、弯矩计算值 $M=\gamma_0 M_d$，求受拉钢筋面积 A_s 和受压钢筋面积A_s'。

1）假设a_s和a_s'，求得$h_0=h-a_s$。

2）验算是否需要采用双筋截面。当下式不成立时，需采用双筋截面：

$$M<M_u=f_{cd}bh_0^2\xi_b(1-0.5\xi_b) \tag{6-14}$$

3）求A_s'。利用基本公式求解，有A_s'、A_s及x三个未知数，故尚需增加一个条件才能求解。在实际计算中，应使截面的总钢筋截面积（$A_s'+A_s$）为最小，为此，压力应尽量让混凝土承担，多余的压力由钢筋承担，即取$\xi=\xi_b$。再利用式（6-9）求得。

4）求A_s。将x及受压钢筋计算值代入式（6-8），求得受拉钢筋面积A_s。

5）分别选择受压钢筋和受拉钢筋直径及根数，并进行截面钢筋布置。

这种情况的配筋计算，实际是利用$\xi_b=\xi_b$来确定A_s与A_s'，故基本公式适用条件已满足。

情况2 已知截面尺寸、材料强度级别、受压区普通钢筋面积及布置、弯矩计算值$M=\gamma_0M_d$，求受拉钢筋面积A_s。

1）假设a_s，求得$h_0=h-a_s$。

2）将各已知值代入式（6-9），可得到混凝土受压区高度x。

3）当$x\leqslant\xi_bh_0$且$x\geqslant2a_s'$，则将各已知值及受压钢筋面积A_s'代入式（6-8），可求得A_s值。

4）当$x<\xi_bh_0$且$x<2a_s'$时，根据《公桥规》规定，可由式（6-13）求得所需受拉钢筋面积A_s。

5）选择受拉钢筋的直径和根数，并布置截面钢筋。

（2）截面复核。已知截面尺寸、材料强度级别、钢筋面积A_s和A_s'以及截面钢筋布置，求截面承载力M_u。

1）检查钢筋布置是否符合规范要求。

2）由式（6-7）计算受压区高度x。

3）若$2a_s'\leqslant x\leqslant\xi_bh_0$，以式（6-9）或式（6-10）可求得双筋矩形截面抗弯承载力M_u。

4）若$x\leqslant\xi_bh_0$且$x<2a_s'$，则由式（6-13）求得考虑受压钢筋部分作用的正截面承载力M_u。

要求满足$M_u\geqslant\gamma_0M_d$这一不等式条件。

3. 计算示例

例6-3 有一矩形截面$b\times h=250\text{mm}\times500\text{mm}$，承受弯矩设计值$M_d=250\text{kN}\cdot\text{m}$，混凝土等级为C25，用HRB400级钢筋配筋，环境类别为Ⅰ类，安全等级为一级，求所需钢筋截面面积。

解： 查表2-13、表2-15得$f_{cd}=11.5\text{MPa}$，$f_{td}=1.23\text{MPa}$，$f_{sd}=330\text{MPa}$。查表6-2得$\xi_b=0.53$。桥梁结构重要性系数$\gamma_0=1.1$，则弯矩计算值$M=\gamma_0M_d=275\text{kN}\cdot\text{m}$。

（1）验算是否需要采用双筋截面

假设$a_s=45\text{mm}$，则梁有效高度$h_0=500-45=455\text{mm}$，由式（6-7）可知，单筋矩形截面适筋梁的最大承载能力为：

$$\begin{aligned}M_u&=f_{cd}bh_0{}^2\xi_b(1-0.5\xi_b)=11.5\times250\times455^2\times0.53\times(1-0.5\times0.53)\\&=232\text{kN}\cdot\text{m}<275\text{kN}\cdot\text{m}\end{aligned}$$

故需要采用双筋截面。

(2) 求所需钢筋截面面积

受压钢筋按一层布置，假设 $a_s' = 40\text{mm}$；受拉钢筋按两层布置，假设 $a_s = 65\text{mm}$；$h_0 = h - a_s = 500 - 65 = 435\text{mm}$。

取 $\xi_b = 0.53$，代入式 (6-9) 中可得到受压钢筋截面积为：

$$A_s' = \frac{\gamma_0 M_d - f_{cd} b h_0^2 \xi_b (1 - 0.5\xi_b)}{f'_{sd}(h_0 - a_s')}$$

$$= \frac{1.1 \times 250 \times 10^6 - 11.5 \times 250 \times 435^2 \times 0.53 \times (1 - 0.5 \times 0.53)}{330 \times (435 - 40)}$$

$$= 484\text{mm}^2$$

由式 (6-8) 求所需的受拉钢筋截面积 A_s 值，即：

$$A_s = \frac{f_{cd} b x + f'_{sd} A_s'}{f_{sd}} = \frac{11.5 \times 250 \times 0.53 \times 435 + 330 \times 484}{330} = 2493\ \text{mm}^2$$

(3) 选择并布置钢筋

查表 6-3，受压钢筋选择 3 Φ16 ($A_s' = 603\text{mm}^2$)，受拉钢筋选择 8 Φ20 ($A_s = 2513\text{mm}^2$)，布置如图 6-13。

受拉钢筋层净距为 30mm，钢筋间净距 $S_n = (250 - 2 \times 30 - 4 \times 22.7)/3 = 33.1\text{mm} > 30\text{mm}$ 及 $d = 20\text{mm}$，受拉钢筋混凝土保护层厚度 $c = 30\text{mm}$，钢筋 $a_s = 30 + 22.7 + 15 = 67.7\text{mm}$，取 $a_s = 68\text{mm}$，$h_0 = 432\text{mm}$，而 $a_s' = 40\text{mm}$。

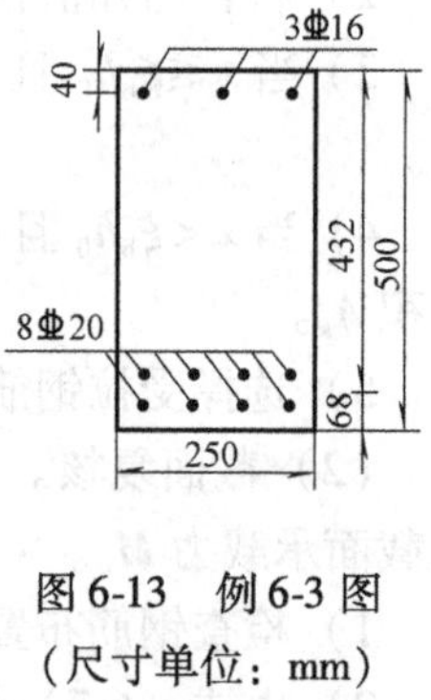

图 6-13 例 6-3 图
(尺寸单位：mm)

例 6-4 已知截面尺寸 $b \times h = 200\text{mm} \times 400\text{mm}$，混凝土强度等级为 C25，采用 HRB400 级钢筋，受拉钢筋为 3 Φ25，受压钢筋为 2 Φ16，$a_s = 45\text{mm}$，$a_s' = 40\text{mm}$，要求承受弯矩设计值 $M_d = 120\text{kN} \cdot \text{m}$，安全等级为二级，试验算该截面是否安全。

解： 由 $a_s = 45\text{mm}$，则有效高度 $h_0 = 400 - 45 = 355\text{mm}$，而 $\xi_b = 0.53$。

将 $A_s = 1473\text{mm}^2$，$A_s' = 402\text{mm}^2$，$f_{cd} = 11.5\text{MPa}$，$f_{td} = 1.23\text{MPa}$，$f_{sd} = 330\text{MPa}$。代入式 (6-8) 中求受压区高度 x 为：

$$x = \frac{f_{sd} A_s - f'_{sd} A_s'}{f_{cd} b} = \frac{330 \times (1473 - 402)}{11.5 \times 200} = 153.7\text{mm}$$

$$x < \xi_b h_0\ (= 0.53 \times 355 = 188.15\text{mm})\ 且\ x > 2a_s'\ (= 2 \times 40 = 80\text{mm})$$

由式 (6-9) 求得截面的抗弯承载能力为：

$$M_u = f_{cd} b x \left(h_0 - \frac{x}{2}\right) + f'_{sd} A_s' (h_0 - a_s')$$

$$= 11.5 \times 200 \times 153.7 \times \left(355 - \frac{153.7}{2}\right) + 330 \times 402 \times (355 - 40)$$

$$= 140.12 \times 10^6 \text{N} \cdot \text{mm} = 140.12\text{kN} \cdot \text{m}$$

设计安全等级为二级时，$\gamma_0 M_d = 1.0 \times 120 = 120\text{kN} \cdot \text{m}$

$M_u > \gamma_0 M_d$，截面设计安全。

六、单筋T形截面受弯构件计算

1. T形截面的构成及计算宽度

由矩形截面受弯构件的受力分析可知，受弯构件进入破坏阶段以后，大部分受拉区混凝土已退出工作，正截面承载力计算时不考虑混凝土的抗拉强度，因此设计时可将一部分受拉区的混凝土去掉，将原有纵向受拉钢筋集中布置在梁肋中，形成T形截面，其中伸出部分称为翼缘（$b_f'-b$）$\times h_f'$，中间部分称为梁肋（$b\times h$）。与原矩形截面相比，T形截面的极限承载能力不受影响，同时还能节省混凝土，减轻构件自重，产生一定的经济效益。

T形截面与矩形截面的主要区别在于翼缘参与受压。试验研究与理论分析证明，翼缘的压应力分布不均匀，离梁肋越远应力越小，可见翼缘参与受压的有效宽度是有限的，故在设计独立T形截面梁时应将翼缘限制在一定范围内，该范围称为翼缘的计算宽度 b_f'，同时假定在 b_f' 范围内压应力均匀分布。T形截面梁的翼缘有效宽度 b_f' 应按下列规定采用。

（1）内梁的翼缘有效宽度取下列三者中的最小值。

1）简支梁计算跨径的1/3；对于连续梁，各中间跨正弯矩区段，取该计算跨径的0.2倍；边跨正弯矩区段，取该跨计算跨径的0.27倍，各中间支点负弯矩区段，取该支点相邻两跨计算跨径之和的0.07倍。

2）相邻两梁的平均间距。

3）$(b+2b_h+12h_f')$，此处 b 为梁腹板宽度，b_h 为承托长度，h_f' 为受压区翼缘悬出板的厚度。当 $h_h/b_h<1/3$ 时，上式 b_h 应以 $3h_h$ 代替，此处 h_h 为承托根部厚度。

（2）外梁翼缘的有效宽度取相邻内梁翼缘有效宽度的一半，加上腹板宽度的1/2，再加上外侧悬臂板平均厚度的6倍或外侧悬臂板实际宽度两者中的较小者。

2. 两类T形截面及判别方法

按受压区高度的不同分为两类。

（1）第一类T形截面。受压区高度在翼板内，即 $x\leqslant h_f'$（图6-14a）。

（2）第二类T形截面。受压区高度进入梁肋内，即 $x>h_f'$（图6-14b）。

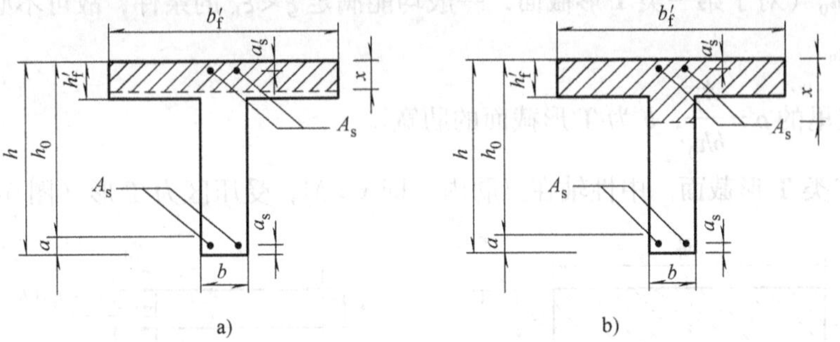

图6-14　两类T形截面

要判断中和轴是否在翼缘中，首先应对界限位置进行分析，界限位置为中和轴在翼缘与梁肋交界处，即 $x=h_f'$ 处。根据力的平衡条件

$$\sum X=0 \qquad f_{cd}b_f'h_f'=f_{sd}A_s \qquad (6\text{-}15)$$

$\sum M_{A_s}=0$ $$\gamma_0 M_d = f_{cd} b_f' h_f' \left(h_0 - \frac{h_f'}{2} \right) \tag{6-16}$$

对于第一类 T 形截面，有 $x \leqslant h_f'$，则

$$f_{sd} A_s \leqslant f_{cd} b_f' h_f' \tag{6-17}$$

$$\gamma_0 M_d \leqslant f_{cd} b_f' h_f' \left(h_0 - \frac{h_f'}{2} \right) \tag{6-18}$$

对于第二类 T 形截面，有 $x > h_f'$，则

$$f_{sd} A_s > f_{cd} b_f' h_f' \tag{6-19}$$

$$\gamma_0 M_d > f_{cd} b_f' h_f' \left(h_0 - \frac{h_f'}{2} \right) \tag{6-20}$$

以上即为 T 形截面受弯构件类型判别条件。但应注意不同设计阶段采用不同的判别条件。

1）在截面设计时，由于 A_s 未知，采用式（6-18）和式（6-20）进行判别。

2）在截面复核时，A_s 已知，采用式（6-17）和式（6-19）进行判别。

3. 基本计算公式及适用条件

（1）第一类 T 形截面。中性轴在翼板内，即 $x \leqslant h_f'$，受压区为矩形，截面可按 $b_f' \times h$ 的矩形截面计算。

由平衡条件得基本计算公式：

$\sum X = 0$ $$f_{sd} A_s = f_{cd} \cdot b_f' x \tag{6-21}$$

$\sum M = 0$ $$\gamma_0 M_d \leqslant f_{cd} b_f' x \left(h_0 - \frac{x}{2} \right) \tag{6-22}$$

基本公式的适用条件为：

1）$x \leqslant \xi_b h_0$（对于第一类 T 形截面，一般均能满足 $\xi < \xi_b$ 的条件，故可不必验算）。

2）$\rho \geqslant \rho_{min}$

注意，这里的 $\rho = \dfrac{A_s}{b h_0}$，$b$ 为 T 形截面的肋宽。

（2）第二类 T 形截面。中性轴在梁肋内，即 $x > h_f'$，受压区为 T 形（图 6-15）。

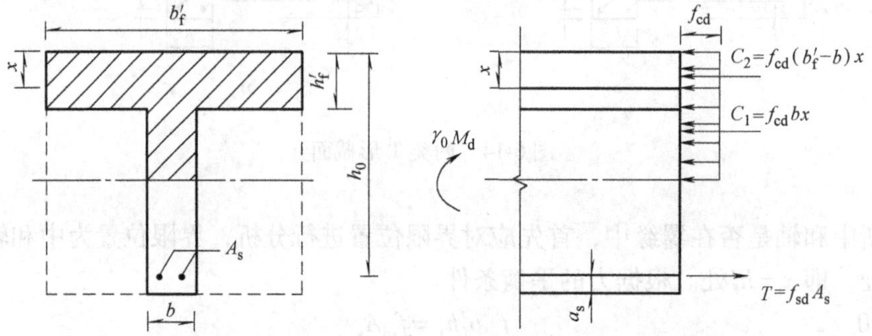

图 6-15　第二类 T 形截面抗弯承载力计算图式

由平衡条件得基本计算公式

$$\sum X=0 \qquad f_{sd}A_s=f_{cd}bx+f_{cd}(b_f'-b)h_f' \tag{6-23}$$

$$\sum M=0 \qquad \gamma_0 M_d \leqslant f_{cd}bx\left(h_0-\frac{x}{2}\right)+f_{cd}(b_f'-b)h_f'\left(h_0-\frac{h_f'}{2}\right) \tag{6-24}$$

基本公式的适用条件为：

1）$x \leqslant \xi_b h_0$；

2）$\rho \geqslant \rho_{min}$（对于第二类T形截面，一般均能满足$\rho \geqslant \rho_{min}$，故可不必验算）

4. 计算内容

（1）截面选择

已知：弯矩组合设计值M_d，截面尺寸b、h、b_f'、h_f'，混凝土强度等级和钢筋等级，结构重要性系数γ_0，计算受拉钢筋截面面积A_s。

1）假设a_s。对于空心板等截面，往往采用绑扎钢筋骨架，因此可根据等效工字形截面下翼板厚度，在实际截面中布置一层或两层钢筋来假设值。对于预制或现浇T形梁，往往多用焊接钢筋骨架，由于多层钢筋的叠高一般不超过（0.15～0.2）h，故可假设$(a_s)_{max}=c+(0.075\sim0.1)h$，得到截面有效高度。

2）判断T形截面类型。采用式（6-18）和式（6-20）进行判别。

3）当为第一种T形截面时，设计方法与单筋矩形截面$b_f' \times h$完全相同。

4）当为第二种T形截面。由式（6-24）求受压区高度并满足$h_f'<x \leqslant \xi_b h_0$，将各已知值及值代入式（6-23）求得所需受拉钢筋面积。

5）选择钢筋直径和数量，按照构造要求进行布置。

（2）承载力复核

已知受拉钢筋截面面积及钢筋布置、截面尺寸和材料强度级别，要求复核截面的抗弯承载力。

1）检查钢筋布置是否符合规范要求。

2）判别T形截面类型，采用式（6-17）和式（6-19）进行判别。

3）第一种T形截面：与单筋矩形截面$b_f' \times h$相同。

4）第二种T形截面。由式（6-23）求受压区高度x，满足$h_f'<x \leqslant \xi_b h_0$。将各已知值及$x$值代入式（6-24）即可求得正截面抗弯承载力，必须满足$M_u \geqslant \gamma_0 M_d$。

5. 计算示例

例6-5　某预制钢筋混凝土简支T形梁，标准跨径16m，计算跨径为15.5m，梁间距为2.0m，跨中截面如图6-16所示。梁体混凝土为C30，HRB400级钢筋，环境类别为Ⅰ类，安全等级为二级。跨中截面弯矩组合设计值$M_d=2628\text{kN}\cdot\text{m}$。试进行配筋（焊接钢筋骨架）计算及截面复核。

解： 由表2-13、表2-15查得$f_{cd}=13.8\text{MPa}$，$f_{td}=1.39\text{MPa}$，$f_{sd}=f'_{sd}=330\text{MPa}$；查表6-2得$\xi_b=0.53$；$\gamma_0=1$；弯矩计算值$M=\gamma_0 M_d=2628\text{kN}\cdot\text{m}$

（1）截面设计

1）因采用的是焊接钢筋骨架，故设$a_s=30+0.07\times1400=128\text{mm}$，则截面有效高度$h_0=1400-128=1272\text{mm}$

受压翼板的有效宽度b_f'取值：

简支梁计算跨径的1/3，即$\frac{1}{3}l_0=\frac{1}{3}\times15.5=5.17\text{m}$

或相邻两梁的平均间距：2m；

或 $b+2b_h+12h'_f=180+2\times150+12\times150=2280\text{mm}=2.28\text{m}$

取三者最小值，故 $b'_f=2000\text{mm}$

2）判定T形截面类型

$$f_{cd}b'_fh'_f\left(h_0-\frac{h'_f}{2}\right)=13.8\times2000\times150\times\left(1272-\frac{150}{2}\right)=4955.58\times10^6\text{N}\cdot\text{mm}$$

$$=4955.58\text{kN}\cdot\text{m}>M=2628\text{kN}\cdot\text{m}$$

由于 $\gamma_0M_d<f_{cd}b'_fh'_f\left(h_0-\frac{h'_f}{2}\right)$，故属于第一类T形截面。

3）求受压区高度

由式（6-22），可得到

$$2628\times10^6=13.8\times2000x\left(1272-\frac{x}{2}\right)$$

求解一元二次方程得到：$x=77.2\text{mm}$

4）求受拉钢筋面积 A_s

将各已知值及 $x=77.2\text{mm}$ 代入式（6-21）中，可得到：

$$A_s=\frac{f_{cd}b'_fx}{f_{sd}}=\frac{13.8\times2000\times77.2}{330}=6456.7$$

现选择钢筋为6 Φ28（3695）+6 Φ25（2945），截面面积 $A_s=6640\text{mm}^2$。钢筋叠高层数为6层，布置如图6-17。

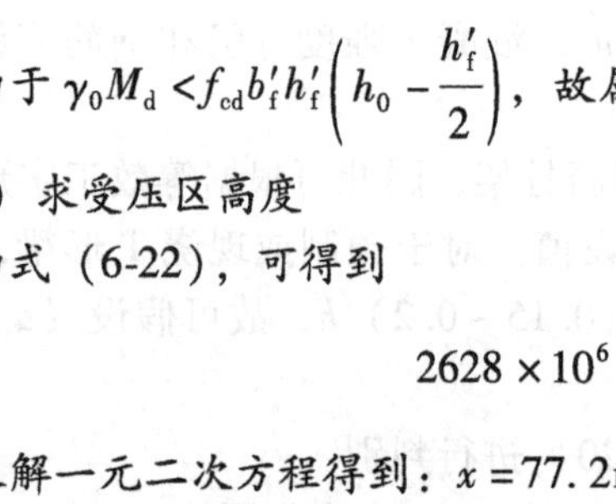

图6-16 例6-5图（尺寸单位：mm）

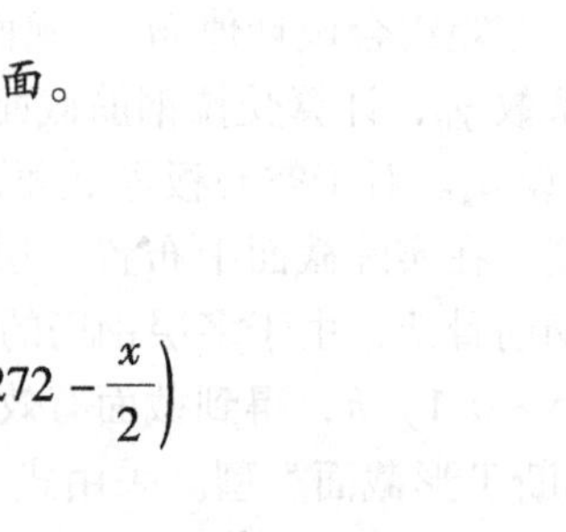

图6-17 钢筋布置图（尺寸单位：mm）

混凝土保护层厚度取30mm，满足规范要求。钢筋间横向净距 $S_n=180-2\times30-2\times31.6=56.8\text{mm}>40\text{mm}$ 及 $1.25d=1.25\times28=35\text{mm}$，故满足构造要求。

由图6-17钢筋布置图可求得：

$$a_s=\frac{3695\times(30+1.5\times31.6)+2945\times(30+3\times31.6+1.5\times28.4)}{3695+2945}=117.3\text{mm}$$

则实际有效高度 $h_0=1400-117.3=1282.7\text{mm}$

纵向受拉钢筋实际配筋率：

$$\rho=\frac{A_s}{bh_0}=\frac{6640}{180\times1282.7}=2.88\%$$

$$\rho_{\min}=\left(45\cdot\frac{f_{td}}{f_{sd}}\right)\%=\left(45\times\frac{1.39}{330}\right)\%=0.19\%$$

所以有 $\rho>\rho_{\min}$，且 $\rho>0.2\%$，配筋率满足要求。

(2) 截面复核

截面设计中已经校核配筋率满足要求，不再重复校核。

1) 判定T形截面类型

$$f_{cd}b'_fh'_f=13.8\times2000\times150=4140000\text{N}=4140\text{kN}$$

$$f_{sd}A_s=330\times6640=2191200\text{N}=2191.2\text{kN}$$

由于 $f_{sd}A_s<f_{cd}b'_fh'_f$，故为第一类截面。

2) 求受压区高度 x

由式 (6-21) 求得 x，即：

$$x=\frac{f_{sd}A_s}{f_{cd}b'_f}=\frac{330\times6640}{13.8\times2000}=79.4\text{mm}$$

3) 求正截面抗弯承载能力

由式 (6-22) 求得正截面抗弯承载能力：

$$M_u=f_{cd}b'_fx\left(h_0-\frac{x}{2}\right)=13.8\times2000\times79.4\times\left(1282.7-\frac{79.4}{2}\right)$$

$$=2737\times10^6\text{N}\cdot\text{mm}=2737\text{kN}\cdot\text{m}>\gamma_0M_d=1.0\times2628=2628\text{kN}\cdot\text{m}$$

故截面复核满足要求，设计安全。

任务6.2　受弯构件斜截面计算

任务描述

结合某桥梁主梁钢筋构造图，指出抗剪钢筋的布置和构造要求。

一、受弯构件斜截面的受力特点及破坏形态

为增强钢筋混凝土梁斜截面抗剪承载力，需要在梁内设置足够的箍筋和弯起钢筋，箍筋和弯起钢筋统称为腹筋。设置有箍筋、弯起钢筋和纵向钢筋的梁，称为有腹筋梁。设置有纵向钢筋但不配置箍筋与弯起钢筋的梁，称为无腹筋梁，实际工程中的梁一般都是要配箍筋的。

1. 斜截面破坏形态

剪跨比是一个无量纲常数，表示荷载作用下钢筋混凝土受弯构件的斜截面破坏与弯矩和剪力的组合情况。对于集中荷载作用下的简支梁，集中荷载作用点至最靠近的简支梁支点之间的距离 a，称为剪跨，剪跨与截面有效高度 h_0 的比值，称为剪跨比，用 m 表示。而剪跨比又可表示为：$m=\frac{a}{h_0}=\frac{pa}{ph_0}=\frac{M_c}{V_ch_0}$，此处 M_c 和 V_c 分别为剪切破坏截面的弯矩和剪力。对于

其他荷载作用情况，也可用 $m=M_c/V_ch_0$ 表示，此式又称为广义剪跨比。

随着荷载的增加，梁底出现裂缝并向上延伸，从而形成了大体与梁的主拉应力相垂直的弯剪斜裂缝，这样当垂直截面的抗弯强度得到保证时梁最后有可能由于斜截面强度不足而破坏。这种由于斜裂缝出现而导致钢筋混凝土梁的破坏，称为斜截面破坏。这是一种剪切破坏。

（1）斜压破坏（图6-18a）。多发生在剪力大而弯矩小的区段内。当集中荷载十分接近支座、剪跨比值较小（$m<1$）时或腹筋配置过多，或者当梁腹板很薄时，梁腹部分的混凝土往往因为主压应力过大而造成斜向压坏。破坏时，梁腹被一系列平行的斜裂缝分割成许多倾斜的受压柱体而被压坏，破坏是突然发生。破坏时，箍筋往往并未屈服。

（2）剪压破坏（图6-18b）。对于有腹筋梁，剪压破坏是最常见的斜截面破坏形态。对于无腹筋梁，如剪跨比 $m=1\sim3$ 时，也会发生剪压破坏。剪压破坏的特点是：若构件内腹筋用量适当，当荷载增加到一定程度后，构件上早已出现的垂直裂缝和细微的倾斜裂缝发展形成一根主要的斜裂缝，称为“临界斜裂缝”。斜裂缝末端混凝土截面既受剪、又受压，称之为剪压区。荷载继续增加，斜裂缝向上伸展，直到与临界斜裂缝相交的箍筋达到屈服强度，同时剪压区的混凝土在剪应力与压应力共同作用下达到复合受力时的极限强度而破坏，梁也失去了承载力。

（3）斜拉破坏（图6-18c）。斜拉破坏多发生在无腹筋梁或配置较少腹筋的有腹筋梁，且其剪跨比的数值较大（$m>3$）时。斜拉破坏的特点是斜裂缝一出现，就很快形成临界斜裂缝，并迅速伸到集中荷载作用点处，使梁斜向被拉断而破坏。

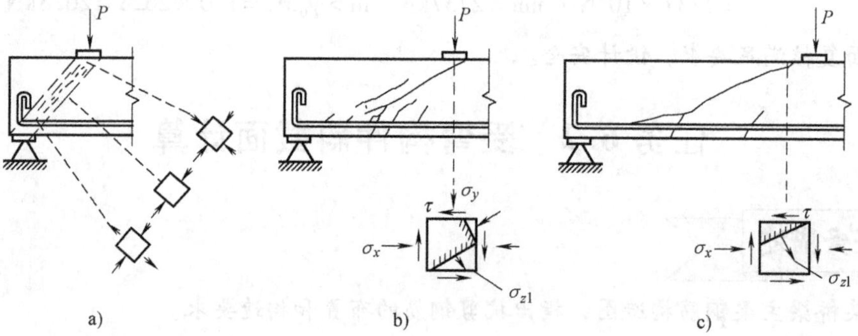

图6-18 受弯构件斜截面破坏状态

a）斜压破坏 b）剪压破坏 c）斜拉破坏

各种破坏形态的斜截面承载力各不相同，斜压破坏时最大，其次为剪压，斜拉最小。它们在达到峰值荷载时，跨中挠度都不大，破坏后荷载都会迅速下降，表明它们都属脆性破坏类型，而其中尤以斜拉破坏为甚。一般用限制截面最小尺寸的办法，防止梁发生斜压破坏；用满足箍筋最大间距等构造要求和限制箍筋最小配筋率的方法，防止梁发生斜拉破坏。剪压破坏则通过配箍计算来防止。《公桥规》给出的斜截面抗剪承载力计算公式，都是以剪压破坏形态的受力特征为基础而建立的。

2. 影响受弯构件斜截面抗剪承载力的主要因素

（1）剪跨比。剪跨比的大小决定着梁的抗剪承载力。试验表明，对无腹筋梁来说，剪跨比愈大，梁的抗剪承载力愈小，但当 $m>3$ 以后，剪跨比的影响不再明显。在有腹筋梁中，剪跨比同样显著地影响着梁的抗剪承载力，剪跨比越大，有腹筋梁的抗剪承载力越低。

（2）混凝土强度等级。斜截面破坏是因混凝土到达极限强度而发生的，故斜截面抗剪承载力随混凝土强度等级的提高而提高。

（3）纵向钢筋配筋率。试验表明，梁的抗剪承载力随着纵向钢筋配筋率的提高而增大。但到一定程度后，抗剪能力不再提高。

1）纵向钢筋能抑制斜裂缝的开展，阻止中性轴上升，增大受压区混凝土的抗剪承载力。

2）与斜裂缝相交的纵向钢筋可以起到“销栓作用”而直接承受一部分剪力。

（4）腹筋的强度和数量。腹筋包括箍筋和弯起钢筋，其强度和数量对梁的抗剪承载力有显著影响。

1）箍筋的配置数量对受弯构件斜截面抗剪能力的影响。有腹筋梁出现斜裂缝后，箍筋不仅直接承受相当部分的剪力，而且有效地抑制斜裂缝的开展和延伸，对提高剪压区混凝土的抗剪能力和纵向钢筋的销栓作用有着积极的影响。试验表明，在配箍最适当的范围内，梁的受剪承载力随配箍量的增多、箍筋强度的提高而有较大幅度的增长。

2）配箍率：配箍量一般用配箍率（又称箍筋配筋率）ρ_{sv} 表示，即 $\rho_{sv}=\frac{A_{sv}}{bs}=\frac{n\cdot A_{sv1}}{bs}$，其中 A_{sv1} 为箍筋单肢截面面积，n 为发挥抗剪作用的箍筋肢数。

3）配箍率与箍筋强度 f_{sv} 的乘积对梁抗剪承载力的影响。当其它条件相同时，两者大体成线性关系。

二、受弯构件斜截面抗剪承载力计算

1. 斜截面抗剪承载力计算的基本公式

图6-19为斜截面发生剪压破坏时的受力情况。此时，斜截面上的剪力，由裂缝顶端剪压区混凝土以及与斜裂缝相交的箍筋和弯起钢筋三者共同承担。故斜截面抗剪承载力计算公式可表达为：

$$\gamma_0 V_d \leqslant V_c + V_{sb} + V_{sv} = V_{cs} + V_{sb} \tag{6-25}$$

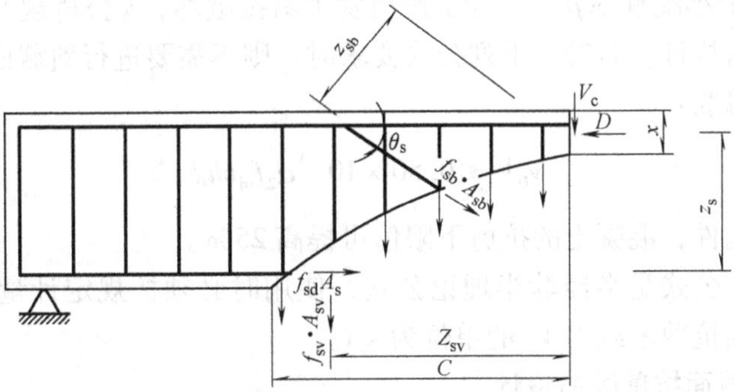

图6-19　受剪承载力的组成

（1）混凝土和箍筋的抗剪承载力 V_{cs}

$$V_{cs}=\alpha_1\alpha_2\alpha_3\times0.45\times10^{-3}bh_0\sqrt{(2+0.6p)\sqrt{f_{cu,k}}\rho_{sv}f_{sv}} \tag{6-26}$$

（2）弯起钢筋的抗剪承载力 V_{sb}

$$V_{sb}=0.75\times10^{-3}f_{sd}\sum A_{sb}\sin\theta_s \tag{6-27}$$

按照《公桥规》，配有箍筋和弯起钢筋的受弯构件，其斜截面抗剪强度计算公式为：

$$\gamma_0V_d\leqslant\alpha_1\alpha_2\alpha_3\times0.45\times10^{-3}bh_0\sqrt{(2+0.6p)\sqrt{f_{cu,k}}\rho_{sv}f_{sv}}+0.75\times10^{-3}f_{sd}\sum A_{sb}\sin\theta_s \tag{6-28}$$

式中 α_1——异号弯矩影响系数，计算简支梁和连续梁近边支点梁段的抗剪承载力时，$\alpha_1=1.0$；计算连续梁和悬臂梁近中间支点梁段的抗剪承载力时，$\alpha_1=0.9$；

α_2——预应力提高系数，对钢筋混凝土受弯构件，$\alpha_2=1.0$；对预应力混凝土受弯构件，$\alpha_2=1.25$，但当由钢筋合力引起的截面弯矩与外弯矩的方向相同时，或允许出现裂缝的预应力混凝土受弯构件，取 $\alpha_2=1.0$；

α_3——受压翼缘的影响系数，取1.1；

b——斜截面受压端正截面处，矩形截面宽度（mm），或T形和I形截面腹板宽度（mm）；

h_0——斜截面受压端正截面的有效高度，自纵向受拉钢筋合力点至受压边缘的距离（mm）；

p——斜截面内当纵向钢筋的配筋百分率，$p=100\rho$，当 $p>2.5$ 时，取 $p=2.5$；

θ_s——普通弯起钢筋与水平线的夹角。

2. 计算公式的适用条件

（1）上限值——截面最小尺寸。《公桥规》规定了截面尺寸的限制条件，即抗剪上限值的限制，为防止混凝土受斜压或劈裂而导致破坏。特别是薄腹梁，矩形、T形和工字形截面的钢筋混凝土受弯构件的抗剪：

$$\gamma_0V_d\leqslant0.51\times10^{-3}\sqrt{f_{cu,k}}bh_0 \tag{6-29}$$

若不满足上式，则应加大截面尺寸。

（2）下限值与最小配箍率 ρ_{smin}。为了避免发生斜拉破坏，《公桥规》规定，矩形、T形和工字形截面的受弯构件，若符合下列公式要求时，则不需要进行斜截面抗剪强度计算，而仅按构造要求配置箍筋：

$$\gamma_0V_d\leqslant0.50\times10^{-3}\alpha_2f_{td}bh_0 \tag{6-30}$$

对于板式受弯构件，混凝土的抗剪下限值可提高25%。

注意：上述基本公式是半经验半理论公式，使用时必须按规定计量单位的数值代入式中，而计算的斜截面抗剪承载力 V_u 的单位为kN。

3. 受弯构件斜截面抗剪配筋设计

按抗剪要求，钢筋混凝土受弯构件箍筋垂直于梁纵轴线布置，弯起钢筋一般与梁纵轴线成45°角，简支梁第一排（对支座而言）弯起钢筋的末端弯折点应位于支座中心截面处，以后各排弯起钢筋的末端弯折点应落在或超过前一排弯起钢筋弯起点截面。

（1）计算剪力的取值规定（图6-20），仅适用于简支梁梁段。

1）最大剪力取用距支座中心 $h/2$（梁高一半）处截面的数值，其中混凝土与箍筋共同承担不少于60%；弯起钢筋（按45°弯起）承担不超过40%。

2）计算第一排（对支座而言）弯起钢筋时，取用距支座中心 $h/2$ 处由弯起钢筋承担的那部分剪力值。

3）计算以后每一排弯起钢筋时，取用前一排弯起钢筋弯起点处由弯起钢筋承担的那部分剪力值。

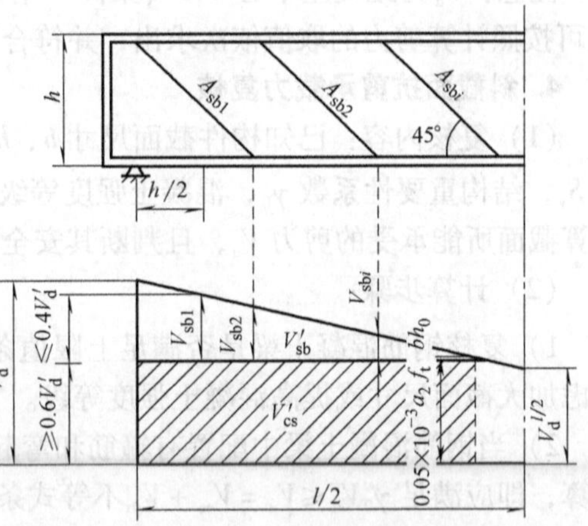

图6-20 斜截面抗剪承载力配筋设计计算图

（2）箍筋和弯起钢筋的设计计算

1）箍筋设计计算。混凝土与箍筋所承担的剪力公式：

$$V_{cs}=\alpha_1\alpha_3 0.45\times10^{-3}bh_0\sqrt{(2+0.6p)}\sqrt{f_{cu,k}}\rho_{sv}f_{sv}\geqslant0.6V_d' \tag{6-31}$$

式中 α_1——异号弯矩影响系数，计算简支梁和连续梁近边支点梁段的抗剪承载力时，$\alpha_1=1.0$；计算连续梁和悬臂梁近中间支点梁段的抗剪承载力时，$\alpha_1=0.9$；

α_2——预应力提高系数，对钢筋混凝土受弯构件，$\alpha_2=1.0$；对预应力混凝土受弯构件，$\alpha_2=1.25$，但当由钢筋合力引起的截面弯矩与外弯矩的方向相同时，或对于允许出现裂缝的预应力混凝土受弯构件，取 $\alpha_2=1.0$；

α_3——受压翼缘的影响系数，取 $\alpha_3=1.1$；

p——斜截面内纵向受拉钢筋的配筋百分率，$p=100\rho$，当 $p>2.5$ 时，取 $p=2.5$；

由上式可求得配筋率 ρ_{sv}，根据 $\rho_{sv}=A_{sv}/(S_v b)$，欲先求选定箍筋种类和直径，可按下式计算箍筋间距：

$$S_v=\frac{\alpha_1^2\alpha_3^2\times0.2\times10^{-6}(2+0.6p)\sqrt{f_{cu,k}}A_{sv}f_{sv}bh_0^2}{(\xi\gamma_0V_d')^2} \tag{6-32}$$

式中 γ_0——结构重要性系数，见表2-8；

ξ——抗剪配筋设计的最大剪力设计值分配于混凝土和箍筋共同承担的分配系数，取 $\xi\geqslant0.6$。

同样亦可以先假定箍筋的间距 S_v，而求箍筋的截面面积 A_{sv}，最后根据 $A_{sv}=n_{sv}a_{sv}$ 选定箍筋的肢数 n_{sv} 及箍筋的直径 d_{sv} 和每一肢的截面面积 a_{sv}。并满足箍筋的直径、间距、布置等构造要求。

2）弯起钢筋设计。第 i 个弯起钢筋平面内的弯起钢筋截面面积可按下式计算：

$$A_{sbi}=\frac{\gamma_0V_{sb}}{0.75\times10^{-3}f_{sd}\sum\sin\theta_s} \tag{6-33}$$

式中，对于第一排（距支座中心）弯起钢筋的荷载效应为：

$$V_{sb1}=V_d'-0.6\times V_d'=0.4\times V_d'$$

注意：V_d'为距支座中心 $h/2$（梁高一半）处的计算剪力。以后各排弯起钢筋的截面面积 A_{sb}可按照计算剪力的取值依次求出，并符合弯起要求。

4. 斜截面抗剪承载力复核

（1）复核内容：已知构件截面尺寸 b、h_0，弯起钢筋截面积$\sum A_{sbi}$、箍筋截面积 A_{sv}及间距 S_v，结构重要性系数 γ_0，混凝土强度等级和钢筋牌号，剪力组合设计值（计算剪力）V_d。计算截面所能承受的剪力 V_u，且判断其安全程度。

（2）计算步骤：

1）复核钢筋混凝土梁是否满足上限值条件 $\gamma_0 V_d \leqslant 0.51\times10^{-3}\sqrt{f_{cu,k}}bh_0$，如不符合，应考虑加大截面尺寸或提高混凝土强度等级。

2）当钢筋混凝土梁中配置有箍筋和弯起钢筋作腹筋式，按式（6-28）进行抗剪承载力验算，即应满足 $\gamma_0 V_d \leqslant V_u = V_{cs}+V_{sb}$不等式条件。否则应重新设计剪力钢筋或改变截面尺寸。

3）当钢筋混凝土梁中仅配置箍筋作腹筋时。按式（6-31）进行抗剪承载力验算，即应满足 $\gamma_0 V_d \leqslant V_u = V_{cs}$这一不等式条件，否则应重新设计。

（3）抗剪承载力验算时验算截面的取用

1）简支梁和连续梁近边支点梁段

①距支座中心 $h/2$（梁高一半）处的截面；②受拉区弯起钢筋弯起点处的截面，以及锚于受拉区的纵向主筋开始不受力处的截面；③箍筋数量或间距有改变处的截面；④受弯构件腹板宽度改变处的截面。

2）连续梁和悬臂梁近中间支点梁段

①支点横隔梁边缘处截面；②变高度梁高度突变处截面；③参照简支梁的要求，需要进行验算的截面。

三、受弯构件斜截面抗弯承载力计算

试验研究表明，斜裂缝的发生与发展，除了可能引起前述的斜截面受剪破坏外，还可能引起钢筋屈服而最后导致斜截面受弯破坏，因此还应进行斜截面抗弯承载力计算。根据设计经验，在正截面抗弯承载力得到保证的情况下，一般受弯构件斜截面抗弯承载力仅按《公路桥涵设计通用规范》中的有关构造措施就可得到保证，而不需按公式进行计算，具体构造措施在下面全梁承载力校核中详述。

四、全梁承载力校核与构造要求

1. 全梁承载力校核

全梁承载力校核就是进一步检查梁沿长度上的截面的正截面抗弯承载力、斜截面抗剪承载力和斜截面抗弯承载力是否满足要求。在工程实践设计中设计钢筋混凝土受弯构件，通常只需对若干控制截面进行承载力计算，至于其他截面的承载力能否满足要求，可通过图解法来校核。

（1）设计弯矩图。所谓设计弯矩图，即是由永久作用和各种不利位置的基本可变作用沿梁跨径，在各正截面产生的弯矩组合设计值的变化图形 M_{dx}。设计弯矩图又称弯矩包络图，其线形为二次或高次抛物线。在均布荷载作用下，简支梁的弯矩包络图一般是以支点弯矩 $M_{d(0)}$、跨中弯矩 $M_{d(L/2)}$ 作为控制点，按二次抛物线 $M_{dx}=M_{d(L/2)}\left(1-\frac{4x^2}{L^2}\right)$绘出，如图 6-21

所示。

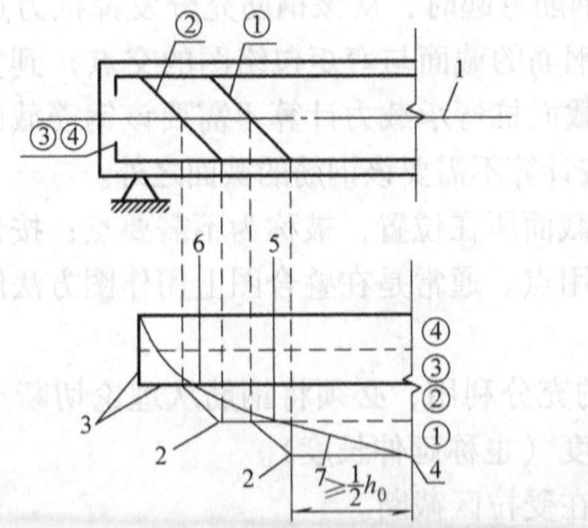

图6-21　设计弯矩图与抵抗弯矩图的叠合图

（2）正截面抗弯承载力图。所谓正截面抗弯承载力图是指梁沿跨径各正截面实际具有的抵抗力矩 M_u 的分布图形，如图6-21中的阶梯形图线。正截面抗弯承载力图又称抵抗弯矩图。其构成如下：

1）在跨中截面将其最大抵抗力矩根据纵向主钢筋数量改变处的截面实有抵抗力矩分段，也可近似地由各组钢筋的截面积比例进行分段，然后做平行于横轴的水平线。

2）通过支点，不弯起，水平线贯穿全跨；

3）弯起钢筋在弯起点处将开始退出工作，水平线终止；

4）弯起钢筋在其与梁纵轴相交点后才完全退出工作，故与弯起点段用斜线相连；

5）钢筋在截断处将完全退出工作，线形发生突变，成阶梯形状。

（3）全梁承载力校核。采用同一比例，将设计弯矩图与抵抗弯矩图置于同一坐标中，即两图叠合，用来确定纵向主钢筋的弯起或截断，或校核全梁正截面抗弯承载力。为了保证梁的正截面抗弯承载力，必须要求抵抗弯矩图将设计弯矩图全部包含在内。如果抵抗弯矩图形离开设计弯矩图，且离开的距离较大，说明纵筋较多，它所对应的正截面抗弯承载力尚有富余，此时，可以从此截面向跨中方向移动适当位置将纵筋弯起或截断。

（4）利用弯矩包络图和抵抗弯矩图确定弯起钢筋的弯起位置。

1）不需要点：按正截面强度承载力计算不需要该钢筋截面所在位置。

2）充分利用点：按计算充分利用该钢筋截面所在位置。

2. 构造要求

（1）纵向钢筋弯起的构造要求

1）保证正截面抗弯承载力的构造要求。从纯理论观点而言，若抗弯承载力图与弯矩包络图相切，则表明此梁设计是最经济合理的。

2）保证斜截面抗剪承载力的构造要求。简支梁第一排（对支座而言）弯起钢筋弯终点应位于支座中心截面处，以后各排弯起钢筋的弯终点应落在或超过前一排弯起钢筋弯起点截面。

3）保证斜截面抗弯承载力的构造要求。对于受弯构件，除了要进行斜截面抗弯承载力计算之外，尚要在构造上采取一定措施。

《公桥规》规定，当钢筋由纵向受拉钢筋弯起时，从该钢筋充分发挥抗力点即充分利用点（按正截面抗弯承载力计算充分利用该钢筋的截面与弯矩包络图的交点）到实际弯起点之间距离不得小于 $h_0/2$。弯起钢筋可在按正截面抗弯承载力计算不需要该钢筋截面面积之前弯起，但弯起钢筋与梁中心线的交点应位于按计算不需要该钢筋的截面之外。

上述正截面承载力计算不需要该钢筋截面所在位置，被称为不需要点；按计算充分利用该钢筋的截面所在位置者，被称为充分利用点。通常是在叠合图上用作图方法解决的。

（2）纵筋的截断与锚固

1）纵筋的截断。为了保证钢筋强度的充分利用，必须将钢筋从理论切断点外伸一定的长度再截断，这段距离称为钢筋的锚固长度（也称延伸长度）。

①钢筋混凝土梁内纵向受拉钢筋不宜在受拉区截断。

②需截断时，应从按正截面抗弯承载力计算充分利用该钢筋强度的截面至少延伸（l_a+h_0）长度，同时，尚应考虑从正截面抗弯承载力计算不需要该钢筋的截面至少延伸 $20d$；

③纵向受压钢筋如在跨间截面时，应延伸至按计算不需要该钢筋的截面以外至少 $15d$。

2）纵筋的锚固。为防止伸入支座的纵筋因锚固不足而发生滑动，甚至从混凝土中拔出来，造成破坏，应采取锚固措施。

①在钢筋混凝土梁的支点处，至少应有两根并不少于总数1/5的下层受拉主钢筋通过。

②梁底两侧的受拉主钢筋应伸出端支点截面以外，并弯成直角且顺梁高延伸至顶部，与顶层架立钢筋相连。两侧之间不向上弯曲的受拉主钢筋伸出支点截面的长度，不应小于10倍钢筋直径；HPB300钢筋应带半圆钩。

③弯起钢筋的末端（弯终点以外）应留有锚固长度，HPB300钢筋尚应设置半圆弯钩。

任务6.3 受弯构件施工阶段应力计算

任务描述

引入计算示例进行受弯构件施工阶段应力计算。

钢筋混凝土构件除了可能由于材料强度破坏或失稳等原因达到承载能力极限状态以外，还可能由于构件变形或裂缝过大影响了构件的适用性及耐久性，而达不到结构正常使用要求。对于钢筋混凝土受弯构件，《公桥规》规定必须进行使用阶段的变形和最大裂缝宽度验算，以及施工阶段的混凝土和钢筋应力验算。

与承载能力极限状态计算相比，钢筋混凝土受弯构件在使用阶段的计算有如下特点。

1）钢筋混凝土受弯构件的承载能力极限状态是取构件破坏阶段（第Ⅲ阶段）；而使用阶段是以带裂缝工作阶段（第Ⅱ阶段）为基础。

2）在钢筋混凝土受弯构件的设计中，其承载力计算决定了构件设计尺寸、材料、配筋数量及钢筋布置，以保证截面承载能力要大于最不利荷载效应：$\gamma_0 M_d \leqslant M_u$，计算内容分为截面设计和截面复核两部分。使用阶段计算是按照构件使用条件对已设计的构件进行验算，以保证在正常使用状态下的裂缝宽度和变形小于规范规定的各项限值。当构件验算不满足要求时，必须按承载能力极限状态要求对已设计好的构件进行修改、调整，直至满足两种极限状态的设计要求。

3）承载能力极限状态计算时，汽车荷载应计入冲击系数，作用（或荷载）效应及结构构件的抗力均应采用考虑了分项系数的设计值；正常使用极限状态计算时作用（或荷载）效应应取用短期效应和长期效应的一种或两种组合，并且《公桥规 JTG D60》明确规定这时汽车荷载可不计冲击系数。有关短期效应组合和长期效应组合的具体要求参见单元2中所述。

一、换算截面

钢筋混凝土受弯构件受力进入第Ⅱ工作阶段的特征是弯曲竖向裂缝已形成并开展，中和轴以下大部分混凝土已退出工作，由钢筋承受拉力，受压区混凝土的压应力图形大致是抛物线形；而其荷载—挠度（跨中）关系曲线是一条接近于直线的曲线。因此，钢筋混凝土受弯构件的第Ⅱ工作阶段又可称为开裂后弹性阶段。

对于第Ⅱ工作阶段的计算，一般有如下基本假定。

（1）平截面假定。根据平截面假定，平行于梁中和轴的各纵向纤维的应变与其到中和轴的距离成正比。同时，由于钢筋与混凝土之间的黏结力，钢筋与其同一水平线的混凝土应变相等，因此，由图6-22可得到：

$$\varepsilon_c'/x = \varepsilon_c/h_0 - x \tag{6-34}$$

$$\varepsilon_s = \varepsilon_c \tag{6-35}$$

式中 ε_c'、ε_c——混凝土的受拉和受压平均应变；

ε_s——与混凝土的受拉平均应变 ε_c'为的同一水平位置处的钢筋平均拉应变；

x——受压区高度；

h_0——截面有效高度。

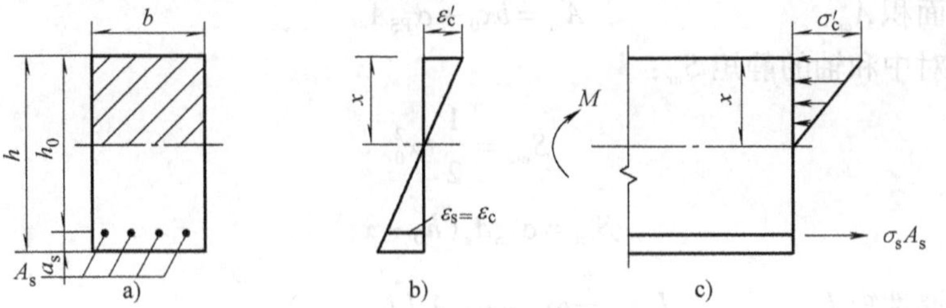

图6-22 受弯构件的开裂截面

a）开裂截面 b）应力分布 c）开裂截面的计算图式

（2）弹性体假定。钢筋混凝土受弯构件在第Ⅱ工作阶段时，混凝土受压区的应力分布图形是曲线形，但此时曲线并不丰满，可以近似看作直线分布，即受压区混凝土的应力与平均应变成正比故有：

$$\sigma_c' = \varepsilon_c' E_c \tag{6-36}$$

同时，假定在受拉钢筋水平位置处混凝土的平均拉应变与应力成正比，即：

$$\sigma_c = \varepsilon_c E_c \tag{6-37}$$

（3）受拉区混凝土完全不能承受拉应力。拉应力完全由钢筋承受。

由上述三个基本假定作出的钢筋混凝土受弯构件在第Ⅱ工作阶段的计算图式见图6-22。

由式（6-35）和式（6-37）可得到：

$$\sigma_c = \varepsilon_c E_c = \varepsilon_s E_c$$

因为：

$$\varepsilon_s = \sigma_s / E_s$$

故有：

$$\sigma_c = \frac{\sigma_s}{E_s} E_c = \sigma_s / \alpha_{ES} \tag{6-38}$$

式中 α_{ES}——钢筋混凝土构件截面的换算系数，等于钢筋弹性模量与混凝土弹性模量的比 $\alpha_{ES} = E_s / E_c$。

式（6-38）表明，处于同一水平位置的钢筋拉应力 σ_s 为混凝土拉应力 σ_c 的 α_{ES}倍。因此可将钢筋和受压区混凝土（受拉区混凝土不参与工作）两种材料组成的组合截面换算成一种拉压性能相同的假想材料组成的匀质截面（称换算截面），从而可采用材料力学公式进行截面计算。

通常，将钢筋截面积 A_s 换算成假想的受拉混凝土截面积 A_{sc}，其形心与钢筋的重心重合（图 6-22）。

假想的混凝土所承受的总拉力应该与钢筋承受的总拉力相等，即：

$$A_s \sigma_s = A_{sc} \sigma_c$$

又由式（6-38）知 $\sigma_c = \sigma_s / \alpha_{ES}$，则可得到：

$$A_{sc} = A_s \sigma_s / \sigma_c = \alpha_{ES} A_s \tag{6-39}$$

将 $A_{sc} = \alpha_{ES} A_s$ 称为钢筋的换算面积，而将受压区的混凝土面积和受拉区的钢筋换算面积所组成的截面称为钢筋混凝土构件开裂截面的换算截面（图 6-22）。这样就可以按材料力学的方法来计算换算截面的几何特性。

对于图 6-22 所示的单筋矩形截面，换算截面的几何特性计算表达式为：

换算截面面积 A_{cr}：

$$A_{cr} = bx_0 + \alpha_{ES} A_s \tag{6-40}$$

换算截面对中和轴的静矩 S_{cr}：

受压区

$$S_{cra} = \frac{1}{2} b x_0^2 \tag{6-41}$$

受拉区

$$S_{crl} = \alpha_{ES} A_s (h_0 - x_0) \tag{6-42}$$

换算截面惯性矩 I_{cr}

$$I_{cr} = \frac{1}{3} b x_0^3 + \alpha_{ES} A_s (h_0 - x_0)^2 \tag{6-43}$$

对于受弯构件，开裂截面的中和轴通过其换算截面的形心轴，即 $S_{cra} = S_{crl}$，可得到：

$$\frac{1}{2} b x_0^2 = \alpha_{ES} A_s \ (h_0 - x_0)$$

化简后解得换算截面的受压区高度为：

$$x_0 = \frac{\alpha_{ES} A_s}{b} \left(\sqrt{1 + \frac{2bh_0}{\alpha_{ES} A_s}} - 1 \right) \tag{6-44}$$

图 6-23 是受压翼缘有效宽度为 b_f'时，T 形截面的换算截面计算图式。

当受压区高度 $x \leq h_f'$时，可按宽度为 b_f'的矩形截面，应用式（6-40）至式（6-44）来计算开裂截面的换算截面几何特性。

当受压区高度 $x > h_f'$即中和轴位于 T 形截面的肋部时，换算截面的受压区高度 x 计算式

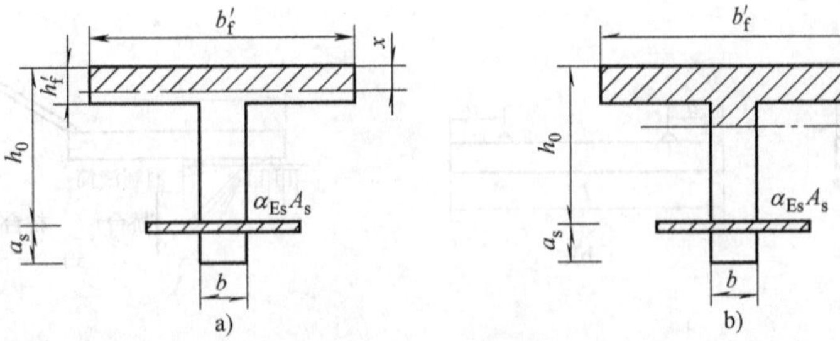

图 6-23　开裂状态下 T 形截面换算计算图式

a）第一种 T 形截面　b）第二种 T 形截面

为：

$$x=\sqrt{A^2+B}-A \tag{6-45}$$

式中：$A=\dfrac{\alpha_{ES}A_s+(b_f'-b)h_f'}{b}$，$B=\dfrac{2\alpha_{ES}A_sh_0+(b_f'-b)(h_f')^2}{b}$

换算截面对其中和轴的惯性矩 I_{cr} 为：

$$I_{cr}=\frac{b_f'x^3}{3}-\frac{(b_f'-b)(x-h_f')^3}{3}+\alpha_{ES}A_s(h_0-x)^2 \tag{6-46}$$

在钢筋混凝土受弯构件的使用阶段和施工阶段的计算中，有时会遇到全截面换算截面的概念。

全截面的换算截面是混凝土全截面面积和钢筋的换算面积所组成的截面。对于图 6-23 所示的 T 形截面，全截面的换算截面几何特性计算式为：

换算截面面积：

$$A_0=bh+(b_f'-b)h_f'+(\alpha_{ES}-1)A_s \tag{6-47}$$

受压区高度：

$$x=\frac{\frac{1}{2}bh^2+\frac{1}{2}(b_f'-b)(h_f')^2+(\alpha_{ES}-1)A_sh_0}{A_0} \tag{6-48}$$

换算截面对中和轴的惯性矩：

$$I_0=\frac{1}{12}bh^3+bh\left(\frac{1}{2}h-x\right)^2+\frac{1}{12}(b_f'-b)(h_f')^3+(b_f'-b)h_f'\left(\frac{h_f'}{2}-x\right)^2+(\alpha_{ES}-1)A_s(h_0-x)^2 \tag{6-49}$$

二、施工阶段的应力验算

钢筋混凝土梁在施工阶段，特别是梁的运输、安装过程中，梁的支承条件、受力图式会发生变化。例如，图 6-24b 所示简支梁的吊装，吊点的位置并不在梁设计的支座截面，当吊点位置口较大时，将会在吊点截面处引起较大负弯矩。又如图 6-24c 所示，采用“钓鱼法”架设简支梁，在安装施工中，其受力简图不再是简支体系。因此，应该根据受弯构件在施工中的实际受力体系进行正截面和斜截面的应力计算。

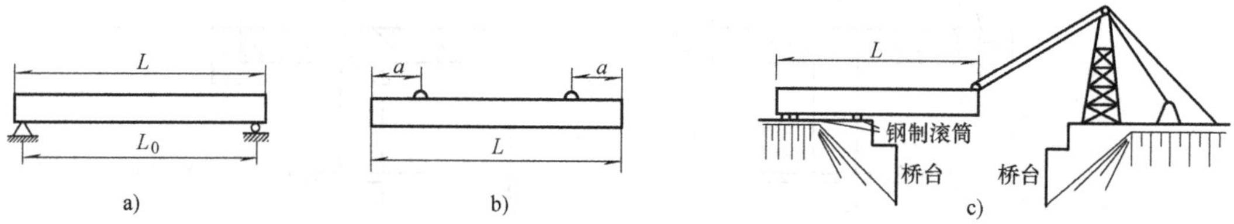

图 6-24　施工阶段受力图

a）简支梁图　b）梁吊点位置图　c）梁“钓鱼法”安装图

《公桥规》规定进行施工阶段验算，施工荷载除有特别规定外均采用标准值，当有组合时不考虑荷载组合系数。构件在吊装时，构件重力应乘以动力系数 1.2 或 0.85，并可视构件具体情况适当增减。当有吊机（吊车）行驶于桥梁进行安装时，应对已安装的构件进行验算，吊机（车）应乘以 1.15 的荷载系数，但当由吊机（车）产生的效应设计值小于按持久状况承载能力极限状态计算的荷载效应设计值时，则可不必验算。

对于钢筋混凝土受弯构件施工阶段的应力计算，可按第Ⅱ工作阶段进行。《公桥规》规定受弯构件正截面应力验算按下式进行：

（1）受压区混凝土边缘的压应力

$$\sigma_{cc}^{t}=\frac{M_{k}^{t}x_{0}}{I_{cr}}\leqslant 0.80f'_{ck} \tag{6-50}$$

（2）受拉钢筋的应力

$$\sigma_{si}^{t}=\alpha_{ES}\frac{M_{k}^{t}(h_{0i}-x_{0})}{I_{cr}}\leqslant 0.75f_{sk} \tag{6-51}$$

式中　M_k^t——由临时的施工荷载标准值产生的弯矩值；

x_0——换算截面的受压区高度，按换算截面受压区和受拉区对中性轴面积矩相等的原则求得；

I_{cr}——开裂截面换算截面的惯性矩，根据已求得的受压区高度 x_0，按开裂截面对中性轴惯性矩之和求得；

σ_{si}^t——按短暂状况计算时受拉区第 i 层钢筋的应力；

h_{0i}——受压区边缘至受拉区第 i 层钢筋截面重心的距离；

f'_{ck}——施工阶段相应于混凝土立方体抗压强度标准值 $f_{cu,k}$ 的混凝土轴心抗压强度标准值，按表 2-13 直线内插取用；

f_{sk}——普通钢筋的抗拉强度标准值，按表 2-15 用。

对于钢筋的应力计算，一般仅需验算最外排受拉钢筋的应力，当内排钢筋强度小于外排钢筋强度时，则应分排验算。

受弯构件截面应力计算，应已知梁的截面尺寸、材料强度、钢筋数量及布置，以及梁在施工阶段控制截面上的弯矩 M_k^t。

当钢筋混凝土受弯构件施工阶段应力验算不满足时，应该调整施工方法，或者补充、调整某些钢筋。对于钢筋混凝土受弯构件在施工阶段的主应力验算详见《公桥规》规定。

任务6.4 受弯构件的变形和裂缝宽度验算

任务描述

引入计算示例进行受弯构件的变形和裂缝宽度验算。

一、受弯构件的裂缝及裂缝宽度验算

混凝土的抗拉强度很低，在不大的拉应力作用下就可能出现裂缝。

1. 裂缝的类型

钢筋混凝土结构的裂缝，按其产生的原因可分为以下几类。

(1) 作用效应（如弯矩、剪力、扭矩及拉力等）引起的裂缝。这类裂缝是由于构件下缘拉应力早已超过混凝土抗拉强度而使受拉区混凝土产生的垂直裂缝。例如C30混凝土，其轴心抗拉标准值$f_{tk}=2.01\text{MPa}$，采用HRB400钢筋，则弹性模量比等于6.67。在使用中，当构件下缘混凝土应力达到2.01MPa截面即将开裂时，与混凝土黏结在一起的钢筋应力仅为13.4MPa，可见，当受拉钢筋应力达到其设计应力时，构件下缘混凝土早已开裂。所以，通常按承载能力极限状态设计的钢筋混凝土构件，在使用阶段总是有裂缝。由直接作用引起的裂缝一般是与受力钢筋以一定角度相交的横向裂缝。

(2) 由外加变形或约束变形引起的裂缝。外加变形一般有地基的不均匀沉降、混凝土的收缩及温度差等。约束变形越大，裂缝宽度也越大。例如在钢筋混凝土薄腹T梁的肋板表面上出现中间宽两端窄的竖向裂缝，这是混凝土结硬时，肋板混凝土受到四周混凝土及钢筋骨架约束而引起的裂缝。

(3) 钢筋锈蚀裂缝。由于保护层混凝土碳化或冬季施工中掺氯盐（这是一种混凝土促凝、早强剂）过多导致钢筋锈蚀。锈蚀产物的体积比钢筋被侵蚀的体积大（2~3）倍，这种体积膨胀使外围混凝土产生相当大的拉应力，引起混凝土开裂，甚至保护层混凝土剥落。钢筋锈蚀裂缝是沿钢筋长度方向劈裂的纵向裂缝。

上述第一种裂缝总是要产生的，习惯上称之为正常裂缝；而后两种就称为非正常裂缝。过多裂缝或过大的裂缝宽度会影响结构的外观，造成使用者的不安。同时，某些裂缝的发生或发展，将会影响结构的使用寿命。为了保证钢筋混凝土构件的耐久性，必须在设计、施工等方面控制裂缝的宽度。

对外加变形或约束变形引起的裂缝，往往是在构造上提出要求和在施工工艺上采取相应的措施予以控制。例如，混凝土收缩引起的裂缝，在施工规程中，提出要严格控制混凝土的配合比，保证混凝土的养护条件和时间。同时，《公桥规》还规定，对于钢筋混凝土薄腹梁，应沿梁肋的两侧分别设置直径为6~8mm的水平纵向钢筋，并且具有规定的配筋率以防止过宽的收缩裂缝。

对于钢筋锈蚀裂缝，由于它的出现将影响结构的使用寿命，危害性较大，故必须防止其出现。在实际工程中，为了防止它的出现，一般认为必须有足够厚度的混凝土保护层和保证混凝土的密实性，严格控制早凝剂的掺入量。一旦钢筋锈蚀裂缝出现，应当及时处理。

在钢筋混凝土结构的使用阶段，直接作用引起的混凝土裂缝，只要不是沿混凝土表面延伸过长或裂缝的发展处于不稳定状态，均属正常的（指一般构件）。但在直接作用下，若裂缝宽度过大，仍会造成裂缝处钢筋锈蚀。钢筋混凝土构件在荷载作用下产生的裂缝宽度，主要通过设计计算进行验算和构造措施上加以控制。

2. 裂缝宽度的计算

目前，国内外有关裂缝宽度的计算公式很多，尽管各种公式所考虑的参数不同，但就其研究的方法来说，可将其分为两类：第一类是以黏结—滑移理论为基础的半理论半经验的计算方法，按照这种理论，裂缝的间距取决于钢筋与混凝土间黏结应力的分布，裂缝的开展是由于钢筋与混凝土间的变形不再维持协调，出现相对滑移而产生。第二类是以数理统计为基础的经验计算方法，即从大量的试验资料中分析影响裂缝的各种因素，保留主要因素，舍去次要因素，给出简单适用而又有一定可靠性的经验计算公式。

（1）影响裂缝宽度的因素。根据试验研究结果分析，影响裂缝宽度的主要因素有：钢筋应力、钢筋直径、配筋率、保护层厚度、钢筋外形、作用性质（短期、长期、重复作用）、构件的受力性质（受弯、受拉、偏心受拉等）等。

1）受拉钢筋应力 σ_s。在国内外文献中，一致认为受拉钢筋应力是影响裂缝开展宽度的最主要因素。但裂缝宽度与钢筋应力大小的关系则有不同的表达形式。在使用荷载作用下，裂缝最大宽度与受拉钢筋应力呈线性关系。

2）受拉钢筋直径。试验表明，在受拉钢筋配筋率和钢筋应力大致相同的情况下，裂缝宽度随钢筋直径的增大而增大。

3）受拉钢筋配筋率。试验表明，当钢筋直径相同、钢筋应力大致相同的情况下，裂缝宽度随着钢筋配筋率的增加而减小，当配筋率接近某一数值，裂缝宽度接近不变。

4）混凝土保护层厚度。保护层厚度对裂缝间距和裂缝宽度均有影响，保护层愈厚，裂缝宽度愈宽。但是，从另一方面讲，保护层愈厚，钢筋锈蚀的可能性就愈小。因此，保护层对裂缝宽度的正负影响可大致抵消。故在裂缝宽度计算公式中，暂时也不考虑保护层厚度的影响。

5）受拉钢筋的外形影响。受拉钢筋表面形状对钢筋与混凝土之间的黏结力影响颇大，而黏结力又对裂缝开展存在一定影响。公式中引用系数 C_1 来反映这种影响。对带肋钢筋取 $C_1=1.0$；对光圆钢筋取 $C_1=1.4$。

6）荷载作用性质的影响。有试验资料指出，构件的平均及最大裂缝宽度会随承受作用时间的延续，以逐渐减低的比率增加；承受重复作用时发展的裂缝宽度是承受初始作用时裂缝宽度的 1.0～1.5 倍，因而，人们又在裂缝宽度计算中取用扩大系数 C_2 来考虑长期或重复荷载的影响。

7）构件形式的影响。实践证明，具有腹板的受弯构件抗裂性能比板式受弯构件稍好，因此，人们在裂缝宽度计算公式中又引入了一个与构件形式有关的系数 C_3。

（2）裂缝宽度的计算公式。《公桥规》规定，矩形、T 形、I 形截面钢筋混凝土构件的最大裂缝宽度 W_{fk} 可按下列公式计算：

$$W_{fk}=C_1C_2C_3\frac{\sigma_{ss}}{E_s}\left(\frac{30+d}{0.28+10\rho}\right)\ (\mathrm{mm}) \tag{6-52}$$

式中 C_1——钢筋表面形状的系数，对光面钢筋，$C_1=1.4$；对带肋钢筋，$C_1=1.0$；

C_2——作用（或荷载）长期效应影响系数，$C_2 = 1 + 0.5\frac{N_l}{N_s}$，其中 N_l 和 N_s 分别为作用（或荷载）长期效应组合和短期效应组合计算的内力值（弯矩或轴向力）；

C_3——与构件受力性质有关的系数，当为钢筋混凝土板式受弯构件时，$C_3 = 1.15$；当为其他受弯构件时，$C_3 = 1.0$，轴心受拉构件 $C_3 = 1.2$，偏心受拉构件 $C_3 = 1.1$，偏心受压构件 $C_3 = 0.9$；

d——纵向受拉钢筋直径（mm）；当用不同直径的钢筋时，d 改用换算直径 d_e：$d_e = \frac{\sum n_i d_i^2}{\sum n_i d_i}$，式中，对钢筋混凝土构件，$n_i$ 为受拉区第 i 种普通钢筋的根数，d_i 为受拉区第 i 种普通钢筋的公称直径；对于钢筋混凝土构件中的焊接钢筋骨架，式（6-42）中的 d 或 d_e 应乘以 1.3 系数；

ρ——纵向受拉钢筋配筋率，$\rho = \frac{A_s}{bh_0 + (b_f - b)h_f}$，当 $\rho > 0.02$ 时，取 $\rho = 0.02$；当 $\rho < 0.006$ 时，取 $\rho = 0.006$；

b_f、h_f——受拉翼缘的宽度与厚度；

σ_{ss}——钢筋应力（MPa）；对于受弯构件，$\sigma_{ss} = \frac{M_s}{0.87A_s h_0}$；

M_s——按作用（或荷载）短期效应组合计算的弯矩值；

E_s——钢筋弹性模量（MPa）；

箱形截面受弯构件的最大裂缝宽度可参照上述方法计算。

3. 裂缝宽度限值

《公桥规》规定，在正常使用极限状态下钢筋混凝土构件的裂缝宽度，应按作用（或荷载）短期效应组合并考虑长期效应组合影响进行验算，并规定钢筋混凝土构件的最大裂缝宽度不应超过下列规定限值：

Ⅰ类和Ⅱ类环境　　0.2mm；

Ⅲ类和Ⅳ类环境　　0.15mm；

在上述各验算中，汽车荷载应不计冲击系数。

二、受弯构件的变形验算

在荷载作用下的受弯构件，如果变形过大，将会影响结构的正常使用。例如，桥梁上部结构的挠度过大，梁端的转角亦大，车辆通过时，不仅要发生冲击，而且要破坏伸缩缝两侧的桥面影响结构的耐久性。桥面铺装的过大变形将会引起车辆的颠簸和冲击，起着对桥梁结构不利的加载作用。所以在设计这些构件时，必须根据不同要求，把它们的弯曲变形控制在规范规定的容许值以内。这就是所谓的刚度问题。

一般地说，满足梁的强度要求，应是问题的主要方面，可是对构件的刚度问题也不能忽视；特别是当使用要求对变形限制较严格或构件截面过于单薄时，刚度要求可能在梁的设计中起控制作用。

桥梁的挠度，根据产生原因可分成永久作用（结构自重力、桥面铺装、预应力、混凝土徐变和收缩作用等）产生的和可变作用（汽车、人群）产生的两种。永久作用产生的挠度是恒久存在的且与持续的时间有关，可分为短期挠度和长期挠度。可变作用产生的挠度是临时出现的，在最不利的作用位置下，挠度达到最大值，随着可变作用位置的移动，挠度逐渐减小，一旦可变作用离开桥梁，挠度随即消失。永久作用产生的挠度并不表征结构的刚度特性，通常可以通过施工时预设的反向挠度（即预拱度）来加以抵消，使竣工后的桥梁达到理想的设计线形。可变作用产生的挠度，使梁产生反复变形，变形的幅度越大，可能发生的冲击和振动作用也越强烈，对行车的影响也越大。因此，在桥梁设计中，需要通过验算可变作用产生的挠度以体现结构的刚度特性。

受弯构件在使用阶段的挠度应考虑作用（或荷载）长期效应的影响，即按作用（或荷载）短期效应组合和给定的刚度计算的挠度值，再乘以挠度长期增长系数 η_θ。挠度长期增长系数 η_θ 可按下列规定采用：当采用 C40 以下混凝土时，$\eta_\theta=1.60$；采用 C40 ~ C80 混凝土时，$\eta_\theta=1.45\sim1.35$，中间强度等级可适当插入取值。

《公桥规》规定，钢筋混凝土受弯构件按上述计算的长期挠度值，在消除结构自重产生的长期挠度后不应超过下列规定的限值（在上述各组合中，汽车荷载应不计冲击系数）：

梁式桥主梁的最大挠度处 $l/600$；

梁式桥主梁的悬臂端 $l_1/300$；

此处 l 为计算跨径，l_1 为悬臂长度。

1. 结构力学中的挠度计算公式

对于普通的均质弹性梁在承受不同作用时的变形（挠度）计算，可用结构力学中的相应公式求解。例如，在均布荷载作用下，简支梁的最大挠度为

$$f=\frac{5ML^2}{48EI}\text{或}f=\frac{5qL^4}{384EI}$$

当集中荷载作用在简支梁跨中时，梁的最大挠度为

$$f=\frac{ML^2}{12EI}\text{或}f=\frac{PL^3}{48EI}$$

由这些公式可以看出，不论作用的形式和大小如何，梁的挠度 f 总是与 EI 值成反比。EI 值愈大，挠度 f 就愈小；反之，挠度 f 就加大。EI 值反映了梁的抵抗弯曲变形的能力，故又称为受弯构件的抗弯刚度。

2. 受弯构件的刚度和挠度

在使用阶段，钢筋混凝土受弯构件是带裂缝工作的。对这个阶段的计算，前面已介绍有三个基本假定，即平截面假定、弹性体假定和不考虑受拉区混凝土参与工作，故可以采用材料力学或结构力学中关于受弯构件变形处理的方法，但应考虑到钢筋混凝土构件在第Ⅱ阶段的工作特点。

钢筋混凝土梁在弯曲变形时，纯弯段的各横截面将绕中和轴转动一个角度 φ，但截面仍保持平面。这时，按结构力学可得到挠度计算公式为：

$$f=\alpha\frac{ML^2}{B} \tag{6-53}$$

式中 B——抗弯刚度。对匀质弹性梁，抗弯刚度 $B=EI$。

但是，钢筋混凝土受弯构件各截面的配筋不一样，承受的弯矩也不相等，弯矩小的截面可能不出现弯曲裂缝，其刚度要较弯矩大的开裂截面大得多，因此沿梁长度的抗弯刚度是个

变值。对钢筋混凝土受弯构件，《公路钢筋混凝土及预应力混凝土桥涵设计规范》（JTG D62—2004）规定计算变形时的抗弯刚度为：

$$B=\frac{B_0}{\left(\frac{M_{cr}}{M_s}\right)^2+\left[1-\left(\frac{M_{cr}}{M_s}\right)^2\right]\frac{B_0}{B_{cr}}} \tag{6-54}$$

式中　B——开裂构件等效截面的抗弯刚度；

B_0——全截面的抗弯刚度，$B_0=0.95E_0I_0$；

B_{cr}——开裂截面的抗弯刚度，$B_{cr}=0.95E_{cr}I_{cr}$；

E_{cr}——混凝土的弹性模量；

I_0——全截面换算截面惯性矩；

I_{cr}——开裂截面换算截面惯性矩；

M_s——按短期效应组合计算的弯矩值；

M_{cr}——开裂弯矩，$M_{cr}=\gamma f_{tk}W_0$；

γ——构件受拉区混凝土塑性影响系数，$\gamma=2S_0/W_0$；

S_0——全截面换算截面重心轴以上（或以下）部分截面对重心轴的面积矩；

W_0——换算截面抗裂验算边缘的弹性抵抗矩。

3. 预拱度的设置

对于钢筋混凝土梁式桥，梁的变形是由结构重力（恒载）和可变作用两部分作用产生的。《公桥规》对受弯构件主要验算作用短期效应组合并考虑作用长期效应影响的长期挠度值（扣除结构重力产生的影响值）并满足限值。对结构重力引起的变形，一般可在施工中设置预拱度来加以消除。

《公桥规》规定：当由作用短期效应组合并考虑作用长期效应影响产生的长期挠度不超过$l/1600$（l为计算跨径）时，可不设预拱度；当不符合上述规定时则应设预拱度。钢筋混凝土受弯构件预拱度值按结构自重和1/2可变作用频遇值计算的长期挠度值之和采用，即：

$$\Delta=w_G+\frac{1}{2}w_Q \tag{6-55}$$

式中　Δ——预拱度值；

w_G——结构重力产生的长期竖向挠度；

w_Q——可变荷载频遇值产生的长期竖向挠度。

汽车荷载频遇值为汽车荷载标准值的0.7倍，人群荷载频遇值等于其标准值。此外需要注意的是，预拱的设置按最大的预拱值沿顺桥向做成平顺的曲线，如抛物线等。

4. 简支梁应用示例

例6-6　钢筋混凝土简支T形梁桥预制梁长19.96m，计算跨径$l=19.5$m。采用C30混凝土，$f_{ck}=20.1$MPa，$f_{tk}=2.0$MPa，$E_c=3.00\times10^4$MPa。Ⅰ类环境条件，安全等级为二级。主梁截面尺寸如图6-25b。跨中截面主筋为HRB335级，钢筋截面积$A_s=6836\text{mm}^2$（8⌀32+2⌀16），$a_s=111$mm，$E_s=2\times10^5$MPa，$f_{sk}=335$MPa。

简支梁吊装时，其吊点设在距梁端$a=400$mm处（图6-25a），梁自重在跨中截面引起的弯矩$M_{G1}=505.69\text{kN}\cdot\text{m}$。

T梁跨中截面使用阶段汽车荷载标准值产生的弯矩为 $M_{Q1}=620\text{kN}\cdot\text{m}$（未计入汽车冲击系数），人群荷载标准值产生的弯矩 $M_{Q2}=55.30\text{kN}\cdot\text{m}$，永久作用（恒载）标准值产生的弯矩 $M_G=751\text{kN}\cdot\text{m}$。

试进行钢筋混凝土简支T梁的验算。

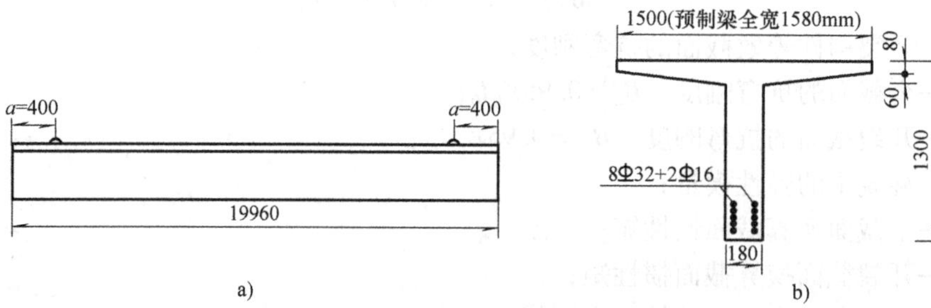

图6-25 例6-5图（尺寸单位：mm）

a）梁立面图 b）梁跨中截面图

解：（1）施工吊装时的正应力验算。根据图6-25a所示梁的吊点位置及主梁自重（看作均布荷载），可以看到在吊点截面处有最大负弯矩，在梁跨中截面有最大正弯矩，均为正应力验算截面。本例以梁跨中截面正应力验算为例介绍计算方法。

1）梁跨中截面的换算截面惯性矩 I_{cr} 计算

根据《公桥规》规定计算得到梁受压翼板的有效宽度为 $b_f'=1500\text{mm}$，而受压翼板平均厚度为110mm，有效高度 $h_0=h-a_s=1300-111=1189\text{mm}$。

$$\alpha_{ES}=\frac{E_s}{E_c}=\frac{2.0\times10^5}{3.0\times10^4}=6.667$$

由式（6-44）计算截面混凝土受压区高度为：

$$\frac{1}{2}\times1500\times x^2=6.667\times6836\times(1189-x)$$

$$x=598.7\text{mm}>h_f'=110\text{mm}$$

故为第二类T形截面。

这时，换算截面受压区高度应由式（6-45）确定

$$A=\frac{\alpha_{ES}A_s+(b_f'-b)h_f'}{b}=\frac{6.667\times6836+110\times(1500-180)}{180}=1060$$

$$B=\frac{2\alpha_{ES}A_sh_0+(b_f'-b)(h_f')^2}{b}=\frac{2\times6.667\times6836\times1189+(1500-180)\times110^2}{180}=690838$$

$$x=\sqrt{A^2+B}-A=\sqrt{1060^2+690838}-1060=287\text{mm}>h_f'=110\text{mm}$$

按式（6-46）计算开裂截面的换算截面惯性矩为：

$$I=\frac{b_f'x^3}{3}-\frac{(b_f'-b)(x-h_f')^3}{3}+\alpha_{ES}A_s(h_0-x)^2$$

$$=\frac{1500\times287^3}{3}-\frac{(1500-180)\times(287-110)^3}{3}+6.667\times6836\times(1189-287)^2$$

$$=46460.55\times10^6\text{ mm}^4$$

2）正应力验算。吊装时动力系数为1.2（起吊时主梁超重），则跨中截面计算弯矩为：

$$M_k^t = 1.2M_{G1} = 1.2 \times 505.69 \times 10^6 = 606.828 \times 10^6 \text{N} \cdot \text{mm}$$

由式(6-50)算得受压区混凝土边缘正应力为：

$$\sigma_{cc}^t = \frac{M_k^t x}{I_{cr}} = \frac{606.828 \times 10^6 \times 287}{46460.55 \times 10^6}$$

$$= 3.75\text{MPa} < 0.8f'_{ck} = 0.8 \times 20.1 = 16.08\text{MPa}$$

由式（6-51）算得受拉钢筋的面积重心处的应力为：

$$\sigma_s^t = \alpha_{ES} \frac{M_k^t (h_0 - x)}{I_{cr}}$$

$$= 6.667 \times \frac{606.828 \times 10^6 \times (1189 - 287)}{46460.55 \times 10^6}$$

$$= 78.54\text{MPa} < 0.75f_{sk} = 0.75 \times 335 = 251\text{MPa}$$

最下面一层钢筋（2Φ32）重心距受压边缘高度为

$$h_{01} = 1300 - \left(\frac{35.8}{2} + 35\right) = 1247\text{mm}$$

则钢筋应力为：

$$\sigma_s^t = \alpha_{ES} \frac{M_k^t (h_{01} - x)}{I_{cr}}$$

$$= 6.667 \times \frac{606.828 \times 10^6 \times (1247 - 287)}{46460.55 \times 10^6}$$

$$= 83.6\text{MPa} < 0.75f_{sk} = 251\text{MPa}$$

验算结果表明，主梁吊装时混凝土正应力和钢筋拉应力均小于规范限值，可取图6-30a的吊点位置。

（2）裂缝宽度 W_{fk} 的验算

1）系数 C_1，带肋钢筋 $C_1 = 1.0$

作用短期效应组合弯矩计算值为：

$$M_s = M_G + \psi_{11} M_{Q1} + \psi_{12} M_{Q2} = 751 + 0.7 \times 620 + 1.0 \times 55.30 = 1240.30\text{kN} \cdot \text{m}$$

作用长期效应组合弯矩计算值为

$$M_l = M_G + \psi_{21} M_{Q1} + \psi_{22} M_{Q2} = 751 + 0.4 \times 620 + 0.4 \times 55.30 = 1021.12\text{kN} \cdot \text{m}$$

系数 $C_2 = 1 + 0.5\dfrac{M_l}{M_s} = 1.41$

系数 C_3 非板式受弯构件 $C_3 = 1.0$。

2）钢筋应力 σ_{ss} 的计算

$$\sigma_{ss} = \frac{M_s}{0.87A_s h_0} = \frac{1240.30 \times 10^6}{0.87 \times 6836 \times 1189} = 175.40\text{MPa}$$

3）换算直径 d

因为受拉区采用不同的钢筋直径，d 应取用换算直径，则可得到：

$$d = d_e = \frac{8 \times 32^2 + 2 \times 16^2}{8 \times 32 + 2 \times 16} = 30.22\text{mm}$$

对于焊接钢筋骨架 $d=d_e=1.3\times30.22=39.29\text{mm}$

4）纵向受拉钢筋配筋率 ρ

$$\rho=\frac{A_s}{bh_0}=\frac{6836}{180\times1189}=0.0319>0.02$$

取 $\rho=0.02$。

5）最大裂缝宽度 W_{fk}

$$W_{fk}=C_1C_2C_3\frac{\sigma_{ss}}{E_s}\left(\frac{30+d}{0.28+10\rho}\right)$$
$$=1\times1.41\times1\times\frac{175.40}{2\times10^5}\times\left(\frac{30+39.29}{0.28+10\times0.02}\right)$$
$$=0.18\text{mm}\leqslant[W_{fk}]=0.2\text{mm}，满足要求。$$

（3）梁跨中挠度的验算。在进行梁变形计算时，应取梁与相邻梁横向连接后截面的全宽度受压翼板计算，即为 $b'_{f1}=1600\text{mm}$，而 h'_f 仍为 110mm。

1）T形梁换算截面的惯性矩 I_{cr}和 I_0 的计算

对T形梁的开裂截面，由式（6-44）可得到：

$$\frac{1}{2}\times1600\times x^2=6.667\times6836\times(1189-x)$$

$$x=233\text{mm}>h'_f=110\text{mm}$$

梁跨中截面为第二类T形截面。这时，受压区高度 x 由式(6-45)确定

$$A=\frac{\alpha_{ES}A_s+h'_f(b'_{f1}-b)}{b}=\frac{6.667\times6836+110\times(1600-180)}{180}=1120.98$$

$$B=\frac{2\alpha_{ES}A_sh_0+(b'_{f1}-b)h'^2_f}{b}=\frac{2\times6.667\times6836\times1189+(1600-180)\times110^2}{180}=697560.03$$

$$x=\sqrt{A^2+B}-A=\sqrt{1120.98^2+697560.03}-1120.98=277\text{mm}>h'_f=110\text{mm}$$

开裂截面的换算截面惯性矩 I_{cr}为：

$$I_{cr}=\frac{b'_{f1}x^3}{3}-\frac{(b'_{f1}-b)(x-h'_f)^3}{3}+\alpha_{ES}A_s(h_0-x)^2$$
$$=\frac{1600\times277^3}{3}-\frac{(1600-180)\times(277-110)^3}{3}+6.667\times6836\times(1189-277)^2$$
$$=47038.14\times10^6\ \text{mm}^4$$

T形梁截面的全截面面积 A_0 为：

$$A_0=180\times1300+(1600-180)\times110+(6.667-1)\times6836=428939.61\ \text{mm}^2$$

受压区高度 x 为：

$$x=\frac{\frac{1}{2}\times180\times1300^2+\frac{1}{2}\times(1600-180)\times110^2+(6.667-1)\times6836\times1189}{428939.61}=482\text{mm}$$

全截面的换算截面惯性矩 I_0 为

$$I_0=\frac{1}{12}bh^3+bh\left(\frac{h}{2}-x\right)^2+\frac{1}{12}(b'_{f1}-b)h'^3_f+(b'_{f1}-b)h'_f\left(x-\frac{h'_f}{2}\right)^2+(\alpha_{ES}-1)A_s(h_0-x)^2$$

$$=\frac{1}{12}\times180\times1300^3+180\times1300\times\left(\frac{1300}{2}-482\right)^2+\frac{1}{12}\times(1600-180)\times110^3+$$

$$(1600-180)\times110\times\left(482-\frac{110}{2}\right)^2+(6.667-1)\times6836\times(1189-482)^2$$

$$=8.75\times10^{10}\text{mm}^4$$

2）计算开裂构件的抗弯刚度

全截面抗弯刚度：

$$B_0=0.95E_cI_0=0.95\times3.0\times10^4\times8.75\times10^{10}=2.49\times10^{15}\text{N}\cdot\text{mm}^2$$

开裂截面抗弯刚度：

$$B_{cr}=0.95E_cI_{cr}=3.0\times10^4\times47038.14\times10^6=1.41\times10^{15}\text{N}\cdot\text{mm}^2$$

全截面换算截面受拉区边缘的弹性抵抗矩为：

$$W_0=\frac{I_0}{h-x}=\frac{8.75\times10^{10}}{1300-482}=1.07\times10^8\text{mm}^3$$

全截面换算截面的面积矩为：

$$S_0=\frac{1}{2}b'_{f1}x^2-\frac{1}{2}(b'_{f1}-b)(x-h'_f)^2$$

$$=\frac{1}{2}\times1600\times482^2-\frac{1}{2}\times(1600-180)\times(482-110)^2$$

$$=8.76\times10^7\ \text{mm}^3$$

塑形影响系数为：

$$\gamma=\frac{2S_0}{W_0}=\frac{2\times8.76\times10^7}{1.07\times10^8}=1.64$$

开裂弯矩

$$M_{cr}=\gamma f_{tk}W_0=1.64\times2.01\times1.07\times10^8=352.71\times10^6\text{N}\cdot\text{mm}=352.71\text{kN}\cdot\text{m}$$

开裂截面的抗弯刚度为：

$$B=\frac{B_0}{\left(\frac{M_{cr}}{M_s}\right)^2+\left[1-\left(\frac{M_{cr}}{M_s}\right)^2\right]\frac{B_0}{B_{cr}}}$$

$$=\frac{2.49\times10^{15}}{\left(\frac{352.71}{1240.30}\right)^2+\left[1-\left(\frac{352.71}{1240.30}\right)^2\right]\frac{2.49\times10^{15}}{1.41\times10^{15}}}$$

$$=1.46\times10^{15}\text{N}\cdot\text{mm}^2$$

3）受弯构件跨中截面处的长期挠度值

作用短期效用组合下跨中截面弯矩标准值，结构自重作用下跨中截面弯矩标准值。对C30混凝土，挠度长期增长系数 $\eta_\theta=1.60$。

受弯构件在使用阶段的跨中截面的长期挠度值为：

$$w_1=\frac{5}{48}\times\frac{M_sL^2}{B}\times\eta_\theta=\frac{5}{48}\times\frac{1240.30\times10^6\times(19.5\times10^3)^2}{1.46\times10^{15}}\times1.60=53.84\text{mm}$$

在结构自重作用下跨中截面的长期挠度值为：

$$w_G=\frac{5}{48}\times\frac{M_GL^2}{B}\times\eta_\theta=\frac{5}{48}\times\frac{751\times10^6\times(19.5\times10^3)^2}{1.46\times10^{15}}\times1.60=32.60\text{mm}$$

按可变作用频遇值计算的长期挠度值为：

$$w_Q=w_1-w_G=53.84-32.60=21.24<\frac{L}{600}=\frac{19.5\times10^3}{600}=32.50\text{mm}$$

符合《公桥规》的要求。

4）预拱度设置

在作用短期效应组合并考虑作用长期效应影响下梁跨中处产生的长期挠度为：

$$w_1=53.84\text{mm}>\frac{L}{1600}=\frac{19.5\times10^3}{1600}=12.19\text{mm}$$

故跨中截面需设置预拱度。

根据《公路钢筋混凝土及预应力混凝土桥涵设计规范》（JTG D 62—2004）对预拱度设置的规定，得到梁跨中截面处的预拱度为：

$$\Delta=w_G+\frac{1}{2}w_Q=32.60+\frac{1}{2}\times21.24=43.22\text{mm}$$

单元小结

1. 钢筋混凝土梁（板）正截面承受弯矩作用时，中和轴以上受压，中和轴以下受拉（图6-1），故在梁（板）的受拉区配置纵向受拉钢筋，此种构件称为单筋受弯构件；如果同时在截面受压区也配置受力钢筋，则此种构件称为双筋受弯构件。

2. 截面上配置钢筋的多少，通常用配筋率来衡量。所谓配筋率是指所配置的钢筋截面面积与规定的混凝土截面有效面积的比值（化为百分数表达）。

3. 根据试验研究，梁正截面的破坏形式与配筋率ρ、钢筋和混凝土的强度等级有关。配筋率$\rho=A_s/bh_0$。在常用的钢筋级别和混凝土强度等级情况下，其破坏形式主要随配筋率ρ的大小而异。梁的破坏形式可分为以下三类：适筋梁——塑形破坏、超筋梁——脆性破坏和少筋梁——脆性破坏。

4. 对不同的钢筋级别和不同混凝土强度等级有着不同的ξ_b值，当相对受压区高度$\xi\leqslant\xi_b$时，属于适筋梁；相对受压区高度$\xi>\xi_b$时，属于超筋梁。

5. 为了防止截面配筋过少而出现脆性破坏，并考虑温度收缩应力及构造等方面的要求，适筋梁配筋率ρ亦应满足：$\rho=\dfrac{A_s}{bh_0}\geqslant\rho_{min}=45\cdot\dfrac{f_{td}}{f_{sd}}(\%)$，且$\rho\geqslant0.2\%$。

6. 单筋矩形截面适筋梁的最大承载能力为$M_u=f_{cd}bh_0^2\xi_b(1-0.5\xi_b)$。当截面承受的弯矩组合设计值$M_d$较大，而截面尺寸受到使用条件限制或混凝土强度又不宜提高的情况下，按单筋截面设计出现$\xi>\xi_b$时，则应改用双筋截面。此外，当梁截面承受异号弯矩时，则必须采用双筋截面。

7. 按受压区高度的不同分为两类：第一类T形截面。受压区高度在翼板内，即 $x \leqslant h'_f$；第二类T形截面。受压区高度进入梁肋内，即 $x > h'_f$。

8. 对于有腹筋梁，剪压破坏是最常见的斜截面破坏形态。对于无腹筋梁，如剪跨比 $m = 1 \sim 3$ 时，也会发生剪压破坏。《公路钢筋混凝土及预应力混凝土桥涵设计规范》（JTG D62—2004）给出的斜截面抗剪承载力计算公式，都是以剪压破坏形态的受力特征为基础而建立的。

9. 将钢筋和受压区混凝土（受拉区混凝土不参与工作）两种材料组成的截面换算成一种拉压性能相同的假想材料组成的匀质截面（称换算截面），从而可采用材料力学公式进行截面计算。

10. 钢筋混凝土结构的裂缝，按其产生的原因可分为：作用效应（如弯矩、剪力、扭矩及拉力等）引起的裂缝、由外加变形或约束变形引起的裂缝和钢筋锈蚀裂缝。

11. 对于钢筋混凝土梁式桥，梁的变形是由结构重力（恒载）和可变荷载两部分作用产生的。《公桥规》对受弯构件主要验算作用（或荷载）短期效应组合并考虑作用（或荷载）长期效应影响的长期挠度值（扣除结构重力产生的影响值）并满足限值。对结构重力引起的变形，一般可在施工中设置预拱度来加以消除。

巩固训练

1. 混凝土弯曲受压时的极限压应变 ε_{cu} 取为多少？

2. 什么叫“界限破坏”？“界限破坏”时的 ε_{cu} 和 ε_s 各等于多少？

3. 少筋梁为什么会突然破坏？从梁的受弯而言，最小配筋率应根据什么原则确定？

4. 适筋梁从开始加载直至正截面受弯破坏经历了哪几个阶段？各阶段的主要特点是什么？与计算有何联系？

5. 进行正截面承载力计算时引入了哪些基本假定？

6. 什么是受压区混凝土等效矩形应力图形？它是怎样从受压区混凝土的实际应力图形得来的？

7. 单筋矩形截面受弯构件受弯承载力计算公式是如何建立的？为什么要规定适用条件？

8. 在什么情况下采用双筋梁？双筋梁中的纵向受压钢筋与单筋梁中的架立筋有何区别？双筋梁中是否还有架立筋？

9. 什么是钢筋混凝土构件的换算截面？

10. 为什么要进行钢筋混凝土结构构件的变形、裂缝宽度验算？

11. 我国规范关于配筋混凝土结构的裂缝控制、变形控制是如何规定的？

12. 什么叫构件截面弯曲刚度？如何建立受弯构件弯曲刚度计算公式？

13. 混凝土产生裂缝的因素有哪些？

14. 如何计算混凝土构件的最大裂缝宽度？

15. 已知梁截面弯矩设计值 $M_d = 120\text{kN} \cdot \text{m}$，混凝土强度等级为C25，钢筋采用HRB400，梁的高度和宽度分别为500mm、200mm，环境类别为Ⅰ类。试求所需纵向钢筋截面面积 A_s 并配筋。

16. 已知梁的截面尺寸 $b \times h = 200\text{mm} \times 450\text{mm}$，混凝土强度等级为C30，配有3⌽16的钢筋，环境类别为Ⅰ类。若承受弯矩设计值 $M_d = 70\text{kN} \cdot \text{m}$，试验算此梁正截面承载力是否安全。

17. 已知一双筋矩形截面梁，梁的尺寸 $b \times h = 200\text{mm} \times 500\text{mm}$，采用的混凝土强度等级为C25，钢筋为HRB335，截面设计弯矩 $M_d = 210\text{kN} \cdot \text{m}$，环境类别为Ⅰ类。试求纵向受拉钢筋和受压钢筋的截面面积。如已在受压区已配置了2⌽20，$A'_s = 628\text{mm}^2$。求纵向受拉钢筋截面面积 A_s 并配筋。

18. 已知梁的截面尺寸 $b\times h=200\text{mm}\times400\text{mm}$，混凝土强度等级为 C30，配有 2 Φ16 的受压钢筋和 3 Φ25的受拉钢筋，要求承受弯矩设计值 $M_d=100\text{kN}\cdot\text{m}$，环境类别为Ⅰ类。试验算此梁正截面承载力是否安全。

19. 已知 T 形截面梁，处于Ⅰ类环境，截面尺寸为 $b\times h=250\text{mm}\times650\text{mm}$，$b_f'=600\text{mm}$，$h_f'=120\text{mm}$，承受弯矩设计值 $M_d=430\text{kN}\cdot\text{m}$，采用 C30 混凝土和 HRB400 级钢筋。求该截面所需的纵向受拉钢筋并配筋。若选用混凝土强度等级为 C50，其他条件不变，试求纵向受力钢筋截面面积并配筋，然后将两种情况进行对比。

20. 已知 T 形截面梁，处于Ⅰ类环境，截面尺寸为 $b\times h=250\text{mm}\times800\text{mm}$，$b_f'=600\text{mm}$，$h_f'=100\text{mm}$，承受弯距设计值 $M_d=500\text{kN}\cdot\text{m}$，采用 C30 混凝土和 HRB335 级钢筋，配有 8 Φ20 的受拉钢筋，该梁是否安全?

21. 已知 T 形截面梁，处于Ⅰ类环境，截面尺寸为 $b_f'=550\text{mm}$，$h_f'=120\text{mm}$，$b=250\text{mm}$，$h=600\text{mm}$。承受的弯矩设计值 $M_d=490\text{kN}\cdot\text{m}$，采用 C25 混凝土和 HRB335 级钢筋。试配置截面钢筋。

22. 已知 T 形截面梁，处于Ⅰ类环境，截面尺寸为 $b_f'=450\text{mm}$，$h_f'=100\text{mm}$，$b=250\text{mm}$，$h=600\text{mm}$，采用 C35 混凝土和 HRB400 级钢筋。试计算如果受拉钢筋为 4 Φ20，截面所能承受的弯矩设计值是多少?

23. 钢筋混凝土矩形截面简支梁，梁的净跨为 $l_n=3.56\text{m}$，截面尺寸 $b\times h=200\text{mm}\times500\text{mm}$，混凝土强度等级 C25，纵向钢筋 HRB400 级，箍筋 HRB335 级，承受均布荷载设计值 $q=96\text{kN/m}$（包括自重），根据正截面受弯承载力计算配置的纵筋为 3 Φ22。环境类别Ⅰ类，试根据斜截面受剪承载力要求确定腹筋。

24. 承受均布荷载钢筋混凝土矩形截面简支梁，梁的净跨为 $l_n=5\text{m}$，截面尺寸 $b\times h=200\text{mm}\times500\text{mm}$，混凝土强度等级 C20，纵向钢筋 HRB335 级，箍筋 HRB235 级，单排纵向受力钢筋，配置箍筋为Φ6@200，支座边缘计算截面配弯起钢筋 2 Φ16，弯起角度 45°，弯起点距支座边缘距离为 480mm，环境类别Ⅰ类，试根据斜截面受剪承载力要求确定该梁承受外荷载设计值。

25. 已知一钢筋混凝土 T 形截面梁计算跨度为 19.5m，截面尺寸为 $b_f'=1580\text{mm}$，$h_f'=110\text{mm}$，$b=180\text{mm}$，$h=1300\text{mm}$，$h_0=1180\text{mm}$。C25 混凝土，HRB335 级钢筋，在截面受拉区配有纵向抗弯受拉钢筋为（6 Φ32 + 6 Φ20），$A_s==6710\text{mm}^2$。永久作用（恒载）产生的弯矩标准值 $M_G=750\text{kN}\cdot\text{m}$，汽车荷载产生的弯矩标准值为 $M_{Q1}=750\text{kN}\cdot\text{m}$（未计入汽车冲击系数）。Ⅰ类环境条件，安全等级为二级。试验算此梁跨中最大裂缝宽度及跨中挠度，并确定是否应设计预拱度。

（注：巩固训练中没有说明结构的安全等级时，安全等级均取二级。）

单元7 预应力混凝土结构

学习目标

1. 能描述预应力混凝土结构对材料的要求；
2. 能说明常用预应力设备；
3. 能说明预加应力的基本原理和施加方法；
4. 能描述张拉控制应力、预应力损失及有效预应力的含义；
5. 能说明钢筋有效预应力的计算；
6. 能描述预应力混凝土结构的构造要求。

任务7.1 预应力混凝土结构的基本概念

任务描述

以某预应力混凝土梁桥为例，能理解预应力混凝土结构的工作原理、特点、类型及预加应力的施加方法等。

一、预应力混凝土结构的基本原理

从受力性能的角度而言，所谓预应力混凝土结构，就是在结构承受外荷载作用之前，在其可能开裂的部位预先人为的施加压应力，以抵消或减少外荷载所引起的拉应力，使结构在正常使用和在荷载作用下不开裂或者裂缝开展宽度较小。

预应力的作用可用图7-1的简支梁来说明。在外荷载作用下，梁下边缘产生拉应力 σ_3，如图7-1b。如果在荷载作用以前，给梁先施加一偏心压力N，使得梁下边缘产生预压应力 σ_1，如图7-1a，那么在外荷载作用后，截面的应力分布将是两者的叠加，如图7-1c。梁的下边缘应力可为压应力（如 $\sigma_1-\sigma_3>0$）或数值很小的拉应力（如 $\sigma_1-\sigma_3<0$）。

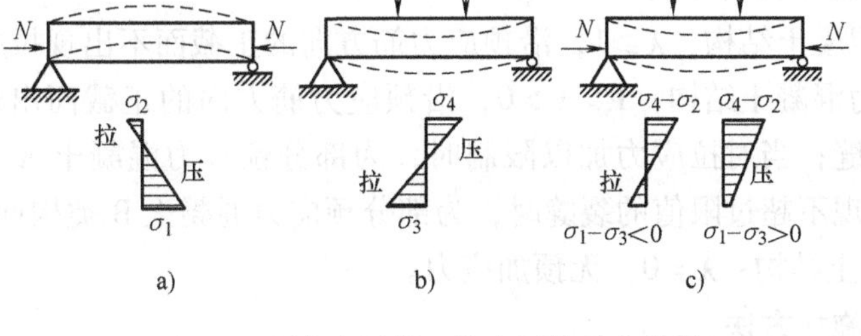

图7-1 预应力混凝土简支梁的受力情况

a）预压力作用 b）荷载作用 c）预压力与荷载共同作用

由此可见，预应力可以改善混凝土结构的受拉性能，延缓受拉混凝土的开裂或裂缝开展，使结构在使用荷载下不出现裂缝或不产生过大裂缝，提高了构件的抗裂度和刚度，并取得节约钢筋，减轻自重的效果，克服了钢筋混凝土的主要缺点。

二、预应力混凝土结构的特点

相对于钢筋混凝土结构，预应力混凝土结构具有如下的特点。

(1) 自重轻，节约工程材料。预应力混凝土结构充分发挥了混凝土抗压强度高、钢筋抗拉强度高的优点，利用高强混凝土和高强钢筋建立合理的预应力，提高了结构构件的抗裂度和刚度，有效地减小构件截面尺寸和减轻自重。因此节约了工程材料，适用于建造大跨度、大悬臂等有变形控制要求的结构。

(2) 改善结构的耐久性。由于对结构构件的可能开裂部位施加了预压应力，避免了使用荷载作用下的裂缝，使结构中预应力钢筋和普通钢筋免受外界有害介质的侵蚀，大大提高了结构的耐久性。对于水池、压力管道、污水沉淀池和污泥消化池等，施加预应力后还提高了其抗渗性能。

(3) 提高结构的抗疲劳性能。承受重复荷载的结构或构件，如吊车梁、桥梁等，因为荷载经常往复的作用，结构长期处于加载与卸载的变化之中，当这种反复变化超过一定次数时，材料就会发生低于静力强度的破坏。预应力可以降低钢筋的疲劳应力变化幅度，从而提高结构或构件的抗疲劳性能。

(4) 增强结构或构件的抗剪能力。大跨、薄壁结构构件，如薄壁箱型、T形、工字形等截面构件，靠近搁置处的薄壁往往由于剪力或扭矩作用产生斜向裂缝，预应力可提高斜截面的抗裂性和抗扭性，并可延迟裂缝出现、约束裂缝宽度的开展，因此提高了抗剪能力。

三、预应力混凝土结构的分类

国内通常把混凝土结构内配有纵筋的结构总称为加筋混凝土结构系列。

(1) 预应力度的定义。《公路桥涵设计通用规范》将预应力度（λ）定义为由预加应力大小确定的消压弯矩 M_0 与外荷载产生的弯矩 M 的比值，即

$$\lambda = M_0/M \tag{7-1}$$

式中 λ——预应力度；

M_0——消压弯矩，也就是使构件控制截面受拉区边缘混凝土的预压应力抵消到零时的弯矩；

M——使用荷载（不包括预加力）作用下控制截面的弯矩。

(2) 加筋混凝土结构的分类

1) 全预应力混凝土结构：$\lambda \geqslant 1$，沿预应力筋方向的正截面不出现拉应力。

2) 部分预应力混凝土结构：$1 > \lambda > 0$，沿预应力筋方向的正截面出现拉应力或出现不超过规定宽度的裂缝；当对拉应力加以限制时，为部分预应力混凝土 A 类构件；当拉应力超过规定限值或出现不超过限值的裂缝时，为部分预应力混凝土 B 类构件。

(3) 钢筋混凝土结构：$\lambda = 0$，无预加应力。

四、预应力的施加方法

预应力的施加方法，按混凝土浇筑成型和预应力钢筋张拉的先后顺序，可分为先张法和后张法两大类。

1. 先张法

先张法即先张拉预应力钢筋，后浇筑混凝土的方法。其施工的主要工序（图7-2）如下。

1）在台座上按设计规定的拉力张拉钢筋，并用锚具临时固定于台座上（图7-2a）。

2）支模、绑扎非预应力钢筋、浇筑混凝土构件（图7-2b）。

3）待构件混凝土达到一定的强度后（一般不低于混凝土设计强度等级的75%，以保证预应力钢筋与混凝土之间具有足够的黏结力），切断或放松钢筋，预应力钢筋的弹性回缩受到混凝土阻止而使混凝土受到挤压，产生预压应力（图7-2c）。

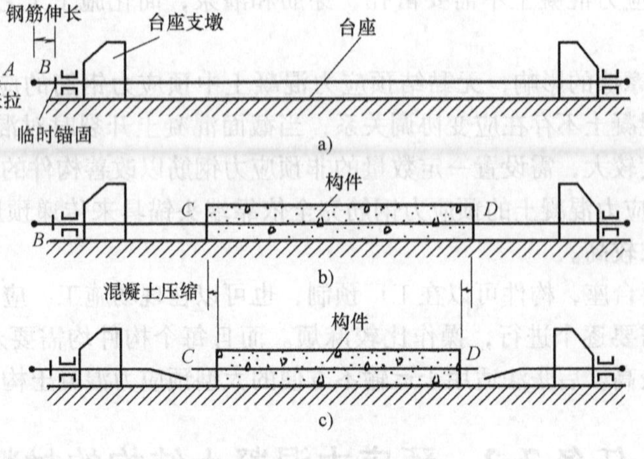

图7-2　先张法构件施工工序

先张法是将张拉后的预应力钢筋直接浇筑在混凝土内，依靠预应力钢筋与周围混凝土之间的黏结力来传递预应力。先张法需要有用来张拉和临时固定钢筋的台座，因此初期投资费用较大。但先张法施工工序简单，钢筋靠黏结力自锚，在构件上不需设永久性锚具，临时固定的锚具都可以重复使用。因此在大批量生产时先张法构件比较经济，质量易保证。为了便于吊装运输，先张法一般宜于生产中小型构件。

2. 后张法

后张法是先浇筑混凝土构件，当构件混凝土达到一定的强度后，在构件上张拉预应力钢筋的方法。按照预应力钢筋的形式及其与混凝土的关系，具体分为有黏结和无黏结两类。

（1）后张有黏结。其施工的主要工序（图7-3）如下。

①浇筑混凝土构件，并在预应力钢筋位置处预留孔道（图7-3a）。

②待混凝土达到一定强度（不低于混凝土设计强度等级的75%）后，将预应力钢筋穿过孔道，以构件本身作为支座张拉预应力钢筋（图7-3b），此时，构件混凝土将同时受到压缩。

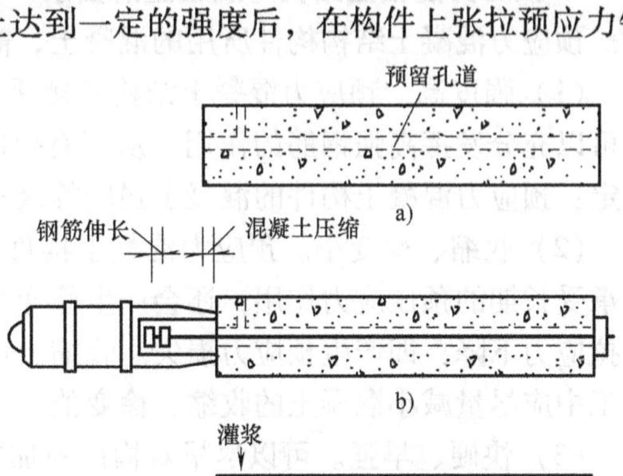

图7-3　后张法构件施工工序

③当预应力钢筋张拉至要求的控制应力

时，在张拉端用锚具将其锚固，使构件的混凝土受到预压应力（图7-3c）。

④在预留孔道中压入水泥浆，以使预应力钢筋与混凝土黏结在一起。

(2) 后张无黏结。预应力钢筋沿全长与混凝土接触表面之间不存在黏结作用，可产生相对滑移，一般做法是预应力钢筋外涂防腐油脂并设外包层。现使用较多的是钢绞线外涂油脂并外包PE塑料管的无黏结预应力钢筋，将无黏结预应力钢筋按配置的位置固定在钢筋骨架上浇筑混凝土，待混凝土达到规定强度后即可张拉。

后张无黏结预应力混凝土与后张有黏结预应力混凝土相比，有以下特点。

1）无黏结预应力混凝土不需要留孔、穿筋和灌浆，简化施工工艺，又可在工厂制作，减少现场施工工序。

2）如果忽略摩擦的影响，无黏结预应力混凝土中预应力钢筋的应力沿全长是相等的，在单一截面上与混凝土不存在应变协调关系，当截面混凝土开裂时对混凝土没有约束作用，裂缝疏而宽，挠度较大，需设置一定数量的非预应力钢筋以改善构件的受力性能。

3）无黏结预应力混凝土的预应力钢筋完全依靠端头锚具来传递预压力，所以对锚具的质量及防腐蚀要求较高。

后张法不需要台座，构件可以在工厂预制，也可以在现场施工，应用比较灵活，但是对构件施加预应力需要逐个进行，操作比较麻烦。而且每个构件均需要永久性锚具，用钢量大，因此成本比较高。后张法适用于运输不方便的大型预应力混凝土构件。

任务7.2 预应力混凝土结构的材料

任务描述

以某预应力混凝土桥梁为例，进行预应力混凝土结构的材料、设备等的认知。

一、混凝土

1. 预应力混凝土结构对混凝土的要求

预应力混凝土结构构件所用的混凝土，需满足下列要求。

(1) 强度高。预应力混凝土结构必须采用与高强度钢筋相匹配的高强度混凝土，这样才可以充分发挥高强钢筋的作用，从而有效减小构件截面尺寸，减轻结构自重。《公桥规》规定：预应力混凝土构件的混凝土强度等级不应低于C40。

(2) 收缩、徐变小。预应力混凝土构件除了在结硬过程中产生收缩变形以外，混凝土因承受长期的预压应力作用，还会产生徐变变形。收缩、徐变会使构件缩短，引起钢筋中的张拉应力下降，即产生预应力损失。收缩、徐变值越大，预应力损失越大。因此，在设计和施工中应尽量减小混凝土的收缩、徐变值。

(3) 快硬、早强。可以尽早对构件施加预应力，加快施工进度，提高劳动生产率。

2. 混凝土的配制要求

为了提高混凝土强度，减少其收缩、徐变变形值，除了选用高强度等级水泥、减少水泥用量、选用高品质的骨料以及加强振捣和养护外，还要尽量降低水灰比，水灰比控制在0.25～0.35范围内。为了增加和易性，可掺加适量的高效减水剂。工程实践表明，使用高效减水剂降低水灰比来配置高强混凝土，是最简便、最经济、最有效的方法。

另外，为了减少混凝土的收缩、徐变变形。还可以掺加优质活性掺和剂。

二、预应力钢筋

1. 对预应力钢筋性能的要求

（1）高强度。构件在制作过程中，由于多种原因会使预应力钢筋的张拉力逐渐降低。为了使构件在混凝土产生弹性压缩、徐变、收缩后仍能够使混凝土建立较高的预应力，需要钢筋具有较高的张拉力，即要求预应力钢筋有较高的抗拉强度。

（2）塑性好。为避免构件发生脆性破坏，要求钢筋被拉断时具有一定的延伸率。当构件处于低温或受冲击荷载时，对塑性和冲击韧性方面的要求是很重要的。

（3）与混凝土间具有良好的黏结性能。先张法构件的预应力主要靠预应力筋和混凝土之间的黏结力来实现；而后张法构件也要求预应力筋与灌浆料之间有良好的黏结力以保证协同工作。当采用光圆高强钢筋时，钢筋表面应经“压纹”或“刻痕”处理后使用。

（4）良好的加工性能。钢筋应具有良好的可焊性，并要求钢筋“镦粗”后不影响其原材料的物理力学性能。

2. 常用的预应力钢筋

常用的预应力钢筋有：精轧螺纹钢筋、钢丝、钢绞线等。

（1）精轧螺纹钢筋。高强度精轧螺纹钢筋是在整根钢筋上轧有外螺纹的大直径、高强度、高尺寸精度的直条钢筋。该钢筋在任意截面处都拧上带有内螺纹的连接器进行连接或拧上带螺纹的螺帽进行锚固。

它具有连接、锚固简便，黏着力强，张拉锚固安全可靠，施工方便等优点，而且节约钢筋，减少构件面积和重量。精轧螺纹钢筋广泛应用于大型水利工程、工业和民用建筑中的连续梁和大型框架结构，公路、铁路大中跨桥梁、核电站及地锚等工程。

（2）钢丝。预应力混凝土用钢丝的应用具有以下特点。

①钢丝强度高；②易于制备，便于运输；③应用灵活，可以根据需要组成不同钢丝根数的预应力束；④柔性好，便于成型或穿束，特别适用于曲线形预应力筋；⑤可以用7根平行钢丝为一组制备成无黏结束。

预应力混凝土结构常用的高强钢丝，按交货状态分为冷拉及矫直回火两种；冷拉钢丝是用经过处理使之适用于冷拔的热轧盘圆拔制的盘圆成品，其表面光滑，并可能有润滑剂的残渣。随后可用机械方式对钢丝进行压痕而成为刻痕钢丝；对钢丝进行矫直回火处理后就成为矫直回火钢丝。预应力钢丝经过矫直回火后，可消除钢丝冷拔中产生的残余应力，提高钢丝的比例极限、屈服强度和弹性模量，并改善塑性；同时也可解决钢丝的伸直性，方便施工。

预应力混凝土结构常用的高强钢丝，按外形分为光圆钢丝、螺旋肋钢丝、三面刻痕钢丝三种。

（3）钢绞线。预应力混凝土用钢绞线是用冷拔钢丝制造而成的。在钢绞线机上以一根较粗的直钢丝为中心，其余钢丝围绕其进行螺旋状绞合，再经低温回火处理而成。中心钢丝的直径加大范围不小于2.5%。钢绞线的规格有2、3、7或19根股等。钢丝的捻距在12～16倍的钢绞线公称直径之间，捻向一般为左捻。

模拔钢绞线是在普通钢绞线绞制成型时通过一个模子拔制，并对其进行低温回火处理而成的。由于每根钢丝在积压接触时被压扁，使钢绞线的内部间隙和外径都大大减少，提高了钢绞线的密实度，因此在同样直径的后张预应力管道中，预应力筋的吨位可增加20%。而且由于周边面积增大，更易于锚固。

钢绞线的优点是截面集中，直径较大，比较柔软，运输和施工方便，便于操作，与混凝土或灌浆材料咬合均匀而充分，具有良好的锚固延性，因而被越来越广泛的应用。最常用的是7股钢绞线，1×2和1×3钢绞线在先张法预应力混凝土构件中被应用。经绞制的钢绞线呈螺旋形，故其弹性模量较单根钢丝略低。

三、锚具和夹具

锚具是锚固钢筋时所用的工具，是保证预应力混凝土结构安全可靠的关键之一。通常把在构件制作完毕后，能够取下重复使用的称为临时夹具；锚固在构件端部，与构件联成一体共同受力，不能取下重复使用的称为锚具。

1. 对锚具的要求

临时夹具和锚具都是保证预应力混凝土施工安全、结构可靠的关键设备。因此，在设计、制造或选择锚具时应注意满足下列要求。

1）安全可靠，具有足够的强度和刚度。

2）预应力损失小，预应力筋在锚具内尽可能不产生滑移。

3）构造简单、紧凑，制作方便，用钢量少。

4）张拉锚固方便迅速，设备简单。

2. 锚具的分类

锚具的形式繁多，按其传力锚固的受力原理，可分为如下几种。

1）依靠摩阻力锚固的锚具。如楔形锚、锥形锚和用于锚固钢绞线的JM锚与夹片式群锚等，都是借张拉预应力钢筋的回缩或千斤顶顶压，带动锥销或夹片将预应力钢筋楔紧于锥孔中而锚固的。

2）依靠承压锚固的锚具。如镦头锚、钢筋螺纹锚等，是利用钢丝的镦粗头或钢筋螺纹承压进行锚固。

3）依靠黏结力锚固的锚具。如先张法的预应力钢筋锚固，以及后张法固定端的钢绞线压花锚具等，都是利用预应力钢筋与混凝土之间的黏结力进行锚固的。

对于不同形式的锚具，往往需要配套使用专门的张拉设备。因此，在设计施工中，应同时考虑锚具与张拉设备的选择。

3. 目前桥梁结构中几种常用的锚具

（1）夹片锚。夹片锚体系主要作为锚固钢绞线之用。由于钢绞线与周围接触的面积小，且强度高、硬度大，故对其锚具的锚固性能要求很高。JM锚是我国20世纪60年代研制的钢绞线夹片锚具，其夹片与被锚固钢筋共同形成组合式锚塞，将预应力筋楔紧。80年代，除进一步改进了JM锚具的设计外，特别着重进行钢绞线群锚体系的研究与试制工作。中国建筑科学研究院先后研制出了XM锚具和QM锚具系列；中交公路规划设计院研制出了YM锚具系列；继之柳州建筑机械总厂与同济大学合作，在QM锚具系列的基础上又研制出了OVM锚具系列等。这些锚具体系都经过严格检测、鉴定后定型，锚固性能均能达到国际预应力混凝土协会（FIP）标准，并已广泛地应用于桥梁、水利、房屋等各种土建结构工程中。

XM锚具如图7-4所示，锚孔为斜孔，锚板顶面垂直于锚孔中心线，夹片为三片式；QM

锚与 OVM 锚如图 7-5 所示，其锚孔为直孔，锚板顶面为平面，其中 QM 锚的夹片为三片式，而 OVM 锚的夹片在 QM 锚的基础上改为四片式，以进一步方便施工，为了提高锚固性能，其夹片背面锯有一弹性槽。

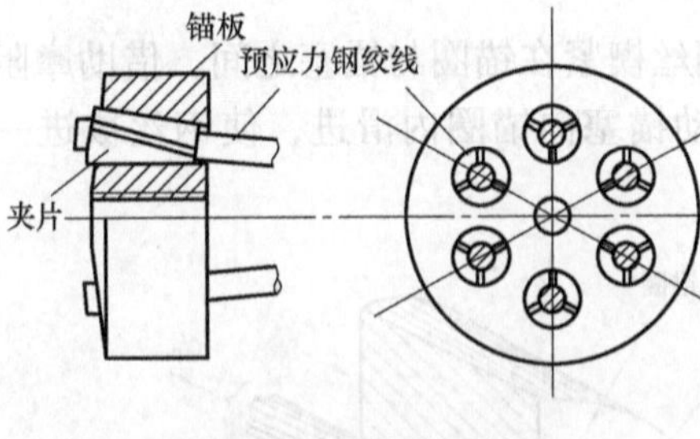

图 7-4　XM 锚示意图

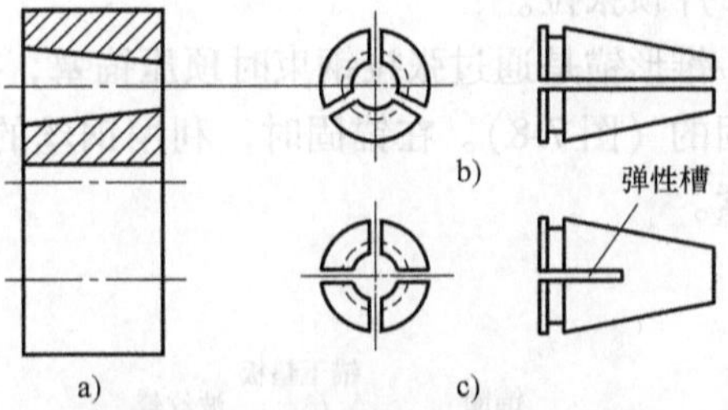

图 7-5　QM 锚和 OVM 锚示意图

a）锚板　b）三片式夹片　c）四片式夹片

1）夹片锚工作原理。夹片锚具的工作原理如图 7-6 所示。夹片锚由带锥孔的锚板和夹片所组成。每个夹片锚具一般是由多个独立锚固单元所组成，它能锚固由 1～55 根不等的 $\Phi^{s}15.2$mm 与 $\Phi^{s}12.7$mm 钢绞线所组成的预应力钢束。其特点是各根钢绞线均为单独工作，即 i 根钢绞线锚固失效也不会影响全锚，只需对失效锥孔的钢绞线进行补拉即可。但预留孔端部，因锚板锥孔布置的需要，必须扩孔，故工作锚下的一段预留孔道一般需设置成喇叭形，或配套设置专门的铸铁喇叭形锚垫板。

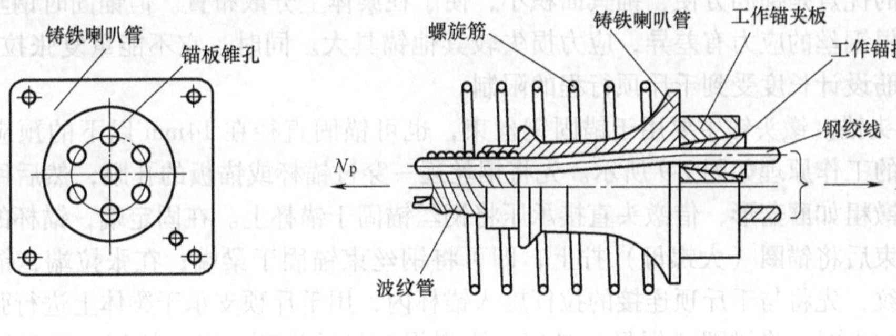

图 7-6　夹片锚具配套示意图

2）扁形夹片锚具。扁形夹片锚具是为适应扁薄截面构件（如桥面板梁等）预应力钢筋锚固的需要而研制的，简称扁锚。其工作原理与一般夹片锚具体系相同，只是工作锚板、锚下钢垫板和喇叭管，以及形成预留孔道的波纹管等均为扁形而已。每个扁锚一般锚固 2～5 根钢绞线，采用单根逐一张拉，施工方便。其一般符号为 BM 锚（图 7-7）。

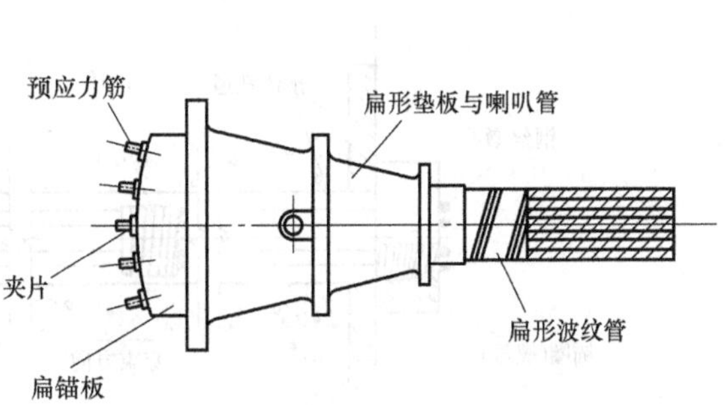

图 7-7　BM 锚示意图

（2）锥形锚。锥形锚又称为弗式锚，

由锚圈和锚塞（又称锥销）组成（图 7-8）。锚塞用 45 号优质碳素结构钢经热处理制成，锚圈常用 5 号或 45 号钢冷作旋制而成。主要用于锚固钢丝束，在桥梁中使用的锥形锚有锚固 18 Φ^{w}5mm 和锚固 24 Φ^{w}5mm 的钢丝束等两种，并配用 600kN 双作用千斤顶或 YZ85 型三作用千斤顶张拉。

锥形锚是通过张拉钢束时顶压锚塞，把预应力钢丝楔紧在锚圈与锚塞之间，借助摩阻力锚固的（图 7-8）。在锚固时，利用钢丝的回缩力带动锚塞向锚圈内滑进，使钢丝被进一步楔紧。

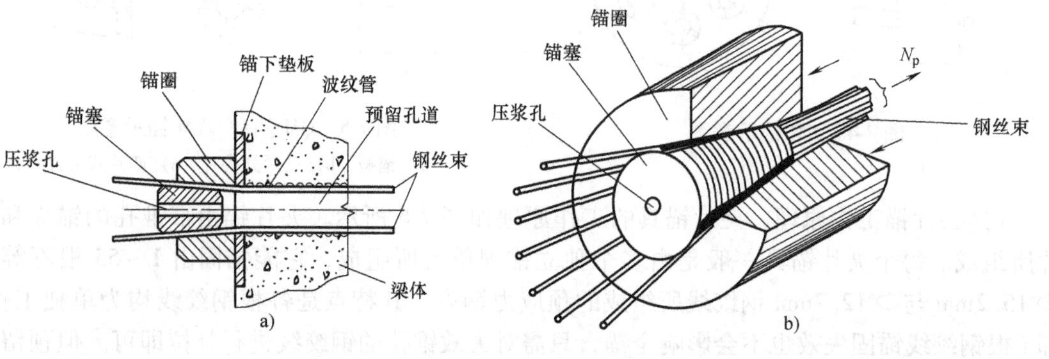

图 7-8 锥形锚具

a）锥形锚具工作示意图 b）锥形锚具剖面图

锥形锚的优点是锚固方便，锚具面积小，便于在梁体上分散布置。但锚固时钢丝的回缩量较大，每根钢丝的应力有差异，应力损失较其他锚具大。同时，它不能重复张拉和接长，使预应力钢筋设计长度受到千斤顶行程的限制。

（3）镦头锚。镦头锚主要用于锚固钢丝束，也可锚固直径在 14mm 以下的预应力粗钢筋。镦头锚的工作原理如图 7-9 所示。先将钢丝逐一穿过锚杯或锚板的孔眼，然后用镦头机将钢丝端头镦粗如蘑菇形，借镦头直接承压将钢丝锚固于锚杯上。在固定端，锚杯的外圆车有螺纹，穿束后将锚圈（大螺母）拧上，即可将钢丝束锚固于梁端；在张拉端，锚杯的内外壁均有螺纹，先将与千斤顶连接的拉杆旋入锚杯内，用千斤顶支承于梁体上进行张拉，待达到设计张拉力时，将锚圈（螺母）拧紧，再慢慢放松千斤顶，退出拉杆，于是钢丝束的

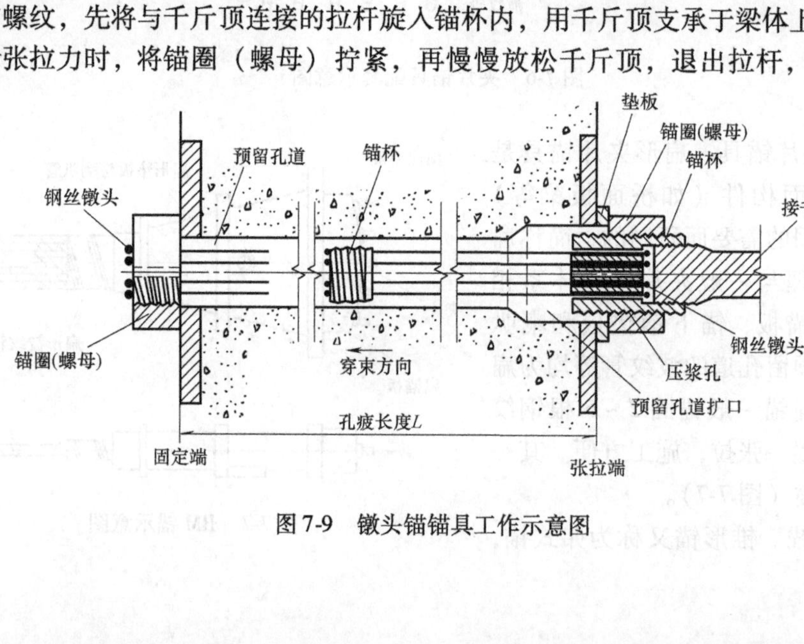

图 7-9 镦头锚锚具工作示意图

回缩力就通过锚圈、垫板传给构件。

镦头锚锚固可靠，不会出现锥形锚那样的“滑丝”问题；锚固时的应力损失很小，可重复张拉；镦头工艺操作简便迅速。但镦头锚对钢丝的下料长度要求很精确，误差不得超过1/300。误差过大，张拉时可能由于受力不均匀发生断丝现象。

镦头锚适于锚固直线式配束，对于较缓和的曲线预应力钢筋也可采用。目前斜拉桥中锚固斜拉索的高振幅锚具——HiAm 式冷铸镦头锚，因锚杯内填入了环氧树脂、锌粉和钢球的混合料，具有较好的抗疲劳性能。

（4）钢筋螺纹锚。当采用高强粗钢筋作为预应力钢筋时，可采用螺纹锚具固定，即借助粗钢筋两端的螺纹，在钢筋张拉后直接拧上螺母进行锚固，钢筋的回缩力由螺帽经支承垫板承压传递给梁体而获得预应力（图7-10）。由于螺纹系冷轧而成，故又将这种锚具称为轧丝锚。目前国内生产的轧丝锚有两种规格，可分别锚固 ϕ25mm 和 ϕ32mm 两种粗圆钢筋。

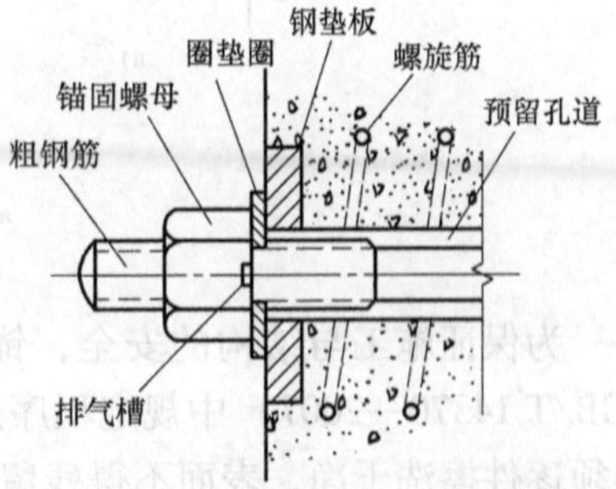

图7-10 钢筋螺纹锚具

20世纪70年代以来，国内外相继采用可以直接拧上螺母和连接套筒（用于钢筋接长）的高强精轧螺纹钢筋，它沿通长都具有规则、但不连续的凸形螺纹，可在任何位置进行锚固和连接，故可不必再在施工时临时轧螺纹。

钢筋螺纹锚具的受力明确，锚固可靠；构造简单，施工方便；能重复张拉、放松或拆卸，并可以简便地采用套筒接长。

（5）固定端锚。采用一端张拉时，其固定端锚具，除可采用与张拉端相同的夹片锚具外，还可采用挤压锚具和压花锚具。

挤压锚具是利用压头机，将套在钢绞线端头上的软钢（一般为45号钢）套筒，与钢绞线一起，强行顶压通过规定的模具孔挤压而成（图7-11）。为增加套筒与钢绞线间的摩阻力，挤压前，在钢绞线与套筒之间衬置一硬钢丝螺旋圈，以便在挤压后使硬钢丝分别压入钢绞线与套筒内壁之内。

压花锚具是用压花机将钢绞线端头压制成梨形花头的一种黏结型锚具（图7-12），张拉前预先埋入构件混凝土中。

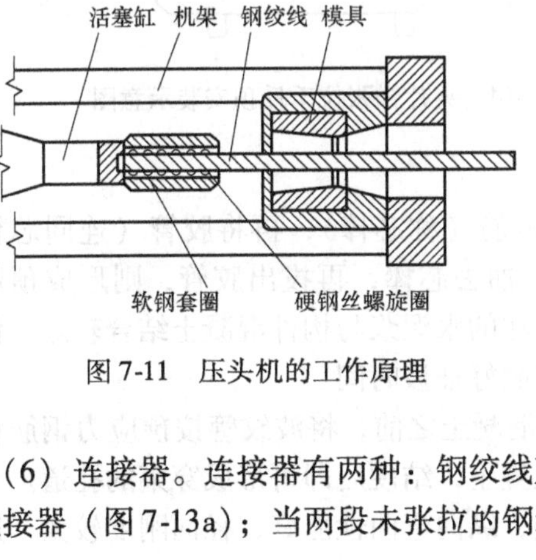

图7-11 压头机的工作原理

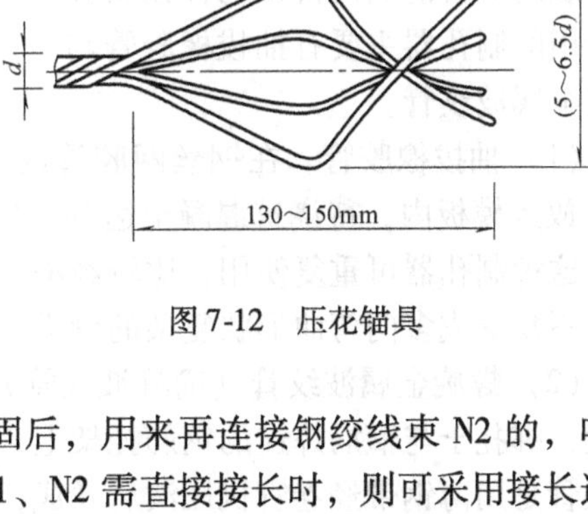

图7-12 压花锚具

（6）连接器。连接器有两种：钢绞线束N1锚固后，用来再连接钢绞线束N2的，叫锚头连接器（图7-13a）；当两段未张拉的钢绞线束N1、N2需直接接长时，则可采用接长连接器（图 7-13b）。以上锚具的设计参数和锚具、锚垫板、波纹管及螺旋筋等的配套尺寸，可参阅各生产厂家的“产品介绍”选用。

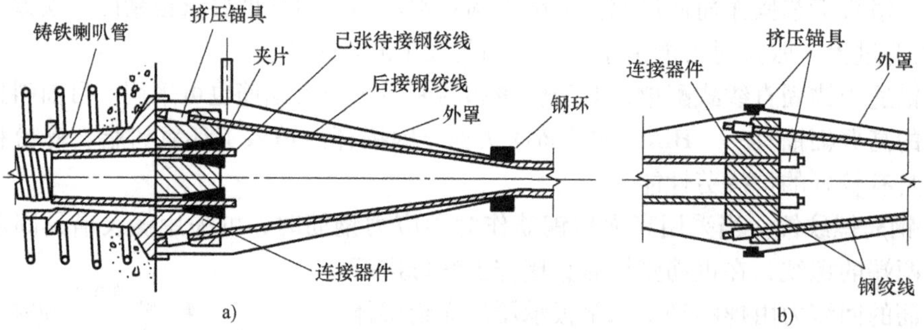

图 7-13 连接器构造

a）锚头连接器 b）接长连接器

为保证施工与结构的安全，锚具必须按国家标准《预应力筋用锚具、夹具和连接器》（GB/T 14370—2007）中规定程序进行试验验收，验收合格者方可使用。工作锚具使用前，必须逐件擦洗干净，表面不得残留铁屑、泥沙、油垢及各种减摩剂，防止锚具回松而降低锚具的锚固效率。

四、千斤顶

各种锚具都必须配置相应的张拉设备，才能顺利地进行张拉、锚固。与夹片锚具配套的张拉设备，是一种大直径的穿心单作用千斤顶（图 7-14）。它常与夹片锚具配套研制。其他各种锚具也都有各自适用的张拉千斤顶，需要时可查各生产厂家的产品目录。

五、预加应力的其他设备

按照施工工艺的要求，预加应力尚需有以下一些设备或配件。

1. 制孔器

后张法构件的预留孔道是用制孔器形成的。目前国内桥梁构件预留孔道所用的制孔器主要有抽拔橡胶管与螺旋金属波纹管。

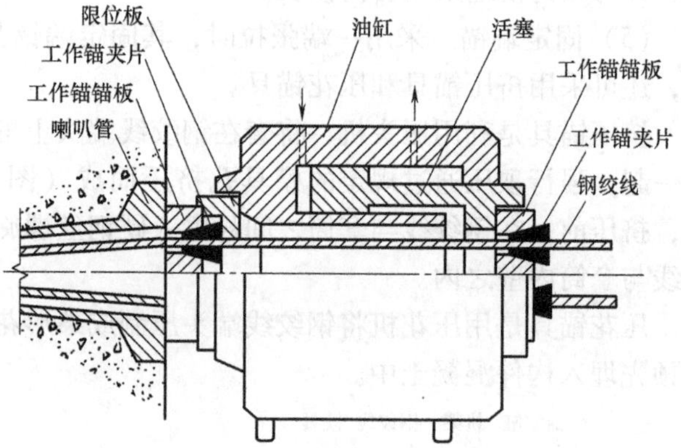

图 7-14 夹片锚张拉千斤顶安装示意图

（1）抽拔橡胶管。在钢丝网胶管内事先穿入钢筋（称芯棒），再将胶管（连同芯棒一起）放入模板内，待浇筑混凝土达到一定强度后，抽去芯棒，再拔出胶管，则形成预留孔道。这种制孔器可重复使用，比较经济，管道内压注的水泥浆与构件混凝土结合较好。但缺点是不易形成多向弯曲形状复杂的管道，且需要控制好抽拔时间。

（2）螺旋金属波纹管（简称波纹管）。在浇筑混凝土之前，将波纹管按预应力钢筋设计位置，绑扎于与箍筋焊连的钢筋托架上，再浇筑混凝土，结硬后即可形成穿束的孔道。金属波纹管是用薄钢带经卷管机压波后卷成，其重量轻，纵向弯曲性能好，径向刚度较大，连接方便，与混凝土黏结良好，与预应力钢筋的摩阻系数也小，是后张法预应力混凝土构件一种较理想的制孔器。

目前，在一些桥梁工程中已经开始采用塑料波纹管作为制孔器，这种波纹管由聚丙烯或高密度聚乙烯制成。使用时，波纹管外表面的螺旋肋与周围的混凝土具有较高的黏结力。这种塑料波纹管具有耐腐蚀性能好、孔道摩擦损失小以及有利于提高结构抗疲劳性能的优点。

2. 穿索机

在桥梁悬臂施工和尺寸较大的构件中，一般都采用后穿法穿束。对于大跨桥梁有的预应力钢筋很长，人工穿束十分吃力，故需采用穿索（束）机。

穿索（束）机有两种类型：一是液压式；二是电动式，桥梁中多使用前者。它一般采用单根钢绞线穿入，穿束时应在钢绞线前端套一子弹形帽子，以减小穿束阻力。穿索机由马达带动用四个托轮支承的链板，钢绞线置于链板上，并用四个与托轮相对应的压紧轮压紧，则钢绞线就可借链板的转动向前穿入构件的预留孔中。最大推力为3kN，最大水平传送距离可达150m。

3. 水泥浆及压浆机

（1）水泥浆。在后张法预应力混凝土构件中，预应力钢筋张拉锚固后，应尽早进行孔道灌浆工作，以免钢筋锈蚀，降低结构耐久性，同时也是为了使预应力钢筋与梁体混凝土尽早结合为一整体。灌浆用的水泥浆除应满足强度要求（无具体规定时应不低于30MPa）外，还应具有较大的流动性和较小的干缩性。水泥应采用性能稳定、强度等级不低于42.5的低碱硅酸盐或低碱普通硅酸盐水泥。为保证孔道内水泥浆密实，应严格控制水灰比，一般以0.40~0.45为宜，如加入适量的减水剂，则水灰比可减小到0.35；另外可在水泥浆中掺入适量膨胀剂，使水泥浆在硬化过程中膨胀。

（2）压浆机。压浆机是孔道灌浆的主要设备，它主要由灰浆搅拌桶、储浆桶和压送灰浆的灰浆泵以及供水系统组成。压浆机的最大工作压力可达到约1.50MPa（15个大气压），可压送的最大水平距离为150m，最大竖直高度为40m。

4. 张拉台座

采用先张法生产预应力混凝土构件时，则需设置用作张拉和临时锚固预应力钢筋的张拉台座。它因需要承受张拉预应力钢筋巨大的回缩力，设计时应保证它具有足够的强度、刚度和稳定性。批量生产时，有条件的尽量设计成长线式台座，以提高生产效率。

任务7.3　预加力的计算与预应力损失的估算

任务描述

回答预应力混凝土结构为何要求采用高强度材料这一问题，理解张拉控制应力、预应力损失、有效预应力等的概念及其相互关系。

一、预应力钢筋的张拉控制应力

预应力筋中预拉应力的大小并不是一个恒定值，由于施工因素、材料性能及环境条件等的影响，钢筋中的预拉应力将会逐渐减小。预应力筋中这种预拉应力减小的现象称为预应力损失。

设计中所需的钢筋预应力值，应是扣除相应阶段的应力损失 σ_l 后，钢筋中实际存在的预应力（即有效预应力 σ_{pe}）值。钢筋初始张拉的预应力，一般称为张拉控制应力，记作 σ_{con}：

$$\sigma_{pe}=\sigma_{con}-\sigma_l \tag{7-2}$$

张拉控制应力是指预应力钢筋张拉时需要达到的最大应力值，即用张拉设备所控制施加的张拉力除以预应力钢筋截面面积所得到的应力，用 σ_{con} 表示。

张拉控制应力的取值对预应力混凝土构件的受力性能影响很大。张拉控制应力愈高，混凝土所受到的预压应力愈大，构件的抗裂性能愈好，还可以节约预应力钢筋，所以张拉控制应力不能过低。但张拉控制应力过高会造成构件在施工阶段的预拉区拉应力过大，甚至开裂；过大的预压应力还会使构件开裂荷载值与极限荷载值很接近，使构件破坏前无明显预兆，构件的延性较差；此外，为了减小预应力损失，往往进行超张拉，过高的张拉应力可能使个别预应力钢筋超过它的实际屈服强度，使钢筋产生塑性变形，对高强度硬钢，甚至可能发生脆断。

张拉控制应力值大小主要与张拉方法及钢筋种类有关。先张法的张拉控制应力值高于后张法。后张法在张拉预应力钢筋时，混凝土即产生弹性压缩，所以张拉控制应力为混凝土压缩后的预应力钢筋应力值；而先张法构件，混凝土是在预应力钢筋放张后才产生弹性压缩，故需考虑混凝土弹性压缩引起的预应力值的降低。消除应力钢丝和钢绞线这类钢材材质稳定，对后张法张拉时的高应力，在预应力钢筋锚固后降低很快，不会发生拉断，故其张拉控制应力值较高些。

《公桥规》规定：对于钢丝、钢绞线，$\sigma_{con}\leqslant 0.75f_{pk}$；对于精轧螺纹钢筋，$\sigma_{con}\leqslant 0.9f_{pk}$。$f_{pk}$ 为预应力钢筋抗拉强度标准值。

当对构件进行超张拉或计入锚圈口摩擦损失时，钢筋中最大控制应力（千斤顶油泵上显示的值）对钢丝和钢绞线不应超过 $0.8f_{pk}$；对精轧螺纹钢筋不应超过 $0.95f_{pk}$。

二、预应力损失产生原因及减少措施

在预应力混凝土构件施工及使用过程中，预应力钢筋的张拉应力值由于张拉工艺和材料特性等原因逐渐降低，这种现象称为预应力损失。预应力损失会降低预应力的效果，因此，尽可能减小预应力损失并对其进行正确的估算，对预应力混凝土结构的设计是非常重要的。

引起预应力损失的因素很多，而且许多因素之间相互影响，所以要精确计算预应力损失非常困难。对预应力损失的计算，我国规范采用的是将各种因素产生的预应力损失值分别计算然后叠加的方法。

1. 预应力钢筋与管道壁之间的摩擦引起的应力损失 σ_{l1}

（1）产生原因及估算方法。采用后张法张拉预应力钢筋时，钢筋与孔道壁之间产生摩擦力，使预应力钢筋的应力从张拉端向里逐渐降低（图 7-15）。预应力钢筋与孔道壁间摩擦力产生的原因为：①直线预留孔道因施工原因发生凹凸和轴线的偏差，使钢筋与孔道壁产生

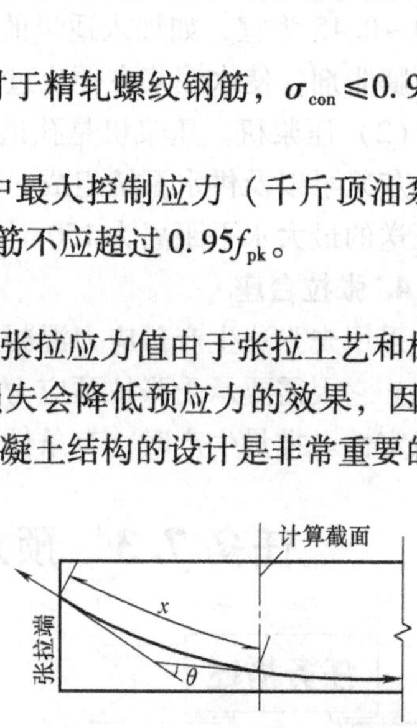

图 7-15 预应力摩擦损失 σ_{l1} 计算简图

法向压力而引起摩擦力；②曲线预应力钢筋与孔道壁之间的法向压力引起的摩擦力。

（2）减少 σ_{l1} 损失的措施有：

1）对于较长的构件可在两端进行张拉，则计算中孔道长度可按构件的一半长度计算。

2）采用超张拉，一般张拉程序为：

$$0 \rightarrow 初应力(0.1\sigma_{con}) \rightarrow 1.05\sigma_{con} \xrightarrow{持荷2min} 0.85\sigma_{con} \xrightarrow{持荷2min} 1.0\sigma_{con}(锚固)$$

2. 锚具变形、钢筋回缩和拼装构件的接缝压缩引起的应力损失 σ_{l2}

（1）产生原因及估算方法　预应力钢筋张拉完毕后，用锚具锚固在台座或构件上。由于锚具压缩变形、垫板与构件之间的缝隙被挤紧以及钢筋和楔块在锚具内的滑移等因素的影响，将使预应力钢筋产生预应力损失，以符号 σ_{l2} 表示。计算这项损失时，只需考虑张拉端，不需考虑锚固端，因为锚固端的锚具变形在张拉过程中已经完成。

（2）减小 σ_{l2} 的措施有：

1）选择锚具变形和钢筋内缩值 Δl 较小的锚具；

2）尽量减少垫板的数量；

3）对先张法，可增加台座的长度 l。

3. 混凝土加热养护时，预应力钢筋与台座之间的温差引起的应力损失 σ_{l3}

（1）产生原因及估算方法。为了缩短生产周期，先张法构件在浇筑混凝土后采用蒸气养护。在养护的升温阶段钢筋受热伸长，台座长度不变，故钢筋应力值降低，而此时混凝土尚未硬化。降温时，混凝土已经硬化并与钢筋产生了黏结，能够一起回缩，由于这两种材料的线膨胀系数相近，原来建立的应力关系不再发生变化。

（2）减小 σ_{l3} 的措施有：

1）采用分阶段升温养护方法。先在常温或略高于常温下养护，待混凝土达到一定强度后，再逐渐升温至养护温度，这时因为混凝土已硬化与钢筋黏结成整体，能够一起伸缩而不会引起应力变化。

2）采用整体式钢模板。预应力钢筋锚固在钢模上，因钢模与构件一起加热养护，不会引起此项预应力损失。

4. 混凝土的弹性压缩引起的应力损失 σ_{l4}

（1）产生原因及估算方法。当预应力混凝土构件在受到预压应力而产生压缩应变时，则对于已经张拉并锚固于混凝土构件上的预应力钢筋来说，亦将产生与该钢筋重心水平处混凝土同样的压缩应变，因而产生一个预拉应力损失，称为混凝土弹性压缩损失，以 σ_{l4} 表示。引起应力损失的混凝土弹性压缩量，与施加预加应力的方式有关。

（2）减小 σ_{l4} 的措施。分批张拉时，由于每批钢筋的应力损失不同，则实际有效预应力不等。补救方法如下：①重复张拉先张拉过的预应力钢筋；②超张拉先张拉的预应力钢筋。

5. 钢筋松弛引起的应力损失 σ_{l5}

（1）产生原因及估算方法。在高拉应力作用下，随时间的增长，钢筋中将产生塑性变形，在钢筋长度保持不变的情况下，钢筋的拉应力会随时间的增长而逐渐降低，这种现象称为钢筋的应力松弛。钢筋的应力松弛与下列因素有关：①时间。受力开始阶段松弛发展较快，1 小时和 24 小时松弛损失分别达总松弛损失的 50% 和 80% 左右，以后发展缓慢；②钢筋品种。热处理钢筋的应力松弛值比钢丝、钢绞线小；③初始应力。初始应力愈高，应力松弛愈大。

（2）减小 σ_{l5} 的措施。为减小预应力钢筋应力松弛损失可采用超张拉，先将预应力钢筋张拉至 $1.05\sigma_{con}$，持荷 2 分钟，再卸荷至张拉控制应力 σ_{con}。因为在高应力状态下，短时间所产生的应力松弛值即可达到在低应力状态下较长时间才能完成的松弛值。所以，经超张拉后部分松弛已经完成，锚固后的松弛值即可减小。

6. 混凝土收缩和徐变引起的预应力钢筋应力损失 σ_{l6}

混凝土在硬化时发生体积收缩，在压应力作用下，混凝土还会产生徐变。混凝土收缩和徐变都使构件长度缩短，预应力钢筋也随之回缩，造成预应力损失。混凝土收缩和徐变虽是两种性质不同的现象，但它们的影响是相似的，为了简化计算，将此两项预应力损失一起考虑。

以上各项预应力损失的估算值，可作为一般设计的依据。但计算值与实际损失可能有出入。在施工中，应加强管理并做好应力损失值的实测工作。除了以上六项损失外，还应根据具体情况考虑其他因素引起的损失。

三、预应力钢筋的有效预应力计算

1. 预应力损失值的组合

上述预应力损失有的只发生在先张法中，有的则发生于后张法中，有的在先张法和后张法中均有，而且是分批出现的。为了便于分析和计算，设计时可将预应力损失分为两批：①传力锚固时的损失，称第一批损失 $\sigma_{l\mathrm{I}}$；②传力锚固后出现的损失，称第二批损失 $\sigma_{l\mathrm{II}}$。先、后张法预应力构件在各阶段的预应力损失组合见表 7-1。

表 7-1 各阶段的预应力损失组合

预应力损失值的组合	先张法构件	后张法构件
传力锚固时的损失（第一批）$\sigma_{l\mathrm{I}}$	$\sigma_{l2}+\sigma_{l3}+\sigma_{l4}+0.5\sigma_{l5}$	$\sigma_{l1}+\sigma_{l2}+\sigma_{l4}$
传力锚固后的损失（第二批）$\sigma_{l\mathrm{II}}$	$0.5\sigma_{l5}+\sigma_{l6}$	$\sigma_{l5}+\sigma_{l6}$

2. 预应力钢筋的有效预应力

预加力阶段：

$$\sigma_{pe}^{\mathrm{I}}=\sigma_{con}-\sigma_{l\mathrm{I}} \tag{7-3}$$

使用阶段：

$$\sigma_{pe}^{\mathrm{II}}=\sigma_{con}-(\sigma_{l\mathrm{I}}+\sigma_{l\mathrm{II}}) \tag{7-4}$$

任务 7.4 预应力混凝土简支梁的基本构造

任务描述

以某预应力混凝土梁桥图纸为例，在熟悉预应力混凝土简支梁基本构造的基础上，能识读其相关施工图纸。

一、截面形式和尺寸

预应力混凝土构件的截面形式应根据构件的受力特点进行合理选择。对于轴心受拉构件，通常采用正方形或矩形截面；对于受弯构件，宜选用T形、工字形或其他空心截面形式。此外，沿受弯构件纵轴，其截面形式可以根据受力要求改变，形成变截面构件。

由于预应力混凝土构件具有较好的抗裂性能和较大的刚度，其截面尺寸可比钢筋混凝土构件小些。对一般的预应力混凝土受弯构件，截面高度一般可取跨度的1/20～1/14，最小可取1/35，翼缘宽度一般可取截面高度的1/3～1/2，翼缘厚度一般可取截面高度的1/10～1/6，腹板厚度尽可能薄一些，一般可取截面高度的1/15～1/8。

二、预应力筋布置

1. 先张法构件

预应力钢绞线之间的净距不应小于其直径的1.5倍，且对1×2（二股）、1×3（三股）钢绞线不应小于20mm，对1×7（七股）钢绞线不应小于25mm。预应力钢丝间净距不应小于15mm。

在先张法预应力混凝土构件中，对于单根预应力钢筋，其端部应设置长度不小于150mm的螺旋筋；对于多根预应力钢筋，在构件端部10倍预应力钢筋直径范围内，应设置3～5片钢筋网。

预应力钢丝束埋入式锚具之间的净距不应小于钢丝束直径，且不应小于60mm；预应力钢丝束与埋入式锚具之间的净距不应小于20mm。预应力钢筋或埋入式锚具的混凝土保护层厚度不应小于30mm，当构件处于受侵蚀环境时，该值应增加10mm。

2. 后张法构件

钢筋在靠近端支座区段横向对称弯起，尽可能沿梁端面均匀布置，同时沿纵向可将梁腹板加宽。在梁端部附近，设置间距较密的纵向钢筋和箍筋。并符合T形和箱形梁对纵向钢筋和箍筋的要求。

预应力直线管道的混凝土保护层厚度，对构件顶面和侧面，当管道直径等于或小于55mm时，不应小于35mm；当管道直径大于55mm时，不应小于45mm；对构件底面不应小于50mm；当桥梁处于受侵蚀的环境时，上述保护层厚度应增加10mm。

后张法预应力混凝土构件的端部锚固区，在锚具下面应设置厚度不小于16mm的垫板或采用具有喇叭管的锚具垫板。锚垫板下应设间接钢筋，其体积配筋率不应小于0.5%。

后张法预应力钢筋管道由钢管或橡胶管抽芯成型的直线管道，其净距不应小于40mm，且不宜小于管道直径的0.6倍；对于预埋金属或塑料波纹管和铁皮管，在竖直方向可将两管道叠置。

三、非预应力筋布置

1. 箍筋

（1）箍筋直径和间距：预应力混凝土T形、I形截面梁和箱形截面梁腹板内应分别设置直径不小于10mm和12mm的箍筋，且应采用带肋钢筋，间距不应大于250mm；自支座中心起长度不小于一倍梁高范围内，应采用闭合式箍筋，间距不应大于100mm。

（2）在T形、I形截面梁下部的马蹄内，应另设直径不小于8mm的闭合式箍筋，间距不应大于200mm。此外，马蹄内尚应设直径不小于12mm的定位钢筋。

2. 其他辅助钢筋

其他辅助钢筋有：架立钢筋、防收缩钢筋、局部加强钢筋。

（1）在先张法预应力混凝土构件中，预应力钢筋端部周围应采用以下局部加强措施。

1）对于单根预应力钢筋，其端部设置长度不小于150mm的螺旋筋。

2）对于多根预应力钢筋，在构件端部10d（d为预应力钢筋直径）范围内，设置3~5片钢筋网。

（2）在后张法预应力混凝土构件中，预应力钢筋端部周围应采用以下局部加强措施。

后张法预应力混凝土构件的端部锚固区，在锚具下面应设置厚度不小于16mm的垫板或采用具有喇叭管的锚具垫板。锚垫板下应设间接钢筋，其体积配筋率不应小于0.5%。

四、装配式预应力混凝土简支梁的构造要求

装配式钢筋混凝土简支梁桥，常用的较经济合理的跨径在20m以下。跨径增大时，不但钢材耗量大，而且混凝土开裂现象也比较严重，影响结构的耐久性。为了提高简支梁的跨越能力，可以采用预应力混凝土结构。目前，世界上预应力混凝土简支梁的最大跨径已达76m。但是，根据建桥实践，当跨径超过50m后，不但结构笨重，施工困难，经济性也较差。因此，我国桥规明确指出：预应力混凝土简支梁桥的标准跨径不宜大于50m。

1. 梁体构造

装配式预应力混凝土简支梁桥的横截面类型基本上与钢筋混凝土简支梁桥类似，通常也做成T形，但为了方便布置预应力束筋和满足锚头布置的需要，下部一般都设有马蹄或加宽的下缘如图4-2b所示。有时为了提高单梁的抗扭刚度并减小截面尺寸，也采用箱形，如图4-3所示。

经济分析表明，较大跨径的预应力混凝土简支T形梁，当吊装质量不受限制时，主梁之间的横向距离采用较大间距比较合理，一般为1.8~2.5m。

（1）主梁高度。预应力混凝土简支梁桥的主梁高度取决于采用的汽车荷载等级、主梁间距及建筑高度等因素，可以在较大范围内变化。对于常用的等截面简支梁，其高跨比的取值范围为1/15~1/25，一般随跨径增大而取较小比值，随梁数减少而取较大比值。对预应力混凝土T形梁一般可取1/16~1/18。当建筑高度不受限制时，采用较大梁高比较经济。

（2）细部尺寸。在预应力混凝土梁中，由于混凝土所受预应力和预应力束筋弯起，能抵消荷载剪力的作用，肋中的主拉应力较小，肋宽一般都由构造和施工要求决定，但不得小于140mm。标准设计图中肋宽为140~160mm。

T形梁上翼缘的厚度按钢筋混凝土梁桥同样的原则来确定。为了减小翼板和梁肋连接处的局部应力集中和便于脱模，在该处一般还设置折线形承托或圆角。

T形梁下缘的马蹄尺寸应满足预加力阶段的强度要求，马蹄的具体形状要根据预应力束筋的数量和排列方式确定，同时还应考虑施工方便和预应力筋弯起的要求。具体尺寸建议如下。

①马蹄宽度为肋宽的2~4倍，并注意马蹄部分（特别是斜坡区）的管道保护层不应小于60mm。

②马蹄全宽部分的高度加1/2斜坡区高度约为梁高的0.15~0.20倍，斜坡宜陡于45°。

为了配合预应力筋的弯起，在梁端能布置锚具和安放张拉千斤顶，在靠近支点附近马蹄部分应逐渐加高，腹板也应加厚至与马蹄同宽，加宽的范围最好达到一倍梁高（离锚固端）左右，从而形成沿纵向腹板厚度和马蹄高度都变化的变截面T形梁。标准设计中，一般采用自第一道内横隔梁向梁端逐渐变化的形式。

（3）横隔梁布置。沿主梁纵向的横隔梁布置基本上与钢筋混凝土T形梁桥相同，但中横隔梁应延伸至马蹄的加宽处。在主梁跨度较大、梁较高的情况下，为了减小质量而往往将横隔梁的中部挖空。

2. 配筋构造

预应力混凝土梁内的配筋，除主要的纵向预应力筋外，还有非预应力纵向受力钢筋、架立钢筋、箍筋、水平分布钢筋、承受局部应力的钢筋（如锚固端加强钢筋网）和其他构造钢筋等。

（1）纵向预应力筋的布置。预应力混凝土简支T形梁桥，通常采用后张法施工，根据简支梁的受力特点通常采用曲线配筋的形式，其常用的布置方式有图7-16中所示的两种。全部主筋直线布置的形式，仅适用于先张法施工的小跨径梁。预应力筋一般采用图7-16a所示全部弯至梁端锚固的布置形式，这样布置可使张拉操作简便，预应力筋的弯起角度不大（一般都小于20°的限值），对减小摩阻损失有利。

对于钢束根数较多或当梁高受到限制，以致梁端不能锚固全部钢束时，可以将一部分预应力筋弯出梁顶（图7-16b）。这样的布置方式使张拉操作稍趋繁琐，使预应力筋的弯起角度增大（达到25°～30°），摩阻损失也增大。

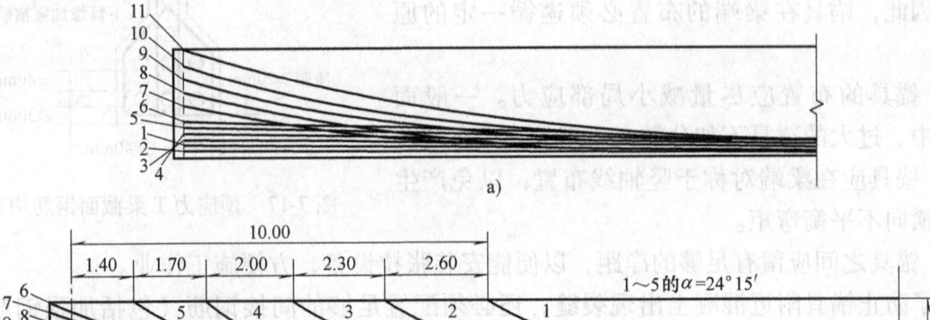

图7-16　预应力混凝土简支梁纵向预应力筋的布置（尺寸单位：m）

预应力钢筋在梁内具体位置可以利用索界的概念来确定。以部分预应力截面为例，根据使其上、下缘允许出现不大于规定拉应力的原则，分别考虑预加应力阶段和运营阶段作用短期效应组合下，在各个截面上受拉边缘出现允许的最大拉应力时，对应的各截面上、下偏心距极限值绘出的两条曲线，称为上、下索界。只要使预应力索的重心位置位于这两条曲线所围成的区域内（即索界内），就能保证梁的任何截面在各个受力阶段上、下缘应力均不超过规定值。由于简支梁弯矩向梁端逐渐减小，故上、下索界逐渐上移，这就是必须将大部分预应力筋向梁端逐渐弯起的重要原因之一。显然，在实际布置时还要满足混凝土保护层厚度的要求。

预应力筋弯起的曲线形状可以采用圆弧线、抛物线或悬链线三种形式。在矢跨比较小的情况下，这三种曲线的坐标值很接近。工程中通常采用在梁中部保持一段水平直线后向两端圆弧弯起的做法。

预应力筋在跨中横截面内的布置，应在保证满足梁底保护层要求和位于索界内的前提下，尽量使其重心靠下，以增大预应力的偏心距，节省高强钢材。预应力筋在满足构造要求的同时，尽量相互靠拢，以减小下马蹄的尺寸，从而减小梁体自重。直线管道的净距不应小于40mm，并且不小于管道直径的0.6倍；此外，还应将适当数量的预应力筋布置在腹板中线处，以便于弯起。直线形管道保护层厚度应满足表2-10的要求；对曲线形管道，其曲线平面内侧受曲线预应力钢筋的挤压，混凝土保护层在曲线平面内和平面外均受剪力，梁底面保护层和侧面保护层均需要加厚，其值应依据《公桥规》计算确定。横截面内预应力筋的布置如图7-17所示，d为管道的内直径，应比预应力筋直径至少大10mm。

（2）纵向预应力筋的锚固。预应力筋的锚固分两种情形：在先张法梁中，钢丝或钢筋主要靠混凝土的握裹力锚固在梁体内；在后张法梁中，则通过各类锚具锚固在梁端或梁顶。此处仅介绍后张法的锚固。在后张法锚固构造中，锚具底部对混凝土作用有很大的压力，而直接承压的面积又不大，因此应力非常集中。在锚具附近不仅有很大的压应力，还有很大的拉应力。因此，锚具在梁端的布置必须遵循一定的原则。

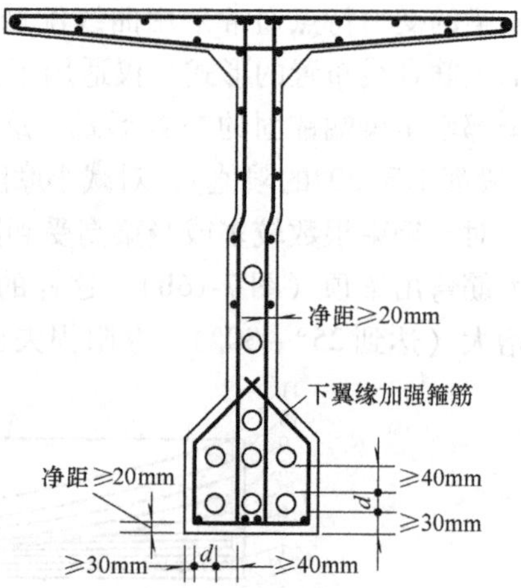

图7-17 预应力T梁截面钢筋构造

1）锚具的布置应尽量减小局部应力。一般而言，集中、过大的锚具不如分散、小型的锚具有利。

2）锚具应在梁端对称于竖轴线布置，以免产生过大的横向不平衡弯矩。

3）锚具之间应留有足够的净距，以便能安装张拉设备，方便施工作业。

为了防止锚具附近混凝土出现裂缝，还必须配置足够的间接钢筋（包括加强钢筋网和螺旋筋）予以加强。间接钢筋应根据局部抗压承载力的计算来确定，配置加强钢筋网的范围一般是在一倍于梁高的区域。另外，锚具下还应设置厚度不小于16mm的钢垫板，以扩大承载面积，减小混凝土应力。图7-18为梁端锚固区的配筋构造示意图。

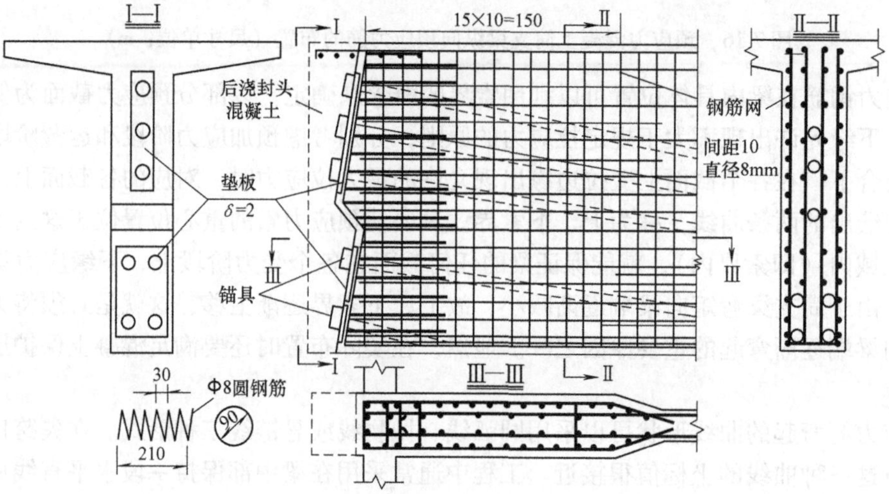

图7-18 梁端锚固区配筋构造示意图（尺寸单位：cm）

也可以采用带有预埋锚具的预制钢筋混凝土端板来锚固预应力筋，如图7-19所示。此时除了加强钢筋骨架外，锚具下设置两层叉形钢筋网，施工起来也比较方便。

目前，用于预应力钢绞线的锚具（如OVM锚）已包括了钢垫板和螺旋筋在内的整套抵抗锚固区局部承压所需要的加强措施，故不需要再配置上述的加强钢筋。施加预应力之后，应在锚具周围设置构造钢筋与梁体连接，并浇筑混凝土封锚（封端），以保护锚具不致锈蚀。封锚（封端）混凝土的强度等级不应低于构件本身混凝土强度等级的80%，并且不低于C30。

（3）其他钢筋的布置。预应力混凝土梁与钢筋混凝土梁一样，需按规定的构造要求布置箍筋、架立钢筋和纵向水平分布钢筋等。由于弯起的预应力筋对梁肋混凝土提供了预剪力，主拉应力较小，一般可不设斜筋。

1）箍筋的配置。预应力混凝土T形梁的腹板内应设置直径不小于ϕ10mm的箍筋，且采用带肋钢筋，间距不大于250mm；自支座中心起长度不小于一倍梁高的范围内，应采用闭合式箍筋，间距不大于100mm，用来加强梁端承受的局部应力。纵向预应力筋集中布置在下缘的马蹄部分，该部分混凝土承受很大的压应力，因此，必须另外设置直径不小于ϕ8mm的闭合式加强箍筋，其间距不大于200mm。此外，马蹄内还必须设置直径不小于ϕ12mm的定位钢筋。

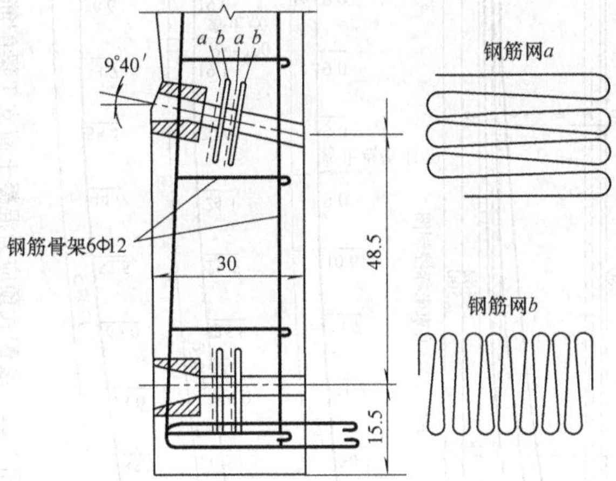

图7-19　端板和叉形钢筋网（尺寸单位：cm）

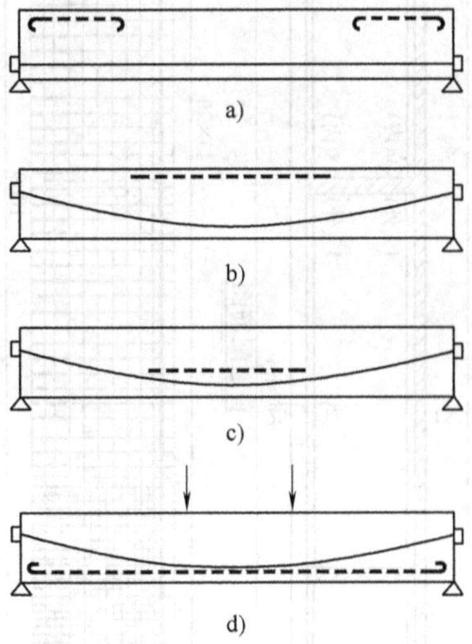

图7-20　非预应力纵向受力钢筋（虚线）

2）非预应力纵向受力钢筋。在预应力混凝土简支梁中，将非预应力的钢筋与预应力钢筋协同配置，有时可以达到补充局部梁段内承载力不足，满足承载力要求，也可起到更好地分布裂缝和提高梁体韧性等效果，使简支梁的设计更加经济合理。

先张法施工的小跨度梁，如果采用直线布筋形式，张拉阶段支点附近无法平衡的负弯矩会在梁顶引起过高的拉应力，为了防止因此可能产生的开裂，可适当布置如图7-20a所示的局部受拉钢筋。

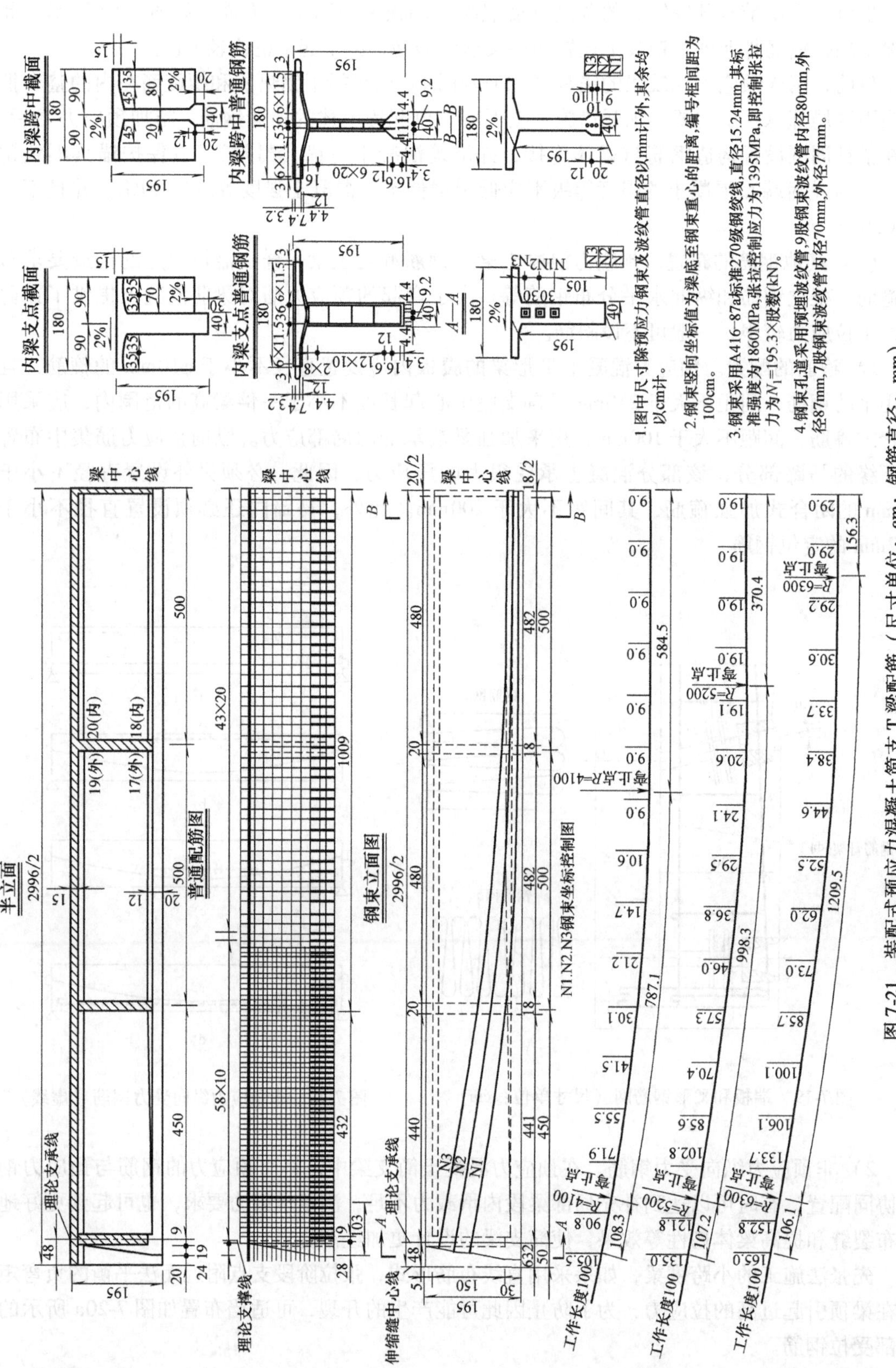

图 7-21 装配式预应力混凝土简支 T 梁配筋（尺寸单位：cm；钢筋直径：mm）

对于预制部分的自重比恒载与活载小得多的梁，在预加力阶段跨中部分的上缘可能会开裂而破坏，因而也可以在跨中部分的顶部加设无预应力的纵向受力钢筋（图7-20b），这种钢筋在运营阶段还能起到加强混凝土的抗压能力的作用，在破坏阶段则可以提高梁的安全储备。图7-20c所示在跨中部分下翼缘内设置的钢筋，对全预应力梁可加强混凝土承受预加压力的能力。在下翼缘内通长设置的钢筋，对部分预应力梁可补足承载力的需要（图7-20d），对于配置不黏结预应力筋的梁能起分布裂缝的作用。此外，非预应力钢筋还能增加梁在反复荷载作用下的疲劳极限强度。

装配式预应力混凝土梁桥的横向连接构造一般与钢筋混凝土梁桥一样。

3. 装配式预应力混凝土简支T梁桥实例

图7-21为一装配式预应力混凝土简支梁桥的标准设计。其标准跨径为30m，主梁全长29.96m，计算跨径为29m。荷载等级为公路—Ⅰ级。主梁中心距为2.26m，预制部分宽度1.80m，吊装后现浇0.46m的湿接缝。预制主梁采用C40混凝土，截面为带马蹄的T形截面，梁高为1.95m，厚20cm的梁肋自第一道内横隔梁向梁端逐渐加宽至马蹄全宽40cm，但马蹄部分高度不变。全梁范围内共设置7道横隔梁，中心间距为4.5m和5.0m，横隔梁高度1.65m，宽度也采用上宽下窄、内宽外窄的形式，以利于脱模。为减小施工难度，横隔梁没有采用挖孔形式，吊装后彼此之间采用现浇接缝连成整体。

每片T形梁设三束预应力钢束，采用直径15.24mm、标准强度1860MPa的钢绞线，张拉控制应力为1395MPa，其中N1，N2均采用9股钢绞线，N3则为7股，全部钢绞线均以圆弧起弯并锚固在梁端厚20mm的钢垫板上。钢束孔道采用预埋波纹管，9股钢束波纹管内径80mm，外径87mm；7股钢束波纹管内径70mm，外径77mm。每片T形梁预制部分的质量为63.78t，现浇部分的质量为20.75t，大大减少了吊装部分的质量。

单元小结

1. 根据预加应力值大小对构件截面裂缝控制程度的不同，加筋混凝土结构分为全预应力、部分预应力（A类、B类）和钢筋混凝土结构三类。

2. 预应力混凝土结构中，预压应力的大小主要取决于钢筋的张拉应力。要能有效地建立预应力，则必须采用高强度钢材和较高等级的混凝土。

3. 施加预应力的方法主要有先张法和后张法。施工工艺不同，建立预应力的方法也就不同。先张法是靠黏结力传递并保持预加应力的。

4. 锚具的形式繁多，按其传力锚固的受力原理，可分为依靠摩阻力锚固的锚具、依靠承压锚固的锚具和依靠黏结力锚固的锚具。

5. 张拉控制应力是指预应力钢筋张拉时需要达到的最大应力值，即用张拉设备所控制施加的张拉力除以预应力钢筋截面面积所得到的应力，用σ_{con}表示。张拉控制应力的取值对预应力混凝土构件的受力性能影响很大。

6. 预应力混凝土梁内的配筋，除主要的纵向预应力筋外，还有非预应力纵向受力钢筋、架立钢筋、箍筋、水平分布钢筋、承受局部应力的钢筋（如锚固端加强钢筋网）和其他构造钢筋等。

巩固训练

1. 在预应力混凝土构件中，对钢材和混凝土的性能有何要求？为什么？

2. 预应力混凝土构件对锚具有何要求？按传力锚固的受力原理，锚具如何分类？

3. 施加预应力的方法主要有哪些？各有何特点？

4. 公路桥梁中常用的制孔器有哪些？

5. 什么是张拉控制应力？为何不能取得太高，也不能取得太低？确定张拉控制应力值时，应考虑哪些因素？为何先张法的张拉控制应力略高于后张法？

6. 预应力损失有哪些？是由什么原因产生的？如何减少各项预应力的损失值？

7. 预应力损失值为什么要分第一批和第二批损失？先张法和后张法各项预应力损失是怎样组合的？

8. 预应力混凝土构件主要的构造要求有哪些？

单元8 其他梁式桥简介

学习目标

1. 能描述连续梁桥的力学特点和构造要点；
2. 能描述悬臂梁桥的力学特点和构造要点；
3. 能描述T形刚构的力学特点和构造要点；
4. 能说明预应力混凝土连续梁桥中主梁三向预应力筋的布置。

任务8.1 连续体系梁桥

任务描述

以某连续梁桥为例，在理解连续体系梁桥力学特点与构造特点基础上，能识读连续梁桥一般构造图。

随着交通运输特别是高等级公路的迅速发展，超静定结构连续梁桥以其结构刚度大、变形小、伸缩缝少和行车平稳舒适等突出优点而得到了迅速的发展。普通钢筋混凝土连续梁桥的适用跨径在15～30m之间，当跨径进一步增大时，结构自重产生的弯矩迅速增大，难以避免混凝土开裂，导致材料无法充分利用，于是预应力混凝土连续梁桥成为优先考虑的方案。

一、预应力混凝土连续梁桥

1. 等截面连续梁桥

（1）力学特点。除了简支—连续法施工的连续梁桥，超静定结构的连续梁在结构重力和活载作用下，支点截面设计负弯矩一般比跨中截面设计正弯矩大，但在跨径不大时这个差值不是很大，可以考虑采用等截面形式，并采取一定的构造措施予以调节，可以简化主梁的构造，达到施工快捷的目的。

（2）构造特点。等截面连续梁桥可选用等跨和不等跨两种布置方式，如图8-1所示。等跨布置的跨径大小主要取决于经济分孔和施工设备条件，高跨比一般为1/15～1/25；在顶推施工的等截面连续梁桥中梁高（H）与顶推跨径之比一般为1/12～1/17。当单孔跨径较大时，为了结构受力均匀合理，宜将跨径布置成对称不等跨，即边跨跨径取小于中跨的结构布置，一般合理的边跨与中跨长之比为0.6～0.8。当跨径不能满足通航或桥下交通要求而需要加大个别跨的跨径时，常采用增加钢筋束和调整截面尺寸的方式予以解决，使桥梁外观仍保持等截面布置。

（3）适用范围及特点。等截面连续梁一般适应以下情况：

1）桥梁一般采用中等跨径，可以达到40～60m（国外也有达到80m的跨径）。

2）立面布置以等跨径为宜，也可以采用不等跨布置。

3）适应于有支架施工、逐孔架设施工、移动模架施工及顶推法施工。

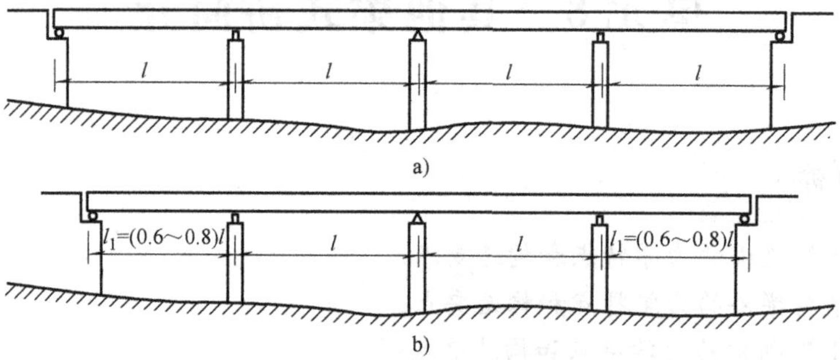

图 8-1　等截面连续梁的立面布置

a）等跨等截面连续梁　b）不等跨等截面连续梁

2. 变截面连续梁桥

（1）力学特点。当连续梁的主跨跨径接近或大于 70m 时，若主梁仍采用等截面布置，在结构重力和活载作用下，主梁支点截面设计负弯矩将比跨中截面的设计正弯矩大得多，从受力上讲就显得不太合理经济。因此，主梁采用变截面形式才更符合受力要求，高度变化原则上应与内力变化相适应。

当加大靠近支点附近的梁高（加大了截面惯矩）做成变截面梁时，还能进一步降低跨中的设计弯矩。一般地说，加大支点附近梁高是合理的，因为这样做既对自重引起的截面内力影响不大，也与桥下通航的净空要求无甚妨害，并且还能适应抵抗支点处剪力很大的要求。这也是连续体系梁桥比简支梁桥，甚至比悬臂梁能跨越更大跨度的原因。可见，连续梁采用变截面结构不仅外形美观，还可节省材料并增大桥下净空高度。

同时，采用变截面布置适合悬臂法施工（悬臂浇筑和悬臂拼装），施工阶段主梁的刚度大，且内力与运营阶段的主梁内力基本一致。

（2）构造特点。连续梁桥连续超过五跨时的内力情况虽然与五跨的相差不大，但连续过长会增大温度变化的附加影响，造成梁端伸缩量很大，需设置大位移量的伸缩缝，因此连续孔数一般不超过五跨，但也有为了减少伸缩缝而采用多于五跨的情形。当需要在宽阔的河流或旱谷上修建很多孔连续梁时，通常可按 3 ~ 7 孔为一联分联布置，联与联的衔接处，通过两排支座支承在一个桥墩上。

变截面形式的大跨径预应力混凝土梁桥，立面一般采用不等跨布置。但多于三跨的连续梁桥，除边跨外，其中间各跨一般采用等跨布置，以方便悬臂施工。对于多于两跨的连续梁桥，其边跨一般为中跨的 0. 6 ~ 0. 8 倍左右，如图 8-2a 所示。当采用箱形截面的三跨连续梁时，边孔跨径甚至可减少至中孔的 0. 5 ~ 0. 7 倍。有时为了满足城市桥梁或跨线桥的交通要求而需增大中跨跨径时，可将边跨跨径设计成仅为中跨的 0. 5 倍以下，此时端支点上将出现较大的负反力，可以在该位置设置能抵抗拉力的支座或压重以消除负反力，如图 8-2b 所示。

在不受总体设计中建筑高度限制的前提下，箱梁的梁高宜采用变高度的，其底曲线可采用二次抛物线、折线和介于折线与二次抛物线之间的 1. 5 ~ 1. 8 次抛物线变化形式，抛物线的变化规律应与连续梁的弯矩变化规律基本接近，采用折线形截面变化布置可使桥梁的构造简单，施工方便。具体的选用形式应按照各截面上下缘受力均匀、容易布筋确定。

根据已建成桥梁的资料分析，支点截面的梁高约为中间跨跨长的1/16～1/18，一般不小于1/20，跨中截面梁高约为支点截面梁高的1/1.5～1/2.5。在具体设计中，还要根据边跨与中跨比例、荷载等级等因素通过几个方案的分析比较确定。在大跨径预应力混凝土连续梁桥中，除截面高度变化外，还可将截面的底板、顶板和腹板做成变厚度，以满足主梁内各截面的不同受力要求。

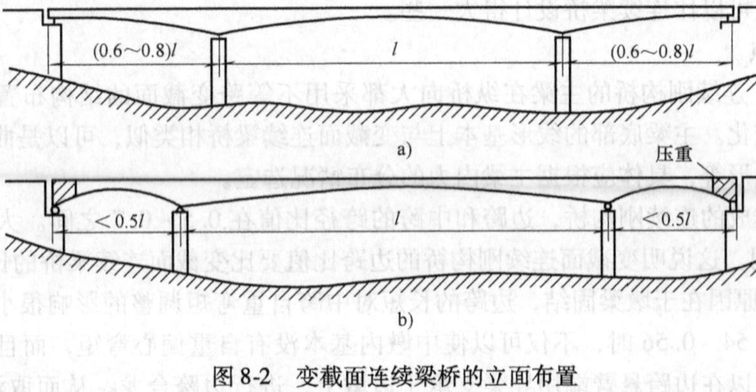

图8-2 变截面连续梁桥的立面布置

(3) 适用范围及特点。

1) 当连续梁的主跨跨径达到70m及其以上时，从结构受力和经济的角度出发，主梁采用变截面布置比较符合梁的内力变化规律。

2) 适合悬臂法施工（悬臂浇筑和悬臂拼装两种），施工阶段的主梁内力与运营阶段的主梁内力基本一致。

3) 采用变截面结构外形美观，可节省材料并增大桥下净空高度。

大跨度预应力混凝土连续梁桥采用悬臂法施工时，存在墩梁临时固结和体系转换的工序，结构稳定性应予以重视，施工较为复杂；此外，如主墩需要布置大型橡胶支座，存在养护上甚至更换上的麻烦。

二、预应力混凝土连续刚构桥

预应力混凝土连续刚构桥是连续梁桥与T形刚构桥的组合体系，也称墩梁固结的连续梁桥，如图8-3所示。

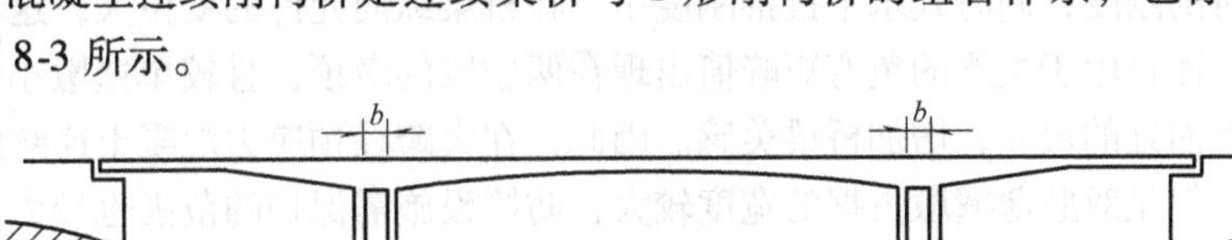

图8-3 连续刚构桥

1. 力学特点

大跨径连续刚构桥结构的受力特点主要为：梁体连续，墩、梁、基础三者固结为一个整体共同受力。在结构重力作用下，连续刚构桥与连续梁桥的跨中弯矩和竖向位移基本一致，但在采用双肢薄壁墩的连续刚构桥（图 8-3a）中，墩顶截面的结构重力负弯矩要较相同跨径连续梁桥的小；其次，由于墩梁固结共同参与工作，连续刚构桥由活载引起的跨中正弯矩较连续梁要小，因而可以降低跨中区域的梁高，并使结构重力内力进一步降低。因此，连续刚构桥的主跨径可以比连续梁桥设计得大一些。

2. 构造特点

（1）主梁。连续刚构桥的主梁在纵桥向大都采用不等跨变截面的结构布置形式，以适应主梁内力的变化。主梁底部的线形基本上与变截面连续梁桥相类似，可以是曲线形、折线形、曲线加直线形等，具体应根据主梁内力的分布情况选定。

国内外已建成的连续刚构桥，边跨和中跨的跨径比值在 0.5 ~0.7 之间。大部分比值在 0.55 ~0.58 之间。这说明变截面连续刚构桥的边跨比值要比变截面连续梁桥的比值范围 0.6 ~0.8 要小。其原因在于墩梁固结，边跨的长短对中跨自重弯矩调整的影响很小，而边、主跨跨径之比在 0.54 ~0.56 时，不仅可以使中墩内基本没有自重偏心弯矩，而且由于边跨合龙段长度小，可以在边跨悬臂端用导梁支承于边墩上，进行边跨合龙，从而取消落地支架，施工也十分方便和经济。

大跨连续刚构桥主梁一般采用箱形截面，箱梁根部截面的高跨比一般为 1/16 ~1/20，其中大部分为 1/18 左右，也有少数桥梁达到或低于 1/20。跨中截面梁高通常为支点截面梁高的 1/2.5 ~1/3.5，略小于连续梁的跨中梁高，这是由于连续刚构桥墩梁固结，活载作用于中跨时，与相同跨径的连续梁相比，连续刚构跨中正弯矩较小的缘故。

（2）桥墩。大跨度连续刚构桥的桥墩不仅应满足施工、运营等各阶段支承上部结构重量和稳定性等方面的要求，而且桥墩的水平刚度应尽可能以适应由于温度变化、混凝土收缩、徐变以及制动力等因素引起的水平位移，减小这些因素对结构产生过大的次内力。

连续刚构桥柔性墩柱的立面形式主要有以下三种。

①竖直双肢薄壁墩。用两个相互平行的薄壁与主梁固结的桥墩，如图 8-3a 所示。这是连续刚构桥中应用得较多的一种形式，适用于桥墩不是很高的形式。竖直双肢薄壁墩可增加桥墩在竖向荷载作用时的刚度，同时其水平抗推刚度小，在桥梁纵向允许的变位大，这不仅可以减小主梁附加内力，而且由于主梁的负弯矩峰值出现在两肢墩的墩顶，且较单壁墩小一些，故可减小主梁在墩顶截面处的尺寸，增加桥梁美感。因此，在大跨径预应力混凝土连续刚构桥中是理想的墩身形式。但是双肢薄壁墩占据的宽度较大，防撞设施需保护的范围也较大，这部分增加的费用可能较多。偶然的船撞击力往往是作用其中的一支薄壁墩上，当一支薄壁墩遭到破坏后，另一支薄壁墩很容易因承载力和稳定性不够而随之破坏，这一点需引起重视。

每支薄壁墩又有实心和空心之分。实心双壁墩施工方便，抗撞能力强，空心双壁墩可以节约混凝土 40% 左右，设计中应根据具体条件通过分析后选用。

②竖直单薄壁墩。在深谷和深水河流的高桥墩上经常采用竖直单薄壁墩（图 8-3b）。它在外观上呈“一”字形，其截面形式一般可为箱形截面的空心桥墩，具体尺寸需根据对柔性的要求确定。

一般来说，单薄壁墩特别是箱形截面单薄壁墩抗扭性能好，稳定性强，能增大通航孔的有效跨径，但其柔性不如双肢薄壁墩大，但随着墩身高度的不断增加，单薄壁墩的柔性逐渐增加，允许的纵向变位增大。因此，对于墩身很高的大跨径连续刚构或中等跨径的连续刚构来说，箱形单薄壁墩也是理想的墩身形式。

③V形墩（或Y形柱式墩）。在刚架桥中为了减小内支点处的负弯矩峰值，可将墩柱做成V形墩形式。V形托架可使主梁的负弯矩峰值降低一半以上，如图8-4所示。

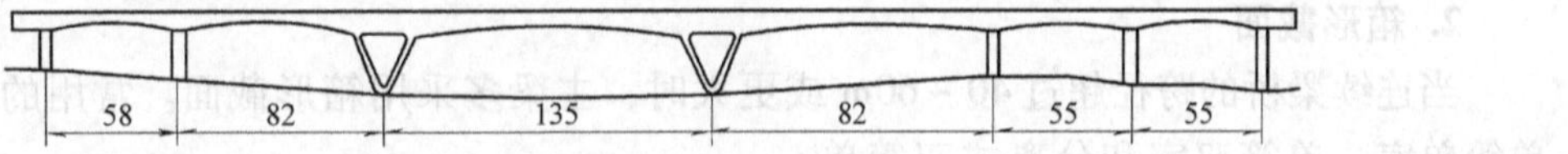

图8-4 底V形墩连续刚构桥（尺寸单位：m）

Y形柱式墩是上部为V形托架，下部为单柱式，两者在立面上构成Y字形。下部的单柱具有一定的柔性，可满足纵向变形的要求。

3. 适用范围及特点

连续刚构桥常用于大跨、高墩的结构中，桥墩纵向刚度较小，在竖向荷载作用下，基本上属于一种无推力的结构，而上部结构具有连续梁施工的一般特点，具有较好的技术经济性。由于预应力技术的迅速发展，连续刚构这种结构近年来得到了较快的发展，可以说连续刚构桥是大跨径桥梁选型中具有竞争力的桥型之一。我国跨径在180m以上的梁桥，均采用连续刚构桥。

连续刚构桥的另一个特点是主梁保持连续，这样既保持了连续梁无伸缩缝、行车平顺的优点，又保持了T构不需设大吨位支座的优点，同时避免了连续梁（存在临时固结和体系转换）和T构（伸缩缝）两者的缺点，养护工作量小。此外，连续刚构施工稳固性好，减少或避免边跨梁端搭架合龙的难度。

但连续刚构桥对地基承载力的要求更高，若地基发生过大的不均匀沉降，连续梁可通过调整墩顶支座的高程抵消下沉来补救，而连续刚构则做不到。对于大跨度连续刚构，当其主墩抗推刚度过大时，中跨梁体会产生过大的温差拉力而对结构受力不利。此外，梁墩连接处应力复杂也是连续刚构的一个缺点。

三、横截面形式和尺寸

预应力连续梁桥横截面形式主要有板式、肋梁式和箱形截面，一般应根据桥梁的总体布置、跨径、宽度、梁高、支承形式和施工方法等方面综合确定。其中，板式、肋梁式截面构造简单、施工方便；箱形截面具有良好的抗弯和抗扭性能，是主要截面形式。

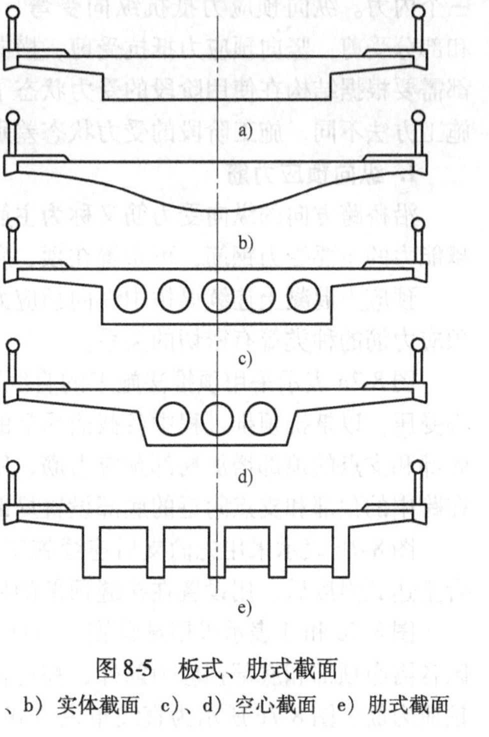

图8-5 板式、肋式截面

a)、b) 实体截面 c)、d) 空心截面 e) 肋式截面

1. 板式和T形截面

板式截面分实体截面（图8-5a、b）和空心截面（图8-5c、d）。矩形实体截面使用较少，曲

线形整体截面近年相对使用较多，实体截面多用于中小跨径，且多配以有支架现浇施工，此时跨中板厚为（1/22～1/28）l，支点板厚为跨中的1.2～1.5倍；空心截面常用于跨径15～30m的连续梁桥，板厚一般为0.8～1.5m，亦用有支架现浇为主。肋式截面预制方便，常用于预制架设施工，并在梁段安装后经体系转换为连续梁桥。常用跨径为25～50m，梁高取1.3～2.6m，如图8-5e所示。

2. 箱形截面

当连续梁桥的跨径超过40～60m或更大时，主梁多采用箱形截面。常用的箱形截面有单箱单室、单箱双室和分离式双箱单室等几种，以第一种应用得较多。单箱单室截面的顶板宽度一般小于20m（图8-6a）；单箱双室的约为25m左右（图8-6b）；双箱单室的可达40m左右（图8-6c）。一般地，等高度箱梁可采用直腹板或斜腹板，变高度箱梁宜采用直腹板。单箱单室截面b与a之比为1:（2.5～3.0）时横向受力状态较好。

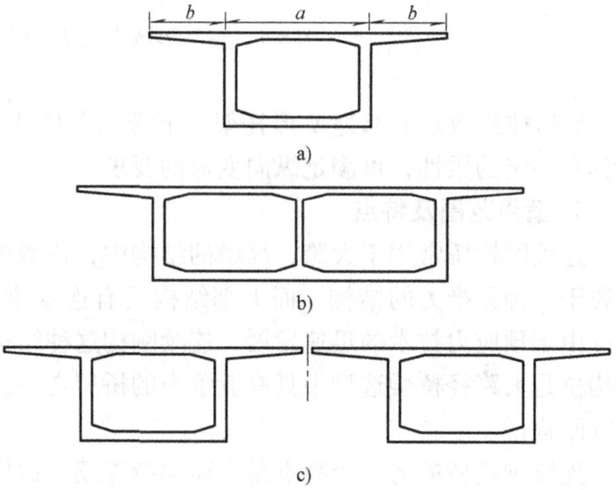

图8-6 箱形截面形式

a）单箱单室 b）单箱双室 c）双箱单室

四、预应力筋布置

连续梁主梁的内力主要有三个：纵向受弯、受剪以及横向受弯。通常所说的三向预应力就是为了抵抗上述三个内力。纵向预应力抵抗纵向受弯和部分受剪，竖向预应力抵抗受剪，横向预应力则抵抗横向受弯。预应力筋数量和布筋位置都需要根据结构在使用阶段的受力状态予以确定，同时，也要满足施工各阶段的受力需要。施工方法不同，施工阶段的受力状态差别很大，因此，结构配筋必须结合施工方法考虑。

1. 纵向预应力筋

沿桥跨方向的纵向受力筋又称为主筋，是用以保证桥梁在结构重力和活载作用下纵向跨越能力的主要受力钢筋，可布置在顶、底板和腹板中。

预应力混凝土连续梁桥中纵向预应力筋的布置方式多种多样，与所采用的施工方法以及预应力筋的种类等有密切的关系。

图8-7a表示采用顶推法施工的直线形预应力筋布置方式。上、下的通束使截面接近轴心受压，以抵抗顶推过程中各截面承受的正负弯矩的交替变化。待顶推完成后，再在跨中的底部和支点的顶部增加局部预应力筋，用来满足运营荷载下相应的内力要求。有时按设计还在跨中的顶部和支点附近的底部设置局部的施工临时束，待顶推完成后即予卸除。

图8-7b表示采用先简支后连续施工方法的预应力筋布置方式，这种结构待墩上接缝混凝土达到强度后，用设置在接缝顶部的局部预应力筋来建立结构的连续性。

图8-7c和d表示采用悬臂施工方法的预应力筋布置方式。梁中除了负弯矩区和正弯矩区各需布顶部和底部预应力筋外，在有正、负弯矩交替作用的区段内，顶、底板中均需设置预应力筋。图8-7c所示为直线布束方式，即顶板预应力筋沿水平布置并锚固在梗肋处，此

种布束方式可减少预应力筋的摩阻损失，并且穿束方便，也改善了腹板的混凝土浇筑条件。水平预应力筋的设计和构造仅由弯曲应力决定，而抗剪强度则由竖向预应力筋来提供。图 8-7d所示为顶板预应力筋在腹板内弯曲并下弯锚固在腹板上，以减小外荷载所产生的剪力。此时腹板应具有足够的厚度以承受集中的锚固力。

图 8-7e 表示整根曲线形通束锚固于梁端的布置方式，一般用于整联现浇的情形。在此情况下，若预应力筋既长且弯曲次数又多，这就显著加大了预应力筋的摩阻损失，因而联长或力筋不宜过长。

预应力筋的布置要考虑到张拉操作的方便。当需要在梁内、梁顶或梁底锚固预应力筋时，应根据预应力筋锚固区的受力特点给予局部加强，以防开裂损坏。

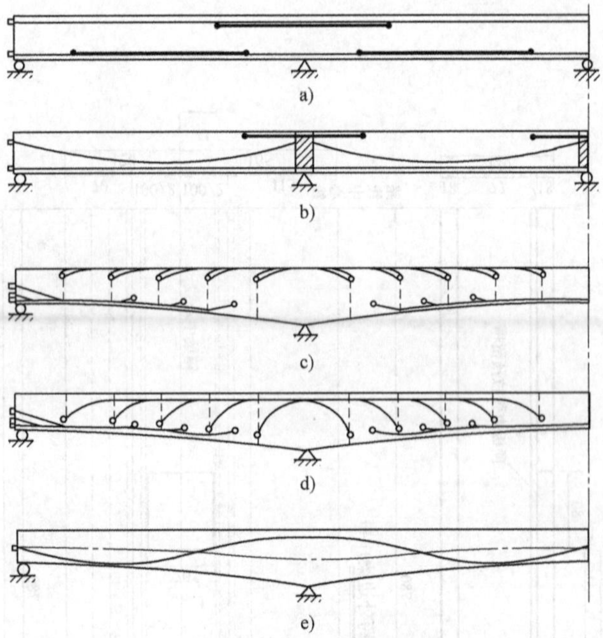

图 8-7　预应力混凝土连续梁配筋方式

2. 横向预应力筋

横向预应力筋是用以保证桥梁的横向整体性、桥面板及横隔板横向抗弯能力的主要受力钢筋，一般布置在顶板和横隔板中。图 8-8 示出了对箱梁截面的顶板施加横向预应力的力筋构造。由于目前大跨径梁桥主梁大都采用箱形截面，顶板厚度一般在 25 ~ 35cm 左右，在保证大量纵向预应力筋穿过的前提下，所剩的空间位置有限，此时横向预应力筋趋向于采用扁锚体系，以减少布筋所需空间。

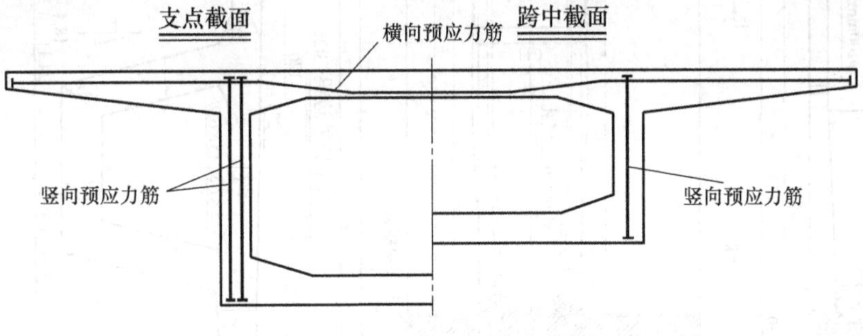

图 8-8　箱梁横向及竖向配筋布置方式

3. 竖向预应力筋

竖向预应力筋布置在腹板中，主要作用是提高截面的抗剪能力。图 8-8 示出了对箱梁截面的腹板施加竖向预应力的力筋构造。竖向预应力筋在梁体腹板内沿纵向的布置间距可根据竖向剪力的分布而进行调整，靠支点截面位置较密，靠跨中位置较疏。竖向预应力筋比较短，故常采用高强粗钢筋配合承压式锚具，以减少力筋张拉锚固时的回缩损失。另外，现在将钢绞线配一种拉索式锚具，也开始用于竖向预应力体系中，可通过二次张拉减少预应力损失。

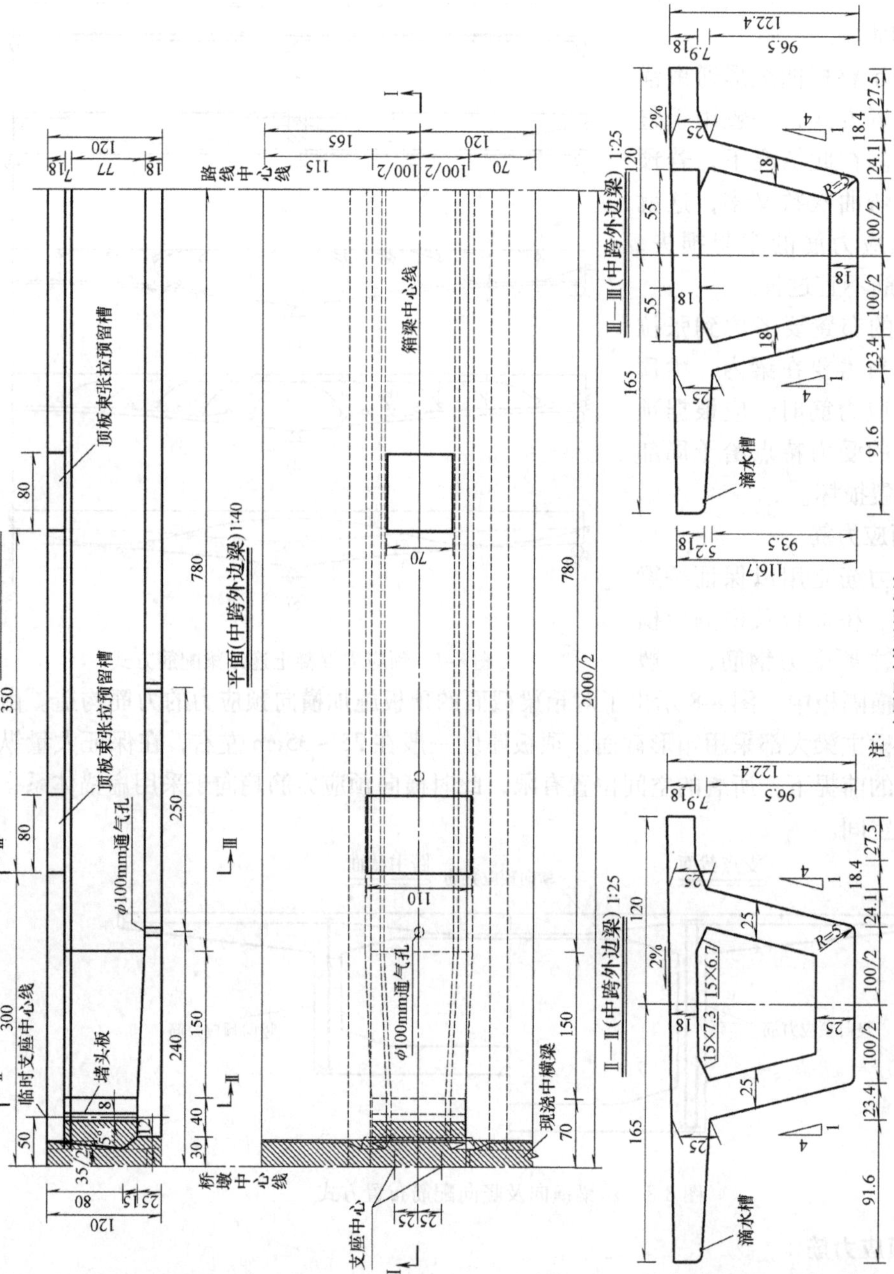

注：

1. 本图尺寸均以厘米计。
2. 本图仅示出中跨半跨箱梁，另半跨箱梁与此对称。
3. 每片预制箱梁底板设置4个φ100mm的通气孔，如图中通气孔的位置与普通钢筋发生干扰，可适当挪动普通钢筋的位置。
4. 图中梁端有阴影线部分为现浇部分。

图 8-9 预应力混凝土连续梁桥箱梁一般构造图

五、预制箱梁一般构造图案例

图 8-9 为某预应力混凝土箱形连续梁桥中箱梁一般构造图，主要反映中跨外边梁的一般构造，箱梁标准跨径 20m，采用单箱单室截面，梁高 1. 2m，梁顶板宽 2. 85m，厚 18cm，底板宽 1. 0m，跨中附近厚 18cm，往支点逐渐加厚至 25cm。斜腹板跨中附近厚 18cm，往支点逐渐加厚至 25cm。顶板设置顶板束张拉预留槽四个（每半跨 2 个）。

任务 8.2　悬臂体系梁桥

任务描述

在理解悬臂体系梁桥力学特点与构造特点基础上，能识读其一般构造图。

一、悬臂梁桥

1. 结构类型

悬臂体系梁桥的布置方式主要有以下两大类。

1）不带挂梁的单孔双悬臂梁桥。这类悬臂梁桥在桥头两端不设置桥台，而仅设置搭板与路堤相衔接，由于行车时搭板易损坏，故多用在跨干线的人行桥梁上。

2）带挂梁的多孔悬臂梁桥。图 8-10a 为三跨简支梁桥，如需设计成多孔悬臂梁桥时，可采用双悬臂梁桥，即从简支梁的两端向外对称各伸出一个悬臂，挂梁每间隔一孔设置；图 8-10b 表示为三孔双悬臂梁桥，仅在跨中设置挂梁的称为单悬臂梁桥；图 8-10c 表示为三孔单悬臂梁桥；图 8-10d 表示为带挂梁的三跨 T 形刚构桥。

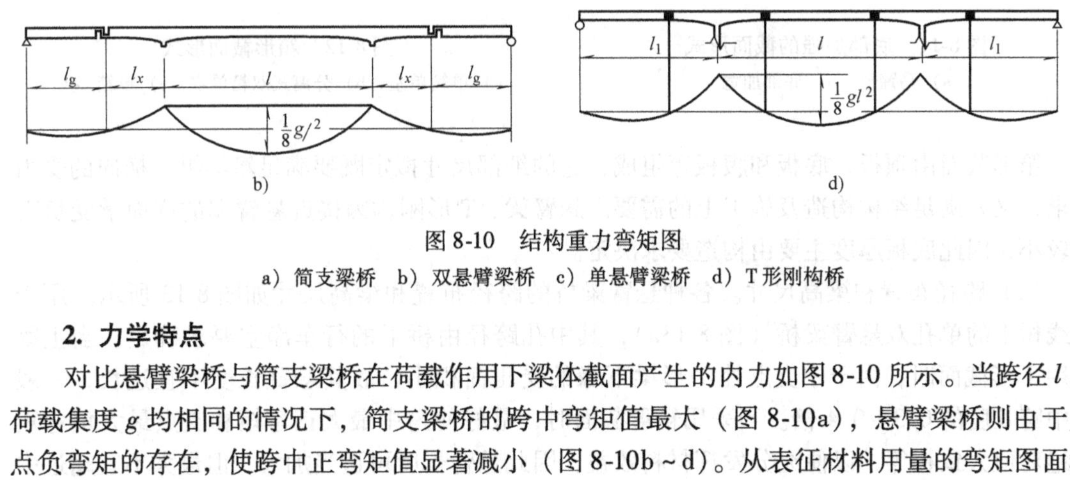

图 8-10　结构重力弯矩图

a）简支梁桥　b）双悬臂梁桥　c）单悬臂梁桥　d）T 形刚构桥

2. 力学特点

对比悬臂梁桥与简支梁桥在荷载作用下梁体截面产生的内力如图 8-10 所示。当跨径 l 和荷载集度 g 均相同的情况下，简支梁桥的跨中弯矩值最大（图 8-10a），悬臂梁桥则由于支点负弯矩的存在，使跨中正弯矩值显著减小（图 8-10b ~ d）。从表征材料用量的弯矩图面积大小（绝对值）而言，悬臂梁桥也比简支梁小得多。

再从活载方面来看，如果只在图（8-10b）的中孔跨布载，则其跨中最大正弯矩仍然与简支梁一样。但对于带有挂梁的多孔悬臂梁桥（图 8-10c），活载作用于中间孔上时，只有较小跨径（通常只有桥孔跨径的 0.4 ~ 0.6）的简支挂梁才产生正弯矩，因此它也比简支梁桥小得多。

由此可见，与简支梁桥相比较，悬臂梁桥由于支点负弯矩的存在，使跨中正弯矩显著减小，故可以减小跨度内主梁的高度，从而可降低钢筋混凝土用量和结构自重，而这本身又导致了自重内力的减小。

3. 构造特点

（1）截面形式。由于悬臂梁桥的主梁除了在跨中部分承受正弯矩外，在支点附近还要承受较大的负弯矩，因此在进行截面设计时，支点截面的底部受压区往往需要加强。常用的截面形式如图 8-11 和图 8-12 所示。图 8-11a 为带马蹄形的 T 形截面，适用于跨径在 30m 以内的钢筋混凝土桥梁；图 8-11b 为底部加宽的 T 形截面，适用于跨径在 30 ~ 50m 以内的预应力混凝土桥梁。当跨径在 50m 以上时，一般使用箱形截面，如图 8-12 所示，有单箱单室、分离式双箱单室和单箱多室等。

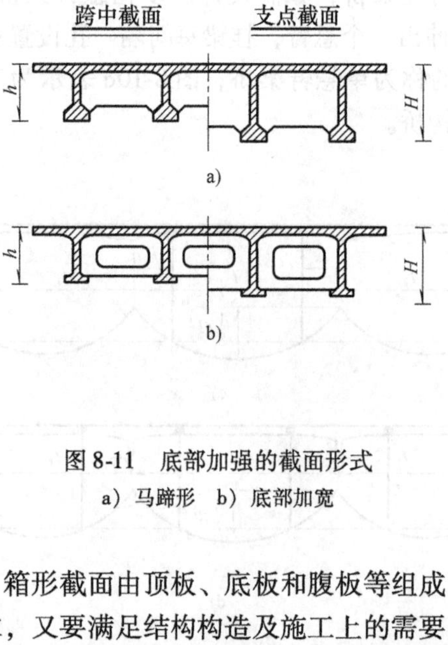

图 8-11　底部加强的截面形式

a）马蹄形　b）底部加宽

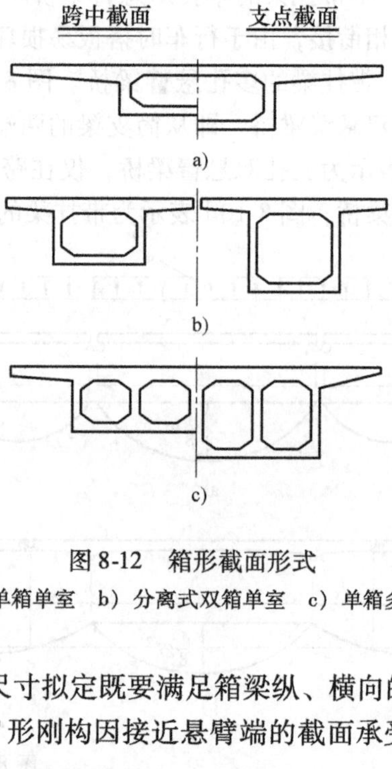

图 8-12　箱形截面形式

a）单箱单室　b）分离式双箱单室　c）单箱多室

箱形截面由顶板、底板和腹板等组成，它的细部尺寸拟定既要满足箱梁纵、横向的受力要求，又要满足结构构造及施工上的需要。悬臂梁、T 形刚构因接近悬臂端的截面承受负弯矩较小，因此底板厚度主要由构造要求决定。

（2）跨径布置和梁高尺寸。各种悬臂梁桥的跨径布置和梁高尺寸如图 8-13 所示。用于跨线桥上的单孔双悬臂梁桥（图 8-13a），其中孔跨径由桥下的行车净空要求确定。当主梁采用 T 形截面时，由于中支点处 T 形梁下缘的受压面积小，故其悬臂长度不宜过长，一般为中跨长度的 0.3 ~ 0.4 倍。当采用箱形截面时，最好使跨中最大正弯矩和支点最大负弯矩的绝对值大致相等，以便充分发挥材料效益，因此悬臂长度可适当加大，但最大不宜超过中跨长度的0.5倍。悬臂过长会使活载挠度增大，行车时跳车现象加剧，使桥与路堤的连接构造易遭损坏。表8-1列出了单孔双悬臂梁桥跨径和梁高拟定的常用尺寸。

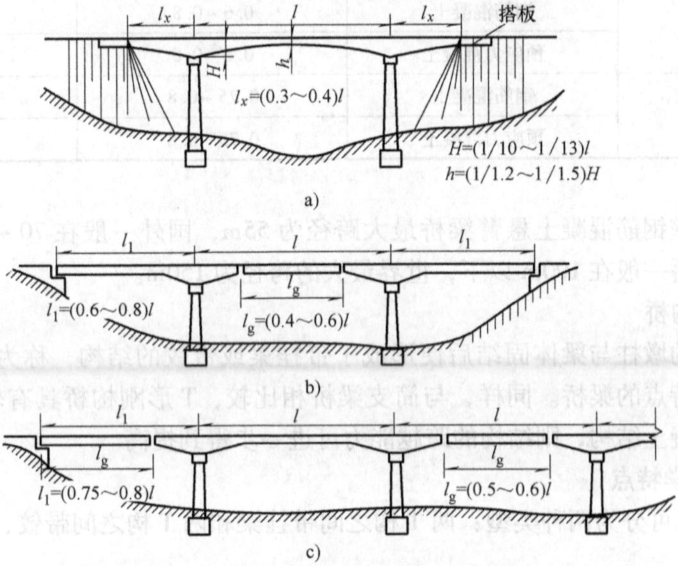

图8-13　悬臂梁桥的主要尺寸图

表8-1　单孔双悬臂梁桥尺寸拟定

桥　　型	跨　　径	高跨比(h,H分别为跨中和支点梁高)		
普通钢筋混凝土	$l_x=(0.3\sim0.4)l$	T形截面	$H=(1/10\sim1/13)l$	$h=(1/1.2\sim1/1.5)H$
		箱形截面	$H=(1/12\sim1/15)l$	$h=(1/2\sim1/2.5)H$
预应力钢筋混凝土	$l_x=(0.3\sim0.5)l$	T形截面	$H=(1/12\sim1/15)l$	$h=(1/1.2\sim1/1.5)H$
		箱形截面	$H=(1/15\sim1/18)l$	$h=(1/2\sim1/2.5)H$

跨河的单孔悬臂梁桥及多孔悬臂梁桥的主孔跨径l通常由通航净空确定，或与边孔一起由河床地形和地质等条件综合考虑来选定。当不受上述这些条件限制时，就可按照梁的弯矩包络图面积为最小的原理来确定边孔与中孔的跨径划分，以达到节省材料的目的。根据已建桥梁的资料分析，边孔跨长l_1、挂梁长度l_g与中孔跨长l之间的比例关系，大致在表8-2中所列的范围内。图8-13c所示多跨双悬臂梁的两个悬臂一般都做成相同的尺寸，挂梁高度约为$h_g=(1/12\sim1/20)l_g$。

(3) 优缺点及适用情况。悬臂梁桥从桥的立面上看，在桥墩上只需设置一排沿墩中心布置的支座，从而可相应地减小桥墩的尺寸。悬臂梁桥在施工阶段和成桥运营阶段两者受力状态是一致的，非常适宜于悬臂施工方法。钢筋混凝土的悬臂梁桥在支点附近负弯矩区段内，梁的上翼缘受拉，不可避免地要出现裂缝，雨水易侵入梁体，故导致结构的耐久性降低。从运营条件来看，悬臂梁桥和简支梁桥均不甚理想，悬臂梁桥在悬臂端与挂梁衔接处的挠曲线都会产生不利于行车的折点，并且伸缩缝装置容易损坏，需经常地更换。悬臂梁桥的构造也较简支梁复杂。故这种桥型目前在我国已较少采用。

表 8-2　悬臂梁桥各种跨长的比例关系

桥　　型	结构类型	l_1/l	l_g/l
单孔悬臂梁桥	钢筋混凝土	0.6～0.8	0.4～0.6
	预应力混凝土	0.6～0.8	0.2～0.4
多孔悬臂梁桥	钢筋混凝土	0.75～0.8	0.5～0.6
	预应力混凝土	0.75～0.8	0.5～0.7

国内箱形薄壁钢筋混凝土悬臂梁桥最大跨径为 55m，国外一般在 70～80m 以下；预应力混凝土悬臂梁桥一般在 100m 以下，世界最大的跨径为 150m。

二、T 形刚构桥

将悬臂梁桥的墩柱与梁体固结后便形成了带挂梁或带铰的结构，称为 T 形刚构桥，是具有悬臂梁受力特点的梁桥。同样，与简支梁桥相比较，T 形刚构桥具有较大的跨越能力。若采用预应力混凝土结构，则结构的跨越能力可进一步得到提高。

1. 分类及力学特点

T 形刚构桥又可分为两种类型：两 T 构之间带挂梁和两 T 构之间带铰，如图 8-14 所示。

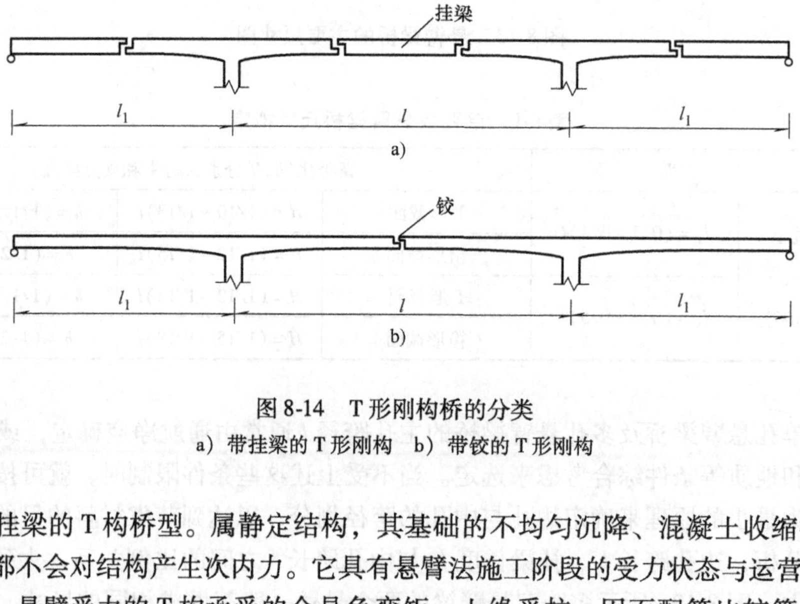

图 8-14　T 形刚构桥的分类
a) 带挂梁的 T 形刚构　b) 带铰的 T 形刚构

(1) 带挂梁的 T 构桥型。属静定结构，其基础的不均匀沉降、混凝土收缩徐变及温度变化等因素都不会对结构产生次内力。它具有悬臂法施工阶段的受力状态与运营阶段受力状态的一致性，悬臂受力的 T 构承受的全是负弯矩，上缘受拉，因而配筋比较简单。与带铰的 T 形刚构桥相比，它的受力和变形性能均略差一些，但其受力明确。结构布置以每个 T 构单元与两侧配等跨长的挂梁最为简单合理，在此情况下，刚构两侧结构重力是对称的，墩柱中无不平衡的自重弯矩。

(2) 带铰的 T 构桥型

属超静定结构，两个大悬臂在端部借所谓“剪力铰”相连接，它是一种只能传递竖向剪力而不传递水平力和弯矩的连接构造。当在一个 T 形刚构桥面上作用有竖向荷载时，相邻的 T 形刚构结构通过剪力铰而共同受力。因而，从结构受力和牵制悬臂端变形来看，剪力铰起到了有利的作用。

2. 构造特点

对于钢筋混凝土T形刚构桥，挂梁的经济长度一般在跨径的0.5～0.7范围内；而预应力混凝土T形刚构桥的挂梁经济长度一般在跨径的0.22～0.50范围内。主孔跨径大时，取较小比值，并应使挂梁跨径不超过35～40m，以利安装。T形刚构桥的悬臂梁，可以是箱形截面，也可以做成桁架结构。其支点、跨中梁高与跨径的关系可参考表8-3。

表8-3 预应力混凝土T形刚构支点、跨中梁高与跨径的关系

桥　型	挂梁跨径	路径与支点梁高的关系	跨中梁高
带挂梁的T形刚构	$l_g=(0.22\sim0.55)l$ 且≤35～40m	$l>100$m时， $H=(1/17\sim1/21)l$	与挂梁同高
带铰的T形刚构	—	$l<100$m时， $H=(1/14\sim1/18)t$	$h=(0.2\sim0.4)H$， 且≥2.0m

当在墩柱一侧的桥跨上布载时，墩柱将承受较大的不平衡力矩，因此墩柱尺寸一般较大，墩宽可取（0.7～1.0）H。

3. 优缺点及适用情况

此种桥型结合了刚架桥和多孔静定悬臂梁桥的特点，是我国20世纪70～80年代修建较多的一种桥型。同悬臂梁桥一样，T形刚构桥也非常适宜于悬臂施工方法。

钢筋混凝土T形刚构常用跨径在40～50m左右，预应力混凝土T形刚构的常用跨径为60～120m。然而，几十年来的实践证明：T构带挂梁的桥型在混凝土的长期收缩徐变作用下和汽车荷载的冲击力作用下，T构悬臂梁端会发生下挠，从而导致悬臂端与挂梁之间易形成折角，增大冲击作用，使伸缩缝的处理和养护较困难；且各T构之间不能共同工作，使其跨径受到限制。而在T构带铰的桥型中，由于铰的存在，使铰的左右两侧主梁变形不一致，难于调整，引起行车不平顺；施工过程中有时还需强迫合龙；当T构的两边温度变化不同时，易产生不均匀变形，引起较大次内力；加上剪力铰的构造与计算图式中的理想铰尚存在差异，难以准确地计算出各种因素产生的次内力。此外，由于挂梁的需要，需设置专门的牛腿构造，使设计和受力变得复杂，随着使用年限的增加，需对牛腿构造处进行重点检查和养护，以确保其耐久，世界上就有几起因此类桥梁养护管理不到位而引起桥梁坍塌事故的发生。因此，带挂梁和带铰的T形刚构目前均已较少采用。

三、预应力筋布置

悬臂体系梁中连续预应力束筋的布置形式如图8-15和图8-16所示，常用于有支架的现浇预应力混凝土结构中。预应力混凝土梁桥的布束原则如下。

1）应选择适当的预应力束筋形式和锚具形式。

2）应考虑施工的方便，尽可能少地切断预应力钢筋。

3）符合结构受力的特点，既要满足施工阶段的受力要求，又要满足成桥后使用阶段各种荷载组合下的受力要求；既要考虑结构在使用阶段弹性受力状态的需要，也要考虑到结构在破坏阶段时的需要；并注意避免在超静定结构体系中引起过大的结构次内力。

4）考虑材料经济指标的先进性，预应力束筋在结构横断面上布置要考虑由于剪力滞效应引起的应力不均匀的影响。

5）避免使用多次反向曲率的连续束筋，以降低摩阻损失。

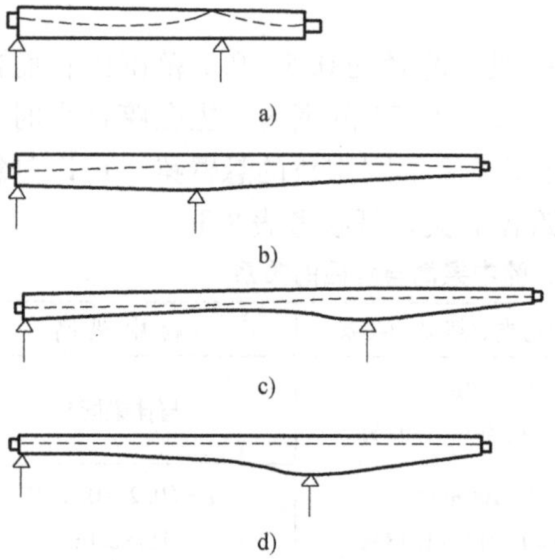

图 8-15 单悬臂梁布束方式

a）短跨 b）长悬臂 c）长锚跨 d）直线力筋

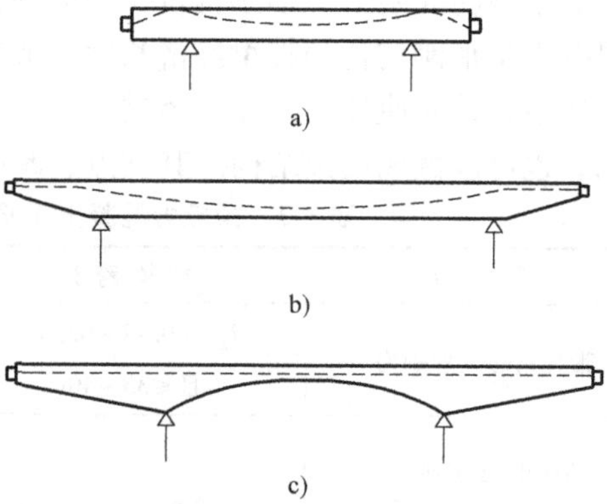

图 8-16 双悬臂梁布束方式

a）短跨 b）锥形状短悬臂 c）直线力筋

单元小结

1. 在悬臂体系和连续体系梁桥中，由于支点负弯矩的存在，减小了跨中截面的正弯矩值，故该两种体系梁桥的跨越能力都比简支梁桥要大。

2. 悬臂梁桥分为双悬臂梁桥和单悬臂梁桥，截面形式多采用 T 形或箱形截面。由于支点截面附近承受较大的负弯矩，故梁底部受压区往往需要加强。

3. T 形刚构桥系指悬臂梁的墩柱与梁体固结后形成的结构体系。T 形刚构桥又可分为两种类型：两 T 构之间带挂梁和两 T 构之间带铰，前者为静定结构，后者为超静定结构。

4. 悬臂梁桥和 T 形刚构桥在长期的使用过程中，由于悬臂梁端会发生徐变下挠，导致悬臂端与挂梁或铰之间易形成折角，造成行车不顺，增大冲击作用，同时伸缩缝的处理和养护都较困难。

5. 预应力混凝土连续体系具有结构刚度大、变形小、伸缩缝少、行车平稳舒适等优点而得到迅速的发展，它又可分为等截面连续梁桥、变截面连续梁桥和连续刚构桥等。

6. 当连续梁桥的跨径较大时，主梁支点截面的负弯矩将比跨中截面的正弯矩大很多，此时应加大支点截面的梁高，以抵抗较大的负弯矩和剪力，因此主梁采用变截面连续梁桥比等截面连续梁桥更为有利。

7. 预应力混凝土连续刚构桥的特点是主梁保持连续，梁墩固结，上、下部结构共同承受荷载，减小了主梁截面在墩顶处负弯矩。这样既保持了连续梁无伸缩缝、行车平顺的优点，又保持了 T 构不需要设大吨位支座的优点，同时避免了连续梁（存在临时固结和体系转换）和 T 构（伸缩缝多）两者的缺点，养护工作量小。

8. 预应力混凝土连续刚构桥主要适用于高桥墩、大跨径的情况，桥墩采用柔性薄壁型，其作用如同摆柱，以适应预应力、混凝土收缩徐变和温度引起的纵向位移。

9. 预应力连续梁桥截面形式主要有板式、肋梁式和箱形截面。其中，板式、肋梁式截面构造简单、施工方便，适用于中小跨径桥梁；箱形截面具有良好的抗弯和抗扭性能，是大中跨径预应力混凝土连续梁桥的主要截面形式。

10. 纵向预应力筋沿桥跨方向布置，是用以保证桥梁在结构重力、可变荷载作用下纵向跨越能力的主要受力钢筋，可布置在腹板和顶、底板中。横向预应力筋是用以保证桥梁的横向整体性、桥面板及横隔板横向抗弯能力的主要受力钢筋，一般布置在横隔板或截面的顶板中。竖向预应力筋主要作用是提高截面的抗剪能力，布置在腹板中。

巩固训练

1. 简要阐述悬臂体系和连续体系梁桥跨越能力比简支梁桥大的主要原因。
2. 悬臂梁桥和 T 形刚构桥在目前为什么应用越来越少？
3. 叙述 T 形刚构桥、连续梁桥和连续刚构桥三种结构的主要优缺点。
4. 为什么大跨径预应力混凝土主梁多采用变截面形式？

单元9　桥 梁 墩 台

学习目标

1. 认知桥梁墩台的主要类型、适用条件和构造要求；
2. 会进行重力式桥墩、桥台的受力分析与作用效应组合；
3. 知道桩柱式桥墩、轻型桥台的计算要点；
4. 能识读常见桥梁墩台一般构造图、钢筋结构图等，会核算工程量；
5. 认知受压构件的主要类型和构造要求；
6. 能进行轴心受压构件的配筋计算和承载力复核；
7. 能进行大偏心受压构件的配筋计算和承载力复核。

任务9.1　桥梁墩台类型与构造

任务描述

在认识桥梁墩台类型与构造的基础上，以某梁式桥桥梁墩台工程图为例，能识读桥墩台的一般构造图与钢筋构造图，并能核算工程量。

一、桥梁墩台的组成与作用

桥梁墩台是桥梁结构的重要组成部分，它决定着桥跨结构在平面上和高程上的位置，承担着桥梁上部结构产生的荷载，并将荷载有效地传递给地基基础，起着“承上启下”的作用。桥梁墩台又称桥梁的下部结构，它主要由墩（台）帽、墩（台）身和基础三部分组成（图9-1）。

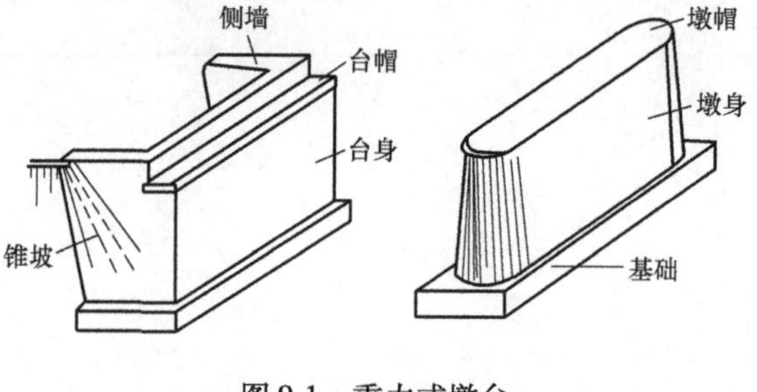

图9-1　重力式墩台

桥墩一般是指多跨桥梁的中间支承结构物，它除承受结构的荷重外，还要承受流水压力，水面以上的风力以及可能出现的流冰压力、船只或漂浮物或汽车的撞击作用。桥台设置在桥梁两端，除了支承桥跨结构外，还是衔接两岸路堤的构造物；既要能挡土护岸，又要能承受台背填土压力及填土上车辆荷载所产生的附加土侧压力。因此，桥梁墩台不仅要求自身应具有足够的强度、刚度和稳定性，而且对地基的承载能力、沉降量、地基与基础之间的摩阻力等都有相应的要求。

二、桥墩构造

桥墩按构造可分为实体墩、空心墩、柱式墩、框架墩等。

1. 实体重力式桥墩

实体重力式桥墩（图9-2）是一种实体圬工墩，主要靠墩自身的重力（包括桥跨结构重力）平衡外力，从而保证桥墩的强度和稳定。此种桥墩自身刚度大，具有较强的防撞能力，适合于修建在地基承载力较高、覆盖层较薄、基岩埋深较浅的地基上。其构造要求如下。

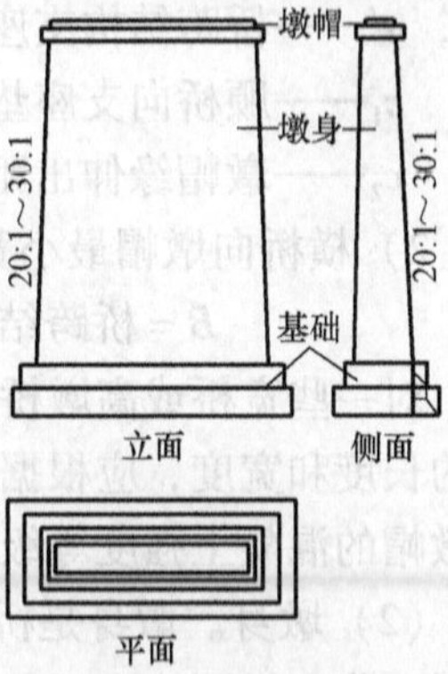

图9-2 实体重力式桥墩

（1）墩帽。墩帽直接支承桥跨结构，并将相邻两孔桥上的结构重力、汽车荷载和人群荷载传递到墩身上。由于它受到支座传来的集中力作用，所以要求它具有足够的强度和厚度。其最小厚度一般不小于500mm，中小跨径梁桥也不应小于400mm。墩帽一般采用C20以上的混凝土浇筑，并加配构造钢筋。小跨径桥非严寒地区可不设构造钢筋，构造钢筋直径一般取8～12mm，采用间距为200mm左右的网格布置。支座下墩帽内应布置一层或多层加强钢筋网，其平面分布范围取支座支承垫板面积的两倍，钢筋直径为8～12mm，网格间距为50～100mm。墩帽钢筋布置如图9-3所示。对于小桥，也可用M7.5以上砂浆砌MU40以上料石作墩帽。当桥面的横向排水坡不用桥面三角垫层调整时，可在墩帽顶面从中心向两端倾斜地加筑三角垫层，并在四周墩身顶出檐50～100mm，且在其上做成沟槽形滴水，以避免水侵蚀墩身。

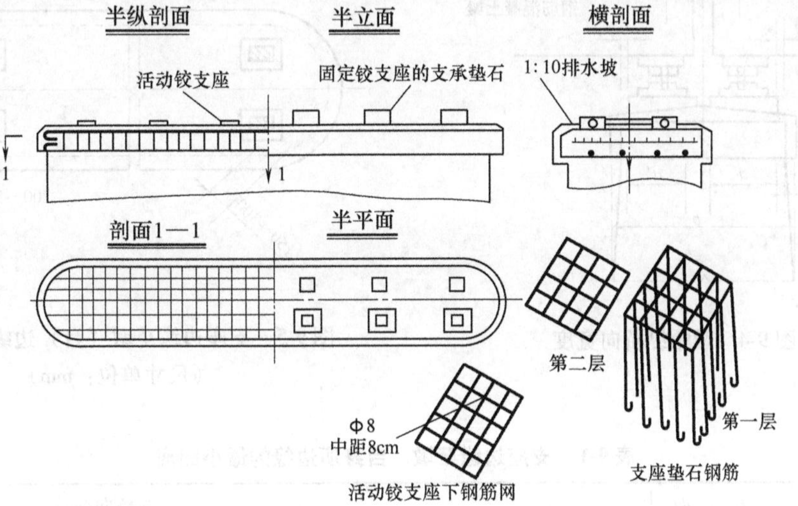

图9-3 墩帽钢筋构造

墩帽的平面尺寸应考虑上部结构形式、支座布置情况、架设上部结构施工方法的要求而决定。一般可按下式确定：

1）顺桥向墩帽最小宽度 b（图9-4）

$$b \geqslant f + \frac{a}{2} + \frac{a'}{2} + 2c_1 + 2c_2 \tag{9-1}$$

式中 f——相邻两跨支座间的中心距；

$$f = e_0 + e_1 + e_1' \geqslant \frac{a}{2} + \frac{a'}{2} \tag{9-2}$$

e_0——伸缩缝宽，中小桥为 20~50mm，大跨径桥可按温度变化及施工可能出现的误差等确定；

e_1，e_1'——桥跨结构伸过支座中心线的长度；

a，a'——桥跨结构支座垫板顺桥向的宽度；

c_1——顺桥向支座垫板至墩身顶边缘最小距离（图 9-5），应按表 9-1 的规定值取用；

c_2——墩帽缘伸出距离，50~100mm。

2）横桥向墩帽最小宽度 B

$$B = 桥跨结构两外侧主梁中心距 + 支座底板横向宽度 + 2c_1 + 2c_2$$

对一些宽桥或高墩桥梁，为了节省墩身圬工体积，常常将墩帽做成悬臂式或托盘式。悬臂的长度和宽度，应根据上部结构的形式、支座位置及施工荷载的要求确定。一般要求悬臂式墩帽的混凝土强度等级要高些，悬臂端部的最小高度不小于 300~400mm。

（2）墩身。墩身是桥墩的主体部分，一般采用不低 C20 的片石混凝土浇筑，或用浆砌块石、浆砌料石，也可用混凝土预制块砌筑。石砌桥墩应采用不低于 MU30 的石料，大中桥用不低于 M7.5 砂浆砌筑，小桥涵用不低于 M5 砂浆砌筑。混凝土桥墩一般用 C20 或 C20 以上混凝土浇筑，并可掺入不多于 20% 的片石，混凝土预制块强度不低于 C25。

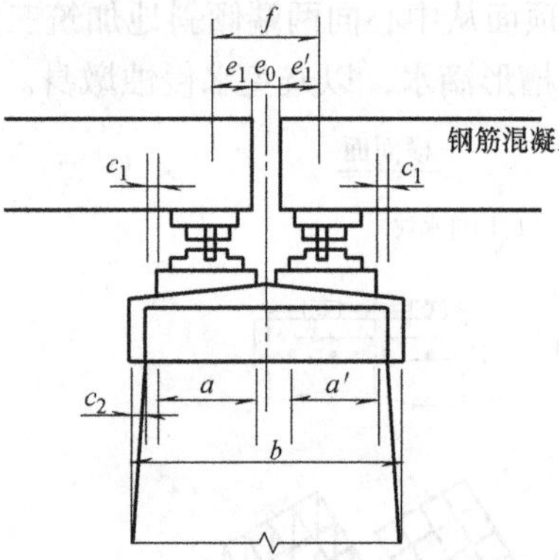

图 9-4 墩帽纵桥向宽度

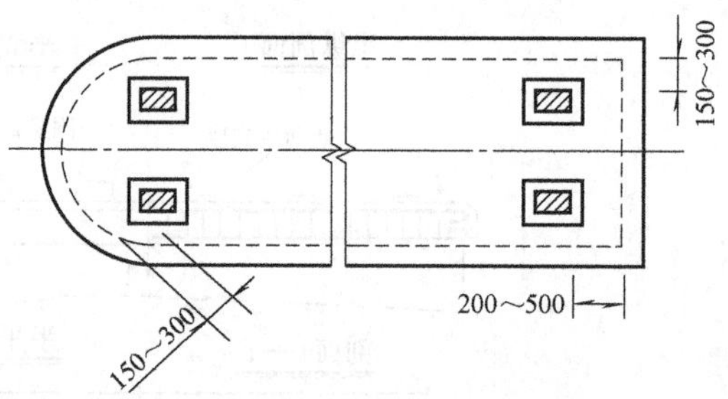

图 9-5 支座边缘至墩（台）边缘最小距离（尺寸单位：mm）

表 9-1 支座边缘至墩、台身顶边缘的最小距离

方向 跨径 l/m	顺桥向/mm	横桥向/mm	
		圆弧形端头（自支座边角量起）	矩形端头
$l \geqslant 150$	300	300	500
$50 \leqslant l < 150$	250	250	400
$20 \leqslant l < 50$	200	200	300
$5 \leqslant l < 20$	150	150	200

注：当采用钢筋混凝土或预应力混凝土悬臂墩帽时，可不受本表限制，应以便于施工、养护和更换支座而定。

墩身的主要尺寸包括：墩高、墩身顶面和底面尺寸、墩身侧坡。用于梁桥的墩身顶宽，小跨径桥不宜小于 800mm，中跨径桥不宜小于 1000mm，大跨径桥的墩身顶宽视上部结构类型而定。墩身侧坡一般采用20:1～30:1，小跨径桥梁的桥墩也可以做成直坡。实体桥墩的截面形式有圆形、圆端形、尖端形、矩形、菱形等。在有强烈流冰（冰厚大于500mm，流冰速度大于1m/s）或大量漂浮物的河道上，桥墩的迎水端应做成破冰棱体（图9-6）。

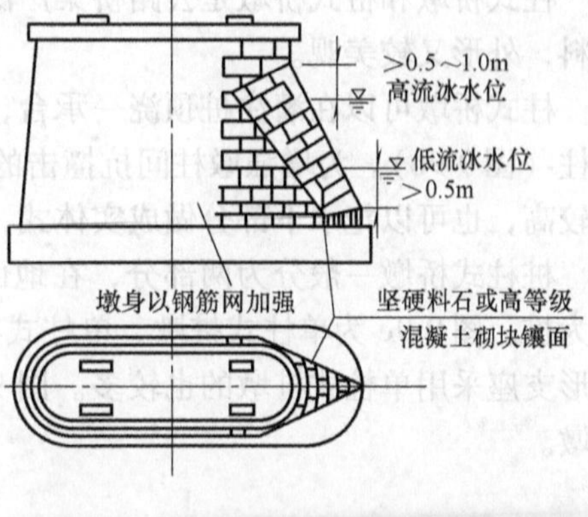

图9-6　带破冰棱的实体式桥墩构造

（3）基础。基础是桥墩与地基直接接触的部分，其类型与尺寸往往取决于地基条件，尤其是地基承载力。最常见的是刚性扩展基础，一般采用C20以上片石混凝土或浆砌块石筑成。基础的平面尺寸较墩身底面尺寸略大，四周各放大250～750mm左右。基础可以做成单层，也可以做成2～3层台阶式的。台阶宽度由基础所用材料的刚性角控制。基础刚性角：用M5砂浆砌筑的砌体，不大于30°；用M5以上的砂浆砌筑的砌体，不大于35°；用混凝土浇筑的，不大于40°。

2. 空心桥墩

空心桥墩的形式有两种：一种为部分镂空实体桥墩；另一种为薄壁空心桥墩。

部分镂空实体桥墩仍保持实体桥墩的基本特点，如较大的轮廓体形，较大的圬工结构，少量的钢筋等。镂空的主要目的是为减少圬工数量，使结构更经济。具体镂空部位受到一定条件限制，如在墩帽下一定高度范围内，为保证上部结构荷载有效地传递给墩身壁，应设置一定的实体过渡段；在空心部分与实体部分连接处，应设倒角或配置构造钢筋，从而避免产生局部应力集中问题；对于受船只、漂流物撞击或易磨损、需防流冰撞击的墩身部分，一般不宜镂空。

薄壁空心墩基本结构形式与部分镂空实体桥墩相似，一般墩身壁为较薄的钢筋混凝土，混凝土一般不低于C25。根据受力情况、桥墩高度以及自身构造要求，壁厚一般在300～500mm。常见的几种空心桥墩如图9-7和图9-8所示。

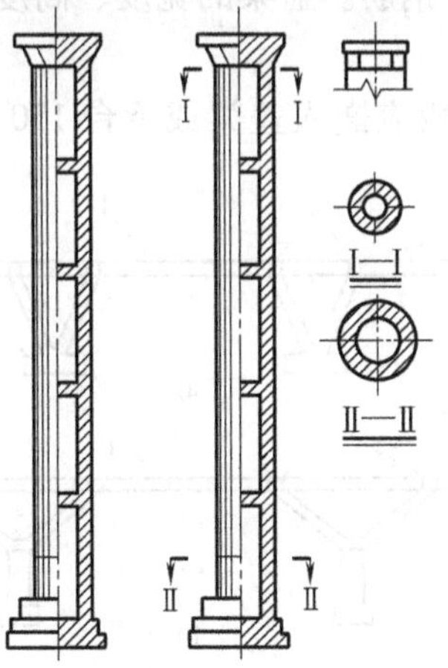

图9-7　圆形空心墩

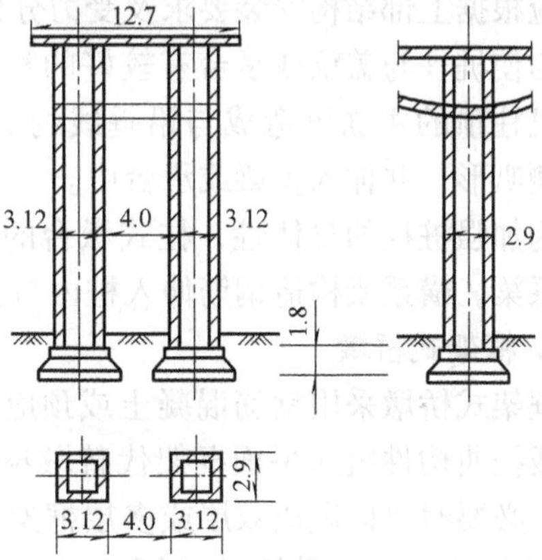

图9-8　方形空心墩

3. 桩（柱）式桥墩

柱式桥墩和桩式桥墩是公路桥梁广泛采用的桥墩形式，它既能减轻墩身重力，节约圬工材料，外形又较美观。

柱式桥墩可以在灌注桩顶浇一承台，然后在承台上设立柱（图9-9a）；或在浅基础上设立柱（图9-9b）。为增强墩柱间抗撞击的能力，可以在两柱中间加做隔墙（图9-9c）。当桥墩较高，也可以把水下部分做成实体式，以上部分仍为柱式（图9-9d）。

桩柱式桥墩一般分为两部分，在地面以上（或桩柱连接处以上）称为柱，在地面以下称为桩。图9-9e为单柱式桩墩。单柱式桩墩在铁路桥梁应用较多，公路连续梁桥桥墩配合球形支座采用单柱式桩墩的也较多。图9-9f为等截面双柱式桩墩；图9-9g为变截面双柱式桩墩。

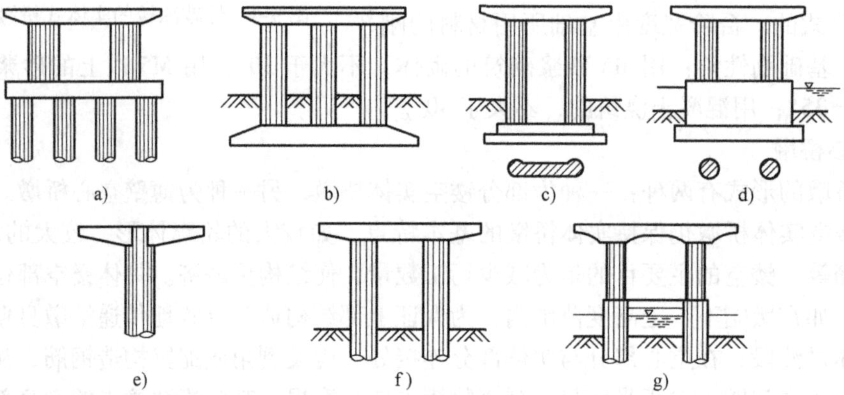

图9-9　桩柱式桥墩

盖梁是柱式桥墩的墩帽，一般采用钢筋混凝土就地浇筑，混凝土采用C20～C30，也有采用预制安装或预应力混凝土的。跨高比不大于5的盖梁，宜采用强度等级较高的混凝土，且应不低于C25。盖梁截面内应设箍筋，两侧设纵向水平钢筋。盖梁的宽度、高度和长度尺寸，应根据上部结构安装要求及受力分析计算确定。

为使桩柱与盖梁或承台有较好的整体性，桩柱顶一般应嵌入盖梁或承台150～200mm，露出桩柱顶的主筋可弯成与铅垂线约成15°。倾斜角的喇叭形，并伸入盖梁或承台中。

为加强桩柱的整体性，柱式墩台的柱身间应设置横系梁。横系梁构造钢筋伸入桩内与主筋连接。

4. 框架式桥墩

框架式桥墩采用钢筋混凝土或预应力混凝土等压挠或挠曲构件组成平面框架代替墩身，支撑上部结构，必要时可以做成双层或多层框架。如V形桥墩（图9-10a）、Y形桥墩（图9-10b）、X形桥墩（图9-11）等都属于框架式桥墩。在同样跨越能力下，这些桥墩能缩短主梁跨径，降低梁高，使结构

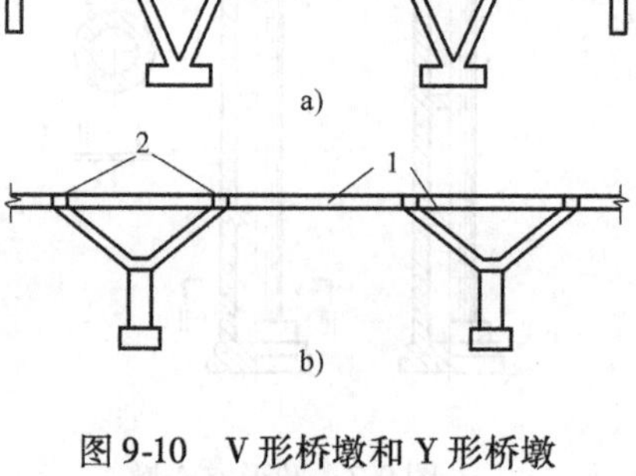

图9-10　V形桥墩和Y形桥墩
1—预制梁　2—接头

轻盈美观，但其结构构造复杂，施工比较麻烦。

5. 重力式拱桥桥墩

拱桥桥墩与梁桥桥墩从结构组成上比较，最大的不同点是，拱桥桥墩无需考虑支座的类型与布置，只需在墩身顶面的边缘设置成斜坡的拱座（图9-12）。由于拱座承受较大的拱圈压力，故一般宜采用C25以上的整体式混凝土、混凝土预制块或MU50以上的块石砌筑。肋拱桥拱座由于压力比较集中，故应采用强度等级高的混凝土及数层钢筋网加固；装配式的肋拱桥的拱座，也可以预留供插入拱肋的孔槽，如图9-12所示，吊装就位后再浇筑混凝土封固。为了加强肋底与拱座的连接，底部可设U形槽浇筑C25以上的混凝土，有时孔底或孔壁还应增加一些加强钢筋网。

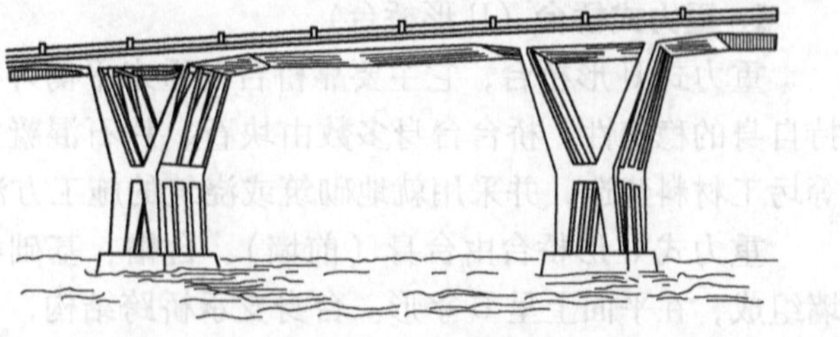

图9-11　X形框架墩

由于拱桥桥墩要承受较大的水平推力，所以拱桥桥墩的顺桥向宽度尺寸比梁桥大，墩壁坡度比梁桥缓。另外，拱桥桥墩需承受相邻两孔拱脚传来的不平衡的水平推力。因此产生了几种特殊结构的拱桥桥墩，如同一桥墩上两拱座高低不一的墩（图9-13）。此类桥墩是为应对邻孔不等跨而设计的；以及在多跨拱桥中，根据施工和使用要求，每隔3~5孔设置的单向推力墩。目前常用的单向推力墩有以下几种形式。

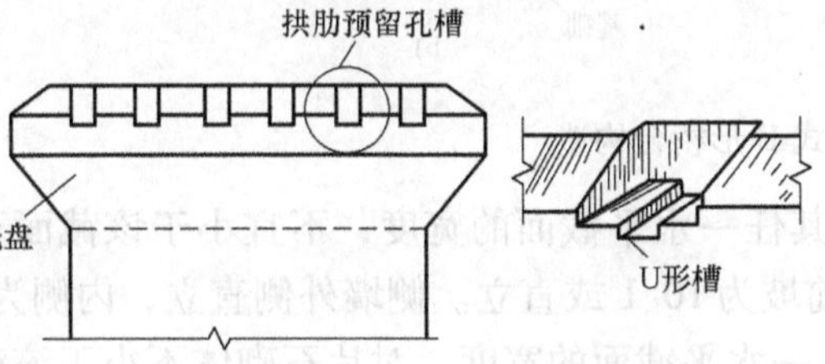

图9-12　拱座构造

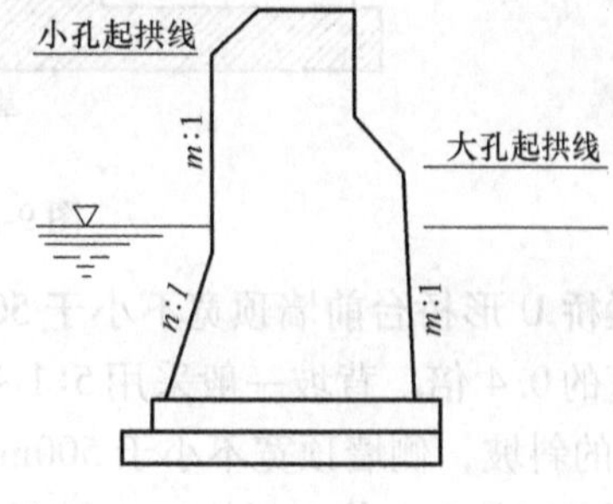

图9-13　拱座高低不一的桥墩

（1）带三角杆件的单向推力墩。这种单向推力墩是在普通墩柱上对称增设一对钢筋混凝土斜撑（图9-14），以提高其抵抗单向水平推力的能力。接头只承受压力而不承受拉力。在基础埋置深度不大、地基条件较好时，也可把桥墩基础加宽成“⊥”形的单向推力墩。这种桥墩只在桥不太高的旱地上采用。

（2）悬臂式单向推力墩。悬臂式单向推力墩是在桥墩的纵桥向双向挑出悬臂（图9-15）。当邻孔遭到破坏后，由于悬臂端的存在，使拱支座竖向反力通过悬臂端而成为稳定力矩，保证了单向推力墩不致遭到损坏。

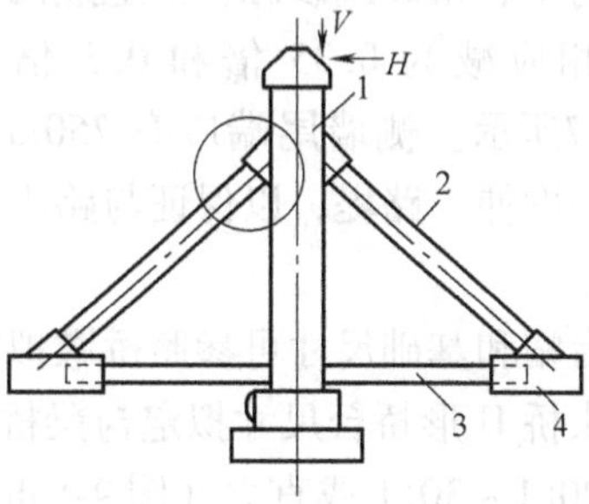

图9-14　普通柱墩加设斜撑的单向推力墩

1—立柱　2—斜撑　3—拉杆（用预应力）

4—基础

当桥墩较矮及单向推力不大时，只需加大实体墩身的尺寸即可。

三、桥台构造

桥台按其形式可分为：重力式桥台、轻型桥台、埋置式桥台、框架式桥台和组合式桥台等。

1. 重力式桥台（U形桥台）

重力式U形桥台，它主要靠桥台自重来平衡外荷载，以保持自身的稳定性。桥台台身多数由块石、片石混凝土或混凝土等圬工材料建造，并采用就地砌筑或浇筑的施工方法。

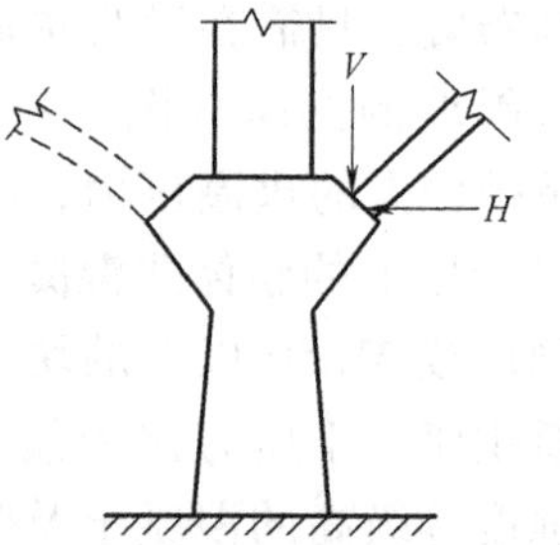

图9-15 悬臂式单向推力墩

重力式U形桥台由台身（前墙）、台帽、基础与两侧的翼墙组成，在平面上呈U字形。台身支承桥跨结构，并承受台后土压力的作用；翼墙连接路堤，在满足一定条件时，和前墙共同承受土压力；侧墙外侧设锥形护坡。U形桥台的一般构造，如图9-16所示。

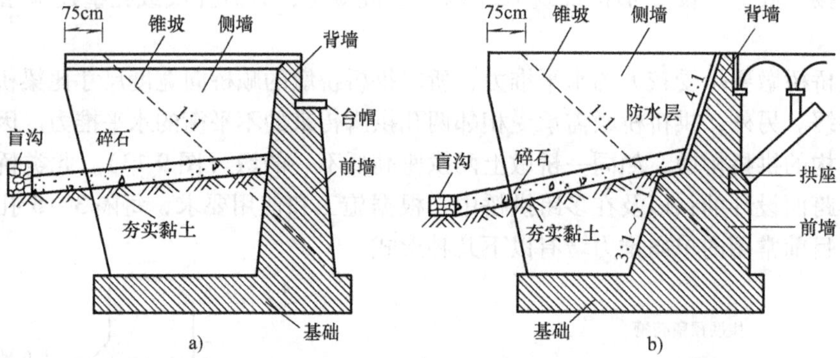

图9-16 重力式U形桥台构造

梁桥U形桥台前墙顶宽不小于500mm，其任一水平截面的宽度，不宜小于该截面至墙顶高度的0.4倍。背坡一般采用5:1～8:1，前坡为10:1或直立。侧墙外侧直立，内侧为3:1～5:1的斜坡，侧墙顶宽不小于500mm，其任一水平截面的宽度，对片石砌体不小于该截面至墙顶高度的0.4倍，对块石、料石砌体及混凝土不小于0.35倍；如桥台内填料为中、粗砂或砂砾，则上述两项可分别相应减为0.35倍和0.3倍，如图9-17所示。侧墙尾端应有750mm以上的长度伸入路堤，以保证与路堤衔接良好。

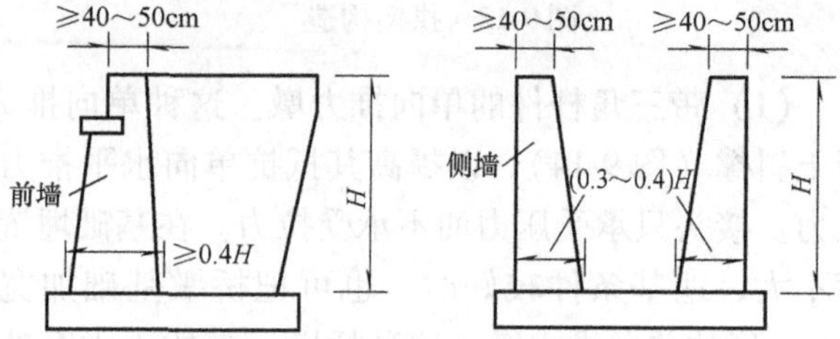

图9-17 重力式U形桥台尺寸图

台帽和基础尺寸可参照桥墩拟定。

拱桥U形桥台尺寸拟定与梁桥U形桥台基本相同，只是前墙背坡改为2:1～4:1，前坡改为20:1～30:1或直立（图9-16b）。前墙顶宽比梁桥大，其值可用经验公式$b=0.15L$估算（b为起拱线至前墙背坡顶间水平距离）。

U形桥台侧墙间应填透水性良好的土，如砂性土或砂砾。为了排除桥台前墙后面的积水，应在侧墙间略高于高水位的平面上，铺一层向路堤方向设有斜坡的夯实黏土作为防水层，并在黏土层上再铺一层碎石，将积水引向设于桥台后路堤的盲沟内，将水排向路基外，如图 9-16 所示。桥台两侧设锥坡，坡度由纵向的 1:1 逐渐变到横向的 1:1.5，以便和路堤边坡一致，锥形护坡的坡脚不能超过桥台前沿。锥坡的平面形状为 1/4 椭圆，用土夯实填筑，其表面用片石砌筑。

2. 轻型桥台

轻型桥台通常采用圬工材料或钢筋混凝土材料筑成，应用范围较广泛，从结构上可分为八字式、一字式、薄壁轻型桥台和边柱带耳墙的轻型桥台等形式。

（1）八字式和一字式桥台。台身两侧为独立的翼墙，一般将台身与翼墙分开，其间设变形缝。当台身与翼墙斜交时，则为八字式桥台（图 9-18a）；台身与翼墙在同一平面时，则为一字式桥台（图 9-18b）。八字式和一字式桥台的翼墙除挡住路堤填土外，还起引导水流的作用。它适用于河岸稳定、桥台不高、河床压缩小的中小跨径桥梁，对于跨越人工河道的桥梁及立交桥亦可采用。

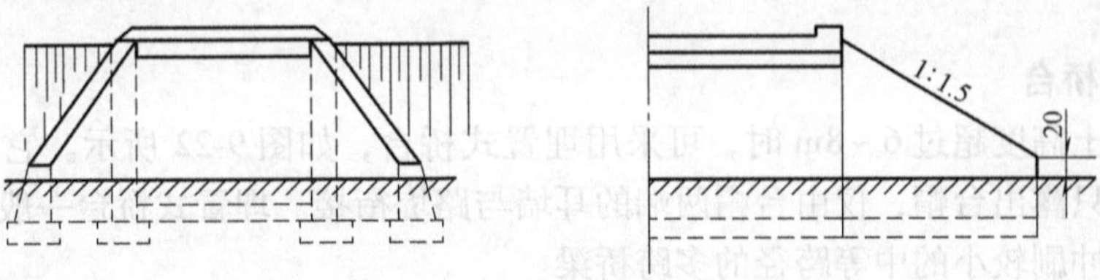

a) b)

图 9-18 八字式和一字式桥台（尺寸单位：cm）

单跨或少跨的小跨径桥，在条件许可的情况下，可在轻型桥台之间或台与墩间设置 3 ~ 5 根支撑梁，支撑梁设在冲刷线或河床铺砌线以下。梁与桥台设置锚固栓钉，使上部结构与支撑梁共同支撑桥台承受台后土压力，成为支撑型桥台（图 9-19）。

（2）带耳墙轻型桥台。轻型桥台一般采用八字式和一字式翼墙挡土，若地形许可，也可做成耳墙式。带耳墙的桥台由台身、耳墙和边柱三部分组成，如图 9-20 所示。

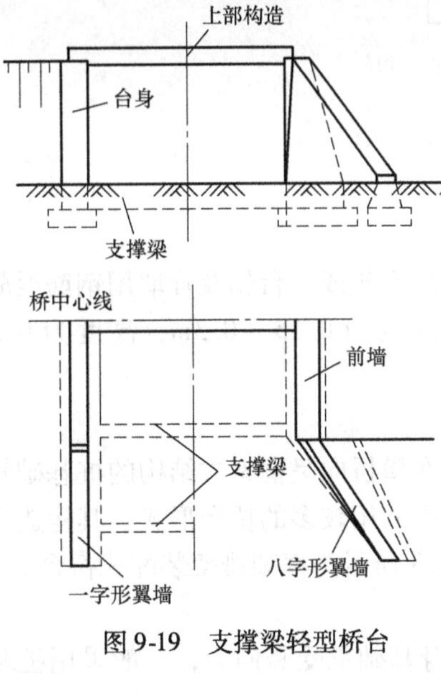

图 9-19 支撑梁轻型桥台

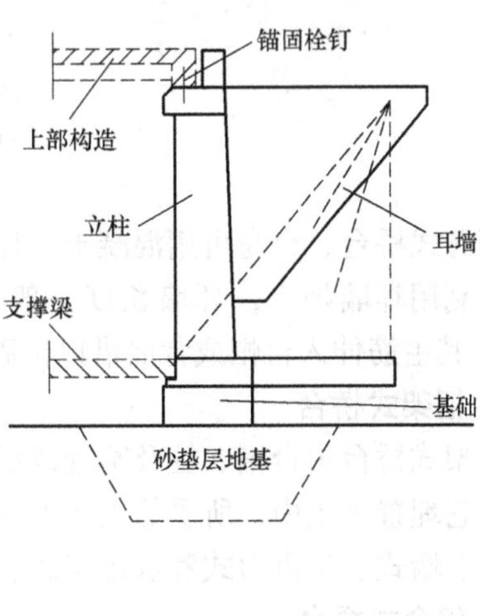

图 9-20 带耳墙轻型桥台

（3）薄壁轻型桥台。薄壁轻型桥台常用的形式有悬臂式、扶壁式、撑墙式及箱式等，如图9-21所示。在一般情况下，悬臂式桥台的混凝土数量和用钢量较大，撑墙式与箱式模板的用量较大，但圬工数量小，结构自重轻。

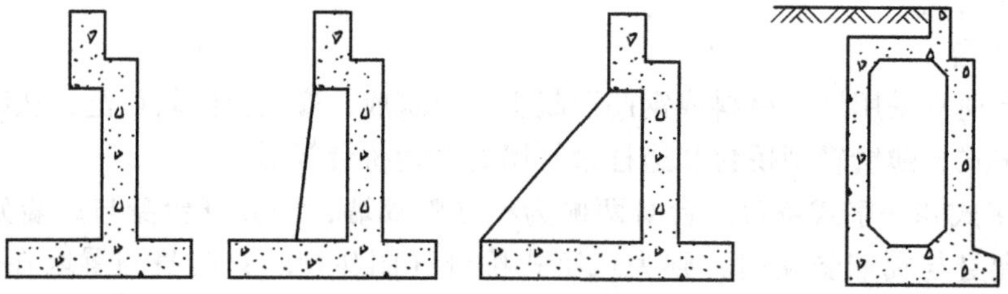

图9-21　薄壁轻型桥台

a）悬臂式桥台　b）扶壁式桥台　c）撑墙式桥台　d）箱式桥台

3. 埋置式桥台

当路堤填土高度超过6~8m时，可采用埋置式桥台，如图9-22所示。它是将台身埋在锥形护坡中，只露出台帽，仅由台帽两端的耳墙与路堤衔接。埋置式桥台一般适用于桥头为浅滩，溜坡受冲刷较小的中等跨径的多跨桥梁。

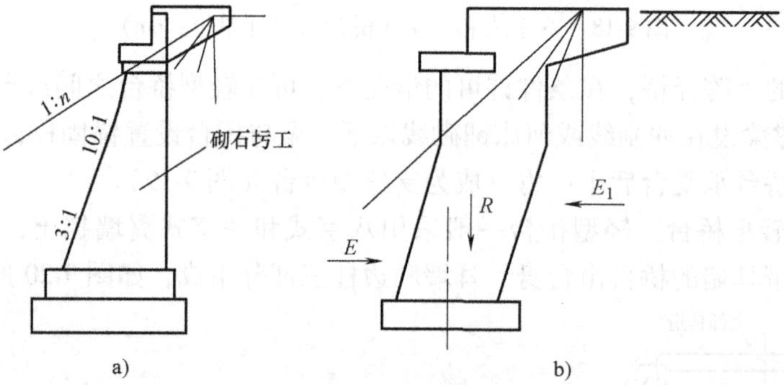

图9-22　埋置式桥台

a）直立式　b）后倾式

埋置式桥台，台身可用混凝土、片石混凝土或浆砌块石筑成，台帽及耳墙用钢筋混凝土做成。利用耳墙挡土，耳墙长度一般不超过3~4m，厚度为0.15~0.3m，高度为0.5~2.5m，其主筋伸入台帽或背墙借以锚固。

4. 框架式桥台

框架式桥台由台帽、柱及基础或承台组成，是一种在横桥向呈框架式结构的桩基础轻型桥台。它埋置于土中，所受的土压力较小，是目前桥梁中采用较多的桥台形式。其构造形式有柱式、墙式、半重力式和双排架式、板凳式等。图9-23所示为框架排架装配式桥台。

5. 组合式桥台

组合式桥台包括台身和后座两部分（图9-24）。台身基础承受竖向力，一般采用桩基或沉井基础；拱的水平推力主要由后座基底的摩阻力及台后的土侧压力来平衡，因此，后座基底高程应低于拱脚下缘高程。台身与后座间应设沉降缝以适应两者的不均匀沉降。

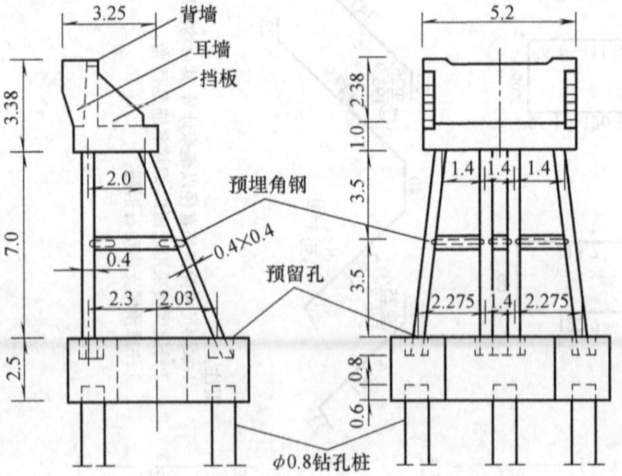

图 9-23 框架排架装配式桥台（尺寸单位：m）

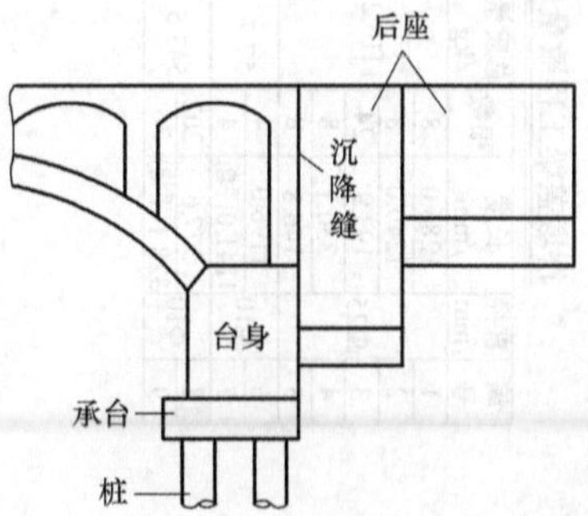

图 9-24 组合式桥台

四、桥梁墩台施工图案例

桥墩、桥台工程图由一般构造图和钢筋结构图两部分组成。下面以常用桩柱式桥墩、柱式桥台的部分工程图为例进行识读分析。

1. 桥墩盖梁钢筋结构图

桩柱式桥墩各部分一般均为钢筋混凝土结构，其图纸一般包括桥墩一般构造图、桥墩盖梁钢筋结构图、系梁钢筋结构图（承台钢筋结构图）、桥墩桩柱钢筋结构图、桥墩挡块钢筋结构图等。

图 9-25 为桥墩盖梁钢筋结构图，由半立面图、半平面图、Ⅰ—Ⅰ断面图、Ⅱ—Ⅱ断面图、Ⅲ—Ⅲ断面图、钢筋详图、工程数量表等组成。从表示外部轮廓的细实线可看出盖梁的形状，综合图表可以识读出，全梁共有 9 种钢筋，1 ~ 5 号钢筋为受力钢筋，直径均为 25mm。由 1 ~ 5 号钢筋焊接成钢筋骨架 A，骨架 A 沿盖梁纵向分布，全梁共有 4 片骨架，骨架在断面上的位置，可从断面图中分析。1 号钢筋有 8 根，分布在梁的顶面；2 号钢筋有 8 根，分布在梁的底部；3 ~ 5 号钢筋为骨架 A 中的斜筋，用来承受横向剪力。每片骨架 A 中，有 6 根 3 号钢筋，全梁共 24 根；有 2 根 4 号钢筋，全梁共 8 根；有 2 根 5 号钢筋，全梁共 8 根。6、7 号钢筋各 4 根，为分布钢筋，直径为 10mm，布置在梁的两侧面，7 号钢筋的长度随截面的变化而变化。8、9 号钢筋是箍筋，直径为 10mm，以 10cm 的间距均匀分布在整个梁上，8 号钢筋分布在梁的中段，共 2 × 50 + 1 道，202 根，9 号箍筋分布在梁的两端，共 2 ×（8 + 1）道，36 根。9 号钢筋的长度也随截面的变化而变化。除 8、9 号箍筋是 HPB235 钢筋外，其余都是 HRB335 钢筋。

2. 桥墩立柱和桩基础结构图

图 9-26 为桥墩立柱和桩柱钢筋结构图，由立面图、Ⅰ—Ⅰ断面图、Ⅱ—Ⅱ断面图表示，并有钢筋详图、工程数量表及附注。读图时一定要仔细阅读每一种信息。

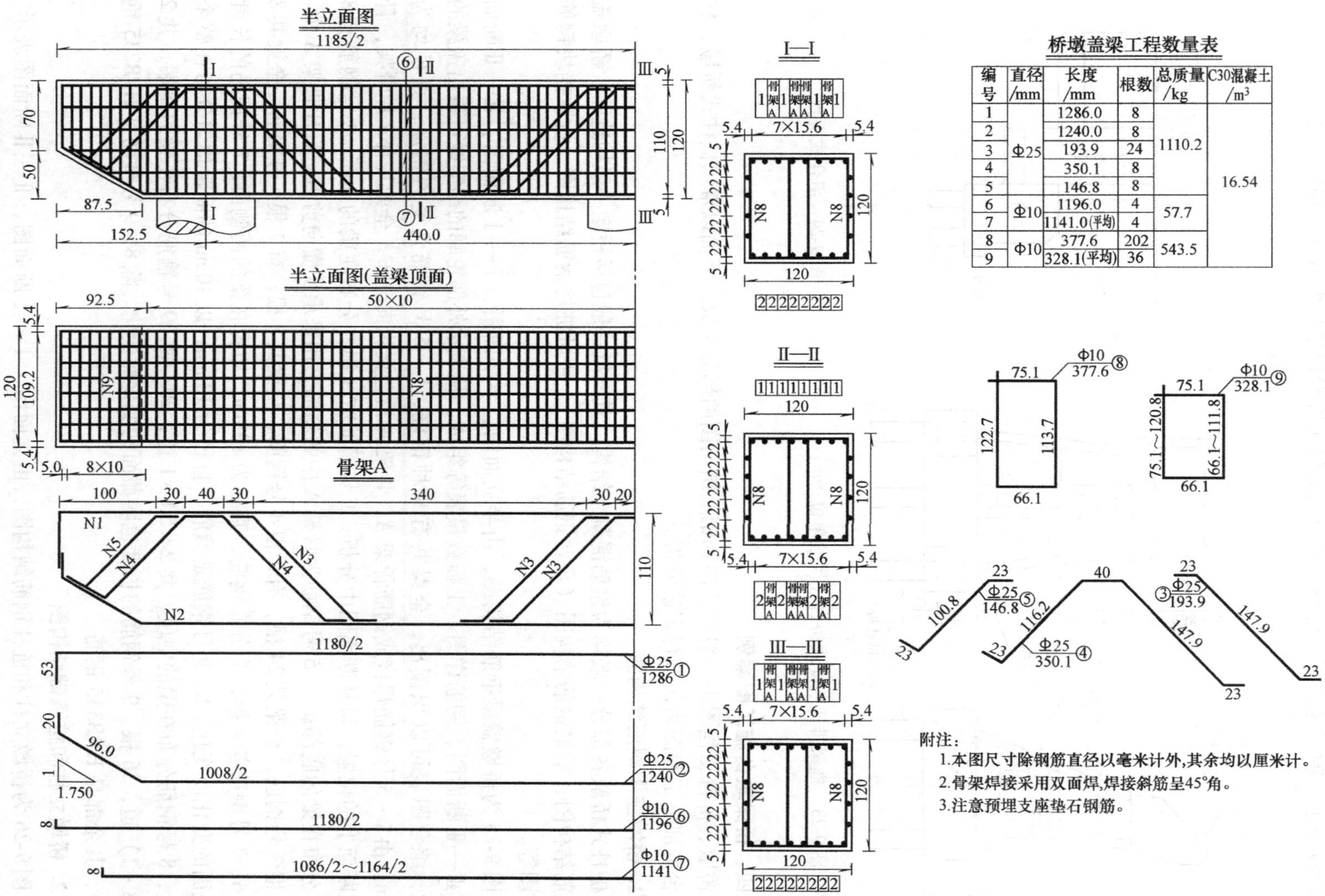

桥墩盖梁工程数量表

编号	直径/mm	长度/mm	根数	总质量/kg	C30混凝土/m^3
1	Φ25	1286.0	8	1110.2	16.54
2		1240.0	8		
3		193.9	24		
4		350.1	8		
5		146.8	8		
6	Φ10	1196.0	4	57.7	
7		1141.0(平均)	4		
8	Φ10	377.6	202	543.5	
9		328.1(平均)	36		

附注：
1.本图尺寸除钢筋直径以毫米计外，其余均以厘米计。
2.骨架焊接采用双面焊，焊接斜筋呈45°角。
3.注意预埋支座垫石钢筋。

图 9-25　桥墩盖梁钢筋结构图

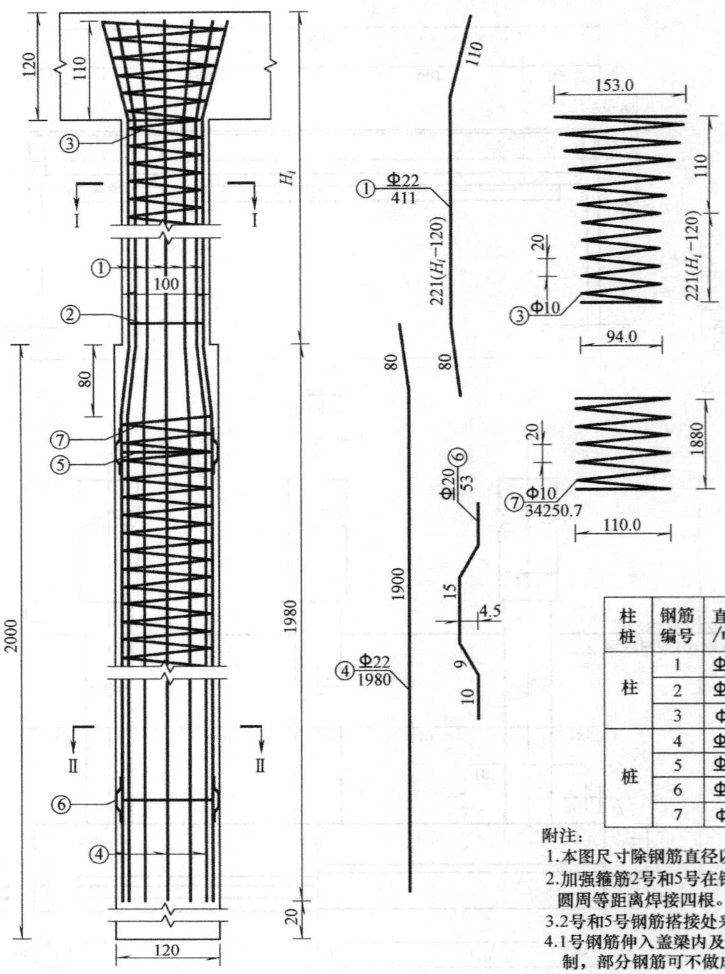

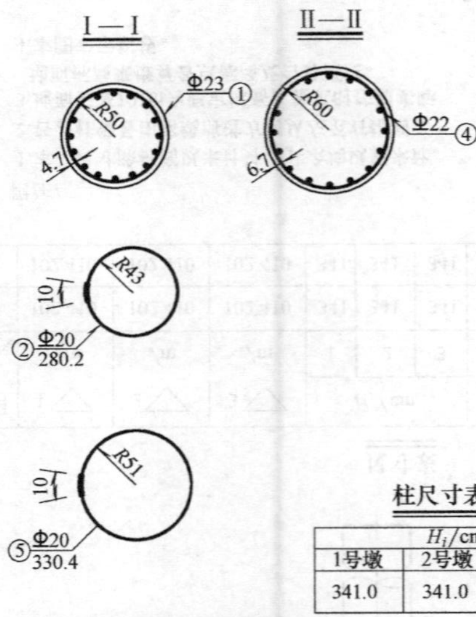

柱尺寸表

H_i/cm		
1号墩	2号墩	3号墩
341.0	341.0	341.0

一座桥墩钻孔桩工程数量表(全路幅)

柱桩	钢筋编号	直径/mm	1号墩		2号墩		3号墩		总质量/kg	混凝土/m
			长度/cm	根数	长度/cm	根数	长度/cm	根数		
柱	1	Φ22	411.0	16	411.0	16	411.0	16	587.9	5.21(30号)
	2	Φ20	280.2	2	280.2	2	280.2	2	41.5	
	3	Φ10	6828.1	1	6828.1	1	6828.1	1	126.4	
桩	4	Φ22	1980.0	16	1980.0	16	1980.0	16	2832.2	67.86(25号)
	5	Φ20	330.4	11	330.4	11	330.4	11	442.1	
	6	Φ20	53.0	44	53.0	44	53.0	44		
	7	Φ10	34250.7	1	34250.7	1	34250.7	1	634.0	

附注:

1.本图尺寸除钢筋直径以毫米计外，其余均以厘米计。

2.加强箍筋2号和5号在钢筋骨架上每隔2m焊接一根，定位钢筋6号在钢筋骨架上每隔2m沿圆周等距离焊接四根。

3.2号和5号钢筋搭接处采用双面焊。

4.1号钢筋伸入盖梁内及伸入桩柱内部分的做成喇叭形，与竖直线倾斜约15°；若受盖梁构造限制，部分钢筋可不做成喇叭形。

5.横向柱号顺序为从左至右。

图 9-26 桥墩立柱和桩柱钢筋结构图

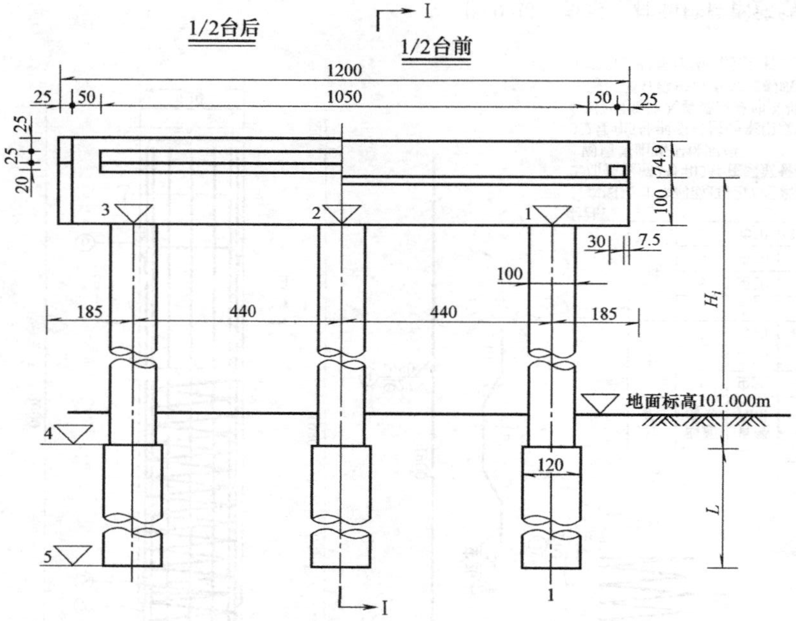

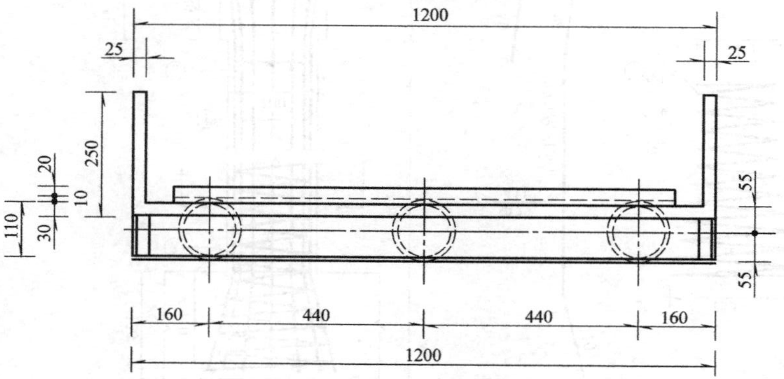

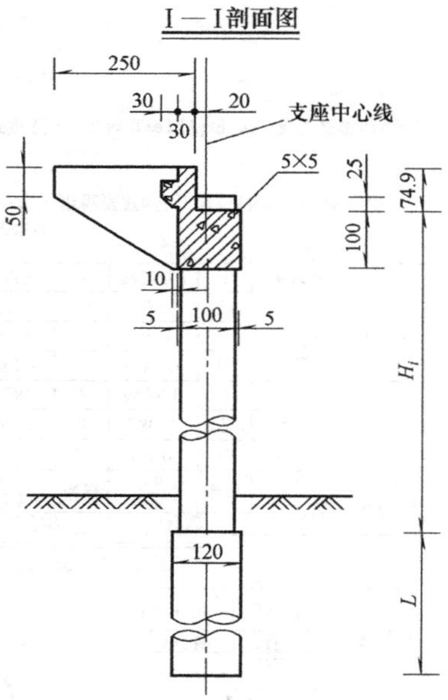

尺寸表

项目 / 台号	1▽ /m	2▽ /m	3▽ /m	H_i/cm 1	H_i/cm 2	H_i/cm 3	4▽ /m	5▽ /m	L /cm
0	102.410	102.410	102.410	341	341	341	100.000	82.000	1800
4	102.410	102.410	102.410	341	341	341	100.000	82.000	1800

附注：

1.本图尺寸除标高以米计外，其余均以厘米计。
2.各台柱编号由路线前进方向从左至右排列。
3.地面标高101m为假定标高，施工时按照实际地面标高来推算各点标高及台身高度。
4.本图未示搭板。

图 9-27　桥台一般构造图

图9-26所示的桥墩桩柱中共配置有7种钢筋，其中1～3号钢筋为立柱钢筋，1号钢筋为立柱的主筋，其伸入盖梁内的部分做成喇叭形，大约与直线倾斜15°，伸入桩柱内的部分做成微喇叭形。从Ⅰ—Ⅰ断面图中可以看出，1号钢筋沿圆周均匀分布，该圆周半径为50－4.7＝45.3cm，从工程数量表中可知一根桩柱中共有16根1号钢筋。2号加强箍筋焊接成圆形，在钢筋骨架上每隔2m焊接一根，每根桩柱中有2根。3号钢筋为立柱的螺旋分布筋，只有1根，分布在整个立柱上，该螺旋分布筋在下部221cm的范围内为柱形螺旋，在上部110cm范围内（伸入盖梁部分）为锥形螺旋，螺旋间距为20cm，3号螺旋分布筋总长为6828.1cm。

4～7号钢筋为桩基钢筋。4号钢筋为桩柱的主筋，上部与1号钢筋搭接部分向内倾斜，以便与1号钢筋焊接，从Ⅱ—Ⅱ断面图中可以看出，4号钢筋也是沿圆周均匀分布，该圆周半径为60－6.7＝53.3cm，从钢筋数量表中可知一根桩柱中共有16根4号钢筋。5号钢筋为加强箍筋，焊接成圆形，在钢筋骨架上每隔2m焊接一根，每根桩柱11根。7号钢筋为螺旋分布筋，一根桩柱中只有1根，分布在整个桩柱上，螺旋间距为20cm，7号钢筋螺旋高度为1880cm，总长为34250.7cm。6号定位钢筋在钢筋骨架上每隔2m沿圆周等距离焊接4根，一根桩柱中共有44根；从立面图中可见在桩基础底部有20cm混凝土保护层。

3. 桥台一般构造图

图9-27是某柱式桥台的一般构造图，由立面图、平面图和侧面图表示。从图中可以看出，该桥台由盖梁、耳墙、防震挡块、背墙、牛腿、立柱及桩柱组成。其中立面图由1/2台前和1/2台后拼接而成，桥台前面是指连接桥梁上部结构的一面，后面是指连接岸上路堤这一面，从立面图中能够看出桥台各部分的结构形状并给出了各部分的详细尺寸，对不同位置桥台的高度尺寸用列表给出。侧面图采用了Ⅰ—Ⅰ剖面图，剖切平面通过桥梁中心线，即通过中间桩柱的轴线，从Ⅰ—Ⅰ剖面图中可以看出盖梁、背墙、牛腿的断面形状，耳墙及挡块在侧面上也反映形状特征，也可以看出它们在上下、前后方向的相对位置关系。立面图、平面图主要反映桩柱、耳墙、防震挡块、背墙、牛腿与盖梁长度方向的相对位置关系。

任务9.2　桥梁墩台的计算

任务描述

对比桥梁上部结构与下部结构、桥墩与桥台所受作用的不同，理解桥梁墩台的计算内容、作用及其作用效应组合等内容。

一、桥墩计算

1. 作用及其组合

在进行桥墩设计计算时，应根据单元2和现行《公路桥涵设计通用规范》的相关规定，考虑桥涵上可能同时出现的作用，按承载能力极限状态和正常使用极限状态进行作用效应组合，取其最不利效应组合进行设计。

（1）桥墩上的作用。桥墩计算中考虑的永久作用为：①上部构造的恒重对墩帽或拱座产生的支承反力，包括上部构造混凝土收缩、徐变影响；②桥墩自重，包括在基础襟边上的土重；③预应力，如对装配式预应力空心桥墩所施加的预应力；④基础变位影响力，对于奠基于非岩石地基上的超静定结构，应当考虑由于地基压密等引起的支座长期变位的影响，并根据最终位移量按弹性理论计算构件截面的附加内力；⑤水的浮力，基础底面位于透水性地基上的桥梁墩台，当验算稳定性时，应考虑设计水位的浮力；当验算地基应力时，可仅考虑低水位的浮力，或者不考虑水的浮力。

桥墩计算中考虑的可变作用为：①作用在上部构造上汽车作用，对于钢筋混凝土柱式墩台应计入汽车冲击力，对于重力式墩台则不计冲击力；②作用于上部构造上的汽车荷载，分为公路—Ⅰ级和公路—Ⅱ级；③人群荷载；④作用在上部构造和墩身上的纵、横向风力；⑤汽车荷载引起的制动力；⑥作用在墩身上的流水压力；⑦作用在墩身上冰压力；⑧上部构造因温度（均匀温度和梯度温度）变化对桥墩产生的作用；⑨支座摩阻力。

作用于桥墩上的偶然作用为：船只或漂流物或汽车的撞击作用。位于通航河流或有漂流物的桥墩，设计时应考虑船只或漂流物的撞击作用；位于城市立交或高架桥等陆上桥的桥墩，设计时应考虑汽车撞击作用。

上述各种作用的计算方法详见《公路桥涵设计通用规范》中的标准作用值设计确定。

桥墩的作用组合应考虑各种可能同时出现的作用，并根据桥墩所要验算的内容选择最不利作用组合。重力式桥墩的作用组合主要与墩身所要验算的内容有关，如墩身截面的强度和偏心的验算，整个桥墩的纵、横向稳定性验算，基底应力的验算等，应根据可能出现的各种作用情况进行最不利的作用组合。其次，拱桥重力式桥墩与梁桥重力式桥墩除了有共同点之外，也还存在一些差异。例如，拱桥不设活动支座，因而没有支座摩阻力，但要计及各种作用影响在拱座处产生的水平推力和弯矩。

（2）梁桥重力式桥墩作用效应组合。在所有桥墩的计算作用中，不同桥梁出现的作用种类和大小不一样，不同作用之间的组合效应也不一样。选择什么样的作用效应组合，主要与所计算的对象有关。桥墩计算一般需验算墩身截面强度、作用在墩身截面上的合力偏心距、基底应力及偏心距以及桥墩的稳定性等；应根据可能出现的各种作用情况，进行最不利的作用效应组合。

1）第一种组合按在桥墩各截面上可能产生的最大竖向力的情况进行作用组合。它主要是用来验算墩身强度和基底最大应力。因此，最不利的作用组合除了桥墩上的永久作用外，还应在相邻两跨上满布可变作用的一种或几种（图9-28a）。

2）第二种组合按桥墩各截面在顺桥方向上可能产生的最大偏心矩和最大弯矩的情况进行组合。它主要是用来验算墩身强度、基底应力、偏心以及桥墩的稳定性。属于这一组合的除了有关的永久作用外，还应在相邻两孔的一孔上（当为不等跨桥梁时则在跨径较大的一孔上）布置可变作用的一种或几种，包括纵向风力，汽车制动力和支座磨阻力等也要考虑进去（图9-28b）。

3）第三种组合按桥墩各截面在横桥方向上可能产生的最大偏心矩和最大弯矩的情况进行组合。它是用来验算在横桥方向上的墩身强度、基底应力、偏心以及桥墩的稳定性。属于这一组合的作用除了相关的永久作用外，还要注意要将布置可变作用的一种或几种偏于桥面的一侧布置，如车辆单向行驶，此外还应考虑其他作用（如横向风力，流水压力或冰压力等）或偶然作用中的船只或漂流物以及汽车的撞击力（图9-28c）。

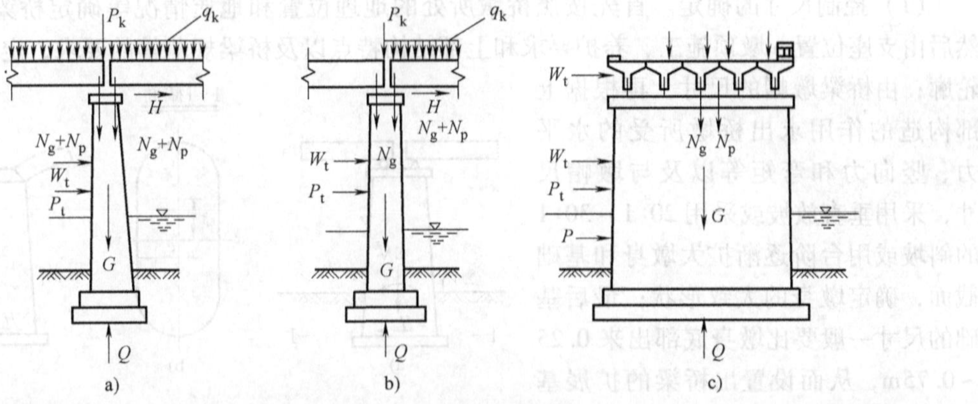

图 9-28　在梁桥桥墩上的作用情况

（3）拱桥重力式桥墩作用效应组合

1）顺桥方向的作用及其组合。对于普通桥墩应力相邻两孔的永久作用，在一孔或跨径较大的一孔满布可变作用的一种或几种，并由此对桥墩产生不平衡推力、竖向力和弯矩（图 9-29）。对于单向推力墩则只考虑相邻两孔中跨径较大的一孔的永久作用。

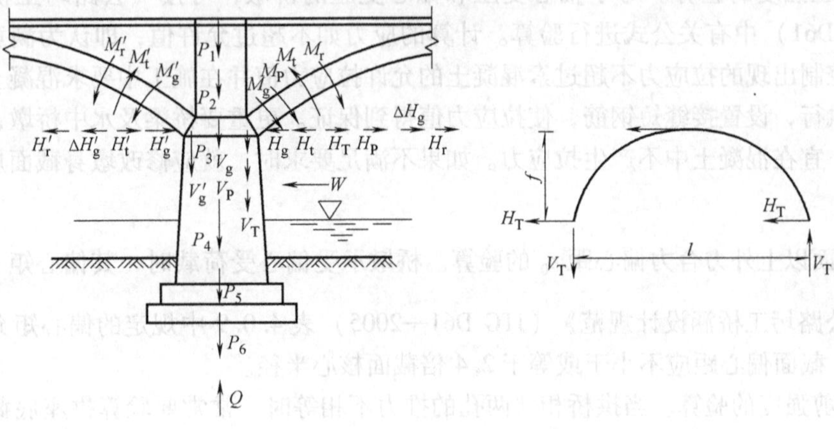

图 9-29　在拱桥桥墩上的作用情况

2）横桥向的作用及组合。桥墩横桥向的作用有横向风力、流水压力、冰压力、船只或漂浮物撞击力、地震力等。对于公路桥梁的设计，横桥方向的受力验算一般不控制设计。

以上的作用组合是对梁桥和拱桥重力式桥墩而言的，对于其他的轻型桥墩，其原理也是一样的。都是根据它们的构造和受力特点进行具体分析，然后按照桥墩各部分可能的最不利作用组合分别进行布载，使随后的验算偏于安全和有意义。

2. 重力式桥墩的计算

对于梁桥和拱桥的重力式桥墩的计算，虽然在荷载组合的内容上稍有不同，但是就某个截面和总体的桥墩受力而言，这些外力都可以合成为竖向的和水平方向的合力（用 $\sum N$ 和 $\sum H$ 表示）以及绕该截面 x—x 轴和 y—y 轴的弯矩（用 $\sum M_x$ 和 $\sum M_y$ 表示），如图 9-30 所示，因此它们的验算内容和计算方法基本相同。

（1）控制尺寸的确定。首先按照桥墩所处的地理位置和地质情况等确定桥梁的类型；然后由支座位置、墩顶施工、养护要求和上部结构特点以及桥梁规范等的要求，定出墩帽的轮廓；由桥梁墩帽的尺寸，再根据上部构造的作用求出桥墩所受的水平力、竖向力和弯矩等以及与墩帽尺寸，采用垂直放坡或采用20∶1～30∶1的斜坡或用台阶逐渐扩大墩身和基础截面，确定墩身的大致形状；最后基础的尺寸一般要比墩身底部出来0.25～0.75m，从而设置出桥梁的扩展基础。这样初步选出墩体的全部尺寸。

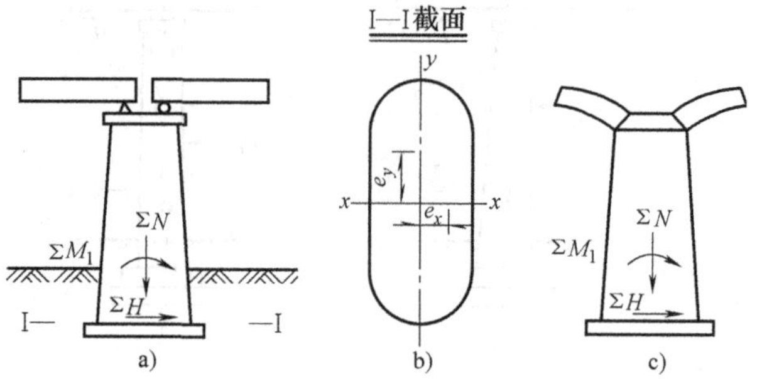

图9-30 墩身底截面强度验算

（2）重力式桥墩的验算。对于较矮的桥墩一般验算墩身的底截面和墩身的突变处截面；对于较高的桥墩，由于危险截面不一定在墩身底部，这时应沿竖向每隔2～3m验算一个截面，其步骤如下。

1）内力计算。作用于每个截面上的外力应按顺桥向和横桥向分别进行荷载组合，以求得相应的纵向力$\sum N$、水平力$\sum H$和弯矩$\sum M$。

2）抗压强度的验算。对于轴心受压和偏心受压的桥墩，可按《公路圬工桥涵设计规范》（JTG D61）中有关公式进行验算。计算的应力如不超过允许值，即认为满意。大型桥墩则一般控制出现的拉应力不超过素混凝土的允许拉应力值并在施工中要求混凝土接缝应严格按工艺执行，设置接缝短钢筋，使拉应力值得到保证。更重要桥梁及水中桥墩，考虑安全的高要求，宜在混凝土中不产生拉应力。如果不满足要求时，就应修改墩身截面尺寸、重新验算。

3）截面以上外力合力偏心距e_0的验算。桥墩承受偏心受荷载时，其偏心矩$e_0=\dfrac{\sum M}{\sum N}$不得超过《公路圬工桥涵设计规范》（JTG D61—2005）表4.0.9中规定的偏心矩允许值。抗震验算时，截面偏心距应不小于或等于2.4倍截面核心半径。

4）抗剪强度的验算。当拱桥相邻两孔的推力不相等时，常常要验算拱座底截面的抗剪强度。当构件为通缝受剪时，可按桥规中有关公式验算。如果采用无支架吊装的双曲拱桥时，以及在裸拱情况下卸落拱架时，都应按照该阶段的荷载组合进行这项验算。

5）墩顶水平位移的验算。墩顶过大的水平位移会影响桥跨结构的正常使用，对于高度超过20m的重力式桥墩应验算墩顶水平方向的弹性位移。《公桥规》规定墩顶端水平位移的允许极限值为

$$\Delta \leqslant 0.5\sqrt{l} \tag{9-3}$$

式中 l——相邻墩台最小跨径长度，以m计，跨径小于25m时仍以25m计；

Δ——墩顶计算水平位移值（cm）。

6）基础底面土的承载力和偏心距的验算。地基承载能力和偏心距验算按《公路桥涵地基与基础设计规范》（JTG D63）的有关规定计算。

①基底土的承载力验算。基底土的承载力一般按顺桥方向和横桥方向分别进行验算。当偏心荷载的合力作用在基底截面的核心半径ρ以内时，应验算偏心向的基底应力。当设置在

基岩上的桥墩基底的合心偏心距 e_0 超出核心半径 ρ 时，其基底的一边将会出现拉应力，由于不考虑基底承受拉应力，故需按基底应力重分布重新验算基底最大压应力。

②基底偏心距验算

为了防止基底最大压应力 P_{max} 与最小压应力 P_{min} 相差过大，导致基底产生不均匀沉陷从而影响桥墩的正常使用，需控制基底合力偏心距 e_0，要求 e_0 符合表9-2要求。

表9-2　墩台基底合力偏心距容许值 $[e_0]$

作用情况	地基条件	合力偏心距	备注
墩台仅受永久作用标准值效应组合	非岩石地基	桥墩 $[e_0] \leqslant 0.1\rho$	拱桥、刚构桥墩台，其合力作用点应尽量保持在基底重心附近
		桥台 $[e_0] \leqslant 0.75\rho$	
墩台承受作用标准值效应组合或偶然作用（地震作用除外）标准值效应组合	非岩石地基	$[e_0] \leqslant \rho$	拱桥单向推力墩不受限制，但应符合后文中表9-4规定的抗倾覆稳定系数
	较破碎—极破碎岩石地基	$[e_0] \leqslant 1.2\rho$	
	完整、较完整岩石地基	$[e_0] \leqslant 1.5\rho$	

7）桥墩的稳定性验算。在设计中，除了满足地基承载力、合力偏心距和位移变位量不超过允许值以外，还须就以下两个方面对桥墩的整体稳定进行验算。

①倾覆稳定性验算。用抵抗倾覆的稳定系数 k_0 来表示桥墩抵抗倾覆的稳定程度，其计算式如下（图9-31）：

$$k_0 = \frac{s}{e_0} \tag{9-4}$$

$$e_0 = \frac{\sum P_i e_i + \sum H_i h_i}{\sum P_i} \tag{9-5}$$

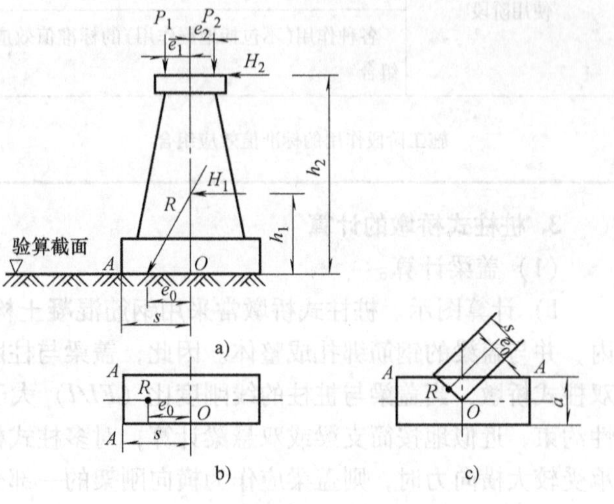

图9-31　墩台基础的稳定验算示意图

a）立面　b）平面（单向偏心）　c）平面（双向偏心）

注：O—截面中心；R—合力作用点；A—A 验算倾覆轴。

式中　s——基底截面重心至偏心方向截面边缘的距离；

e_0——所有外力的合力 R 在验算截面的作用点对基底重心轴的偏心距；

P_i——不考虑其分项系数和组合系数的作用标准值组合或偶然作用（地震除外）标准值组合引起的竖向力（kN）；

e_i——竖向力 P_i 对验算截面重心的力臂（m）；

H_i——不考虑其分项系数和组合系数的作用标准值组合或偶然作用（地震除外）标准值组合引起的水平力（kN）；

h_i——水平力 H_i 对验算截面的力臂（m）。

②滑动稳定性验算。抵抗滑动的稳定系数 k_c 按下式验算（图9-31）：

$$k_c = \frac{\mu \sum P_i + \sum H_{iP}}{\sum H_{ia}} \tag{9-6}$$

式中 $\sum P_i$——竖向力的总和；

$\sum H_{iP}$——抗滑稳定水平力总和；

$\sum H_{ia}$——滑动水平力总和；

μ——基础底面与地基土间的摩擦系数，通过试验确定；当缺少实际资料时，可参照表9-3采用。

表9-3 基底摩擦系数μ

地基土分类	黏土（流塑—坚硬）、粉土	砂土（粉砂—砾砂）	碎石土（松散—密实）	软岩（极软岩—较软岩）	硬岩（较硬岩、坚硬岩）
μ	0.25	0.30～0.40	0.40～0.50	0.40～0.60	0.60、0.70

上述求得的抗倾覆与滑动稳定系数k_0、k_c，均不应小于表9-4规定的最小值。

表9-4 抗倾覆抗滑动的稳定系数k_0、k_c

作用组合		验算项目	稳定系数
使用阶段	永久作用（不包括混凝土收缩及徐变、浮力）和汽车、人群的标准值效应组合	抗倾覆 抗滑动	1.5 1.3
	各种作用（不包括地震作用）的标准值效应组合	抗倾覆 抗滑动	1.3 1.2
施工阶段作用的标准值效应组合		抗倾覆 抗滑动	1.2

3. 桩柱式桥墩的计算

（1）盖梁计算。

1）计算图示。桩柱式桥墩常采用钢筋混凝土构件，在构造上，桩柱的钢筋伸入到盖梁内，并与盖梁的钢筋绑扎成整体。因此，盖梁与柱刚接呈刚架结构。桩柱式桥墩的盖梁，对双柱式桥墩，当盖梁与桩柱的线刚度比（EI/l）大于5时，一般忽略桩柱式桥墩对盖梁的弹性约束，近似地按简支梁或双悬梁计算；对多柱式桥墩，近似地按多跨连续梁计算；当桥墩承受较大横向力时，则盖梁应作为横向刚架的一部分进行验算。

2）外力计算。外力计算包括上部构造恒载和盖梁自重、活载和施工吊装作用等。活载的布置要使各种组合为盖梁最不利的情况，求出支点最大反力作为盖梁的活载。在盖梁内力计算时，可考虑桩柱支承宽度对削减负弯矩尖峰的影响。

3）内力计算。公路桥梁桩柱式桥墩的帽梁常采用双悬臂式，计算时的控制截面应选取支点和跨中截面，荷载纵横向分布的影响可参照装配式简支梁主梁梁肋内力计算方法予以考虑。在计算支点负弯矩时，采用非对称布置活载与恒载的反力；在计算跨中正弯矩时，采用对称布置活载与恒载的反力。桥墩沿纵向的水平力以及当盖梁在沿桥纵向设置两排支座时，上部结构活载的偏心对盖梁将产生扭矩，应予以计入。

4）配筋计算。盖梁的配筋验算方法与钢筋混凝土梁配筋的方法大致相同，都应根据弯矩包络图配置受弯钢筋，根据剪力包络图配置弯起钢筋和箍筋。在配筋时，还应计算各控制截面抗扭所需要的箍筋及纵向钢筋。

（2）桩柱计算

1）外力计算。作用于桥墩桩柱上的结构重力包括：上部结构的自重力、盖梁的自重力及桩身的自重力；桩柱承受的汽车荷载按设计荷载进行最不利加载计算，最后通过作用效应组合，求得最不利的作用。桥墩承受的水平力主要有温度变化影响力和汽车制动力等。

2）内力计算。对于单柱式墩，计算弯矩应考虑纵、横两个方向弯矩的组合 $M=\sqrt{M_x^2+M_y^2}$。桩的内力和承载力等应按桩基础有关内容计算。

3）配筋计算。在最不利作用效应组合下，可先配筋，再按钢筋混凝土偏心受压构件进行验算。

4）墩顶位移和桩基础计算可参考《基础工程》及其他有关书籍。

二、桥台计算

以重力式桥台计算为例说明其桥台上的作用、作用效应组合及计算内容。

1. 计算特点

重力式桥台的计算及验算与重力式桥墩基本一样，需要验算台身截面的强度、地基应力及桥台的稳定性，但只作顺桥方向的验算。当验算基础顶面的台身砌体强度时，如桥台截面的各部分尺寸满足《桥规》有关规定，则应把桥台的侧墙和前墙作为整体来考虑受力；否则，台身（桥台前墙）应按独立的挡土墙计算。

在受力上，桥台与桥墩也有不同之处，对于桥台需要考虑车辆荷载和台后填土引起的台后土侧压力，但不需计及纵、横向风力，流水压力，冰压力，船只或漂浮物的撞击力等，故其作用及组合也不同。

台后土侧压力，一般按主动土压力计算，其大小与土的压实程度有关。在计算桥台前端的最大应力、向桥孔一侧的偏心和向桥孔方向的倾覆与滑动时，台后填土按尚未压实考虑（摩擦角取小值）；当计算桥台后端的最大应力、向路堤一侧的偏心和向路堤方向的倾覆与滑动时，则台后填土按已经压实考虑（摩擦角取较大值）。土压力的计算范围，当验算台身强度和地基承载力时，计算基础顶至桥台顶面范围内的土压力；当验算桥台稳定性时，计算基础底至桥台顶面范围内的土压力。

2. 作用及作用组合

（1）梁桥重力式桥台的作用组合。桥台计算时与桥墩一样，也应根据各种可能出现的情况进行作用的最不利组合，而车辆荷载按不同的布置情况分为以下三种。

1）在桥跨结构上布置汽车荷载、温度下降作用、制动力（向桥孔方向），并考虑台后土侧压力，如图9-32a 所示。

2）在桥台后破坏棱体上布置汽车荷载、温度下降作用，并考虑台后土侧压力，如图9-32b所示。

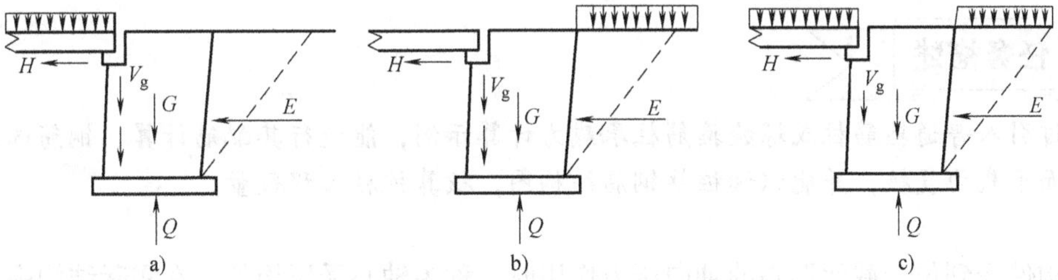

图9-32　梁桥桥台作用组合图

3）在桥跨结构上和台后破坏棱体上都布置车辆荷载，温度下降作用，制动力（向桥孔方向），并考虑台后土侧压力，如图 9-32c 所示。

此外，在个别情况下，还要考虑在架梁之前，台后已填土完毕并在其上布置有施工荷载的作用组合情形。一般重力式桥台以上述第一种和第三种作用组合来控制设计，但也需根据具体的情况进行分析比较后再确定。

（2）拱桥重力式桥台的作用组合。拱桥桥台的最不利作用组合会使拱桥桥台向顺桥方向倾斜，向桥心一侧或向路堤一侧，故一般按以下两种情况布置可变作用，并进行作用组合。

1）桥上满布活载，使拱脚处水平推力达到最大值，温度上升产生向路堤一侧的作用，制动力也向路堤方向，台后按压实土考虑土压力，从而使桥台有向路堤方向偏移的趋势（图 9-33a）。

2）台后破坏棱体上布置活载，制动力向桥跨方向，桥跨上无活载，温度下降，台后按未压实土考虑土压力，从而使桥台有向桥跨方向偏移的趋势（图 9-33b）。

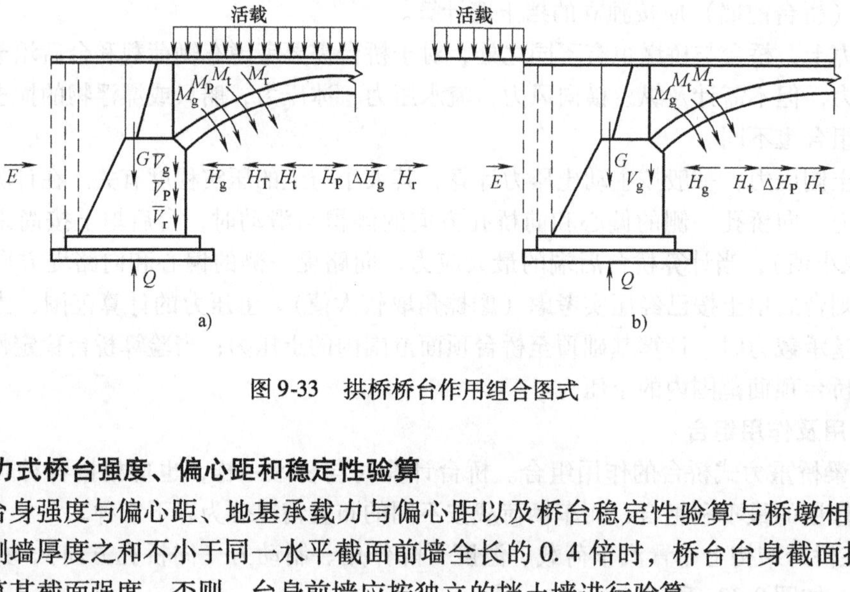

图 9-33　拱桥桥台作用组合图式

3. 重力式桥台强度、偏心距和稳定性验算

桥台台身强度与偏心距、地基承载力与偏心距以及桥台稳定性验算与桥墩相同。若 U 形桥台两侧墙厚度之和不小于同一水平截面前墙全长的 0.4 倍时，桥台台身截面按 U 形整体截面验算其截面强度。否则，台身前墙应按独立的挡土墙进行验算。

任务 9.3　轴心受压构件截面计算

任务描述

通过引入普通箍筋柱或螺旋箍筋柱承载力计算示例，能进行其配筋计算、钢筋选用与布置及截面承载力复核，并能识读桩柱钢筋结构图，核算桩柱工程数量。

当构件受到位于截面形心的轴向压力作用时，称为轴心受压构件。在实际结构中，严格的轴心受压构件是很少的，通常由于实际存在的结构节点构造、混凝土组成的非均匀性、纵向钢筋的布置以及施工中的误差等原因，轴心受压构件截面都或多或少存在弯矩的作用。但是，在实际工程中，例如钢筋混凝土桁架拱中的某些杆件（如受压腹杆）是可以按轴心受压构件设计的；同时，由于轴心受压构件计算简便，故可作为受压构件初步估算截面、复核承载力的手段。

钢筋混凝土轴心受压构件按照箍筋的功能和配置方式的不同可分为两种。

1）配有纵向钢筋和普通箍筋的轴心受压构件（普通箍筋柱），如图9-34a所示。

2）配有纵向钢筋和螺旋箍筋的轴心受压构件（螺旋箍筋柱），如图9-34b所示。

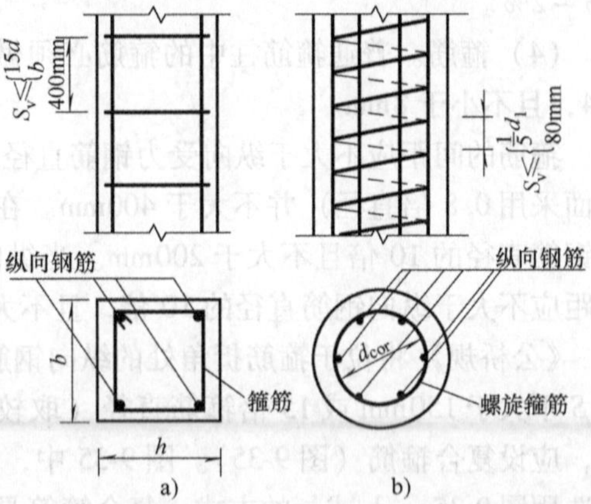

图9-34　两种钢筋混凝土轴心受压构件

a）普通箍筋柱　b）螺旋箍筋柱

普通箍筋柱的截面形状多为正方形、矩形和圆形等。纵向钢筋为对称布置，沿构件高度设置等间距的箍筋。轴心受压构件的承载力主要由混凝土提供，设置纵向钢筋的目的是为了：①协助混凝土承受压力，可减少构件截面尺寸；②承受可能存在的不大的弯矩；③防止构件的突然脆性破坏。普通箍筋作用是，防止纵向钢筋局部压屈，并与纵向钢筋形成钢筋骨架，便于施工。

螺旋箍筋柱的截面形状多为圆形或正多边形，纵向钢筋外围设有连续环绕的间距较密的螺旋箍筋（或间距较密的焊接环形箍筋）。螺旋箍筋的作用是使截面中间部分（核心）混凝土成为约束混凝土，从而提高构件的承载力和延性。

一、配有纵向钢筋和普通箍筋的轴心受压构件

1. 构造要求

（1）混凝土。轴心受压构件的正截面承载力主要由混凝土来提供，故一般多采用C25～C40级混凝土。

（2）截面尺寸。轴心受压构件截面尺寸不宜过小，因长细比越大，φ值越小，承载力降低很多，不能充分利用材料强度。构件截面尺寸不宜小于250mm。

（3）纵向钢筋。纵向受力钢筋一般采用HPB300级、HRB335级和HRB400级等热轧钢筋。纵向受力钢筋的直径应不小于12mm。在构件截面上，纵向受力钢筋至少应有4根并且在截面每一角隅处必须布置一根。

纵向受力钢筋的净距不应小于50mm，也不应大于350mm；对水平浇筑混凝土预制构件，其纵向钢筋的最小净距采用受弯构件的规定要求。纵向钢筋最小混凝土保护层厚度详见表2-10。

对于纵向受力钢筋的配筋率要求，一般是从轴心受压构件中不可避免存在混凝土徐变、可能存在的较小偏心弯矩等非计算因素而提出的。

在实际结构中，轴心受压构件的荷载大部分为长期作用的恒载。在恒载产生的轴力N长期作用下，混凝土要产生徐变，由于混凝土徐变的作用以及钢筋和混凝土的变形必须协调，在混凝土和钢筋之间将会出现应力重分布现象。

若纵向钢筋配筋率很小时，纵筋对构件承载力影响很小，此时接近素混凝土柱，徐变使混凝土的应力降低得很少，纵筋将起不到防止脆性破坏的缓冲作用，同时为了承受可能存在的较小弯矩以及混凝土收缩、温度变化引起的拉应力，《公桥规》规定了纵向钢筋的最小配筋率 ρ_{min}（%）；构件的全部纵向钢筋配筋率不宜超过 5%。一般纵向钢筋的配筋率 ρ' 约为 1% ~2%。

（4）箍筋。普通箍筋柱中的箍筋必须做成封闭式，箍筋直径应不小于纵向钢筋直径的 1/4，且不小于 8mm。

箍筋的间距应不大于纵向受力钢筋直径的 15 倍、且不大于构件截面的较小尺寸（圆形截面采用 0.8 倍直径）并不大于 400mm。在纵向钢筋搭接范围内，箍筋的间距应不大于纵向钢筋直径的 10 倍且不大于 200mm。当纵向钢筋截面积超过混凝土截面面积 3% 时，箍筋间距应不大于纵向钢筋直径的 10 倍，且不大于 200mm。

《公桥规》将位于箍筋折角处的纵向钢筋定义为角筋。沿箍筋设置的纵向钢筋离角筋间距 S 不大于 150mm 或 15 倍箍筋直径（取较大者）范围内，若超过此范围设置纵向受力钢筋，应设复合箍筋（图 9-35）。图 9-35 中，箍筋 A、B 与 C、D 两组设置方式可根据实际情况选用图 9-35a、b 或 c 的方式。复合箍筋是沿构件纵轴方向同一截面按一定间距配置两种或两种以上形式共同组成的箍筋。

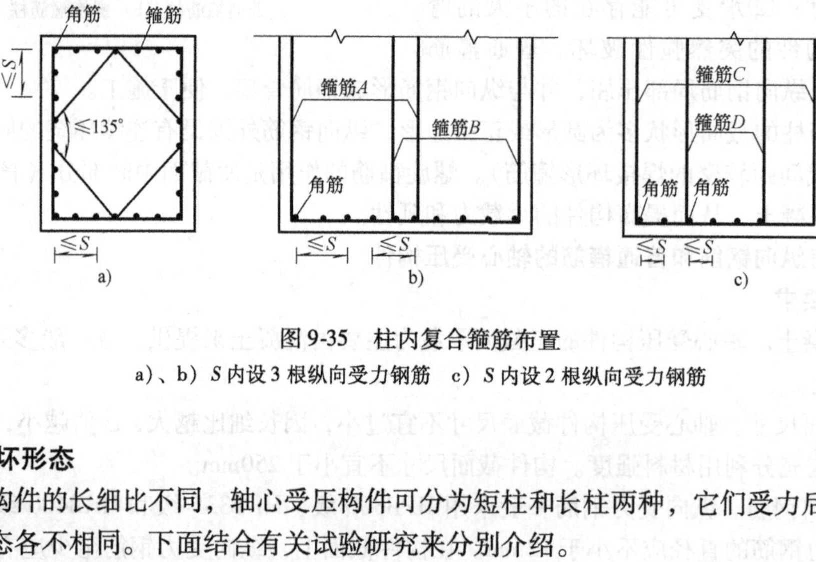

图 9-35 柱内复合箍筋布置

a)、b）S 内设 3 根纵向受力钢筋 c）S 内设 2 根纵向受力钢筋

2. 破坏形态

按照构件的长细比不同，轴心受压构件可分为短柱和长柱两种，它们受力后的侧向变形和破坏形态各不相同。下面结合有关试验研究来分别介绍。

在轴心受压构件试验中，试件的材料强度级别、截面尺寸和配筋均相同，但柱长度不同（图 9-36）。轴心力 P 用油压千斤顶施加，并用电子秤量测压力大小。由平衡条件可知，压力 P 的读数就等于试验柱截面所受到的轴心压力 N 值。同时，在柱长度一半处设置百分表，测量其横向挠度 f。通过对比试验的方法，观察长细比不同的轴心受压构件的破坏形态。

（1）短柱。当轴向力 P 逐渐增加时，试件 A 柱也随之缩短，测量结果证明混凝土全截面和纵向钢筋均发生压缩变形。

当轴向力 P 达到破坏荷载的 90% 左右时，柱中部四周混凝土表面出现纵向裂缝，部分混凝土保护层剥落，最后箍筋间的纵向钢筋发生屈曲，向外鼓出，混凝土被压碎而整个试验柱破坏（图 9-37）。破坏时，测得的混凝土压应变大于 1.8×10^{-3}，而柱中部的横向挠度很小。钢筋混凝土短柱的破坏是一种材料破坏，即混凝土压碎破坏。

许多试验证明，钢筋混凝土短柱破坏时混凝土的压应变均在 2×10^{-3} 附近，由混凝土受压时的应力应变曲线可知，混凝土已达到其轴心抗压强度；同时，采用普通热轧的纵向钢筋，均能达到抗压屈服强度。对于高强度钢筋，混凝土应变达到 2×10^{-3} 时，钢筋可能尚未达到屈服强度，在设计时如果采用这样的钢材，则它的抗压强度设计值仅为 $0.002E_s=0.002\times2.0\times10^5=400\text{MPa}$，钢筋可能尚未达到屈服强度，所以在受压构件中一般不宜采用高强钢筋。

（2）长柱。试件 B 柱在压力 P 不大时，也是全截面受压，但随着压力增大，长柱不仅发生压缩变形，同时长柱中部产生较大的横向挠度，凹侧压应力较大，凸侧较小。在长柱破坏前，横向挠度增加得很快，使长柱的破坏来得比较突然，导致失稳破坏。破坏时，凹侧的混凝土首先被压碎，有混凝土表面纵向裂缝，纵向钢筋被压弯而向外鼓出，混凝土保护层脱落；凸侧则由受压突然转变为受拉，出现横向裂缝（图 9-38）。

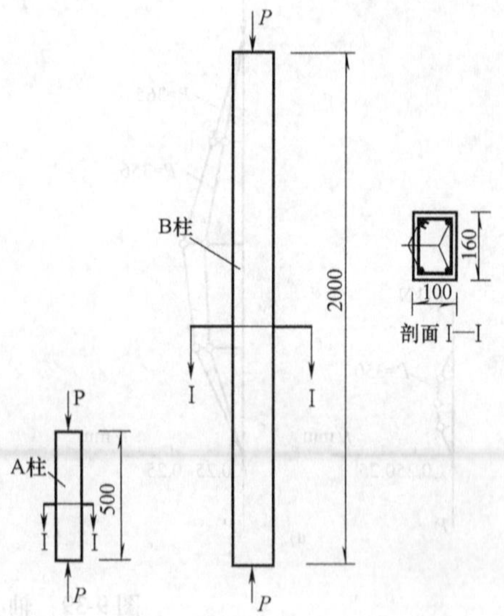

图 9-36　轴心受压构件试件（尺寸单位：mm）

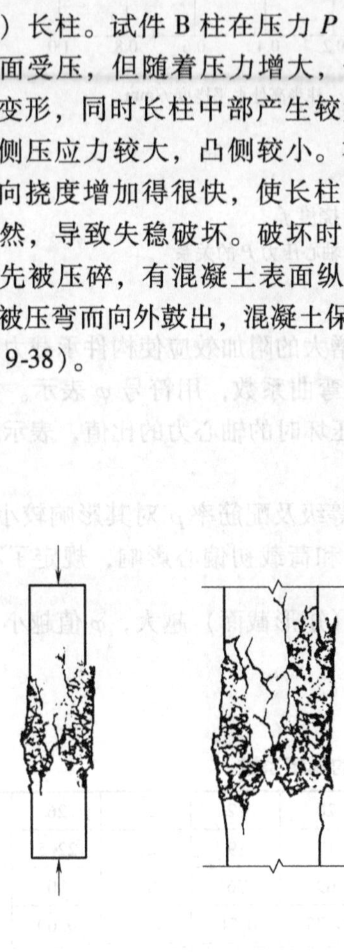
图 9-37　轴心受压短柱的破坏形态图

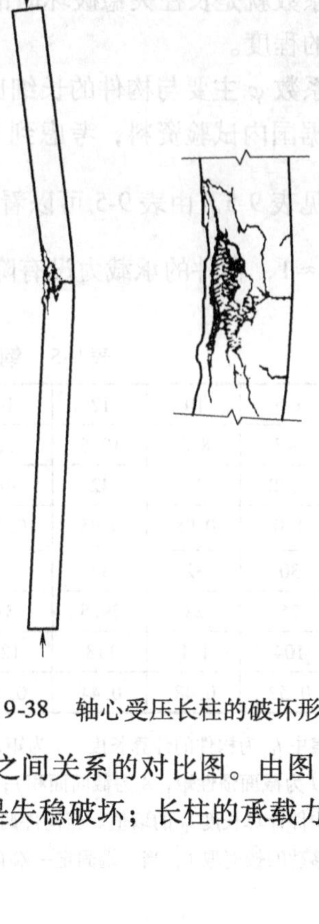
图 9-38　轴心受压长柱的破坏形态

图 9-39 为短柱和长柱试验的横向挠度 f 与轴向力 P 之间关系的对比图。由图 9-39 及大量的其他试验可知，短柱总是材料的受压破坏，长柱则是失稳破坏；长柱的承载力要小于相同截面、配筋、材料的短柱承载力。

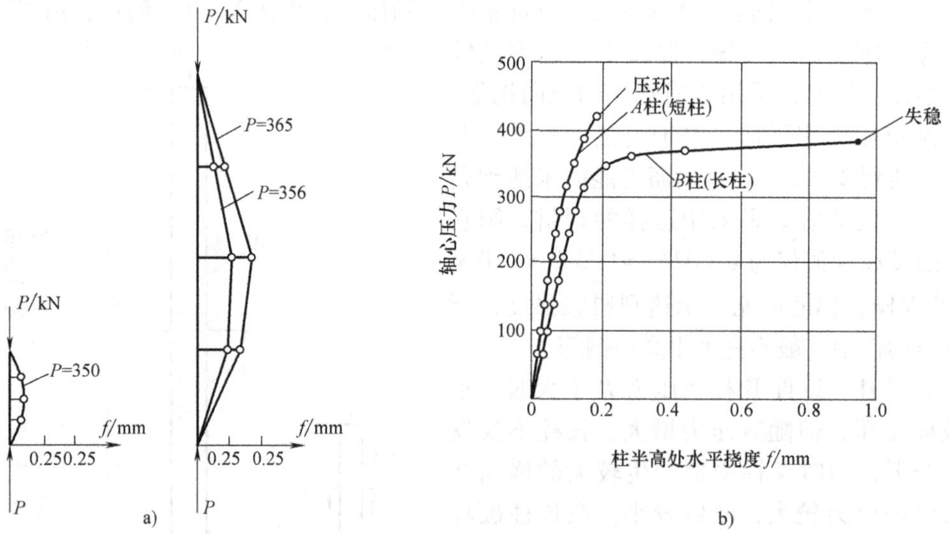

图 9-39 轴心受压构件的横向挠度 f

a）横向挠度沿柱长的变化 b）横向挠度 f 与轴心压力 P 的关系

3. 稳定系数 φ

钢筋混凝土轴心受压构件计算中，考虑构件长细比增大的附加效应使构件承载力降低的计算系数，称为轴心受压构件的稳定系数，又称为纵向弯曲系数，用符号 φ 表示。如前所述，稳定系数就是长柱失稳破坏时的临界承载力与短柱压坏时的轴心力的比值，表示长柱承载力降低的程度。

稳定系数 φ 主要与构件的长细比有关，混凝土强度等级及配筋率 ρ' 对其影响较小。《公桥规》根据国内试验资料，考虑到长期荷载作用的影响和荷载初偏心影响，规定了稳定系数 φ 值，见表 9-5。由表 9-5 可以看到，长细比 $\lambda = l_0/b$（矩形截面）越大，φ 值越小，当 $\dfrac{l_0}{b} \leqslant 8$ 时，$\varphi \approx 1$，构件的承载力没有降低，即为短柱。

表 9-5 钢筋混凝土轴心受压构件的稳定系数

l_0/b	≤8	10	12	14	16	18	20	22	24	26	28
$l_0/2r$	≤7	8.5	10.5	12	14	15.5	17	19	21	22.5	24
l_0/i	≤28	35	42	48	55	62	69	76	83	90	97
φ	1.0	0.98	0.95	0.92	0.87	0.81	0.75	0.70	0.65	0.60	0.56
l_0/b	30	32	34	36	38	40	42	44	46	48	50
$l_0/2r$	26	28	29.5	31	33	34.5	36.5	38	40	41.5	43
l_0/i	104	111	118	125	132	139	146	153	160	167	174
φ	0.52	0.48	0.44	0.40	0.36	0.32	0.29	0.26	0.23	0.21	0.19

注：1. 表中 l_0 为构件的计算长度；b 为矩形截面的短边尺寸；r 为圆形截面的半径；i 为截面最小回旋半径 $i=\sqrt{I/A}$（I 为截面惯性矩，A 为截面面积）；

2. 构件计算长度 l_0 的取值。当构件两端固定时取 $0.5l$；当一端固定一端为不移动的铰时取 $0.7l$；当两端均为不移动的铰时取 1，当一端固定一端自由时取 $2l$，l 为构件支点间长度。

4. 正截面承载力计算

根据以上分析，由图9-40可得到配有纵向受力钢筋和普通箍筋的轴心受压构件正截面承载力计算式：

$$\gamma_0 N_d \leqslant N_u = 0.9\varphi(f_{cd}A + f'_{sd}A'_s) \quad (9\text{-}7)$$

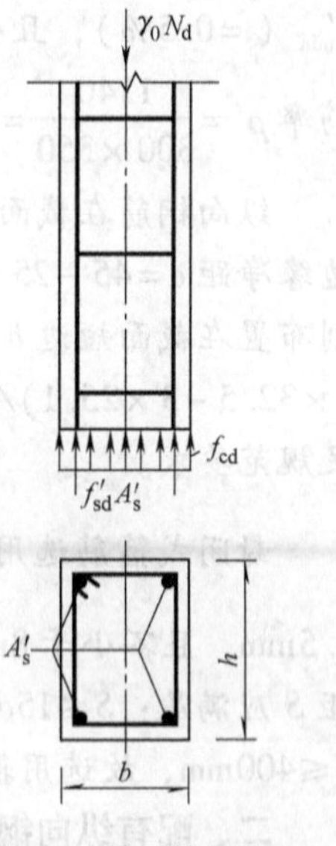

图9-40 普通箍筋柱正截面承载力计算图式

式中 N_d——轴向力组合设计值；

φ——轴心受压构件稳定系数，按表9-6取用；

A——构件毛截面面积；当纵向钢筋配筋率>3%时，A应改用混凝土截面净面积$A_n = A - A'_s$；

A'_s——全部纵向钢筋截面面积；

f_{cd}——混凝土轴心抗压强度设计值；

f'_{sd}——纵向普通钢筋抗压强度设计值。

普通箍筋柱的正截面承载力计算分为截面设计和强度复核两种情况。

（1）截面设计。已知截面尺寸，计算长度l_0，混凝土轴心抗压强度和钢筋抗压强度设计值，轴向压力组合设计值N_d，求纵向钢筋所需面积A'_s。

首先计算长细比，由表9-5查得相应的稳定系数φ。

在式（9-7）中，令$N_u = \gamma_0 N_d$，γ_0为结构重要性系数。则可得到

$$A'_s = \frac{1}{f'_{sd}}\left(\frac{\gamma_0 N_d}{0.9\varphi} - f_{cd}A\right) \quad (9\text{-}8)$$

由A'_s计算值及构造要求选择并布置钢筋。

（2）截面复核。已知截面尺寸，计算长度l_0，全部纵向钢筋的截面面积A'_s，混凝土轴心抗压强度和钢筋抗压强度设计值，轴向力组合设计值N_d，求截面承载力N_u。

首先应检查纵向钢筋及箍筋布置构造是否符合要求。

由已知截面尺寸和计算长度l_0计算长细比，由表9-5查得相应的稳定系数φ。

由式（9-7）计算轴心压杆正截面承载力N_u，且应满足$N_u > \gamma_0 N_d$。

例9-1 预制的钢筋混凝土轴心受压构件截面尺寸为$b \times h = 300\text{mm} \times 350\text{mm}$，计算长度$l_0 = 4.5\text{m}$。采用C25级混凝土，HRB335级钢筋（纵向钢筋）和HPB300级钢筋（箍筋）。作用的轴向压力组合设计值$N_d = 1600\text{kN}$，Ⅰ类环境条件，安全等级二级，试进行构件的截面设计。

解： 轴心受压构件截面短边尺寸$b = 300\text{mm}$，则计算长细比$\lambda = \frac{l_0}{b} = \frac{4.5 \times 10^3}{300} = 15$。

查表9-5可得到稳定系数$\varphi = 0.895$。混凝土抗压强度设计值$f_{cd} = 11.5\text{MPa}$，纵向钢筋的抗压强度设计值$f'_{sd} = 280\text{MPa}$，现取轴心压力计算值$N = \gamma_0 N_d = 1600\text{kN}$，由式（9-7）可得所需要的纵向钢筋数量$A'_s$为

$$\begin{aligned} A'_s &= \frac{1}{f'_{sd}}\left(\frac{N}{0.9\varphi} - f_{cd}A\right) \\ &= \frac{1}{280} \times \left[\frac{1600 \times 10^3}{0.9 \times 0.895} - 11.5 \times (300 \times 350)\right] \\ &= 2782\text{mm}^2 \end{aligned}$$

现选用纵向钢筋为 8 Φ22，$A'_s=3041\text{mm}^2$，截面配筋率 $\rho'=\dfrac{A'_s}{A}=\dfrac{3041}{300\times350}=2.89\%>\rho'_{min}$（$=0.5\%$），且小于 $\rho'_{max}=5\%$。截面一侧的纵筋配筋率 $\rho'=\dfrac{1140}{300\times350}=1.09\%>0.2\%$。

纵向钢筋在截面上布置如图 9-41。纵向钢筋距截面边缘净距 $c=45-25.1/2=32.5\text{mm}>30\text{mm}$ 及 $d=22\text{mm}$，则布置在截面短边 b 方向上的纵向钢筋间距 $S_n=(300-2\times32.5-3\times25.1)/2\approx80\text{mm}>50\text{mm}$，且 $<350\text{mm}$，满足规范要求。

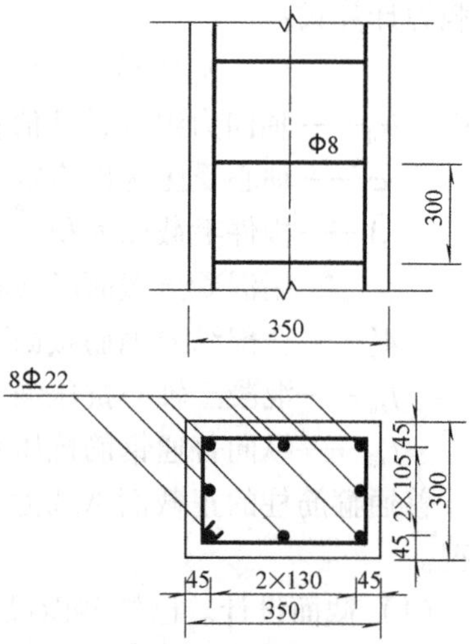

图 9-41　例 9-1 纵向钢筋布置（尺寸单位：mm）

封闭式箍筋选用 ϕ8，满足直径大于 $\dfrac{1}{4}d=\dfrac{1}{4}\times22=5.5\text{mm}$，且不小于 8mm 的要求。根据构造要求，箍筋间距 S 应满足：$S\leqslant15d=15\times22=330\text{mm}$；$S\leqslant b=300\text{mm}$；$S\leqslant400\text{mm}$，故选用箍筋间距 $S=300\text{mm}$（图 9-41）。

二、配有纵向钢筋和螺旋箍筋的轴心受压构件

当轴心受压构件承受很大的轴向压力，而截面尺寸受到限制不能加大，或采用普通箍筋柱，即使提高了混凝土强度等级和增加了纵向钢筋用量也不足以承受该轴向压力时，可以考虑采用螺旋箍筋柱以提高柱的承载力。

1. 构造要求

1）螺旋箍筋柱的纵向钢筋应沿圆周均匀分布，其截面积应不小于箍筋圈内核心截面积的 0.5%。常用的配筋率 $\rho'=A'_s/A_{cor}$ 在 0.8%~1.2% 之间。

2）构件核心截面积 A_{cor} 应不小于构件整个截面面积 A 的 2/3。

3）螺旋箍筋的直径不应小于纵向钢筋直径的 1/4，且不小于 8mm，一般采用 8~12mm。为了保证螺旋箍筋的作用，螺旋箍筋的间距 S 应满足：

①S 应不大于核心直径 d_{cor} 的 1/5，即 $S\leqslant\dfrac{1}{5}d_{cor}$；

②S 应不大于 80mm，且不应小于 40mm，以便施工。

2. 受力特点与破坏特性

对于配有纵向钢筋和螺旋箍筋的轴心受压短柱，沿柱高连续缠绕的、间距很密的螺旋箍筋犹如一个套筒，将核心部分的混凝土约束住，有效地限制了核心混凝土的横向变形，使核心混凝土处于三向受压状态，从而提高了柱的承载力。

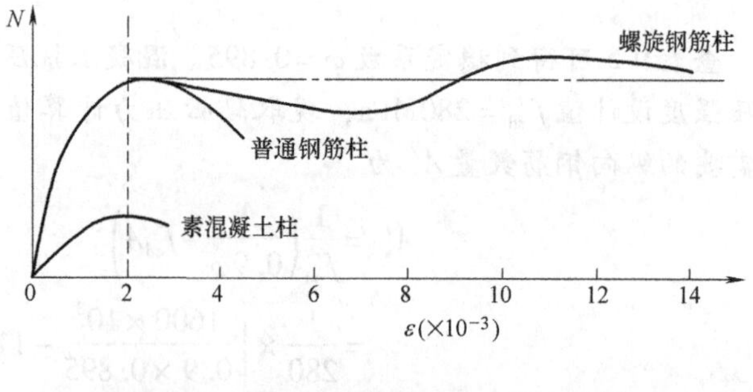

图 9-42　轴心受压柱的轴力—应变曲线

由图 9-42 中所示的螺旋箍筋柱轴压力—混凝土压应变曲线可见，在混凝土压应变 $\varepsilon_c=0.002$ 以前，螺旋箍筋柱的轴力—混凝土压应变变化曲线与普通箍筋柱基本相同。当轴力继

续增加，直至混凝土和纵筋的压应变 ε 达到 0.003 ~ 0.0035 时，纵筋已经开始屈服，箍筋外面的混凝土保护层开始崩裂剥落，混凝土的截面积减小，轴力略有下降。这时，核心部分混凝土由于受到螺旋箍筋的约束，仍能继续受压，核心混凝土处于三向受压状态，其抗压强度超过了轴心抗压强度 f_c，补偿了剥落的外围混凝土所承担的压力，曲线逐渐回升。随着轴力不断增大，螺旋箍筋中的环向拉力也不断增大，直至螺旋箍筋达到屈服，不能再约束核心混凝土横向变形，混凝土被压碎，构件即告破坏。这时，荷载达到第二次峰值，柱的纵向压应变可达到 0.01 以上。

由图 9-42 也可见到，螺旋箍筋柱具有很好的延性，在承载力不降低情况下，其变形能力比普通箍筋柱提高很多。

3. 正截面承载力计算

螺旋箍筋柱的正截面破坏时核心混凝土压碎、纵向钢筋已经屈服，而在破坏之前，柱的混凝土保护层早已剥落。因此，螺旋箍筋柱的正截面抗压承载力是由核心混凝土、纵向钢筋、螺旋式或焊接环式箍筋三部分的承载力所组成，其正截面承载力可按下式计算：

$$\gamma_0 N_d \leqslant N_u = 0.9(f_{cd}A_{cor} + kf_{sd}A_{so} + f'_{sd}A'_s) \tag{9-9}$$

$$A_{so} = \frac{\pi d_{cor} A_{sol}}{S} \tag{9-10}$$

式中　A_{cor}——构件核心截面面积；

A_{so}——螺旋式或焊接环式间接钢筋的换算截面面积。按钢筋体积相等的原则现将间距为 S 的间接箍筋换算成纵向钢筋的面积，即由 $\pi d_{cor}A_{sol} = A_{so}S$ 得到 $A_{so} = \dfrac{\pi d_{cor}A_{sol}}{S}$；

d_{cor}——构件截面的核心直径。$d_{cor} = d - 2c$，c 为纵向钢筋至柱截面边缘的径向混凝土保护层厚度；

A'_s——纵向钢筋面积；

k——间接钢筋影响系数，混凝土强度等级 C50 及以下时，取 $k = 2.0$；C50 ~ C80 取 $k = 2.0 \sim 1.70$，中间值直线插入取用；

A_{sol}——单根间接箍筋的截面面积；

S——沿构件轴线方向间接箍筋的螺距或间距；

f_{sd}——普通钢筋抗拉强度设计值。

对于式（9-9）的使用，《公桥规》有如下规定条件：

1）为了保证在使用荷载作用下，螺旋箍筋混凝土保护层不致过早剥落，螺旋箍筋柱的承载力计算值（按式 9-9 计算），不应比按式（9-7）计算的普通箍筋柱承载力大 50%，即满足：

$$0.9(f_{cd}A_{cor} + kf_{sd}A_{so} + f'_{sd}A'_{sd}A'_s) \leqslant 1.5\varphi(f_{cd}A + f'_{cd}A'_s)$$

2）当遇到下列任意一种情况时，不考虑螺旋箍筋的作用，而按式（9-7）计算构件的承载力。

①当构件长细比 $\lambda = \dfrac{l_0}{i} \geqslant 48$（$i$ 为截面最小回转半径）时，对圆形截面柱，长细比 $\lambda =$

$\frac{l_0}{d}\geqslant 12$（$d$ 为圆形截面直径时）。这是由于长细比较大的影响，螺旋箍筋不能发挥其作用；

②当按式（9-9）计算承载力小于按式（9-7）计算的承载力时。因为式（9-9）中只考虑了混凝土核心面积，当柱截面外围混凝土较厚时，核心面积相对较小，会出现这种情况，这时就应按式（9-7）进行柱的承载力计算；

③当 $A_{so}<0.25A_s'$ 时。螺旋钢筋配置得太少，不能起显著作用。

螺旋箍筋柱的截面设计和复核均依照式（9-9）及其公式要求来进行，详见例题。

例 9-2 圆形截面轴心受压构件直径 $d=400\text{mm}$，计算长度 $l_0=2.75\text{m}$。混凝土强度等级为 C25，纵向钢筋采用 HRB335 级钢筋，箍筋采用 HPB300 级钢筋，轴心压力组合设计值 $N_d=1640\text{kN}$。Ⅰ类环境条件，安全等级为二级，试按照螺旋箍筋柱进行设计和截面复核。

解： 混凝土抗压强度设计值 $f_{cd}=11.5\text{MPa}$，HRB335 级钢筋抗压强度设计值 $f'_{sd}=280\text{MPa}$，HPB300 级钢筋抗拉强度设计值 $f_{sd}=250\text{MPa}$。轴心压力计算值 $N=\gamma_0N_d=1640\text{kN}$。

（1）截面设计

由于长细比 $\lambda=l_0/d=2750/400=6.88<12$，故可以按螺旋箍筋柱设计。

1）计算所需的纵向钢筋截面积

取纵向钢筋的混凝土保护层厚度为 $c=30\text{mm}$，则可得到

核心面积直径 $d_{cor}=d-2c=400-2\times30=340\text{mm}$

柱截面面积 $A=\frac{\pi d^2}{4}=\frac{3.14\times(400)^2}{4}=125600\text{mm}^2$

核心面积 $A_{cor}=\frac{\pi(d_{cor})^2}{4}=\frac{3.14\times(340)^2}{4}=90746\text{mm}^2>\frac{2}{3}A(=83733\text{mm}^2)$

假定纵向钢筋配筋率 $\rho'=0.012$，则可得到

$$A_s'=\rho'A_{cor}=0.012\times90746=1089\text{mm}^2$$

现选用 6 Φ16，$A_s'=1206\text{mm}^2$。

2）确定箍筋的直径和间距 S

由式（9-9）且取 $N_u=N=1640\text{kN}$，可得到螺旋箍筋换算截面面积 A_{s0} 为

$$A_{s0}=\frac{N/0.9-f_{cd}A_{cor}-f'_{sd}A'_s}{kf_{sd}}$$

$$=\frac{1640000/0.9-11.5\times90746-280\times1206}{2\times250}$$

$$=881.9\text{mm}^2>0.25A_s'(=0.25\times1206=302\text{mm}^2)$$

现选Φ10，单肢箍筋的截面面积 $A_{s01}=78.5\text{mm}^2$。这时，螺旋箍筋所需的间距为

$$S=\frac{\pi d_{cor}A_{s01}}{A_{s0}}=\frac{3.14\times340\times78.5}{881.9}=95\text{mm}$$

由构造要求，间距 S 应满足 $S\leqslant d_{cor}/5(=68\text{mm})$ 和 $S\leqslant 80\text{mm}$，故取 $S=60\text{mm}>40\text{mm}$。

截面设计布置如图 9-43。

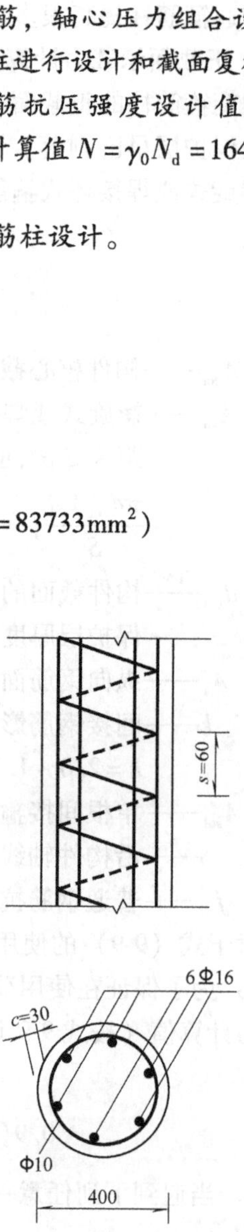

图 9-43 例 9-2 图（尺寸单位：mm）

(2) 截面复核

经检查，图9-43所示截面构造布置符合构造要求。实际设计截面的 $A_{cor}=90746\text{mm}^2$，$A'_s=1206\text{mm}^2$，$\rho'=1206/90746=1.32\%>0.5\%$，$A_{s0}=\dfrac{\pi d_{cor}A_{s01}}{S}=\dfrac{3.14\times340\times78.5}{60}=1397\text{mm}^2$，则由式(9-9)可得到

$$\begin{aligned}N_u&=0.9(f_{cd}A_{cor}+kf_{sd}A_{s0}+f'_{sd}A'_s)\\&=0.9\times(11.5\times90746+2\times250\times1397+280\times1206)\\&=1871.8\times10^3\text{N}=1871.8\text{kN}>N(=1640\text{kN})\end{aligned}$$

检查混凝土保护层是否会剥落，由式(9-7)可得到

$$\begin{aligned}N'_u&=0.9\varphi(f_{cd}A+f'_{sd}A'_s)\\&=0.9\times1\times(11.5\times125600+280\times1206)\\&=1603.87\times10^3\text{N}=1603.87\text{kN}\end{aligned}$$

$1.5N'_u=1.5\times1603.87=2405.81\text{kN}>N_u\ (=1871.8\text{kN})$，

故混凝土保护层不会剥落。

任务9.4　偏心受压构件截面计算

任务描述

在能够区分大小偏心受压构件的基础上，通过引入大偏心受压构件承载力计算示例，能进行其配筋计算、钢筋选用与布置及截面承载力复核，强化桩柱钢筋结构图的识读。

当轴向压力 N 的作用线偏离受压构件的轴线时（图9-44a），称为偏心受压构件。压力 N 的作用点离构件截面形心的距离 e_0 称为偏心距。截面上同时承受轴心压力和弯矩的构件（图9-44b），称为压弯构件。根据力的平移法则，截面承受偏心距为 e_0 的偏心压力 N 相当于承受轴心压力 N 和弯矩 $M(=Ne_0)$ 的共同作用，故压弯构件与偏心受压构件的基本受力特性是一致的。

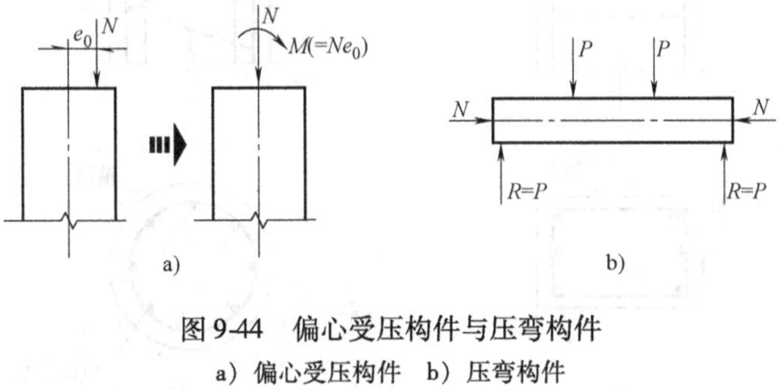

图9-44　偏心受压构件与压弯构件
a) 偏心受压构件　b) 压弯构件

钢筋混凝土偏心受压（或压弯）构件是实际工程中应用较广泛的受力构件之一，例如，拱桥的钢筋混凝土拱肋，桁架的上弦杆、刚架的立柱、柱式墩（台）的墩（台）柱等均属偏心受压构件，在荷载作用下，构件截面上同时存在轴心压力和弯矩。

钢筋混凝土偏心受压构件的截面形式如图 9-45 所示。矩形截面为最常用的截面形式，截面高度 h 大于 600mm 的偏心受压构件多采用工字形或箱形截面。圆形截面主要用于柱式墩台、桩基础中。

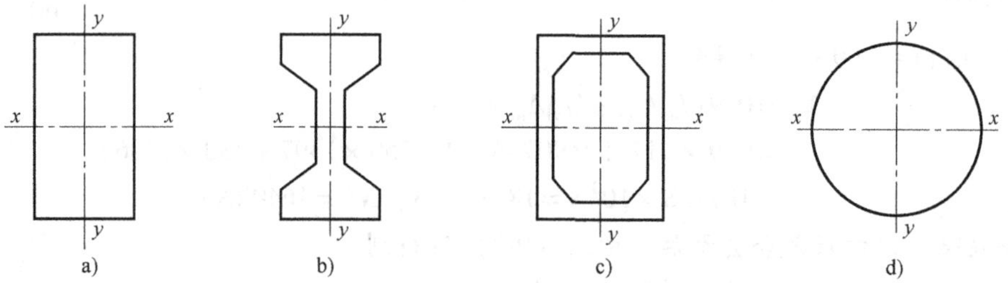

图 9-45　偏心受压构件截面形式

a）矩形截面　b）工字形截面　c）箱形截面　d）圆形截面

在钢筋混凝土偏心受压构件的截面上，布置有纵向受力钢筋和箍筋。纵向受力钢筋在截面中最常见的配置方式是将纵向钢筋集中放置在偏心方向的两对面（图 9-46a），其数量通过正截面承载力计算确定。对于圆形截面，则采用沿截面周边均匀配筋的方式（图 9-46b）。箍筋的作用与轴心受压构件中普通箍筋的作用基本相同。此外，偏心受压构件中还存在着一定的剪力，可由箍筋负担。但因剪力的数值一般较小，故一般不予计算。箍筋数量及间距按普通箍筋柱的构造要求确定。

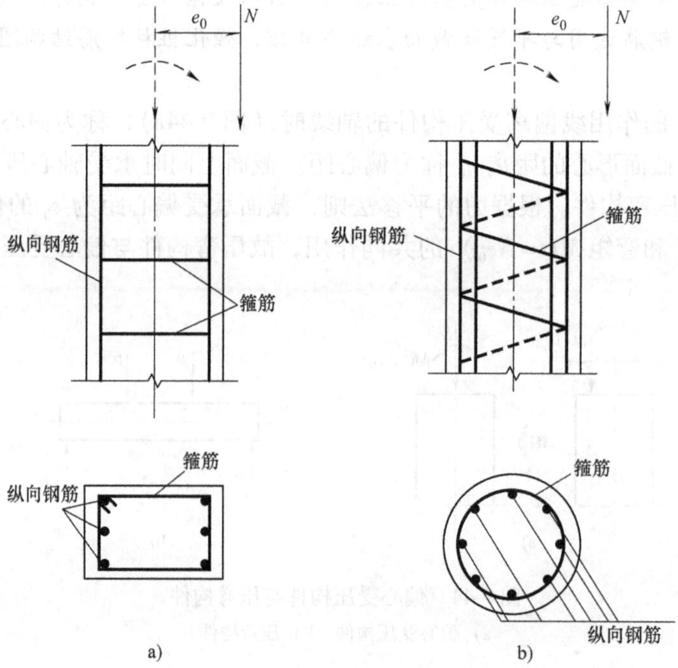

图 9-46　偏心受压构件截面钢筋布置形式

a）纵筋集中配筋布置　b）纵筋沿截面周边均匀布置

一、偏心受压构件正截面受力特点和破坏形态

钢筋混凝土偏心受压构件也有短柱和长柱之分。本节以矩形截面的偏心受压短柱的试验结果，介绍截面集中配筋情况下偏心受压构件的受力特点和破坏形态。

1. 偏心受压构件的破坏形态

钢筋混凝土偏心受压构件随着偏心距的大小及纵向钢筋配筋情况不同，有以下两种主要破坏形态。

（1）受拉破坏——大偏心受压破坏。在相对偏心距 e_0/h 较大，且受拉钢筋配置得不太多时，会发生这种破坏形态。图 9-47 为矩形截面大偏心受压短柱试件在试验荷载 N 作用下截面混凝土应变、应力及柱侧向变位的发展情况。短柱受力后，截面靠近偏心压力 N 的一侧（钢筋为 A_s'）受压，另一侧（钢筋为 A_s）受拉。随着荷载增大，受拉区混凝土先出现横向裂缝，裂缝的开展使受拉钢筋 A_s 的应力增长较快，首先达到屈服。中和轴向受压边移动，受压区混凝土压应变迅速增大，最后，受压区钢筋 A_s' 屈服，混凝土达到极限压应变而压碎（图 9-48）。其破坏形成与双筋矩形截面梁的破坏形态相似。

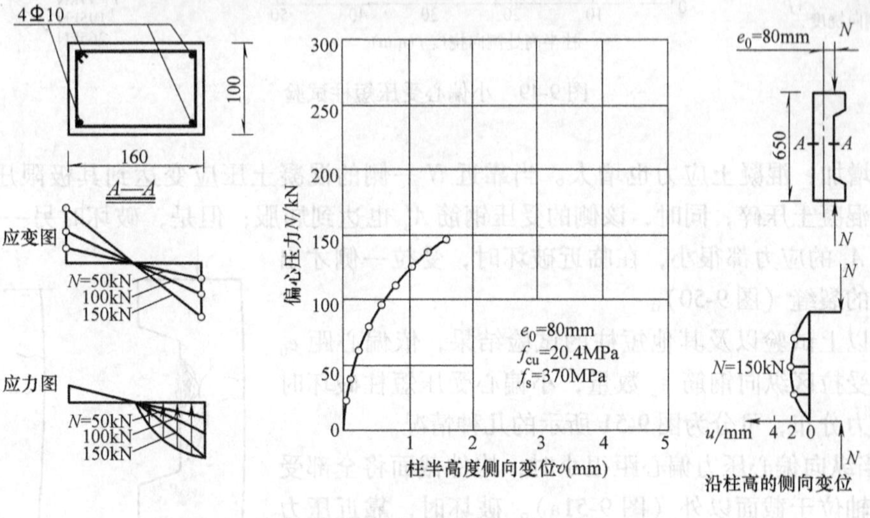

图 9-47　大偏心受压短柱试件（尺寸单位：mm）

许多大偏心受压短柱试验都表明，当偏心距较大，且受拉钢筋配筋率不高时，偏心受压构件的破坏是受拉钢筋首先到达屈服强度然后受压混凝土压坏。临近破坏时有明显的预兆，裂缝显著开展，称为受拉破坏。构件的承载能力取决于受拉钢筋的强度和数量。

（2）受压破坏——小偏心受压破坏。小偏心受压就是压力 N 的初始偏心距 e_0 较小的情况。图 9-49 为矩形截面小偏心受压短柱试件的试验结果。该试件的截面尺寸，配筋均与图 9-47 所示试件相同，但偏心距较小，e_0 = 25mm。由图 9-50 可见，短柱受力后，截面全部受压，其中，靠近偏心压力 N 的一侧（钢筋为 A_s'）受到的压应力较大，另一侧（钢筋为 A_s）压应力较小。随着偏心压力

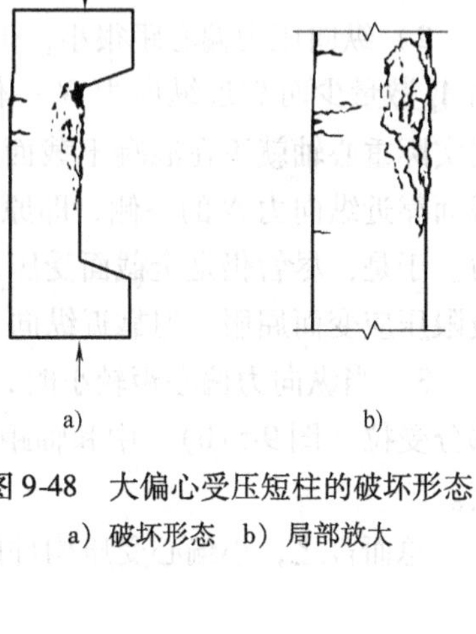

a)　　b)

图 9-48　大偏心受压短柱的破坏形态

a）破坏形态　b）局部放大

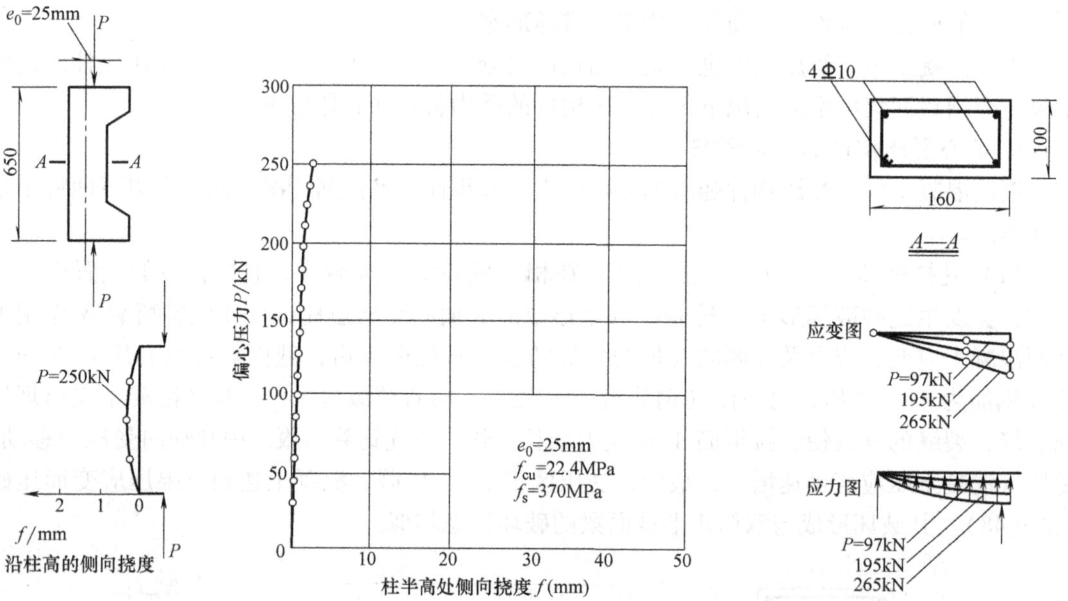

图 9-49 小偏心受压短柱试验

N 的逐渐增加，混凝土应力也增大。当靠近 N 一侧的混凝土压应变达到其极限压应变时，压区边缘混凝土压碎，同时，该侧的受压钢筋 A_s' 也达到屈服；但是，破坏时另一侧的混凝土和钢筋 A_s 的应力都很小，在临近破坏时，受拉一侧才出现短而小的裂缝（图 9-50）。

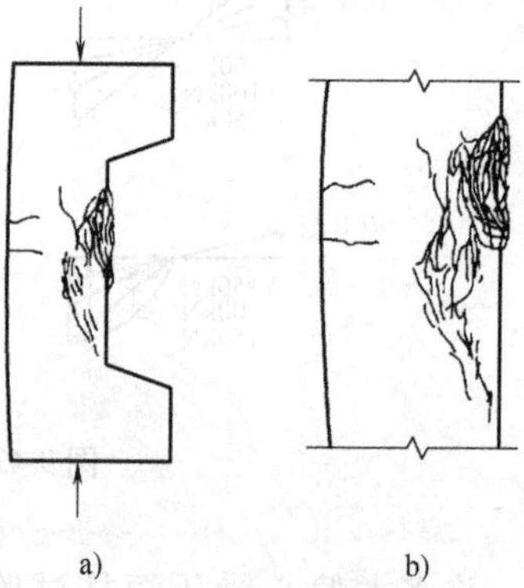

图 9-50 小偏心受压短柱破坏形态

a）破坏形态 b）局部放大

根据以上试验以及其他短柱的试验结果，依偏心距 e_0 的大小及受拉区纵向钢筋 A_s 数量，小偏心受压短柱破坏时的截面应力分布，可分为图 9-51 所示的几种情况。

1）当纵向偏心压力偏心距很小时，构件截面将全部受压，中和轴位于截面以外（图 9-51a）。破坏时，靠近压力 N 一侧混凝土应变达到极限压应变，钢筋 A_s' 达到屈服强度，而离纵向压力较远一侧的混凝土和受压钢筋均未达到其抗压强度。

2）纵向压力偏心距很小，但是离纵向压力较远一侧钢筋 A_s 数量少而靠近纵向力 N 一侧钢筋 A_s' 较多时，则截面的实际重心轴就不在混凝土截面形心轴 0—0 处（图 9-51c）而向右偏移至 1—1 轴。这样，截面靠近纵向力 N 的一侧，即原来压应力较小而 A_s 布置得过少的一侧，将负担较大的压应力。于是，尽管仍是全截面受压，但远离纵向力 N 一侧的钢筋 A_s 将由于混凝土的应变达到极限压应变而屈服，但靠近纵向力 N 一侧的钢筋 A_s' 的应力有可能达不到屈服强度。

3）当纵向力偏心距较小时，或偏心距较大而受拉钢筋 A_s 较多时，截面大部分受压而小部分受拉（图 9-51b）。中和轴距受拉钢筋 A_s 很近，钢筋 A_s 中的拉应力很小，达不到屈服强度。

总而言之，小偏心受压构件的破坏一般是受压区边缘混凝土的应变达到极限压应变，受压区混凝土被压碎；同一侧的钢筋压应力达到屈服强度，而另一侧的钢筋，不论受拉还是受压，其应力均达不到屈服强度，破坏前构件横向变形无明显的急剧增长，这种破坏被称为“受压破坏”，其正截面承载力取决于受压区混凝土抗压强度和受压钢筋强度。

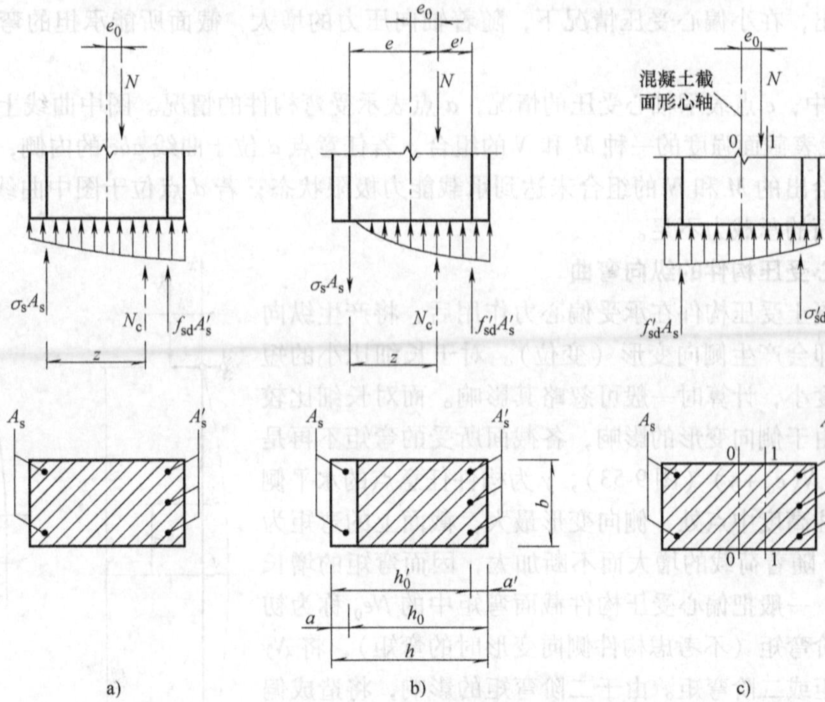

图 9-51　小偏心受压短柱截面受力的几种情况

a）截面全部受压的应力图　b）截面大部受压的应力图　c）A_s 太少时的应力图

2. 大、小偏心受压的界限

偏心受压构件截面部分受压、部分受拉时的应变变化规律与双筋矩形截面受弯构件截面应变变化是相似的，因此，与受弯构件正截面承载力计算相同，可用受压区界限高度 x_b 或相对界限受压区高度 ξ_b 来判别两种不同偏心受压破坏形态：当 $\xi \leqslant \xi_b$ 时，截面为大偏心受压破坏；当 $\xi > \xi_b$ 时，截面为小偏心受压破坏。

3. 偏心受压构件的 *M*—*N* 相关曲线

偏心受压构件是弯矩和轴力共同作用的构件，轴力与弯矩对于构件的作用效应存在着叠加和制约的关系，亦即当给定轴力 N 时，有其唯一对应的弯矩 M，或者说构件可以在不同的 N 和 M 的组合下达到其极限承载能力。

对于偏心受压短柱，由其截面承载力的计算分析可以得到图 9-52 所示的偏心受压构件 M—N 相关曲线图。在图 9-52 中，ab 段表示大偏心受压时的 M—N 相关曲线，为二次抛物线。随着轴向压力 N 的增大，截面能承担的弯矩也相应提高。

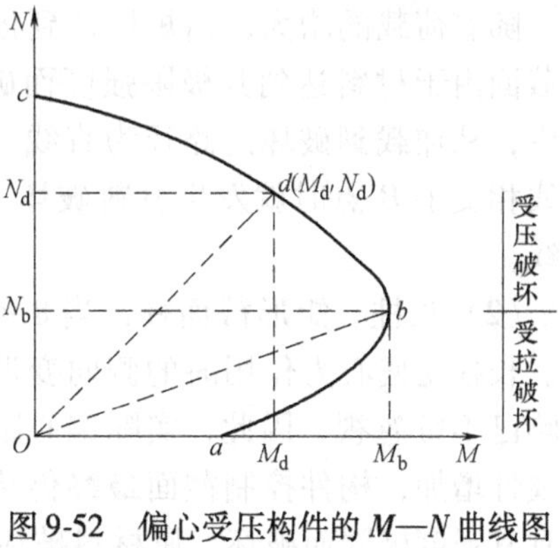

图 9-52　偏心受压构件的 M—N 曲线图

b 点为钢筋与受压混凝土同时达到其强度极限值的界限状态。此时，偏心受压构件承受的弯矩 M 最大。

cb 段表示小偏心受压时的 $M—N$ 相关曲线，是一条接近于直线的二次函数曲线。由曲线走向可以看出，在小偏心受压情况下，随着轴向压力的增大，截面所能承担的弯矩反而降低。

图 9-52 中，c 点表示轴心受压的情况，a 点表示受弯构件的情况。图中曲线上的任一点 d 的坐标就代表截面强度的一种 M 和 N 的组合。若任意点 d 位于曲线 abc 的内侧，说明截面在该点坐标给出的 M 和 N 的组合未达到承载能力极限状态；若 d 点位于图中曲线 abc 的外侧则表明截面的承载力不足。

二、偏心受压构件的纵向弯曲

钢筋混凝土受压构件在承受偏心力作用后，将产生纵向弯曲变形，即会产生侧向变形（变位）。对于长细比小的短柱，侧向挠度小，计算时一般可忽略其影响。而对长细比较大的长柱，由于侧向变形的影响，各截面所受的弯矩不再是 Ne_0，而变成 $N(e_0+y)$（图 9-53），y 为构件任意点的水平侧向变形。在柱高度中点处，侧向变形最大，截面上的弯矩为 $N(e_0+y)$。y 随着荷载的增大而不断加大，因而弯矩的增长也越来越快。一般把偏心受压构件截面弯矩中的 Ne_0 称为初始弯矩或一阶弯矩（不考虑构件侧向变形时的弯矩），将 Ny 称为附加弯矩或二阶弯矩。由于二阶弯矩的影响，将造成偏心受压构件不同的破坏类型。

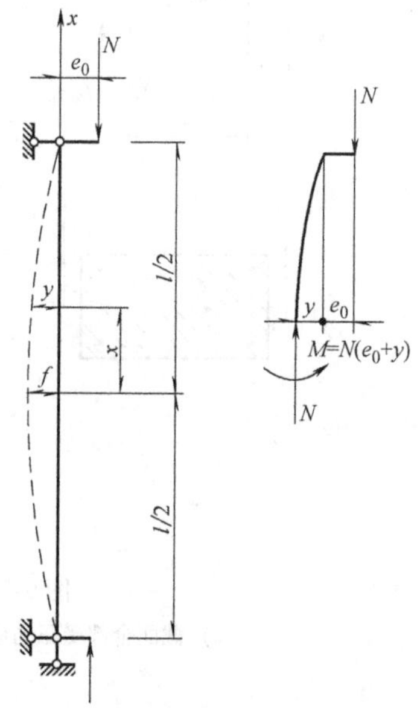

图 9-53 偏心受压构件的受力图

1. 偏心受压构件的破坏类型

钢筋混凝土偏心受压构件按长细比可分为短柱、长柱和细长柱。

（1）短柱。偏心受压短柱中，虽然偏心力作用将产生一定的侧向变形，但其 u 值很小，一般可忽略不计。即可以不考虑二阶弯矩，各截面中的弯矩均可认为等于 Ne_0，弯矩 M 与轴向力 N 呈线性关系。

一般当长细比 $l_0/i \leqslant 17.5$（相当于矩形截面 $l_0/h \leqslant 5$ 或圆形截面 $l_0/2r \leqslant 4.4$）的构件，不考虑侧向挠度的影响。

随着荷载的增大，当短柱达到极限承载能力时，柱的截面由于材料达到其极限强度而破坏。在 $M—N$ 相关图中，从加载到破坏的路径为直线，当直线与截面承载力线相交于 B 点时就发生材料破坏，即图 9-54 中的 OB 直线。

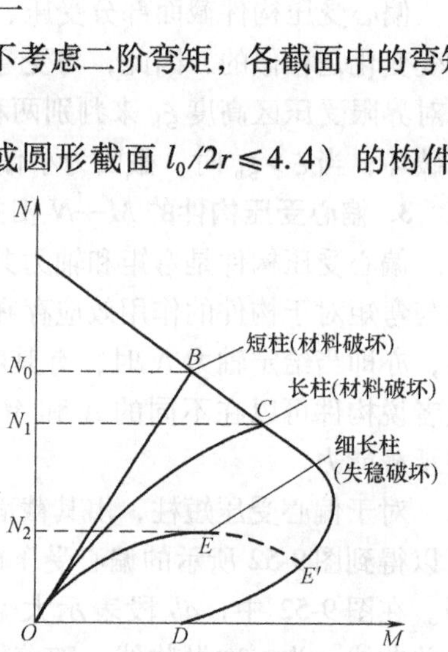

图 9-54 构件长细比的影响

（2）长柱。矩形截面柱，当 $8 < l_0/h \leqslant 30$ 时即为长柱。长柱受偏心力作用时的侧向变形 u 较大，二阶弯矩影响已不可忽视，因此，实际偏心距是随荷载的增大而非线性增加，构件控制截面最终仍然是由于截面中材料达到其强度极限而破坏，属材料破坏。图 9-55 为偏心受

压长柱的试验结果。其截面尺寸、配筋与图9-47所示短柱相同，但其长细比为 $l_0/h=15.6$，最终破坏形态仍为小偏心受压，但偏心距已随 N 值的增加而变大。

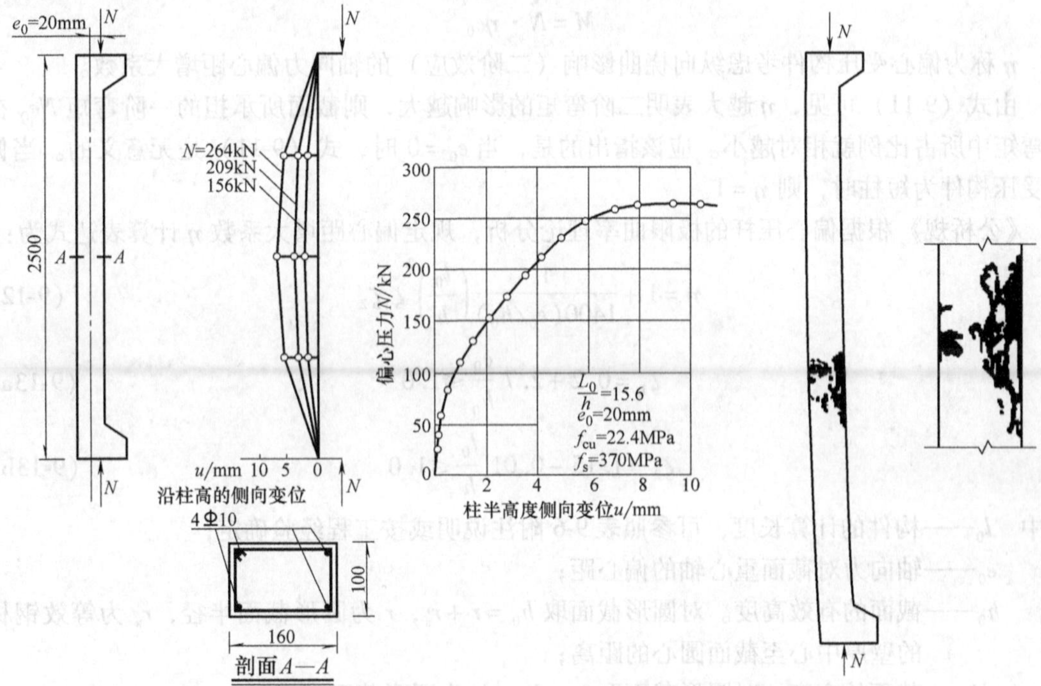

图9-55 偏心受压长柱的试验与破坏（尺寸单位：mm）

偏心受压长柱在 $M—N$ 相关图上从加荷到破坏的受力路径为曲线，与截面承载力曲线相交于 C 点而发生材料破坏，即图9-54中 OC 曲线。

（3）细长柱。长细比很大的柱。当偏心压力 N 达到最大值时（图9-54中 E 点），侧向变形 γ 突然剧增，此时，偏心受压构件截面上钢筋和混凝土的应变均未达到材料破坏时的极限值，即压杆达到最大承载能力是发生在其控制截面材料强度还未达到其破坏强度，这种破坏类型称为失稳破坏。在构件失稳后，若控制作用在构件上的压力逐渐减小以保持构件继续变形，则随着 γ 增大到一定值及相应的荷载下，截面也可达到材料破坏点（点 E'）。但这时的承载能力已明显低于失稳时的破坏荷载。由于失稳破坏与材料破坏有本质的区别，设计中一般尽量不采用细长柱。

在图9-54中，短柱、长柱和细长柱的初始偏心距是相同的，但破坏类型不同：短柱和长柱分别为 OB 和 OC 受力路径，为材料破坏；细长柱为 OE 受力路径，失稳破坏。随着长细比的增大，其承载力 N 值也不同，其值分别为 N_0、N_1 和 N_2，而 $N_0>N_1>N_2$。

2. 偏心距增大系数

实际工程中最常遇到的是长柱，由于最终破坏是材料破坏，因此，在设计计算中需考虑由于构件侧向变形（变位）而引起的二阶弯矩的影响。

偏心受压构件控制截面的实际弯矩应为

$$M=N(e_0+\gamma)=\frac{N(e_0+\gamma)}{e_0}e_0$$

令 $$\eta=\frac{e_0+y}{e_0}=1+\frac{y}{e_0} \tag{9-11}$$

则 $$M=N\cdot\eta e_0$$

η 称为偏心受压构件考虑纵向挠曲影响（二阶效应）的轴向力偏心距增大系数。

由式（9-11）可见，η 越大表明二阶弯矩的影响越大，则截面所承担的一阶弯矩 Ne_0 在总弯矩中所占比例就相对越小。应该指出的是，当 $e_0=0$ 时，式（9-11）是无意义的。当偏心受压构件为短柱时，则 $\eta=1$。

《公桥规》根据偏心压杆的极限曲率理论分析，规定偏心距增大系数 η 计算表达式为：

$$\eta=1+\frac{1}{1400(e_0/h_0)}\left(\frac{l_0}{h}\right)^2\zeta_1\zeta_2 \tag{9-12}$$

$$\zeta_1=0.2+2.7\frac{e_0}{h_0}\leqslant 1.0 \tag{9-13a}$$

$$\zeta_2=1.15-0.01\frac{l_0}{h}\leqslant 1.0 \tag{9-13b}$$

式中 l_0——构件的计算长度，可参照表9-6附注说明或按工程经验确定；

e_0——轴向力对截面重心轴的偏心距；

h_0——截面的有效高度。对圆形截面取 $h_0=r+r_s$，r 为圆形截面半径，r_s 为等效钢材的壁厚中心至截面圆心的距离；

h——截面的高度。对圆形截面取 $h=d_1$，d_1 为圆形截面直径；

ζ_1——荷载偏心率对截面曲率的影响系数；

ζ_2——构件长细比对截面曲率的影响系数。

《公桥规》规定，计算偏心受压构件正截面承载力时，对长细比 $l_0/i>17.5$（i 为构件截面回转半径）的构件或长细比 l_0/h（矩形截面）>5、长细比 l_0/d_1（圆形截面）>4.4 的构件，应考虑构件在弯矩作用平面内的变形（变位）对轴向力偏心距的影响。此时，应将轴向力对截面重心轴的偏心距 e_0 乘以偏心距增大系数 η。

偏心受压构件的弯矩作用平面的意义见图9-56的示意图。应该指出的是，前述偏心受压构件的破坏类型及破坏形态，均指在弯矩作用平面的受力情况。

三、矩形截面偏心受压构件

钢筋混凝土矩形截面偏心受压构件是工程中应用最广泛的构件，其截面长边为 h，短边为 b。在设计中，应该以长边方向的截面主轴面 $x—x$ 为弯矩作用平面（图9-56）。

矩形偏心受压构件的纵向钢筋一般集中布置在弯矩作用方向的截面两对边位置上，以 A_s 和 A_s' 来分别代表离偏心压力较远一侧和较近一侧的钢筋面积。当 $A_s\neq A_s'$ 时，称为非对称布筋；当 $A_s=A_s'$ 时，称为对称布筋。

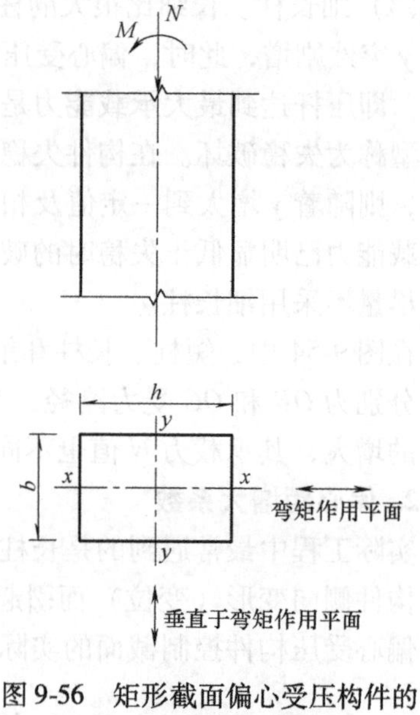

图9-56 矩形截面偏心受压构件的弯矩作用平面示意图

1. 矩形截面偏心受压构件的构造要求

矩形偏心受压构件的构造要求及其基本原则，与配有纵向钢筋及普通箍筋的轴心受压构件相仿。对箍筋直径、间距的构造要求，也适用于偏心受压构件。

（1）截面尺寸。矩形截面的最小尺寸不宜小于300mm，同时截面的长边 h 与短边 b 的比值常选用 $h/b=1.5\sim3$。为了模板尺寸的模数化，边长宜采用50mm的倍数。

矩形截面的长边应设在弯矩作用方向。

（2）纵向钢筋的配筋率。矩形截面偏心受压构件的纵向受力钢筋沿截面短边 b 配置。截面全部纵向钢筋和一侧钢筋的配筋率应大于规范规定的最小配筋率 ρ_{min}（%）要求。

纵向受力钢筋的常用配筋率（全部钢筋截面积与构件截面积之比），对大偏心受压构件宜为 $\rho=1\%\sim3\%$；对小偏心受压构件宜为 $\rho=0.5\%\sim2\%$。

当截面长边 $h\geqslant600$mm 时，应在长边 h 方向设置直径为（10～16）mm 的纵向构造钢筋，必要时相应地设置附加箍筋或复合箍筋，用以保持钢筋骨架刚度（图9-57）。

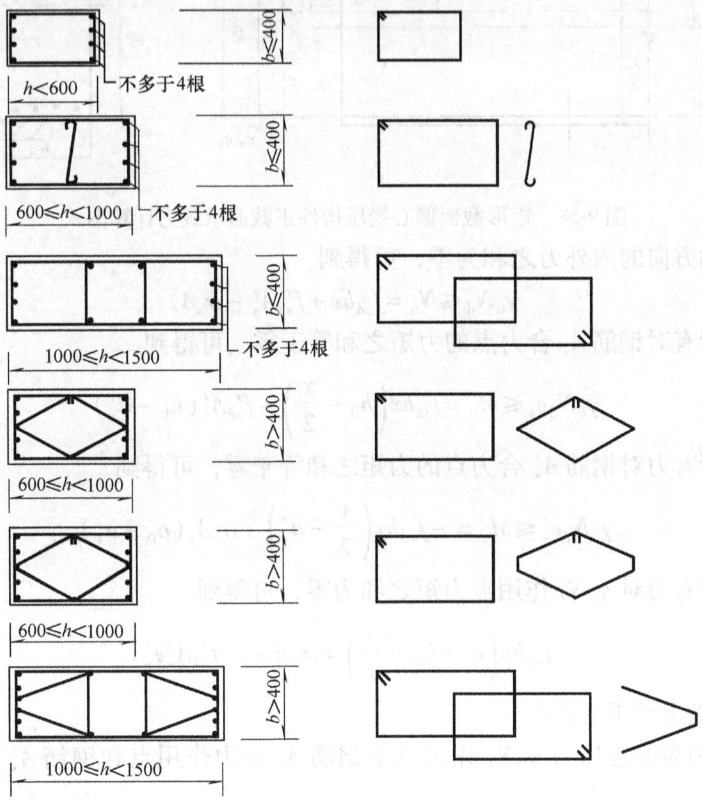

图9-57　矩形偏心受压构件的箍筋布置形式（尺寸单位：mm）

2. 矩形截面偏心受压构件正截面承载力计算的基本公式

与受弯构件相似，偏心受压构件的正截面承载力计算采用下列基本假定。

1）截面应变分布符合平截面假定。

2）不考虑混凝土的抗拉强度。

3）受压混凝土的极限压应变 $\varepsilon_{cu}=0.0033\sim0.0035$；

4）混凝土的压应力图形为矩形，应力集度为 f_{cd}，矩形应力图的高度 x 取等于按平截面

确定的受压区高度 x_c 乘以系数 β，即 $x=\beta x_c$。

矩形截面偏心受压构件正截面承载力计算图式如图9-58。

对于矩形截面偏心受压构件，用 ηe_0 表示纵向弯曲的影响，只要是材料破坏类型，无论是大偏心受压破坏，还是小偏心受压破坏，受压区边缘混凝土都达到极限压应变，同一侧的受压钢筋 A'_s，一般都能达到抗压强度设计值 f'_{sd}，而对面一侧的钢筋 A_s 的应力，可能受拉（达到或未达到抗拉强度设计值 f_{sd}），也可能受压，故在图9-58中以 σ_s 表示 A_s 钢筋中的应力，从而可以建立一种包括大、小偏心受压情况的统一正截面承载力计算图式。

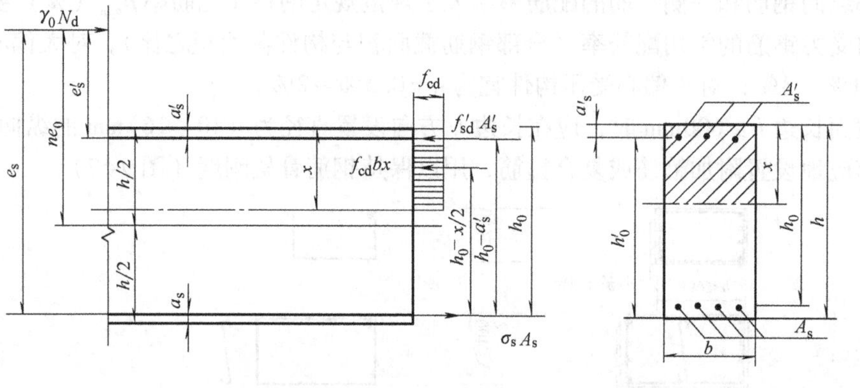

图9-58　矩形截面偏心受压构件正截面承载力计算图式

沿构件纵轴方向的内外力之和为零，可得到

$$\gamma_0 N_d \leqslant N_u = f_{cd}bx + f'_{sd}A'_s - \sigma_s A_s \tag{9-14}$$

由截面上所有对钢筋 A_s 合力点的力矩之和等于零，可得到

$$\gamma_0 N_d e_s \leqslant M_u = f_{cd}bx\left(h_0 - \frac{x}{2}\right) + f'_{sd}A'_s(h_0 - a'_s) \tag{9-15}$$

由截面上所有力对钢筋 A'_s 合力点的力矩之和等于零，可得到

$$\gamma_0 N_d e'_s \leqslant M_u = -f_{cd}bx\left(\frac{x}{2} - a'_s\right) + \sigma_s A_s(h_0 - a'_s) \tag{9-16}$$

由截面上所有力对 $\gamma_0 N_d$ 作用点力矩之和为零，可得到

$$f_{cd}bx\left(e_s - h_0 + \frac{x}{2}\right) = \sigma_s A_s e_s - f'_{sd}A'_s e'_s \tag{9-17}$$

式中　x——混凝土受压区高度；

e_s、e'_s——分别为偏心压力 $\gamma_0 N_d$ 作用点至钢筋 A_s 合力作用点和钢筋 A'_s 合力作用点的距离；

$$e_s = \eta e_0 + h/2 - a_s \tag{9-18}$$

$$e'_s = \eta e_0 - h/2 + a'_s \tag{9-19}$$

e_0——轴向力对截面重心轴的偏心距，$e_0 = M_d/N_d$；

η——偏心距增大系数，按式（9-12）计算。

关于式（9-14）至式（9-17）的使用要求及有关说明如下。

（1）钢筋 A_s 的应力 σ_s 取值：

当 $\xi = x/h_0 \leqslant \xi_b$ 时，构件属于大偏心受压构件，取 $\sigma_s = f_{sd}$；

当$\xi = x/h_0 > \xi_b$时，构件属于小偏心受压构件，σ_s应按式（9-20）计算，但应满足$-f'_{sd} \leqslant \sigma_{si} \leqslant f_{sd}$，式中$\sigma_{si}$为

$$\sigma_{si} = \varepsilon_{cu} E_s \left(\frac{\beta h_{0i}}{x} - 1 \right) \tag{9-20}$$

式中 σ_{si}——第i层普通钢筋的应力，按公式计算正值表示拉应力；

E_s——受拉钢筋的弹性模量；

h_{0i}——第i层普通钢筋截面重心至受压较大边边缘的距离；

x——截面受压区高度；

ε_{cu}——截面非均匀受压时，混凝土极限压应变，混凝土强度等级C50及以下时，取$\varepsilon_{cu} = 0.0033$，当混凝土强度等级为C80时，取$\varepsilon_{cu} = 0.003$；中间强度等级用直线插入求得。

β值可按表6-1取用，界限受压区高度ξ_b值见表6-2。

（2）为了保证构件破坏时，大偏心受压构件截面上的受压钢筋能达到抗压强度设计值f'_{sd}，必须满足：

$$x \geqslant 2a'_s \tag{9-21}$$

当$x < 2a'_s$时，受压钢筋A'_s的应力可能达不到f'_{sd}。与双筋截面受弯构件类似，这时近似取$x = 2a'_s$，受压区混凝土所承担的压力作用位置与受压钢筋承担的压力$f'_{sd}A'$作用位置重合。由截面受力平衡条件（对受压钢筋A'_s合力点的力矩之和为零）可写出：

$$\gamma_0 N_d e'_s \leqslant M_u = f_{sd} A_s (h_0 - a'_s) \tag{9-22}$$

（3）当偏心压力作用的偏心距很小，即小偏心受压情况下且全截面受压。若靠近偏心压力一侧的纵向钢筋A'_s配置较多，而远离偏心压力一侧的纵向钢筋A_s配置较少时，钢筋A_s的应力可能达到受压屈服强度，离偏心受力较远一侧的混凝土也有可能压坏。为使钢筋A_s数量不致过少，防止出现图9-51c所示的破坏，《公桥规》规定：对于小偏心受压构件，若偏心压力作用于钢筋A_s合力点和A'_s合力点之间时，尚应符合下列条件：

$$\gamma_0 N_d e' \leqslant M_u = f_{cd} bh \left(h'_0 - \frac{h}{2} \right) + f'_{sd} A_s (h'_0 - a_s) \tag{9-23}$$

式中 h'_0——纵向钢筋A'_s合力点离偏心压力较远一侧边缘的距离，即$h'_0 = h - a'_s$。

$$e' = h/2 - e_0 - a'_s。$$

3. 矩形截面偏心受压构件非对称配筋的计算方法

矩形截面偏心受压构件非对称配筋的截面设计方法介绍如下。

（1）大、小偏心受压的初步判别。在进行偏心受压构件的截面设计时，通常已知轴向力组合设计值N_d和相应的弯矩组合设计值M_d，或偏心距e_0，材料强度等级，截面尺寸$b \times h$，以及弯矩作用平面内构件的计算长度，要求确定纵向钢筋数量。

在偏心受压构件截面设计时，可采用下述方法来初步判定大、小偏心受压：当$\eta e_0 \leqslant 0.3h_0$时，可先按小偏心受压构件进行设计计算；当$\eta e_0 > 0.3h_0$时，则可按大偏心受压构件进行设计计算。

这种初步判定的方法，是对于常用混凝土强度、常用热轧钢筋级别的偏心受压在界限破坏形态计算图式基础上，进行计算分析及简化得到的近似方法，仅适用于矩形偏心受压构件

截面设计时初步判断。

（2）当 $\eta e_0 > 0.3h_0$ 时，可以按照大偏心受压构件来进行设计。

1）第一种情况：A_s 和 A_s' 均未知时。

与双筋矩形截面受弯构件截面设计相仿，从充分利用混凝土的抗压强度、使受拉和受压钢筋的总用量最少的原则出发，近似取 $\xi = \xi_b$，即 $x = \xi_b h_0$ 为补充条件。

由式（9-15），可得到受压钢筋的截面积 A_s'，要求满足 $A_s' \geqslant \rho'_{min} bh$。其中 ρ'_{min} 为截面一侧（受压）钢筋的最小配筋率，取 $\rho'_{min} = 0.2\% = 0.002$。

当计算的 $A_s' < \rho'_{min} bh$ 或负值时，应按照 $A_s' \geqslant \rho'_{min} bh$ 选择钢筋并布置 A_s'，然后按 A_s' 为已知的情况（后面将介绍的设计情况）继续计算求 A_s。

当计算 $A_s' \geqslant \rho'_{min} bh$ 时，则以求得的 A_s' 代入式（9-14），且取 $\sigma_s = f_{sd}$，求得需要的钢筋 A_s，要求满足 $A_s \geqslant \rho_{min} bh$，其中 ρ_{min} 为截面一侧（受拉）钢筋的最小配筋率。

2）第二种情况：A_s' 已知，A_s 未知时。

当钢筋 A_s' 为已知时，只有钢筋 A_s 和 x 两个未知数，故可以用基本公式来直接求解。由式（9-15），可得到关于 x 一元二次方程，解此方程，可得到受压区高度 x。

当计算的 x 满足 $2a_s' < x \leqslant \xi_b h_0$，则可由式（9-14），取 $\sigma_s = f_{sd}$，可得到受拉区所需钢筋数量 A_s。

当计算的 x 满足 $x \leqslant \xi_b h_0$，但 $x \leqslant 2a_s'$，则按式（9-22）来得到所需的受拉钢筋数量 A_s。

（3）当 $\eta e_0 \leqslant 0.3h_0$ 时，可按照小偏心受压进行设计计算。

1）第一种情况：A_s' 与 A_s 均未知时。

要利用基本公式进行设计，仍面临独立的基本公式只有两个，而存在 A_s、A_s' 和 x 三个未知数的情况，不能得到唯一的解。这时，和解决大偏压构件截面设计方法一样，必须补充条件以便求解。

试验表明，对于小偏心受压的一般情况，即图 9-51a、b 所示的破坏形态，远离偏心压力一侧的纵向钢筋无论受拉还是受压，其应力一般均未达到屈服强度，显然，A_s 可取等于受压构件截面一侧钢筋的最小配筋量，$A_s = \rho'_{min} bh = 0.002bh$。

按照 $A_s = 0.002bh$ 补充条件后，剩下两个未知数 x 与 A_s'，则可利用基本公式来进行设计计算。

首先，应该计算受压区高度 x 的值。由式（9-16）和式（9-20）可得到以 x 为未知数的方程为

$$Ne_s' = -f_{cd} bx\left(\frac{x}{2} - a_s'\right) + \sigma_s A_s (h_0 - a_s')$$

以及

$$\sigma_s = \varepsilon_{cu} E_s \left(\frac{\beta h_0}{x} - 1\right)$$

即得到关于 x 的一元三次方程，解此方程求得 x 值后，即可得到相应的相对受压区高度 $\xi = x/h_0$。

当 $h/h_0 > \xi > \xi_b$ 时，截面为部分受压、部分受拉。这时以 $\xi = x/h_0$ 代入式（9-20）求得钢筋 A_s 中的应力 σ_s 值。再将钢筋面积 A_s、钢筋应力计算值 σ_s 以及 x 值代入式（9-14）中，即可得所需钢筋面积 A_s' 值且应满足 $A_s' \geqslant \rho'_{min} bh$。

当 $\xi \geqslant h/h_0$ 时，截面为全截面受压。受压混凝土应力图形渐趋丰满，但实际受压区最多

也只能为截面高度 h。所以，在这种情况下，就取 $x=h$，则钢筋 A'_s 计算式为

$$A'_s=\frac{Ne_s-f_{sd}bh(h_0-h/2)}{f'_{sd}(h_0-a'_s)}\geqslant\rho'_{min}bh$$

在上述按照小偏心受压构件进行截面设计计算中，必须先求解 x 的一元三次方程，计算工作麻烦。这主要是钢筋 A_s 中应力 σ_s 的计算式为 ξ 的双曲线函数造成的。

2）第二种情况：A'_s 已知，A_s 未知时。

这时，欲求解的未知数（x 和 A_s）个数与独立基本公式数目相同，故可以直接求解。

由式（9-15）求截面受压区高度 x，并得到截面相对受压区高度 $\xi=x/h_0$。当 $h/h_0>\xi>\xi_b$ 时，截面部分受压、部分受拉。

以计算得到的 ξ 值代入式（9-20），求得钢筋 A_s 的应力 σ_s。由式（9-14）计算得到所需钢筋 A_s 的数量。

当 $\xi\geqslant h/h_0$ 时，则全截面受压。以 $\xi=h/h_0$ 代入式（9-20），求得钢筋 A_s 的应力 σ_s，再由式（9-14）可求得钢筋面积 A_{s1}。

全截面受压时，为防止设计的小偏心受压构件可能出现图 9-51c 所示的破坏，钢筋数量 A_s 应当满足式（9-23）的要求，变换式（9-23）可得到所需钢筋面积 A_{s2}。

设计所采用的钢筋面积 A_s 应取上述计算值 A_{s1} 和 A_{s2} 中的较大值，以防止出现远离偏心压力作用点的一侧混凝土边缘先破坏的情况。

矩形截面偏心受压构件非对称配筋截面承载力复核的方法介绍如下。

进行截面复核，必须已知偏心受压构件截面尺寸、构件的计算长度、纵向钢筋和混凝土强度设计值、钢筋面积 A_s 和 A'_s 以及在截面上的布置，并已知轴向力组合设计值 N_d 和相应的弯矩组合设计值 M_d。然后复核偏心压杆截面是否能承受已知的组合设计值。

偏心受压构件需要进行截面在两个方向上的承载力复核，即弯矩作用平面内和垂直于弯矩作用平面的截面承载力复核。

（1）弯矩作用平面内截面承载力复核

1）大、小偏心受压的判别。在偏心受压构件截面设计时，采用 ηe_0 与 $0.3h_0$ 之间关系来选择按何种偏心受压情况进行配筋设计，这是一种近似和初步的判定方法，并不一定能确认为大偏心受压还是小偏心受压。判定偏心受压构件是大偏心受压还是小偏心受压的充要条件是 ξ 与 ξ_b 之间的关系。即当 $\xi\leqslant\xi_b$ 时，为大偏心受压；当 $\xi>\xi_b$ 时，为小偏心受压。在截面承载力复核中，因截面的钢筋布置已定，故必须采用这个充要条件来判定偏心受压的性质。

截面承载力复核时，可先假设为大偏心受压。这时，钢筋 A_s 中的应力 $\sigma_s=f_{sd}$，代入式（9-17），可解得受压区高度 x，再由 x 求得 $\xi=\dfrac{x}{h_0}$。当 $\xi\leqslant\xi_b$ 时，为大偏心受压；当 $\xi>\xi_b$ 时，为小偏心受压。

2）当 $\xi\leqslant\xi_b$ 时。

若 $2a'_s\leqslant x\leqslant\xi_b h_0$，计算的 x 即为大偏心受压构件截面受压区高度，然后按式（9-14）进行截面承载力复核。

若 $2a'_s>x$ 时，由式（9-22）求截面承载力 $N_u=M_u/e'_s$。

3）当 $\xi>\xi_b$ 时。为小偏心受压构件。这时，截面受压区高度 x 不能由上述方法确定，

因为在小偏心受压情况下，离偏心压力较远一侧钢筋 A_s 中的应力往往达不到屈服强度。

这时，要联合使用式（9-17）和式（9-20）来确定偏心受压构件截面受压区高度 x，即

$$f_{cd}bx\left(e_s - h_0 + \frac{x}{2}\right) = \sigma_s A_s e_s - f'_{sd}A'_s e'_s$$

及

$$\sigma_s = \varepsilon_{cu}E_s\left(\frac{\beta h_0}{x} - 1\right)$$

可得到 x 的一元三次方程为

$$Ax^3 + Bx^2 + Cx + D = 0$$

解此方程，可得到小偏心受压构件截面受压区高度 x 及相应的 ξ 值。

当 $h/h_0 > \xi > \xi_b$ 时，截面部分受压，部分受拉。将计算的 ξ 值代入式（9-20），可求得钢筋 A_s 的应力 σ_s 值。然后，按照基本公式（9-14），求截面承载力 N_u 并且复核截面承载力。

当 $\xi > h/h_0$ 时，截面全部受压。这种情况下，偏心距较小。首先考虑近纵向压力作用点侧的截面边缘混凝土破坏，取 $\xi = h/h_0$ 代入式（9-20）中求得钢筋 A_s 中的应力 σ_s，然后由式（9-14）求得截面承载力 N_{u1}。

因全截面受压，还需考虑距纵向压力作用点远侧截面边缘破坏的可能性，再由式（9-23）求得截面承载力 N_{u2}。

构件承载能力 N_u 应取 N_{u1} 和 N_{u2} 中较小值，其意义为既然截面破坏有这种可能性，则截面承载力也可能由其决定。

（2）垂直于弯矩作用平面的截面承载力复核。偏心受压构件，除了在弯矩作用平面内可能发生破坏外，还可能在垂直于弯矩作用平面内发生破坏，例如设计轴向压力 N_d 较大而在弯矩作用平面内偏心矩较小时，垂直于弯矩作用平面的构件长细比 $\lambda = l_0/b$ 较大时，有可能是垂直于弯矩作用平面的承载力起控制作用。因此，当偏心受压构件在两个方向的截面尺寸 b、h 及长细比 λ 值不同时，应对垂直于弯矩作用平面进行承载力复核。

《公桥规》规定，对于偏心受压构件除应计算弯矩作用平面内的承载力外，还应按轴心受压构件复核垂直于弯矩作用平面的承载力。这时不考虑弯矩作用，而按轴心受压构件考虑稳定系数 φ，并取 b 来计算相应的长细比。

例 9-3 钢筋混凝土偏心受压构件，截面尺寸为 $b \times h = 300\text{mm} \times 400\text{mm}$，两个方向（弯矩作用方向和垂直于弯矩作用方向）的计算长度均为 $l_0 = 4\text{m}$。轴向力组合设计值 $N_d = 188\text{kN}$，相应弯矩组合设计值 $M_d = 120\text{kN} \cdot \text{m}$。预制构件拟采用水平浇筑 C20 混凝土，纵向钢筋为 HRB335 级钢筋，Ⅰ类环境条件，安全等级为二级。试选择钢筋，并进行截面复核。

解： $f_{cd} = 9.2\text{MPa}$，$f_{sd} = f'_{sd} = 280\text{MPa}$，$\xi_b = 0.56$，$\gamma_0 = 1.0$。

（1）截面设计。轴向力计算值 $N = \gamma_0 N_d = 188\text{kN}$，弯矩计算值 $M = \gamma_0 M_d = 120\text{kN} \cdot \text{m}$，可得到偏心距 e_0 为

$$e_0 = \frac{M}{N} = \frac{120 \times 10^6}{188 \times 10^3} = 638\text{mm}$$

弯矩作用平面内的长细比为 $\dfrac{l_0}{h} = \dfrac{4000}{400} = 10 > 5$，故应考虑偏心距增大系数 η。η 值按式

(9-12) 计算。设 $a_s=a'_s=40\text{mm}$，则 $h_0=h-a_s=400-40=360\text{mm}$。

$$\zeta_1=0.2+2.7\frac{e_0}{h_0}=0.2+2.7\times\frac{638}{360}=4.99>1\text{，取}\zeta_1=1.0\text{；}$$

$$\zeta_2=1.15-0.01\frac{l_0}{h}=1.15-0.010\times10=1.05>1\text{ 取}\zeta_2=1.0\text{。}$$

则
$$\eta=1+\frac{1}{1400e_0/h_0}\left(\frac{l_0}{h}\right)^2\zeta_1\zeta_2=1+\frac{1}{1400\times\frac{638}{360}}(10)^2=1.04$$

1）大、小偏心受压的初步判定

$\eta e_0=1.04\times638=664\text{mm}>0.3h_0(=0.3\times360=108\text{mm})$，故可先按大偏心受压情况进行设计。$e_s=\eta e_0+h/2-a_s=664+400/2-40=824\text{mm}$。

2）计算所需的纵向钢筋面积。属于大偏心受压求钢筋 A_s 和 A'_s 的情况。取 $\xi=\xi_b=0.56$，由式 (9-15) 可得到

$$A'_s=\frac{Ne_s-\xi_b(1-0.5\xi_b)f_{cd}bh_0^2}{f'_{sd}(h_0-a'_s)}$$
$$=\frac{188\times10^3\times824-0.56\times(1-0.5\times0.56)\times9.2\times300\times360^2}{280\times(360-40)}$$
$$=119\text{ mm}^2<(0.002\times300\times400=)240\text{ mm}^2$$

取 $A'_s=240\text{ mm}^2$。

现选择受压钢筋为 3 ⏀12，则实际受压钢筋面积 $A'_s=339\text{mm}^2$，$a'_s=45\text{mm}$，$\rho'=0.28\%>0.2\%$。

由式 (9-15) 可得到截面受压区高度 x 值为

$$x=h_0-\sqrt{h_0^2-\frac{2[Ne_s-f'_{sd}A'_s(h_0-a'_s)]}{f_{cd}b}}$$
$$=360-\sqrt{360^2-\frac{2\times[188\times10^3\times824-280\times339\times(360-45)]}{9.2\times300}}$$
$$=162\text{mm}<\xi_bh_0(=0.56\times360=202\text{mm})>2a'_s(=2\times45=90\text{mm})$$

取 $\sigma_s=f_{sd}$ 并代入式(9-14)可得到

$$A_s=\frac{f_{cd}bx+f'_{sd}A'_s-N}{f_{sd}}$$
$$=\frac{9.2\times300\times162+280\times339-188\times10^3}{280}$$
$$=1264\text{mm}^2>\rho_{min}bh(=0.002\times300\times400=240\text{mm}^2)$$

现选受拉钢筋为 4 ⏀22，$A_s=1520\text{mm}^2$，$\rho=1.27\%>0.2\%$。$\rho+\rho'=1.33\%>0.5\%$。

设计的纵向钢筋沿截面短边 b 方向布置一排（图 9-59），因偏心压杆采用水平浇筑混凝土预制构件，故纵筋最小净距采用 30mm。设计截面中取 $a_s=a'_s=45\text{mm}$，钢筋 A_s 的混凝土保护层的厚度为 $(45-25.1/2)=32\text{mm}$，满足规范要求。所需截面最小宽度 $b_{min}=2\times32+3\times30+4\times25.1=254\text{mm}<b=300\text{mm}$。

(2) 截面复核

1) 垂直于弯矩作用平面的截面复核。

因为长细比 $l_0/b=4000/300=13>8$，故由表 9-5 中可查得 $\varphi=0.935$，则

$$\begin{aligned}N_u&=0.9\varphi[f_{cd}bh+f'_{sd}(A_s+A'_s)]\\&=0.9\times0.935\times[9.2\times300\times400+280\times(1520+339)]\\&=1367.03\times10^3\text{N}=1367.03\text{kN}>N=188\text{kN}\end{aligned}$$

满足设计要求。

2) 弯矩作用平面的截面复核。

截面实际有效高度 $h_0=400-45=355\text{mm}$，计算得 $\eta=1.04$。而 $\eta e_0=664\text{mm}$，

$$e_s=\eta e_0+\frac{h}{2}-a_s=664+\frac{400}{2}-45=819\text{mm}$$

$$e'_s=\eta e_0-\frac{h}{2}+a'_s=664-\frac{400}{2}+45=509\text{mm}$$

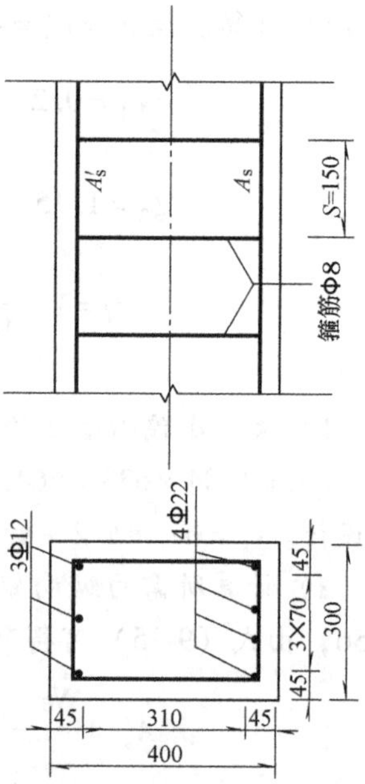

图 9-59 例 9-3 题配筋图（尺寸单位：mm）

假定为大偏心受压，即取 $\sigma_s=f_{sd}$，由式 (9-17) 可解得混凝土受压区高度 x 为

$$\begin{aligned}x&=(h_0-e_s)+\sqrt{(h_0-e_s)^2+2\times\frac{f_{sd}A_se_s-f'_{sd}A'_se'_s}{f_{cd}b}}\\&=(355-819)+\sqrt{(355-819)^2+2\times\frac{280\times1520\times819-280\times339\times509}{9.2\times300}}\\&=194\text{mm}\begin{cases}<\xi_bh_0(=0.56\times355=199\text{mm})\\>2a'_s(=2\times45=90\text{mm})\end{cases}\end{aligned}$$

计算表明为大偏心受压。

由式 (9-14) 可得截面承载力为

$$\begin{aligned}N_u&=f_{cd}bx+f'_{sd}A'_s-\sigma_sA_s\\&=9.2\times300\times194+280\times339-280\times1520\\&=204.76\times10^3\text{N}=204.76\text{kN}>N(=188\text{kN})\end{aligned}$$

满足正截面承载力要求。

经截面复核，确认图 9-59 的截面设计。箍筋采用Φ8，间距按照普通箍筋柱构造要求选用。

例 9-4 钢筋混凝土偏心受压构件截面尺寸 $b\times h=400\text{mm}\times500\text{mm}$，轴向压力计算值为 $N=200\text{kN}$，弯矩计算值为 $M=120\text{kN}\cdot\text{m}$。弯矩作用方向的计算长度 $l_{oy}=4\text{m}$，垂直于弯矩作用方向的计算长度 $l_{ox}=5.71\text{m}$。Ⅰ类环境条件。截面受压区已配置 4Φ22（图 9-60），$A'_s=1520\text{ mm}^2$。采用 C25 混凝土现浇构件，纵向钢筋为 HRB335 级，试进行配筋计算，并复核偏心受压构件截面承载力。

解： $f_{cd}=11.5\text{MPa}$，$f_{sd}=f'_{sd}=280\text{MPa}$，$\xi_b=0.56$，$\gamma_0=1.0$。

(1) 截面设计

由已知 $N=200\text{kN}$，$M=120\text{kN}\cdot\text{m}$，可得到偏心距 e_0 为

$$e_0=\frac{M}{N}=\frac{120\times10^6}{200\times10^3}=600\text{mm}$$

偏心压杆在弯矩作用方向的长细比为

$$\frac{l_0}{h}=\frac{4000}{500}=8>5$$

由图9-60可知，$a'_s=45\text{mm}$。现取 $a_s=45\text{mm}$，则 $h_0=h-a_s=500-45=455\text{mm}$。由式(9-12)计算得 $\eta=1.035$。

1）大、小偏心受压的初步判定。

$\eta e_0=1.035\times600=621\text{mm}>0.3h_0(=0.3\times455=137\text{mm})$，故可先按大偏心受压构件进行设计计算：

$$e_s=\eta e_0+\frac{h}{2}-a_s=621+\frac{500}{2}-45=826\text{mm}$$

$$e'_s=\eta e_0-\frac{h}{2}+a'_s=621-\frac{500}{2}+45=416\text{mm}$$

2）计算所需纵向钢筋 A_s 的面积。

由式（9-15），计算得到受压区高度 $x=(-4)\text{mm}$。计算的受压区高度 x 为负值，可以认为是 $x<2a'$ 的情况。由式（9-22）可得到

$$A_s=\frac{Ne'_s}{f_{sd}(h_0-a'_s)}=\frac{200\times10^3\times416}{280\times(455-45)}=725\ \text{mm}^2$$

由此，现选择3 Φ20，$A_s=942\ \text{mm}^2>\rho_{\min}bh(=0.002\times400\times500=400\ \text{mm}^2)$。设计截面的纵筋布置见图9-61。经检查，纵筋间距符合构造要求，$a'_s=45\text{mm}$，$a_s=45\text{mm}$。而 $\rho+\rho'=(1520+942)/(400\times500)=1.23\%>0.5\%$，满足要求。截面布置见图9-61。

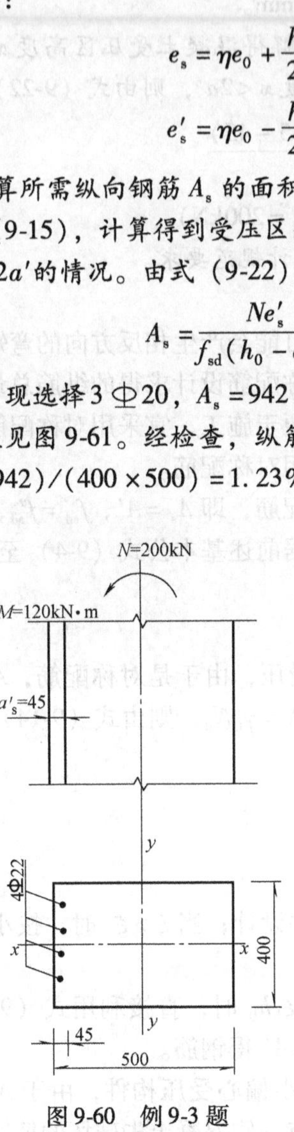

图9-60　例9-3题
（尺寸单位：mm）

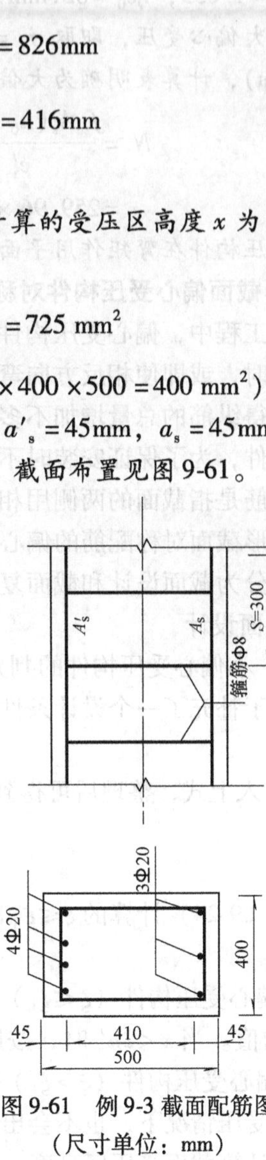

图9-61　例9-3截面配筋图
（尺寸单位：mm）

（2）截面复核

1）垂直于弯矩作用平面内的截面复核。

构件在垂直于弯矩作用方向上的长细比 $l_0/b = 5710/400 = 14.3$，查附表 9-6 得到 $\varphi = 0.91$，则可得到

$$\begin{aligned}N_u &= 0.9\varphi[f_{cd}bh + f'_{sd}(A_s + A'_s)] \\ &= 0.9 \times 0.91 \times [11.5 \times 400 \times 500 + 280 \times (942 + 1520)] \\ &= 2448.29 \times 10^3\text{N} = 2448.29\text{kN} > N(=200\text{kN})\end{aligned}$$

满足要求。

2）弯矩作用平面内的截面复核。

由图 9-61 可知，$a_s = 45\text{mm}$，$a'_s = 45\text{mm}$，$A_s = 942\ \text{mm}^2$，$A'_s = 1520\ \text{mm}^2$，$h_0 = 455\text{mm}$，计算得到 $\eta = 1.035$，$\eta e_0 = 621\text{mm}$，$e_s = 826\text{mm}$，$e'_s = 416\text{mm}$。

假定为大偏心受压，即取 $\sigma_s = f_{sd}$，由式（9-17）可解得混凝土受压区高度 $x = 23\text{mm} < 2a'_s(=90\text{mm})$，计算表明确为大偏心受压，但受压区高度 $x < 2a'$，则由式（9-22）计算：

$$\begin{aligned}N &= \frac{f_{sd}A_s(h_0 - a'_s)}{e'_s} = \frac{280 \times 942 \times (455 - 45)}{416} \\ &= 259.96 \times 10^3\text{N} = 259.96\text{kN} > N(=200\text{kN})\end{aligned}$$

偏心受压构件在弯矩作用平面内的承载力 N_u 满足设计规范要求。

4. 矩形截面偏心受压构件对称配筋的计算方法

在实际工程中，偏心受压构件在不同荷载作用下，可能会产生相反方向的弯矩，当其数值相差不大时，或即使相反方向弯矩相差较大，但按对称配筋设计求得的纵筋总量，比按非对称设计所得纵筋的总量增加不多时，为使构造简单及便于施工，宜采用对称配筋。装配式偏心受压构件，为了保证安装时不会出错，一般也宜采用对称配筋。

对称配筋是指截面的两侧用相同钢筋等级和数量的配筋，即 $A_s = A'_s$，$f_{sd} = f'_{sd}$，$a_s = a'_s$。

对于矩形截面对称配筋的偏心受压构件计算，仍依据前述基本公式（9-4）至式（9-13）进行，也可分为截面设计和截面复核两种情况。

（1）截面设计

1）大、小偏心受压构件的判别。现假定为大偏心受压，由于是对称配筋，$A_s = A'_s$，$f_{sd} = f'_{sd}$，相当于补充了一个设计条件，现令轴向力计算值 $N = \gamma_0 N_d$，则由式（9-14）可得到

$$N = f_{cd}bx$$

以 $x = \xi h_0$ 代入上式，整理后可得到

$$\xi = \frac{N}{f_{cd}bh_0} \tag{9-24}$$

当按式（9-24）计算的 $\xi \leq \xi_b$ 时，按大偏心受压构件设计；当 $\xi > \xi_b$ 时，按小偏心受压构件设计。

2）大偏心受压构件（$\xi \leq \xi_b$）的计算。当 $2a'_s \leq x \leq \xi_b h_0$ 时，直接利用式（9-15）可得到 $A_s = A'_s$ 的值。当 $x < 2a'_s$ 时，按照式（9-22）来求 $A_s = A'_s$ 得钢筋。

3）小偏心受压构件（$\xi > \xi_b$）的计算。对称配筋的小偏心受压构件，由于 $A_s = A'_s$，即使在全截面受压情况下，也不会出现远离偏心压力作用点一侧混凝土先破坏的情况。

首先应计算截面受压区高度 x。《公桥规》建议矩形截面对称配筋的小偏心受压构件截

面相对受压区高度ξ按下式计算：

$$\xi=\frac{N-f_{cd}bh_0\xi_b}{\dfrac{Ne_s-0.43f_{cd}bh_0^2}{(\beta-\xi_b)(h_0-a_s')}+f_{cd}bh_0}+\xi_b \qquad (9\text{-}25)$$

式中β为截面受压区矩形应力图高度与实际受压区高度的比值，取值详见表6-1。求得ξ的值后，由式（9-14）可求得所需的钢筋面积。

（2）截面复核。截面复核仍是对偏心受压构件垂直于弯矩作用方向和弯矩作用方向都进行计算，计算方法与截面非对称配筋方法相同。

例9-5　钢筋混凝土偏心受压构件，截面尺寸为$b\times h=400\text{mm}\times500\text{mm}$，构件在弯矩作用方向和垂直于弯矩作用方向上的计算长度均为4m。Ⅰ类环境条件。轴向力计算值$N=400\text{kN}$，弯矩计算值$M=240\text{kN}\cdot\text{m}$。C20级混凝土，纵向钢筋采用HRB335级钢筋，试求对称配筋时所需钢筋数量并复核截面。

解：$f_{cd}=9.2\text{MPa}$，$f_{sd}=f'_{sd}=280\text{MPa}$，$\xi_b=0.56$

（1）截面设计。由$N=400\text{kN}$，$M=240\text{kN}\cdot\text{m}$，可得到偏心距为：

$$e_0=\frac{M}{N}=\frac{240\times10^6}{400\times10^3}=600\text{mm}$$

在弯矩作用方向，构件长细比$l_0/h=4000/500=8>5$。设$a_s=a_s'=50\text{mm}$，$h_0=h-a_s=450\text{mm}$，由式（9-12）可计算得到$\eta=1.034$，$\eta e_0=620\text{mm}$。

1）判别大、小偏心受压。由式（9-24）可得截面相对受压区高度ξ为

$$\xi=\frac{N}{f_{cd}bh_0}=\frac{400\times10^3}{9.2\times400\times450}=0.242<\xi_b\ (=0.56)$$

故可按大偏心受压构件设计。

2）求纵向钢筋面积

由$\xi=0.242$，$h_0=450\text{mm}$，得到受压区高度$x=\xi h_0=0.242\times450=109\text{mm}>2a_s'=100\text{mm}$。

而
$$e_s=\eta e_0+\frac{h}{2}-a_s=620+\frac{500}{2}-50=820\text{mm}$$

由式（9-15）可得到所需纵向钢筋面积为

$$A_s=A_s'=\frac{Ne_s-f_{cd}bh_0^2\xi(1-0.5\xi)}{f_{sd}(h_0-a_s')}$$

$$=\frac{400\times10^3\times820-9.2\times400\times450^2\times0.242\times(1-0.5\times0.242)}{280\times(450-50)}$$

$$=1513\text{mm}^2$$

选每侧钢筋为5Φ20，即$A_s=A_s'=1570\text{ mm}^2>0.002bh(=0.002\times400\times500=400\text{mm}^2)$，每侧布置钢筋所需最小宽度$b_{min}=2\times33.65+4\times50+5\times22.7=380.6\text{mm}<b(=400\text{mm})$，而$a_s$和$a_s'$取为45mm。截面布置如图9-62，构造布置的复合箍筋略。

（2）截面复核

1）在垂直于弯矩作用平面内的截面复核

长细比$l_0/h=4000/400=10$，由表9-6查得$\varphi=0.98$，则由式（9-7）可求得$N_u=$

2398kN > N(= 400kN)，满足要求。

2）在弯矩作用平面内的截面复核

由图9-62可得到 $a_s = a'_s = 45\text{mm}$，$A_s = A'_s = 1570\ \text{mm}^2$，$h_0 = 455\text{mm}$。由式（9-12）求得 $\eta = 1.035$。

则 $\eta e_0 = 621\text{mm}$

$e_s = 826\text{mm}$

$e'_s = \eta e_0 - h/2 + a'_s = 621 - 500/2 + 45 = 416\text{mm}$

假定为大偏心受压，即取 $\sigma_s = f_{sd}$，由式（9-17）可解得混凝土受压区高度 x 为

$$x = (h_0 - e_s) + \sqrt{(h_0 - e_s)^2 + \frac{2f_{sd}A_s(e_s - e'_s)}{f_{cd}b}}$$

$$= (455 - 826) + \sqrt{(455 - 826)^2 + \frac{2 \times 280 \times 1570 \times (826 - 416)}{9.2 \times 400}}$$

$$= 114\text{mm}\begin{cases} < \xi_b h_0 (= 0.56 \times 455 = 255\text{mm}) \\ > 2a'_s (= 2 \times 45 = 90\text{mm}) \end{cases}$$

故确为大偏心受压构件。

由式（9-14）可得截面承载力为

$$N_u = f_{cd}bx = 9.2 \times 400 \times 114 = 419.52 \times 10^3\text{N}$$

$$= 419.52\text{kN} > N\ (= 400\text{kN})$$

满足要求。

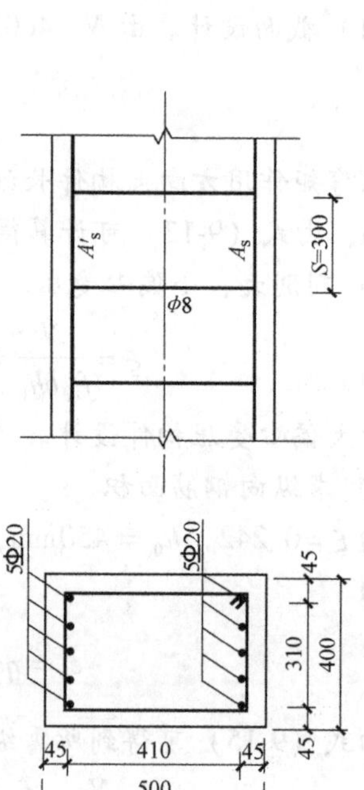

图9-62 例题9-6截面配筋图

（尺寸单位：mm）

例9-6 已知钢筋混凝土偏心受压构件截面尺寸 $b \times h = 400\text{mm} \times 600\text{mm}$，在弯矩作用平面及垂直于弯矩作用平面的计算长度均为 $l_0 = 4.5\text{m}$。Ⅰ类环境条件。承受计算轴向力 $N = 3000\text{kN}$，计算弯矩 $M = 235\text{kN}\cdot\text{m}$。采用C35级混凝土，纵向钢筋为HRB335级钢筋，对称布筋。试求纵向钢筋所需面积。

解： $f_{cd} = 16.1\text{MPa}$，$f_{sd} = f'_{sd} = 280\text{MPa}$，$\xi_b = 0.56$，$\beta = 0.8$。

由 $N = 3000\text{kN}$，$M = 235\text{kN}\cdot\text{m}$，可得到偏心距 e_0 为

$$e_0 = \frac{M}{N} = \frac{235 \times 10^6}{3000 \times 10^3} = 78\text{mm}$$

构件在弯矩作用方向的长细比 $l_0/h = 4500/600 = 7.5 > 5$。设 $a_s = a'_s = 55\text{mm}$，$h_0 = h - a_s = 545\text{mm}$。由式（9-12）计算得到偏心距增大系数 $\eta = 1.165$，则 $\eta e_0 = 91\text{mm}$。

（1）判别大、小偏心受压

由式（9-24）可得到

$$\xi = \frac{N}{f_{cd}bh_0} = \frac{3000 \times 10^3}{16.1 \times 400 \times 545}$$

$$= 0.855 > \xi_b\ (= 0.56)$$

故应按照小偏心受压构件设计。

（2）求纵向钢筋面积

由 $\eta e_0=91\text{mm}$，可求得 $e_s=\eta e_0+h/2-a_s=91+600/2-55=336\text{mm}$，$e'_s=\eta e_0-h/2+a'_s=91-600/2+55=-154\text{mm}$，按式（9-25）计算 ξ 值为

$$\xi=\frac{N-f_{cd}bh_0\xi_b}{\dfrac{Ne_s-0.43f_{cd}bh_0^2}{(\beta-\xi_b)(h_0-a'_s)}+f_{cd}bh_0}+\xi_b$$

$$=\frac{3000\times10^3-16.1\times400\times545\times0.56}{\dfrac{3000\times10^3\times336-0.43\times16.1\times400\times545^2}{(0.8-0.56)(545-55)}+16.1\times400\times545}+0.56$$

$$=0.763>\xi_b\ (=0.56)$$

将 $\xi=0.763$ 代入式（9-15）可得到

$$A_s=A'_s=\frac{Ne_s-\xi(1-0.5\xi)f_{cd}bh_0^2}{f'_{sd}(h_0-a'_s)}$$

$$=\frac{3000\times10^3\times336-0.763\times(1-0.5\times0.763)\times16.1\times400\times545^2}{280\times(545-55)}$$

$$=767\text{mm}^2$$

截面每侧设置3⏀18，$A_s=A'_s=763\ \text{mm}^2>0.002bh(=480\text{mm}^2)$，截面所需最小宽度 $b_{min}=2\times35+2\times50+3\times20.5=232\text{mm}<b(=400\text{mm})$。而 $a_s=a'_s=45\text{mm}$，截面布置如图9-63。

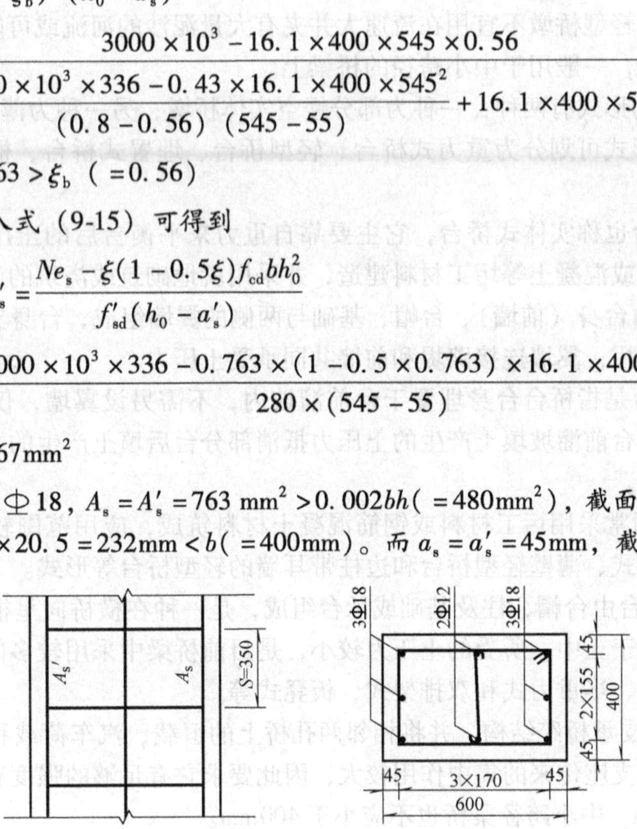

图9-63　例题9-7截面配筋图（尺寸单位：mm）

四、圆形截面偏心受压构件的构造要求

在桥梁结构中，圆形截面主要应用于桥梁墩（台）身及基础工程中，例如圆形柱式桥墩、钻孔灌注桩基础等。

圆形截面偏心受压构件的纵向受力钢筋，通常是沿圆周均匀布置，其根数不少于6根。对于预制或现浇的一般钢筋混凝土圆形截面偏心受压构件，纵向钢筋的直径不宜小于12mm，保护层厚度不小于30～40mm。桥梁工程中采用的钻孔灌注桩，其截面尺寸较大（桩直径 $D=800\sim1500\text{mm}$），桩内纵向受力钢筋的直径不宜小于14mm，根数不宜小于8根，钢筋间净距不宜小于80mm，混凝土保护层厚度不小于60～75mm；箍筋直径不小于8mm，箍筋间距200～400mm。对直径较大的桩，为了加强钢筋骨架的刚度，可在钢筋骨架上每隔2～3m，设置一道直径为14～18mm的加劲箍筋。

单元小结

1. 桥梁墩台是支承桥跨结构和传递桥梁作用的结构物，是桥梁结构的重要组成部分。桥梁墩台又称桥梁的下部结构，主要由墩（台）帽、墩（台）身和基础三部分组成。

2. 桥墩按其构造形式可分为实体墩、空心墩、柱式墩、框架墩等。

3. 实体桥墩由一个实体结构组成，按其截面尺寸及质量的不同可分为实体重力式桥墩和实体轻型桥墩。实体重力式桥墩适合于修建在地基承载力较高、覆盖层较薄、基岩埋深较浅的地基上。实体轻型桥墩不宜用在流速大并夹有大量泥沙的河流或可能有船舶、冰块、漂流物撞击的河流中，一般用于中小跨径的桥梁上。

4. 空心桥墩的形式有两种：一种为部分镂空实体桥墩；另一种为薄壁空心桥墩。

5. 桥台按其形式可划分为重力式桥台、轻型桥台、埋置式桥台、框架式桥台、组合式桥台等。

6. 重力式桥台也称实体式桥台，它主要靠自重力来平衡台后的土压力。台身一般是由块石、片石混凝土或混凝土等圬工材料建造，并采用就地砌筑或浇筑的施工方法。

7. U形桥台由台身（前墙）、台帽、基础与两侧的翼墙组成，台身支承桥跨结构，并承受台后土压力的作用；翼墙连接路堤和前墙共同承受土压力。

8. 埋置式桥台是指桥台台身埋置于台前溜坡内，不需另设翼墙，仅由台帽两端的耳墙与路堤衔接，利用台前溜坡填土产生的土压力抵消部分台后填土产生的主动土压力，从而减小桥台的结构尺寸。

9. 轻型桥台通常采用圬工材料或钢筋混凝土材料筑成，应用范围较广泛，从结构上可分为八字式、一字式、薄壁轻型桥台和边柱带耳墙的轻型桥台等形式。

10. 框架式桥台由台帽、柱及基础或承台组成，是一种在横桥向呈框架式结构的桩基础轻型桥台。它埋置于土中，所受的土压力较小，是目前桥梁中采用较多的桥台形式。其构造形式有柱式、墙式、半重力式和双排架式、板凳式等。

11. 墩帽直接支承桥跨结构，并将相邻两孔桥上的恒载、汽车荷载和人群荷载传到墩身上。墩帽由于受到支座传来的集中作用较大，因此要求它有足够的强度和厚度，其最小厚度一般不小于500mm，中小跨径梁桥也不应小于400mm。

12. 顺桥向墩帽最小宽度 b 为：$b \geqslant f+\frac{a}{2}+\frac{a'}{2}+2c_1+2c_2$。横桥向墩帽最小宽度 B 为：B = 桥跨结构两外侧主梁中心距 + 支座底板横向宽度 + 墩帽缘伸出距离的2倍 + 支座垫板至墩台边缘最小宽度的2倍。

13. 梁桥的墩身顶宽，小跨径桥不宜小于800mm，中跨径桥不宜小于1000mm，大跨径桥的墩身顶宽视上部结构类型而定。墩身侧坡一般采用20:1~30:1，小跨径桥桥墩不高时也可以不设侧坡。

14. 拱桥桥墩与梁桥桥墩最大区别在于需承受拱脚传来的水平推力，因此，在多跨拱桥中根据施工和使用要求，每隔3~5孔设置单向推力墩。

15. 重力式U形桥台台身由前墙（含上端的防护墙）和侧墙组成。U形桥台台心应填透水性良好的土，如砂性土或砂砾，并做好排除桥台前墙后积水的排水设施。

16. 重力式桥墩（台）主要采用圬工材料建造，因此其墩身截面强度验算采用分项安全系数的极限状态法，一般按受压构件验算墩（台）身各验算截面的计算强度。

17. 桥墩的稳定性验算分别进行倾覆稳定性、滑动稳定性验算。

18. 桩柱式桥墩的计算包括盖梁和桩柱两部分。

19. 重力式桥台与重力式桥墩相比，其计算荷载不同之处主要是桥台要考虑台后填土的土侧压力和汽车荷载引起的土侧压力，但桥台不需考虑纵、横向风力，流水压力，冰压力，船只或漂浮物的撞击作用。

20. U形桥台两侧墙厚度之和不小于同一水平截面前墙全长的0.4倍时，桥台台身截面强度验算应把前墙和侧墙作为整体考虑其受力。否则，台身前墙应按独立的挡土墙进行验算。

21. 当构件受到位于截面形心的轴向压力作用时，称为轴心受压构件。钢筋混凝土轴心受压构件按照箍筋的功能和配置方式的不同可分为两种：配有纵向钢筋和普通箍筋的轴心受压构件（普通箍筋柱）、配有纵向钢筋和螺旋箍筋的轴心受压构件（螺旋箍筋柱）。

22. 钢筋混凝土轴心受压构件，短柱总是受压破坏，长柱则是失稳破坏；长柱的承载力要小于相同截面、配筋、材料的短柱承载力。

23. 对于配有纵向钢筋和螺旋箍筋的轴心受压短柱，沿柱高连续缠绕的、间距很密的螺旋箍筋犹如一个套筒，将核心部分的混凝土约束住，有效地限制了核心混凝土的横向变形，从而提高了柱的承载力。

24. 螺旋箍筋柱的正截面破坏时核心混凝土压碎、纵向钢筋已经屈服，而在破坏之前，柱的混凝土保护层早已剥落。因此，螺旋箍筋柱的正截面抗压承载力是由核心混凝土、纵向钢筋、螺旋式或焊接环式箍筋三部分的承载力所组成。

25. 在钢筋混凝土偏心受压构件的截面上，布置有纵向受力钢筋和箍筋。纵向受力钢筋在截面中最常见的配置方式是将纵向钢筋集中放置在偏心方向的两对面，其数量通过正截面承载力计算确定。对于圆形截面，则采用沿截面周边均匀配筋的方式。

26. 当偏心距较大，且受拉钢筋配筋率不高时，偏心受压构件的破坏是受拉钢筋首先到达屈服强度然后受压混凝土压坏。临近破坏时有明显的预兆，裂缝显著开展，称为受拉破坏。构件的承载能力取决于受拉钢筋的强度和数量。

27. 小偏心受压构件的破坏一般是受压区边缘混凝土的应变达到极限压应变，受压区混凝土被压碎；同一侧的钢筋压应力达到屈服强度，而另一侧的钢筋，不论受拉还是受压，其应力均达不到屈服强度，破坏前构件横向变形无明显的急剧增长，这种破坏被称为“受压破坏”，其正截面承载力取决于受压区混凝土抗压强度和受压钢筋强度。

28. 钢筋混凝土偏心受压构件按长细比可分为短柱、长柱和细长柱。短柱、长柱和细长柱的初始偏心距是相同的，但破坏类型不同：短柱和长柱分别为材料破坏，细长柱为失稳破坏。随着长细比的增大，其承载力 N 值也不同，其值分别为 N_0、N_1 和 N_2，而 $N_0 > N_1 > N_2$。

巩固训练

1. 桥梁墩（台）由哪几部分组成？桥墩、桥台有何作用？
2. 梁桥桥墩的主要类型有哪几种？桥台有哪些类型？
3. 拱桥桥墩与梁桥桥墩有何区别？

4. 简述排除U形桥台前墙后积水的措施。

5. 简述桥墩（台）的计算步骤。

6. 如何布置可变荷载才可能使梁（拱）桥桥墩产生最大的竖直反力？其用于进行桥墩哪些方面的验算？

7. 如何布置可变荷载才可能使梁（拱）桥桥墩在顺桥向产生最大的偏心距和弯矩？其用于进行桥墩哪些方面的验算？

8. 简述梁桥桥台、拱桥桥台顺桥向的荷载布置方法。

9. 埋置式桥台在构造和受力上有何特点？其适用范围有哪些？

10. 什么是偏心受压构件？钢筋混凝土偏心受压构件的截面形式有哪些？

11. 偏心受压构件的破坏形态有哪两种？它们的破坏特征是什么？

12. 小偏心受压构件的截面应力状态有哪些？

13. 大偏心受压构件和小偏心受压构件的区别是什么？

14. 大、小偏心受压的界限条件是什么？

15. 偏心受压构件的破坏类型有哪些？

16. 偏心受压构件在进行正截面承载力计算时，为什么偏心距要乘以增大系数？是否所有的偏心受压构件都要考虑此系数？

17. 什么情况下用复合箍筋？

18. 偏心受压构件正截面承载力计算需采用哪些基本假定？

19. 画出矩形截面偏心受压构件的计算图式，并由此写出计算公式。

20. 矩形截面偏心受压构件的计算公式有何要求和条件？

21. 什么是对称配筋和非对称配筋？什么情况下可采用对称配筋？

22. 矩形截面偏心受压构件在进行正截面承载力计算时如何判断大、小偏心受压？

23. 桥梁中所用的钢筋混凝土孔灌注桩有何构造要求？

24. 圆形截面偏心受压构件正截面承载力计算的基本假定是什么？

25. 已知一矩形截面柱，截面为400mm×600mm，计算长度 $l_0=4\text{m}$，$N_d=1550\text{kN}$，$M_d=435\text{kN}\cdot\text{m}$，C30混凝土，钢筋等级为HRB335，试对构件进行配筋，并复核承载力。

26. 偏心受压柱的截面尺寸为300mm×400mm，计算长度 $l_0=4\text{m}$，采用C25混凝土和HRB335钢筋，计算纵向力 $N_d=191\text{kN}$，计算弯矩 $M_d=129\text{kN}\cdot\text{m}$，试对截面进行配筋并进行截面复核。

27. 已知矩形截面偏心受压柱，截面尺寸为 $b\times h=400\text{mm}\times600\text{mm}$，计算长度 $l_0=6\text{m}$，C30混凝土，HRB335纵向钢筋，$N_d=271\text{kN}$，$M_d=131\text{kN}\cdot\text{m}$，试对截面进行配筋并进行截面校核。

28. 已知其矩形截面偏心受压柱，截面尺寸 $b\times h=400\text{mm}\times600\text{mm}$，计算长度 $l_0=4.5\text{m}$，承受计算纵向力 $N_d=1520\text{kN}$，计算弯矩 $M_d=197.6\text{kN}\cdot\text{m}$，采用C25混凝土，HRB335钢筋，对称配筋，求所需纵向钢筋截面面积。

29. 矩形截面受压构件尺寸 $b\times h=250\text{mm}\times300\text{mm}$，$l_0=2.2\text{m}$，C25混凝土，HRB335钢筋，$M_d=\pm61.2\text{kN}\cdot\text{m}$，$N_d=130\text{kN}$，试对截面进行对称配筋并进行截面校核。

30. 已知某拱桥的拱肋截面尺寸 $b\times h=600\text{mm}\times900\text{mm}$，$l_0=16.58\text{mm}$，C30混凝土，$N_d=3100\text{kN}$，相应的 $M_d=\pm61.2\text{kN}\cdot\text{m}$，若采用HRB335钢筋，试对截面进行对称配筋并进行截面校核。

单元10 拱 桥

学习目标

1. 能描述拱桥的受力特点及其适用范围；
2. 认知拱桥结构组成和分类；
3. 描述拱桥各组成部分的概念、术语；
4. 能描述拱桥的主拱圈构造和拱上建筑构造；
5. 能说明拱桥的设计要点；
6. 识读常见拱桥总体布置图。

任务10.1 拱桥的受力特点及结构体系

任务描述

以不同形式拱桥为例，对比梁桥认知拱桥的受力特点及不同形式拱桥的特点、适用范围等。

一、拱桥的基本特点及适用范围

拱桥是我国公路上广泛使用且历史悠久的一种桥梁结构形式，它外形宏伟壮观，且经久耐用。拱桥与梁桥的区别，不仅在于外形不同，更重要的是两者受力性能有差别。由力学知识可知，梁式结构在竖向荷载作用下，支承处仅仅产生竖向支承反力，而拱式结构在竖向荷载作用下，支承处不仅产生竖向反力，而且还产生水平推力。由于这个水平推力的存在，拱的弯矩将比相同跨径的梁的弯矩小很多，而使整个拱主要承受压力。这样，拱桥不仅可以利用钢、钢筋混凝土等材料来修建，而且还可以根据拱的这个受力特点，充分利用抗压性能较好而抗拉性能较差的圬工材料（石料、混凝土等）来修建。这种由圬工材料修建的拱桥又称为圬工拱桥。

拱桥的主要优点是：①跨越能力较大。拱桥在竖向荷载作用下，支承处产生的水平推力使拱内产生轴向压力，并大大减小了跨中弯矩，从而增大了拱桥跨越能力。②能充分做到就地取材，与钢桥和钢筋混凝土梁式桥相比，可以节省大量的钢材和水泥；③耐久，养护、维修费用少；④外形美观；⑤构造较简单，尤其是圬工拱桥，技术容易被掌握，有利于广泛采用。

拱桥的主要缺点是：①自重较大，相应的水平推力也较大，增加了下部结构的工程量，当采用无铰拱时，对地基条件要求高；②拱桥（尤其是圬工拱桥）一般都采用在支架上施工的方法修建，随着跨径和桥高的增大，支架或其他辅助设备的费用大大增加，从而增大了拱桥的施工困难，提高了拱桥的总造价。另外，拱桥的施工工序较多，在圬工拱桥建筑中，目前还未能采用高度的机械化和工业化方法，因此需要劳动力多，建桥时间也较长；③由于拱桥水平推力较大，在连续多孔的大、中桥梁中，为防止一孔破坏而影响全桥的安全，需要采用较复杂的措施，或设置单向推力墩，增加了造价；④与梁式桥相比，上承式拱桥的建筑高度较高，当用于城市立体交叉及平原区的桥梁时，因桥面标高提高，而使两岸接线的工程量增大，或使桥面纵坡增大，增大造价。

随着设计理论和施工技术的不断发展，各种新的结构形式、施工工艺和新型材料相继应用于拱桥建造中，很大程度上使拱桥的上述缺点得到了克服和改善，扩大了拱桥的使用范围。因此，在条件许可的情况下，修建拱桥往往是经济合理的，今后仍将是我国公路桥梁的主要形式之一。在山区道路跨越深沟峡谷时，上承式拱桥有着很强的竞争力，在平原地区及城市桥梁中，中承式、下承式拱桥也得到了广泛应用。

二、拱桥的组成及主要类型

1. 拱桥的主要组成

拱桥同其他桥梁一样，也是由上部结构（桥跨结构）及下部结构两大部分组成。图 10-1 表示拱桥各主要组成部分及其名称。

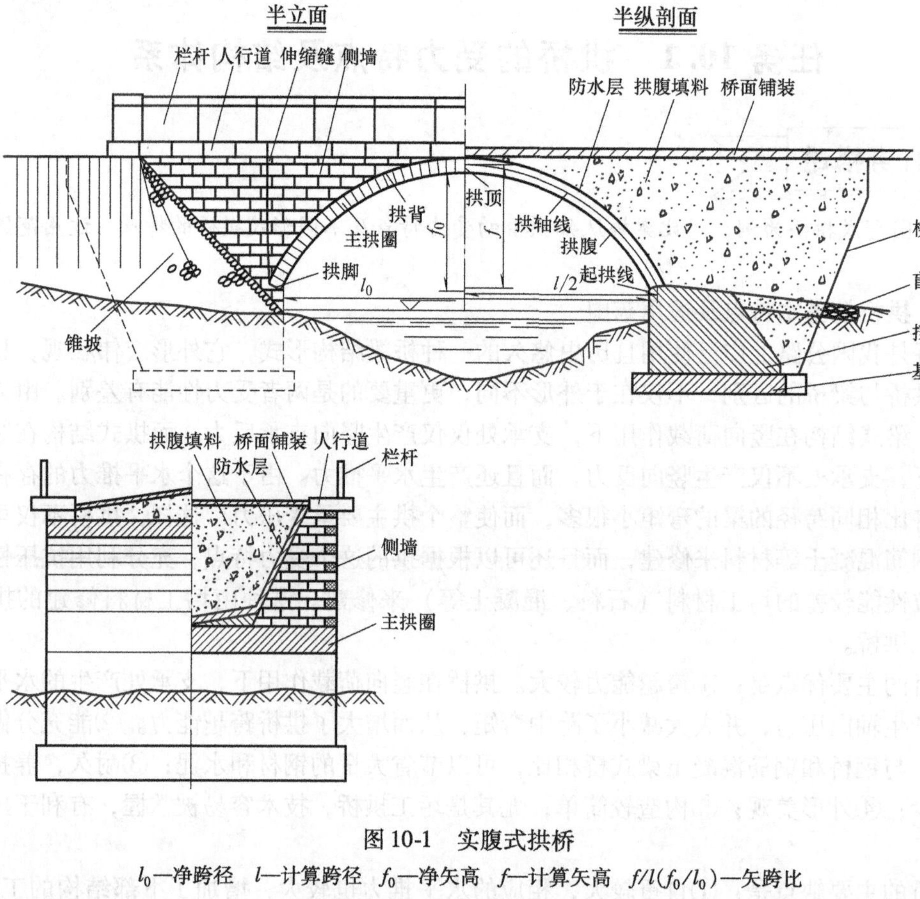

图 10-1 实腹式拱桥

l_0—净跨径 l—计算跨径 f_0—净矢高 f—计算矢高 $f/l(f_0/l_0)$—矢跨比

拱桥的上部结构由拱肋或拱圈（以下统称主拱圈）与拱上建筑两大部分构成。主拱圈是拱桥的主要承重结构，承受主拱上的全部作用，并将其传递给墩台和基础。由于拱圈是曲线形，一般情况下车辆都无法直接在弧面上行驶，所以在桥面系与拱圈之间需要有传递压力的构件或填充物（有时也可分担部分荷载），以使车辆能在平顺的桥面上行驶。桥面系和这些传力构件或填充物统称为拱上结构或拱上建筑。桥面系包括行车道、人行道及两侧的栏杆或防撞墙等。对于中、下承式拱桥，拱上建筑包括吊杆与桥面系。

上承式拱桥拱上建筑可做成实腹的或空腹的，相应的称为实腹式拱桥和空腹式拱桥。拱圈各横向截面的形心连线称为拱轴线。拱圈的上曲面称为拱背，下曲面称为拱腹。起拱面与拱腹相交的直线称为起拱线。一般将矢跨比大于或等于 1/5 的拱称为陡拱；矢跨比小于 1/5 的拱称为坦拱。

拱桥的下部结构由桥墩、桥台及基础等组成，用以支承桥跨结构，将桥跨结构的荷载传至地基，并与两岸路堤相联结。对于拱脚处设铰的有铰拱桥，主拱圈与墩（台）帽间还设置了能传递荷载、又允许结构变形的拱铰。

2. 拱桥的主要类型及其适用范围

拱桥的形式多种多样，构造各有差异，可以按照不同的方式将拱桥分为各种类型。

（1）按主拱圈所使用的材料分类。按主拱圈（肋、箱）所使用的建筑材料可分为圬工拱桥、钢筋混凝土拱桥和钢拱桥等。

（2）按拱上建筑的形式分类。按拱上建筑形式可分为实腹式拱桥和空腹式拱桥。实腹式拱桥构造比较简单，施工方便，但重力大，常用于跨径在 20m 以下的拱桥。空腹式拱桥圬工体积小，桥形美观，可以增大泄洪能力，但施工不如实腹式拱桥简单，常用于 25m 以上的拱桥。

（3）按主拱圈采用的拱轴线形式分类。按主拱圈采用的拱轴线形式可分为圆弧拱桥、抛物线拱桥和悬链线拱桥。

从施工方面来看，圆弧拱桥比抛物线拱桥和悬链线拱桥简单；从力学性能方面分析，悬链线拱桥比圆弧拱桥受力好，而对大跨径拱桥，为了改善拱圈受力，可以采用高次抛物线拱桥。

（4）按桥面位置分类。按桥面（行车道）位置，可分为上承式拱桥（图 10-2a）、中承式拱桥（图 10-2b）和下承式拱桥（图 10-2c）。

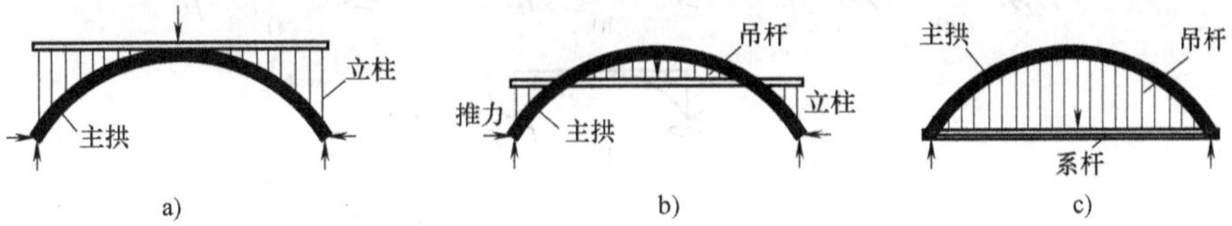

图 10-2 拱桥按桥面位置分类

（5）按结构受力体系分类。按照主拱圈与行车道系结构之间相互作用的性质和影响程度，可以把拱桥分为简单体系拱桥和组合体系拱桥两大类。

简单体系拱桥是指拱桥的行车道系（拱上建筑或拱下悬吊结构），不与主拱一起参与承受荷载，桥上的全部荷载由主拱圈单独承受，主拱圈是桥跨结构的主要承重构件，拱的水平推力直接由墩台或基础承受。按照主拱圈的静力特点，简单体系拱桥可以分为三铰拱、两铰拱和无铰拱 3 种形式（图 10-3）。

三铰拱（图 10-3a）属静定结构。温度变化、混凝土收缩、支座沉陷等原因引起的变形不会在拱圈内产生附加内力。所以，在地基条件很差或寒冷地区修建拱桥时可以采用三铰拱。但由于铰的存在，使其构造复杂，施工困难，而且降低了整体刚度，尤其是减小了抗震的能力，因此主拱圈一般不采用三铰拱。而三铰拱通常用于公路空腹式拱桥拱上建筑的腹拱。

无铰拱（图10-3c）为三次超静定结构。在自重及外荷载作用下，拱内的弯矩分布比两铰拱及三铰拱均匀，材料用量省。由于无铰，结构的刚度大、构造简单、施工方便、维护费用低，因此在实际中使用最广泛。由于无铰拱的超静定次数高，温度变化、材料收缩，特别是墩台位移会在拱内产生较大的附加内力，所以无铰拱希望修建在地基良好的条件下。

两铰拱（图10-3b）为一次超静定结构。由于取消了拱顶铰，使结构整体刚度较三铰拱大。因地基条件较差而不宜修建无铰拱时，可考虑采用两铰拱。

组合体系的拱桥是将行车道系结构与主拱按不同的构造方式构成一个整体，共同承受荷载。根据不同的组合方式和受力特点，组合体系拱桥又分为无推力的和有推力的两类。通常前者使用较广泛，其常用形式又根据拱肋和系杆的尺寸大小（吊杆仅受节点荷载，尺寸较小，只承受拉力）及布置形式可分为：柔性系杆刚性拱（简称系杆拱，图10-3d）、刚性系杆柔性拱（即朗格尔拱，图10-3e）及刚性系杆刚性拱（图10-3f）。对于有外吊杆的柔性系杆刚性拱桥，又可称为尼尔生拱（图10-3g）。有推力组合体系拱桥常用的形式有桁架拱（图10-3h）、拱片桥（图10-3i）及有刚性梁的柔性拱（又称倒朗格尔拱，图10-3j）等。其中拱片桥是把桥梁所有部分组合起来构成一个整体拱片，下面是曲线形，上面是水平的，它的特点是没有其他形式拱桥那样明确的理论拱轴线，而且仅能用于上承式桥梁。由于各类组合式拱桥在经济上、施工上、使用上各具特点，故已得到广泛应用。

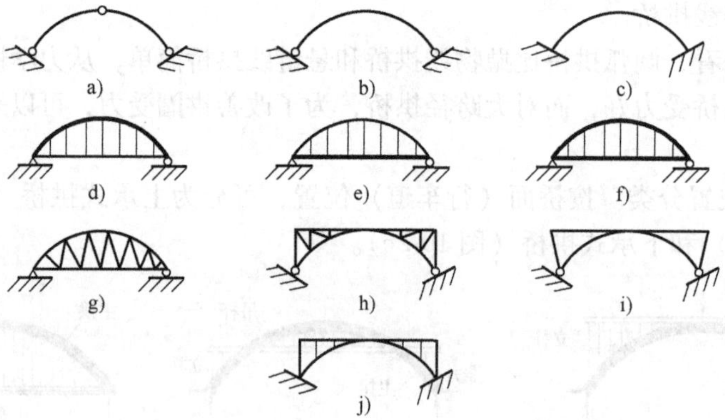

图10-3　拱桥按结构受力体系分类形式

（6）按主拱圈截面形式分。按主拱圈截面形式分为板拱桥、肋拱桥、双曲拱桥和箱形拱桥等（图10-4）。

1）板拱桥。承重结构的主拱圈在整个宽度内砌成矩形，构造简单，施工方便。但从力学性能方面来看，在相同截面情况下，实体矩形截面比其他形式截面的截面抵抗矩小，通常在地基条件较好的中、小跨径拱桥中，可考虑采用板拱桥。

2）肋拱桥。肋拱桥是在板拱桥的基础上发展形成的，它是将板拱划分成两条或两条以上互相独立的拱肋，肋与肋之间用横系梁连接，这样就可用较小的截面积获得较大的截面抵抗矩，以节省较多的材料，减轻拱圈本身重力，肋拱桥一般用于大、中跨径拱桥。

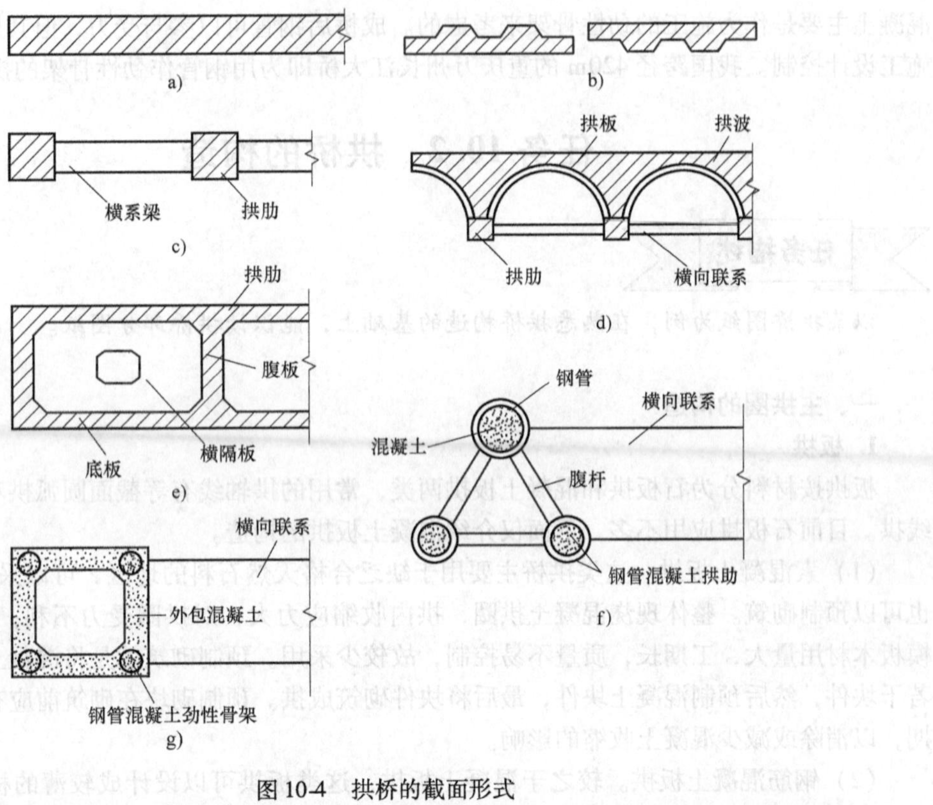

图10-4 拱桥的截面形式

a）板拱 b）板肋拱 c）肋拱 d）双曲拱 e）箱形拱 f）钢管混凝土拱 g）劲性骨架混凝土拱桥

3）双曲拱桥。双曲拱桥主拱因在纵向和横向均呈曲线形，截面的抵抗矩较相同材料用量的板拱大得多，因此可以节省材料。另外，双曲拱桥还有装配式桥梁的特点，施工中可采用预制拼装，但存在施工工序多、组合截面整体性较差和易开裂等缺点，现已较少采用。

4）箱形拱桥。箱形拱桥的外形和板拱桥相似，由于截面被挖空，使箱形的截面抵抗矩较相同材料用量的板拱大得多，所以节省材料。又由于它是闭口箱形截面，截面的抗扭刚度大，横向的整体性和稳定性均较好，适合于无支架施工，一般用于大跨径拱桥中。我国上海跨越黄浦江的卢浦大桥为主跨550m的钢箱拱。

5）钢管混凝土拱桥。钢管混凝土属于钢—混凝土组合结构中的一种，主要用于以受压为主的结构。它一方面借助内填混凝土增强钢管壁的稳定性，同时又利用钢管对核心混凝土的套箍作用，使核心混凝土处于三向受压状态，从而使其具有更高的抗压强度和抗变形能力，如图10-4f所示。我国已经建成的丫髻沙大桥（主跨360m）和巫山长江大桥（主跨460m）即为钢管混凝土拱桥。

6）劲性骨架混凝土拱桥。劲性骨架混凝土拱桥与普通钢筋混凝土拱桥的区别在于前者以钢骨拱桁架作为受力筋，它可以是型钢，也可以是钢管。采用钢管作劲性骨架的混凝土拱又可称为内填外包型钢管混凝土拱，如图10-4g所示，它主要用在大跨度拱桥中，同时也解决了大跨度拱桥施工的“自架设问题”，即首先架设自重轻，刚度、强度均较大的空钢管骨架，然后在空钢管内压注混凝土形成钢管混凝土，使骨架进一步硬化，再在钢管混凝土骨架上外挂模板浇筑外包混凝土，形成钢筋混凝土结构。在这种结构中，钢管和随后形成的钢管混凝土主要是作为施工的劲性骨架来考虑的。成桥后钢管可以参与受力，但其用量通常是由施工设计控制。我国跨径420m的重庆万州长江大桥即为用钢管作劲性骨架的拱桥。

任务10.2 拱桥的构造

任务描述

以某拱桥图纸为例，在熟悉拱桥构造的基础上，能识读拱桥部分图纸。

一、主拱圈的构造

1. 板拱

板拱按材料分为石板拱和混凝土板拱两类，常用的拱轴线有等截面圆弧拱和等截面悬链线拱。目前石板拱应用不多，下面仅介绍混凝土板拱的构造。

（1）素混凝土板拱。这类拱桥主要用于缺乏合格天然石料的地区，可以采用整体现浇，也可以预制砌筑。整体现浇混凝土拱圈，拱内收缩应力大，对拱圈受力不利；同时，拱架、模板木材用量大，工期长，质量不易控制，故较少采用。预制砌筑就是将混凝土板拱划分成若干块件，然后预制混凝土块件，最后将块件砌筑成拱。预制砌块在砌筑前应有足够的养护期，以消除或减少混凝土收缩的影响。

（2）钢筋混凝土板拱。较之于混凝土板拱，这类板拱可以设计成较薄的板厚，其构造简单、外表整齐、轻巧美观，如图10-5所示。根据桥宽需要可做成单条整体拱圈或多条平行板（肋）拱圈，施工时可反复利用一套较窄的拱架与模板来完成，大大节省材料。

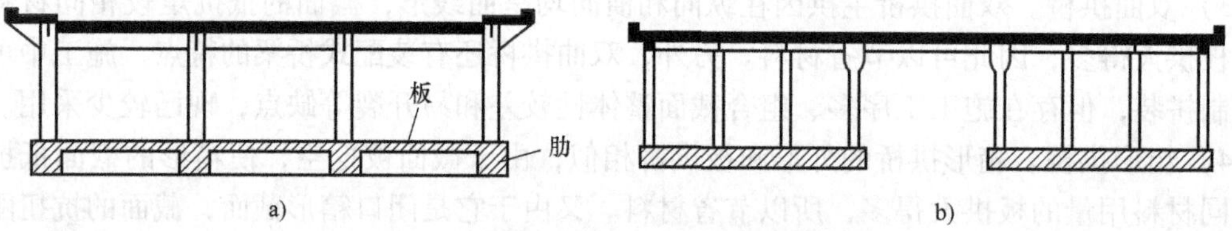

图10-5 钢筋混凝土板拱的横断面

a）肋形板拱 b）分离式板拱

2. 肋拱

肋拱桥是由两条或多条分离的拱肋、横系梁、立柱和由横梁支承的行车道组成，如图10-6所示。

拱肋是肋拱桥的主要承重结构，可由混凝土、钢筋混凝土、钢管混凝土、劲性骨架混凝土做成。拱肋的数目和间距以及截面形式主要根据桥梁跨径、桥梁宽度、材料性能、荷载等级、施工条件、拱上建筑结构等各方面综合考虑决定。为了简化构造，一般在吊装能力满足要求的情况下，宜采用少肋形式。通常，桥宽在20m以内时均可考虑采用双肋式；当桥宽在20m以上时，宜采用分离的双幅双肋拱，以避免由于肋中距增大而使肋间横系梁、拱上结构横向跨度与尺寸增大太多。上下游拱肋最外缘的间距一般不宜小于跨径的1/20，以保证肋拱的横向整体稳定性。

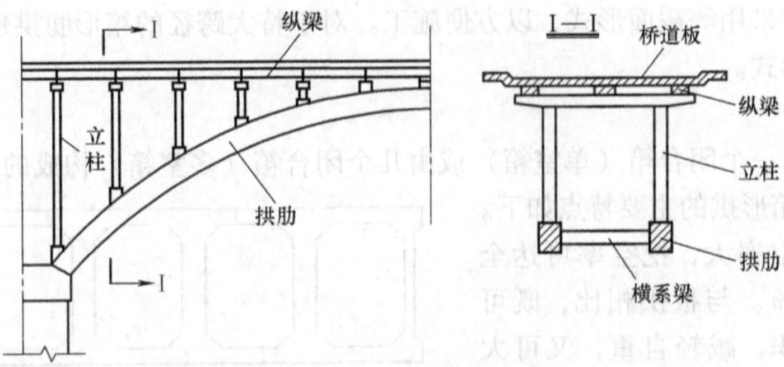

图 10-6　肋拱桥

拱肋的截面形式常采用实体矩形、工字形、箱形、管形和劲性骨架混凝土箱形等，如图 10-7 所示。矩形截面构造简单、施工方便，一般仅用于中小跨径的肋拱。肋高可取跨径的 1/40 ~ 1/60，肋宽可为肋高的 0.5 ~ 2.0 倍；工字形截面，常用于大、中跨径的肋拱桥，肋高一般为跨径的 1/25 ~ 1/35，肋宽约为肋高的 0.4 ~ 0.5 倍，腹板厚度常为 30 ~ 50cm；管形肋拱是指采用钢管混凝土结构作为拱肋的拱桥，其肋高与跨径之比常在 1/45 ~ 1/65 之间。当肋拱桥的跨径大、桥面宽时，拱肋还可采用箱形截面，这样可减少更多的圬工体积。

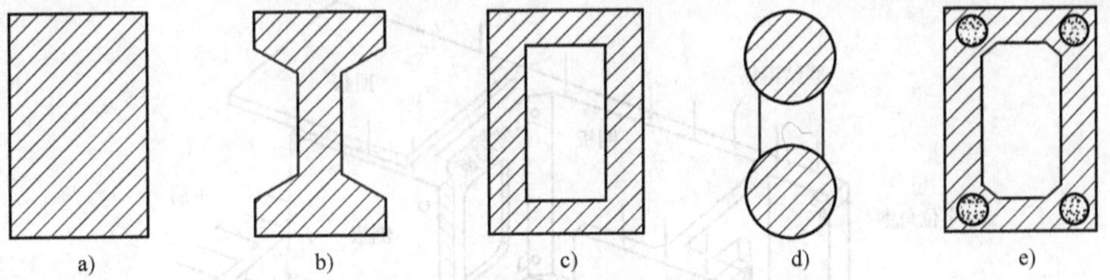

图 10-7　肋拱桥拱肋截面形式

箱形肋拱由双肋或多肋组成，肋间通过设置横系梁使之形成整体。对于拱肋，可由单箱肋构成，也可由多箱肋构成，如图 10-8 所示。箱形肋拱拱肋尺寸根据受力需要确定，初拟时一般肋高取为跨径的 1/50 ~ 1/70。肋宽取为肋高的 1.0 ~ 2.0 倍。箱形肋之间的横系梁除具有增强肋拱横向整体稳定性外，还可起到横向分布荷载的作用，故要求具有足够的强度和刚度，并与拱肋固结。肋间横系梁常用钢筋混凝土材料，有工字形、桁形和箱形三种断面类型。

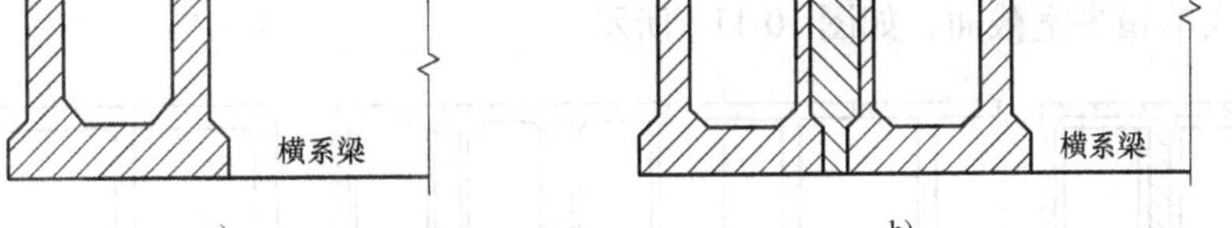

图 10-8　箱肋拱截面形式

a）单箱拱肋　b）双箱拱肋

箱形肋拱通常采用等截面形式，以方便施工。对于特大跨径的箱形肋拱也可采用受力更为合理的变截面形式。

3. 箱形拱

主拱圈截面由一个闭合箱（单室箱）或由几个闭合箱（多室箱）构成的拱称为箱形拱，如图 10-9 所示。箱形拱的主要特点如下。

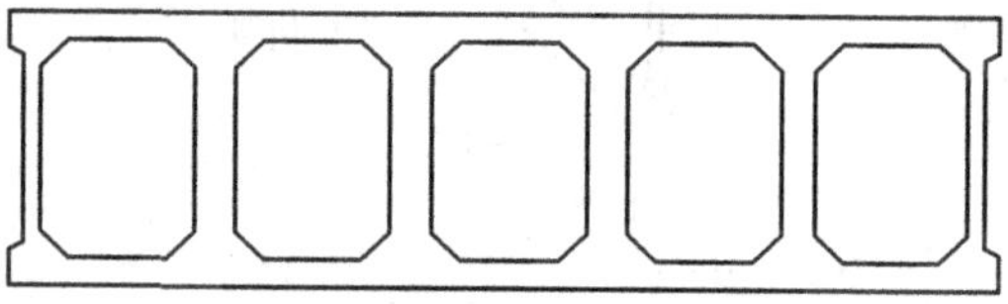

图 10-9 箱形拱拱圈断面示意

（1）截面挖空率大，挖空率可达全截面的 50% ~70%。与板拱相比，既可节省大量圬工体积，减轻自重，又可大大提高拱圈截面抗弯刚度。

（2）箱形截面的中性轴大致居中，对于抵抗正负弯矩具有几乎相等的能力，能较好地适应主拱圈各截面正负弯矩变化的需要。

（3）由于拱圈闭合空心截面抗扭刚度大，拱圈的整体性好，应力分布较均匀。

（4）单条箱肋刚度较大，稳定性较好，能单箱肋成拱，便于无支架吊装。

（5）拱箱制作要求较高，吊装设备较多，主要用于大跨径拱桥。

箱形拱的拱圈每一个闭合箱由箱壁（侧板）、顶板（盖板）、底板及横隔板组成，如图 10-10 所示。

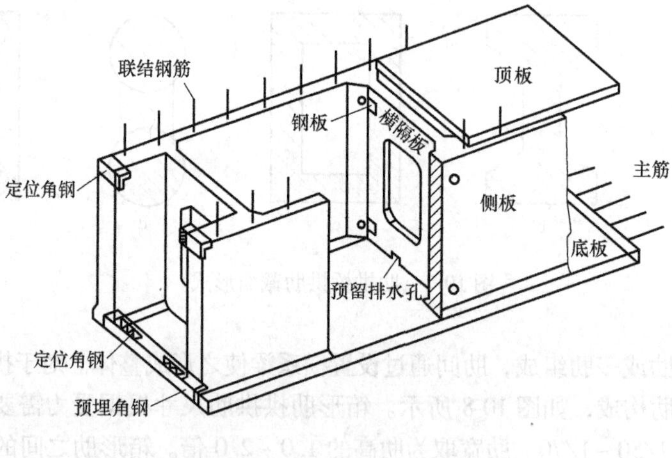

图 10-10 箱形拱闭合箱构造

箱形拱截面的组成方式有以下几种。

1）由多条 U 形肋组成的多室箱形截面，如图 10-11a 所示。

2）由多条工字形肋组成的多室箱形截面，如图 10-11b 所示。

3）由多条闭合箱肋组成的多室箱形截面，如图 10-11c 所示。

4）整体式单箱多室截面，如图 10-11d 所示。

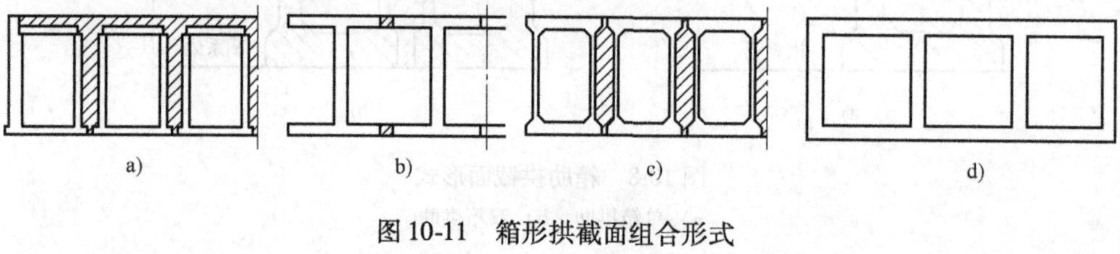

图 10-11 箱形拱截面组合形式

箱形拱截面尺寸拟定主要包括拱圈的高度、宽度、箱肋的宽度以及顶底板及腹板尺寸。拱圈的高度主要取决于拱的跨度，还与拱圈所用混凝土强度有很大关系。初拟拱圈的高度时，拱圈高度可取跨径的1/55～1/75。

提高混凝土的强度，可以减少截面尺寸，从而减轻拱体本身的自重或加大跨径。目前常用C40～C50混凝土，对特大跨径拱桥应尽量采用强度等级更高的混凝土。

拟定拱圈的宽度时，可考虑采用悬挑桥面，减小拱圈宽度，即采用窄拱圈形式。拱圈宽度一般可为桥宽的1.0～0.6倍，桥面悬挑可达到4.0m，但为保证其横向稳定性，一般希望拱宽不小于跨径的1/20，但特大跨径拱桥的拱圈宽度常难以满足该条件，只要横向稳定性能得到保证即可。

箱肋是组成预制吊装施工的箱形拱桥的基本构件。拱圈宽度确定后，根据（缆索）吊装能力，在横向划分为几个箱肋，即可确定箱肋的宽度。

对常用的由多条闭口箱肋组成的箱形拱（图10-12），其顶底板及腹板各部分尺寸采用何值，与跨径及荷载大小有关。顶、底板厚度 t_d一般为100～220mm，两外箱肋外腹板厚 t_{wf}一般为120～150mm，内箱肋腹板厚 t_{Nf}一般不小于100mm，以尽量减轻吊装重量，但需注意的是，拱圈顶板、底板、腹板太薄可能出现压溃，其原因除构造尺寸太小外，就是应力允许值用得太大（国际上对压板应力值限制很严），故应对其作必要的局部应力验算。填缝宽度 t_f根据受力大小确定（主要考虑轴力大小），一般采用200～350mm。为保证填缝混凝土浇筑质量，Δ_1不宜小于150mm，Δ_2为安装缝，通常为40mm。

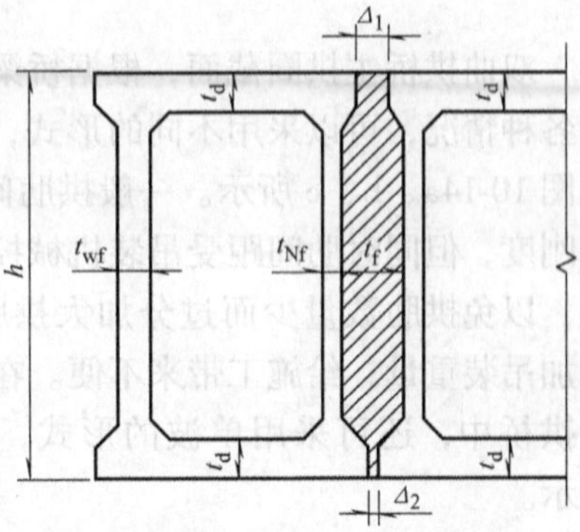

图10-12 常用箱形拱截面构造

箱形拱的构造与施工方法有密切的联系。修建箱形拱，可以采用预制拱箱无支架吊装或有支架现场浇筑等施工方法。采用无支架施工时，拱箱可分段预制，当吊装能力很大时，可以采用封闭式拱箱，这样可以增加拱箱在施工过程中的整体稳定性，减少施工步骤。其具体过程为：在横向将拱截面划分为多条箱形肋，在纵向将箱形肋分段，先预制各箱肋段，然后安装各箱肋段成拱，最后现浇各箱肋间的填缝混凝土，形成箱形拱。

4. 双曲拱

双曲拱桥主拱圈通常由拱肋、拱波、拱板和横向联系等几部分组成，如图10-13所示。双曲拱桥的主要特点是将主拱圈以“化整为零”的方法按先后顺序进行施工，再以“集零为整”的组合式整体结构承重。施工时，先将拱圈划分成拱肋、拱波、拱板及横向联系四部分，并预制拱肋、拱波和横向联系，即“化整为零”；然后吊装钢筋混凝土拱肋成拱并与横向联系构件组成拱形框架，在拱肋间安装拱波，随后浇筑拱板混凝土形成主拱圈，即“集零为整”。双曲拱桥是20世纪60年代中期我国江苏省无锡县的建桥职工首创的一种桥型，当时的主要目的是减轻吊装重量。

由于拱圈是由拱肋、拱波、拱板组成的组合截面，截面整体性差，不少双曲拱桥在使用中出现较严重的裂缝，影响了双曲拱桥的推广应用。因此，确保主拱圈的整体性是一个非常重要的问题，必须在设计、施工中从各方面采取措施以加强其整体性。

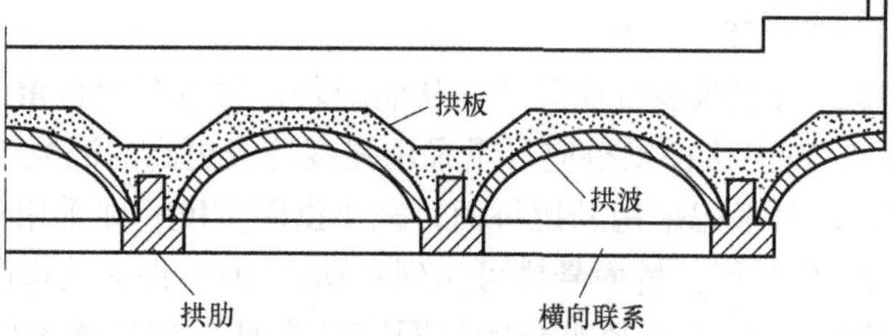

图 10-13 双曲拱桥主拱圈横断面

双曲拱桥主拱圈截面，根据桥梁的跨径、宽度、设计荷载的大小、材料类型和施工工艺等各种情况，可以采用不同的形式，如图 10-14 所示。采用最多的是多肋多波的截面形式，见图 10-14a、b、c 所示。一般拱肋间距不宜过小，以免限制了拱波的矢高，减小拱圈的截面刚度，但同时肋间距受吊装机械控制又不宜过大，以免拱肋数量少而过分加大拱肋截面尺寸，增加吊装重量，给施工带来不便。在小跨径的双曲拱桥中，还可采用单波的形式，如图 10-14d 所示。

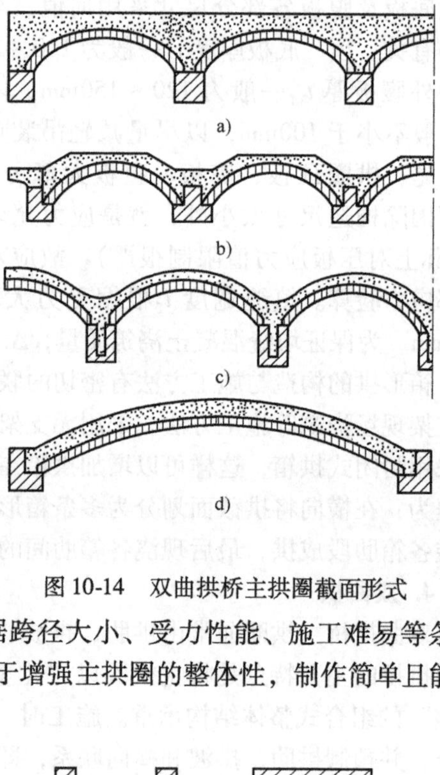

图 10-14 双曲拱桥主拱圈截面形式

拱肋是双曲拱桥主拱圈的骨架，它不仅参与拱圈共同承受全部永久和可变荷载作用，而且在施工过程中，又要起砌筑拱波和浇筑拱板的支架作用，当拱波、拱板完成后，拱肋成为主拱圈的重要组成部分。因此，拱肋的设计，必须保证具有足够的强度和刚度。特别是采用无支架施工的双曲拱桥，除应满足吊装阶段的强度和纵横向稳定性以外，还需满足截面在组合过程中各阶段荷载作用下的强度和稳定性要求。

常用的拱肋截面形式有矩形、倒 T 形（凸形）、槽形和工字形等，如图 10-15 所示。一般根据跨径大小、受力性能、施工难易等条件综合选择合理的截面形式，要求所选拱肋截面有利于增强主拱圈的整体性，制作简单且能保证施工安全。

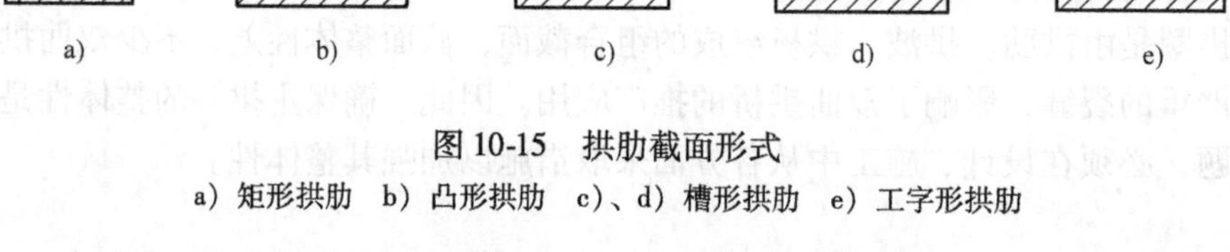

图 10-15 拱肋截面形式

a）矩形拱肋 b）凸形拱肋 c）、d）槽形拱肋 e）工字形拱肋拱肋一般为钢筋混凝土构件，常采用预制安装的方法施工。拱肋预制的长度太大，不便于预制、运输和吊装，故常常分成几段。分段数目和长度应根据桥梁跨径大小、运输设备和吊装能力等条件来考虑。由于拱顶往往是受力最不利的截面，因此拱肋分段时接头不宜布置在拱顶。接头宜设置在拱肋自重作用下弯矩最小的地方，一般在跨径的0.3倍附近。当跨径超过80m时，可以分为5段。

拱波一般采用混凝土预制，常做成圆弧形，矢跨比为1/3～1/5。拱波跨度由拱肋间距确定，以1.3～2.0m为宜，单波截面以3～5m为宜。拱波厚一般为60～80mm，宽度为300～500mm。拱波不仅是参与主拱圈共同承受荷载的组成部分，而且在浇筑拱板混凝土时，它又起模板的作用。

拱板在拱圈截面占有最大比重，而且现浇混凝土拱板又将拱肋、拱波连成整体，使拱圈能实现“集零为整”。因此，拱板在加强拱圈整体性方面起着重要的作用。

双曲拱桥主拱圈截面高度一般为跨径的1/40～1/55，跨径大者取小值。

为使拱肋的变形在横桥方向均匀，避免拱顶可能出现纵向裂缝，需在拱肋间设置横向联系。常用的形式有横系梁和横隔板，通常布置在拱顶、腹孔墩下面、分段吊装的拱肋接头处等，间距一般为3～5m，拱顶部分可适当加密。

主拱圈设置横向联系，可以大大加强主拱圈的整体性，使主拱圈在可变荷载作用下受力较均匀，避免拱波顶可能出现的纵向裂缝。同时，在无支架施工中，可以利用横向联系将几根拱肋在横向联成整体，形成一个拱形框架，加强拱肋的横向刚度，保持拱肋的横向稳定。

二、拱上建筑的构造

拱上建筑可以分为实腹式和空腹式两类。

1. 实腹式拱上建筑

实腹式拱上建筑构造简单、施工方便，但填料数量多、永久作用重，所以，一般用于小跨径的拱桥。实腹式拱上建筑由拱腹填料、侧墙、护拱、变形缝、防水层、泄水管和桥面系等组成，如图10-16所示。

拱腹填料可采用填充和砌筑两种方式。填充用的材料尽量做到就地取材，通常采用砾石、碎石、粗砂或卵石夹黏土并加以夯实。这些材料的透水性较好，成本较低，对侧墙的水平土压力较小。在地质条件较差的地区，为了减轻拱上建筑的重量，还可采用其他轻质材料（如炉渣与黏土的混合物等）作为填料。当散粒材料不易取得时，可改用砌筑的方式，即可用干砌圬工或浇筑贫混凝土作为拱腹填料。

为了围护拱腹上的散粒填料，必须在主拱圈的两侧砌筑侧墙。侧墙将受到拱腹填料的水平土压力和桥面上可变荷载作用产生的侧压力作用，必须按挡土墙验算其截面强度。通常，侧墙顶面厚度取0.5～0.7m，向下逐渐增厚，侧墙与拱背相交处的厚度可以采用该处侧墙高度的0.4倍。侧墙一般用块石、片石砌筑。为了美观需要，可用粗料石或其他镶面材料镶面。对于主拱圈为混凝土或钢筋混凝土的板拱，也可以采用钢筋混凝土护壁式侧墙。此种侧墙，可以和主拱圈整体浇筑在一起，其内按计算配置的竖向受力钢筋将锚筋伸到拱圈内。当拱腹填料采用砌筑式时，可不设侧墙，而仅将外露表面用砂浆饰面或设置镶面。

实腹式拱桥往往在拱脚段用块石、片石砌筑护拱，以加强拱脚段的拱圈。同时在多孔拱桥中设置护拱，还便于设置防水层和泄水管。

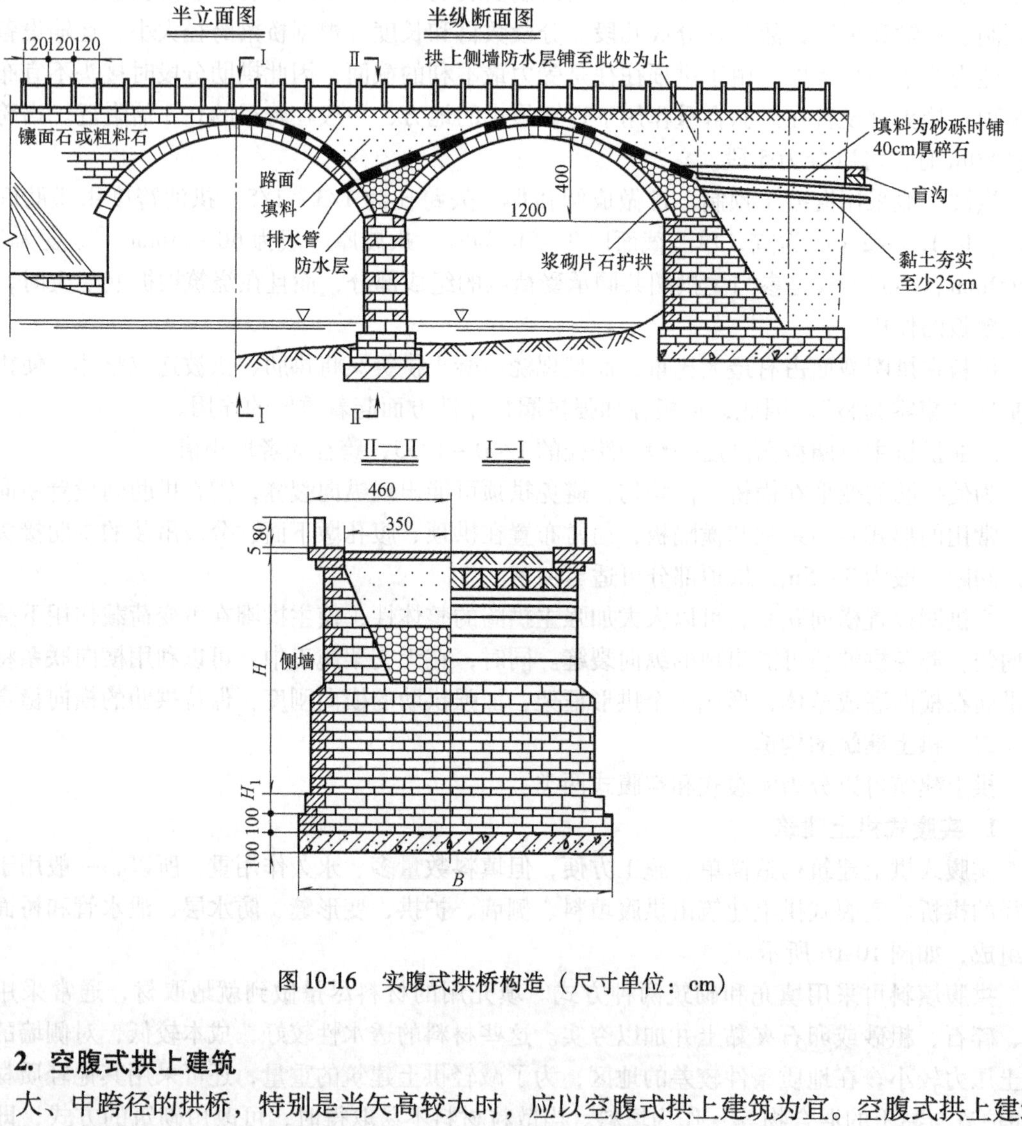

图 10-16 实腹式拱桥构造（尺寸单位：cm）

2. 空腹式拱上建筑

大、中跨径的拱桥，特别是当矢高较大时，应以空腹式拱上建筑为宜。空腹式拱上建筑除具有实腹式拱上建筑相同的构造外，还设有腹孔和腹孔墩。

（1）腹孔。腹孔的形式和跨径的选择，既要能减轻拱上建筑的重量，又不致因荷载过分集中于腹孔墩处，给主拱圈受力状况造成不利影响，同时还要使拱桥外形协调美观。根据腹孔构造，可分为拱式拱上建筑和梁式拱上建筑两种。

1）拱式拱上建筑。拱式拱上建筑构造简单、外形美观，但重力较大，一般用于圬工拱桥。

腹孔一般对称布置在靠拱脚侧的一定区段内，其长度约为跨径的 1/3 ~ 1/4。此时，跨中存在一段实腹段，如图 10-17a 所示。对于中小跨径拱桥，腹孔跨数以 3 ~ 6 孔为宜。目前也有采用全空腹形式，一般以奇数孔为宜，如图 10-17b。腹孔跨径，对中小跨径拱桥一般选用 2.5 ~ 5.5m，对大跨径拱桥则控制在主拱跨径的 1/8 ~ 1/15 之间。腹孔构造宜统一，以便于施工和有利于腹孔墩的受力。

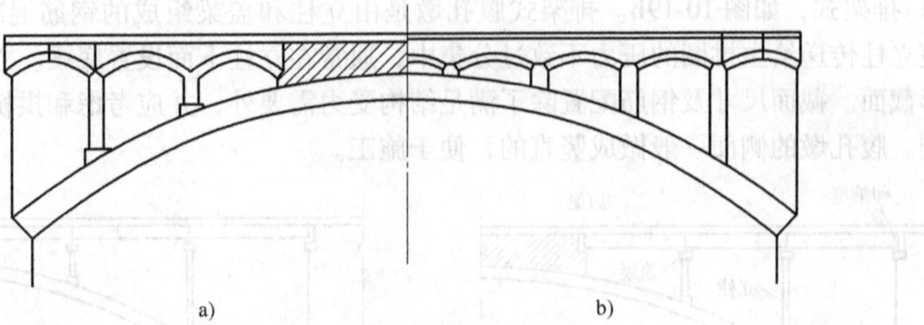

图 10-17 拱式拱上建筑

a）带实腹段的空腹式拱 b）全空腹式拱

2）梁式拱上建筑。梁式腹孔拱上建筑，可减轻拱上重力，降低拱轴系数（使拱上建筑的永久荷载作用分布接近于均布荷载），改善拱圈在施工过程中的受力状况，获得更好的经济效果。腹孔的布置与上述拱式拱上建筑的腹拱布置要求基本相同。

梁式腹孔结构有简支、连续和框架式等多种形式。

①简支腹孔（纵铺桥道板梁），如图 10-18a、b。简支腹孔由底梁（座）、立柱、盖梁和纵向简支桥道板（梁）组成。这种形式的结构体系简单，基本上不存在拱与拱上结构的联合作用，受力明确，是大跨径拱桥拱上建筑主要采用的形式。

腹孔布置的范围及实腹段的构造与拱式腹拱相同，如图 10-18a。由于拱顶断上面全部被覆盖，空腹段和实腹段拱上荷载差异较大。目前，大跨径拱桥的梁式拱上建筑一般都取消拱顶实腹段，而采用全空腹式拱上建筑，见图 10-18b 所示。

全空腹式腹孔数宜采用奇数，避免拱顶设有立柱，使拱顶受力不利。通常先确定两拱脚的立柱位置，然后将其间距除以某个奇数后，即可确定各立柱位置和腹孔跨径，若得出的腹孔跨径不恰当，可调整孔数以满足受力需要。

②连续腹孔（横铺桥道板梁），如图 10-18c。连续腹孔由立柱、纵梁、实腹段垫墙及桥道板组成。先在拱上立柱上设置连续纵梁，然后再在纵梁上和拱顶段垫墙上铺设横向桥道板，形成拱上传载结构，这种形式主要用于肋拱桥。其特点是桥面板横置，拱顶上只有一个板厚（含垫墙）及桥面铺装厚，建筑高度较小，适合于建筑高度受限制的拱桥。

③框架腹孔，如图 10-18d。框架腹孔在横桥向根据需要需设置多片，每片通过横系梁形成整体。

（2）腹孔墩

腹孔墩可分为横墙式或排架式两种。

1）横墙式，如图 10-19a。这种腹孔墩采用横墙式墩身，一般用圬工材料砌筑或现浇混凝土而成，施工简便。为了便于维修、减轻重量，可在横向挖一个或几个孔。横墙式腹孔墩，自重较大，但节省钢材，多用于圬工拱桥中。腹孔墩的厚度，用浆砌片、块石时，不宜小于 0.60m；用混凝土浇筑时，一般应大于腹拱圈厚度的一倍。底梁能使横墙传下来的压力较均匀地分布到主拱圈全宽上，其每边尺寸较横墙宽 50mm，其高度则以使较矮一侧为 50 ~ 100mm 为原则来确定，底梁常采用素混凝土结构。墩帽宽度宜大于墙宽 50mm，也可采用素混凝土。

2）排架式，如图 10-19b。排架式腹孔墩是由立柱和盖梁组成的钢筋混凝土排架结构。为了使立柱传递给主拱圈的压力不致过分集中，通常在立柱下面设置底梁。立柱和盖梁常采用矩形截面。截面尺寸及钢筋配置除了满足结构受力需要外，并应考虑和拱桥的外形及构造相协调。腹孔墩的侧面一般做成竖直的，便于施工。

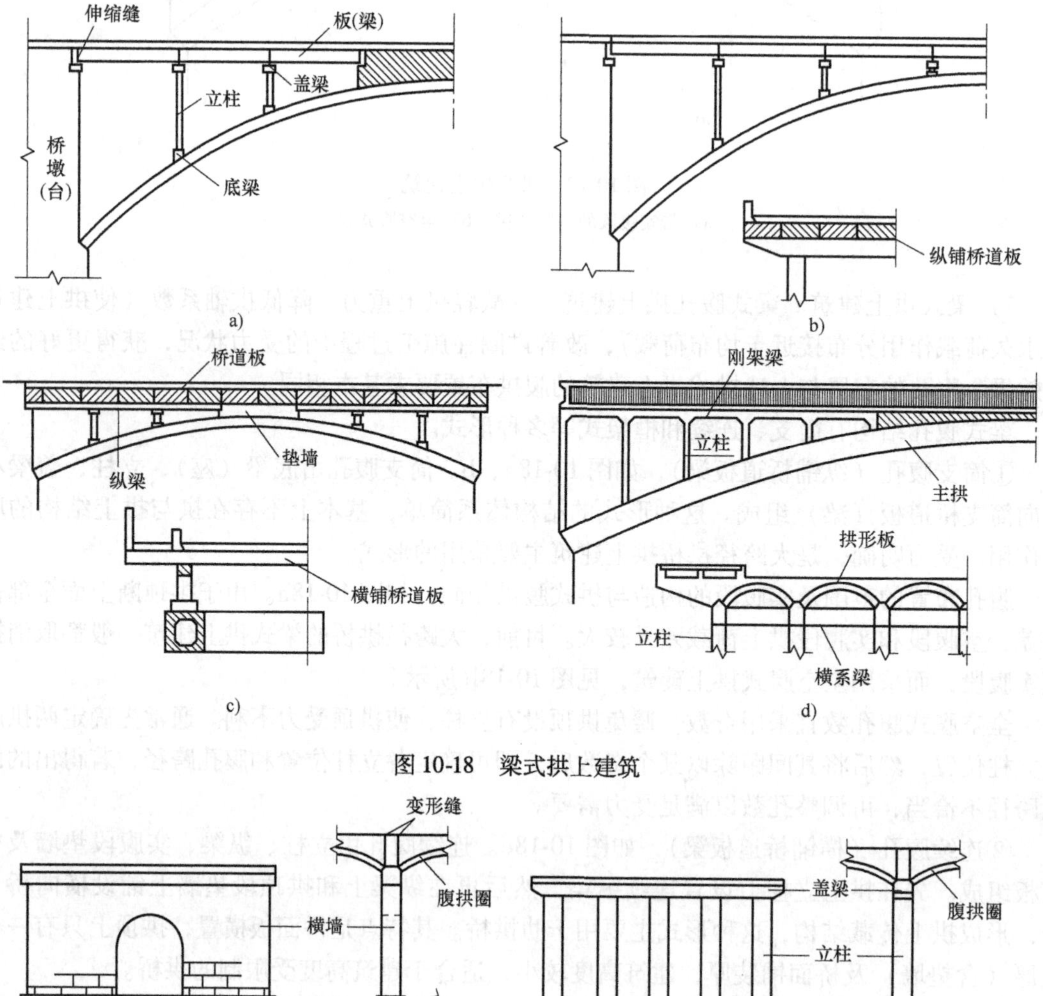

图 10-18 梁式拱上建筑

图 10-19 腹孔墩

a）横墙式 b）排架式

三、拱桥的其他细部构造

1. 拱上填料、桥面及人行道

拱上建筑中的填料，一方面能起扩大车辆荷载分布面积的作用，同时还能减小车辆荷载的冲击作用。一般情况下拱顶填料（包括桥面铺装）厚度不宜小于 0.3m；在地基条件很差的情况下，为了进一步减轻拱上建筑重力，可减薄拱上填料厚度，甚至可以不要拱上填料，直接在拱顶截面上缘以上铺筑混凝土桥面。

拱桥桥面铺装应根据桥梁所在的公路等级、使用要求、交通量大小以及桥型等条件综合考虑确定。除低等级公路上的中、小跨径实腹拱或拱式空腹拱桥可采用泥结碎（砾）石桥面外，其他大跨径拱桥以及高等级公路上的拱桥均应采用沥青混凝土或设有钢筋网的混凝土桥面。为利于桥面排水，应根据桥面的不同类型设置1.5% ~3.0%的横坡。

行车道两侧，根据需要设置人行道、栏杆或防撞护栏等设施，其构造与梁桥相似。

2. 拱上建筑的伸缩缝与变形缝

在荷载作用、材料收缩及温度变化等因素的影响下，主拱圈（拱肋）将下降或上升，拱上建筑也将随之变形。如果拱上建筑与桥墩（台）整体相连，则拱上建筑受桥墩（台）的约束不能自由变形，从而在拱上建筑的顶部产生拉应力而开裂。为了避免这种不良影响，应该用断缝将拱上建筑和桥墩（台）分开，这种断缝叫伸缩缝（一般缝宽20 ~30mm）。伸缩缝的布置应周密考虑，一般在跨度较小的实腹式拱桥，可仅在两拱脚的上方设置，并需在横桥方向贯通全桥及侧墙的高度，目前多将伸缩缝做成直线形（图10-20a），以使构造简单，施工方便；对于空腹式拱桥，若采用拱式腹孔，一般将紧靠桥墩（台）的第一个腹拱圈做成三铰拱，并在靠桥墩（台）的拱铰上方的侧墙上，也相应地设置伸缩缝，在其余两铰上方侧墙，可设变形缝（只断开，没有缝宽），如图10-20b所示。

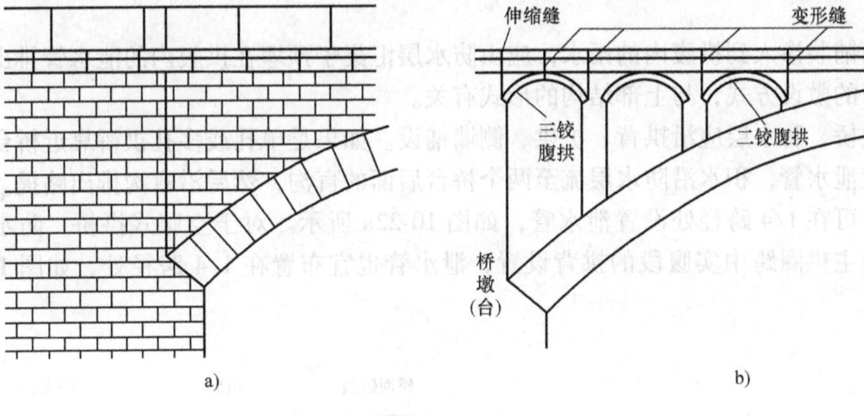

图10-20 拱桥伸缩缝及变形缝布置

在大跨径拱桥中，根据温度变化情况和跨径长度，必要时还需要将靠近拱顶的腹拱圈或其他腹拱做成两铰拱或三铰拱。拱铰上面的侧墙也需要相应地设置变形缝，以便使拱上建筑更好地适应主拱圈的变形。

对于梁式或板式拱上结构，宜在主拱圈的拱脚上设置腹孔墩或采取其他措施与桥墩（台）设缝分开，梁或板与腹孔墩的支承连接宜采用铰接，以适应主拱圈的变形。

人行道、栏杆、缘石等防护设施以及混凝土桥面在腹拱背的上方或侧墙有变形缝处，均应设置贯通全桥宽度的伸缩缝或变形缝，以适应主拱圈的变形，其构造形式可参照梁桥选用。

3. 排水及防水层

对于拱桥，不仅要求将桥面雨水能及时排除，而且要求将透过桥面铺装渗入到拱腹内的雨水也能及时排出。关于排除桥面雨水的构造情况，如图10-21所示。

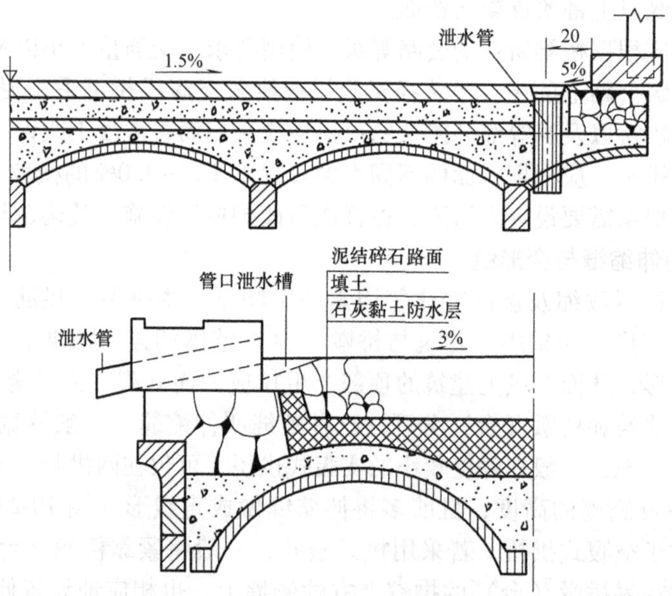

图 10-21 拱桥桥面排水装置（尺寸单位：cm）

透过桥面铺装渗入到拱腹内的雨水，应由防水层汇集于预埋在拱腹内的泄水管排出，防水层和泄水管的敷设方式，与上部结构的形式有关。

实腹式拱桥，防水层应沿拱背、护拱、侧墙铺设。如果是单孔或多孔拱桥靠近桥台的半拱，可以不设泄水管，积水沿防水层流至两个桥台后面的盲沟，然后沿盲沟排出路堤。如果是多孔拱桥，可在 1/4 跨径处设置泄水管，如图 10-22a 所示。对于空腹式拱桥，防水层应沿腹拱上方与主拱圈跨中实腹段的拱背设置，泄水管也宜布置在 1/4 跨径处，如图 10-22b 所示。

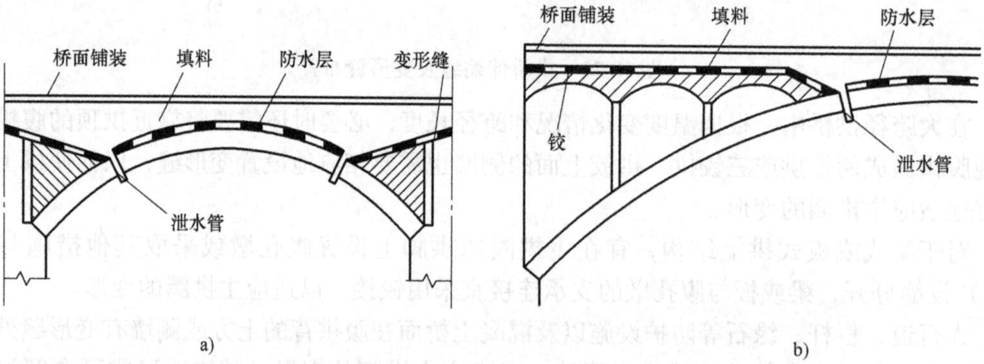

图 10-22 防水层与拱腹泄水管布置

泄水管可以采用铸铁管、混凝土管、陶瓷（瓦）管及塑料管等，泄水管的内径一般为 60～100mm。在严寒地区需适当加大（但不宜大于 150mm）。泄水管应伸出结构表面 50～

100mm，以免雨水顺着结构物的表面流下。为了便于泄水，泄水管尽可能采用直管，并减小管节的长度。

防水层在全桥范围内不宜断开，当通过伸缩缝或变形缝处应妥善处理，使其既能防水又可以适应变形。

4. 拱中铰的设置

在拱桥的建筑中，拱铰被广泛地应用。按其作用，拱铰分为永久性铰与临时性铰两类。永久性铰用于三铰拱或两铰拱的体系中，除要满足设计计算的要求外，并能保证长期的正常使用。因此，对永久性铰的要求较高，构造较复杂，造价也高。临时性铰是在施工过程中为消除或减小主拱部分附加内力，以及对主拱内力作适当调整时在拱脚或拱顶设置的铰。施工结束时，临时性铰将被封固，所以它的构造比较简单。

常用拱铰的形式有以下几种。

（1）弧形铰，如图10-23所示。可用钢筋混凝土、混凝土、石料做成。它运用两个不同半径的弧形表面块件合成。一个为凹面，一个为凸面。铰的宽度等于拱圈（肋）的宽度。沿拱轴线方向的长度，取为拱厚的1.15～1.20倍。弧形铰的作用并不完善，当圆筒形表面互相位移时压力线的作用点可能偏离很多，此时，在靠近铰的拱段内将产生附加弯矩。铰的接触面应精确加工，以保证紧密结合。由于石铰加工比较困难，目前较少采用。

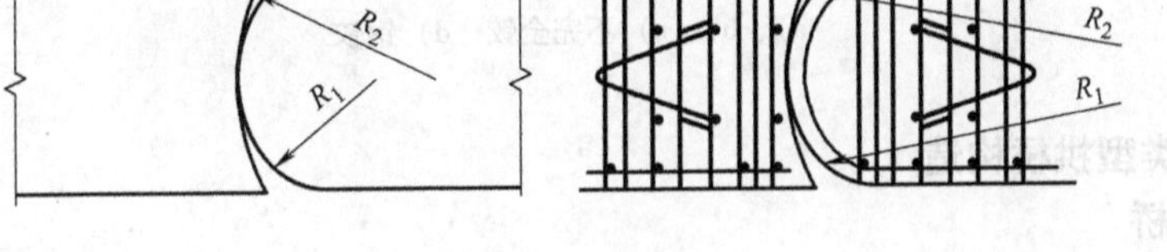

图10-23　弧形铰

（2）铅垫铰，如图10-24所示。用厚度15～20mm的铅垫板，外部包以锌、铜（10～20mm）薄片做成，通常板宽度为拱圈高度的1/4～1/3。铅垫铰是利用铅的塑性变形，铅垫板可以容许支承截面自由转动来实现铰的功能。同时，为了使压力正对中心，并且能承受剪力，设置穿过垫板中心而又不妨碍铰转动的锚杆。为承受局部压力，在墩台帽内以及邻近铰的拱段，需用螺旋钢筋或钢筋网加强。

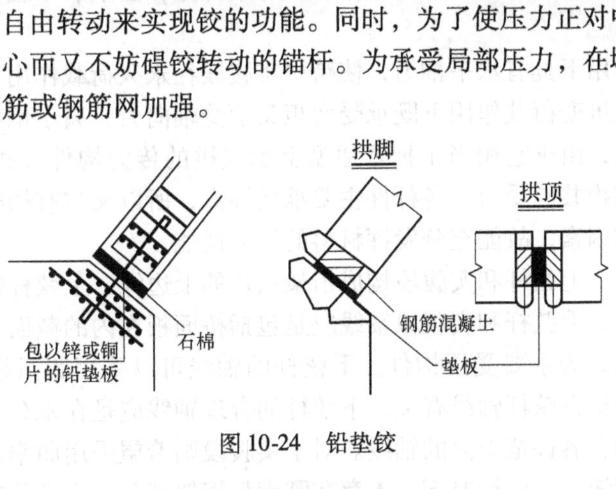

图10-24　铅垫铰

（3）平铰、不完全铰。对于空腹式拱上建筑的腹拱圈，由于跨径较小，可以用构造简单的平铰。平铰是平面相接，直接抵承。平铰的接缝间可用低强度等级的砂浆砌筑，也可垫衬油毛毡或直接干砌接头，如图 10-25 所示。

对于跨径不大（如腹拱圈）或在轻型的结构物中（如人行桥），可以采用不完全铰，如图 10-26a、b、c 所示。由于拱的截面急剧地减窄，保证了支承截面处的转动而起到铰的作用。在减窄的截面内，由于受压不均匀，因此将发生很大的应力。颈缩部分可能开裂，有时须配以斜钢筋。

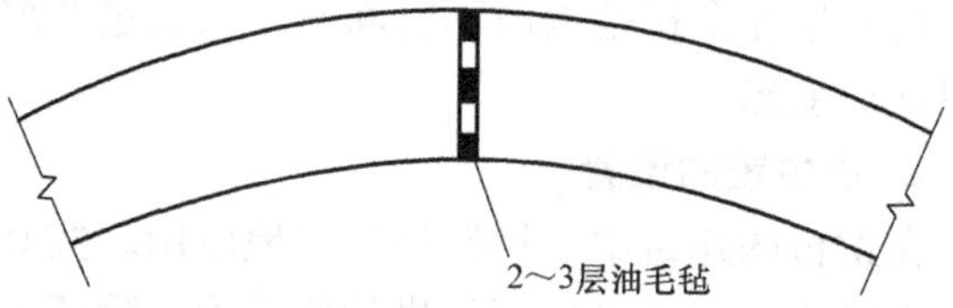

图 10-25 平铰

除以上几种常见拱铰外，在大跨径桥中还可采用钢铰，如图 10-26d 所示。钢铰可以做成圆柱形有销轴或没有销轴的形式，多用于施工需要的临时铰。

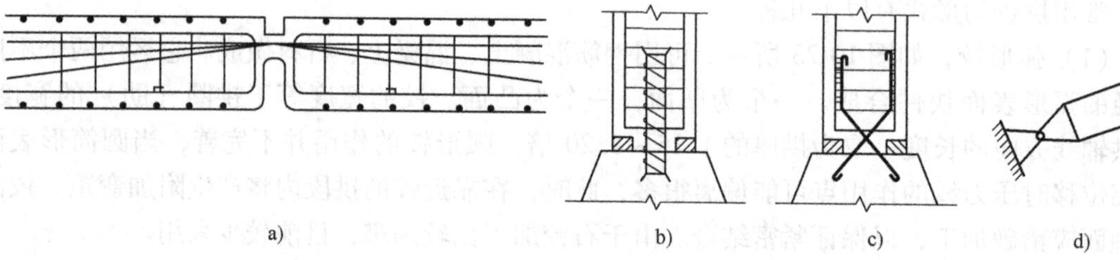

图 10-26 其他类型铰

a)、b)、c) 不完全铰 d) 钢铰

四、其他类型拱桥构造

1. 桁架拱桥

桁架拱桥也称拱形桁架桥，其上部结构由桁架拱片、横向联系和桥面系组成。桁架拱片是主要承重结构，由上、下弦杆，腹杆和实腹段组成，其立面布置如图 10-27 所示。

桁架拱片在施工期间单独受力，在竣工后与桥面板共同受力。其中下弦杆为拱形，上弦杆一般与桥道结构组合成一整体而共同工作。在跨中部分，因上、下弦杆靠得很近而做成实腹段。

桁架拱在荷载作用下具有水平推力，使跨中实腹段在永久荷载作用下跨间弯矩减小，主要承受轴向压力，在可变荷载作用下既承受弯矩又承受轴向力，属于偏心受压构件，即具有拱的受力特点。同时，由于它相当于把普通型上承式拱的传力构件（拱上结构）与拱肋连成整体，拱与拱上结构共同受力，各杆件主要承受轴力，所以又具有桁架的受力特点，由于它兼备了两者的有利因素，故能充分发挥材料的受力性能。

从结构布置来看，上弦杆和实腹段构成桁架拱片的上边缘，上弦杆轴线平行于桥面，考虑到桥面板参与受力，上弦杆和实腹段轴线应是包括桥面板在内的截面重心之连线。下弦杆相当于桁架拱的拱肋，为主要受压构件。下弦杆的轴线可以采用圆弧线、抛物线和悬链线等，腹杆内力与桁架拱下弦杆轴线有关，下弦杆的合理轴线应是在永久荷载作用下能使斜杆的拉应力为零或限制在容许范围内的轴线。对于实腹段则希望采用曲率较大的轴线，以减小荷载作用下拱顶的弯矩。一般情况下，不存在既满足桁架部分，也满足实腹段的理想永久荷载作用压力曲线。为使全拱底曲线连续，通常采用抛物线，使之与两部分的合理曲线均较接近。

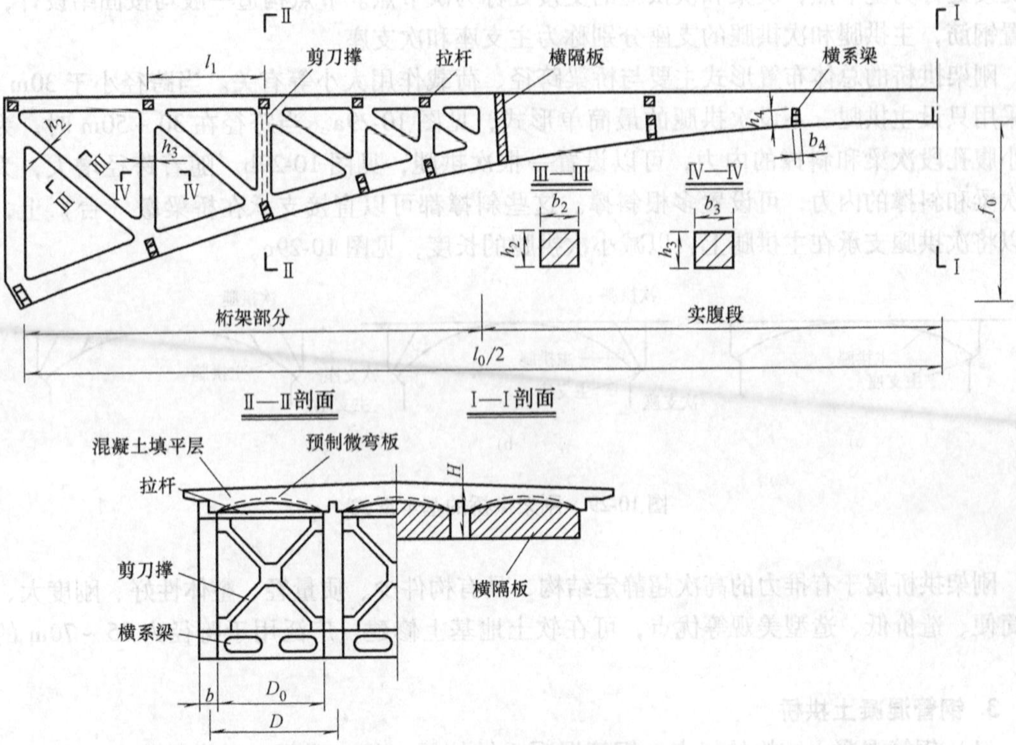

图 10-27 桁架拱桥的主要组成部分

2. 刚架拱桥

刚架拱桥的上部结构由刚架拱片、横向联系和桥面系等部分组成（图 10-28）。

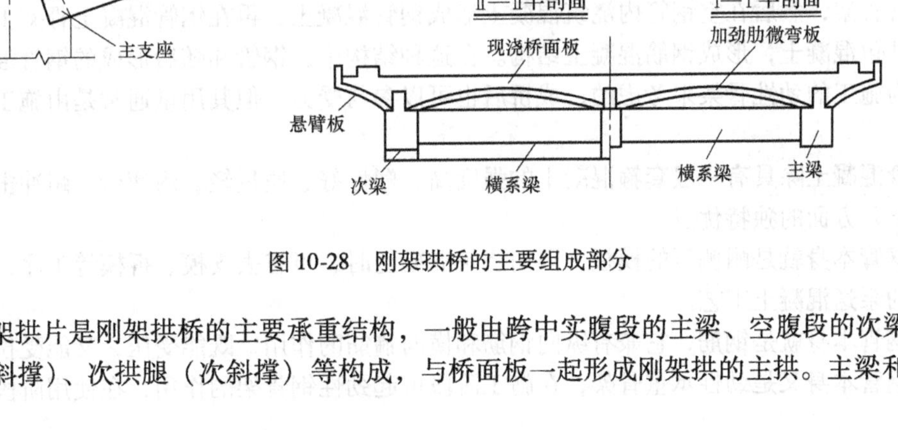

图 10-28 刚架拱桥的主要组成部分

刚架拱片是刚架拱桥的主要承重结构，一般由跨中实腹段的主梁、空腹段的次梁、主拱腿（主斜撑）、次拱腿（次斜撑）等构成，与桥面板一起形成刚架拱的主拱。主梁和主拱腿的交接处称为主节点，次梁和次拱腿的交接处称为次节点。节点构造一般均按固结设计，并配置钢筋，主拱腿和次拱腿的支座分别称为主支座和次支座。

刚架拱桥的总体布置形式主要与桥梁跨径、荷载作用大小等有关。当跨径小于30m时，可采用只设主拱腿、不设次拱腿的最简单形式，见图10-29a。当跨径在30～50m时，为了减小腹孔段次梁和斜撑的内力，可以设置一根次拱腿，见图10-29b。随着跨径增大，为减小次梁和斜撑的内力，可设置多根斜撑。这些斜撑都可以直接支承在桥梁墩（台）上，也可以将次拱腿支承在主拱腿上，以减小次拱腿的长度，见图10-29c。

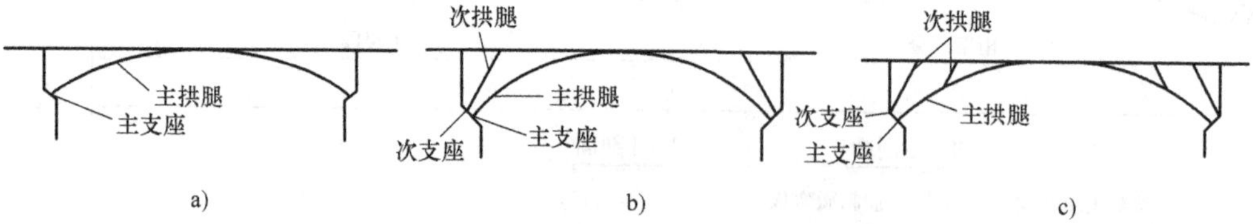

图10-29　刚架拱桥的基本形式

刚架拱桥属于有推力的高次超静定结构，具有构件少、质量轻、整体性好、刚度大、施工简便、造价低、造型美观等优点，可在软土地基上修建，广泛用于跨径为25～70m的桥梁。

3. 钢管混凝土拱桥

（1）钢管混凝土结构的特点。钢管混凝土结构属于钢—混凝土组合结构中的一种。根据钢管与混凝土之间的组合关系，可以分为内填型和内填外包型两种，如图10-30所示。

内填型钢管混凝土管壁外露，结构含筋率较高，主要用于以受压为主的结构。它一方面借助内填混凝土增强钢管壁的稳定性，同时又利用钢管对核心混凝土的套箍作用，使核心混凝土处于三向受压状态，从而使其具有更高的抗压强度和抗变形能力。

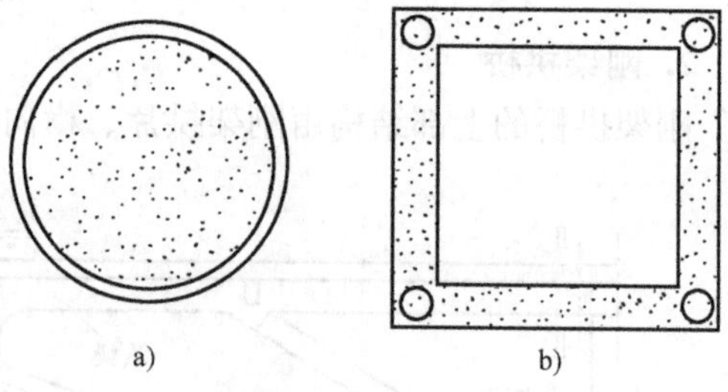

图10-30　钢管与混凝土之间的组合关系
a）内填型　b）内填外包型

内填外包型钢管混凝土主要用于大跨度拱桥之中，它主要解决大跨度拱桥施工的“自架设问题”。首先架设自重轻，刚度、强度均较大的钢管骨架，然后在空钢管内浇筑混凝土形成钢管混凝土，再在钢管混凝土骨架上外挂模板浇筑外包混凝土，形成钢筋混凝土结构。在这种结构中，钢管和随后形成的钢管混凝土主要是作为施工的劲性骨架来考虑的，成桥后也可以参与受力，但其用量通常是由施工设计控制。

钢管混凝土除具有一般套箍混凝土的强度高、塑性好、质量轻、耐疲劳、耐冲击外，尚具有以下几方面的独特优点。

①钢管本身就是耐侧压的模板，因而浇筑混凝土时，可省去支模、拆模等工序，并可适应先进的泵送混凝土工艺。

②钢管本身就是钢筋，它兼有纵向钢筋和横向箍筋的作用，既能受压，又能受拉。

③钢管本身又是劲性承重骨架，在施工阶段可起劲性钢骨架的作用，在使用阶段又是主

要的承重结构，因此可以节省脚手架，缩短工期，减少施工用地，降低工程造价。

④在受压构件中采用钢管混凝土，可节省材料。

与所有材料一样，钢管混凝土结构材料也有它自身的缺点。对于管壁外露的钢管混凝土，在阳光的照射下，钢管膨胀，容易造成钢管与内填混凝土之间出现脱空现象；泵送管内混凝土也常出现不能完全饱满的情况，这都将引起拱圈受力不明了，从而降低钢管混凝土结构的安全度，这些问题都需要予以解决，如在实际的混凝土填充浇筑施工过程中，在混凝土中添加膨胀剂，以确保内填混凝土的密实。

（2）钢管混凝土拱桥的基本组成。钢管混凝土拱桥一般由钢管混凝土拱肋、立柱或吊杆、横撑、行车道系和下部构造组成，如图10-31所示。根据行车道板的位置，钢管混凝土拱桥可以分为上承式、中承式和下承式三种类型。

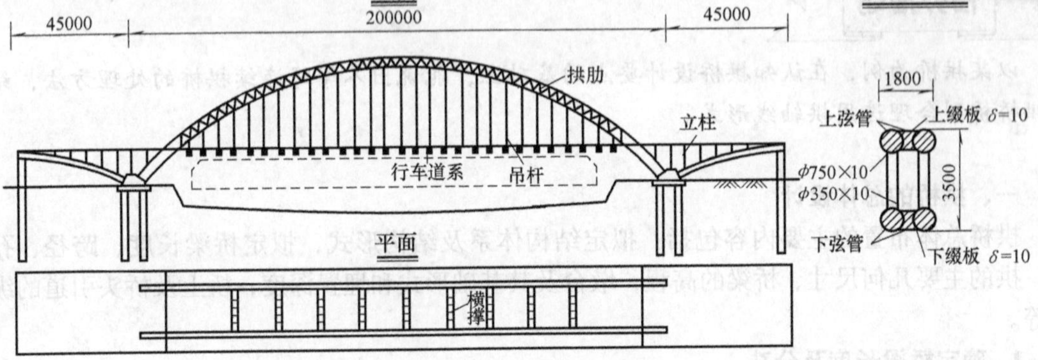

图10-31　钢管混凝土拱桥构造组成（尺寸单位：cm）

钢管混凝土拱桥结构轻盈，永久作用集度比较均衡，因此拱轴系数比较小，一般为1.167～2.240。跨径小者取较大值，跨径大者取较小值，矢跨比在1/4～1/8之间比较合理，拱轴线通常采用悬链线或二次抛物线。

①钢管混凝土拱肋。钢管混凝土拱肋横截面形式，按钢管的根数及布置方式，通常分为：单管形、双肢哑铃形、四肢格构形和三角形格构形等，如图10-32所示。

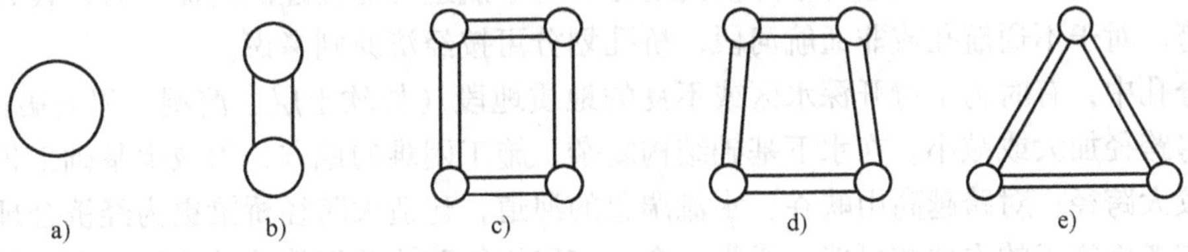

图10-32　拱肋截面形式

②横撑。横撑主要设置在拱顶、拱脚和拱肋与桥面系交接处。横撑的主要作用是将钢管混凝土拱肋连接成整体，确保结构稳定。桥面以上横撑一般设置奇数撑，一方面拱顶处横撑所起的作用较大，同时，奇数根也比较美观。

钢管混凝土拱肋的横撑多采用钢管桁架，钢管可以是空心的，也可以内填混凝土，做成钢管混凝土横撑。横撑在拱脚段多做成格式 K 撑或 X 撑，以获得更好的稳定性，在桥面系以上则多采用直撑、K 撑或 H 形撑。

③吊杆。吊杆的张拉端（上端）通常设置在缀板处或钢管弦杆内，下端为固定锚，以方便拆卸更换。吊杆可采用柔性吊杆和刚性吊杆两种，中下承式钢管混凝土拱一般采用柔性吊杆，其材料可采用平行钢丝、平行钢绞线或平行钢丝束、单根钢绞缆和封闭钢缆等，外面再套以无缝钢管或用热挤聚乙烯层防护，目前均有专门的生产厂家做成的成品索供应。刚性吊杆采用钢筋混凝土或预应力钢筋混凝土结构。

任务 10.3 拱桥的设计要点

任务描述

以某拱桥为例，在认知拱桥设计要点的基础上，能说出不等跨连续拱桥的处理方法，结合拱桥桥型合理选用拱轴线形式。

一、拱桥的总体设计

拱桥总体布置的主要内容包括：拟定结构体系及结构形式，拟定桥梁长度、跨径、孔数、拱的主要几何尺寸、桥梁的高程，墩台及其基础形式和埋置深度，桥上及桥头引道的纵坡等。

1. 确定桥梁长度及分孔

当通过各方面的比较，确定了两岸桥台之间的总长度之后，在平、纵、横三个方向综合考虑桥梁与两头路线的衔接，就可以确定桥台的位置和长度，从而确定桥梁的全长。

在桥梁全长确定后，再根据桥位处的地形、地质等情况，并结合选用的结构体系、结构形式和施工条件，可以进一步确定选择单孔还是多孔。如果采用多孔拱桥，如何进行分孔是总体布置中一个比较重要的问题。如果需跨越通航河流，在确定孔数与跨径时，一般分为通航孔和不通航孔两部分。分孔时，除应满足设计洪水通过的需要外，还应确定一孔或两孔作为通航孔。通航孔跨径和通航高程的大小应满足航道等级规定的要求。通航孔的位置多半布置在常水位时河床最深处或航行最方便的地方。对于航道可能变迁的河流，必须设置几个通航的桥跨。对于不通航孔或非通航河段，桥孔划分可按经济原则考虑。

在分孔中，有时为了避开深水区或不良的地质地段（如软土层、溶洞、岩石破碎带等）而可能将跨径加大或减小。在水下基础结构复杂、施工困难的地方，为减少基础工程，可考虑采用较大跨径；对跨越高山峡谷、水流湍急的河道，建造大跨径桥梁更为经济合理。分孔时，还应考虑施工的方便和可能。通常，全桥宜采用等跨或分组等跨的分孔方案，并尽量采用标准跨径，以便于施工和修复。此外，分孔中还需注意整座桥的造型和美观。

2. 确定桥梁的设计高程和矢跨比

拱桥的高程主要有四个，即桥面高程、拱顶底面高程、起拱线高程和基础底面高程，如图 10-33 所示。这几项高程的合理确定，是拱桥总体布置中的一个重要问题。

桥面高程一般由两岸线路的纵断面设计所控制。对跨越平原区河流的拱桥，其桥面最小高度一般由桥下净空所控制，即主要考虑满足排泄设计洪水流量或不同航道等级所规定的桥下净空界限的要求。

当桥面高程确定之后，由桥面高程减去拱顶处的建筑高度（拱顶填料厚度和主拱圈厚度），就可得到拱顶底面的高程。

起拱线高程主要依据矢跨比的要求及净跨径确定。

基础底面的高程，应根据冲刷深度、地基承载能力等因素综合确定。

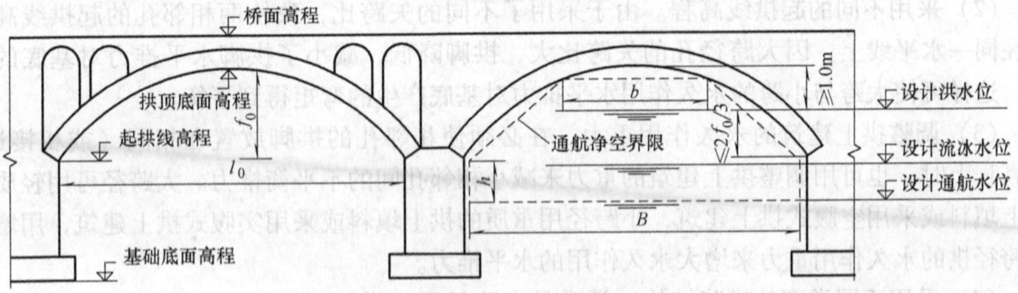

图 10-33 拱桥主要高程示意图

主拱圈矢跨比是拱桥的主要设计参数之一。它不但影响主拱圈内力，还影响拱桥的构造形式和施工方法的选择，应从上、下部结构受力、通航、泄洪等综合因素考虑确定矢跨比。计算表明，永久作用的水平推力与垂直反力之比，随矢跨比的减小而增大。当矢跨比减小时，拱的推力增大，反之则推力减小。推力大，相应地在拱圈内产生的轴向力也大，对拱圈自身的受力状况是有利的，但对墩台基础不利。同时，当拱圈受力后因其弹性压缩，或因温度变化、混凝土收缩，或因墩台位移等原因，都会在无铰拱的拱圈内产生附加的内力，因而拱愈坦（矢跨比越小），附加内力越大。当拱的矢跨比过大时，拱脚区段过陡，给拱圈的砌筑或混凝土浇筑带来困难。另外，拱桥的外形是否美观，与周围景物能否协调等也与矢跨比有很大关系，因此在设计时，矢跨比的大小应经过综合比较后进行选定。

通常，对于石、混凝土板拱桥及双曲拱桥，矢跨比一般为 1/6 ~ 1/4；箱形拱的矢跨比一般为 1/8 ~ 1/6；钢筋混凝土拱桥的矢跨比一般为 1/10 ~ 1/6。

3. 不等跨连续拱桥的处理方法

多孔连续拱桥最好选用等跨或分组等跨的分孔方案。但在受地形、地质、通航等条件的限制，或引桥很长，考虑与桥面纵坡协调一致时，或对桥梁的美观有特殊要求时，可以考虑采用不等跨的分孔，如图 10-34 所示。

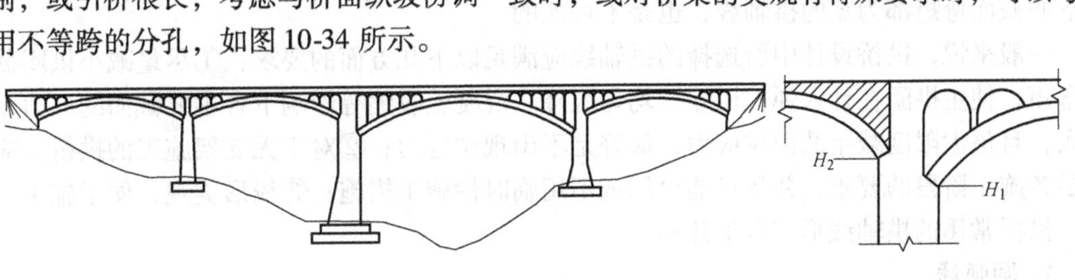

图 10-34 不等跨分孔的拱桥示意图

不等跨拱桥，由于相邻孔的永久作用推力不相等，使桥墩和基础增加了永久作用的不平衡推力。在采用柔性墩的多孔连续拱桥中，还需考虑永久作用不平衡推力产生的连拱作用，使构造和计算复杂。为了减小这个不平衡推力，改善桥墩、基础的受力状况，节省材料和造价，可采用以下措施。

（1）采用不同的矢跨比。利用矢跨比与推力大小成反比的关系，在相邻两孔中，大跨径用较陡的拱（矢跨比较大），小跨径用较坦的拱（矢跨比较小），使两相邻孔在永久荷载作用下的不平衡推力尽量减小。

（2）采用不同的起拱线高程。由于采用了不同的矢跨比，致使两相邻孔的起拱线高程不在同一水平线上。因大跨径孔的矢跨比大，拱脚降低，减小了拱脚水平推力对基底的力臂，这样可使大跨与小跨的永久作用水平推力对基底产生的弯矩得到平衡。

（3）调整拱上建筑的永久作用重力。在必须使相邻孔的拱脚放置在相同（或相接近）的高程上时，也可用调整拱上建筑的重力来减小相邻孔间的不平衡推力。大跨径可用轻质的拱上填料或采用空腹式拱上建筑，小跨径用重质的拱上填料或采用实腹式拱上建筑，用增加小跨径拱的永久作用重力来增大永久作用的水平推力。

（4）采用不同类型的拱跨结构。常常是小跨径用板拱结构，大跨径用分离式肋拱或薄壁箱拱结构，以减轻大跨径的永久作用来减小永久作用的水平推力。有时为了进一步减小大跨径拱的永久作用水平推力，可以增加大跨径拱肋的矢高，做成中承式肋拱。

在具体设计时，也可以将以上几种措施同时采用。如果仍不能达到完全平衡推力的目的，则需设计成体型不对称的或加大尺寸的桥墩和基础来加以解决。

二、拱轴线的选择

拱桥的设计应优选拱轴线，选择拱轴线的原则是要尽可能降低由于荷载作用产生的拱圈内弯矩的数值。最理想的拱轴线是与拱上各种荷载作用下的压力线相吻合，这时拱圈截面只受轴向压力而无弯矩作用，从而能充分利用圬工材料的抗压性能。但事实上是不可能获得这样的拱轴线的，因为除永久作用外，拱圈还要受到可变作用、温度变化和材料收缩等因素的作用。当永久荷载作用压力线与拱轴线吻合时，在可变荷载作用下就不再吻合了。然而，公路拱桥的永久作用占全部荷载的比重较大。如一座 30m 跨径的双车道公路拱桥，可变荷载大约只是永久荷载作用的 20%，随着跨径的增大，永久荷载作用所占的比重还将增大。因此，以永久荷载作用压力线作为设计拱轴线，可以认为基本上是适宜的。但是，即使仅在永久荷载作用下，拱圈本身的轴线还将因材料的弹性压缩而变形，致使拱圈的实际压力线与原来设计所采用的拱轴线，仍会发生偏离。因此在拱桥设计时，要选择一条能够使永久荷载作用下的截面弯矩都为零的拱轴线，也是不可能的。

一般来说，拱桥设计中所选择的拱轴线应满足以下几方面的要求：①尽量减小拱圈截面的弯矩，使主拱圈在计入弹性压缩、均匀温降、混凝土收缩等影响下各主要截面的应力相差不大，且最大限度减小截面拉应力，最好是不出现拉应力；②对于无支架施工的拱桥，应能满足各施工阶段的要求，并尽可能少用或不用临时性施工措施；③线形美观，便于施工。

拱桥常用的拱轴线形有以下几种。

1. 圆弧线

在均布径向荷载作用下（如水压力），拱的合理拱轴线为一圆弧线，如图 10-35a 所示。这类拱桥，线形简单，施工方便。但对桥梁结构来说，承受竖向永久荷载作用的圆弧形拱轴线与永久荷载作用压力线偏离较大，使拱圈各截面受力不够均匀。因此圆弧线常用于 20m 以下的小跨径拱桥。对于较大跨径的预制装配式钢筋混凝土拱桥，有时为了简化施工，也可采用圆弧形拱轴线。

2. 悬链线

实腹式拱桥的永久作用集度（单位长度上的重力），从拱顶向拱脚是均匀增加的，这种荷载分布图式拱圈的压力线是一条悬链线，如图10-35b所示。因此，实腹式拱桥采用悬链线作拱轴线。在永久荷载作用下，当不计拱圈由永久作用弹性压缩产生的影响时，拱圈截面将只承受轴力而无弯矩。

3. 抛物线

在竖向均布荷载作用下，拱的合理拱轴线是二次抛物线，如图3-35c所示。对于永久荷载作用集度比较接近均布的拱桥，往往可以采用二次抛物线作为拱轴线。钢筋混凝土桁架拱和刚架拱等轻型拱桥，由于永久作用分布较均匀，往往采用二次抛物线作为拱轴线。

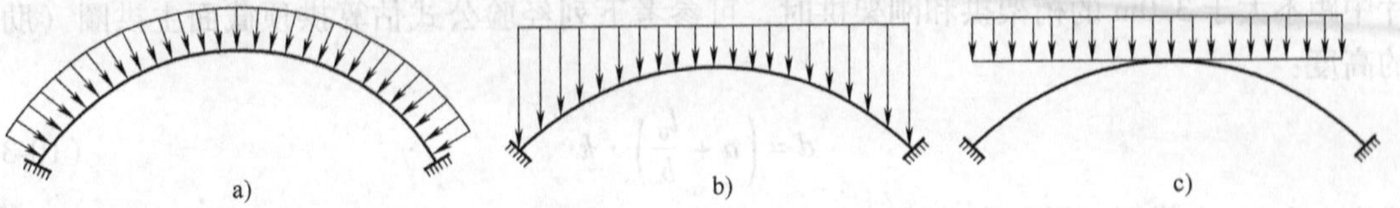

图10-35　拱轴线线形

在某些大跨径拱桥中，由于拱上建筑布置的特殊性，为了使拱轴线尽可能与永久荷载作用压力线相吻合，也可采用高次抛物线（如四次或六次抛物线）作为拱轴线。

综上所述，拱上建筑的形式及其布置，对于合理选择拱轴线形是有密切联系的。在一般情况下，小跨径拱桥可采用实腹式圆弧拱或实腹式悬链线拱，大、中跨径拱桥可采用空腹式悬链线拱，轻型拱桥或矢跨比较小的大跨径拱桥可以采用抛物线拱。

三、拱圈尺寸的拟定

1. 拱圈宽度的确定

拱圈的宽度主要取决于桥面净空的宽度。中、小跨径拱桥的栏杆（约宽15~25cm），一般都布置在帽石的悬出部分上面，这样，拱圈的宽度就接近桥宽。对于较大跨径拱桥，为了减小拱圈宽度，常将人行道布置在钢筋混凝土悬臂上，这时，拱圈的宽度可适当减小，如图10-36所示。

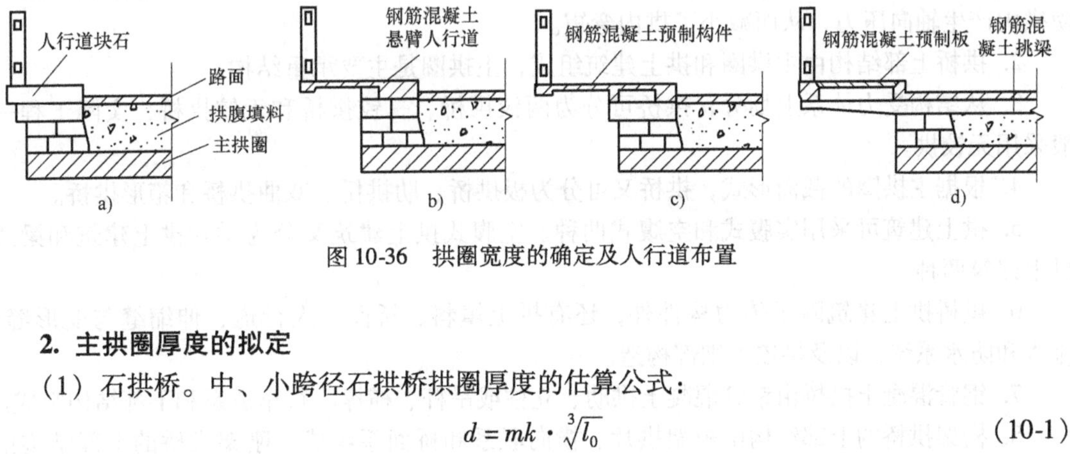

图10-36　拱圈宽度的确定及人行道布置

2. 主拱圈厚度的拟定

（1）石拱桥。中、小跨径石拱桥拱圈厚度的估算公式：

$$d = mk \cdot \sqrt[3]{l_0} \tag{10-1}$$

式中 l_0——主拱圈净跨径（cm）；

d——主拱圈厚度（cm）；

m——系数，一般为4.5～6.0，取值随矢跨比的减小而增大；

k——荷载系数，公路—Ⅰ级荷载为1.2。

大跨径的石拱桥拱圈厚度估算公式：

$$d = m_1 k(l_0 + 20) \tag{10-2}$$

式中 l_0——主拱圈净跨径（m）；

m_1——系数，一般为0.016～0.02，取值随矢跨比的减小而增大；

k——意义同式（10-1）。

（2）箱形拱、桁架拱和刚架拱桥。在确定箱形拱、拱肋中距不大于2.0m的双曲拱、拱片中距不大于3.0m的桁架拱和刚架拱时，可参考下列经验公式估算拱顶截面主拱圈（肋）的高度：

$$d = \left(a + \frac{l_0}{b}\right) \cdot k \tag{10-3}$$

式中 d——主拱圈（肋）的高度（cm）；

l_0——主拱圈净跨径（cm）；

a、b——系数，根据主拱圈的构造形式不同按表10-1采用；

k——公路等级荷载系数，对于各级汽车荷载按表10-1选用。

表10-1 a、b、k 系数

桥梁类型	a	b	k
箱形拱（单箱室）	70	100	1.0
箱形拱（多箱室）	60	100	
桁架拱	20	70	公路 Ⅰ级为1.4
刚架拱	35	100	公路 Ⅰ级为1.2

单元小结

1. 拱桥在竖向荷载作用下，其两端支承除了有竖向反力外，还将产生水平推力，这将使拱内产生轴向压力，从而减小了拱内弯矩。

2. 拱桥上部结构由主拱圈和拱上建筑组成，主拱圈是主要承重结构。

3. 从结构受力体系上划分，拱桥可分为两铰拱桥、三铰拱桥和无铰拱桥，实际工程一般采用无铰拱。

4. 根据主拱圈的截面形式，拱桥又可分为板拱桥、肋拱桥、双曲拱桥和箱形拱桥。

5. 拱上建筑可采用实腹式和空腹式两种。空腹式拱上建筑又分为拱式拱上建筑和梁式拱上建筑两种。

6. 拱桥拱上建筑除了传力构件外，还有拱上填料、桥面、人行道、伸缩缝与变形缝、排水和防水系统，以及拱铰等细部构造。

7. 钢管混凝土拱桥由钢管混凝土拱肋、立柱或吊杆、横撑、行车道系和下部结构组成。

8. 桁架拱桥的上部结构由桁架拱片、横向联系和桥面系组成。刚架拱桥的上部结构由刚架拱片、横向联系和桥面系等部分组成。

9. 拱桥总体设计包括确定结构体系及结构形式，桥梁长度及分孔，桥梁的设计高程和矢跨比等内容。

10. 拱桥常用的拱轴线形有圆弧线、悬链线和抛物线三种。

巩固训练

1. 说明拱桥的类型。
2. 拱桥不等跨的处理方法有哪些?
3. 常用拱轴线形有哪几种？分别对应于何种荷载形式?
4. 拱桥设计时需要确定的拱桥高程有哪几个?

单元 11　斜拉桥及悬索桥简介

学习目标

1. 认知悬索桥和斜拉桥的类型与构造；
2. 能描述悬索桥和斜拉桥受力特点。

斜拉索桥是现代大跨桥梁的重要的结构形式，特别是在跨越峡谷、海湾、大江、大河等不易修筑桥墩的地方架设大跨径的特大桥梁时，往往都选择悬索桥和斜拉桥的桥型，在实际工程中有着广泛应用。

任务 11.1　斜　拉　桥

任务描述

结合某已建或在建斜拉桥，认知斜拉桥的组成、类型、构造特点与受力特点。

斜拉桥又称斜张桥（见图 11-1），上部结构由索、梁、塔三个主要组成部分构成；从其力学特点看，属于组合体系桥。斜拉桥依靠斜拉索支承梁跨，类似于多跨弹性支承梁，梁内弯矩与桥梁的跨度基本无关，而与拉索间距有关。

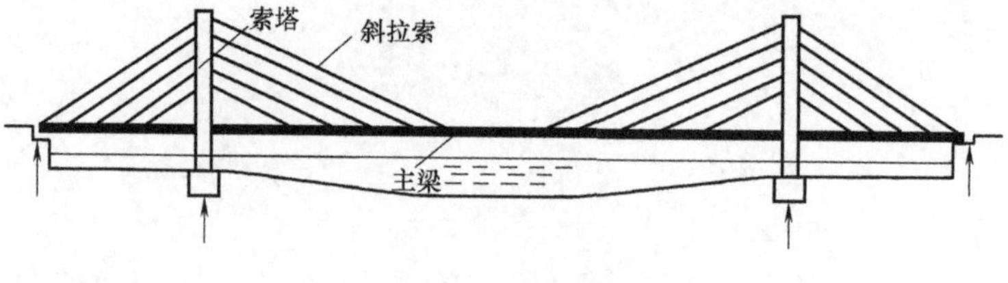

图 11-1　斜拉桥概貌

斜拉桥的构想由来已久，可追溯到 17 世纪。但由于结构计算手段以及材料等方面的局限性，人们对斜拉桥的尝试多以失败告终。第一座真正意义上的现代斜拉桥，是 1955 年建成的瑞典 Stromsund 桥。我国的斜拉桥虽然起步较晚，但发展迅速。

一、斜拉桥的分类

斜拉桥的主要组成部分为主梁、索塔及斜拉索。由于主要组成部分的构造形式不同，构成不同类型的斜拉桥。

（1）按索塔布置方式分

1）单塔式斜拉桥。当跨越宽度不大或基础、桥墩工程数量不是很大时，可采用图 11-2a

的单塔式斜拉桥，因为单塔式斜拉桥主孔较短，两侧可用引桥跨越，总造价可降低。

2）双塔式斜拉桥。桥下净空要求较大时，多采用图11-2b的双塔式斜拉桥。

3）多塔式斜拉桥。在跨越宽阔水面时，由于桥梁长度大，可采用图11-2c所示的多塔式斜拉桥。

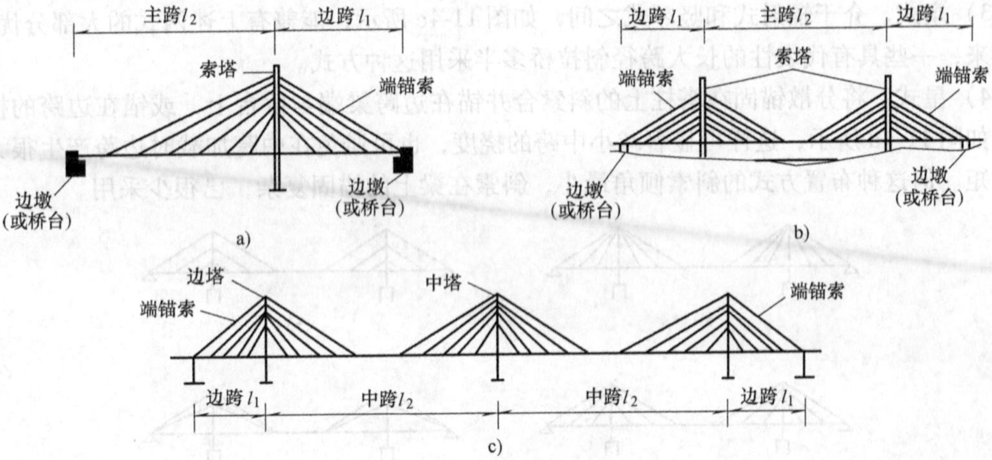

图11-2　斜拉桥跨径布置

（2）按主梁的支承条件分

1）连续梁式斜拉桥。如图11-3a所示，这类构造在墩台支撑处均采用活动支座，以使温度变位均匀，水平变位由拉索予以约束。主要优点是行车顺畅，变形缝少，便于采用连续梁的各种施工方法。

2）单悬臂式斜拉桥。如图11-3b所示，跨中有一段挂梁，对边跨可以在临时支墩施工，中跨采用悬臂施工。

3）T形刚架式斜拉桥。如图11-3c所示，此T形刚架与一般T形刚架不同之处，在于梁根部与墩、塔连成整体，形成十字固结，固结处要承受很大负弯矩，因此主梁截面要足够强固。构造复杂，便于平衡施工。

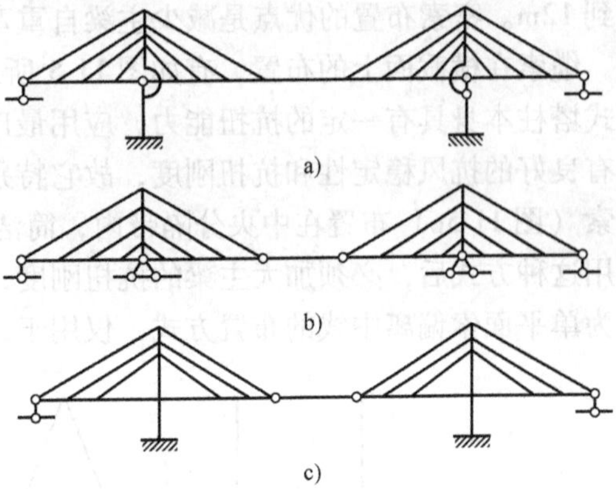

图11-3　按主梁支承条件划分斜拉桥形式

二、斜拉桥的构造

预应力混凝土斜拉桥的拉索布置、塔柱形式和主梁截面是多种多样的，在此介绍常见的斜拉桥构造。

1. 拉索的布置

根据拉索在立面的不同布置方法，可以分为如图11-4所示的四种形式。

1）辐射式。这种方法是将全部拉索汇集到塔顶，使各根拉索都具有可能的最大倾角，如图11-4a所示。由于索力主要由垂直力的需要而定，因此斜拉力较小，可减少拉索用钢量。不足的是塔柱受力不利，塔顶因斜索集中而使锚固困难。此外，斜索倾角不一，也使锚具垫座的制作与安装趋势复杂。

2）竖琴式。斜索与塔柱的连接点分散，斜索倾角相同，如图 11-4b 所示，这就使连接构造易于处理，塔柱受力较有利。无辐射式斜索的视觉交叉，外形简洁美观。如将中间斜索用边孔内的辅助墩锚固住，则可大大减小塔柱的弯矩和变形，便于换索。缺点是斜索的倾角较小，工作效率差，索的总拉力大，钢索用量较多。

3）扇式。介于辐射式和竖琴式之间，如图 11-4c 所示，能兼有上述两式的大部分优点。近年来，一些具有代表性的长大跨径斜拉桥多半采用这种方式。

4）星式。将分散锚固在塔柱上的斜索合并锚在边跨梁端与桥台上，或锚在边跨的桥墩上，如图 11-4d 所示，这样可显著减小中跨的挠度，也可避免在中跨加载时边跨产生很大的负弯矩。但这种布置方式的斜索倾角最小，斜索在梁上的锚固复杂，已很少采用。

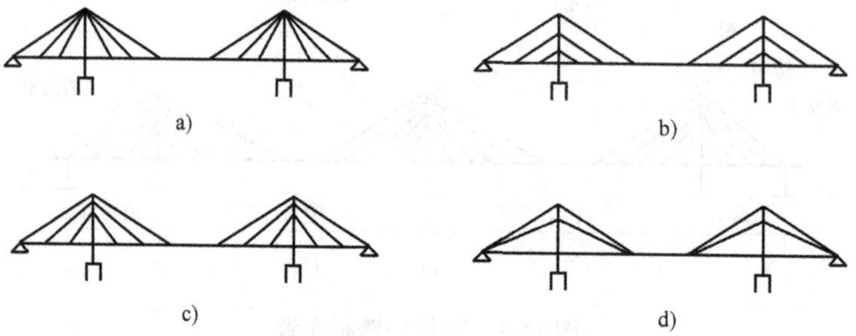

图 11-4　拉索的立面布置形式

在缆索间距上，近年多采用分散的密索体系，间距一般为 4 ~ 8m，钢斜拉桥的索距有时达到 12m。密索布置的优点是减少主梁自重弯矩，降低梁高，简化锚固装置，便于施工。

缆索在横截面上的布置，有如图 11-5 所示的几种形式。竖直双平面索（图 11-5a）配合门式塔柱本身具有一定的抗扭能力，应用最广。倾斜的双平面索（图 11-5b）配合 A 形塔柱具有良好的抗风稳定性和抗扭刚度，故它特别适用于对风振较敏感的大跨径钢斜拉桥。单平面索（图 11-5c）布置在中央分隔带内，简洁美观，是近代斜拉桥新颖合理的布置形式，但采用这种方式后，必须加大主梁的抗扭刚度，而且主梁往往要采用连续体系。如图 11-5d 所示为单平面索偏离中线的布置方式，仅用于人行桥上。

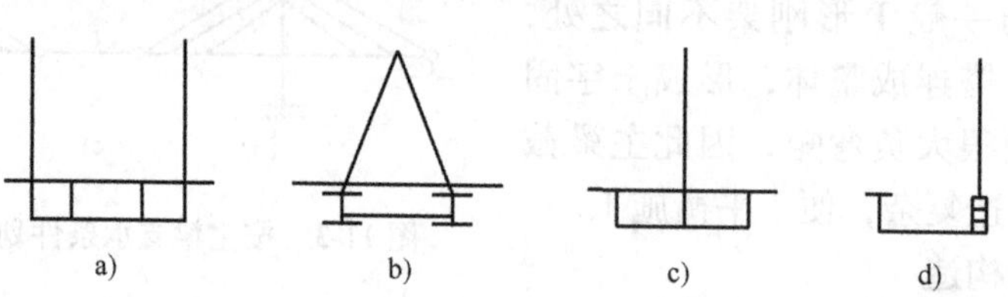

图 11-5　缆索在横截面上的布置

2. 拉索的组成

斜拉索由两端的锚具、中间的拉索传力件及防护材料三部分组成，称为拉索组装件。斜拉索的材料主要有钢丝绳、粗钢筋、高强度钢丝、钢绞线等。

（1）钢丝绳。早期的斜拉桥曾采用钢丝绳做斜拉索，两端用铅锌合金的热铸锚具。钢丝绳弹性模量小，且热铸锚具的疲劳性能较差，合金熔液温度达 400℃以上，使锚具附近的钢丝退火，整条索的强度不能充分利用，所以后期的斜拉桥已很少采用。我国仅 1975 年建成的四川云阳汤溪河桥（35m + 76m + 35m）使用过钢丝绳作为斜拉索，外面涂漆防护。但是作为人行桥或管道桥的斜拉索还是可以使用钢丝绳。

（2）粗钢筋。冷拉粗钢筋或热处理钢筋作为斜拉索材料原则上也是可以的。它具有较高的弹性模量和稍低于高强度钢丝的强度；表面积较小，所以较易解决防锈问题；张拉也很方便，可以单根张拉，也可以组成强大的拉索一次张拉。较小直径的粗钢筋可以使用镦头锚具；而直径较大的粗钢筋则可使用轧丝锚具，或直接将高强粗钢筋加工成精轧螺纹钢，并配上相应的螺母作为锚头。小直径粗钢筋的供货形式通常是盘圆，使用时只需在工地调直与镦头；当直径较大时，则必须用连接套筒来接长。国内生产的大直径粗钢筋长度有限，需用套筒很多，同时粗钢筋强度仅达到高强度钢丝的50%左右，斜拉索材料用料多，成本较高，以致未能广泛采用。

（3）平行钢丝索（PWS）。通常采用直径为5mm或7mm的高强度钢丝，它强度高（1570～1860MPa），弹性模量高（2.0×10^5MPa），可以做成较长的索而无需中间接头，吨位可大可小，配用冷铸锚可以有较好的耐疲劳性能，但对防锈的要求较高。我国近20年来制作平行钢丝束的工艺不断改进、发展，在斜拉桥中较广泛采用。70年代末我国首批超过200m跨度的上海泖港桥（1982年建成，中孔200m）和济南黄河桥（1982年建成，中孔220m）都采用了平行钢丝索。80年代后期建成的广东西樵大桥（1981年，125m + 110m）、上海恒丰路桥（1987年，76.65m + 22.8m）和广东海印桥（1988年，中孔175m）都采用带PE套管的平行钢丝索，管内压注水泥浆。若使拉索全长所有空隙都能充满水泥浆，并与PE管内壁黏着紧密，则此种拉索的防护效果是令人满意的。但若水泥浆配合比控制不严，压浆不慎，管顶浆体未满，又长期处在高应力、高温、潮湿状态下，则无需几年，钢丝会逐渐锈蚀，直至断裂。且这种钢丝束以半成品运至工地，在工地上的制作应有巨大的制索场和整套专用设备，难度较大。

90年代初，我国结合冷铸锚、电缆制造技术以及以往斜拉桥施工经验研制成新一代的平行钢丝索，即“成品索”。这种索的技术名称为“挤包护层扭纹型拉索”，采用高强度钢丝作为索材，两端用冷铸锚具，定长下料。索体由若干根高强度钢丝并拢经大节距扭绞，缠包高强复合带，然后挤包单护层或双护层而形成。单护层为黑色高密度聚乙烯，简称PE；双层内为黑色高密度聚乙烯，外为聚氨酯，简称PK + PU。这种索经工厂化生产，质量可靠，在运输方面比上述半成品平行钢丝索方便得多，运到工地后不再有工地制作要求，因此能愈来愈多地取代套管压浆的平行钢丝索。上海南浦大桥、杨浦大桥、徐浦大桥、武汉长江二桥、重庆二桥、铜陵大桥等十来座大桥都采购或自制这种“成品索”。它的缺点是PE护套硬度较低，在放索及安装过程中可被刮坏划破，轻者1～2mm，重者可见钢丝，故挂索后还需用小缆车校查、修补，若有遗漏，则是一大隐患。

（4）平行钢绞线。随着斜拉桥建造跨度和索力的不断增大，挂索越来越长PE重越来越大（如杨浦大桥的已长达324m，重33t，钱江三桥则因索力已逾千吨，索重大增），如绕盘盘径已超陆上运输允许的界限，拉索的转场、起吊、安装、牵引、张拉都需要大型设备。施工风险、技术难度随之增大。拉索造价则因厂房的扩建、预张拉台座的增长、大型设备的投入和施工难度的增大而大幅度提高。

钢绞线拉索的成功使用，解决了上述困难。钢绞线拉索是几乎与上述热挤PE平行钢丝拉索同时期开展研究的，是80年代拉索技术发展的另一途径，其技术基础是夹片群锚技术的完全成熟。拉索的基本技术描述如下：钢绞线逐根穿挂、逐根张拉，组合成束后再整体小行程张拉、调整索力，以螺母锚固。夹片的锚固性能必须是优良的，并能在上限为0.45倍绞线破断力、应力变化幅度200MPa条件下经受200万次循环试验。为使拉索组装件的抗疲劳性能得到更可靠的保证，在夹片群锚后端再连接一段适量长度的钢套管，张拉锚固后，在钢旁管内压注砂浆或环氧砂浆，使锚具得到可靠防护，并借用砂浆与绞线的黏结力减轻夹片直接承受高幅度应力变化的作用。近年来新建的斜拉桥也有在锚具后端接以较短的钢套管，在其内灌注石蜡的，石蜡只封闭绞线端头剥除PE套部分，起防护作用，全部动荷载仍直接由夹片承受，其施工更为方便。

拉索的防护有二个方案：其一是在单根绞线上逐根外包PE护套，然后挂线、张拉，成索后或再外包环氧织物，或不再外包都有成例。其二是PE管压注水泥浆。采用防护方案1时，绒线应涂防锈漆或其他防锈涂层，挤包PE可用小型挤塑机在现场进行，工艺简单。采用防护方案2时，增加了压浆工序，但绞线内涂层则不再需要，造价相差无几。这种拉索的优点，是拉索制作、穿索、牵引、张拉全过程均“化整为零”，取消了拉索工厂制造的全部繁杂工艺，避免了大型成品索的起重、运输、吊装、穿挂、牵引方面的困难，无需大型施工设备，施工便捷，大幅度降低了拉索造价。

我国第一个采用这种技术的是广西柳江四桥，其主桥为2×125m，独塔双索面预应力混凝土斜拉桥，宽32m，桥面为梁板结构。26对拉索呈扇形布置，全桥拉索共104根，用我国自行研制的OVM—200型平行钢绞缆索，每根拉索由19~37根直径15.24mm，抗拉标准强度1860MPa低松弛钢绞线构成。采用单根穿索张拉锚固工艺，每根拉索挤包了两层PE护套。索距长442m，用挂篮悬浇，每一节段施工周期为九天，施工进展顺利。

索与塔、梁连接结构的功能是将斜拉索力可靠地传递给桥塔及主梁。其结构形式根据斜拉索布置、根数、桥塔及主梁的结构等情况确定。拉索在桥塔上的联结有两种方式，一是直接锚固，另一是通过塔顶索鞍而延伸到桥塔另一侧主梁上锚固。

3. 塔柱

塔柱主要承受轴力，除柱底铰支的辐射式斜索布置外，也要承受弯矩。此外，制动力、温度变化、混凝土徐变与收缩等还会增加柱内弯矩。在采用悬臂法施工时，塔柱会受到相当大的不平衡弯矩。对于单面索的独塔情况，塔柱的抗风稳定性就成为突出的问题。

从桥梁的立面看，塔柱主要有独柱式、A形和倒Y形三种，如图11-6a，b，c所示。

从桥梁的横断面看，塔柱主要有独柱形式、双柱式、门式、斜腿门式、倒V式、宝石式和倒Y式，如图11-7a~h所示。

立面呈独柱的塔柱外形轻盈美观，结构简洁，这是最常用的形式，在横桥向，它可以和图11-7中各种形式配合使用。只在必须显著加大塔柱纵向（顺桥向）刚度时采用立面呈A形和倒Y形的塔柱。纵、横向均呈独柱形的塔柱仅用于单平面索的情形，当需要加强侧向抗风刚度时，可以配合采用图11-7g或h的形式，后者适用于桥面至基础顶面高度较高的情况，借以可缩小基础的横向尺寸，但在塔柱反向处需设水平拉杆。图11-7b，c一般用于设置竖直双平面索的场合，塔柱较高时可增设横撑。图11-7e的形式主要用于倾斜双平面索的斜

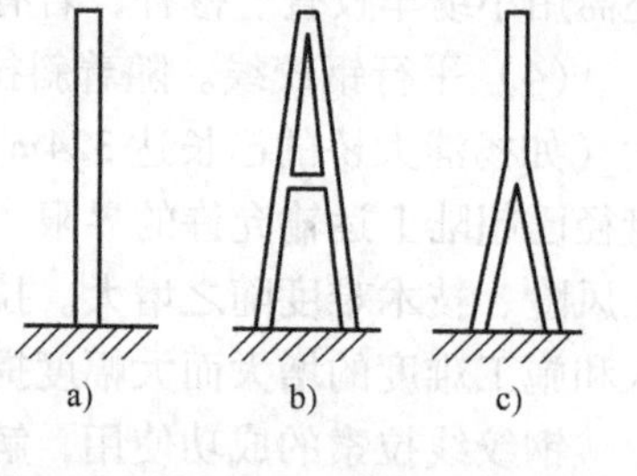

图11-6 塔柱立面（顺桥向）视图

拉桥上。图 11-7f 的宝石形塔柱适用于需要缩减塔柱基础横向尺寸的情况。

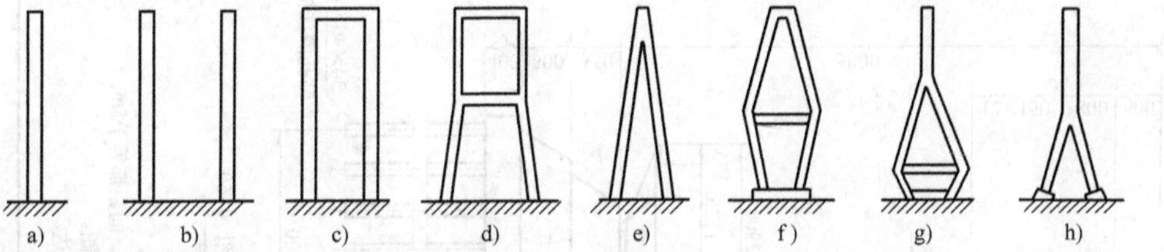

图 11-7　塔柱横向（横桥向）视图

4. 主梁

斜拉桥常用的主梁形式，按静力体系有连续梁、悬臂梁和悬臂刚构等。连续梁刚度大，整体性好，对抗风、抗震都有利；且挠曲线平顺，对行车也较好，所以一般宜首先考虑采用。但在设计时应计及由于徐变、收缩和温度变化引起较大的纵向位移而使塔柱承受相当大的弯矩。早期修建的斜拉桥较多采用带挂梁的悬臂梁或刚构形式，这种主梁体系一般适用于软土地基，但对抗震较不利，目前已基本不用。

混凝土斜拉桥主梁的截面形式如图 11-8 所示。图 11-8a 的板式结构最简单，抗风性能也好，它适用于双面密索且宽度不大的桥。图 11-8b～f 皆为抗扭刚度很大的箱形截面。图 11-8b 为分离式双箱截面，两个箱梁用于承重及锚固拉索，桥道布置在箱梁之间，但这种截面的箱梁部分虽然有较大的抗扭刚度，但全截面的抗扭刚度较差。其优点是用悬臂法分段拼装主梁后再安装桥面肋板，施工极为方便。图 11-8c 的闭合箱形截面有极大的抗弯和抗扭能力，适用于单平面索布置的斜拉桥，缺点是节段重量大，由于迎风面积大，风动力荷载影响较大。图 11-8e、f 是图 11-8c 截面的改进截面，将外侧腹板作成倾斜式，既改善了风动力性能，又减小了墩台宽度，但稍增加了施工难度。图 11-8d 是经过风洞试验得到的一种风动力性能良好的半封闭箱形截面。此截面两侧为三角形封闭箱，端部加厚以锚固拉索。两三角形间为整体桥面板，除个别需要的段落外，不设底板。在满足抗弯、抗扭刚度的要求下，有良好的风动力性能，特别适合索距较密的宽桥。

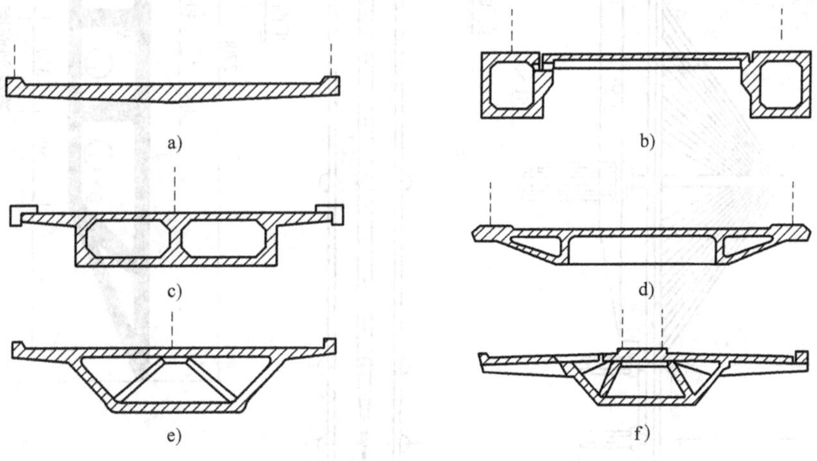

图 11-8　主梁常用截面形式

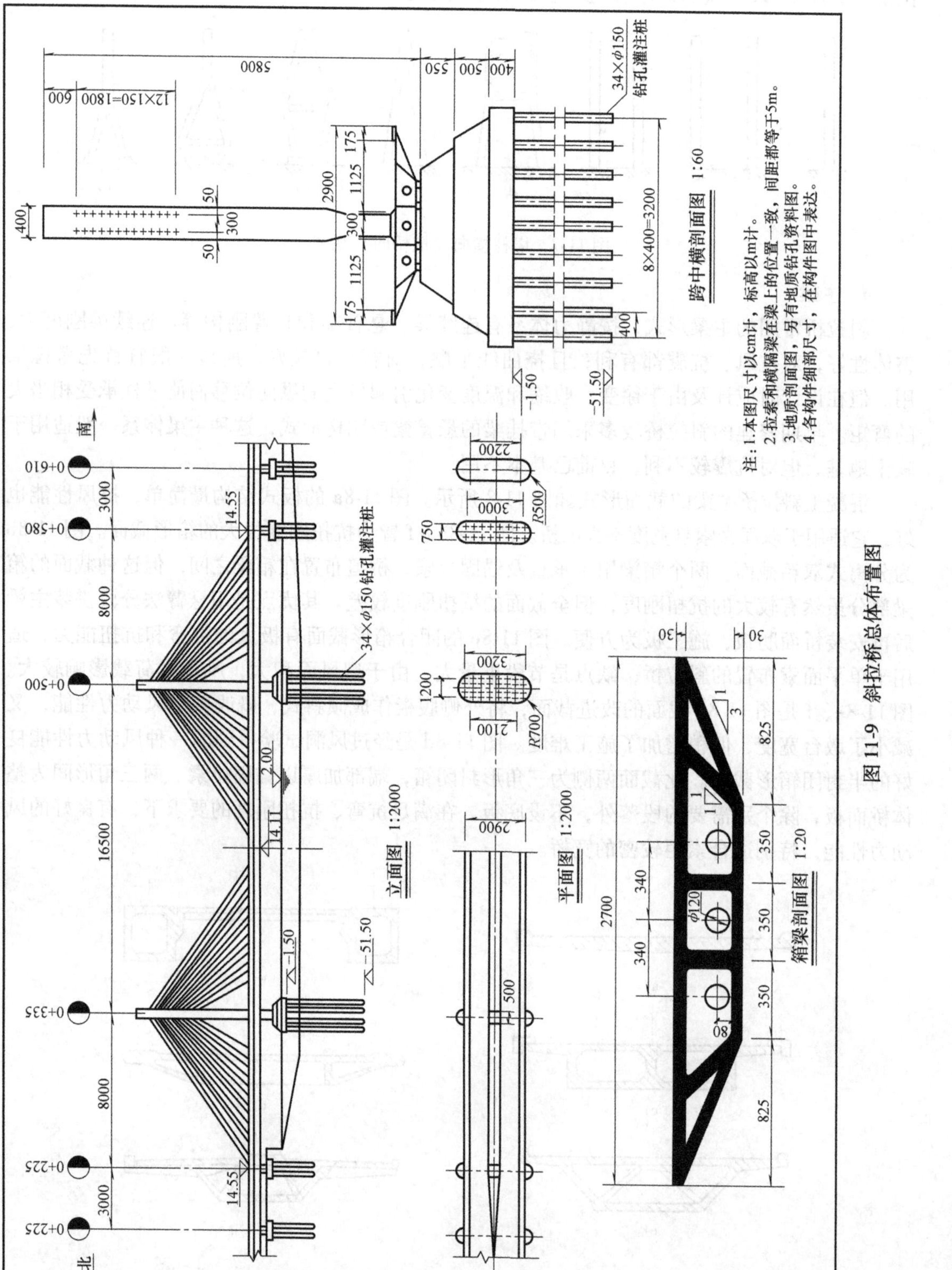

图11-9 斜拉桥总体布置图

三、斜拉桥的受力特点

斜拉桥由斜索、塔柱、主梁三部分组成，属于组合体系，是多次超静定结构，从塔柱上伸出并悬吊起主梁的高强度钢索起着主梁弹性支承的作用，从而大大减小梁内弯矩，使梁截面尺寸减小，减轻了主梁的重力，加大了桥的跨越能力。这三者中，斜索承拉，塔柱以承压为主，有时还要承受较大弯矩，主梁受弯也受轴向压力或拉力。

斜拉桥是由高强钢索（斜拉索）、塔柱和主梁构成的组合体系，系多次超静定结构。其利用由塔柱引出的斜向拉索悬吊跨越桥孔的主梁，使主梁像跨径显著缩小的多跨弹性支承连续梁一样工作。斜拉索的两端分别锚固在主梁和索塔上，把主梁的恒载和车辆荷载传递给索塔，再通过索塔传递给地基。由于拉索提供多点弹性支承，使其主梁弯矩、挠度显著减小，这不但可以使主梁尺寸大大减小，而且使结构自重减轻，节省材料，使得斜拉桥的跨越能力大大增强。斜索拉力的水平分力为主梁提供预压力，可提高主梁的抗裂性能，节省高强钢材的用量。

四、斜拉桥总体布置图案例

图 11-9 所示为一座双塔单索面钢筋混凝土斜拉桥的总体布置图。从立面图中可以识读出该桥主跨为 165m，两边跨各为 80m。桥墩是由承台和钻孔灌注桩所组成，它和上面的塔柱固结成一整体，使荷载能稳妥地传递到地基上。立面图中还可以看到河床起伏（地质资料另有图，此处从略）及水文情况，根据标高尺寸可以判断出桩和桥台基础的埋置深度，梁底、桥面中心和通航水位的标高尺寸。

平面图以中心线为界，左半边可以得到人行道和桥面的宽度，并显示了塔柱断面和拉索；右半边显示桩位的平面布置图。

从横剖面图中可以识读梁的上部结构，桥面总宽为 29m，两边人行道包括栏杆为 1.75m，行车道为 11.25m，中央分隔带为 3m，塔柱高为 58m。同时还显示了拉索在塔柱上的分布尺寸、基础标高和灌注桩的埋置深度等。箱梁剖面中，可以看出单箱三室钢筋混凝土梁的各主要部分尺寸。

任务 11.2　悬　索　桥

任务描述

结合某已建或在建悬索桥，认知悬索桥的组成、类型、构造特点与受力特点。

悬索桥也称吊桥，具有合理的受力形式。悬索桥被公认为是桥梁领域中最优美的桥型。因为主要承重结构——主索受拉，基本无弯曲和疲劳而引起的应力折减，可以采用高强度钢丝制成，比同跨径钢桥节省钢材。由于主要承重结构采用高强度钢丝，用与极限跨径有关的比强度 $[\sigma]/\gamma$（σ 为钢的容许应力，γ 为钢的容重）来衡量，其比值最大，所以，其跨越能力是所有桥梁体系中最大的。1998 年竣工的日本明石海峡悬索桥，主跨达 1991m，为世界第一，目前世界上已在进行 3000m 跨径的悬索桥方案设计。

悬索桥的恒载和活载通过吊索和索夹传至主缆承受，再经过鞍座传至桥塔顶，经桥塔传递到下部的塔墩和基础。主缆承受拉力，它除了承受活载和加劲梁的恒载外，它还分担一部分横向风荷载并将其传递到塔顶。

一、悬索桥的分类

悬索桥是指利用主缆和吊索作为加劲梁的悬挂体系，将桥跨所承受的荷载传递到桥塔、锚碇的桥梁。其主要结构由主缆、索塔、锚碇、吊索、加劲梁组成（图11-10a）。

悬索桥的类型可根据悬吊跨数、主缆锚固方式及悬吊方式等方面加以划分。

（1）按悬吊跨数分类。可分为单跨悬索桥、三跨悬索桥、四跨悬索桥和五跨悬索桥，其结构形式如图11-10所示。其中单跨悬索桥和三跨悬索桥最为常用。

1）单跨悬索桥。单跨悬索桥常用于高山峡谷地区，两岸地势较高，采用桥墩支撑边跨更为经济，或者道路的接线受到限制，使得平面曲线布置不得不进入大桥边跨的情况。就结构特性而言，单跨悬索桥由于边跨主缆的垂度较小，主缆长度相对较短，对中跨荷载变形控制更为有利。

2）三跨悬索桥。三跨悬索桥是目前国际工程实例中应用最多的桥型，大跨度悬索桥几乎全采用这种形式，这不仅是因其结构受力特征较为合理，同时其流畅对称的建筑造型也更符合人们的审美观点。

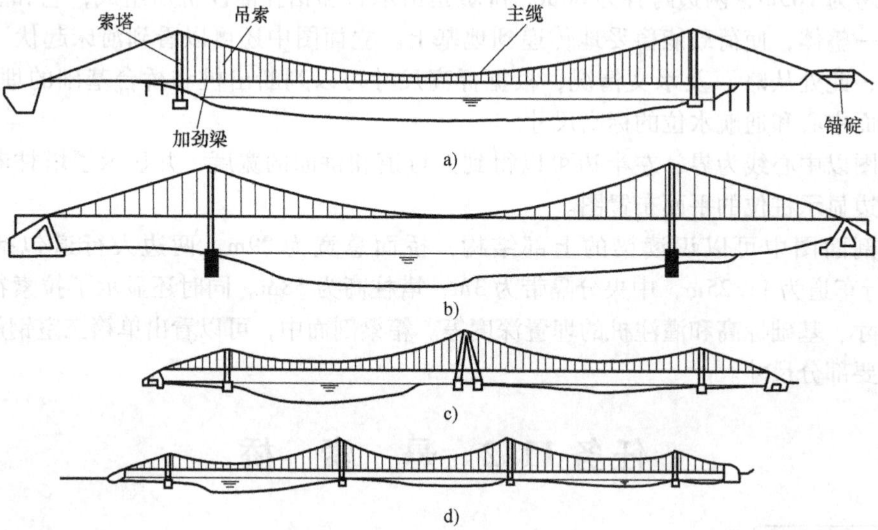

图11-10 悬吊跨数不同的悬索桥

a）单跨悬索桥 b）三跨悬索桥 c）四跨悬索桥 d）五跨悬索桥

3）多跨悬索桥。相对于三跨悬索桥而言，四跨或五跨悬索桥又称之为多跨悬索桥。这种桥型由于结构柔性大，固有振动频率较低，难以满足特大跨度悬索桥的受力及刚度需要，因而也就不具备实用优势，世界上几乎没有这类特大桥工程的实例。在建桥条件需要采用连续大跨布置时，可以用两个三跨悬索桥联袂布置，中间共用一座桥的锚碇锚固这两桥的主缆（图11-11），美国的旧金山—奥克兰海湾大桥和日本本州四国联络线中的南北备赞大桥即采用此形式。当建桥条件特别适于作连续大跨布置而采用四跨悬索桥时，其中央主塔为满足全桥刚度要求通常需要作A形布置，如图11-10c所示，相应的塔顶主缆须采取特殊锚固措施，以克服两侧较大的不平衡水平拉力。

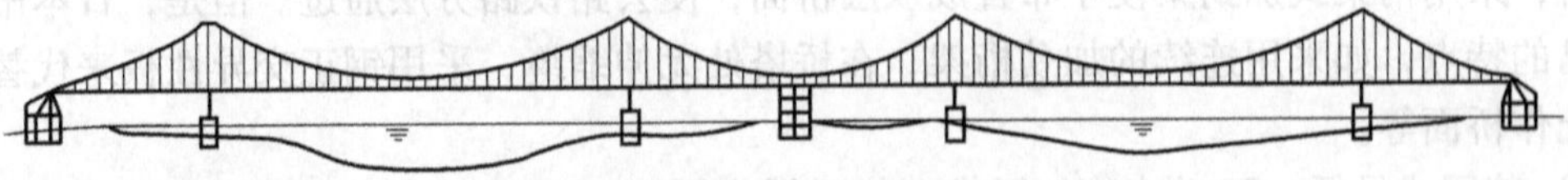

图 11-11　联袂布置的悬索桥

（2）按主缆的锚固方式分类。按主缆的锚固形式划分，可分为地锚式悬索桥和自锚式悬索桥。

1）地锚式悬索桥。通常所讲的绝大多数悬索桥都采用地锚方式锚固主缆，即主缆通过重力式锚碇或岩隧式锚碇将荷载产生的拉力传至大地来达到全桥的受力平衡，这是大跨度悬索桥最佳的受力模式。

2）自锚式悬索桥。在较小跨度的悬索桥中，也有个别以自锚形式锚固主缆的，这种自锚式悬索桥的主缆在边跨两端将主缆直接锚固于加劲梁上，主缆的水平拉力由加劲梁提供轴压力自相平衡，不需要另外设置锚碇，如图 11-12 所示。这种桥式的加劲梁要先于主缆安装施工，实践中因施工困难、经济性差等原因一般很少采用。

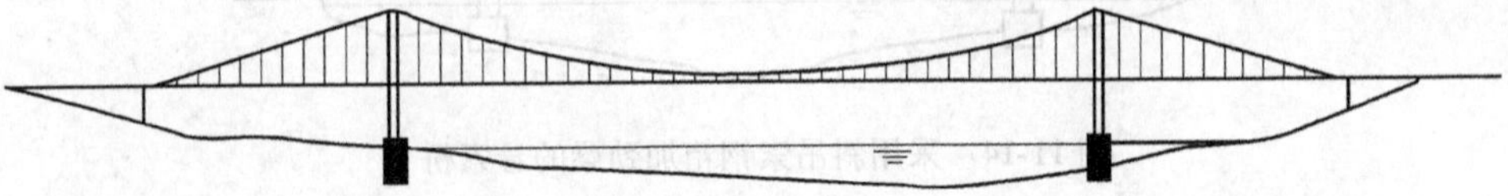

图 11-12　自锚式悬索桥

（3）根据悬吊方式分类。吊桥按有无加劲梁，可分为无加劲梁吊桥和有加劲梁吊桥两种。现代大跨度吊桥都是有加劲梁的。根据已建和在建大跨度吊桥的悬吊方式，吊桥主要有以下几种结构形式。

1）美国式吊桥。其基本特征是采用竖直吊索，并用钢桁架作为加劲梁，如图 11-13 所示。这种形式的吊桥绝大部分为三跨地锚式，加劲梁是不连续的，在主塔处有伸缩缝，桥面为钢筋混凝土桥面，主塔为钢结构。其优点是，可以通过增加桁架高度来保证桥梁有足够的刚度，且便于实现双层通车。

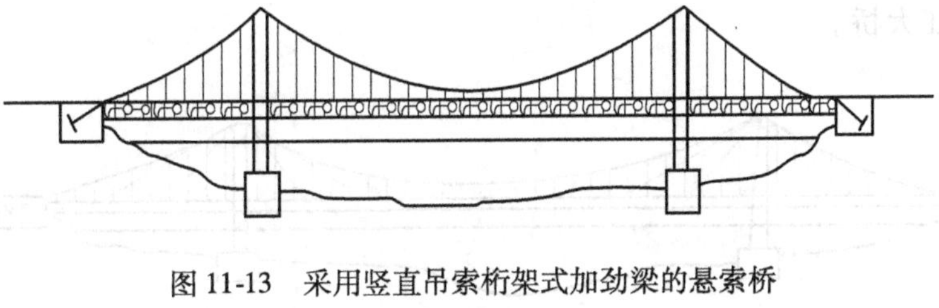

图 11-13　采用竖直吊索桁架式加劲梁的悬索桥

美国式吊桥的发展经历了将近一百年的时间，在建桥技术上已经很成熟，为吊桥的发展积累了经验，并使吊桥成为当前能跨越千米以上的主要桥型，是目前采用最广泛的一种形式。美国建成的维拉扎诺海峡大桥和日本于 1998 年建成的明石海峡大桥都属于这种类型。日本在修建吊桥的构思方面以按美国式吊桥的模式为多，这主要是考虑到很多桥是公路铁路两用桥，采用桁架式加劲梁便于布置成双层桥面，使公路铁路分层通过。但是，日本吊桥也有自己的特点，如采用连续的加劲桁架，在桥塔处无伸缩缝，采用钢正交异性板来代替钢筋混凝土作桥面等。

2）英国式吊桥。20 世纪 60 年代，英国提出了新型的吊桥，突破了吊桥的传统形式。英国式吊桥的基本特征是采用呈三角形的斜吊索和高度较小的流线型扁平翼状流线型钢箱梁作为加劲梁，如图 11-14 所示。除此之外，这种形式的吊桥采用连续的钢箱梁作为加劲梁，桥塔处没有伸缩缝，用混凝土桥塔代替钢桥塔；有的还将主缆与加劲梁在主跨中点处固结。英国式吊桥的优点是钢箱加劲梁可减轻恒载，因而减小了主缆的截面，降低了用钢量和造价。钢箱梁抗扭刚度大，受到的横向风力小，有利于抗风，并大大减小了桥塔所承受的横向力。而三角形布置的斜吊索可以提高桥梁刚度、但这种斜吊索在吊点处构造复杂。英国已设计和修建的塞文桥（Sever）、博斯普鲁斯桥（Bosporus）和恒泊尔桥（Humber）桥都是属于这种形式的吊桥。

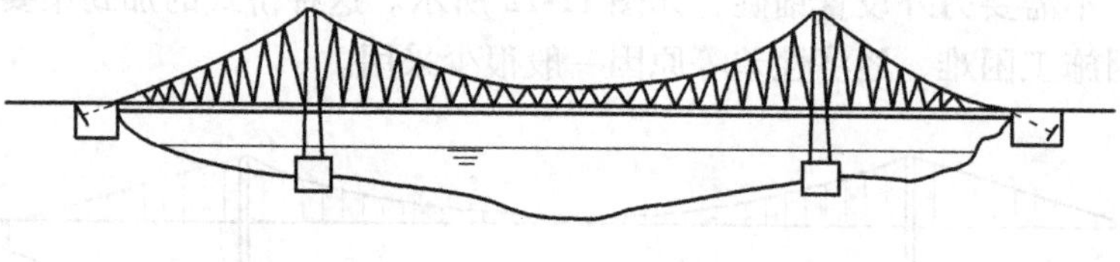

图 11-14 采用斜吊索钢箱加劲梁的悬索桥

3）混合式吊桥。混合式吊桥的特征是采用竖直吊索和斜吊索，流线型钢箱梁作为加劲梁。混合式吊桥的出现，显示了钢箱加劲梁的优越性，同时避免了采用有争议的斜吊索。土耳其的博斯普鲁斯二桥、日本的来岛第一、二、三大桥都采用了混合式吊桥形式。

4）带斜拉索的吊桥。除了有一般悬索桥的缆索体系外，还设有若干加强用的斜拉索，如图 11-15 所示。斜拉—悬索协作体系桥中，斜拉和悬索两种结构相互协作，优势互补，具有可使锚锭变小，塔高变矮，梁的悬臂长度变短等优点，适合于大跨径和特大跨径桥的新桥型。历史上最早出现这种桥型是 1883 年建成的美国纽约跨越伊斯持河的布鲁克林（Brook-lyn）桥，主跨 486m 是当时世界上最大跨径的桥梁，后来这种桥型发展缓慢。经过多年论证和努力，我国于 1997 年建成了世界上第一座现代化的斜拉—悬索协作桥——贵州乌江大桥。

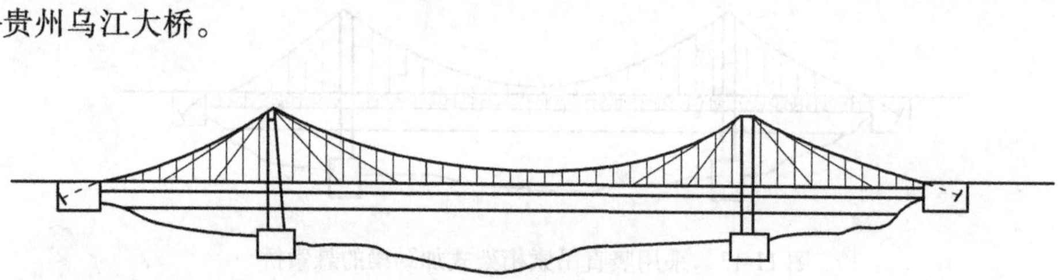

图 11-15 带斜拉索的悬索桥

（4）按支承结构分类。如果按加劲梁的支承结构来分，又可分为单跨两铰加劲梁悬索桥、三跨两铰加劲梁悬索桥及三跨连续加劲梁悬索桥等，如图 11-16 所示。

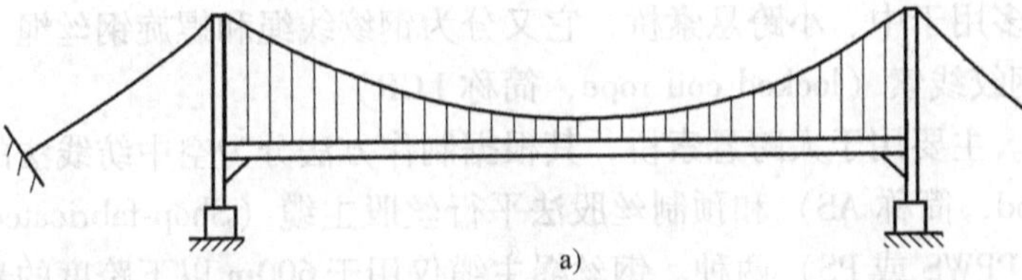
a)

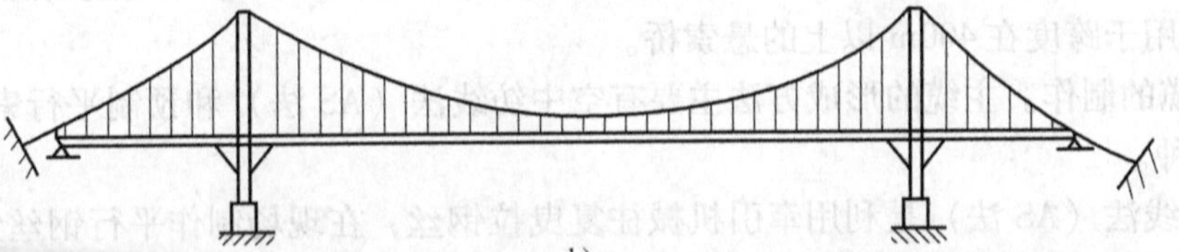
b)

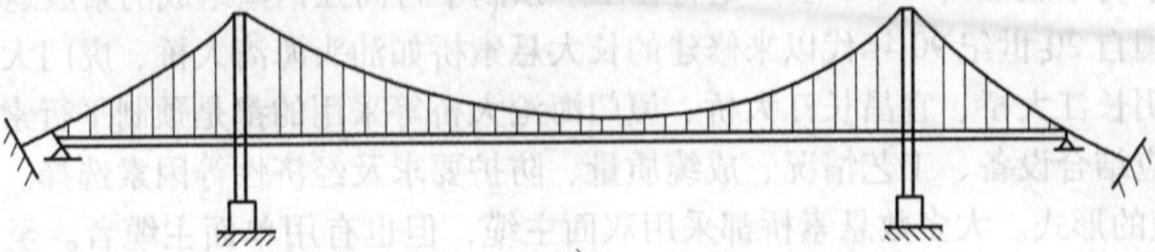
c)

图 11-16　按支承构造划分悬索桥形式
a）单跨两铰加劲梁　b）三跨两铰加劲梁　c）三跨连续加劲梁

二、悬索桥的主要构造

悬索桥的上部结构由主缆、加劲梁和吊索组成，下部结构由塔、支撑着塔的桥墩、锚固着主缆的锚碇组成，这种基本结构形式是大跨度桥梁结构最适合的形式。

现代悬索桥通常主要由主缆、主塔、锚碇与加劲梁四大主体结构以及塔顶主索鞍、锚口散索鞍座或散索箍和悬吊系统等重要附属系统组成。下面分别介绍其上部结构的主要结构及特点。

（1）主缆。主缆是以桥塔及支墩为支承，两端锚固于锚碇，并通过吊索悬挂加劲梁的缆索，是悬索桥的主要承重构件。主缆除承受自重恒载、索夹、吊索、加劲梁等恒载外，还承受索夹、吊索传来的活载。另外，主缆还承担一部分横向风以及温度变化的影响，并直接传到桥塔顶部。

1）主缆的材料。悬索桥的主缆材料必须具有强度高、弹性模量大、耐腐蚀等性能，故现代长大悬索桥都选用高强镀锌钢丝及镀锌钢丝绳。主缆先后经历了钢结构眼杆式缆链、钢丝绳缆、封闭钢绞索缆，最终发展为现在的平行钢丝主缆。在欧洲和美洲，悬索桥的主缆都曾采用过眼杆式缆链，其主要优点是可以适应缆力沿桥变化而改变截面，使用料经济。但这种用眼杆作主缆的悬索桥有一致命弱点，那就是某一眼杆其净截面裂缝会导致全桥破坏，甚至坠毁。所以，随着工业技术的发展，悬索桥主缆多采用抗拉强度和疲劳强度更高的钢丝。此时，为了方便施工，中、小跨悬索桥多使用钢绞线。但是，钢绞线的弹性模量低，使得桥的变形增大，且钢绞线作主缆时不易按设计截面形状压紧，也难采取有效的防腐蚀措施。所以，现代长大悬索桥主缆宜采用弹性模量高的高强镀锌钢丝组成的主缆。

2）主缆的类型。目前，在悬索桥主缆的设计中，多是根据上述材料要求条件而选择主缆的类型。而主缆类型主要有如下两类。

①钢丝绳主缆。多用于中、小跨悬索桥，它又分为钢绞线绳和螺旋钢丝绳（Spiral rope，简称 SPR）、封闭式钢绞线索（locked coil rope，简称 LCR）。

②平行丝股主缆。主要用于大跨悬索桥，其根据制作方法分为空中纺线法的平行丝股主缆（Airspinning method，简称 AS）和预制丝股法平行丝股主缆（Shop-fabricated parallel wire-strand method，简称 PPWS 或 PS）两种。钢丝绳主缆仅用于 600m 以下跨度的悬索桥，而平行丝股主缆用于跨度在 400m 以上的悬索桥。

3）主缆的制作。主缆的形成方法主要有空中纺线法（AS 法）和预制平行索股法（PPWS 法）两种。

空中纺线法（AS 法）是利用牵引机械往复曳拉钢丝，在现场制作平行钢丝索股的施工方法。预制平行索股法（PPWS 法）是将在工厂预制平行高强钢丝组成的索股运到工地安装的方法。我国自 20 世纪 90 年代以来修建的长大悬索桥如汕头海湾大桥、虎门大桥、西陵长江大桥、江阴长江大桥、宜昌长江大桥、厦门海沧大桥等采用的都是预制平行索股法。主缆的形成方法应结合设备、工艺情况、成缆质量、防护要求及经济性等因素选择。

4）主缆的形式。大多数悬索桥都采用双面主缆，但也有用单面主缆者。至于主缆的根数，一般为 2 根主缆，即一侧布置一根，但若有主缆太粗、架设困难或者工期限制等原因，也有一侧用两根主缆的设计。在桥的每侧都用两根主缆，并让两主缆在立面的几何形状不同，这种叫复式主缆。

5）主缆的截面组成。主缆常见的截面类型有由高强度钢丝组成的圆形截面（图 11-17a）和由钢丝绳组成的主缆其他截面，如图 11-17b、c 所示，主缆的截面组成一般是由 $\phi=5\text{mm}$ 左右的镀锌钢丝组成的钢丝束股，然后再由若干束钢丝索股构成一根主缆。每根主缆截面大小是由各座具体悬索桥的拉力大小确定的，一旦钢丝直径选定，其主缆钢丝所含钢丝总根数 n 即随之而定。而具有 n 根钢丝的主缆应有多少股钢束 n_1，每股钢丝含多少根钢丝 n_2，则需要根据主缆的编制方法确定。

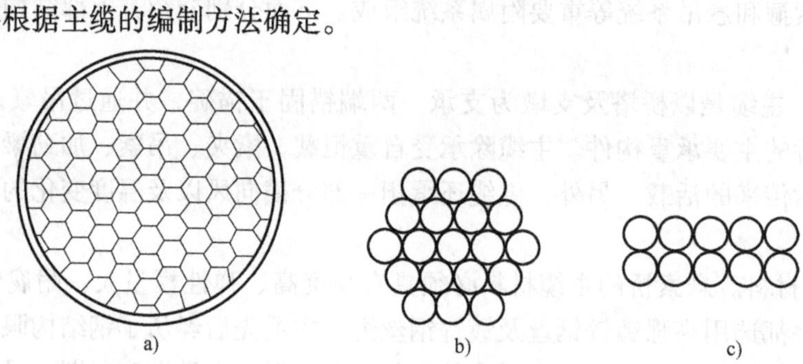

a) b) c)

图 11-17 主缆截面类型

采用 AS 法的束股较大，每缆所含总股数 n 较少，约 30～90 束，每股所含丝数 n_2 多达 300～500 根，因而其单股锚固吨位大，锚固空间相对集中。

采用 PPWS 法的索股通常按正六边形平行排列定型，考虑桥跨及其施工条件，每股丝数 n_2 通常取值 61，91，127，169，组成形状稳定的正六边形，如图 11-18 所示。每缆总股数多达 100～300 束，锚固空间相对较大。因其采用工厂预制，故现场架索施工时间相对缩短，气候因素影响小，成缆工效高。

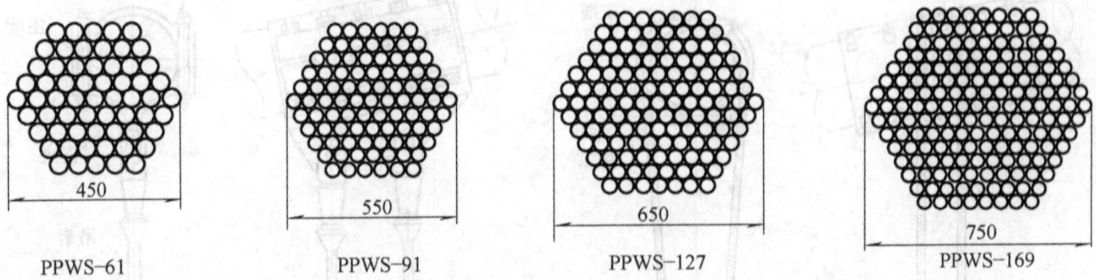

图 11-18 预制束股常用截面（尺寸单位：mm）

（2）吊索。吊索是连接主缆和加劲梁的构件，它通过索夹把加劲梁悬挂于主缆上。

1）吊索的布置形式。吊索顺桥面布置形式一般有竖直布置和斜向布置两种，如图 11-19 所示。

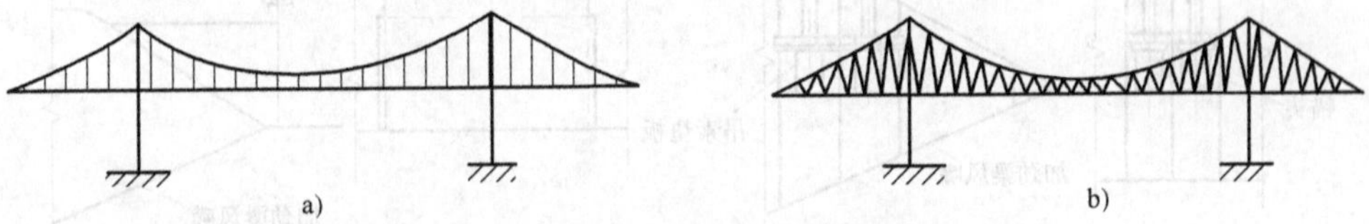

图 11-19 吊索顺桥面的布置形式

a）垂直布置 b）斜向布置

2）吊索的材料。现代悬索桥吊索一般采用镀锌钢丝绳或镀锌高强度平行钢丝制作，少数小跨度悬索桥也有用刚性吊杆。刚性吊杆是由圆钢或钢管制成，在它的两端加工螺纹，用螺母与加劲梁上伸出的联结杆相连；或是两端焊上联结块，联结块上留有螺栓孔，用螺栓与索夹的吊耳及加劲梁上联结杆相连。图 11-20a 是重庆朝阳大桥的上吊杆，为调整吊杆长度，在其中部加一节花篮螺栓调节。拉力较大的吊杆，如采用钢吊杆则截面过大，构造上不好处理，一般采用高强度钢丝绳制成吊索。为了联结，把钢丝绳两头散开伸入联结套筒，浇入合金使钢丝绳与套筒联结成整体而形成锚头。吊索的上端通过套筒与索夹的吊耳联结，眼杆通过联结件与加劲梁联结，图 11-20b 是重庆朝阳大桥下吊索构造图。

3）吊索与主缆及加劲梁的连接方式

①吊索与主缆的连接方式：现代长大悬索桥吊索与主缆的连接方式可分为骑跨式（图 11-21a）和铰接式(图 11-21b)。

②吊索与加劲梁的连接方式以传力直接可靠、方便检修和以不易积水为原则。常用的有锚头承压方式（图 11-22a）和销接式（图 11-22b）。

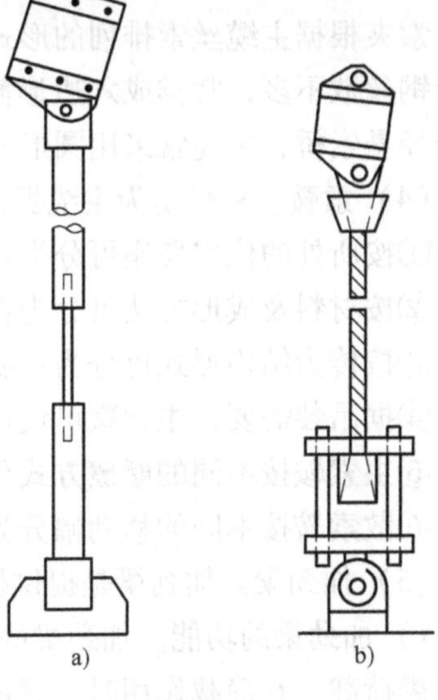

图 11-20 重庆朝阳大桥吊索结构

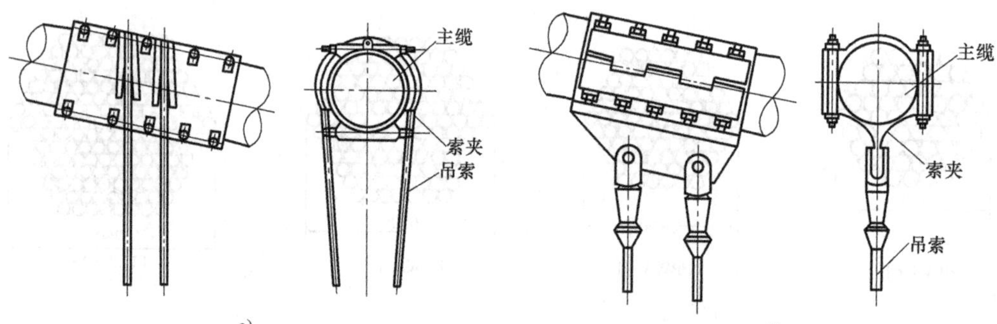

图 11-21 吊索与主缆连接

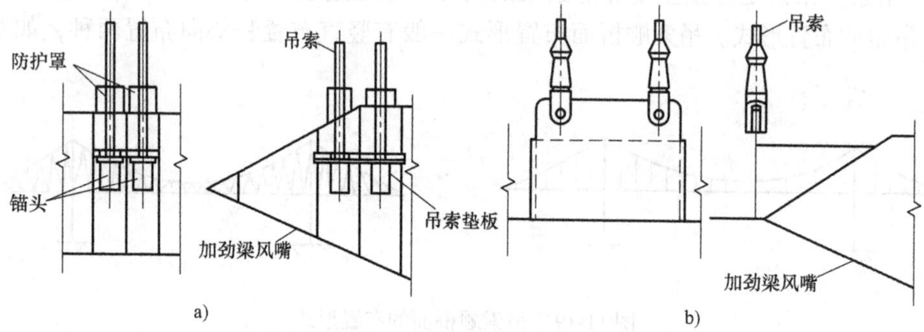

图 11-22 吊索与加劲梁连接

（3）索夹。索夹是紧箍主缆索股并连接主缆与吊索的构件。主缆和吊索的连接一般采用刚性索夹把主缆箍紧，使主缆在受拉时，产生收缩变形时也不致滑动。索夹的下端伸出铸件吊耳，通过销栓把吊索与吊耳相连。

索夹根据主缆丝索排列的形式，常分为六边形和圆形两种，对于中、小跨径的悬索桥，由于钢丝数不多，常排成六边形截面，所以六边形索夹采用较多，如图 11-23a 所示。对于大跨径悬索桥，主缆常采用圆形截面，索夹也采用圆形索夹，如图 11-23b 所示。

（4）索鞍。索鞍是为主缆提供支承并使主缆平顺地改变方向的构件。

①按所处的位置鞍座可分为：主索鞍、散索鞍、副索鞍。

②按材料及成形方法可分为：全铸式、铸焊组合式、全焊式。

③按传力结构形式可分为：肋传力结构、外壳传力结构。

④据吊装需要，主索鞍可设计为：整体式、分体式两种结构形式。

⑤主索鞍按不同的摩擦方式分为：滑动式、滚动式。

⑥散索鞍按不同的移动幅分为：摆轴式、滚动式及滑动式。

（5）加劲梁。加劲梁是提供桥面直接承受荷载的梁体结构。

1）加劲梁的功能。加劲梁的主要功能是直接承受和传递车辆荷载、风荷载、温度荷载和地震荷载。在静载作用时，通过吊索与主缆的变形相互协调，互为约束；通过支座与索塔变形相互协调，互为约束，并导致二次附加力。在动载作用时，以其结构形式和尺寸及材料为主要影响因素的动力特性，决定着加劲梁的动载增幅效应和动力稳定性。从这个意义上说，加劲梁又控制着荷载分布和大小，对保证悬索桥稳定有决定意义。

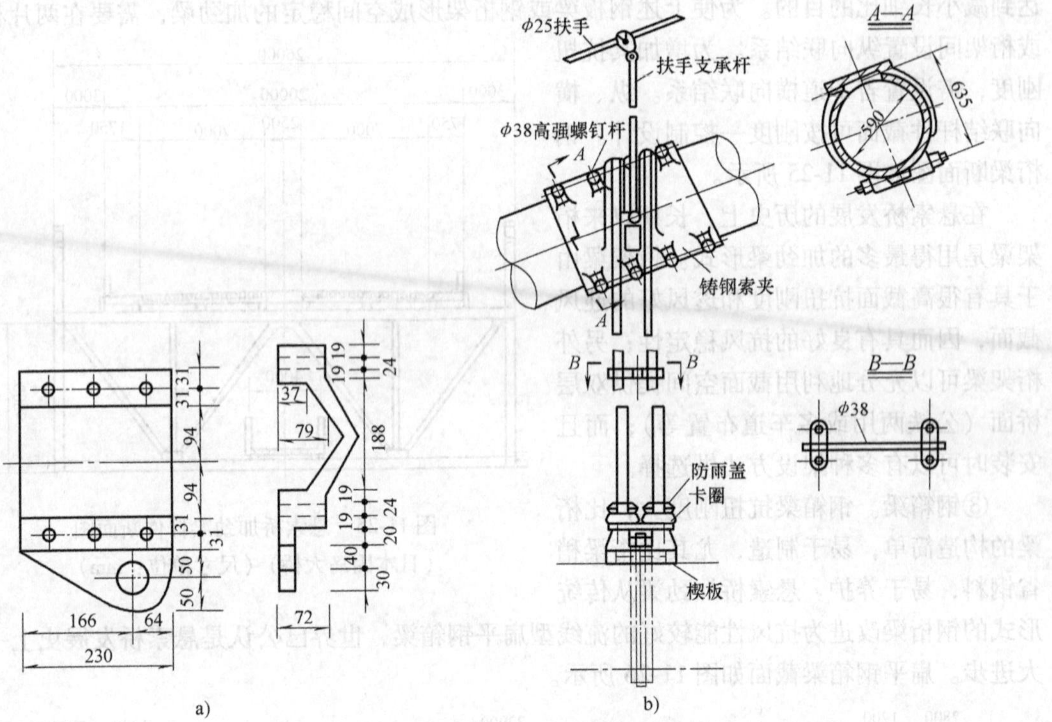

图11-23　索夹（尺寸单位：mm）

2）悬索桥加劲梁的主要结构形式。悬索桥加劲梁的结构形式有：钢板梁、钢桁梁、钢箱梁、混凝土箱梁。

①钢板梁。钢板梁通常采用工字形截面（图11-24a），沿跨径设计成等高度梁，仅在翼缘板层数上变化，以适应弯矩变化的要求。为了保证腹板局部稳定，在腹板两侧设纵横加劲肋。

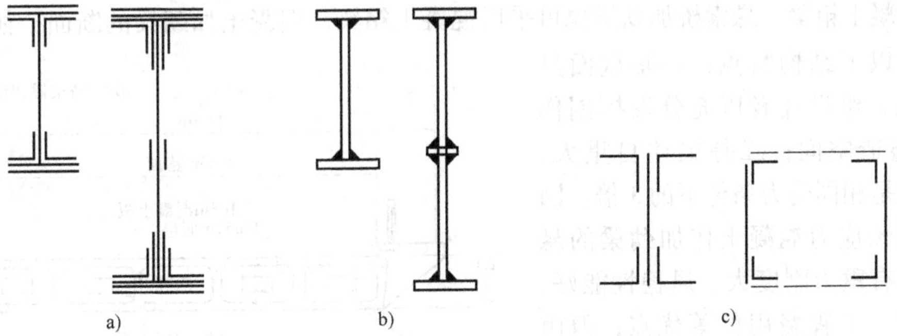

图11-24　加劲梁杆件横断面图

②钢桁梁。加劲梁设计成钢桁（日本因岛大桥）梁形式时，一般也是采用沿跨度等高的桁架，腹杆多采用加竖杆的简单三角形式，其杆件一般采用由四支角钢和钢板组成的H

形截面（图 11-24b）。

对于由长细比控制的杆件，常采用箱形截面（图 11-24c），以增加杆件截面的惯性矩，达到减小长细比的目的。为使上述钢板梁或钢桁架形成空间稳定的加劲梁，需要在两片板梁或桁架间设置纵向联结系。为增加其抗扭刚度，需设置若干道横向联结系。纵、横向联结杆件截面可按刚度一控制设计。钢桁梁断面图如图 11-25 所示。

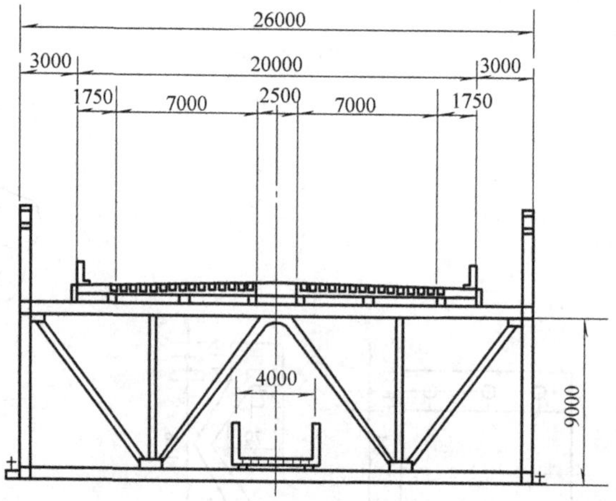

图 11-25　悬索桥加劲梁杆件断面图（日本因岛大桥）（尺寸单位：mm）

在悬索桥发展的历史上，长期以来桁架梁是用得最多的加劲梁形式。桁架梁由于具有很高截面抗扭刚度和透风好的迎风截面，因而具有良好的抗风稳定性；另外桁架梁可以充分地利用截面空间提供双层桥面（公铁两用或多车道布置等）；而且安装时可以有多种架设方法供选择。

③钢箱梁。钢箱梁抗扭刚度大，比桁梁的构造简单，易于制造，尤其比桁梁稍省钢料，易于养护。悬索桥加劲梁从传统形式的钢桁梁改进为抗风性能较好的流线型扁平钢箱梁，世界已公认是悬索桥发展史上一重大进步。扁平钢箱梁截面如图 11-26 所示。

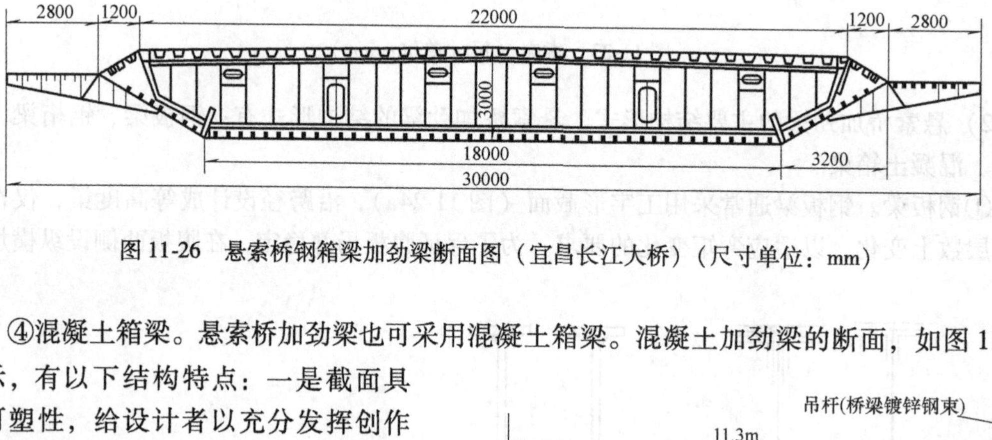

图 11-26　悬索桥钢箱梁加劲梁断面图（宜昌长江大桥）（尺寸单位：mm）

④混凝土箱梁。悬索桥加劲梁也可采用混凝土箱梁。混凝土加劲梁的断面，如图 11-27 所示，有以下结构特点：一是截面具有可塑性，给设计者以充分发挥创作意图的塑造空间；二是梁体自重大，梁体自重是相同受力条件下的3 倍。因而，采用预应力混凝土作加劲梁的悬索桥，具有重力刚度大、风稳性能好、节省钢材、工程费用低等优点；但由于梁体自重大，也使其悬吊系统为此增加了更多的钢材用量，同时还使施工制造、运输及起吊安装等工作增加了难度。至今国内外大跨度悬索桥的

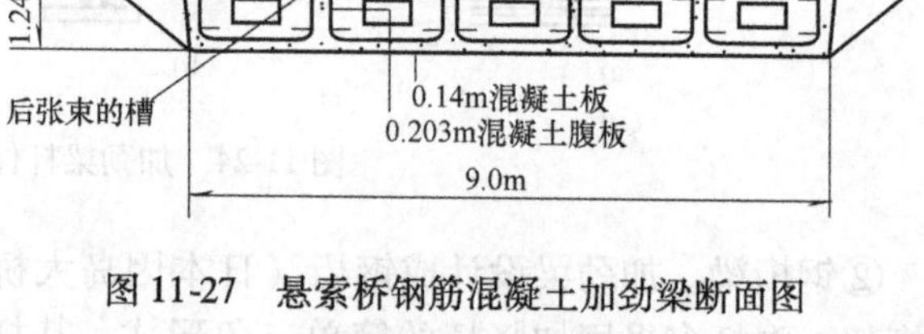

图 11-27　悬索桥钢筋混凝土加劲梁断面图（郝德逊—荷普桥）

工程实践中，以混凝土作加劲梁的悬索桥极少，已建成的混凝土加劲梁悬索桥其跨度都在 500m 以下。

3）加劲梁的布置

①双铰加劲梁简支体系。在悬索桥加劲梁布置中，其力学体系主要采用两种形式——双铰加劲梁的简支体系和连续加劲梁的连续体系。

目前建成的中、小跨径悬索桥和大跨径悬索桥多采用双铰加劲梁的简支体系。简支的加劲梁构造简单，制造和架设时的误差对加劲梁无影响。简支的加劲梁不需通过桥塔，桥塔横向两塔柱的距离比连续加劲梁要小，因此其基础尺寸也相应小。

双铰加劲梁布置中，立面内加劲梁两端是用吊杆或摆柱作其支承。这样处理，使梁在支承处的竖向位移被制止，而支承面在立面内可自由转动，形成铰支承。另外，因上述竖向支承是在梁的左、右两侧都有，所以梁绕其纵轴的扭转被限制，而支点的纵向位移并不受妨碍。总之，这样设计的加劲梁主跨就是一悬浮体系。双铰加劲梁主跨平纵联的梁端连接设计中，若主跨是桁架式，其传递横向风力的桁架式平纵联在梁端的斜腹杆应该交汇在梁的纵轴。若主跨是扁平实腹箱梁，其桥面板就起到平纵联传递横向风力剪力的作用。而边跨加劲梁与塔的衔接，可照主跨处理。边跨加劲梁靠岸端的衔接，一般是作成其平纵联在桥轴的纵向位移被制止，而成固定端。

②连续加劲梁的连续体系。虽然双铰简支加劲梁在桥塔处内力最小，而连续加劲梁在桥塔处内力达到最大值。但是，简支加劲梁梁端角变量和伸缩量以及跨中竖向和横向挠度均较大，这对一般公路悬索桥来说问题不是太大，但对铁路行车要求则难于满足。所以，对铁路悬索桥或公路铁路两用悬索桥宜采用连续加劲梁布置。

在悬索桥加劲梁的布置设计时，要根据各桥的具体情况，进行详细分析比较后确定。

（6）桥面。在早期的悬索桥中，尤其在美国，多采用混凝土桥面。但是由于混凝土劣化等原因，美国的金门桥、弗兰克林桥均换成了钢桥面。现代长大悬索桥的桥面根据加劲梁的不同形式分为以下两种。

1）钢桥面。钢桥面铺装是个多结构的组合体，一般包括防锈和主体铺装两大体系。防锈体系由防锈层、防水层、黏结防护层、黏结层或致密层构成。主体铺装层由上层和下层（又称保护层和面层）组成。主体铺装层的混合料类型主要有三种，即沥青玛蹄脂碎石混合料（SMA 混合料）、浇筑式沥青混合料（GA 混合料）和密级配沥青混合料（AC 混合料）。

2）混凝土加劲梁桥面。混凝土加劲梁的桥面铺装可以采用混凝土桥面（包括普通水泥混凝土、钢纤维混凝土、连续配筋混凝土）和沥青混凝土桥面。由于近年来国内桥梁工程路面病害较多，故长大悬索桥桥面多采用沥青混凝土铺装。

单元小结

1. 斜拉桥的主要组成部分为主梁、索塔及拉索，属于组合体系。系多次超静定结构，从塔柱伸出并悬吊起主梁的高强度钢索起着混凝土主梁弹性支承的作用，从而大大减小梁内弯矩，增大了桥的跨越能力。

2. 斜拉桥按索塔布置方式分单塔式斜拉桥、双塔式斜拉桥和多塔式斜拉桥；按主梁的支承条件分连续梁式斜拉桥、单悬臂式斜拉桥和 T 形刚架式斜拉桥。

3. 斜拉桥的拉索根据其在立面的不同布置方法，可以分为辐射式、竖琴式、扇式和星式。

4. 塔柱从桥梁的立面看，主要有独柱式、A 形和倒 Y 形三种。从桥梁的横向看，塔柱主要有独柱形式、双柱式、门式、斜腿门式、倒 V 式、宝石式和倒 Y 式。

5. 悬索桥也称吊桥，上部结构由主缆、加劲梁和吊索组成，下部结构由塔、支撑着塔的桥墩和锚固着主缆的锚碇组成，这种基本结构形式是大跨度桥梁结构最适合的形式。

6. 悬索桥按悬吊跨数可分为单跨悬索桥、三跨悬索桥、四跨悬索桥和五跨悬索桥；按主缆的锚固方式可分为地锚式悬索桥和自锚式悬索桥；按加劲梁的支承结构可分为单跨两铰加劲梁悬索桥、三跨两铰加劲梁悬索桥及三跨连续加劲梁悬索桥。

7. 吊索顺桥面布置形式一般有竖直布置和斜向布置两种。悬索桥吊索一般采用镀锌钢丝绳或镀锌高强平行钢丝制作，少数小跨度悬索桥也有用刚性吊杆的。

8. 索鞍是为主缆提供支承并使主缆平顺地改变方向的构件。按所处的位置鞍座可分为：主索鞍、散索鞍和副索鞍。

9. 加劲梁是提供桥面直接承受荷载的梁体结构。悬索桥加劲梁的结构形式有：钢板梁、钢桁梁、钢箱梁、混凝土箱梁。

巩固训练

1. 斜拉桥是一种组合体系桥梁，分析其各组成构件的受力特性。
2. 斜拉桥的适用范围是什么？
3. 斜拉桥斜拉钢索的纵向布置有哪几种形式？
4. 悬索桥由哪几部分组成？其受力特点是什么？
5. 悬索桥的适用范围是什么？
6. 根据悬索桥的构造特性分析风荷载对其有什么样的影响？

参 考 文 献

[1] 中交公路规划设计院. JTG D60—2015 公路桥涵设计通用规范 [S]. 北京：人民交通出版社，2015.

[2] 中交公路规划设计院. JTG D62—2004 公路钢筋混凝土及预应力混凝土桥涵设计规范 [S]. 北京：人民交通出版社，2004.

[3] 中华人民共和国交通部. JTG B01—2014 公路工程技术标准 [S]. 北京：人民交通出版社，2014.

[4] 中交公路规划设计院. JTG D63—2007 公路桥涵地基与基础设计规范 [S]. 北京：人民交通出版社，2007.

[5] 中交公路规划设计院. JTG D61—2005 公路圬工桥涵设计规范 [S]. 北京：人民交通出版社，2005.

[6] 中交第一公路工程局有限公司. JJTG/T F50—2011 公路桥涵施工技术规范 [S]. 北京：人民交通出版社，2011.

[7] 彭大文，李国芬，黄小广. 桥梁工程 [M]. 北京：人民交通出版社，2007.

[8] 周传林. 桥梁上部施工技术 [M]. 北京：人民交通出版社，2011.

[9] 张辉. 桥梁下部施工技术 [M]. 北京：人民交通出版社，2011.

[10] 金吉寅，等. 公路桥涵设计手册：桥梁附属构造与支座 [M]. 北京：人民交通出版社，1999.

[11] 范立础. 桥梁工程：上册 [M]. 北京：人民交通出版社，2001.

[12] 顾安邦. 桥梁工程：下册 [M]. 北京：人民交通出版社，2000.

[13] 姚玲森. 桥梁工程 [M]. 北京：人民交通出版社，1985.

[14] 李辅元. 桥梁工程 [M]. 北京：人民交通出版社，2005.

[15] 郭发忠. 桥梁工程技术 [M]. 2 版. 北京：人民交通出版社，2010.

[16] 董军. 桥梁工程 [M]. 北京：机械工业出版社，2009.

[17] 张辉. 桥梁工程技术 [M]. 沈阳：东北大学出版社，2006.

[18] 李自林. 桥梁工程 [M]. 武汉：华中科技大学出版社，2007.

[19] 李亚东. 桥梁工程概论 [M]. 成都：西南交通大学出版社，2001.

[20] 满广生. 桥梁工程概论 [M]. 北京：中国水利水电出版社，2007.

[21] 李扬海，程潮洋，鲍卫刚，等. 公路桥梁伸缩装置 [M]. 北京：人民交通出版社，1999.

[22] 叶见曙. 结构设计原理 [M]. 2 版. 北京：人民交通出版社，2005.

[23] 张树仁，郑绍珪，黄侨，等. 钢筋混凝土及预应力混凝土结构设计原理 [M]. 北京：人民交通出版社，2004.

[24] 孙元桃. 结构设计原理 [M]. 3 版. 北京：人民交通出版社，2009.

[25] 黄平明，梅葵花，王蒂. 结构设计原理 [M]. 北京：人民交通出版社，2006.